10

SV

Ludwig von Friedeburg
Bildungsreform in Deutschland

Geschichte und
gesellschaftlicher Widerspruch

Suhrkamp Verlag

Erste Auflage 1989
© Suhrkamp Verlag Frankfurt am Main 1989
Druck: Hieronymus Mühlberger, Gersthofen
Printed in Germany
Alle Rechte vorbehalten

CIP-Titelaufnahme der Deutschen Bibliothek
Friedeburg, Ludwig von:
Bildungsreform in Deutschland : Geschichte und
gesellschaftlicher Widerspruch / Ludwig von Friedeburg. –
1. Aufl. – Frankfurt am Main : Suhrkamp, 1989
ISBN 3–518–57999–1

Inhalt

Für Ellen, Robert und Christoph

Einleitung

In einer heute kaum mehr verständlichen Weise ist die Bildungsreform in der Bundesrepublik, jedenfalls im großen Aufschwung der späten sechziger und frühen siebziger Jahre, ohne Kenntnis ihrer eigenen Geschichte betrieben worden. Das galt in erster Linie für die Politik, aber weithin auch für die Betroffenen und das interessierte Publikum. Daher die weitgespannten Erwartungen und hochgesteckten Ziele.

Unrealistisch schienen sie offensichtlich nicht im Vergleich zu den Bildungsanstalten in anderen Industrieländern, des Westens wie des Ostens, von denen damals immer wieder berichtet wurde. Aus dieser Perspektive erschien so viel mehr möglich, als im bildungsbürgerlichen Deutschland bisher denkbar gewesen war, und es dünkte gerecht und nützlich zugleich. Gerecht, weil viele Befähigte keinen Zugang zu weiterführenden Schulen und höherer Berufsausbildung erhielten; nützlich, weil überall qualifizierte Arbeitskräfte fehlten. Nachweislich rentierte sich bessere Ausbildung für den einzelnen und für alle zusammen im internationalen Wettbewerb. Kaum unterbrochenes Wirtschaftswachstum und anhaltende Vollbeschäftigung verhalfen der Bildungsökonomie wie der Bildungsreform zu ihrem gemeinsamen Höhenflug. Alles erschien machbar, wenn man es nur wollte. Überkommener Fortschrittsglaube verband sich mit neuem Planungsvertrauen.

Warum wurden dann die Reformziele nicht erreicht? Nur zu bald zeigten sich die gesellschaftlichen Grenzen. Der Umschlag von Reformeuphorie in Restauration hat in Deutschland eine lange Tradition. Noch bevor die Wirtschaftslage sich ganz und gar veränderte, Massenarbeitslosigkeit an die Stelle von Vollbeschäftigung trat, hatten der Andrang zu den Hochschulen und der Wettkampf um knappe Studienplätze bereits auf künftige Engpässe im Berechtigungswesen verwiesen, auf die erneuerte bürgerliche Konkurrenz um die besseren Plätze. Die Abwehr begann sich zu formieren. Es galt, die Startlöcher für den eigenen Nachwuchs zu sichern und dem sich wandelnden Geist der Bildungsanstalten zu begegnen. Die kulturelle Hegemonie stand auf dem Spiel.

In der modernen Entwicklung geht es um das Verhältnis von Wirtschaft, Herrschaft und Kultur. Zwischen den sozialen Systemen bestehen vielfältige Abhängigkeiten und Wechselwirkungen, aber keines ist prinzipiell einem anderen über- oder untergeordnet. Die bewegenden Kräfte der Modernisierung, die ökonomischen und politischen Umwälzungen, haben in die kulturellen Systeme ihre Spuren gegraben. Der Bildungsexpansion in unserem Jahrhundert ging die industrielle Revolution voraus, in der der Geist des Kapitalismus die technische Arbeitsteilung freisetzte, und die politischen Revolutionen, mit denen sich Grundrechtsansprüche und Formen rationaler bürokratischer Herrschaft gegen traditionale ständische Ordnungen durchsetzten.

Aber das in langer Geschichte entstandene kulturelle System einer Nation verfügt über beträchtlichen Eigensinn. Seiner Eigenart wegen widerstrebt das Bildungswesen ganz anders als die wirtschaftliche und politische Organisation einer Gesellschaft der internationalen Angleichung unter dem Druck kapitalistischer Industrialisierung. Für die konkrete Gestalt des jeweiligen Bildungssystems ist der nationale Entwicklungspfad aufschlußreicher als die generelle Tendenz der Verschulung aller Heranwachsenden. Warum regieren in einem Land Kulturföderalisten, im anderen eine Zentralverwaltung, im dritten lokale Kräfte das Bildungswesen? Warum spielen private Bildungsanstalten eine so verschiedene Rolle? Warum gab und gibt es ein preußisches Gymnasium, eine deutsche Universität? Warum noch heute eine einzigartige Form mitteleuropäischer Berufsausbildung? Um die Besonderheiten und Beharrlichkeiten des jeweiligen Bildungssystems zu verstehen, muß das komplexe Zusammenwirken der sozialen Kräfte weit zurückverfolgt werden. Nur dann ist Aufschluß zu erhalten über die Determinanten des Bildungssystems in seiner heutigen Form, lassen sich Grenzen und Möglichkeiten zukünftiger Veränderungen abschätzen.

Ein Kind kommt in die Grundschule. In seiner Muttersprache lernt es lesen und schreiben. Es erhält Rechen- und Religionsunterricht, erfährt Heimat- und Sozialkunde, Elementarbildung also, die notwendig und nützlich für jedermann ist, gleich welchen Weg er später als Erwachsener nimmt. Zugleich wird es auf die weiterführende zweite, die Sekundarschule vorbereitet, in der fremde Sprachen unterrichtet werden, Geographie und Geschichte, Mathematik und Naturwissenschaften. Solche Allgemeinbildung ist komplexer geworden wie die Gesellschaft, in der wir leben. An die Sekundarschule schließt sich die Berufsausbildung an, die ihrerseits den wachsenden Anforderungen industrieller Produktion, technischer Dienstleistungen und moderner Verwaltung zu folgen sucht.

Nahe liegt, sich in dieser Reihenfolge auch das Entstehen öffentlicher Bildungseinrichtungen vorzustellen, eines insofern organisch aufgebauten Schulwesens, als es dem Heranwachsen der Individuen wie dem inneren Zusammenhang der Bildungsstufen entspricht. Doch verlief die europäische Bildungsgeschichte ganz anders. Nicht die muttersprachliche Elementarschule steht am Anfang, sondern die Lateinschule. Sie entfaltete sich über viele Jahrhunderte zu einer kunstvollen Konfiguration fremdsprachlicher Bildung, verknüpft mit der mittelalterlichen Universität, lange bevor es Grundschulen überhaupt gab.

Was in jedem Entwicklungsland, nach dem Vorbild der Vereinigten Staaten von Amerika, wie selbstverständlich sich ergibt, der kontinuierliche Übergang von der elementaren zur weiterführenden Schulstufe, wurde in der europäischen Sozialgeschichte zu einem schulpolitischen Problem ersten Ranges – und ist es in der Bundesrepublik noch heute. Nur vordergründig handelt es sich dabei um eine schulorganisatorische Frage. Tatsächlich geht es um gesellschaftliche Interessen, die in einer langen Geschichte die Bildungseinrichtungen geformt und sich mit ihnen verbunden haben. Eine besondere Rolle spielten dabei in Deutschland die Territorialstaaten, die früh bemüht waren, Bildungsanstalten in den Dienst ihrer Machtentfaltung zu stellen, voran die Hochschulen als Landesuniversitäten. Die Reformation begründete die muttersprachliche Elementarbildung zum Zwecke der Religionserziehung und damit die landesstaatliche Schulorganisation, deren Grundsätze der Landesherr als oberster Bischof in der Kirchenordnung verkündete. So wurde in den protestantischen Fürstentümern die allgemeine Schulpflicht Jahrhunderte früher verordnet als in den Hansestädten.

Solange die Standesgrenzen gewahrt blieben, vertrug sich Schulreform mit dem Modernisierungsstreben der Obrigkeit. Erst die Französische Revolution veränderte die gesellschaftliche Funktion öffentlicher Bildung in den deutschen Ländern. Statt der

Entfaltung einer neuen Territorialherrschaft sollte sie nun zur Verteidigung der monarchischen Staatsform dienen. Deren tragende Oberschicht wurde aus dem Adel als geborener Elite und einer Auslese des dritten Standes, dem Bildungsbürgertum, neu geformt. Ohne die Privilegien standesgemäßer Geburt zu sehr zu schmälern, eröffnete eine berufsständische Gesellschaftsorganisation dem bürgerlichen Leistungsprinzip den erforderlichen Spielraum, ausgewiesen jedoch nicht durch ökonomisches, sondern durch kulturelles Kapital. Denn erworbene Bildung war staatlicher Kontrolle eher zugänglich als erworbener Besitz. Die höheren Schulen wurden verstaatlicht und mit der Aufgabe der Selektion betraut wie mit dem Recht, über den Zugang zu den modernisierten Universitäten zu entscheiden. Die allgemeine Hochschulreife war nur auf einem altsprachlichen Gymnasium zu erlangen. Abitur und Staatsexamen markierten Stufen im neuen Berechtigungswesen, insbesondere für das als Regierungspartei entstehende Berufsbeamtentum.

Dagegen bestanden monarchischer Staat und Bourgeoisie auf anhaltender Bildungsbegrenzung im niederen Schulwesen auch beim Übergang zur Hochindustrialisierung und in deutlichem Unterschied zu den anderen großen Industrieländern der zweiten Generation, den Vereinigten Staaten von Amerika und Japan. Aus der Differenz zwischen den beiden Schulsystemen wurde in Deutschland so eine immer breitere Kluft, und diese zu überbrücken, das zentrale Problem der Bildungsreform seit Wilhelm von Humboldts allgemeinem Schulplan. Aber ohne republikanische Verfassung blieben alle Pläne Papier, führte die Auseinandersetzung mit dem andrängenden Proletariat statt zu mehr Durchlässigkeit zu weiterer Segmentierung.

Um das Handwerk zu gewinnen, wurden gegen den Geist der Gewerbefreiheit Innungsprivilegien in der praktischen Berufsausbildung neu begründet. Deren private, betriebsbezogene Form ergänzte staatliche Initiative durch obligatorischen Unterricht an öffentlichen Berufsschulen und schuf das berufsständisch organisierte duale System beruflicher Bildung.

Die Verknüpfung staatlicher Bildungs- und Sozialpolitik mit dem Beschäftigungssystem durch das Berechtigungswesen erlaubte es auch, den neuen Mittelstand der Angestellten von der Arbeiterschaft zu unterscheiden und dieser gegenüber aufzuwerten.

Die herkömmliche konfessionelle Organisation der Volksschulen, die zur Trennung der Schüler in den Konfessionsschulen und der Lehrer in der konfessionell separierten Ausbildung führte, wurde entgegen der allgemeinen Säkularisierung nicht abgebaut, sondern gesetzlich bestärkt.

Mit dieser Konstellation, bestimmt durch obrigkeitsstaatliche, mittelständische und kirchliche Interessen, die nach langer Vorgeschichte im vergangenen Jahrhundert ihre endgültige Gestalt erhielt, haben es Bildungspolitik und Bildungsreform seitdem zu tun. Auch heute noch in der Bundesrepublik.

Reformpädagogik war immer bemüht, sich aus dem Korsett öffentlicher Bildungsorganisation zu befreien, die Spannung zwischen deren Qualifikationsansprüchen und den Zielen individueller Menschenbildung zu überwinden. Die europäische Aufklärung begründete Bildung als Menschenrecht und verpflichtete sie auf die Emanzipation des Individuums, die Entfaltung seiner Lernbereitschaft, seiner Fähigkeit zur Vernunft, zu Gefühl und Mitmenschlichkeit, zu Selbstbestimmung und Solidarität. Damit ist ein anderer Bildungsbegriff gemeint, als eine Gesellschaftsorganisation ihn zuläßt, in der Bildung als Medium fungiert wie Geld und Macht, als kulturelles Kapital neben dem ökonomischen und dem sozialen. Weithin sind Eingliederung und Anpassung gesellschaftliche Funktionen von Schul- und Berufsausbildung. Entgegen ihrem Selbstverständnis leisten sie ihren Beitrag, gesellschaftliche Ungleichheit zu erhalten. Dieser Widerspruch bestimmt die Geschichte der Bildungsreform.

Unmittelbare Erfahrung in der Bildungspolitik regte die vorliegende Untersuchung an. Zu ihren Fragen und Antworten trugen viele Diskussionen mit Freunden, Kollegen und Gegnern bei. Danken möchte ich vor allem Hellmut Becker und Christoph Führ. Besonderer Dank gilt Elfriede Olbrich für die langjährige Arbeit bis zum druckfertigen Manuskript.

Frankfurt am Main, Mai 1989   L. v. F.

I Vorgeschichte: Kirche, Staat und Schule

In Deutschland ist Schule im christlichen Mittelalter neu entstanden, mit anderer Aufgabe und ohne Verbindung zur weltlichen Stadtschule der Antike, die das römische Reich über Europa verbreitet hatte und die nördlich der Alpen zusammen mit seiner Stadtkultur in der Völkerwanderung unterging. Die sich entfaltende Kirche sorgte für den Priesternachwuchs zunächst durch Erweckungserziehung (Max Weber) im gemeinsamen Leben der Klöster und Bischofsgemeinden. Das meinte damals Schola. Lernen geschah im Hören und Memorieren lateinischer Worte, beim Singen, im Einüben von Texten. Keine Klassikerlektüre also, sondern Auswendiglernen von Psaltern und liturgischen Gesängen. Schreiben, vornehmlich kalligraphisches Abschreiben, war eine eigene Kunst zunächst von Klerikern, später auch ein in der Schreiberzunft organisiertes Handwerk, zu dessen Berufsausbildung das Lesen nicht gehörte. (Fried 1986)

Erst nach langem Widerstreben wurde im lateinischen Westen die überlieferte klassische Bildung in die christliche Erziehung aufgenommen. Angeregt von irischen und angelsächsischen Mönchen sorgte der Karolinger Hof, wachsenden Anforderungen auch der Verwaltung entsprechend, für einen nach der Grammatik ausgerichteten Sprachunterricht in Klöstern und Kirchen (Illmer 1979). Erst dann läßt sich von Kloster- und später von Domschulen sprechen.

Neben die Kenntnis der Kirchensprache, die Grammatik, traten Rhetorik und Dialektik. Diese drei ersten der sieben freien Künste, das Trivium der Artes liberales, dienten der Rede- und Denkgewandtheit der Kleriker. Ergänzt wurden sie durch die zur Bibelauslegung nützlichen Ansätze von Realwissenschaften, durch die Artes reales Arithmetik, Geometrie, Astronomie und Musiktheorie. Auf diesen sieben Säulen, wie der englische Gelehrte Alcuin, Freund und Lehrer Karls des Großen, sie nannte, ruhte als höchste Weisheit die alles bestimmende Theologie. Sein Schüler Hrabanus Maurus, Leiter der ersten berühmten Bildungsanstalt in Deutschland, der Fuldaer Klosterschule, gab diesem Schulwesen seine Begründung und erwarb sich den Ruf des *Primus praecep-*

tor Germaniae, des ersten Schulmannes in unserem Lande. (Paulsen 1919)

Der mittelalterliche Lateinunterricht kannte zunächst keine Schulstufen, geschweige denn Jahrgangsklassen. Der Zögling wurde oft erst im zweiten Lebensjahrzehnt aufgenommen und hatte Mitschüler verschiedenen Alters. Elementarbildung war anfangs nicht Gegenstand des Unterrichts, sondern Sache der Familie oder einer handwerklichen Lehre. Im Hochmittelalter kann in der Schulbildung eine erste Stufe des Elementarunterrichts für Kinder ab etwa sieben Jahren von einer zweiten Stufe unterschieden werden, der höheren Schule für Jugendliche, die sie mit fünfzehn Jahren abschließen konnten, ohne daß Abgrenzungen und Übergänge einheitlich geregelt waren. (Köhn 1986, S. 223) Schulbesuch aber hieß in jedem Fall das Erlernen einer Fremdsprache, des Lateins. Die Schüler sollten sich auch untereinander nur in ihr unterhalten. Der Gebrauch der Muttersprache war untersagt.

Lateinschule und Universität

Die Kloster- und Kathedralschulen, bis zur Gründung der Universitäten zugleich Stätten wissenschaftlicher Gelehrsamkeit, haben in erstaunlicher Kontinuität das europäische Sekundarschulsystem bis in unsere Zeit bestimmt (Durkheim 1977). Dabei spielte die Trägerschaft nur eine untergeordnete Rolle. Auch in den später von weltlichen Instanzen eingerichteten Rats- und Stadtschulen blieb Latein Unterrichtssprache, der Lehrplan und die Aufsicht Sache der Kirche. Erst im vierzehnten Jahrhundert entstanden Privatschulen, die Lesen, Schreiben und Rechnen in deutscher Sprache vermittelten. Doch nicht die Aufnahme muttersprachlicher Elementarbildung in das bestehende Schulsystem ist das bildungspolitische Problem des ausgehenden Mittelalters, sondern dessen Erweiterung in der anderen Richtung durch die neu entstehenden Universitäten.

Ihre Aufgabe war es, die scholastischen Wissenschaften zu lehren, wozu die monastischen Schulen nicht mehr ausreichten. Vermittelt durch den Kontakt mit der arabisch-islamischen Kultur war Aristoteles wiederentdeckt worden, eine Herausforderung an die Theologie wie an die Wissenschaftslehre. Mit den Kreuz-

zügen entwickelte sich der Handel und insbesondere in den nord-
italienischen Städten eine frühkapitalistische Geldwirtschaft. Die
Ansprüche der Kommunen an eine rechtskundige Verwaltung
wuchsen. Kaum läßt sich daher wohl mit wissenschaftlicher Neu-
gierde, mit »spontanem Wissen- und Erkenntniswollen« (Grundmann 1957, S. 59) allein das Interesse der oberitalienischen
Stadtschulen an der Beschäftigung mit dem römischen Recht erklären. (Classen 1983) Es war ein Beschluß der Stadt Bologna,
für die Ausbildung von Verwaltungsbeamten, Notaren und
Rechtsanwälten eine Schule einzurichten, zu deren Lehrstoff rö-
misches Recht gehörte. Friedrich I., Barbarossa, verlieh ihren
Scholaren mit der Authentica Habita seinen Schutz und das erste
Gesetzgebungsprivileg für die Höhere Schule, 1158 als Reichsgesetz verkündet (Westphalen 1979, S. 29). Den ortsfremden Akademikern ging es um Rechtsschutz gegenüber lokalen Gewalten
und weiterhin um den Zugang zur kirchlichen Pfründenversor-
gung, weshalb die Hochschulen in der Regel bemüht waren, sowohl ein Privileg des Papstes wie das der obersten weltlichen
Macht zu erlangen. Deren Interessen galten ebenfalls nicht nur
der Wissenschaft um ihrer selbst willen. Die Juristen von Bologna
unterstützten den Kaiser mit ihrer wissenschaftlichen Arbeit bei
der Auseinandersetzung um die Königsrechte in Oberitalien. Unverkennbar ist schon bei den ersten Universitätsgründungen die
Tendenz, Wissenschaft in den Dienst von Politik zu stellen und
Bildungseinrichtungen als Mittel zu verwenden, um Herrschaftsansprüche zu befördern. Die päpstliche Hochschulpolitik zielte
zunächst vor allem auf Frankreich. »Die wiederholten päpstlichen Verbote des römischen Rechts, insonderheit für Paris, zur
Förderung des Theologiestudiums weisen genauso wie anderseits
die Authentica Habita mitten in die machtpolitische Verflochten-
heit des werdenden Gelehrtenstandes sowie in den Konkurrenzkampf der beiden Rechtssysteme und Gewaltenbereiche«. (Boehm
1970, S. 43)
Die politische Funktion von Universitätsgründungen wurde später in Deutschland besonders augenfällig. Zunächst gab es jahrhundertelang keine Hochschulen. Die deutschen Scholaren zogen
vor allem nach Frankreich und Italien. Das war nicht nur mit
kulturellem und ökonomischem Rückstand gegenüber dem Westen und Süden Europas zu erklären, sondern auch mit der politi-

schen Zersplitterung. Sie stärkte den grundständigen Adel, auch dessen Position in der daher vergleichsweise bildungsfremden Kirche. Erst das Aufkommen territorialstaatlicher Herrschaft änderte das Bild. Für die neue Macht wurde die Landesuniversität zum Symbol, abgesehen von den Vorteilen einheimischer Akademikerausbildung. Beispielhaft waren die Anstrengungen der böhmischen Landesfürsten. Scheiterte Wenzel II. am Anfang des vierzehnten Jahrhunderts mit seinen Hochschulplänen noch am Widerstand des böhmischen Adels, gelang die Gründung einer Universität nach der Übernahme der Erblande durch die Luxemburger dann 1348 dem damals stärksten deutschen Territorialherrn und deutschen Kaiser Karl IV., der in seiner Jugend in Paris studiert hatte. Die Goldene Bulle machte die Kurfürsten zu Mitträgern des Reiches und übertrug ihnen besondere Hoheitsrechte. Die Habsburger in Österreich gehörten nicht dazu. Der mit Karl rivalisierende Herzog Rudolf IV. bot viele Mittel auf, um die Rechte seiner Herrschaft zu erhöhen und den Zusammenhalt des Landes zu stärken, so auch die Gründung einer Universität in Wien 1365. Ebenso diente die Stiftung der dritten deutschen Universität in Heidelberg 1386 der Festigung eines Territorialbesitzes. Pfalzgraf Ruprecht I. hatte die Unabhängigkeit seines zersplitterten Landes von der bayerischen Hauptlinie erst wieder herstellen müssen. Im Bunde mit Karl IV. sicherte er das aufgewertete Kurfürstenamt allein seiner Familie. Die Universität krönte diese Landespolitik. »Beachtet man, in welch ausgedehntem Maße schon wenige Jahre nach der Gründung der Universität die Professoren als Gesandte, Ratgeber und richterliche Beamte des kurfürstlichen Hofes verwendet wurden, so leuchtet der innere Zusammenhang der Universitätsgründung mit den politischen Bestrebungen Ruprechts unmittelbar ein.« (Ritter 1986, S. 41) Inzwischen hatte die Kirchenspaltung, das große Schisma von 1378–1417, für den Zugang vertriebener Professoren und die Nachfrage einheimischer Studenten gesorgt, denen es auf die heimatlichen Pfründe ankam. Denn viele deutsche Länder entschieden sich für den römischen und gegen den französischen Papst, weshalb das Studium in Frankreich seine Reputation verlor. Auch wenn manche der so beförderten Neugründungen, vor allem in Köln 1388 und in Erfurt 1392, von wirtschaftlich starken Städten getragen wurden, benötigten sie, um der Privilegien

18

willen, den Landesherrn als Stifter. Den zuständigen Erzbischö-
fen von Köln und Mainz übertrug der Papst die Prüfungsbefug-
nisse, sie oder ihre Vertreter fungierten als Kanzler der Universität. Jede Neugründung bedurfte der Umwidmung kirchlicher
Stiftungen, um die Professoren, in der Regel Geistliche, bezahlen
zu können.

Nur wenige Studenten gelangten bis in eine der drei höheren
Berufsbildungsfakultäten, die theologische, juristische oder medizinische. Alle mußten zunächst das Studium generale in der dem
Rang nach niederen Artistenfakultät absolvieren, um ihre Kenntnisse in Latein und den übrigen Artes liberales zu erweitern. Der
erste Teil dieses allgemeinen Studiums, dessen propädeutischer
Charakter eine klare Unterscheidung vom damaligen Schulunterricht kaum erlaubt, konnte mit dem Grad des *baccalarius*, der
zweite mit dem des *magister* abgeschlossen werden. Die meisten
verließen allerdings die Universität ohne irgendeinen Titel, wie ja
auch die Lateinschule kein Abschlußexamen kannte. Denn für
die Mehrzahl der Stellen, auch die der Lehrer, bedurfte es keiner
Examen. (Paulsen 1919, S. 35)

Wohl aber bedurfte es der Lateinkenntnis, welche allein die Kunst
des Lesens und Schreibens vermittelte. Zunächst war Latein die
Sprache der Geistlichkeit, als solche durchaus nicht tot, sondern
lebendige Umgangssprache, die einzige, mit der man sich in allen
Jahrhunderten und sämtlichen Ländern des Mittelalters verständigen konnte (Borst 1973, S. 316). Der Laie unterschied sich vom
Kleriker dadurch, daß er nicht Latein und damit nicht lesen und
schreiben konnte. Doch wuchs in der Verwaltung, im Rechtsver-
kehr und im Handel der Bedarf nach schriftlicher Kommunikation so sehr, daß das Monopol des Klerus gesprengt wurde. Im
Ausgang des Mittelalters öffnete sich die Schule den Laien.
Allein, ob für den Verwaltungsbeamten, den Notar oder den
Kaufmann, als einzige Schriftsprache und überregionales Ver-
ständigungsmittel stand weiterhin nur die Sprache der Kirche
zur Verfügung. Hauptgegenstand der Schule und des Universi-
tätsbesuches der Studenten blieb daher der Lateinunterricht.

Der Zugang zu dieser literarischen Berufsausbildung war weit
weniger sozialhierarchisch bestimmt als in späteren Jahrhunderten. So falsch wie die Annahme irgendeiner »organischen« Entfaltung des Bildungswesens in der europäischen Geschichte ist die

Vermutung, die sogenannte Demokratisierung des Schulbesuchs verlaufe als langwieriger Prozeß von engster Standesbindung zu immer weiterer Öffnung gemäß den Vorstellungen bürgerlicher Aufklärung. Eine solche Tendenz ist bestenfalls in unserem Jahrhundert auszumachen. Doch verlief die Entwicklung davor, vom Mittelalter an, genau umgekehrt, erst langsam und kaum zu erkennen, dann aber nach der Reformation parallel zur Verbreitung des Volksschulgedankens merklich beschleunigt und im neunzehnten Jahrhundert mit der Integration der Oberschicht in das öffentliche Bildungssystem kulminierend. Nicht viel anders verlief der steinige Weg der Frauenbildung. Die Chancen, die Nonnen und später auch Töchter wohlhabender Laien in mittelalterlichen Frauenklöstern hatten, blieben ihnen in den Universitäten versperrt. Das sich entfaltende öffentliche Bildungswesen behandelte die Geschlechter nur in den niederen Schulen gleich, die höheren, erst recht die Hochschulen dienten bis zum Ausgang des Kaiserreiches den Männern.

Die Lateinschule war eine »Einheitsschule«, mit einem einheitlichen Bildungsangebot. Der Zugang blieb von der sozialen Stellung der Eltern weitgehend unabhängig, also nicht den Kindern bestimmter Stände vorbehalten. Das entsprach dem Rekrutierungsverfahren der Kirche für den Nachwuchs der Kleriker. Im Schulsystem mußte daher Vorsorge getroffen sein, um armen Schülern Unterkunft zu gewähren und Möglichkeiten zu eröffnen, ihren Lebensunterhalt zu bestreiten, sei es durch erbettelte Almosen, Stiftungsgaben oder Dienstleistungen in Bürgerhäusern und im Kirchenleben. Der Schulbesuch eröffnete ihnen Chancen des sozialen Aufstiegs, doch in der Regel nur in engen Grenzen. Das Ansehen der gelehrten Berufe war bescheiden. Die armen Schüler, Kinder von Bauern und Handwerkern, stellten den Nachwuchs der niederen Kleriker, Lehrer und Schreiber. Die Plätze des höheren Klerus, die Bischofssitze und Abteivorstände blieben zumeist den jüngeren Söhnen des Adels vorbehalten.

In der analphabetischen Agrargesellschaft des frühen Mittelalters spielt die literarische Ausbildung gegenüber der sonst in der Regel durch den Stand der Eltern bestimmten Berufseinführung eine Außenseiterrolle. Nicht nur die Masse der abhängig Arbeitenden, vornehmlich auf dem Lande, auch der erste Stand bedurfte der literarischen Bildung nicht. Herrschaft folgte aus Waffengewalt und Landbesitz. Die Nachwuchsbildung des ersten Standes hatte andere Ziele, ritterliche Tugenden genannt, als die Einübung geistlichen Verhaltens in der Lateinschule mit seinen Forderungen nach Demut, Bescheidenheit, Keuschheit. Im übrigen konnte man eine Universität stiften, wie Ruprecht I. von der Pfalz 1386 in Heidelberg, ohne selbst des Lateins, also des Lesens und Schreibens mächtig zu sein. Auch viele Priester und Bischöfe vermochten zu jener Zeit nicht zu schreiben, wenngleich zu lesen. Erst im Spätmittelalter kann man annehmen, daß »über die Masse der Geistlichen hinaus weite Kreise der ritterlichen Familien, der Ratsherren in den großen Städten und der bedeutenderen Kaufleute in den Handelsstädten lese- und schreibkundig waren. Im Laienadel gab es aber nach einem Bericht 1476 aus dem verhältnismäßig sehr lesefreudigen Elsaß und nach einem zweiten von 1484 aus Xanten noch etliche Analphabeten« (Engelsing 1973, S. 3). Sie wurden dadurch zwar nicht in der Teilnahme am gerichtlichen und geschäftlichen Verkehr behindert, aber es mehrten sich im Laufe der Zeit die Klagen über Adelige, die Recht sprachen, ohne die Gesetze lesen zu können. Da im Ausgang des Mittelalters literarische Bildung in den oberen Ständen, ob privat oder in der Schule vermittelt, gebräuchlich, wenn auch nicht erforderlich wurde, in den Städten das wirtschaftliche Bedürfnis von Handel und Gewerbe nach muttersprachlicher Elementarbildung sich mehrte und Schulen zu diesem Zweck entstanden, Anfangsklassen und verkürzte Formen der Lateinschule ebenfalls dem Elementarunterricht sich zuwandten, ist zunächst schwer zu verstehen, warum die bestehende Lateinschule, wie vordem zur Universität, sich zu Beginn der Neuzeit nicht auch nach unten zur allgemeinen Elementarbildung erweiterte, als der Buchdruck der schriftlichen Kommunikation eine neue Dimension eröffnete und die Reformation muttersprachliche Bibellektüre und Glaubenslehre erlaubte und erforderte. Statt dessen entwickelte sich ein zweites, getrenntes, niederes Bildungssystem, die Volksschule.

Der Sachverhalt ist früh erkannt worden, wenn auch anfangs eher als Problem des anhaltenden Analphabetismus der unteren Schichten, vor allem auf dem Lande, denn als das der getrennten Schulsysteme. Deren Spaltung wurde im übrigen öfter verklärt als kritisiert, nicht nur aus standespolitischen Gründen (vgl.

Herrlitz 1973), sondern auch um ein nationales Schulwesen zu fördern und zu preisen. So verbindet beispielsweise Lorenz von Stein die zutreffende Erkenntnis, daß seit dem fünfzehnten Jahrhundert nicht mehr von *einem* Schulwesen zu reden sei, sondern von zwei verschiedenen Grundgestalten, deren erste »in einer allerdings durchgreifenden Reform der alten karolingischen Schulordnung besteht, während die zweite ein ganz neues, selbständiges, und zwar specifisch dem deutschen Volke eigenthümliches Schulwesen enthält«, mit der Bewertung, die Volksschule sei von da an weit wichtiger für die geistige Entwicklung geworden als alle Universitäten, Gymnasien und gelehrte Literatur, so »daß nunmehr der Platz eines jeden Volkes in der Weltgeschichte nicht mehr in den Leistungen seiner Gelehrten, sondern in der Breite und Höhe seines Volksschulwesens gegeben ist« (Stein 1883 b, S. 521 f.). In diesem Sinne wollte noch Eduard Spranger die Kulturhöhe eines Volkes nicht nach den Spitzenleistungen einzelner messen, »sondern nach dem breiten und sicheren Fundament der allgemeinen Volksbildung, auf dem die Pyramide des sonstigen Unterrichtswesens ruht« (Spranger 1970, S. 133). Aus solcher Sicht erscheint die Trennung von höheren und niederen Schulen kaum erklärungsbedürftig, wohl aber mit dem Blick auf deren tatsächliche Entwicklung.

Abgrenzung der Volksschule

Aus wirtschaftlichen Gründen bestand auf dem Lande im ausgehenden Mittelalter kein Anlaß zur Elementarbildung. Das Bedürfnis, lesen zu lernen, erwuchs aus religiösen Motiven im Protest gegen die herrschende Kirche und deren Monopol der Bibelaneignung. Dissidenten und Sekten suchten den direkten Zugang zur Heiligen Schrift. Durch Luthers Bibelübersetzung, deren Verbreitung der neue Buchdruck erleichterte, erhielt solches Bedürfnis breiten Auftrieb. »Lesen können«, heißt es in Valentin Ickelsamers zeitgenössischer Methodik über »Die rechte weis auffs kürczist lesen zu lernen«, »hat in langer Zeit nie so wohl seinen Nutzen gefunden als jetzo, dieweil es sehr ein jeder darum lernet, daß er Gottes Wort und etlicher gottgelehrter Männer Auslegung darüber selbst lesen und desto besser darin urteilen möge« (Günther 1971, S. 69).

22

In den Städten konnte nach der Reformation der neue Katechismusunterricht dem Lehrplan der bestehenden Schulen eingefügt werden. Auf dem Lande aber gab es solche Einrichtungen nicht. Insoweit sich die Religionskunde samt allen Chorälen mit dem Unterricht im Lesen und Schreiben verband, war die Kinderlehre nicht mehr vom Pfarrer allein im Nebenamt zu leisten. Es mußten eine eigene Lehrperson, in der Regel der Küster, und ein eigener Raum vorgesehen werden. So entstand die Schule im Dorf.

Zwischen diesen Küsterschulen auf dem Lande und den überkommenen Stadtschulen bestanden keine Anknüpfungspunkte. Von den berufspädagogisch orientierten Schreibleseschulen trennte sie der kirchliche Bildungsauftrag, von den Lateinschulen ihre Volkstümlichkeit. Gerade gegen das Volkstümliche und die »Verwahrlosung« des mittelalterlichen Lateins, als gleichsam lebender Sprache, hatte die humanistische Schulreform Front gemacht und sich zu Beginn des 16. Jahrhunderts mit einem bisher unvergleichlichen »literarischen Terrorismus« (Paulsen) durchgesetzt. Jetzt erst wurde das klassische, vorchristliche Altertum für die Schule wiederentdeckt; Griechisch erhielt als Unterrichtsfach seinen Rang neben Latein; die Lateinschule entwickelte sich zum humanistischen Gymnasium. Damit nahm die Distanz zur muttersprachlichen Elementarbildung erheblich zu. Das Verbot des Deutschsprechens in der Schule wurde verschärft. Ebenso bezeichnend wie philologisch unzutreffend wurde die eigene Sprache als Ausdruck von Barbarei verdammt.

»Selbst in einer Handelsstadt wie Augsburg war der Lehrplan der Lateinschule, die später im Karmeliterkloster St. Anna untergebracht wurde, in der Mitte des 16. Jahrhunderts so humanistisch, daß die reichen Kaufleute darüber unwillig waren und das Fehlen des Unterrichts in den neueren Sprachen tadelten.« (Engelsing 1973, S. 40) Die Reformatoren haben solcher Entwicklung nicht etwa Widerstand entgegengesetzt. Ihnen lag an der klassischen Bildung der Pfarrer, zu der sie noch das Hebräische hinzufügten, und der übrigen Akademiker. Reformatorische Schulordnungen zeigten vielfach die Tendenz, bestehende deutschsprachige Stadtschulen als »Winkelschulen« abzuwerten und zugunsten der Gymnasien zu unterdrücken. Reformatorische Lehrpläne bewahrten dem Studium der alten Sprachen seinen zentralen Platz. Die enge Bindung der Reformation an das humanistische Gymnasium bestimmte die Position der evangelischen Theologen noch in den Gymnasialkämpfen des 19. Jahrhunderts.

Aber nicht nur die humanistische Lehrplanreform vertiefte die Kluft zwischen Lateinschule und Elementarbildung. Der Schulbesuch erhielt eine stärker sozial bestimmte Note. Den Kindern der unteren Schichten wurde der Zugang zur höheren Bildung erschwert; Söhne der oberen Schichten traten in den Vordergrund. Die Abneigung der protestantischen Ethik gegen Bettelei und Almosenwirtschaft, der Ausfall früherer Kirchendienste und Klosterplätze schränkten die Möglichkeiten für arme Schüler ein, ihren Lebensunterhalt zu bestreiten. Statt dessen wurde ein Stipendienwesen geschaffen, das nicht Armut ausgleichen, sondern Fleiß und Fähigkeit auszeichnen sollte. Der Lebensstil der Studenten wurde aufwendiger. Die ehemalige Verpflichtung, in den Kollegien und Bursen zu wohnen, am Vorbild des klösterlichen Lebens orientiert, verfiel. Die jüngeren Söhne des Adels, denen die Reformation die Plätze und Pfründe der kirchlichen Hierarchie entzogen hatte, wandten sich der juristischen, der »Herrenfakultät« zu, mit dem Blick auf Positionen im Fürstenstaat und entsprechend betontem Standesgebaren. An ihrem Verhalten richteten sich die Bürgersöhne aus. So wurde »aus dem Scholaren des Mittelalters, dem klerikalen Seminaristen, der akademische Student des 17. Jahrhunderts, der den Kavalier spielt. Es spiegelt sich hierin die Wandlung der Gesellschaft: der geistliche Stand verschwindet in der protestantischen Welt, das Bürgertum tritt zurück, der Adel wird der sozial und politisch herrschende Stand« (Paulsen 1919, S. 261). In England hat Stone die sich verschärfende Chancengleichheit am Zugang zur Universität Oxford gezeigt. Kamen Ende des sechzehnten Jahrhunderts noch mehr als die Hälfte der Studenten aus »plebejischen« Familien, so sank deren Anteil im siebzehnten Jahrhundert auf ein Drittel, im folgenden auf ein Zehntel und im neunzehnten Jahrhundert auf weniger als ein Prozent. Sie wurden vor allem von Söhnen aus Adelshäusern und Pfarrersfamilien durch steigende Ausbildungskosten und aufwendigen Lebensstil bei gleichzeitigem Abbau von Stipendien und Unterstützungen für die Kinder armer Leute verdrängt (Kaelble 1978, S. 78). Diese Entwicklung, mehr oder minder ausgeprägt in allen westeuropäischen Ländern zu finden, erreichte in der langen Restaurationsphase des neunzehnten Jahrhunderts ihren Höhepunkt. Erst in den letzten Jahrzehnten vor dem Weltkrieg wendete sich der Trend. Das Ausmaß der Bildungschancen begann langsam zu wachsen, allerdings nur für die Mittelschichten. Die handarbeitenden Unterschichten blieben nach wie vor nahezu ausgeschlossen. (Kaelble 1981)

Veränderungen in Herkunft und Lebensperspektive der höheren Schüler weisen deutlicher als Lehrplanentwicklung und Differenzen des Bildungsauftrages elementarer und weiterführender Schulbildung auf die bestimmenden Kräfte für die Schulorganisation hin. Schließlich gab es lange vor der Einrichtung verbindlicher Volksschulen bedeutende Entwürfe für eine sinnvolle Verknüpfung der Bildungsgänge in einer Stufenschule. Erinnert sei nur an Ratke und Komenský, die sich damals Ratichius und Comenius nannten. Ersterer trug seine Didaktik auf dem Reichstag in Frankfurt 1612 vor und versah alle Kurfürsten mit seinem »Memorial«, in dem er gegen den allgemeinen Brauch, »daß die Künste und Fakultäten zum ersten in lateinischer, dann in griechischer und hernach, wiewohl gar wenig, in hebräischer Sprache, durch allerhand Lektiones, aus vielfältigen Büchern, der lieben Jugend fast mit Gewalt eingetrieben« werden und daß ein »solcher Gebrauch, wie denn auch die Mittel, ... beid der Natur und Sprache nicht allein und gar zuwidern, sondern darzu hochschädlich und sehr beschwerlich« ist, seine Didaktik darstellte als den rechten »Gebrauch und Lauf der Natur, daß die liebe Jugend, zum ersten, ihr angeborne Muttersprache, bei uns die deutsche, recht und fertig lesen, schreiben und sprechen lerne, damit sie ihre Lehrer in anderen Sprachen künftig desto besser verstehen und begreifen können, darzu die deutsche Bibel mit sonderlichem Nutz kann gebraucht werden« (Dolch 1965, S. 278). Doch jedes Verknüpfen der Bildungsgänge in einer gemeinsamen Schule eröffnet zugleich bessere Möglichkeiten für alle Schüler, ihre Begabungen und Interessen individuell zu entfalten, und sollte solches nach protestantischer Auffassung vom Zugang aller zur literarischen Bildung auch leisten. Das wäre in der mittelalterlichen Gesellschaft kaum folgenreich gewesen. In dem Maße aber, in dem durch die Rationalisierung der Welt literarische Berufsausbildung funktionsnotwendiger für die Verfügung über Recht, politische Macht und wirtschaftliche Mittel wurde, verbanden sich mit ihr nicht nur Außenseiterchancen, sondern Statusansprüche, zumindest aus der Sicht der oberen Stände. Füglich war diesen vom Beginn öffentlicher Elementarbildung an deren Beschränkung ebenso bedeutsam wie ihre Einrichtung. Die Abgrenzung von Volksbildung wurde so zu ihrem zentralen Organisationsprinzip.

Von den ersten Schreibleseschulen in den Städten sind aufgezeichnete Lehrpläne nicht überliefert, wohl aber häufig wiederholte Vorschriften, die den Unterricht auf muttersprachliches Lesen und Schreiben sowie Rechnen einengen. Dolch meint aus den Beschränkungsvorschriften den Lehrplan dieser Schulen als amtlich geregelten erschließen zu können (Dolch 1965, S. 245). Insbesondere sollten sie nicht Latein lehren und wurden immer wieder angewiesen, nicht in den Stoff der Lateinschule überzugreifen. Lassen sich solche Regeln noch im Zusammenhang von Konkurrenz und Kompetenzverteilung zwischen verschiedenen Anstalten verstehen, die besondere Aufgaben für spezifisch interessierte Schülergruppen übernommen hatten, so wurden mit dem Entstehen allgemeiner Volksbildung bald die zentralen Problemdimensionen erkennbar. Schulbesuch für die Heranwachsenden auf dem Lande bedeutete einmal, daß sie während dieser Zeit der Landarbeit oder dem Handwerk entzogen wurden. Zum anderen diente der Lehrstoff nicht unmittelbar der Berufsarbeit, für die nach wie vor weder Lesen noch Schreiben erforderlich war. Also wurde der Verdacht laut, Elementarbildung entfremde die Dorfschüler ihrem Lebenserwerb und bringe sie auf unstandesgemäße Gedanken und Ansprüche. Schon Anfang des siebzehnten Jahrhunderts, lange vor der Einführung verbindlicher Schulpflicht, wurde in Bayern gegen die Landschulen vorgebracht, sie hielten die Söhne und Töchter der Bauern nur vom Dienen ab (Engelsing 1973, S. 45). Die Räte Herzog Maximilians I. verlangten, auf dem Lande alle Schulen aufzuheben und deutsche Schulen nur in den Marktstädten zuzulassen. Sie mißtrauten dem sittlichen Wandel der Schulmeister und beschworen künftigen Arbeitskräftemangel auf dem Lande, wenn »kheine eltern Ir Khinder mehr zur Arbeith, sondern alle vis feyrn züechen wellen«. Doch erreichten die Stände im bayerischen Landrecht von 1616 den Fortbestand der deutschen Schulen. (Dolch 1965, S. 277)

In den protestantischen Territorien gewährte die Einheit von fürstlicher Staatspolitik und kirchlichem Bildungsbemühen standespolitischen Bedenken gegenüber den Gefahren muttersprach-licher Elementarbildung zunächst kaum Raum. Sie äußern sich erst später und beziehen sich weniger auf die Dorfschule als auf den Zugang zur weiterführenden Bildung, insbesondere zum Studium. Der Universität Halle sandte Friedrich I., König in Preu-ßen, 1708 ein »Patent, wegen derer, so studiren wollen, daß die untüchtige nicht zugelassen, sondern davon ab- und zur Erler-nung einer Profession angewiesen werden sollen«. Er forderte nicht nur strenge Selektion bei der Zulassung zum Studium, son-dern verlangte von der geistlichen und weltlichen Aufsicht, in den Schulen rechtzeitig vorzusortieren »und zur Erlernung einer Ma-nufactur, Handwercks oder anderen redlichen Profession anzu-weisen, selbige auch nicht weiter, als fürnehmlich in dem wahren Christenthum und Fundament der Gottesfurcht, dann auch im Lesen, Schreiben und Rechnen unterweisen und informiren las-sen« (Herrlitz 1973, S. 36 f.).

Daß Schulbildung die Kinder auf dumme Gedanken bringe, diese Sorge der Obrigkeit begleitet die Volksschule durch die Jahrhun-derte, nicht weniger als die nun angeblich immer mehr überfüll-ten Gymnasien. Die Schulmeister auf dem Lande sollten den jun-gen Leuten Religion und Moral lehren, forderte 1779 Preußens aufgeklärter König, Friedrich II., in einer Kabinettsordre an sei-nen Staatsminister Freiherr von Zedlitz, »damit die Leute bei ihrer Religion hübsch bleiben und nicht zur Katholischen überge-hen, denn die evangelische Religion ist die beste und weit besser als die Katholische, darum müssen die Schulmeister sich Mühe geben, daß die Leute Attachement zur Religion behalten, und sie so weit bringen, daß sie nicht stehlen und nicht morden. ... son-sten ist es auf dem platten Lande genug, wenn sie ein bisgen lesen und schreiben lernen, wissen sie aber zu viel, so laufen sie in die Städte und wollen Secretairs und so was werden; deshalb muß man auf'n platten Lande den Unterricht der jungen Leute so einrichten, daß sie das Nothwendige, was zu ihrem Wissen nö-thig ist, lernen, aber auch in der Art, daß die Leute nicht aus den Dörfern weglaufen, sondern hübsch da bleiben« (Meyer 1885, S. 170). Seinen Staatsminister bestärkte er damit in dessen Auf-fassung, daß der Unterricht für die Untertanen »nach ihren ver-schiednen Klassen natürlicherweise verschieden seyn« müsse. Die Schule habe sich darauf zu beschränken, »jeden Schüler seiner

Bestimmung gemäß zu unterrichten, und ihn weder mehr noch weniger zu lehren, als was er wissen muß, und wovon er in der Lebensart, welche er erwählen wird, Gebrauch machen kann« (Herrlitz 1973, S. 88 und 90).

Wie immer sich die Verhältnisse änderten, dieses Argumentationsmuster erhielt sich bis heute. Sorgenvoll schrieb Reichskanzler Fürst Bismarck hundert Jahre später an seinen Kaiser, bei der Volksschule bestehe die Neigung, »den Lehrstoff auszudehnen und die Anforderungen über das dem gesetzlich obligatorischen Elementarunterricht gesteckte Ziel fortschreitend immer weiter hinaufzuschrauben. Die Folge hiervon ist, daß die Schüler anstatt durch die Schule für das praktische Leben brauchbar gemacht zu werden, den Aufgaben desselben und den Verhältnissen, in welchen sie und ihre Eltern leben, entfremdet werden. Schon jetzt mehrt sich die Zahl derer, die aus der Schule die Überzeugung ins Leben nehmen, sie seien für gewöhnliche Arbeit, wie ihre Eltern sie verrichten, zu gut, weil sie mehr gelernt haben. Namentlich die intelligenteren unter den Kindern unterliegen vermöge ihrer Schulerfolge und Eindrücke der Gefahr des unbegrenzten Strebens über die Sphäre der Eltern hinaus und der Unzufriedenheit im Falle des Mißlingens« (Führ 1976, S. 50). Drastischer noch drückten den gemeinten Sachverhalt konservative Abgeordnete in einschlägigen Parlamentsdebatten aus, so im Preußischen Herrenhaus der Abgeordnete v. Helldorf 1899: »Ich will den Bauern nicht zum Rechnen bringen, denn dann ist der Bauer verdorben, er soll den Pflug führen und hinter dem Pfluge hergehen und nicht Rechnungen führen« (Tews 1914, S. 184), oder im Deutschen Bundestag der Abgeordnete Dr. Rose 1978: »Deshalb wollen wir, daß endlich mit dem Spuk immer weiterer Schuljahre Schluß gemacht wird. ... Mir ist es lieber, daß ein Elektriker meine Leitung richtig legt; meine Stromrechnung braucht er nicht zu verstehen.« (Deutscher Bundestag 1978, S. 7617) Elementarbildung abzugrenzen und einzuengen blieb so aus dieser Sicht erklärtes Organisationsprinzip der Volksschule. An ihrer Wiege standen keine berufspädagogischen Interessen, kein ökonomischer Bedarf. Wirtschaftliche Interessen, insbesondere auf dem Lande, waren immer bemüht, die Volksschule gleichsam nur negativ zu definieren, allgemeine Elementarbildung, so sie schon nicht wieder abzuschaffen war, kurzzuhalten.

Bildung und Herrschaft

Ihre säkulare Bedeutung erhielt die muttersprachliche Elementarbildung als Bestandteil der Entfaltung des modernen Territorialstaates. Das ist nicht nur deskriptiv gemeint, so wie sich etwa zeigen läßt, daß die deutschen Schreibleseschulen nach der Reformation zum Katechismusunterricht angehalten wurden und die Küsterschulen andererseits sich zu Dorfschulen weiterentwickelten (Fertig 1971, S. 78). Vielmehr besteht ein funktionaler Zusammenhang zwischen Bildungssystem und Staatenbildung bei der Durchsetzung zentraler Herrschaftsansprüche und Normen (Flora 1972, S. 299 f.; Lundgreen 1980, S. 29 ff.). Die Volksschule, wie immer in ihr künftige Untertanen zu Gehorsam und Demut erzogen werden sollten, ist dabei nicht einfach nur Herrschaftsmittel zur Konsolidierung überkommener Machtverhältnisse. Gerade für ihre Anfänge gilt, »daß die primär auf den Landesherrn und erst sekundär auf die lokale Obrigkeit gerichtete Loyalisierung der Bevölkerung durch Elementarbildung nicht in erster Linie auf die Erhaltung der traditionellen Herrschaftsformen abzielte. Obwohl sie diese Funktion unter den gegebenen sozialen, politischen und rechtlichen Bedingungen notwendig miterfüllen mußte, wurde die Elementarschule vielmehr bewußt in den Dienst der allmählichen Errichtung einer neuen Herrschaftsform gestellt« (Leschinsky und Roeder 1976, S. 463 f.). Das war seit der Reformation, als die protestantischen Fürsten die obersten Bischöfe ihrer Landeskirchen wurden, ein ebenso langwieriger wie mühseliger Prozeß. Von einem Durchgriff bis in die einzelne Dorfschule konnte noch jahrhundertelang keine Rede sein. Auf dem Lande stand die Schule unter dem Patronat des jeweiligen Grundherrn. Allerdings gab es für ihre Einrichtung allgemeine Regeln und im Prinzip die Visitation als Kirchen- und Schulaufsicht. Doch erreichten selbst in den Zeiten des Absolutismus die landesherrlichen Absichten selten die Schulwirklichkeit, blieb der ständische Einfluß der Patronatsherren auf dem Lande und der Magistrate in den Städten, ganz abgesehen von dem der Kirchen, beträchtlich – anders als im Militärwesen oder auch in der Ökonomie. In kleinen und einheitlichen Ländern wie den sächsischen Fürstentümern konnte eine bildungsbeflissene Obrigkeit eher eine wirkungsvolle Schulpolitik betreiben (Fertig 1971) als in zusammengesetzten Territorialgebieten wie in Brandenburg-Preußen, zumal nachdem das Fürstenhaus aus dynastischen Gründen vom lutherischen Glauben seiner Stammgebiete zum reformierten übergetreten war (Neugebauer 1985).

Bezeichnend für die Konfliktlage war ebenso wie der Lehrplan der Elementarschule die Auseinandersetzung um ihn mit den Schulträgern. Protestantische Landesherren nutzten den Zorn der Reformatoren über die rein weltlichen Schreibleseschulen, um gegen die sie tragenden oder tolerierenden Städte ihre Zentralgewalt in Gestalt der Schulaufsicht geltend zu machen. Inhaltlich minderte die landesherrliche Auflage religiöser Erziehung die partikulare, berufspädagogisch bürgerliche Orientierung dieser Schulen zugunsten einer allgemeinen Elementarbildung aller Landeskinder. Sie allerdings auch auf dem Lande durchzusetzen, konnte nicht im Interesse der Gutswirtschaft des Adels sein und griff in dessen Hoheitsbereich ein. Insofern die Kinder nicht nur sonntags die Schule besuchen sollten, für sie, über die Nebentätigkeit des Pfarrers hinaus, ein Dorfschullehrer zu unterhalten war und der Unterricht im Lesen, Schreiben und Rechnen gegenüber der Religionserziehung seinen Platz beanspruchte, mußte mit dem Widerstand vieler Gutsherren gerechnet werden. Anders als bei der höheren Bildung der Gymnasien und Universitäten, ließen sich die Fragen der Finanzierung und der Motivation des allgemeinen Schulbesuchs zunächst nicht beantworten. Weder konnten für die niedere Bildung hinreichend Schulgeld erhoben noch mit ihrem Abschluß Berechtigungen vergeben werden. Der Anspruch der Territorialfürsten, daß alle Schule Sache des Staates sei und alle sie zu besuchen hätten, blieb so lange Zeit bloßes Programm.

Dabei ging es den protestantischen Landesherren nicht um die Auseinandersetzung mit der Kirche, deren weltliches Oberhaupt sie selbst waren. Die Verknüpfung von religiöser Erziehung und Elementarbildung erlaubte es, territorialstaatliche Ansprüche durch die Kirche vermitteln zu lassen. Unbestritten blieb auch die traditionelle Zuständigkeit für die Universität. Seit ihrer ersten Gründung waren die deutschen Hochschulen in der Regel Landesuniversitäten. Nach dem Ausfall der kirchlichen Pfründe als Folge der Reformation übernahm der Landesherr die materielle Versorgung. Der neue Zusammenhang, mit der Herrschaft die Religion und damit die Bildung zu bestimmen, führt zu den reformatorischen Neugründungen wie in Marburg (1527), Königsberg (1544) Jena (1558) und Helmstedt (1576). »Von einer gewissen Größenordnung an bedarf nun ein Land oder ein Länderbündel in der Hand eines Fürsten einer Universität. Die Universität wird zur staatstragenden und den Staat damit auch sichernden Einrichtung.« (Ellwein 1985, S. 44) Demselben Zweck dienten die Landesschulen, beispielhaft die sächsischen Fürstenschulen in Grimma, Meißen und Schulpforta. Sie sollten den Nachwuchs, auch den adligen, für Regierung und Kirche gemeinsam erziehen (Lennert 1964). Entsprechend bestimmte die von Herzog Moritz 1543 erlassene Neue Landesordnung: »Nachdeme zu Christlicher Lehre und Wandel, auch zu allen guten Ordnungen und Policey vonnöthen, daß die Jugend zu Gottes Lobe und im Gehorsam erzogen, in denen Sprachen und Künsten und dann vornehmlich in der heiligen Schrift gelehret und unterweiset werde, damit es mit der Zeit an Kirchendienern und andern gelahrten Leuten in unsern Landen nicht Mangel gewinne, sind wir bedacht, von den verledigten Klöster- und Stifft-Gütern drey Schulen aufzurichten ...« (Flathe 1879, S. 13). Beschickt nach einem genauen Schlüssel von der Ritterschaft, den Städten und der herzoglichen Regierung, sollten die erfolgreichen Absolventen der sechsjährigen, kostenlosen Internatsschulen anschließend die Landesuniversität Leipzig besuchen, um als Adlige Jura, als Bürgerliche Theologie zu studieren.

Im folgenden Jahrhundert verbesserte vor allem Ernst der Fromme, Herzog von Sachsen-Gotha, die landesstaatliche Gymnasialbildung, nicht nur inhaltlich durch stärkere Betonung der Realien, sondern auch institutionell durch die Vorwegnahme eines Reifezeugnisses. Nachdem er das Gymnasium seiner Hauptstadt Gotha in eine Landesschule umgewandelt hatte, ließ er, den Bildungsstand zu vereinheitlichen, eine Abgangsprüfung einrichten und später an der Universität Jena, die von den sächsischen Herzogtümern gemeinsam unterhalten wurde, Landeskinder, die Beamte werden wollten, nur dann immatrikulieren, wenn sie das Gothaer Schulexamen abgelegt hatten (Fertig 1971, S. 74). Nach der Gegenreformation standen katholische Territorialfürsten den evangelischen im Bemühen um Bildungseinrichtungen nicht nach. Als Wallenstein sein Herzogtum in Böhmen einrichtete, gründete er Gymnasien, deren Besuch für die Kinder der oberen Stände obligatorisch war. Staatsraison bestimmte seinen Willen, so Golo Mann, »sich einen gebildeten und loyalen Nachwuchs im eigenen Land zu schaffen, aus dem Adel wie aus dem Bürgerstand. Nebenbei: treu ergebene Offiziere für sein Heer.« (Mann 1971, S. 340) In Güstrow, der Hauptstadt seines neuerworbenen Herzogtums Mecklenburg, richtete er ein fürstliches Ritter-Collegium ein, die erste katholische Adelsakademie auf deutschem Boden, gedacht als »Umerziehungsinstrument Wallensteins für den landsässigen lutherischen Adel« (Conrads 1982, S. 208).

Die berufsständische Funktion der höheren Schule hatte sie immer schon dem Einfluß übergeordneter Bildungspolitik geöffnet. Weit schwerer war ein staatliches Interesse an allgemeiner Volksbildung durchzusetzen. Schulordnungen für die Volksschule wurden anfangs als Teil von Kirchenordnungen erlassen. Dabei war die landesherrliche Macht keineswegs unbeschränkt. Die Stände hatten ein Wort mitzureden. Die im Jahr nach der Einführung der Reformation in Brandenburg von Kurfürst Joachim II. 1540 verfügte brandenburgische Kirchenordnung war im Entwurf den Ständen zu Berlin, dem Adel, den Städten und dem Bischof von Brandenburg zur Billigung vorgelegt worden (Leschinsky und Roeder 1976, S. 41). Sie verpflichtete die Gemeinden zur Einrichtung von Elementarschulen. Von der Verpflichtung der Kinder, sie zu besuchen, war anfangs noch nicht die Rede. Bezeichnenderweise konnte der Schulbesuch in den lutherischen mitteldeutschen Ländern, wie in Sachsen-Weimar 1619 und Sachsen-Gotha-Altenburg 1640, zuerst obligatorisch werden. Dafür hatte die frühe Verbreitung des Katechismusunterrichts den Boden bereitet, dem in diesen Ländern der heftigsten innerprotestantischen Richtungskämpfe besondere Beachtung geschenkt worden war. Seine Erweiterung zur Elementarschule fand geringeren Widerstand bei dem grundbesitzenden Adel als in Norddeutschland. Denn »selbst wenn auf Grund der politischen Verhältnisse die Landesobrigkeit so mächtig war, einheitliche Schul- bzw. Kirchenordnungen mit dezidierten Anweisungen über die Errichtung und Unterhaltung der niederen Schulen zu erlassen, war es zumeist in die Hand des adligen Patrons gelegt, eine Entwicklung zur Hebung des Wissens und der Fertigkeiten, die oft nicht in seinem Interesse lag, zu hindern« (Fertig 1971, S. 79). Daran war den Grundherren in Mitteldeutschland weniger gelegen als den norddeutschen Gutsherren. Ihre Bauern arbeiteten unabhängiger als in der Gutswirtschaft und mußten vergleichsweise selbständiger für ihre Abgaben, das Einkommen der Grundherren, sorgen. Daher konnte ihnen eher die Verteilung ihrer Arbeitszeit wie die ihrer Kinder überlassen bleiben und – weniger für die Landarbeit als zum Verständnis der Vorschriften und zur Berechnung der Abgaben – erwies sich eine gewisse Elementarbildung gar als Vorteil.

So fand Ernst der Fromme ein treffliches Feld für seine Staats- und Schulpolitik vor. Kein deutscher Landesfürst hat sich im 17. Jahrhundert derart bemüht, seine Untertanen »fromm, sittenstreng und rational im beruflichen Tun zu machen« (Flitner 1963, S. 53), wie der Herzog von Sachsen-Gotha. Er nutzte die Chance, die eine allgemeine Erschöpfung nach jahrzehntelangem Krieg den kleinen Territorien gab, ihre inneren Angelegenheiten selbständig zu ordnen und tatkräftig wiederaufzubauen. In seinem Auftrag verfaßte sein Kanzler, Veit Ludwig von Seckendorff, Sachsen-Gotha als Modell verstehend, den Traktat »Teutscher Fürsten Stat« (Seckendorff 1665), der noch im ganzen folgenden Jahrhundert dem staatswissenschaftlichen Unterricht an den Universitäten eine Grundlage gab. Es ging um nichts weniger als den Versuch, »über die Eingliederung des Kirchen- und Schulwesens in das Staatsgefüge und über deren Kontrolle und damit der Beaufsichtigung und Leitung der Denk- und Fühlweisen der Untertanen eine Durchdringung des Landes mit einem Prinzip zu erreichen« (Fertig 1971, S. 28), dem Prinzip territorialer Zentralgewalt.

Ernst begann seine Regierungszeit sogleich mit einer Visitation des gesamten Kirchenvolkes. Jung und alt hatte sich einer strengen Prüfung zu unterziehen, die ebenso den Glaubensfragen wie den Kenntnissen im Lesen und Schreiben galt und in der über die jeweiligen Lebensverhältnisse genaue Auskunft zu geben war. Im Instrument der Visitation verbanden sich Kirchen-, Schul- und Staatsaufsicht. Ihre Grundlage erhielt sie in der Gothaer Schulordnung, dem berühmten »Schulmethodus«. Er regelte zunächst die Schulpflicht: »Alle Kinder, Knaben und Mägdlein, sowohl in Dörfern als in Städten, sollen, sobald sie das fünfte Jahr ihres Alters zurückgelegt, in die Schule auf die von der Kanzel geschehene Abkündigung, davon bald hernach folgt, ohne Aufenthalt geschickt und dabei so lange, bis sie, was ihnen zu wissen nötig ist und nachgehends stückweise erzählt wird, gelernt haben, und zwar nicht nur im Winter, sondern auch im Sommer beständig gelassen und nicht aus eigener Willkür davon abgezogen, viel weniger gar herausgenommen werden, bis sie auf geschehene Erforschung von den Vorgesetzten zur Loszählung, wie davon unten Kap. 13 Nachricht zu finden, tüchtig erachtet worden und ordentlich abgedankt haben.« (Fertig 1971, S. 82) Für Eltern, die diese Vorschriften verletzten, waren harte Geldstrafen vorgesehen, sobald sie vom Pfarrer verwarnt waren und keine Besserung zeigten. Das eingegangene Strafgeld sollte zur Anschaffung von Lernmitteln für arme Kinder verwandt werden.

Der Obrigkeit ging es aber nicht nur um den regelmäßigen Schulbesuch, sondern darüber hinaus um den von ihr bestimmten Lehrstoff, der allen Kindern beizubringen war. Im ganzen Lande sollten einheitliche Lehrpläne und Lehrbücher gelten. Die Leistungen der Schüler wie der Lehrer wurden entsprechend überprüft. Wiewohl Realien in den Unterricht einbezogen waren, verstand sich solch pädagogischer Realismus nicht im Widerstreit zur Ordnung der Kirche. Der Katechismus behauptete seinen zentralen Platz in der Elementarschule. Die Schulordnung handelte in einem eigenen Kapitel »Von der An- und Unterweisung, wie die Predigten gemerkt und examiniert werden sollen«. Nützliche Unterweisung ergänzte die christliche Erziehung, stellte sie aber nicht in Frage.

Für die Entwicklung der Elementarbildung in Deutschland spielte die Gothaer Schulordnung eine Schlüsselrolle. Sie hatte maßgeblichen »Einfluß auf die Entwicklung der sich schrittweise aneinander angleichenden Bildungsstrukturen« der deutschen Länder (Froese und Krawietz 1968, S. 23). Von der mitteldeutschen Perfektion, Elementarbildung im Interesse des Territorialstaates zu entfalten, war man allerdings zu jener Zeit in Brandenburg-Preußen, geschweige denn in den großen katholischen Ländern Süddeutschlands, Bayern und Österreich, noch weit entfernt. Die erste selbständige und für das ganze Land gedachte preußische Schulordnung wurde 1713 von Friedrich Wilhelm I. erlassen. Doch die Schwierigkeiten, ihr Geltung zu verschaffen, zeigen viele weitere Erlasse. Im Generaledikt von 1717 hieß es: »Wir ver-

nehmen mißfaellig und wird verschiedentlich von den Inspecto-
ren und Predigern bey Uns geklaget, daß die Eltern, absonderlich
auf dem Land, in Schickung ihrer Kinder zur Schule sich sehr
saeumig erzeigen, und dadurch die arme Jugend in grosse Unwissenheit, so wohl was das lesen, schreiben und rechnen betrifft, als
auch in denen zu ihrem Heyl und Seeligkeit dienenden hoechst-
noetigen Stuecken auffwachsen lassen. Weshalb wir umb diesem
hoechst verderblichen Uebel auff ein mahl abzuhelffen in Gnaden
resolviret, dieses Unser General Edict ergehen zu lassen, und dar-
innen allergnaedigst und ernstlich zu verordnen, daß hinkuenfftig
an denen Orten wo Schulen seyn, die Eltern bey nachdruecklicher
Straffe gehalten seyn sollen Ihre Kinder gegen zwey Dreyer Wo-
chentliches Schuel Geld von einem jeden Kinde, im Winter taeg-
lich und im Sommer wann die Eltern die Kinder bey ihrer Wirt-
schafft benoetiget seyn, zum wenigsten ein oder zweymal die
Woche, damit sie dasjenige, was im Winter erlernet worden, nicht
gaentzlich vergessen moegen, in die Schul zu schicken. Falß aber
die Eltern das Vermoegen nicht haetten; So wollen wir daß solche
Zwey Dreyer aus jeden Orts Allmosen bezahlet werden sollen.«
(Froese und Krawietz 1968, S. 91)
Die gesellschaftlichen Widersprüche sind nur zu deutlich zu erkennen. Allgemeine Schulpflicht war dem Staat ebenso erwünscht, wie er nicht daran dachte, sie zu finanzieren, von den
Schwierigkeiten, das erforderliche und geeignete Lehrpersonal zu
gewinnen, ganz abgesehen. Daher mußte obligatorisches Schulgeld – und füglich auch eine Ausnahmeklausel für die Armen –
zugleich mit dem Schulzwang verordnet werden, welcher allerdings immer noch nur dort bestand, wo überhaupt eine Schule
vorhanden war und deren regelmäßiger, also täglicher Besuch
auch nur im Winter vorgeschrieben werden konnte, während im
Sommer Kinder, die für ihre Eltern und damit in der Regel für die
Gutsherren arbeiteten, wenigstens einmal in der Woche in die
Schule gehen sollten. In Brandenburg-Preußen mußte der Erlaß
für jedes Territorium gesondert und auch mit gewissen Abwei-
chungen vom Landesherrn in seiner gebietsspezifischen Herr-
schaftsposition erlassen werden (Leschinsky und Roeder 1976,
S. 45). Der Adel wahrte seine Patronatsrechte. Im Plan für das
Landschulwesen Ostpreußens, des damaligen preußischen Kö-
nigreiches, drückt der Landesherr 1736 seine Erwartung mit den

Worten aus: »Wird sich der Adel hiernach zu richten haben und zur gemeinschaftlichen Einrichtung der Schulen die Hand bieten, wiewohl ihnen frei stehet, die Sache nach ihrem besten Gefallen einzurichten, nur, daß der Schulmeister seine Substinenz habe und der von Sr. K. Maj. intendirte Endzweck erreichet werde.« (Froese und Krawietz 1968, S. 94)

Auch sein Nachfolger, Friedrich II., bewahrte die Privilegien der adeligen Gutsherren um ihrer Funktion als Offiziere in der königlichen Armee willen. Diese war das wichtigste Staatsinstrument, nach außen, um den Territorialstaat zu erweitern, nach innen als Gegenstand und Mittel der Auseinandersetzung des Monarchen mit den Ständen (v. Friedeburg 1966). Ihr gegenüber blieb die Staatsfunktion der Volksschule nachgeordnet. In den polnischen Sprachgebieten diente sie früh der Germanisierung, allgemein »um in den Schulen geschicktere und bessere Unterthanen bilden und erziehen zu koennen«, wie es im General-Landschulreglement von 1763 heißt, wobei es mit Katechismus und Elementarbildung um die politische Integration des Territoriums geht. Also sollen die Kinder so lange zur Schule gehen, »bis sie nicht nur das noethigste vom Christenthum gefasset haben, und fertig lesen und schreiben, sondern auch von demjenigen Red und Antwort geben koennen, was ihnen nach den von Unsern Consistoriis verordneten und approbirten Lehr-Buechern beygebracht werden soll« (Froese und Krawietz 1968, S. 105 f.).

Der Anspruch des Territorialstaates auf die Verfügung über das Bildungswesen, das niedere wie das höhere, kulminierte in den Schulrechtsvorschriften des Allgemeinen Landrechts für die Preußischen Staaten von 1794, dessen erste Paragraphen lauteten: »1. Schulen und Universitäten sind Veranstaltungen des Staats, welche den Unterricht der Jugend in nützlichen Kenntnissen und Wissenschaften zur Absicht haben. 2. Dergleichen Anstalten sollen nur mit Vorwissen und Genehmigung des Staats errichtet werden.« (Froese und Krawietz 1968, S. 127) Jetzt war auch nicht mehr von der Freiheit des Adels die Rede, Elementarbildung nach eigenem Gefallen einzurichten, sondern nur noch von seiner Verpflichtung, sie ohne Eigenmächtigkeiten nach den Richtlinien des Staates zu verwirklichen. In der jahrhundertelangen Auseinandersetzung hatte die Zentralregierung sich durchgesetzt, war aus der Mark Brandenburg ein europäischer Territorialstaat geworden. Da es darum ging, die unterschiedlichsten Einzelgebiete mit einer neuen, gemeinsamen Herrschaftsordnung zu durchdringen, um alle Ressourcen zu erschließen, die verschiedenen Landesbewohner als Untertanen des Königs zu integrieren und seiner Herrschaft Legitimation und Loyalität zu verschaffen, spielte neben der Militär- die Schulpolitik eine zentrale Rolle. Dieser Funktion wegen ließe sich folgern, daß das Heer und die Elementarbildung Preußens am Ende des 18. Jahrhunderts vergleichsweise weit entwickelt gewesen sein müßten, gerade weil die Staatsbildung im Vergleich mit den älteren europäischen Nationalstaaten so viel länger gedauert hatte und so viel mühsamer vonstatten gegangen war. In der Tat, so uneinheitlich sich das niedere Bildungswesen im Innern entfaltet hatte und so weit an vielen Stellen die Wirklichkeit des Schulbesuches von der vorgeschriebenen allgemeinen Schulbildung noch entfernt war, der Nachzüglerstaat hatte sich mit der Expansion der Elementarbildung an die Spitze der großen Länder Europas gesetzt. Die Entwicklung der Primärschülerzahlen und der Alphabetismusraten der Brautleute läßt Flora »begründet vermuten, daß die Alphabetismusrate der Bevölkerung um 1800 in Preußen über 60 Prozent lag, in England bei ca. 50 Prozent und in Frankreich unter 40 Prozent, während die russische Bevölkerung praktisch vollständig analphabetisch war. Diese Rangordnung bestand keineswegs von Anfang an: zwischen 1560 und 1640 erlebte England eine im Ausmaß bis dahin unbekannte ›Bildungsrevolution‹, die es an die Spitze aller Länder trug und noch um 1700 war die Alphabetisierung in England neben den Niederlanden vermutlich am weitesten fortgeschritten. Erstaunlicherweise hat England jedoch die Führungsposition gerade in seiner ersten Industrialisierungsperiode verloren: wie die Alphabetismusraten der Brautleute zeigen, war die Entwicklung der Elementarbildung zwischen 1760 und 1850 minimal.« Preußen baute in der Folgezeit seinen Vorsprung gar noch weiter aus. Um 1850 konnten rund 80 Prozent seiner erwachsenen Bevölkerung lesen und schreiben, in England und Frankreich 55–60 Prozent und in Rußland 5–10 Prozent. (Flora 1972, S. 304 f.) Die jeweiligen Durchschnittswerte fassen allerdings sehr verschiedene Alphabetisierungsraten vor allem der Geschlechter sowie der Stadt- und Landbevölkerung zusammen. Nach Nieser betrug in Frankreich am Ende des Ancien Régime die Alphabetisierungsquote auf dem Lande für Männer etwa 50 Prozent und für Frauen 10 Prozent, in den Städten aber bei den Männern rund 70 Prozent und den Frauen 20 Prozent (Nieser 1978, S. 125; vgl. auch Engelsing 1973, S. 69 ff. und S. 96 ff.).

Bildungspolitik
im achtzehnten Jahrhundert

Englands führende Stellung vor dem Beginn der industriellen Revolution und die folgende Stagnation lassen erkennen, wie wenig unmittelbarer ökonomischer Bedarf nach industrieller Qualifikation die Verbreitung von Elementarbildung zu erklären vermag. Das erscheint um so bemerkenswerter in einem Jahrhundert, das sich wie keines vorher dem Segen der Nützlichkeit und zugleich dem Glauben an die Erziehung verschrieben hatte. Joachim Heinrich Campe, der erfolgreichste pädagogische Schriftsteller dieser Zeit, formulierte deren bildungspolitisches Credo in seiner Schrift *Über einige verkannte wenigstens ungenützte Mittel zur Beförderung der Indüstrie, der Bevölkerung und des öffentlichen Wohlstandes* mit den Worten: »Will man eine Nation umformen, will man verständige, kluge, gewandte, emsige und wackere Menschen bilden: so gebe man die Alten auf, und schränke seinen Fleiß auf denjenigen Stoff ein, der noch bearbeitet werden kann, weil er noch nicht abgehärtet ist. In den Schulen, oder nirgends kann eine Nation zur Indüstrie, wie zu jeder andern moralischen und politischen Tugend gebildet werden.« (Campe 1786, Erstes Fragment, S. 16)

In den Hohen Schulen als Stätten der Berufsausbildung machte sich die pragmatische Tendenz dieser Erziehung zur Brauchbarkeit zuerst bemerkbar. Berufspädagogik und Anwendungsbezug standen im Mittelpunkt landesherrlicher Einflußnahme auf das Universitätsstudium, wobei es auch um Maßnahmen gegen das sogenannte »Lotterleben« der Studenten ging. Exemplarisch waren wie immer die Neugründungen: Halle (1694) und nach seinem Vorbild Göttingen (1737) förderten die Weiterentwicklung der klassischen Berufsbildungsfakultäten, der theologischen, juristischen und medizinischen, aus dem Geist der rationalistischen Philosophie des Thomasius und Wolff, wodurch auch die inzwischen ganz abgewirtschaftete Artistenfakultät als Philosophische neue Bedeutung erhielt und ihre nur vorbereitende Rolle abstreifte, um eigenständige Disziplinen herauszustellen. Dazu gehörten vor allem Ökonomie und Kameralistik, für die in Preußen auf Anregung Friedrich Wilhelms I. eigene Professuren eingerichtet wurden. Die deutsche Sprache setzte sich als offizielle Lehrsprache durch. Um, exemplarisch in Göttingen, die Naturwissenschaften zu fördern, wurde die Forschung betont; erste Laboratorien und Institute entstanden und überall Bibliotheken und Kartensammlungen. Die Hochschulen sollten nicht mehr nur überliefertes Wissen vermitteln, »sie sollten nicht nur nach wirtschaftlichen Grundsätzen verwaltet werden, sondern zugleich auch die wirtschaftliche Entwicklung des Landes stimulieren« (Prahl 1978, S. 155). In der Auseinandersetzung mit der herkömmlichen Orthodoxie, die im Zusammenwirken mit der korporativen Personalpolitik zur geistigen Verödung der Universitäten geführt hatte, sorgte der angestrebte Utilitarismus für mehr Lehr- und Lernfreiheit. Halle und Göttingen wurden zu Vorläufern der modernen Wissenschaftsuniversität. Die öffentliche Anerkennung der Lehrfreiheit, die anfangs nur für die Privatkollegs der Professoren in ihren Wohnungen galt, während alle öffentlichen Vorlesungen der Universitätszensur unterworfen waren, erleichterte die Berufung bedeutender Gelehrter. Sie wiederum zogen Studenten an, wobei man sich an den Reformuniversitäten besonders und mit Erfolg um die gut bemittelten aus Adel und Bürgertum bemühte. (Webler 1986) Half der materielle Druck der Wissenschaft, so verstand sich die Universität Göttingen doch als »akademisches Bergwerk«, und die Forderung lautete, »daß Wissenschaften, die eine Praxis erfordern, auch nur von solchen Theoretikern vorgetragen werden sollten, die selber den betreffenden Beruf ausgeübt hatten« (König 1970, S. 33). Was lag näher, als unter dem Gesichtspunkt des Praxisbezugs die Einheit der Universität überhaupt in Frage zu stellen und auf die berufspädagogische Spezialisierung ihrer Teile zu drängen. Erfolgreiche Fachhochschulgründungen, wie die der medizinisch-chirurgischen (1724) und der Tierarzneischule (1790) in Berlin, der Bergakademien in Berlin (1774), Clausthal-Zellerfeld (1775) und Freiberg in Sachsen (1776), schienen den Weg zu weisen. Ebenso wurde die berufsspezifische Gliederung der höheren

Schulen verfolgt. Zahlreiche gelehrte Gymnasien wandelten sich zu Bürgerschulen, andere nahmen die Allüren kleiner Universitäten an. Demgegenüber betrieb der Adel seine eigenen Schulen als Pädagogien oder Ritterakademien. In ihnen stand nicht Latein, sondern das Französische im Vordergrund, als Sprache und Umgangsform, sowie ritterliche Kunst, Reiten und Voltigieren, Fechten und Tanzen. Die Vorbereitung auf die Universität gehörte nicht zu ihren Aufgaben, ebensowenig wie später bei den Kadettenanstalten. Vielmehr sollten diese »Berufsoberschulen des Adels« (Dolch 1965, S. 292) die Ausbildung für die Position des Hofmannes im absolutistischen Staat unmittelbar leisten. Genealogie, Numismatik und Heraldik fanden sich in ihrem Lehrplan nicht als Bestandteil der Standestradition, sondern als Unterrichtsmittel für die verwickelten staatsrechtlichen Verhältnisse der Territorialstaaten. Den naturwissenschaftlichen Kenntnissen öffneten sie sich vor allem wegen der Entwicklung der Kriegstechnik (Fertig 1971, S. 113). »Die Trigonometrie und die Festungslehre«, so Friedrichs II. Weisung an den Mathematiklehrer der 1765 eröffneten Berliner Ritter-Akademie in seiner Instruktion für deren Direktion, »sind die Theile, die der Jugend, die er erzieht, am meisten nutzen können, daher muß er auf sie und auf das, was darauf Bezug hat, die meiste Aufmerksamkeit verwenden.« Den Rechtslehrer wies er an, sich des Hugo Grotius zu bedienen: »... man verlangt (von ihm) nicht, daß er Rechtsgelehrte bildet, die in diesem Fach hervorragen; ein Weltmann begnügt sich, wenn er einen richtigen Begriff von dieser Wissenschaft hat, ohne sie ganz zu ergründen.« (Meyer 1885, S. 197f.) Die Ritterakademien erschlossen damit neue Lehrgebiete, die dem traditionellen Gymnasium bisher fremd gewesen waren, die aber unter dem Einfluß des pädagogischen Realismus im Hinblick auf die erweiterten Anforderungen an Beamte und Lehrer nun allgemein in den gymnasialen Unterricht einbezogen wurden.

Bezeichnender noch für die berufspädagogische Spezialisierung waren die ersten Realschulgründungen. Muttersprachlich durch realistische Inhalte vermittelte »bürgerliche« Allgemeinbildung verband sich mit einer Berufsgrundausbildung für Handel oder Gewerbe zum ersten Ansatz von Berufsfachschulen. In einem Vorschlag Christoph Semlers zur Errichtung einer mathematischen Handwerkerschule in Halle hieß es beispielsweise, daß »allen denjenigen Knaben, welche Handwerker lernen sollen, ein Jahr vorher, ehe sie aufs Handwerk kommen, aus der Mathematik der Zirkel und Lineal, die Bewegungskunst und alle Arten der Gewichte, Maße und Münzen, und aus denen mechanischen Künsten alle Arten der Materialien, so die Handwerker verarbeiten, in natura vor Augen gelegt und erklärt, auch die bei der Stadt verfertigten Meisterstücke gezeigt werden« (Fertig 1971, S. 174). Die von Julius Hecker, einem Schüler August Hermann Franckes, 1747 in Berlin verwirklichte »Oeconomisch-Mathematische Real-Schule« war dagegen vom Typ her eher eine Handelsschule. Die Realschulpläne reagierten auf die verbreitete Kritik an der damaligen begriffslosen Handwerkerausbildung der Zünfte. Darüber hinaus drückten sie die Hoffnung aus, »daß Mathematik und Naturwissenschaften die theoretischen Grundlagen bieten, die es ermöglichen, Technologien und Produktionsmittel überhaupt auf einen neuen Stand zu heben. Deutlich wird aber auch, daß sich die Forderung, soziale Praxis theoretisch zu begründen und damit rationaler zu gestalten, keineswegs auf diesen ökonomisch-technologischen Sektor beschränkt, sondern auf die moralische und rechtliche Regelung sozialer, politischer und ökonomischer Beziehungen ausgedehnt wird« (Leschinsky und Roeder 1976, S. 179). Derartige Zweckbestimmung wurde nicht nur von unmittelbarem Qualifikationsbedarf angeleitet. Insofern sie über die Erfordernisse bestehender Berufspraxis hinaus auf eine technologisch wie gesellschaftlich veränderte Praxis gerichtet war, drückte sich in ihr der bürgerliche Anspruch aus, die Gesellschaft als ganze auf eine neue Grundlage zu stellen.

Am schwierigsten hatte es allerdings solcher Anspruch dort, wo er, in Konsequenz der erstrebten Befreiung aller Schichten, auch die Elementarschule einbezog. Gewiß wurden deren Mängel mit der Forderung nach allgemeiner Industriebildung grell beleuchtet. »Unsere Volksschulen«, klagte Campe, »sind – im Ganzen genommen und einige Ausnahmen abgerechnet – Schulen der Faulheit, der Stupidität und der Unbrauchbarkeit fürs Leben« (Campe 1786, Erstes Fragment, S. 7). Nirgendwo kam die realistische Tendenz der Aufklärungspädagogik deutlicher zum Ausdruck als in der Industrieschulbewegung, die Arbeits- und Elementarunterricht miteinander verbinden wollte. Aber soweit sie

in emanzipatorischer Absicht der Volksschule mehr als sozialpolitische Hilfe und finanzielle Entlastung zu geben versuchte, stieß
sie auf den Widerstand von Adel und Kirche sowie großer Teile
des Bürgertums, das, noch ehe die eigene Emanzipation erreicht
war, gemeinsame Sache mit den Oberschichten machte und auf
die Abgrenzung nach unten bedacht blieb.

Braunschweiger Schulreform

Reformintentionen und Widerstand sind beispielhaft am Wirken
Campes im Herzogtum Braunschweig abzulesen. Auf einer seiner
Reisen besuchte er den Herzog Karl Wilhelm Ferdinand, einen
der Aufklärung aufgeschlossenen Landesfürsten mit vielseitigem
Kontakt, der lange schon vor seinem Regierungsantritt Lessing
nach Wolfenbüttel geholt hatte, allerdings eher durch die politische Geschichte als Oberbefehlshaber des preußischen Heeres
und seine Niederlagen bei Valmy und Auerstedt bekannt geworden ist. Der Herzog äußerte reges Interesse am Rat Campes sowohl für die Erziehung der eigenen Kinder wie für die Reform des
braunschweigischen Schulwesens. Trotz jahrzehntelanger Klagen
hatte die kirchliche Schulaufsicht, das Konsistorium, sich als
ebenso unwillig wie unfähig erwiesen, die Schulverhältnisse zu
verbessern. Im Einvernehmen mit seinem obersten Minister, dem
späteren preußischen Staatskanzler, Karl August v. Hardenberg,
ernannte der Herzog Campe zum Schulrat und berief ihn und auf
seinen Vorschlag zwei weitere namhafte Reformpädagogen, den
philanthropischen Schulmeister von Neu-Ruppin, Johann Stuve,
und Ernst Christian Trapp, vormals Professor für Pädagogik in
Halle, der erste in Deutschland, in ein neugegründetes fürstliches
Schuldirektorium. »Der Einfluß welchen gut eingerichtete Schul-
und Erziehungs-Anstalten auf das Wohl und die Glückseligkeit
der Menschen haben, ist so groß und wichtig, daß für die gute
Beschaffenheit dieser Anstalten nicht eifrig und sorgfältig genug
gesorget werden kann«, ließ er am 12. 6. 1786 in der Errich-
tungsverordnung verkünden und befand, »daß eine bessere, und
für die vielerley Stände Unserer Unterthanen zweckmäßigere Einrichtung der sämmtlichen Schulen in Unseren Landen, einer dazu
besonders anzuordnenden unmittelbaren Commission allein aufgetragen, und solchergestalt alle Schulen, von der untersten an, in

eine, zur gemeinschaftlichen Erhaltung und Aufnahme gereichende Verbindung, gesetzt werden möge« (Schmitt 1979, S. A–29 f.).

Die Kommission sollte die Schulreform nicht nur bedenken, sondern auch durchsetzen, weshalb Campe von Anfang an darauf drängte, die Schulbücher auswählen, die Schulen besuchen und die Lehrer beraten zu können. Das hätte ständigen Konflikt mit der Schulaufsicht bedeutet. Hardenberg und mit ihm der Herzog ließen sich daher überzeugen, dem Konsistorium das Schulwesen sogleich insgesamt abzunehmen und auch die *curam scholarum*, die staatliche Aufsicht, dem neuen Direktorium zu übertragen. Solcher Entmachtung widersprachen unverzüglich und erbittert Kirche und Landstände, wobei es ebenso um Form und Inhalte der Schulverbesserung ging wie um das Machtverhältnis zwischen dem Monarchen und den Ständen. Reform und Widerstand waren Instrumente in diesem Machtkampf.

Die geplante Schulreform zielte nach Campes eigens für diesen Zweck verfaßten »Vorschlägen zur Schulverbesserung« (1785) darauf, durch bessere Ausbildung und Arbeitsbedingungen qualifiziertere Lehrer zu gewinnen, die mit neuen Schulbüchern besser unterrichten könnten, in den Stadtschulen einerseits, in den Volksschulen andererseits, die insgesamt in Industrieschulen umgewandelt werden sollten. Mit diesem für ihn zentralen Punkt der Organisationsreform eröffnete er auch die schon erwähnten Fragmente über die ungenützten Mittel zur Beförderung der Industrie, eher eine Verteidigungs- als eine »Programmschrift« (Koneffke 1973, S. 92), mit der er gegen die vielfältigen lokalen Widerstände die aufgeklärte Öffentlichkeit Deutschlands zur Unterstützung des Braunschweiger Vorhabens gewinnen wollte. Im Zusammenhang von Gedanken über Toleranz und politische Beteiligung stellte er die Industrieschule als erstes an den Anfang einer Reihe von Mitteln für eine weitgespannte Reform, von der Ausbildung der Landpfarrer bis zur Erziehung der Mädchen: »Unter allen Sonderbarkeiten und Mängeln der bisherigen bürgerlichen Verfassungen ist mir zweierlei von jeher ganz besonders aufgefallen; und das ist: erstlich die große und unverzeihliche Nachlässigkeit, deren sich bisher fast alle Staaten in Ansehung der Erziehung der allerzahlreichsten und nützlichsten, ja fast der einzigen wirklich erwerbenden Classen ihrer Unterthanen – der Bauern und der Bürger – schuldig gemacht haben; und zweitens die noch größere und fast unverzeihlichere Vernachlässigung der gesammten zweiten Hälfte der Menschheit – des weiblichen Geschlechts, besonders in Ansehung der gesitteten Stände. Käme ein Mondbürger herab auf unsere Erde ... würde er in sein Tagebuch schreiben ..., ›daß die zahlreichen Classen derjenigen Erdbewohner, welche ihre müßigen, verzehrenden und gebietenden Brüder füttern müssen, so dumm und viehisch als möglich bleiben ... und was das weibliche Geschlecht, besonders in den gesitteten Ständen betrifft, so scheint es den besagten Staaten gleichviel zu seyn, ob Menschen oder Meerkatzen daraus werden, so wenig bekümmern sie sich darum!‹« (Campe 1786, Zweites Fragment, S. 43 ff.) Die müßigen und verzehrenden, aber gebietenden Brüder ließen es an Empörung nicht fehlen; sie fuhren schweres Geschütz auf.

Die Landstände unterstellten dem Herzog Verfassungsbruch und bestritten ihm grundsätzlich das Recht, ein neues Schuldirektorium einzusetzen, weil herkömmlich seit den ältesten Zeiten die Schulsachen der Aufsicht des zwar vom Fürsten bestellten, aber geistlichen Konsistoriums unterstanden. Wurde also die herzogliche Zuständigkeit für die *curam scholarum* auch nicht in Frage gestellt, so doch die ständische Mitwirkung behauptet. Für Braunschweig verteidigten Magistrat und geistliches Gericht der Stadt die Schulaufsicht als eines der wenigen Überbleibsel früherer Selbstverwaltung. Des Präzedenzcharakters wegen fürchteten die Stände, ein »Durchfahren« der Staatskanzlei in dieser Sache bedrohe alle ihnen verbliebenen Rechte; umgekehrt warnte Hardenberg wiederholt seinen Herzog, durch ein Nachgeben könnten die Befugnisse der fürstlichen Zentralgewalt zur Errichtung neuer Oberbehörden überhaupt zweifelhaft gemacht werden.

Im übrigen erklärten die Stände, ihre früheren Gedanken zur Schulverbesserung hätten allein den gelehrten und lateinischen Schulen gegolten, nicht aber den niederen, deren Schulmeistern lediglich mit einigen wenigen Büchern ausgeholfen werden sollte. Die Abwehr richtete sich vor allem gegen die Landschulreform. Nicht daß der klägliche Zustand der Volksschulen zu bestreiten war, doch deren »Vervollkommnung« hätte die Grenzen zu wahren, die aus der »Bestimmung« der Bauernkinder zum Ackerbau gefolgert wurden. Dem konservativen Ansatz, man sei durchaus für Reform, aber es dürfe sich nichts ändern, entsprach der immer bewährte Vorwurf der Übertreibung. Schulverbesserung wäre gut und nötig, »wenn die Sache nicht übertrieben würde, sondern die Verbesserung der Schulen und Aufklärung der Schüler ihrem zukünftigen Berufe proportional bleibe«, argumentierte einer der wichtigsten geistlichen Gegner der Industrieschulreform Campes (Schmitt 1979, S. 220). So fraglich erscheint, daß Hardenberg oder der Herzog letztlich einer anderen als der proportionalen Bildungsorganisation zugestimmt hätten, im Machtstreit mit den Ständen wiesen sie deren schulorganisatorischen Einwand, die Reform habe sich auf die höheren Schulen zu beschränken, ebenso zurück wie den verfassungsrechtlichen Widerspruch.

Daraufhin begannen die Gegner, die öffentliche Meinung zu mobilisieren, und lieferten ein Lehrstück dafür, wie durch Denunziation von Inhalten und Personen Reformen zu verhindern sind. Campes Fragmente gaben ihnen mannigfaltige Handhabe. Gegen derart lästerliche, insbesondere den geistlichen Stand beleidigende Reden, so hieß es, sollte die Polizei zur Hilfe gerufen werden. Die christliche Religion wäre durch die deistischen Anschauungen der Aufklärer unmittelbar bedroht. Schlimm genug schon, daß »Campe und Consorten« solche Texte drucken lassen könnten, unter allen Umständen müßte verhindert werden, daß sie in die Schule gelangten. »Neue Schulbücher«, befand der Sprecher der Ritterschaft von Bülow, »sind für die Religion so gefährlich, daß dabey die grösseste Vorsicht nötig ist, und notwendig vorher zur Censur kommen müssen« (Schmitt 1979, S. 219).

Im Februar 1788 brachte eine Konvokation der Landstände die Reformarbeit endgültig zum Erliegen. Die Stände forderten ultimativ im Schuldirektorium Sitz und Stimme für ihre Vertreter, um die philanthropischen Pädagogen ins Abseits zu drängen. Diese hatten sich allerdings schon einige Zeit anderen Tätigkeiten zugewandt. Für eine allgemeine Schulreform, davon war Campe ausgegangen, »müßte sich Einsicht, Macht und Geld vereinigen« (Jeismann 1974, S. 107). Doch gelang es weder Einsicht zu verbreiten noch Macht zu gewinnen, noch hinreichend Geld zu beschaffen; »auch fehlte es den Neuerern wohl an Regierungsfähigkeit« (Paulsen 1921, S. 93). Zwei Jahre später wurde das inaktive

Direktorium dann offiziell aufgelöst, die Schulaufsicht erneut dem Konsistorium, allerdings in anderer personeller Besetzung, und für Braunschweig dessen geistlichem Gericht übertragen. Damit war »der erste deutsche Versuch, eine kirchenunabhängige Schulverwaltung zu begründen, fehlgeschlagen« (Schönemann 1983, S. 37). Nicht daß die Rechtsbedenken der Stände überzeugt hätten, wohl aber die gegenreformatorische Meinungsbildung. Landesherr und Landesregierung verständigten sich darüber, den Reformversuch einzustellen, »theils«, wie Hardenberg des Herzogs Ansicht formulierte, »aus mildester Rücksicht auf die Meynung und Vorurtheile des Publici, welche freylich in einer Angelegenheit wie diese ist, von einem weisen und billigen Regenten in Betracht genommen zu werden verdienen, theils wegen der Unzulänglichkeit und Ungewisheit der Fonds« (Schmitt 1979, S. A–96).

Industrieschulen

Kaum verwundert daher, daß in der Praxis eher der Charakter der Arbeitserziehung, häufiger gar der Ausbeutung, die Industrieschulen bestimmte als der Geist der Aufklärung, selbst wenn deren Pädagogik ernst genommen wurde. Von Böhmen, Göttingen und Würzburg breiteten sie sich gegen Ende des Jahrhunderts in Deutschland aus, vornehmlich in den dichter besiedelten Gebieten mit einem Überangebot an Arbeitskräften. Viele Schulen bestanden jeweils nur kurze Zeit. Die Bewegung verlief ungleichmäßig und uneinheitlich, vermochte sich in bedeutsamen Ländern, vor allem in Preußen, nie durchzusetzen und verebbte in der Mitte des neunzehnten Jahrhunderts.

Nach den Ideen eines Ferdinand Kindermann oder Heinrich Philipp Sextro sollte die Arbeit in der Schule nicht nur der Erziehung zur Brauchbarkeit dienen, sondern zugleich den Elementarunterricht dadurch verbessern, daß seine Qualität in kleineren Lerngruppen gehoben und durch die Abwechslung bei den Schülern mehr Interesse gewonnen werden konnte. Der Schulmeister brauchte jeweils nur einem Teil der Schüler Unterricht zu geben; es konnte also äußere an Stelle innerer Differenzierung treten, mit der es der Lehrer in den größeren Schulen bei achtzig oder hundert Kindern verschiedenen Alters schwer genug hatte. In drei Klassen aufgeteilt, erhielt im Wechsel die eine Unterricht, wäh-

rend die beiden anderen unter Aufsicht, zumeist der Frau des
Schulmeisters oder älterer Schüler, mit Arbeit beschäftigt waren.
Der Ertrag erlaubte, das Schulgeld zu bestreiten, und ermöglichte
damit oft erst den Schulbesuch überhaupt. Auf den Dörfern bestimmten im Sommer Landwirtschaft und Gartenbau die Arbeitserziehung. Dem Programm nach sollten vor allem Methoden in-
tensiverer Bodennutzung vermittelt werden. Bei der gewerblichen
Beschäftigung handelte es sich zumeist um Textilarbeit. Über deren Organisation in der 1786 in der Nähe Göttingens gegründeten Rosdorfer Industrieschule berichteten die »Monatlichen
Nachrichten von Kirch- und Schulsachen« 1805 in Hannover:
»Mit den kleinsten Schulkindern, ohne Unterschied des Geschlechts, wird der Anfang mit dem Stricken gemacht, zuerst an
Strumpfbändern und bei zunehmender Fertigkeit lernen sie
Strümpfe, Handschuhe, Mützen und alle andern Dinge knütten,
welche sich dadurch verfertigen lassen. Die ersten Arbeiten dieser
Art verrichten sie für sich selbst und bringen dazu Wolle oder
Garn vom Hause mit. Den ganz armen Kindern aber wird dieses
unentgeltlich in der Schule gegeben. Die größeren Kinder be-
schäftigen sich indessen mit der Spinnerei, vorzüglich freilich
des Flachses, weil dieser das Hauptnahrungsmittel des ganzen
Ortes ist und in jedem Hause Hände findet. Da jedoch auch
Zeiten und Jahre eintreten können, in welchen dies Feldprodukt
mißrät oder Zeiten und Jahre des Alters, in welchen asthmatische
Beschwerden die Flachsarbeit nicht mehr gestatten: so wird auf
alle Fälle dafür gesorgt, daß Kinder auch mit gleicher Fertigkeit
Baumwolle und Schafwolle kratzen und spinnen lernen. Um ihnen zu jeder Art der Spinnerei Lust zu machen, ihren Fleiß zu
wecken und zu erhalten, wird ihnen, wenn sie das Garn gut
gesponnen abliefern, der gewöhnliche Spinnlohn gereicht. Dies
müssen sie solange stehen lassen, bis sie damit ihr Schulgeld verdient haben, den Überschuß aber bekommen sie bar heraus.«
(Marquardt 1975, S. 64)
Gelegentlich wurden auch Holzarbeiten, wie das Drehen von
Knöpfen, oder Besenbinden und Körbeflechten in der Schule ver-
richtet, im Regelfall solche Tätigkeiten, die am Ort auch die Familien, zum Teil in Form der Heimindustrie, leisteten. Die Arbeit
der Kinder entsprach der der Erwachsenen mit ihrem Wechsel
von landwirtschaftlicher Tätigkeit und gewerblicher Nebenbe-

schäftigung. Nach damaligem Sprachgebrauch meinte »Industrie« noch nicht die durch Maschinen bestimmte Arbeitsorganisation, mehr aber auch als nur Gewerbefleiß, nämlich anknüpfend an den lateinischen Ursprung des Wortes die Verbindung von regem Fleiß mit beharrlicher Betriebsamkeit und emsigem Unternehmungsgeist. So unterschied Sextro den industriösen von dem fleißigen Arbeiter dadurch, daß ersterer nach voll- oder gar übererfülltem Tagespensum nicht in seinem Lehnstuhl ausruht, sondern sogleich häusliche Tätigkeiten ergreift, Werkzeuge repariert, den Kindern bei der Heimarbeit hilft, sich also andauernd und vielfältig beschäftigt und die »nöthige Erquickung, die die Natur fordert, nur im nächtlichen Schlafe« sucht. Der Fleiß gehe »die alte gebahnte Straße, mit allen ihren Krümmungen ... Die Indüstrie wirkt zunächst unausgesetzt, blickt aber umher, ob sie nicht auf einem kürzern richtigern Wege zum Ziel gelangen und dabey gewinnen könne« (Sextro 1785, S. 36 f.). Zu derartiger Regsamkeit sollten die Industrieschulen erziehen, gleichviel, ob die Kinder jetzt und später in der Landwirtschaft oder einem Gewerbe oder beidem arbeiteten. In heutigem Sinne war ihre Produktion vorindustriell, mit wenig Arbeitsteilung und einfachem Werkzeug, weithin orientiert am heimischen Bedarf (Leschinsky 1978 a). Verkauft wurde nach dem Verlagssystem, das der Schule oder dem Auftraggeber Absatz, Verdienst und Risiko überließ. Nur selten kamen aus Krankenhäusern, Kasernen oder Gefängnissen öffentliche Aufträge; häufig gab es mit Textilmanufakturen oder deren Beauftragten Absprachen über Rohstoffzu- und Gespinstablieferungen. Auch bei den Landleuten bestand das Interesse, Garn für billigen Spinnlohn zu erhalten. Was als Wollgespinst nicht mit Vorteil zu verkaufen war, wurde zum Stricken von Strümpfen und Wollsachen in der Schule selbst verwendet.

Einwänden gegen die Erwerbsarbeit in der Schule begegneten die Industriepädagogen damit, es wäre besser, »wenn die Kinder für sich selbst, und nicht für Manufacturisten arbeiteten. Aber doch immer besser für diese, als für gar keinen.« (Campe 1786, Erstes Fragment, S. 20) Dieses Verständnis kann mit der Erfahrung von Kinderelend und Bettelei in den großen Subsistenzkrisen der ländlichen Bevölkerung im Ausgang des Jahrhunderts besser erklärt werden denn als Rationalisierung für kapitalistische Kinderausbeutung (Aumüller 1974). Allerdings öffnete die Aufklä-

48

rungspädagogik mit solcher Überzeugung, die ihre Ergebnisse von vornherein zwielichtig erscheinen ließen, die Schule der kapitalistischen Produktionsweise und damit allen Zwängen der Realität, die von der Kindererziehung zur Brauchbarkeit der Kinderarbeit selbst führten, nicht anders als in den Waisen- und Arbeitshäusern (Blankertz 1969, S. 27). Ihrer Intention nach wehrten sich die Industriepädagogen zu Recht dagegen, in der Arbeit der Kinder den Zweck der Industrieschule zu sehen. Allerdings sorgte gewerbliche Nachfrage nach dieser Produktion oft bereits für die Gründung, häufiger noch für den weiteren Bestand der Schulen. Es erscheint denn auch plausibler, daß die spätere Industrialisierung, insbesondere der Textilproduktion, deren Anforderungen an Qualität und Quantität die Heimarbeit in der Schule immer weniger gewachsen war, die Industrieschulen im 19. Jahrhundert von der Bildfläche verschwinden ließ, als der innerpädagogischen Diskussion, der Entfaltung des Neuhumanismus zu großes Gewicht zu geben (Marquardt 1975, S. 734 f.). Entgegen dem gewandelten Pädagogenverständnis, aber im Einklang mit der kapitalistischen Industrialisierung und ihren sozialen Folgen in der Frühphase, wurden die betroffenen Kinder ja nicht von der Erwerbsarbeit befreit. Sie wurden ihr im Gegenteil unmittelbarer unterworfen, insofern sie nun direkt in der Fabrik arbeiteten, und zwar weit länger und mechanischer als vorher in der Schule. Der Elementarunterricht, auf wenige Stunden in einer Fabrik- oder Abendschule geschrumpft, diente eher dem Schein der Erfüllung allgemeiner Schulpflicht und brachte zusätzliche Last denn den Druck der Arbeit zu mildern. Als die gewerbliche Arbeit wieder aus der Schule verschwand, blieb als Rest der Industriepädagogik der Handarbeitsunterricht für die Mädchen zurück mit dem Lernziel pflichtgetreuer, emsiger Haushaltsführung.

Schwer läßt sich ausmachen, wieweit der nach der Absicht ihrer Gründer wesentliche Zweck der Industrieschulen, die Erziehung zur Industriösität, gelang. Einzelbeispiele regsamer Jugendlicher, die nach Verlassen der Schule vielfältige Beschäftigung nachsuchten und über die Industriepädagogen gern berichteten, können kaum verallgemeinert werden. Noch weniger läßt sich überzeugend ein Modell konstruieren, nach dem die Wirtschaftsentwicklung von dieser Schulform derart abhing, daß von ihr allein die

»zukünftige Arbeiterklasse« angeleitet wurde, »die neuen Bedingungen als natürliche, unabänderliche hinzunehmen und freiwillig ihre Arbeitskraft am Markt gegen Kapital zu tauschen« (Aumüller 1974, S. 94). Wo es sie gab, haben gewiß Industrieschulen Kinder der Unterschicht zur Unterordnung und Eingliederung in den arbeitsteiligen Produktionsprozeß erzogen. Dahingestellt aber bleibt, ob die allgemeine Elementarschule die Unterordnung nicht ebenso erreichte und die Verelendung die Integration in den Produktionsprozeß. Im Regelfall, auf dem Lande, sahen Elementarschulen damals wohl kaum anders aus als jene, die ein Besucher 1782 in den von Basedow und Campe herausgegebenen »Pädagogischen Unterhandlungen« beschreibt: »Das Schulhaus schien von aussen einem Stalgebäude nicht unänlich. Es hatte einen schmutzigen Eingang, und inwendig einen engen Raum. Die Schulstube war die einzige im Hause; zwar geräumig genug: aber für das, was sie alles fassen sollte, doch immer zu klein. Als wir hereintraten, schlug uns ein widriger Dampf entgegen, der uns das Atmen eine Weile sehr beschwerlich machte. Das Erste, was wir erblikten, war ein Hünerhan, und, weiterhin zwei Hüner und ein Hund. Am Kamin stand ein Bet, worauf ein Spinrad, ein Brod, und allerlei zerrisne Kleidungsstükke lagen. Zunächst am Bette stand eine Wige; darneben sas die Hausfrau und besänftigte ihr schreiendes Kind. An der einen Wand war eine Schneiderwerkstäte aufgeschlagen, woran ein arbeitender Geselle sas. An der andern war ein grosser Kasten, ein Speiseschrank, Kleidungsstükke und andre Sachen angebracht. Den übrigen Raum namen die Schulkinder an einem Tisch und auf mehrern Bänken ein. Es waren ihrer über 50, von verschidnem Alter und Geschlecht, aber alle unter einander und dicht zusammen gepfropft. Wir musten stehen, weil zum Sizen kein Platz war. Am Ende des Schultisches erblikten wir den Lehrer. Er war eben beschäftigt, die Lektion der Kinder, mit der Karbatsche in der Hand, zu überhören ... P. bat ihn, sich nicht stören zu lassen, sondern in seinem Unterricht ordentlich fortzufahren. Er tat es, und lies seine grössern Schüler etwas Auswendiggelerntes hersagen, wovon wir Anfangs beinah nichts verstehn konten; denn das saugende Kind schrie immer fort, und der Hahn, welcher sich bei unserm Eintrit in einen kleinen Alkoven zurückgezogen hatte, krähte von da aus so mächtig darzwischen, daß uns die Ohren gelten. – ›Juny, blar beter!‹ schrie der Lehrer dem hersagenden Knaben zu; und nun erhob der Schüler seine Stimme so durchdringend, daß wir zur Genüge jedes Wort verstehen konten. Das gelernte Pensum war ein Stük aus dem Katechismus, ... Es wurde also halt gemacht, und wir besahen zur Abwechslung die Schulbücher der Kinder. Die Anfänger lernten das ABC und das Buchstabiren aus einer gewöhnlichen Fibel, deren Inhalt bekanntlich so beschaffen ist, daß die kleinen Unmündigen in ihrer frühen Jugend, wo ihre Sele sich entfalten solte, schon anfangen müssen, ihre Denkkraft zu erstikken, und, ohne Verstand zu lernen. ... Die folgenden lernten das Lesen aus einem kleinen Katechismus mit den häslichsten Holzschnitten, die ich je gesehen habe. ... Die Dritten hatten schon das neue Testament und den großen Katechismus, ... Die Geübtesten endlich musten ausser dem neuen Testament auch zuweilen im alten lesen. Ich bat um einen Versuch im Lesen. Dise Übung beleidigte zwar meine Empfindung weniger, wie der Katechismus; aber dennoch lasen die Kinder mit einem Ton, der unwidersprechlich bewies, daß sie kein Wort von dem Gelesenen verstanden ...« (Petrat 1979, S. 44 f.)

Auch in den Stadtschulen ging es zumeist nicht viel anders her. »Der Unterschied, den wir da vor jener Schule auf dem Land antrafen,« befanden Beobachter in Süddeutschland, »war von keiner großen Bedeutung. Eine ebenfalls ziemlich große Anzahl und Mannigfaltigkeit der Lehrlinge, einen Lehrer, der sich von jenem durch weiter nichts, als durch seine städtische Kleidung unterschied; eine ziemliche Einbildung von sich selbst hatte, ausserdem aber schlechte Proben von seiner hervorstechenden Geschiklichkeit gab; daneben aber auch eine merkliche Verlegenheit gegen das Schulwesen verrieth. Eben dieser Mechanismus oder Schlendrian, eben das laute Geräusch, das uns in der Dorf-Schule mißfiel, beunruhigte uns auch hier, und da wir den Schulmeister fragten: ob er täglich eine so ansehnliche Versammlung von Schulkindern um sich hätte? so beklagte er sich über die Versäumniß der Schulstunden nicht weniger, als der Dorf-Schulmeister ... / ... wenn die Kinder in den teutschen Schulen nur lesen, den Catechismus, ihre Gesänger, Psalmen und Sprüche wohl auswendig lernen, mehr verlangt man nicht von ihnen; und zum Hersagen der Buchstaben, Anhören und wieder Aufgeben der bekanntesten Sprüche und Gebete, dazu gehört keine so grosse

51

Kunst, daß meine Frau oder Tochter diesen Theil meines Amtes nicht sollten über sich nehmen können. In der Repetiz aber (worunter er eine besondere Lehrstunde nach den öffentlichen Schulstunden verstund), da gibts wichtigere Dinge zu tractiren, da muß ich freylich ganz allein meinem Amt abwarten; gut ists, daß in derselben die Anzahl der Schüler nicht so stark ist, als in der öffentlichen Schule, weil dieselbe meist vornehmer Leute Kinder, und solche, die schon lesen können, besuchen. Aber, mein lieber Mann, antworteten wir, ist denn an diesen zärtern Kindern nicht eben so viel gelegen, als an jenen ältern ...? ... meine Frau und Tochter können mit dem Aufsagen-Lassen so gut, als eine Schulfrau hier, oder als mancher Schulmeister auf dem Lande umgehen ... und ich versehe meinen Dienst so gut, als einer; sonst hätte man mich ja nicht zum Schulmeister angenommen. Bleiben sie vollends da in meiner Repetiz, da sollen sie sehen ... / Die Anzahl der Schüler in dieser besonderen Lehrstunde war ebenfalls nicht gering, doch tractirten sie einerley Lectionen, und wie uns der Lehrer versicherte, konnten sie alle lesen, und damit wurde auch der Anfang der Stunde gemacht. Wir konnten mit dem Lesen der Kinder ganz wohl zufrieden seyn, den singenden Ton und die Vernachläßigung der Interpunctionszeichen ausgenommen. Nun wurden abermals memorirte Lectionen aus dem Catechismus recitirt, oder vielmehr theils hergestottert, theils hergeplappert, so, daß man leicht merken konnte, wiewenig die Lehrlinge das verstunden, was sie hersagten ...« (Herbert 1981, S. 424 f.)
Solche Zustände waren zu Recht Gegenstand philanthropischer Schulkritik. Aber weder Menschenfreundlichkeit noch Nützlichkeitsstreben vermochten im absolutistischen Staat, wie aufgeklärt die Regierung immer sein mochte, das Blatt zu wenden. Also schrieb die besorgte Schulaufsicht Preisfragen aus wie 1794 im Herzogtum Württemberg: »Wie kann ein Lehrer, der 70 bis 80 Kinder ungleichen Alters zu unterrichten hat, alle in den gewöhnlichen Schulstunden zwekmässig beschäftigen?« (Herbert 1981, S. 329) Die alte Dorfschule, in der ein bißchen Lesen und Schreiben, vor allem aber Katechismus und Gesangbuch auswendig gelernt wurde, bestimmte am Ende des pädagogischen Jahrhunderts wie vordem die Gestalt der Elementarbildung. Als weiterführende Schule hatte sich in den kleineren Städten, die es in Preußen nahezu ausschließlich gab, die alte Lateinschule des

16. Jahrhunderts erhalten. Sie besuchten die Söhne der städtischen Handwerker wie die der Honoratioren, die einen kürzer, die anderen länger. Dort aber, wo die Aufklärungspädagogik in den größeren Städten die Trennung des bürgerlichen vom gelehrten Unterricht erreichte, oder dort, wo für die Kinder der Unterschicht Industrieschulen eingerichtet wurden, trat durch die Berufsorientierung das hierarchische Prinzip der gespaltenen Schulorganisation eher noch deutlicher zutage. Anders wäre auch das Bündnis mit dem Absolutismus nicht zustande gekommen. Von der Ökonomie ging kein Druck zur Veränderung aus, auch nicht von der frühen Industrialisierung. Es bedurfte einer politischen Revolution, um für die Bildungsreform einen neuen Ansatz zu gewinnen.

Bildung als Menschenrecht

Auf die erste Kunde vom Umsturz in Frankreich reiste Joachim Heinrich Campe im Juli 1789 nach Paris, um den »rührenden Sieg der Menschheit« mitzuerleben. Ihn begleitete sein früherer Schüler Wilhelm von Humboldt; Mirabeau verschaffte ihnen Zutritt zur Nationalversammlung in Versailles. Das Exemplarische dieser »Staatsumwälzung« schlug sie in Bann: »Zuvörderst werden nun alle Völker der Erde ein Muster von einer Staatsverfassung bekommen, wie es bisher noch keine gab und wonach jedes die seinige nach und nach abändern oder bei gegebener Gelegenheit umbilden kann.« (Campe 1961, S. 278) Erstmals in einem europäischen Nationalstaat wurden die Menschenrechte zu Grundrechten einer Verfassung. Daraus folgte für das Bildungswesen, wie Rousseau im *Contrat social* gezeigt hatte, daß um der Verpflichtungen aller Staatsbürger willen jedem die Chance eröffnet werden müßte, die eigenen Fähigkeiten so gut wie nur möglich zu entfalten. »Es soll ein öffentliches Schulwesen eingerichtet und gebildet werden«, bestimmte die 1791 von der gesetzgebenden Versammlung beschlossene Verfassung, »das für alle Bürger gemeinsam und in den Bereichen des Unterrichts, die für alle Menschen notwendig sind, kostenlos ist.« (Franz 1950, S. 293) Menschenbildung mit öffentlicher Erziehung zu verbinden, darin lag die »sozialrevolutionäre Tendenz, alle geburtsständischen oder durch Wohlstand gesicherten Bildungsvorrechte zugunsten einer allgemeinen Gleichheit der Bildungsmöglichkeiten zu beseitigen. Daraus folgte, daß von Staats wegen die Chancengleichheit gesetzlich hergestellt und daß das von nun an als Grundsatz allein gültige Ausleseprinzip der Leistung gesetzlich gesichert und im einzelnen geregelt werden sollte.« (Conze 1976 a, S. 484) Chancengleichheit als Voraussetzung bürgerlicher Freiheit, dieses Prinzip suchte der Schulausschuß der Legislative in seinem Plan einer allgemeinen Organisation des öffentlichen Unterrichtswesens zu verwirklichen. Als Ausschußsprecher berichtete Condorcet im April 1792 der Gesetzgebenden Versammlung. Zum Ziel des nationalen Bildungssystems wurde bestimmt, »allen Angehörigen des Menschengeschlechts die Mittel zugänglich zu machen, daß sie für ihre Bedürfnisse sorgen, ihr Wohlergehen sichern, ihre Rechte erkennen und ausüben, ihre Pflichten begreifen und erfüllen können; jedem die Möglichkeit zu sichern, seine berufliche Geschicklichkeit zu vervollkommnen, sich für gesellschaftliche Funktionen vorzubereiten, zu denen berufen zu werden er berechtigt ist, den ganzen Umfang seiner Talente, die er von der Natur empfangen hat, zu entfalten und dadurch unter den Bürgern eine tatsächliche Gleichheit herzustellen und die politische Gleichheit, die das Gesetz als berechtigt anerkannt hat, zu einer wirklichen zu machen.« (Condorcet 1966, S. 20)

Unabdingbar erforderte das Prinzip der Chancengleichheit die Überwindung des gespaltenen Schulsystems. Vorgeschlagen wurde daher eine Gesamtschule, bestehend aus aufeinanderfolgenden Schulstufen mit jeweils unentgeltlichem Unterricht. In jedem größeren Dorf sollte es eine Primarschule geben, daran anschließend Sekundarschulen in jedem Distrikt und jeder mittleren Stadt, gefolgt von einer dritten Stufe des allgemeinbildenden Unterrichts in sogenannten Instituten. Schulpflicht galt für die vierjährige Primarstufe. Danach sollten die Kinder, deren Befähigung am meisten hervortrat, aufgefordert werden, jeweils die nächste Schulstufe zu besuchen. Für Unterhaltsbedürftige waren Stipendien vorgesehen.

Die Differenz zu dem Schulplan, den Comenius in der ersten Hälfte des 17. Jahrhunderts als Fazit protestantischer Barockpädagogik entworfen hatte, lag nicht so sehr im organisatorischen Aufbau und auch nicht, trotz bezeichnender Unterschiede, im Inhalt des Unterrichts, sondern in der Begründung. Auch

Comenius wollte, daß nicht nur die Kinder der Reichen und Vornehmen, sondern alle in gleicher Weise zum Schulbesuch angehalten und gemeinsam in aufeinanderfolgenden Schulstufen unterrichtet werden sollten. Bei ihm findet sich bereits das ganze Arsenal der pädagogischen *und* gesellschaftlichen Argumente gegen die frühe Trennung der Schulkinder und für ihre gemeinsame Erziehung: »Sie müssen also soweit wie immer möglich miteinander geführt werden, damit sie sich gegenseitig beleben, anregen und anspornen. Zweitens sollen alle zu allen Tugenden, auch zu Bescheidenheit, Eintracht, gegenseitiger Dienstbereitschaft erzogen werden. Deshalb darf man sie nicht so früh von einander trennen und einigen wenigen Gelegenheit bieten, sich mehr zu dünken als die andern und diese neben sich zu verachten. Drittens scheint es mir sehr voreilig, schon im sechsten Lebensjahr bestimmen zu wollen, zu welchem Beruf sich ein Kind eignen wird, ob für die Wissenschaft oder für ein Handwerk. Weder die Kräfte des Geistes noch seine Neigungen sind in diesem Alter genügend zu erkennen; später tritt beides besser zutage.« (Comenius 1954, S. 194)

Aber die Gleichheit, die Comenius meinte, ist die des Menschen vor Gott, dem kein Ansehen der Person gilt. Die Schulordnung, die er, der Pfarrer der Böhmischen Brüder und später ihr letzter Bischof, im polnischen Exil für die Rückkehr in seine Heimat nach dem erhofften Sieg im Glaubenskrieg entwarf, war theologisch begründet. Der neue Ansatz leitete dagegen die Gleichheit des Menschen aus seiner Natur und dem Gesellschaftsvertrag ab und begründete die für alle gemeinsame Schule erstmals verfassungsrechtlich. »Da der Mensch von der Natur eine Vervollkommnungsfähigkeit erhalten hat, deren unbekannte Grenzen – wenn solche überhaupt vorhanden sind – sich wohl weit über das hinaus erstrecken, was wir noch begreifen können, und da die Kenntnis neuer Wahrheiten für ihn das einzige Mittel ist, diese vortreffliche Fähigkeit zu entwickeln, diese Quelle seines Glückes und seines Ruhmes, welche Macht könnte da das Recht haben, ihm zu sagen: das ist das, was du wissen mußt; dies ist die Grenze, wo du haltmachen mußt?«, lautete Condorcets Frage (Condorcet 1966, S. 77).

Weil die Menschen frei und mit gleichen Rechten geboren werden und bleiben, wie die Nationalversammlung in der Erklärung der

Menschen- und Bürgerrechte 1789 festgestellt hatte, bestimmte den Schulausschuß vor allem die Sorge, in seinem allgemeinen Organisationsplan die Erziehung einerseits so gleich und so allgemein, andererseits aber für jeden individuell so vollständig wie möglich zu gestalten, um niemand höheren Unterricht zu verweigern. Das Spannungsverhältnis von Freiheit und Gleichheit bezeichnet die Aktualität dieses Schulplanes ebenso wie sein Beharren auf weitgehender Unabhängigkeit des öffentlichen Bildungswesens von der staatlichen Verwaltung, die weder Autorität noch Kompetenz besitzen dürfte, »die Entwicklung neuer Wahrheiten und die Lehre solcher Theorien zu verhindern, die ihrer besonderen Politik oder ihren augenblicklichen Interessen widersprechen«. Das Unterrichtswesen als Rechtsverhältnis sollte nur von der »Versammlung der Repräsentanten des Volkes«, der gesetzgebenden Körperschaft abhängig sein (Condorcet 1966, S. 22 f.).

In ihrer liberalen Version ist solche Zielsetzung öffentlichen Unterrichts, den der Staat um der Freiheitsrechte seiner Bürger willen einzuleiten, aber nicht einzuengen oder gar zu kommandieren habe, in Deutschland damals durch Mirabeaus Diskurs über die Nationalerziehung (1791) vermittelt worden. Dieser Modellplan freiheitlicher Erziehung (A. Flitner) hinterließ nachhaltigen Eindruck. Er bestätigte die Erfahrung der Reformpädagogen, daß vom Staat wirksame Hilfe nicht zu erwarten, das Verhältnis von Staat und Schule neu zu bestimmen war. »Bei freien Menschen entsteht Nacheiferung, und es bilden sich bessere Erzieher, wo ihr Schicksal von dem Erfolg ihrer Arbeiten, als wo es von der Beförderung abhängt, die sie vom Staate zu erwarten haben«, befand Wilhelm von Humboldt in seinen *Ideen zu einem Versuch über die Grenzen der Wirksamkeit des Staats* 1792 (Humboldt 1946, S. 83). Er bezog sich dabei ausdrücklich auf Mirabeau und zitierte dessen Warnung an den Staat: »Ohne daß man sich darein mischt, wird die Erziehung gut seyn; ja sie wird um so besser seyn, je größeren Spielraum man dem Kunstfleiße der Lehrer und der Nacheiferung der Schüler gelassen hat« (Mirabeau 1792, S. 21). Öffentliche Erziehung, das war damals Humboldts Überzeugung, schien »ganz außerhalb der Schranken zu liegen, in welchen der Staat seine Wirksamkeit halten muß« (Humboldt 1946, S. 85). Trapp und Campe gelangten zum selben Schluß und revidierten das Staatsverhältnis der revisionistischen Pädagogik.

Schon mit der Ablösung von Zedlitz durch Wöllner als zuständigem Departementschef und dem lange vorbereiteten Religionsedikt (1788), das »in der theologischen Wissenschaft die Herrschaft der Orthodoxie, in der Schule die Herrschaft des strengen Bibelglaubens« wieder herstellen sollte (Huber 1957 b, S. 108), hatte in Preußen die Reaktion gegen die Aufklärung Gestalt gewonnen. Ihre Macht und der Druck auf die kleineren Fürstentümer der Nachbarschaft wuchs, je mehr in Frankreich der Umsturz sich radikalisierte. Die menschenfreundlichen Pädagogen gerieten auch in Braunschweig zunehmend in Bedrängnis. Das von Campe und Trapp begründete *Braunschweigische Journal* konnte sich unter preußischem Druck dort nicht mehr halten. Trapp zog sich mit ihm zunächst ins dänische Altona, später nach Schleswig zurück.

Den Gegensatz in der Auffassung vom Verhältnis des Staates zur Schule zwischen den aufgeklärten Pädagogen und dem aufgeklärten Absolutismus brachte 1794 das allgemeine Preußische Landrecht unmißverständlich zum Ausdruck: Schule wie Universitäten waren Veranstaltungen des Staates mit der Absicht, der Jugend nützliche Kenntnisse und Wissenschaften beizubringen. Damit bestätigte der Staat nicht nur seine Alleinzuständigkeit, mit der seit der Reformation kirchlich vermittelte Schulaufsicht über die Inhalte des Lehrens und Lernens durchaus sich vereinbaren ließ, wenn auch nicht immer vertrug. Fortgeschrieben wurde das standesgemäß geteilte Schulsystem. Nützliche Kenntnisse, vor allem im Katechismus und Gesangbuch, waren für die einen gedacht, die Wissenschaften für die anderen. Dementsprechend betonte das Landrecht den Klassenunterschied zwischen den Lehrern. Zwar sollte nirgendwo ein Schulmeister bestellt werden, der nicht nach bestandener Prüfung ein Zeugnis zu einem solchen Amt erhalten habe, aber die gemeinen, die Volksschullehrer, waren der örtlichen, in der Regel gutsherrlichen Gerichtsobrigkeit unterworfen und selbstverständlich deren Aufsicht über ihre Amtsführung unter Beihilfe des geistlichen Schulvorstehers. Ihren Unterhalt erhielten sie von der Gemeinde. Die Gymnasiallehrer dagegen wurden als Beamte des Staates angesehen, genossen einen privilegierten Gerichtsstand und andere Vorrechte. Den Eltern blieb ihr »natürliches« Erziehungsrecht. Aber so sie sich keine Hauslehrer leisten konnten, hatten sie ihre Kinder vom sechsten Lebensjahre ab in die Schule zu schicken, und zwar so lange, »bis ein Kind nach dem Befunde seines Seelsorgers, die einem jeden vernünftigen Menschen seines Standes nothwendigen Kenntnise gefaßt hat« (Froese und Krawietz 1968, S. 130).

Auch in Frankreich war die liberale Version der Schulreform damals schon wieder unterlegen. Die jakobinische Korrektur der Pläne Condorcets gab dessen Trennung von privater und öffentlicher Sphäre ebenso auf wie die Balance zwischen individueller Freiheit und sozialer Gleichheit. Vergeblich appellierte Campe, den die Nationalversammlung 1792 zum Ehrenbürger Frankreichs ernannt hatte, in seiner Schrift über die *Grundsätze der Gesetzgebung der öffentlichen Religion und Nationalerziehung betreffend; dem französischen Nationalconvent gewidmet* (1793) für eine freiheitliche Schulpolitik. Robespierre radikalisierte den Plan von Lepeletier, der noch als Modifikation zu Condorcets Primarschulideen gedacht war, zum Gegenentwurf staatlicher Kollektiverziehung. Um Chancengleichheit nicht nur am Start, sondern auch auf dem Wege zu sichern, wurden obligatorische Internate gefordert, in denen kompensatorischer Unterricht für die Kinder aller Stände das Bewußtsein sozialer Gleichheit auszubilden hätte, den Schülern aus armen Familien den Zugang zur Wissenschaft vermittelnd, denen aus reichen Häusern die Erfahrung von Handarbeit.

Weniger die Internatserziehung als solche, seit den Anfängen der Klosterschule üblich und bis in unsere Zeit gerade von der Oberschicht als ein probates Mittel standesgemäßer Schulbildung benutzt, nicht einmal die gemeinsame Erziehung der Kinder von Reich und Arm, sondern deren Inhalt bezeichnete das Skandalon. Kognitiv hochbegabten Jünglingen sollte ja nach bürgerlichem Verständnis der Zugang zur höheren Schule und der durch sie definierten Allgemeinbildung durchaus ermöglicht werden, auch wenn ihren Eltern das Geld mangelte, sie zu bezahlen. Auf den Vorzug der Internatserziehung in diesem Zusammenhang hat noch Helmut Schelsky verwiesen, der beklagte, man überließe die Internate den »dummen Reichen«, anstatt sie für die »klugen Armen« zu mobilisieren, und den Gewerkschaften nahelegte, daß sie »solche Erziehungsinternate für Arbeiterkinder im weiterführenden Schulbesuch einrichteten, in denen diese Kinder die erzieherische Betreuung und kulturelle Umwelt neben ihrem normalen Schulbesuch fänden, die ihnen zuhause abgeht« (Schelsky 1961, S. 158). Deutlicher kann nicht gesagt werden, worauf es ankommt: auf die bürgerlichen Normen. Ihre Privilegierung aber gerät in Gefahr, wenn körperliche Arbeit den Rang allgemeiner, weiterführender Schulbildung erhält. Das bedeutet die gesellschaftliche Anerkennung einer alternativen Allgemeinbildung, nämlich der Berufsausbildung der Arbeitenden. Damit wird die Trennung von Kopf- und Handarbeit in Frage gestellt.

Das gemäßigte, besitzende Bürgertum reagierte heftig. Nach Robespierres Sturz war es nicht nur mit seinen, sondern zunächst mit allen Schulreformplänen in Frankreich vorbei. »Die Organisation, die Fächer und die Unterrichtsmethoden wurden wieder das, was sie unter dem Ancien Régime gewesen waren. Die Wissenschaften konnten sich nur wegen der Militärlehrgänge halten. Das Latein gewann seine alte Übermacht. Es war ein Rückschritt zum alten System.« (Durkheim 1977, S. 282) Die Organisation des Bildungswesens entsprach in ihren Grundzügen der neuen großbürgerlichen Verfassung, die das Wahlrecht wieder mit dem Zensus und politische Macht mit ökonomischer verknüpfte. Das Gymnasium entwickelte sich zur Eliteschule der Nation, die Volksschule wurde der katholischen Kirche überlassen (Lutz 1986). An die volkstümliche Elementarbildung für diejenigen, die nicht Privatschulen besuchen oder von Hauslehrern unterrichtet werden konnten, schloß sich keine Sekundarschule im Stufenaufbau an. Denn die Mehrzahl der Schüler sollte arbeiten.

II Landesstaatliche Volksschulpolitik

In den Jahren der Reaktion, die das achtzehnte Jahrhundert beschlossen, ist ein Funktionswandel des Bildungssystems auszumachen. Galt es bisher der territorialen Zentralgewalt als ein
Mittel in ihrer Auseinandersetzung mit den konservativen Ständen, so wurde es nun zur Aufrechterhaltung der bestehenden
Herrschaft gegen die Impulse der Aufklärung im Inneren und die
Revolution von außen eingesetzt. Die staatliche Schulpolitik stellte durch ihre Wendung gegen die bisher sanktionierten Reformtendenzen, insbesondere die Verweltlichung und Verwissen-
schaftlichung, »die selbstverständliche Ineinssetzung von Verstaatlichung und Reform des Schulwesens in Frage« (Jeismann
1974, S. 120). Schule als Instrument der Gegenaufklärung. Nicht
auf die Trennung von Staat und Kirche kam es an, sondern auf
die gemeinsamen Interessen in der Defensive. So bestimmte in
Preußen Minister Wöllner in seiner »Anweisung vom 16. Dec.
1794 für die Schullehrer in den Land- und niedern Stadtschulen
zu zweckmäßiger Besorgung des Unterrichts der ihnen anvertrauten Jugend« den Zweck der Elementarschule wiederum eindeutig
als Religionsunterricht: »Wahrer Religions-Unterricht, in welchem die Kinder zur Erkenntniß dessen, was zu ihrer Seligkeit
und zur christlichen Uebung ihrer Pflichten in den Verhältnissen
dieses Lebens gehört, hinlänglich angeleitet, und zur Benutzung
dieser Erkenntniß in ihren Gesinnungen und Handlungen gebildet werden; ist die eigentliche Hauptsache des Unterrichts in
niedern Schulen auf dem Lande und in den Städten« (Mächler
1980, S. 227 f.). Allerdings gelang es der Regierung trotz mehrfa-
cher Anweisungen nicht, ein neues Lehrbuch orthodoxer Prägung, »Die Christliche Lehre im Zusammenhang«, das 1792 erschien, an den niederen Schulen durchzusetzen (Neugebauer
1985, S. 455 ff.).
Auch in den anderen protestantischen Ländern hatte auf dem
Höhepunkt der Aufklärung die vereinte Abwehr von theologi-
scher und staatlicher Seite eingesetzt. So in Württemberg mit der
herzoglichen Verordnung »gegen die Neuerungen in der Lehre«
(1780), die Geistliche wie Lehrer anhielt, sich an die Konkordien-

formel und an die symbolischen Bücher »pünktlich zu halten«
(Valjavec 1953, S. 393). Doch Preußens Reaktion war wegen ihrer Schärfe und der Größe des Landes von besonderer Bedeutung.
Zur Überprüfung der Universitäten und höheren Schulen wurde
eine Examinationskommission eingesetzt, um vor allem die Ausbildung künftiger Gymnasiallehrer und Pastoren zu kontrollie-
ren. Auch Kant ist damals gemaßregelt worden, er habe seine
»Philosophie zu Entstellung und Herabwürdigung mancher
Haupt- und Grundlehren der Heiligen Schrift und des Christentums« mißbraucht (Huber 1957b, S. 109).
Unter dem neuen König, Friedrich Wilhelm III., und einem neuen
Minister, Julius von Massow, änderte sich im Prinzip wenig,
auch wenn für andere Sektionen staatlicher Verwaltung erste Reformpläne entworfen und die Mittel staatlicher Schulpolitik wieder deutlicher auf die Erziehung zur Brauchbarkeit abgestellt
werden sollten. »Wahre Aufklärung«, so definierte der König den
Begriff des Jahrhunderts in einer Zirkularverordnung an die Re-
gimenter und Bataillons, den Unterricht an den Garnisonschulen
betreffend, 1799, »besitzt unstreitig derjenige, der in dem Kreise,
worin ihn das Schicksal versetzt hat, seine Verhältnisse und
Pflichten genau kennt, und die Fähigkeiten hat, ihnen zu genügen.
... Der Keim zur Unzufriedenheit mit seinem Stande wird sich
aber in dem Grade entwickeln, in welchem man seinen wissenschaftlichen Unterricht weiter ausdehnt. Nur wenige Menschen
der unteren Volksklasse sind von der Natur so sehr verwahrloset,
daß sie nicht die Fähigkeit haben sollten, etwas mehr zu leisten,
als ihr Stand von ihnen erfordert, und sich dadurch auf irgend
einem Wege über denselben zu erheben. Ein zu weit ausgedehnter
Unterricht wird das Gefühl solcher Fähigkeiten in ihnen rege
machen ...« (Fertig 1979, S. XII). Die Bildungsfähigkeit der Unterschichten bezeichnete nach wie vor das Problem – nicht aber
das Potential der Volksbildung und schon gar nicht deren men-
schenrechtliche Begründung. Sie standesgemäß zuzuteilen, blieb
das Prinzip ihrer Organisation. Dem Minister ging es daher vor
allem um genau abgegrenzte Erziehungswege, die zumindest jene
von frühauf schieden, die später Hand- oder Kopfarbeit leisten
sollten. »Wir sind fest von der Wahrheit überzeugt«, verkündete
er in einer Grundsatzerklärung, »dass nicht alle Stände im ganzen
nach einerlei Bildungsziel streben können und müssen, wenn

nicht alle bürgerlich Ordnung aufhören und selbst die Zufriedenheit jedes einzelnen mit der Lage, worein ihn die Vorsehung gesetzt hat ... gestöhret und der so verderbliche Hang des Zeitalters, sich oder seine Kinder über den Stand der Geburt zu erheben, nicht genährt werden soll ...« (Jeismann 1974, S. 174).

Reform und Reaktion in Preußen

Um in den Amtsstuben solcher Verwaltung einen grundsätzlich anderen Schulplan zu erdenken, mußte erst der Staat zusammenbrechen, den diese Schule erhalten sollte. Nach der totalen Niederlage und Besetzung des Landes durch französische Truppen erschienen Reformen unabdingbar. Sie richteten sich, wie die Bauern- oder Gewerbebefreiung, gegen ständische Strukturen gesellschaftlicher Organisation und zielten darauf, Kräfte für den Wiederaufbau freizusetzen. So verbanden sie sich unter den gegebenen Verhältnissen mit den Interessen landesherrlicher Zentralgewalt, die von der Besetzungsmacht ganz an den Rand gedrängt worden war. In diesem Zusammenhang erhielt der Begriff der Nationalerziehung seinen hohen programmatischen und legitimatorischen Rang, eher denn eine praktische Bedeutung, da dem Staat alle finanziellen Mittel fehlten. So verschieden die Ideen und Impulse waren, die sich zur Rettung des Landes zusammenfanden, darin stimmten alle überein, daß der Staat die Bildungsreform in seine Hand nehmen müßte. Seiner Vollkommenheit habe die Nationalbildung zu dienen, und zwar durch die Vollkommenheit jedes einzelnen Staatsbürgers, nicht aber bloß zum Zwecke partikularer Berufstüchtigkeit.

Auch eher konservativ orientierte Reformer, wie der Freiherr vom Stein, waren zu jener Zeit bereit, die gesellschaftliche Sprengkraft einer allgemeinen und gleichmäßigen Volksbildung in Kauf zu nehmen. Stein war insbesondere von Pestalozzis Werk und Wirkung, seiner Schule für »Kopf, Herz und Hand«, tief beeindruckt. Was immer schon vorher von den Staatsphilosophen und Volkspädagogen diskutiert worden war, erst Steins Verwaltungsreform öffnete der preußischen Bildungsreform den Weg. Durch sie wurde das Oberschulkollegium aufgelöst und dessen Aufgaben der neugegründeten Sektion für den Kultus und den öffentlichen Unterricht im ebenfalls neuorganisierten Ministerium des Innern übertragen. In die zentrale Unterrichtsverwaltung ließ er Johann Wilhelm Süvern, Schüler von Fichte, Schiller und Wolf, Gymnasialdirektor und dann Professor an der Universität Königsberg, berufen, der lange über die Amtszeit Humboldts hinaus die Reformarbeit im Ministerium bestimmte. In der von Süvern entworfenen, von Stein überarbeiteten und vom König gebilligten »Proclamation an sämtliche Bewohner des preußischen Staates« vom 21. Oktober 1808, kurz bevor Stein aus dem Amt gedrängt wurde, krönt das Programm der Bildungsreform – das der Staatserneuerung: »Und die Erziehung der Jugend zu einem kräftigen Geschlechte, worin die erhabenen Zwecke des Staates sich erhalten und fortentwickeln, ist bereits Gegenstand ernsthafter Beschäftigungen der dazu angeordneten Behörde und wird es ferner sein. Der schon längst vorbereiteten gleichmäßigen Nationalbildung, auf einen neuen und sicheren Grund gestützt, soll endlich die preußische Jugend sich zu erfreuen haben. Den Mut und Eifer der zu diesem ehrwürdigen Geschäft berufenen Männer soll meine teilnehmende Fürsorge auch für ihr äußeres Wohl beleben.« (Jeismann 1974, S. 277 f.)

Zum Kopf dieses Unternehmens, als ersten Leiter der Sektion für Kultus und Unterricht, hatte Stein Wilhelm von Humboldt, damals preußischer Gesandter beim päpstlichen Stuhl in Rom, vorgeschlagen. Nach langem Sträuben, auch weil Humboldt seiner Altertumsforschung wegen so sehr an Rom als Dienstort hing, sagte er endlich zu, sich des Widerspruchs zwischen seiner Erziehungstheorie und einer Teilhabe an staatlicher Bildungsplanung durchaus bewußt. Kaum läßt sich Humboldt jedenfalls unterstellen, er habe in jener Zeit die unverhoffte Möglichkeit erkannt, den Gegensatz zwischen der bürgerlichen Form, die jede öffentliche Erziehung dem Menschen zwangsläufig gebe, und dessen Bestimmung als Mensch aufzuheben. Humboldt war nur sechzehn Monate in diesem Amt. Es gibt kein anderes Beispiel in der deutschen Bildungsgeschichte, daß jemand in so kurzer Zeit so viel bewirkte. Dabei vermochte er die Widersprüche, unter denen er antrat, keineswegs zu überbrücken. Im Gegenteil, er machte sie sich zu eigen; das erklärt wohl letztlich seine so unvergleichliche Wirkung.

Die neue Sektion plante mit dem Ziel einer gleichmäßigen Nationalerziehung nicht weniger als die Reform des gesamten Bildungswesens, wie der Königsberger und der Litauische Schulplan ausweisen und vor allem der Sektionsbericht an den König. Sie leitete dabei weniger das Postulat der Menschenrechte als die neuhumanistische Idee einer allgemeinen Menschenbildung. Diese erforderte eine gemeinsame und gestufte Schule und widersprach einem geteilten Bildungssystem ebenso wie der frühen Abspaltung beruflicher Schulformen. Deshalb argumentierte Humboldt ständig gegen die bürgerlichen Mittel- und Realschulen: »Die Frage über die Zulässigkeit abgesonderter Bürger oder Realschulen scheint weitläufig und schwierig zu erörtern. Sie hat zwei verschiedene Systeme hervorgebracht, wovon man das realistische neulich, in Baiern, so weit getrieben hat, dass man beinahe RealUniversitäten aufstellt. Alle Schulen aber, deren sich nicht ein einzelner Stand, sondern die ganze Nation, oder der Staat für diese annimmt, müssen nur allgemeine Menschenbildung bezwecken. – Was das Bedürfniss des Lebens oder eines einzelnen seiner Gewerbe erheischt, muss abgesondert, und nach vollendetem allgemeinen Unterricht erworben werden. Wird beides vermischt, so wird die Bildung unrein, und man erhält weder vollständige Menschen, noch vollständige Bürger einzelner Klassen.« (Humboldt 1920, S.276 f.)

Der Staat also habe nicht für die verschiedenen gesellschaftlichen Kasten oder die einzelnen Gewerbe Schule zu veranstalten, sondern gemeinsam für die ganze Nation. Daher berechnete die Sektion, so Humboldt in seinem Bericht an den König, »ihren allgemeinen Schulplan auf die ganze Masse der Nation und sucht diejenige Entwickelung der menschlichen Kräfte zu befördern, welche allen Ständen gleich nothwendig ist und an welche die zu jedem einzelnen Beruf nöthigen Fertigkeiten und Kenntnisse leicht angeknüpft werden können. ... Jeder ist offenbar nur dann ein guter Handwerker, Kaufmann, Soldat und Geschäftsmann, wenn er an sich und ohne Hinsicht auf seinen besondern Beruf ein guter, anständiger, seinem Stande nach aufgeklärter Mensch und Bürger ist. Giebt ihm der Schulunterricht, was hiezu erforderlich ist, so erwirbt er die besondere Fähigkeit seines Berufs nachher sehr leicht und behält immer die Freiheit, wie im Leben so oft geschiehet, von einem zum andern überzugehen. Fängt man aber von dem besondern Berufe an, so macht man ihn einseitig, und er erlangt nie die Geschicklichkeit und Freiheit, die nothwendig ist, um auch in seinem Berufe allein nicht bloss mechanisch, was Andere vor ihm gethan, nachzuahmen, sondern selbst Erweiterungen und Verbesserungen vorzunehmen. Der Mensch verliert dadurch an Kraft und Selbständigkeit ... Es tritt endlich die Schwierigkeit ein, dass sich der künftige Beruf oft nur sehr spät richtig bei einem Kinde oder jungen Menschen bestimmen lässt und dass sein natürliches Talent, das ihn vielleicht einem andern widmen würde, bald nicht erkannt, bald erstickt wird.« (Humboldt 1903, S. 205 f.) Überzeugender läßt sich die Idee der Gesamtschule kaum formulieren, die Humboldt und seine Mitarbeiter zum wegweisenden Programm erhoben.

Er unterschied, »philosophisch genommen«, drei Stadien des Unterrichts: den Elementarunterricht, den Schulunterricht und den Universitätsunterricht – und wollte auch nur sie allein als »natürliche«, aufeinanderfolgende, nicht etwa nebeneinander verlaufende Stufen der Schulorganisation anerkennen. Der Elementarunterricht führe an das Lernen heran, er mache »es erst möglich, eigentlich Dinge zu lernen, und einem Lehrer zu folgen. Der Schulunterricht führt den Schüler ... bis zu dem Punkte wo es unnütz seyn würde, ihn noch ferner an einen Lehrer und eigentlichen Unterricht zu binden, er macht ihn nach und nach vom Lehrer frei, bringt ihm aber alles bei, was ein Lehrer beibringen kann. Der Universität ist vorbehalten, was nur der Mensch durch und in sich selbst finden kann, die Einsicht in die reine Wissenschaft« (Humboldt 1920, S. 279).

Für den Elementarunterricht schlug die Sektion eine Grundschulreform vor, die Pestalozzis Ideen aufnahm und weiterentwickelte. Erziehung und Unterricht sollten ganz und gar miteinander verbunden sein, wobei der Selbsterziehung der Kinder untereinander große Bedeutung zugemessen wurde. Den Unterricht hätte das Prinzip zu leiten, daß das Kind nicht nur lesen, schreiben und rechnen lerne, »sondern dass alle Hauptfähigkeiten seines Körpers und seiner Seele in möglichster Zusammenstimmung entwickelt und geübt werden, wodurch denn jene Fertigkeiten von selbst entstehen« (Humboldt 1903, S. 210). Die gemeinsame Ausbildung von Kopf, Herz und Hand blieb allerdings auf den Elementarunterricht beschränkt. In der folgenden Stufe ging es allein um den Kopf, um wissenschaftsorientierte, kognitive

Grundbildung. Dieser Schulunterricht habe aus linguistischem, historischem und mathematischem zu bestehen, Schwerpunktbildung für die Schüler zu erlauben, aber doch so, daß der Kopf für alle drei Richtungen zugleich gebildet werde. Gegenüber der Lateinschule überkommenen Typs war neu, daß die höhere Schule nicht bloß der Altphilologie gewidmet, sondern der historische und mathematische Unterricht ebenso sorgfältig behandelt werden sollte. Zugleich aber erhielten die alten Sprachen bildungstheoretisch einen neuen Rang, der es ermöglichte, die Schul- mit der Allgemeinbildung zu identifizieren und, ganz gegen die Absicht der Reformer, den Trennungsstrich zwischen den Gebildeten und den Ungebildeten weit schärfer zu ziehen, als realistische Bildungsinhalte es je vermocht hätten.

Humboldt hingegen argumentierte im Interesse der allgemeinen Menschenbildung, gleichsam in umgekehrter Frontstellung, gegen den Vorwurf der Überqualifikation: »Auch Griechisch gelernt zu haben könnte auf diese Weise dem Tischler ebenso wenig unnütz seyn, als Tische zu machen dem Gelehrten.« (Humboldt 1920, S. 278) An dieser wie an vielen anderen Stellen wurden jedoch, pragmatisch orientiert, die Abstriche vom Konzept gleich mitgeliefert. Grelle Kontraste könnten stets vermieden werden, und es brauchte nie dahin zu kommen, daß ein Handwerker Griechisch gelernt habe. Schon das strenge Prüfungswesen sorgte in der Realität dafür, wiewohl die Sektion gewiß keine Standesbindung im Sinne hatte, als sie dem König versicherte, niemand werde von einer niedrigen zu einer höheren Schule oder von einer Klasse zu anderen übergehen, ehe seine Fähigkeit zu solchem Übergange nicht gehörig geprüft worden sei. Um die Bedenken gegen die Volksschulreform, wohl die schwerwiegendsten, zu mildern, hieß es im Sektionsbericht: »So lernt auch der Bauer und niedrige Städter schlechterdings nichts, was über seinen Kreis hinausginge. Denn wollte man auch jede andere Rücksicht vergessen, so sind die Grundbegriffe der Mathematik dem künftigen Landmann, Handwerker und Soldaten äusserst nützlich, ebenso das Zeichnen, und ein richtiger Gesang dient zur erbaulichen Abwartung des öffentlichen Gottesdienstes.« (Humboldt 1903, S. 211) Radikaler argumentierte Reinhold Bernhard Jachmann, ostpreußischer Gymnasialdirektor und späterer Regierungsschulrat, unter den neuhumanistischen Bildungsreformern wohl der entschiedenste Gegner ständischer Bildungsprivilegien. Aus der Gleichheit der Staatsbürger, deren jeder gleiche Rechte und gleiche Verbindlichkeiten gegen den Staat habe, folgerte er die Verpflichtung, alle Kinder in einem Staate zu gleichem Bürgerrecht und gleicher Bürgerpflicht zu erziehen. Sollten daher an der allgemeinen Menschenbildung in einer einheitlichen Nationalschule alle Knaben bis zum Alter von achtzehn Jahren teilhaben, so würde doch das Bildungsziel des einzelnen nicht nur durch seine Fähigkeiten, sondern ebensosehr durch seine »irdischen Verhältnisse« bestimmt (Herrlitz, Hopf und Titze 1981, S. 30 f.). Überdies war niemand, der sich Privatlehrer leisten konnte, gezwungen, sein Kind dem öffentlichen Elementarunterricht auszusetzen, und die geplante Reform hatte zunächst die Stadtschulen im Auge und war auf sie zugeschnitten. Des allen ungeachtet mußte die Volksschulverbesserung auf massiven Widerstand stoßen, nicht nur weil sie das Fundament der Gesamtschulreform darstellte, sondern mehr noch weil sie das gesellschaftliche Organisationsprinzip muttersprachlicher Elementarbildung, deren möglichst enge Beschränkung, spektakulär in Frage stellte. Als Humboldt sich aus der Regierung zurückzog, weil den Geheimen Staatsräten das allgemeine Stimmrecht im Kabinett entzogen wurde, konnte er zwar rückblickend feststellen: »Ich hatte einen allgemeinen Plan gemacht, der von der kleinsten Schule an bis zur Universität alles umfaßte und in dem alles ineinandergriff ...« (Humboldt 1952, S. 323) und in seinem Abschiedsbrief an Hardenberg dem neuen Staatskanzler nahelegen: »... dass in den anderthalb Jahren, seitdem die neue Organisation besteht, viele Dinge begonnen sind, von denen man sich mit Recht einen ungemein wohlthätigen Einfluss auf die Nationalbildung versprechen darf. Für den Volksunterricht sind Anstalten gegründet und Massregeln getroffen, die nothwendig eine grosse und durchgreifende Reform desselben bewirken müssen, von welchen schon jetzt heilsame Folgen sichtbar sind und die, wenn sie auch jetzt nur erst in Preussen existiren, auch in die übrigen Provinzen übergehen sollen. Die gelehrten Schulen haben an einigen Orten, namentlich in Königsberg, wirkliche Verbesserungen erhalten. Es ist allen Regierungen aufgetragen worden, Pläne zur Verbesserung derselben einzureichen, und von einigen Provinzen sind dieselben bereits eingelaufen. Die beiden Universitäten Königsberg und

Frankfurt haben Vermehrung an Einkünften und dadurch neue geschickte Lehrer erhalten. Man kann mit Recht behaupten, dass dadurch ein neuer reger Eifer für das Schul- und Unterrichtswesen geweckt und belebt worden ist, dass an vielen Orten wenigstens sich ein neuer und besserer Geist gebildet hat, und dass diese ganze Angelegenheit gerade jetzt zu dem Punkte gekommen ist, wo sie leichten Fortgang und glückliches Gedeihen verspricht.« (Humboldt 1903, S. 299 f.)

Entgegen dieser absichtsvoll optimistischen Einschätzung war jedoch dem Volksunterricht weder ein leichter Fortgang noch ein glückliches Gedeihen beschieden. So wirksam und folgenreich die Neuorganisation der höheren Schule und die Neubegründung der Universität von der staatlichen Bildungsverwaltung fortan betrieben werden konnten, so schwierig war es, mit der Volksschule voranzukommen, geschweige denn mit der Gesamtschulreform. Man sollte auch nicht vorankommen. Als Humboldts Nachfolger wurde ein Vertreter der konservativ-bürokratischen Gegenrichtung, der spätere Innenminister Friedrich von Schuckmann, eingesetzt. Eine Kabinettsorder des Königs befahl bei seinem Amtsantritt: »Beförderung wahrer Religiosität ohne Zwang und mystische Schwärmerei, Gewissensfreiheit und Toleranz ohne öffentliches Ärgernis, dieses ist der Zweck, den die Sektion des Kultus unverrückbar vor Augen haben muß. Als leitende Behörde des öffentlichen Unterrichts aber muß sie dafür sorgen, daß eine gründliche Erlernung der Wissenschaften und Erlernung der nötigen Kenntnisse für alle Stände stattfinde und gesunde, klare Begriffe und solche Gesinnungen verbreitet werden, wodurch Nutzen für das praktische Leben, wahre, sich in Handlungen äußernde Moralität, Patriotismus, Anhänglichkeit an die Verfassung und Vertrauen und Folgsamkeit gegen die Regierung bewirkt und erhalten werden ...« (Huber 1957 b, S. 278 f.).

Daher blieb der Sektion zunächst verwehrt, ihren Bildungsplan in ein Unterrichtsgesetz umzusetzen. Erst nach ihrer Trennung vom Innenressort wurde in dem nun unter Altenstein selbständigen Kultusministerium eine Kommission benannt, um eine Schulordnung zu erarbeiten. Sie legte 1819 den »Entwurf eines allgemeinen Gesetzes über die Verfassung des Schulwesens im preußischen Staate« vor. Dieser fortschrittlichste Schulgesetzentwurf des neunzehnten Jahrhunderts war vor allem Süverns Werk.

Nicht nur wurde für alle Heranwachsenden Allgemeinbildung gefordert. Deshalb sollten als öffentliche und allgemeine Schulen nur diejenigen anerkannt werden, »welche die allgemeine Bildung des Menschen an sich, und nicht seine unmittelbare Vorbereitung zu besondern einzelnen Berufsarten bezwecken« (§ 1). Die Allgemeinbildung sollte auch nicht je nach Herkunft und späterer Berufstätigkeit verschieden definiert und separat zugeteilt werden. So große Zugeständnisse der Entwurf der verschiedenen Erziehung der Geschlechter und der Konfessionen machte, so klar wurde um der »allgemein-menschliche(n) Ausbildung« aller Schüler willen die nach sozialen Klassen grundständig gespaltene Schule abgelehnt. Wohl enthielt der Stufenbau der aufeinanderfolgenden Elementarschule, Stadtschule und gymnasialen Oberstufe ein durch die Dauer der Teilhabe an der öffentlichen Allgemeinbildung mit dem späteren Lebenserwerb verbundenes Moment. Aber dieses sollte nicht getrennte Schulformen begründen, schon gar nicht separate Elementarschulen, also eigene Vorschulen für die Gymnasien (§ 27). Statt dessen hätte die öffentliche allgemeine Schule »auf jeder ihrer Stufen zunächst nur danach zu streben, daß sie die allgemeine Bildung ihrer Schüler innerhalb der ihr gezogenen Grenze recht gründlich fördere, um jeden derselben so weit zu führen, daß er nach Fähigkeit, Neigung und Verhältnissen zur besonderen Anleitung für irgend eine äußere Bestimmung übergehen, und, je besser im Allgemeinen vorbereitet, dieser mit desto mehr Selbstthätigkeit, Einsicht und Geschick sich widmen kann« (§ 6). Daher sollte der Unterricht sich beziehen »auf die Bildung des Denk- und Erkenntniß-Vermögens wie des Gemüthes, der Sinne und der Kräfte des Körpers an und für sich sowohl als für bestimmte Fertigkeiten. Glaubens- und Sitten-Lehre, Sprache, Form und Zahl, Natur und Menschenwelt, allgemeine Leibes- und Sinnes-Uebungen, wie die Uebungen der besonderen Organe für den Gesang, die Darstellung durch Zeichnen und das ihm verwandte Schönschreiben, sollen im Allgemeinen seine Gegenstände und Bestandtheile sein.« (§ 10 – Froese und Krawietz 1968, S 143 ff.)

Gegenüber den Vorstellungen der Heiligen Allianz, deren Karlsbader Beschlüsse selbst noch das Turnen verboten, nahm sich ein solcher Plan anachronistisch und utopisch zugleich aus. »Für Republiken mit demokratischer Verfassung mag dergleichen viel-

leicht passen, allein mit monarchischen Institutionen verträgt er sich gewiß nicht«, urteilte Süverns Nachfolger als Leiter des Referats für die Volksschulen und Seminare im Kultusministerium, Ludolf v. Beckedorff (Schweim 1966, S. 10). Für die konservative Restauration war die Aufgabe der Schulpolitik »Reduktion und Restriktion der Schule« (Nipperdey 1968, S. 118). Nicht um die Möglichkeiten, sondern um die Grenzen der Bildung ging es ihr. Regierungsräte und Bischöfe versorgten den erneut umgeschwenkten König von Preußen mit Denkschriften über das »moralische Verderben ..., welche(s) durch das seit 1809 eingeführte System des Schul- und Erziehungswesens im Preußischen Staate immer allgemeiner und zerstörender geworden ist« (Weischedel 1960, S. 285). Statt pädagogischer Experimente und unnötiger Vielwisserei sollten Religion und Sittlichkeit wieder einkehren. Statt allgemeiner Bildung sollte natürliche Ungleichheit als das eigentliche Band der Monarchie wieder bekräftigt werden. In Karlsbad verpflichteten sich die Bundesregierungen 1819 untereinander, »Universitäts- und andere öffentliche Lehrer, die durch erweisliche Abweichung von ihrer Pflicht oder Ueberschreitung der Grenzen ihres Berufs, durch Mißbrauch ihres rechtmäßigen Einflusses auf die Gemüter der Jugend, durch Verbreitung verderblicher, der öffentlichen Ordnung und Ruhe feindseliger oder die Grundlagen der bestehenden Staatseinrichtungen untergrabender Lehren, ihre Unfähigkeit zu Verwaltung des ihnen anvertrauten wichtigen Amtes unverkennbar an den Tag gelegt haben, von den Universitäten und sonstigen Lehranstalten zu entfernen« (Quellen zum Staatsrecht 1949, S. 39 f.). Die entlassenen Lehrer erhielten Berufsverbot, sie durften in keinem anderen Land wieder angestellt, relegierte Studenten von keiner anderen Universität aufgenommen werden. 1820 wurden in Preußen Behörden und Lehrerschaft auf politisch und religiös gefährliche Elemente hin untersucht, das Ministerium ermächtigt, »Teilnehmer oder Beförderer der demagogischen Umtriebe jeder Art« aus ihren Ämtern zu entlassen (Flitner 1957, S. 140). 1826 legte man Süverns Gesetz endgültig zu den Akten; »es starb an den hundert Gutachten und Bedenken, denen es ausgesetzt wurde« (Paulsen 1906, S. 153).
Der Rückschlag mußte und sollte vor allem die Volksschule treffen. Ohne Gesetz blieb es bei den Formalien des Landrechts für

die gemeinen Schulen. Die Finanzschwierigkeiten waren unverändert groß. Wohl wurde der Schulbesuch gemäß der so lange schon geltenden allgemeinen Schulpflicht weiter ausgedehnt. Aber mit dem quantitativen Zuwachs ging keine Verbesserung im Innern der Schulen einher. Hatten einzelne auch Pestalozzis Intentionen aufgenommen, so blieben nicht nur viele ganz unberührt, sondern versandeten auch zumeist die pädagogischen Anstrengungen in der allgemeinen Restauration. Das galt nicht nur für die Elementarerziehung in den Volksschulen. Johann Ernst Plamann, einer der ersten Anhänger Pestalozzis in Deutschland, hatte in dessen Geiste 1805 als Vorschule für das Gymnasium eine Erziehungsanstalt in Berlin gegründet, die von Söhnen pädagogisch interessierter Familien der Oberschicht besucht wurde. An dieser Musterschule aufgeklärter Nationalerziehung unterrichteten hervorragende Pädagogen wie Harnisch und Friesen, Jahn und Fröbel. In der Reformperiode benutzte die Regierung diese Anstalt als eine Art Seminar und entsandte an sie Lehrer, ebenso wie zu Pestalozzi in die Schweiz, um seine Methode kennenzulernen (König 1973, S. 144 f.). Als Otto von Bismarck 1822 im Internat der Plamannschen Lehranstalt seine Schulzeit begann, war von der Rezeption Pestalozzis, der gerade diese Schule so vorbildlich gedient hatte, kaum mehr etwas zu spüren. »Wie nahezu überall im preußischen Bildungswesen erstarrte auch hier vieles, seines ursprünglichen Inhalts und Zusammenhangs beraubt, im Äußerlichen und bloß Formalen, in Drill und hohlem, deutschtümelndem Pathos, in einem ›künstlichen Spartanertum‹, wie Bismarck sich ausdrückte.« (Gall 1980, S. 29) Der besondere Argwohn der Reaktion galt der Seminarausbildung für die Volksschullehrer, der sich die pädagogische Reform als erstes zugewandt hatte. Zwar gab es auch vordem schon einige Lehrerbildungsstätten, in denen Präparanden für Dorfschullehrerstellen unterrichtet, Seminaristen für städtische Volksschulen intensiver ausgebildet wurden. Aber sie blieben quantitativ wie qualitativ ganz unzulänglich. Die Anforderungen an die Volksschullehrer waren bis zum Anfang des neunzehnten Jahrhunderts allerdings gering; denn gut dotierte Stellen gab es selten. Auf dem Lande handelte es sich häufig um eine Nebenbeschäftigung für Handwerker, insbesondere Schneider, die im übrigen mehr noch durch Kirchendienste denn durch Schulunterricht hinzuverdienten. Also konnten die Gemeinden und Patronatsherren, von den Bibel- und Katechismuskenntnissen abgesehen, keine hohen Ansprüche stellen. Beim Schreiben kam es mehr auf die Leserlichkeit der Handschrift als auf die Orthographie an. Die Fähigkeit, angenehm zu singen, war wichtiger als die, flüssig zu lesen. Die Kunst des Rechnens galt für Lehrer wie Schüler häufig als etwas Besonderes. (Neugebauer 1985; Brüggemann 1988) Demgegenüber griffen die Reformer hoch hinaus, voran Natorp, der sich während seiner Mitarbeit an der kurmärkischen Regierung von 1810 bis 1816 besonders um die Seminarausbildung bemühte. Sie verlangten ein nahezu wissenschaftliches Niveau, um Lehrer dafür zu qualifizieren, die wünschenswerte Allgemeinbildung an allen Schulen zu vermitteln. An Einwänden, solcher Anspruch überfordere Vorbildung und Fähigkeiten der künftigen Volksschullehrer und entfremde sie der praktischen Arbeit in den überfüllten Schulstuben, hat es von Anfang an nicht gefehlt. Nach der Wende verband sich mit der berufspraktischen Kritik die politische Denunziation. Der preußische König reagierte 1822 mit einer Kabinettsorder: »Der Landschullehrer ist für den Zweck des Elementar-Unterrichts gebildet genug, wenn er faßlichen Unterricht im Lesen, Schreiben und Rechnen ertheilen und den Religions-Unterricht nach dem Katechismus vorbereiten kann; es werden, wie ich besorge, Halbgelehrte aus den Seminaristen gemacht, die in den Landschulen blos Elementar- und den ersten Religions-Unterricht nach dem Katechismus zu geben haben und diese bilden nothwendig wieder sogenannte Halbwisser im Landvolke.« (Sauer 1987, S. 33) Wiewohl Beckedorff als zuständiger Referent im Kultusministerium die regierungsamtliche Bildungsbeschränkung durch Vorbilder und Anregungen weiterzuleiten bestrebt war, blieb die überkommene Uneinheitlichkeit der Seminare bestehen, eher vermehrt durch die zahlreichen Neugründungen und die weitgehende pädagogische Freiheit ihrer Leiter, von denen viele Anhänger Pestalozzis waren. »Hinter der geschlossenen Fassade der autoritären Monarchie hielt sich ein hohes Maß an provinzieller, gutsherrlicher, teilweise auch städtischer Autonomie.« (Wehler 1987 b, S. 483) Erst in den vierziger Jahren griff das Ministerium unter Altensteins Nachfolger Eichhorn stärker durch, insbesondere dann nach der gescheiterten Revolution mit den Stiehlschen Regulativen von 1854.

Trotz des erheblichen Ausbaus – am Anfang des Jahrhunderts gab es in Preußen 14 Seminare, 1840 bestanden 38 und 7 Hilfsseminare – vermochte die Ausbildung mit dem Bedarf nicht Schritt zu halten. Die vorgebildeten Anwärter konnten gerade nur die frei werdenden Stellen besetzen. An einen Austausch der übrigen, ungenügend ausgebildeten Lehrkräfte oder deren Fortbildung war nicht zu denken. 1830 hatte noch nicht die Hälfte aller im Amt stehenden Lehrer eine Vorbildung im Seminar erhalten (Tews 1914, S. 97), immerhin weit mehr als zu Beginn des Jahrhunderts. Die Zahl der Schüler aber wuchs. Daher verschlechterte sich die Lehrer-Schüler-Relation drastisch. 1816 kamen im Durchschnitt 54 Schüler auf eine vollbeschäftigte Lehrkraft, 1822 schon 68, und in den dreißiger Jahren waren es zwischen 86 und 88, 1848 immer noch 80 (vgl. Tews 1914, S. 106; Herrlitz, Hopf und Titze 1981, S. 53). Hinter den Durchschnittswerten verbergen sich erhebliche regionale Differenzen zwischen den preußischen Provinzen, ganz abgesehen von den lokalen Schwankungen. 1822 kamen auf einen Lehrer in Pommern 44, in Posen und Brandenburg 56, in Sachsen 69, in Schlesien 91 und in Westfalen 96 Schüler, wie auch die Schulbesuchsquoten sehr verschieden waren, am höchsten in Sachsen (85 Prozent) und am niedrigsten in Posen (22 Prozent) (Sauer 1987, S. 28). So elend wie die Unterrichtsbedingungen in den vorwiegend ein- oder zweiklassigen Landschulen waren die soziale und die ökonomische Lage der meisten Lehrer, ihre Rechtsstellung unsicher, ihre Heiratschancen ungünstig. Die häufig miserable Bezahlung »lag unter den Einkünften der Feldwebel, Landgendarmen und Gerichtsdiener etc. und unter denen der Facharbeiter, ja auf dem Lande vielfach gerade in der Höhe der Löhne von Bauernknechten, Tagelöhnern und Handwerksgesellen, und bei jüngeren Lehrern auch durchaus darunter. Die Gehälter waren also ökonomisch unzureichend, außerdem aber standen sie in schneidendem Gegensatz zu den allerbescheidensten Bildungsansprüchen, zu dem erstrebten und prätendierten sozialen Ansehen, das der Funktion entsprochen hätte. Weiterhin waren die Lehrer mit Aufgaben betraut, die für ihr neues Selbstgefühl entwürdigend schienen, mit den Aufgaben des Kirchendieners – von daher stammte ein Teil ihres Einkommens. Die Stellung zum Pfarrer, der sein Aufsichtsrecht über den neuen Lehrer oft nicht angemessen ausüben konnte oder seine Autorität überstrapazierte, war gespannt« (Nipperdey 1968, S. 132 f.).

An solchen Verhältnissen entzündete sich die Schulkritik. Nicht nur Lehrer, auch Vertreter des liberalen Bürgertums, wie beispielhaft Friedrich Harkort, erhoben ihre Stimme gegen die Übelstände im Bildungswesen. Die Wortführer der oppositionellen Schulbewegung unter den Pädagogen, Adolph Diesterweg und Friedrich Wilhelm Wander, bestanden auf dem emanzipatorischen Anspruch der Volksbildung. Selbsttätigkeit sollte ihr Ziel sein, nicht das Auswendiglernen von unverstandenen Bibel- und Gesangbuchversen: »Die wahre Volksbildung wird nicht dadurch erreicht, daß jeder Ort eine Anstalt besitzt die Schule *heißt*, daß daran ein Mann wirkt, der so viel versteht, wie viel etwa ein Bauer nach dem Zollstokke eines metternichschen Kultusministers wissen muß, um im Stande zu sein, die erforderlichen Steuern zu verdienen ... daß alle Leute regelmäßig acht Jahre auf der Schulbank sitzen um dann das Amtsblatt zu lesen, und am Ende doch nicht zu verstehen.« (Wander 1849, S. 58 f.) Diesterwegs Vorstellungen von Volksbildung waren an Pestalozzi und Fichte orientiert. Seine »Wegweiser« für die Bildung der Lehrer fanden, unbehindert von der Zensur, weite Verbreitung und hatten den Rang von Standardwerken. Zum Forum der pädagogischen Diskussion seiner Zeit machte er die »Rheinischen Blätter für Erziehung und Unterricht«. Wie kein anderer förderte er unter den Volksschullehrern ein berufsständisches Bewußtsein und damit die Aktivität der Lehrervereine. (Bloth 1966) Daß er trotzdem einen Platz in der Lehrerausbildung fand und ihn so lange behielt, muß überraschend erscheinen. Gegen die Absicht des Ministeriums setzten regionale Verwaltungs- und Kirchenstellen seine Ernennung zum Seminardirektor in Moers Anfang der zwanziger Jahre durch. Von Altenstein wurde er 1832 trotz konservativen Widerstands an die Spitze des Berliner Seminars berufen und erst 1847 »zur Disposition« gestellt. Nicht seine Entfernung aus dem Amt war erstaunlich, sondern daß Diesterweg bis dahin in der Lehrerausbildung tätig sein konnte (Nipperdey 1968, S. 126).

Gegenüber dem Lavieren Altensteins und der vielfältigen Vermittlung der offiziellen Volksschulpolitik durch regionale Verwaltungsinstanzen und innerkirchliche Differenzen verschärfte sich der amtliche Druck mit dem wachsenden Widerstand »von unten«. Nach dem Regierungswechsel 1840 erklärte das, nun von Eichhorn geleitete, Kultusministerium, es habe »die in Zeitschriften kundgegebene und durch dieselben genährte Aufregung unter den Lehrern mißfällig bemerkt: mit Bedauern hat es erfahren, daß mehrere Lehrer der oberflächlichen und in allen ihren Konsequenzen verderblichen Ansicht, als könne und dürfe die zwischen den Kirchen und den Elementarschulen bestehende Verbindung gelöst werden, einen Einfluß auf sich gestatten«. Die Lehrerausbildung hätte bisher weder den Erwartungen der Obrigkeit noch den Bedürfnissen des Volkes entsprochen. Denn die talentvolleren Seminaristen erlangten Kenntnisse und Fertigkeiten, mit denen sich manche Pfarrer und Gymnasiallehrer nicht messen könnten; »aber diese über das Können und Wissen eines guten Schullehrers weit hinausgehende Bildung war zugleich eine Quelle von Ansprüchen, die nicht befriedigt werden konnten und daher Unzufriedenheit erregten. Sehr viele wurden in ihrer Vorstellungsweise und selbst in ihren Sitten und ihrer Kleidung dem Dorfleben entfremdet, und fast allen, die ich näher ins Auge zu fassen Gelegenheit hatte, gebrach es an derjenigen bescheidenen, frommen und freudigen Auffassung ihrer Verhältnisse und Aufgaben, ohne welche ein Dorfschullehrer nimmer zur Zufriedenheit und nützlichen Wirksamkeit gelangen kann.« (Tews 1914, S. 115)

Wer aber seine Verhältnisse nicht freudig und fromm auffaßte und gar seiner Unzufriedenheit Ausdruck gab, wie 1842 auf Anregung Harkorts 31 Lehrer aus den Grafschaften Mark und Wittgenstein in einer Denkschrift an den Kultusminister, erhielt einen scharfen Verweis. Harkort verfaßte aus diesem Anlaß eine Protestschrift, die er »den würdigen Herren Elementarlehrern in Westfalen und Rheinland als Zeichen aufrichtigster Hochachtung« widmete, und gründete einen »Verein für die deutsche Volksschule und für Verbreitung gemeinnütziger Kenntnisse«, dem zahlreiche Mitglieder aus den gehobenen Schichten des liberalen Bürgertums beitraten (Bungardt 1959, S. 41). Zu dieser Zeit verbot Eichhorn die Lehrervereine in Preußen mit der Begründung, es sei »weder der Stellung der Lehrer angemessen noch ihrer eigenen Sache förderlich, ein Verfahren zur Verbesserung ihrer äußeren Lage planmäßig zu organisieren, zu diesem Zwecke besondere Vereine zu bilden und die Wahl von Repräsentanten derselben zu veranlassen« (Pretzel 1921, S. 29). Im übrigen bemühte sich das Ministerium darum, wieder ausgediente Unteroffiziere für eine Beschäftigung als Volksschullehrer zu gewinnen, ließ den Gartenbau in den Seminarbetrieb einführen, wies die Schulinspektoren an, bei der Überprüfung der Lehrerbibliotheken der »verderblichen Vielleserei« vorzubeugen, und statuierte hin und wieder ein Exempel, indem ein Lehrer entlassen oder auch einmal ein Lehrerseminar geschlossen wurde (Tews 1914, S. 118 f.).

So prägten konservative Empörung und obrigkeitliche Beschwerden über Ansprüche und Ausbildung der Volksschullehrer jahrzehntelang ein Muster der Schuldzuweisung. Romantische Volkskunde und nationale Geschichtsschreibung bedienten sich seiner und bekräftigten es. Wilhelm Heinrich Riehl ließ in seinem Werk über die Naturgeschichte des Volkes die Dorfschulmeister vor Gelehrsamkeit »übergeschnappt« erscheinen. »Gerade diese ächt moderne Stimmung, daß sich der Mann nicht wohl fühlt in seiner Haut und fort und fort die Schranken seines Standes und Berufes durchbrechen möchte, ward durch die Schulmeister den Bauern eingeimpft.« Sie hätten so das Gefühl der »Zerfahrenheit und Weltverbitterung« in die Dörfer getragen (Riehl 1854, S. 80 f.). Nach Heinrich von Treitschkes *Deutscher Geschichte im Neunzehnten Jahrhundert* vergaß man die erprobte Wahrheit, »daß der Schulmeister nicht zuviel wissen darf, wenn er nicht die Freude an seinem schönen anspruchslosen Berufe verlieren soll«. So wäre dieser neue Stand, gleichsam zwischen den Stühlen, weder wirtschaftlich tätig wie das Volk noch schöpferisch wie die Gelehrten, der Anmaßung und den Schlagworten verfallen und hätte sich ungewöhnlich stark dem für das ganze Zeitalter eigentümlichen Geist sozialer Unruhe verschrieben, der jeden drängte, sich über seinen Stand zu erheben (Treitschke 1894, S. 237 ff.). Wie aber der durchschnittliche Volksschullehrer, mit oder ohne Seminarausbildung, unter den Bedingungen damaligen Unterrichts Kritikfähigkeit hätte vermitteln können, wenn er es überhaupt wollte, und seine Schüler zur Erhebung, sei es auch nur über den eigenen Stand, hätte drängen können, erscheint schwer nachvollziehbar.

Um die Mitte des Jahrhunderts waren die Klassen noch überfüllter als an seinem Anfang. Sonst hatte sich, mochten auch die Realien im Stundenplan an Gewicht gewonnen haben, an der

Realität des Schulalltages wenig verändert. Es kam nach wie vor nicht aufs Verstehen, sondern aufs Auswendiglernen an, ob es sich um Katechismusformeln, Bibelverse, Nebenflüsse oder Rechenregeln handelte. Nach wie vor vermittelte die allgegenwärtige Prügelstrafe die wichtigste Motivation für das Memorieren, mochte der Nachweis beim Aufsagen auch nicht mehr mit gleicher Lautstärke abverlangt werden. Friedrich Paulsen, der als Bauernsohn in Nordfriesland aufwuchs, erinnerte sich später an seine Schulerfahrung aus jener Zeit: »Meine erste Schule ist mir noch ganz gegenwärtig. In einem großen Raum war die ganze Schülerschar beisammen, von kleinen Kindern bis zu halberwachsenen Burschen und Mädchen: es galt bei uns in Schleswig-Holstein die Ordnung, daß Mädchen erst mit fünfzehn, Knaben mit sechzehn Jahren konfirmiert wurden und die Schule verließen. Die Einteilung der Gesamtheit in eine Ober- und Unterklasse war durch einen breiten Gang markiert, der den Raum halbierte. In der Oberklasse saßen wohl etwa 40–50 Knaben und Mädchen, nach Bänken getrennt, in der Unterklasse mochten 60–80 sein, Knaben und Mädchen in den Bänken durcheinander. So im Winter, im Sommer schmolz die Zahl auf die Hälfte und weniger zusammen. ...

Ein Schulalltag verlief nun etwa so. Er begann morgens und endete abends mit gemeinsamem Gesang und Gebet der ganzen Schule. Gesungen wurde stehend, oft bis zur Erschöpfung, und nicht bloß im figürlichen Sinn: ich bin wiederholt eigentlich zusammengebrochen, Hitze, Anstrengung und vor allem die unbequeme Stellung (man stand mit gebeugten Knien eingeklemmt zwischen Tisch und Bank) brachten mir ein paarmal einen Ohnmachtsanfall. Dann folgte der Religionsunterricht, an dem wieder die ganze Schule teilnahm, die Unterklasse mehr passiv, womit übrigens der Oberklasse nicht eben eine bedeutsame Aktivität zugeschrieben werden soll. Die Aufgabe bestand darin, die gegebenen Formeln des Katechismus herzusagen und die aufweichenden Erklärungen des Lehrers zu wiederholen, dazu Sprüche aus der Bibel aufzusagen oder aufzuschlagen und vorzulesen. ...
Dann kam die Lesestunde: für die Kleinen das Buchstabieren usw., für die Großen das Bibellesen. Wer über die Tubalkain und Nebukadnezar ohne Stolpern hinwegkam, durfte schon immer ein wenig stolz auf seine Leistung sein. Eine besondere Übung

war hier auch das Bibelaufschlagen: 2. Kor. 7 V. 14, oder
1. Makkabäer 5, 18: wer's am ersten hatte, durfte vorlesen. Was
dort stand, war einerlei. Die Übung diente vor allem dazu, in der
Reihenfolge der biblischen Bücher festzumachen. Nach der Pau-
se, in der erst die Mädchen, dann die Knaben entlassen wurden,
folgte die Rechenstunde, wo natürlich wieder den verschieden
Geförderten verschiedene Aufgaben gestellt waren, vom Zahlen-
lernen und Addieren bis zur Regeldetri und dem Wurzelauszie-
hen. In der Oberklasse wurde ebenso wie in der Unterklasse die
Sache rein mechanisch vorgemacht: So setzt man bei Lösung
einer solchen Aufgabe an, dann macht man dies und dies, dann
kommt es so heraus. Es handelte sich lediglich darum, mit dem
Gedächtnis den Ansatz und die Folge der Operationen festzuhalten, ganz wie beim Lernen des Katechismus... Der Nachmittags-
unterricht begann mit der Schreibstunde. Die Kleinen schrieben
auf die Schiefertafel, die Größeren nach Vorlagen, die ausgeteilt
wurden, mit Tinte ins Buch. Die allein erlaubte Form der Feder
war der Gänsekiel. Der Lehrer saß jeden Tag die erste Hälfte der
Stunde und schnitt Federn, die von Zeit zu Zeit eingeliefert werden mußten, ebenso wie ein Tintenschilling. In der zweiten wurde
das Geschriebene nachgesehen und verbessert. Aufregender
pflegte die zweite Stunde zu sein: es war die Aufsagestunde: einmal in der Woche wurden die aufgegebenen Gesangbuchverse
und Bibelsprüche oder der Katechismus abgehört, der Reihe
nach, jeder kam dran. Und an jeden kam auch, bald öfter, bald
seltener, je nach Begabung, für das Memorieren und aufgewende-
ten Fleiß die Reihe der Strafexekution. Bei manchem wußte man
es vorher, er war stets unter denen, die sich ihre Last Prügel
holten.... Die letzte Stunde wurde für Geographie und Naturlehre verwendet. Der geographische Unterricht ging wieder vorzüglich auf das Auswendiglernen von Namen; in stereotyper Ordnung wurden Grenzen, Gebirge, Flüsse, Provinzen, Städte jedes
Landes gelernt und aufgesagt; vorzüglich kamen Dänemark und
Palästina in Betracht, wogegen ich mich Deutschlands nicht erin-
nere.« (Paulsen 1909, S. 82 ff.)
Bis in unsere Zeit bewahrte sich der Glaube, solche Schule habe
im Vormärz durch ihre »Modernität« gegenüber der traditionellen Gesellschafts- und Herrschaftsordnung revolutionierend ge-
wirkt, zumindest eine »revolutionäre Disposition« begünstigt

78

(Nipperdey 1968, S. 135 f.). Es ist dieselbe Schule, deren Disziplinierungsleistung im Dienste der überkommenen Herrschaftsordnung zwei Jahrzehnte später überschwenglich gelobt wurde, als neben dem Zündnagelgewehr der preußische Schulmeister die Schlacht von Königgrätz gewonnen haben sollte. Solcher Sozialisierungserfolg, um dessentwillen die abgesonderte Volksschule seitens des Staates von ihren Anfängen an betrieben wurde, erscheint mit dem Blick auf die Schulwirklichkeit verständlicher als das Gegenteil.

Die Welle revolutionärer Aufstände, die, in Paris beginnend, 1848 so viele Länder Mitteleuropas erreichte, war jedenfalls kaum das Werk umstürzlerischer Volksschulerziehung. Gewiß hatten Lehrer, unzufrieden mit ihrer wirtschaftlichen Lage und den Bedingungen ihrer Schularbeit, am Unmut im Vormärz Anteil. Aber erst der revolutionäre Protest des Bürgertums gegen das obrigkeitsstaatliche Regiment, das entweder immer noch ohne jede Verfassung oder aber über sie hinweg kommandierte, brachte die verstreute Schulkritik auf ihren Begriff und lokale Lehreraktivitäten zum nationalen Zusammenschluß. Nach Wirtschaftskrisen und Hungerjahren erhielt das bürgerliche Aufbegehren vielfachen Zuzug von Handwerkern, Arbeitern und Bauern. Anfänglich überraschend große Unsicherheit der Obrigkeiten, durch die überall Exponenten der liberalen Opposition an die Spitze der Regierung gelangten, und umgehend proklamierte Presse- und Koalitionsfreiheit bestärkten die Versammlungen und Kundgebungen.

Noch im März erschien, von einem Gymnasialdirektor aus Hamm, Friedrich Kapp, verfaßt, ein »Aufruf zur Neugestaltung der deutschen Nationalerziehung«. In ihm proklamierte der deutsche Lehrerstand seine Mündigkeit und setzte sich zum Ziel: »Eine einige deutsche Schule, befreit von der Aufsicht der Geistlichen und der Juristen, ohne Bevormundung von seiten der Behörden, sich frei aus sich selbst heraus bildend.« (Bungardt 1959, S. 46 f.) In der Forderung nach dem einen Schulsystem, dem organischen Aufbau der Schule wurde das Humboldt-Süvernsche Konzept wieder aufgenommen. Rufe nach kollegialer Schulleitung galten vermehrter Selbstverwaltung. Alle Lehrerbildung sollte an die Universitäten.

Appelle, Flugblätter, Lehrertreffen: über jegliche Grenzen hinweg wurde von Pädagogen sämtlicher Schulformen im September in Eisenach der »Allgemeine deutsche Lehrerverein« gegründet. Die gemeinsame Schule war sein Programm: »§ 1. Die einheitlich vom Kindergarten bis zur Hochschule aufwärts gegliederte, auf gemeinsamer menschlich-volkstümlicher Grundlage beruhende deutsche Volksschule tritt als eine mit den übrigen Staatsanstalten gleichberechtigte und gleichverpflichtete in den Gesamtorganismus des Staates ein. § 2. Die selbständige Leitung der einigen Volksschule geschieht demnach – unter gesetzlich festgestellter Berücksichtigung der Lehrervereine und Schulsynoden – durch ein besonderes Ministerium der öffentlichen Volkserziehung, dessen Mitglieder (Erziehungsräte), sowie die Kreis- und Bezirksschulräte, nur aus wirklichen Schulmännern bestehend, die verschiedenen Arten der Volksschule vertreten.« Für die allgemeinen Schulen sollte kein Schulgeld entrichtet werden und auch der Besuch der besonderen Bildungsanstalten für die Unbemittelten, die Befähigung und Neigung besaßen, unentgeltlich sein. (Herrlitz, Hopf und Titze 1981, S. 57) Im Alltag der einzelnen Schulen und verschiedenen Lehrergruppen spielten indes Einheitsschulforderungen kaum eine Rolle gegenüber den harten Interessen, besser bezahlt und sozial aufgewertet zu werden (Tenorth 1987, S. 263 f.).

Ein Arbeiterkongreß in Berlin beschäftigte sich mit dem gesellschaftlichen Ausgleich durch die öffentliche Erziehung und formulierte erstmals aus dieser Sicht ein Programm für die sozialen Aufgaben der Schule (Flitner 1957, S. 154). Die Paulskirchenversammlung schrieb in den Entwurf der ersten demokratischen Reichsverfassung die allgemeine deutsche Volksbildung als eines der Grundrechte: »Für die Bildung der deutschen Jugend soll durch öffentliche Schulen überall genügend gesorgt werden.« (§ 155 der Reichsverfassung vom 28. 3. 1849, Deutsche Verfassungen 1974, S. 32) Deutlicher noch hieß es in Artikel 18 der sogenannten oktroyierten Verfassung Preußens vom Dezember 1848: »Der preußischen Jugend wird durch genügende öffentliche Anstalten das Recht auf allgemeine Volksbildung gewährleistet.« (Froese und Krawietz 1968, S. 161)

Doch mit dem Erreichen ihrer begrenzten Ziele nahm die bestimmende Mehrheit der bürgerlichen Bewegung sogleich Abschied von der revolutionären Aktion. Der Aufstand fiel in sich zusammen, Widerstand wurde rasch durch den Einsatz von Militär gebrochen. Den Rest besorgte die politische Gerichtsbarkeit. Die preußische Verwaltung hatte, nach anfänglichem Abwarten erneut die Initiative ergreifend, zunächst die auftrumpfende Lehrerschaft mit der Organisation und den Verhandlungen von Kreis- und Provinziallehrerkonferenzen beschäftigt. Ende 1848 erinnerte sie mit Erlassen an die Gehorsamsverpflichtungen der Lehrer und drohte mit Disziplinarmaßnahmen. Die für Anfang 1849 geplante Konferenz zur Reform der Lehrerbildung fand schon unter völlig veränderten Verhältnissen und unter Leitung des Geheimrats Stiehl statt. Ihre Mitglieder wurden vom Ministerium bestimmt, da es nach einem Erlaß des neuen Kultusministers v. Ladenberg für die geplante Delegiertenwahl durch die Lehrerkollegien der Seminare angeblich teils an Zeit, teils an Veranlassung fehlte. Vor dieser Konferenz, zu der auch alle Seminardirektoren beordert waren, soll der König seine Abrechnung mit dem Lehrerstand gehalten haben: »All' das Elend, das im verflossenen Jahre über Preußen hereingebrochen, ist Ihre, einzig Ihre Schuld, die Schuld der Afterbildung, der irreligiösen Menschenweisheit, die Sie als echte Weisheit verbreiten, mit der Sie den Glauben und die Treue in dem Gemüthe Meiner Unterthanen ausgerottet und deren Herzen von Mir abgewandt haben. Diese pfauenhaft aufgestutzte Scheinbildung habe ich schon als Kronprinz aus innerster Seele gehaßt und als Regent Alles aufgeboten, um sie zu unterdrücken. Ich werde auf dem betretenen Wege fortgehen, ohne Mich irren zu lassen; keine Macht der Erde soll Mich davon abwendig machen. Zunächst müssen die Seminarien sämmtlich aus den großen Städten nach kleinen Orten verlegt werden, um den unheilvollen Einflüssen eines verpesteten Zeitgeistes entzogen zu werden. Sodann muß das ganze Treiben in diesen Anstalten unter die strengste Aufsicht kommen. Nicht den Pöbel fürchte Ich, aber die unheiligen Lehren einer modernen frivolen Weltweisheit vergiften und untergraben Mir Meine Bureaukratie, auf die bisher Ich stolz zu sein glauben konnte. Doch so lange Ich noch das Heft in Händen führe, werde Ich solchem Unwesen zu steuern wissen.« (Michael und Schepp 1973, S. 313 f.) Ob diese vielzitierte Rede tatsächlich gehalten worden ist, wird bestritten. Bei der damaligen Wiedergabe in der Presse könnte es sich um eine Falschmeldung gehandelt haben (Krueger 1970). Von welcher Seite sie lanciert worden sein mag, die Lehrer wurden, nach dem lange vorbereiteten Muster, als Sündenböcke markiert, der öffentlichen Anklage preisgegeben. Jene von ihnen, die sich in Kundgebungen und Parlamenten besonders engagiert hatten, wurden überall verfolgt, in Preußen und Sachsen, in Bayern und Württemberg, und meist aus dem Amt gejagt, wenn nicht auch aus dem Land vertrieben. Allen Lehrern wurde verboten, sich »demokratischen« Vereinen anzuschließen und politische Versammlungen zu besuchen. Sie paßten sich der Tendenzwende an. »In Schulsachen«, schrieb Diesterweg einige Jahre später einem Freunde, »krebsen wir zurück. Die Mehrzahl der Lehrer ist es nicht besser wert; sieh nur, wie die Kerle, die bessere Zeiten und Gedanken gesehen haben, überall verstummen und unterkriechen!« (Bungardt 1959, S. 61 f.)

Nach den Schulartikeln der 1850 revidierten Verfassung Preußens sollten alle öffentlichen Lehrer die Rechte und Pflichten der Staatsdiener erhalten und der Staat den Volksschullehrern ein festes, den Lokalverhältnissen angemessenes Einkommen gewährleisten. Aber die Verfassung bestimmte auch, daß es so lange bei den geltenden Bestimmungen bliebe, bis ein Gesetz für das gesamte Unterrichtswesen erlassen werde. Zu einem solchen Gesetz ist es in Preußen, solange es diesen Staat gab, nie gekommen, wieviele Entwürfe auch erarbeitet und Einzelregelungen getroffen wurden. Unmißverständlich bestand die Regierung in der Praxis ihrer Verwaltung auf dem überkommenen, geteilten Schulsystem. Es weiter zu spalten, nicht aber zusammenzuführen, ließ sie sich nach dem revolutionären Aufbegehren erst recht angelegen sein. Dementsprechend hieß es in dem ersten Entwurf eines Unterrichtsgesetzes, der 1850 noch in der Amtszeit Ladenbergs entstand: »In der Volksschule sollen durch Unterricht, Uebung, Zucht und Ordnung die Grundlagen der für das Leben im Staat und in der Kirche, sowie der für das Berufsleben erforderlichen Bildung geschaffen werden.« (§ 2) Von dieser Schule für das Volk wurden die höheren Bildungsanstalten nicht nur klar mit ihrem Auftrag geschieden, »durch Gewährung höherer allgemeiner Bildung zu wissenschaftlichen Studien« vorzubereiten (§ 103), sondern die Möglichkeit der standesgemäßen Trennung der Schulkinder von allem Anfang an eigens betont: »Mit den Gymnasien, Realschulen und Progymnasien können vorbereitende Elementarklassen verbunden werden, welche unter der Direktion der betreffenden Anstalten stehen und den Bestimmungen über die Leitung, Unterhaltung und Unentgeltlichkeit des Unterrichts der öffentlichen Volksschulen nicht unterworfen sind.« (§ 111 – Froese und Krawietz 1968, S. 163 ff.).

In den fünfziger Jahren setzte Ladenbergs Nachfolger, Karl Otto von Raumer, gestellt von der hochkonservativen Hofkamarilla, diese Politik mit Nachdruck fort. Im Widerspruch zur Verfassung, die den Unterricht in öffentlichen Volksschulen unentgeltlich erteilt wissen wollte, ließ er das Entgelt erhöhen, falls ein verbessertes Lehrereinkommen vonnöten sei. Denn das Schulgeld habe als »eines der naturgemäßesten Emolumente der Lehrerbesoldung« zu gelten (Tews 1914, S. 132). Statt dem Parlament mit dessen liberaler Mehrheit das von der Verfassung geforderte Unterrichtsgesetz vorzulegen, ließ er seine konservative Verwaltung einschneidende Erlasse erarbeiten. Kein Dokument preußischer Volksschulpolitik hat im vergangenen Jahrhundert größere Bedeutung gehabt als die von Ferdinand Stiehl, dem für die Volksschulen und ihre Lehrerbildung zuständigen Referenten, verfaßten Regulative über die Einrichtung des evangelischen Seminar-, Präparanden- und Elementarunterrichts von 1854, ein »dunkler Fleck« (Spranger) nicht nur in der Schulgeschichte Preußens. Diese erste allgemeine Ordnung für Ausbildung und Unterricht der Elementarlehrer machte kein Hehl daraus, daß die Bildungsbeschränkung das Grundprinzip der Volksbildung war. Der Gedanke einer Allgemeinbildung »durch formelle Entwicklung der Geistesvermögen an abstraktem Inhalt« habe sich als wirkungslos, ja schädlich erwiesen. »Es ist daher an der Zeit«, befand das Kultusministerium, »das Unberechtigte, Ueberflüssige und Irreführende auszuscheiden und an seiner Stelle dasjenige nunmehr auch amtlich zur Befolgung vorzuschreiben, was von denen, welche die Bedürfnisse und den Werth einer wahrhaft christlichen Volksbildung kennen und würdigen, seit lange als nothwendig gefühlt, von treuen und erfahrenen Schulmännern als dem Volke wahrhaft frommend und als ausführbar erprobt worden ist.« (Froese und Krawietz 1968, S. 171 f.) Die auch künftig, weil aus Prinzip einklassige Volksschule – eine Abweichung von der Norm bedurfte ausdrücklicher Genehmigung – sollte wie früher der Religionsunterricht bestimmen. Seinem Zweck war das Lesen und

Lernen, Schreiben und Singen untergeordnet. Wie für das Leben des Volkes in jeder Hinsicht das Christentum die Grundlage wäre, so für den volkstümlichen Unterricht die Religionserziehung. Die biblische Geschichte erklärte die Verordnung daher zu dem Feld, »auf dem die evangelische Elementar-Schule ihre Aufgabe, das christliche Leben der ihr anvertrauten Jugend zu begründen und zu entwickeln, hauptsächlich zu lösen hat« (Froese und Krawietz 1968, S. 172). Lesestoffe waren Bibel, Katechismus und Gesangbuch, erst danach das Lesebuch. Grammatische Kenntnisse wurden ausdrücklich nicht gefordert. »Da aller Unterricht sich auf Anschauung gründen und in derselben, sowie im Denken und Sprechen üben soll, so ist in der einklassigen Elementarschule abgesonderter Unterricht im Anschauen, Denken und Sprechen nicht an der Stelle.« (Froese und Krawietz 1968, S. 176) Für den Gesang waren wöchentlich drei Stunden anzusetzen und darauf zu halten, daß die für den sonntäglichen Gottesdienst bestimmten Melodien jedesmal vorher in der Schule durchgesungen wurden, wie auch alle Strophen der Kirchenlieder auswendig zu lernen waren. Mit diesem beschränkten Verständnis der Elementarbildung als Religionserziehung erschienen nach Art und Methode alle jene realistischen Tendenzen unvereinbar, die Volksbildung in den zurückliegenden Jahrhunderten seit der Reformation zu erweitern trachteten. Allein dem Rechnen räumten die Regulative einen Platz im Normalunterricht ein und sahen dafür 5 der insgesamt 26 Wochenstunden vor. Nur wenn die örtlichen Verhältnisse mehr Unterrichtsstunden erlaubten, konnte den älteren Schülern eine Stunde praktisches Zeichnen mit dem Lineal erlaubt werden und drei Stunden für Vaterlands- und Naturkunde. Der Lehrer erhielte so Gelegenheit, »durch lebendiges Wort die Jugend einzuführen in die Kenntniß der Geschichte unserer Herrscher und unseres Volkes, wie der göttlichen Leitung, die sich in derselben offenbart, und Herz und Sinn der Schüler mit Liebe zum König und mit Achtung vor den Gesetzen und Einrichtungen des Vaterlandes zu erfüllen. Der Lehrer braucht hier nur die Geschichte selbst in Erzählung und Lied reden zu lassen; eigener Zuthat bedarf es kaum.« (Froese und Krawietz 1968, S. 178) Selbst solche Vaterlandskunde also sollte in der staatlichen Volksschule nur ganz am Rande stehen gegenüber dem immensen Pensum des Religionsunterrichts, der riesigen Stoffmengen an Bibelstellen, Katechismustext und Kirchenliedern, mit der die Lehrer in der Ausbildung wie die Schüler im Unterricht zugedeckt werden sollten, damit sie nicht auf dumme Gedanken kämen. Die Verordnungen verbanden solche Normen für die Zeit erstaunlich einseitiger Lernanforderungen mit nicht minder erstaunlich schwülstiger Frömmelei. Der Lehrer stehe am höchsten, schloß das Regulativ über den Elementarunterricht, »der täglich selbst in der Schule am meisten empfängt, nämlich den Geist der Demuth, des Gebets, der Liebe und der Gottesfurcht, die mit göttlicher Furcht und freudigem Zittern seine und der ihm anvertrauten Kinder Seligkeit zu schaffen sucht« (Froese und Krawietz 1968, S. 179). Es mag dahingestellt bleiben, inwieweit solcher Anspruch sich auf dem Erlaßwege vermitteln ließ, ob er überhaupt der politischen Absicht der Regulative dienlich sein konnte. Die rigide Bildungsbeschneidung jedenfalls war eher durchzusetzen als die religiöse Schwärmerei. Vor allem in der Lehrerbildung war die Wirkung erheblich. In der Auswahl des Personals und der Kontrolle der Ausbildung setzte sich die seit langem betriebene Einschüchterung intensiv fort.

Selbst die Privatlektüre der Auszubildenden wurde zensiert. Grundsätzlich galt als Maßstab, was in der einklassigen Dorfschule zu leisten, nicht aber, was in einer gehobenen Stadtschule vielleicht zu erwarten wäre. Also sollte der Lehrer lernen, Fibel und Lesebuch richtig zu behandeln, im übrigen sich aber an die Bibel und an das Gesangbuch halten. Das gegen die Gefahren irritierender Überbildung gerichtete System versprach um so mehr Erfolg, je enger sich der Elementarunterricht, die Auswahl und Erziehung der Präparanden und deren spätere Ausbildung im Lehrerseminar aufeinander bezogen und nach außen abschlossen. Die klassenspezifische Organisation der Volksschule wurde so gegenüber der Selbstrekrutierung des Akademikerstandes noch betont (Herrlitz, Hopf und Titze 1981, S. 59).

Über die Wirkung der Regulative auf die Schulen selbst ist schwerer zu urteilen. Hier sollten sie im allgemeinen, zumal auf dem Lande, wenig verändert haben, weil wenig zu ändern war. Denn die Schulwirklichkeit entsprach ihnen weithin (Friederich 1987, S. 134). Gegen diese Schulwirklichkeit hatten schon im vergangenen Jahrhundert die Industriepädagogen eingewandt, ihr ermangele der Bezug zur späteren Erwerbstätigkeit vieler Schüler. Solcher Kritik war durch die wirtschaftliche Entwicklung inzwischen erheblich Vorschub geleistet worden. Seit den dreißiger Jahren wurde die reaktionäre staatliche Volksschulpolitik in Preußen von der Industrialisierung begleitet. In den Jahrzehnten nach der gescheiterten Revolution herrschte ein stürmischer Wirtschaftsaufschwung. So fern stand die restriktive Volksschulpolitik der Ökonomie, daß Stiehl einzelne Proteste aus Industriestädten damit abkanzelte, sie würden nichts anderes bedeuten, »als in der Lehrerbildung und in der Elementarschule die Industrie, wir wollen nicht sagen, an die Stelle des Christentums zu setzen, aber sie doch zum Mittelpunkt und Regulator der Schule zu machen. Der Staatsmann würde, ehe die Konsequenzen eines solchen Prinzips in der Volksbildung zur Ausführung kämen, sich mit Hilfe der Geschichte die Frage beantworten müssen, ob ein Arbeitervolk und eine zu solchem systematisch erzogene Nation Theil haben oder behalten kann an der geistigen Herrschaft in der christlichen Welt ...« (Jeismann 1966, S. 158).

Aber standen die Regulative deshalb quer zu den leitenden Tendenzen ihres Jahrhunderts, wie viele Historiker der Pädagogik meinten? Dem entgegengesetzt ist die materialistische Geschichtsdeutung, die Schulpolitik als Reaktion auf die sozialen Auswirkungen der industriellen Revolution zu erklären versucht (Nyssen 1974). Doch diese Reaktion war weit älter als die Industrialisierung und der politische Liberalismus. Sie bestimmte die staatliche Volksschulpolitik von ihrem Anfang an, und die ökonomische Funktion eines Sozialisationskonzeptes, in dessen Mittelpunkt die Religionserziehung steht, erscheint für die stationäre Landbestellung denn doch einleuchtender als für die städtische Industriearbeit. Der notwendige Beitrag der Volksschule zur beschäftigungsspezifischen Qualifikation industrieller Arbeitskräfte sollte nicht überschätzt werden. Bis in unsere Zeit blieb der Anteil allgemeiner Elementarbildung an der Qualifikation für manuelle Industriearbeit weit geringer, als zumeist unterstellt wurde. Um so größeren Spielraum hatte demzufolge, auch nach der Industrialisierung, die politische Instrumentalisierung der Volksschule. Sie abzukapseln und einzuschränken, um den gesellschaftlichen Ansprüchen zu wehren, die als Folge jeder Verbesserung ebenfalls bis in unsere Zeit stets erwartet und gefürchtet wurden, stand insofern durchaus im Einklang mit leitenden Tendenzen des Jahrhunderts.

Seit der Wendung gegen die Aufklärung im Inneren und den Umsturz von außen war die Funktion staatlicher Volksschulpolitik in erster Linie bewahrend und defensiv, im Bunde, nicht in der Auseinandersetzung mit der Kirche. Nachdem nun die Revolution im Lande selbst sich entzündet hatte, erschien die gemeinsame Abwehr um so dringlicher. Ihr hatten sich nach dem Erreichen seiner begrenzten politischen Ziele im wirtschaftlichen Aufschwung große Teile des Bürgertums angeschlossen. Proteste vom Geiste Harkorts blieben die Ausnahme. Daher erklärt sich der Handlungsspielraum der obrigkeitsstaatlichen Verwaltungen trotz liberaler Mehrheiten im Parlament, ungeachtet der Frage, ob die Verfassungen, solange sie nicht auf die Menschenrechte sich gründeten, sondern die absoluten Monarchen lediglich konstitutionell beschränkten, dem Parlament überhaupt eine Handhabe in der Schulpolitik gaben. Die preußischen Regulative überstanden so in zwei Jahrzehnten mehrere Kabinette. Erst im Kulturkampf, der die Interessengemeinschaft von Staat und Kirche in Frage stellte, wurden sie 1872 mit den »Allgemeinen Bestimmungen für Volks- und Realschulen in Preußen« außer Kraft gesetzt, nicht aber die Grundsätze preußischer Schulpolitik.

Altwürttemberg

Inwieweit diese Grundsätze Erklärungswert für die Bildungsentwicklung in den anderen deutschen Ländern besitzen, wurde und wird in den vielfältigen Darstellungen preußischer Volksschulgeschichte kaum gefragt. Nicht aber nur wegen der Bedeutung der regionalen Bildungsgeschichte für die Problemstellungen aktueller Bildungsreform in der Bundesrepublik muß diese Frage gestellt werden, sondern vor allem, um im Sinne der vergleichenden Soziologie das verwandte Erklärungsmuster zu überprüfen. Dabei geht es nicht nur um einen breiteren Überblick, sondern in erster Linie um das systematische Variieren zentraler Bestimmungsfaktoren im Verhältnis von Staat, Kirche und Schulbildung.

Von den protestantischen Nachbarländern Preußens, von denen die brandenburgischen Kurfürsten die Schulpolitik entweder lernten oder die andererseits später unter den Einfluß preußischer

Bildungspolitik gerieten, kann daher abgesehen werden. Mehr Aufschluß verspricht ein Blick nach Altwürttemberg, dem lutherischen Herzogtum und größten zusammenhängenden Staatsgebilde im zersplitterten, überwiegend katholisch geprägten Schwaben. Sehr früh schon, am Anfang des 16. Jahrhunderts in den Bauernkriegen, hatten Fürstenhaus und Bürgerschaft einen Vertrag geschlossen, mit dem das Land verfassungspolitisch einen gesonderten Weg einschlug. Der Vertrag richtete sich ebenso gegen die Bauern wie gegen den Adel und eröffnete der Bürgerschaft in den Landständen eine hervorragende Position neben dem Fürstenhaus. In ihr und gestützt durch die orthodox-lutherische Kirche konterkarierte das höhere Bürgertum die Macht der landesherrlichen Regierung. Die Entwicklung des Landes stagnierte bis zum Ende des 18. Jahrhunderts.

Davon war nicht zuletzt auch die staatliche Schulpolitik betroffen. Zwar hatte schon 1559 Herzog Christoph eine Schulordnung als Bestandteil der Großen Kirchenordnung erlassen, wurde früh, 1649, um das vom langen Krieg verwüstete und verwilderte Land wieder regierbar zu machen, die erste Schulpflicht eingeführt. Nach der Schulordnung waren die lateinischen Schulen für diejenigen vorgesehen, die »zu rechter Theologie unn andern hohen notturftigen Künsten, Regimenten, Amptern und Haußhaltungen gerhaten und kommen mögen«, dagegen die deutschen Schulen für die »gemeiniglich hertschaffende Underthonen« (Keck 1968, S. 40). Zunächst besuchten die Lateinschule noch ebenso die Söhne von Handwerkern, also des niederen wie die des höheren Bürgertums. Je nach Dauer des Schulbesuchs gelangten die Schüler sowohl zur Vielfalt bürgerlicher Berufsausbildung wie zu den Pädagogien und Klosterschulen als Vorstufe der Landesuniversität. Doch schlossen sich unter den konservativen Rahmenbedingungen die höheren Schulen immer mehr ab und wurden im 18. Jahrhundert zu Ausbildungsstätten des Honoratiorenstandes. Demgegenüber blieben die Anstalten muttersprachlicher Elementarbildung betont auf die Rolle der Katechismusschule beschränkt. Aufklärungspädagogik fand in Altwürttemberg nicht statt. Sie hatte an der Landesspitze keinen Anwalt, zumal nicht bei der katholischen Linie des Hauses Württemberg, die 1733 die Regierung übernahm, aber auf die Unantastbarkeit der lutherischen Landesreligion verpflichtet war, und wurde

88

blockiert durch die orthodoxe Kirche, die nach diesem Wechsel im Verein mit der bürgerlichen Landschaft ihre verfassungsmäßigen Rechte um so zäher vertrat und damit ihren Einfluß auf das Schulwesen erfolgreich behauptete. Ihr bildungspolitisches Credo drückte 1799 die Generalsynode in der Warnung davor aus, »daß die deutschen Schulkinder, von denen weit der größere Theil, zu den Feldgeschäften und Gewerben bestimmt ist, mit Kenntnissen vollgepfropft werden, die außer ihrer Sphäre liegen, die sie nicht anwenden können, und ihnen also ganz unbrauchbar sind« (Friederich 1978, S. 19). In der Diskussion um die Errichtung eines Lehrerseminars verlangt das Konsistorium, dem theologischen Stift in Tübingen die Aufsicht zu übertragen. Denn »gehöriger Gehorsam«, »Unterwürfigkeit« gegenüber der Geistlichkeit waren das Hauptziel der Ausbildung (Herbert 1981, S. 331).

Neue Impulse waren nur möglich, wenn sie sich gegen die herrschende Verfassung richteten. Sie gingen nach der Jahrhundertwende von der Regierung des erstmals wieder protestantischen Kurfürsten und späteren Königs Friedrich aus. Der beträchtliche Landerwerb und die Bildung des neuen Königreiches wurden um dessen einheitlicher Verwaltung willen dazu benutzt, die altwürttembergische Verfassung abzuschaffen. Die Regierung öffnete das Land den pädagogischen Reformideen der Philanthropen und vor allem Pestalozzis, dessen Methoden Karl August Zeller, 1808 vom König als Schulinspektor nach Heilbronn berufen und später auch als Schulrat nach Preußen, in Einführungskursen Lehrern aus dem ganzen Königreich vermittelte.

Auch die neuen Schulordnungen von 1808 und 1810 verwiesen auf Pestalozzi. Sie forderten erweiterten Sprach- und Sachunterricht. Die katholische Schulordnung sah gar einen einheitlichen Schulaufbau vor und ermunterte die Lehrer auf dem Lande, »die jungen Burschen von den Vorurtheilen zu befreien, welche noch häufig unter den Landleuten herrschen, und unter welchen wohl das vorzüglichste ist, daß sie glaubcn, man müsse alles beim Alten lassen, wie sie es nämlich von ihren Eltern gelernt haben, und wie man es schon seit Jahrhunderten gemacht hat« (Friederich 1978, S. 24). Die evangelische Schulordnung ging nicht so weit, wollte aber immerhin auch, daß der Unterricht Kenntnisse und Fähigkeiten vermittle, die für das künftige Leben der Schüler in jeder Lage und in jedem Berufe notwendig und nützlich wären.

Die Reaktion auf solche Intentionen der Schulreform, vor allem aus den Kreisen der Kirche, ließ nicht lange auf sich warten. Der Widerstand befestigte sich mit der allgemeinen Restauration. Einerseits kämpften die Stände weiter um ihr »gutes, altes Recht«, andererseits nutzte die Zentralregierung die Volksschulpolitik weiter als Herrschaftsmittel, nun allerdings in konservativer Absicht. Mit dem Schulgesetz von 1836 faßte sie die bestehenden Erlasse zusammen und verstärkte die einheitliche Reglementierung zu Lasten regionaler Traditionen wie partikularer Rechte der Schulträger. Dabei blieb die enge Verflechtung von Kirche und Staat in der Schulaufsicht ganz und gar erhalten – im Sinne des Bildungsauftrags der Volksschule, die religiös-sittliche Erziehung der Schüler zu leisten. Um so schärfer hoben sich nach der Revolution von 1848 die Forderungen der Schulreformatoren ab. Der Württembergische König hatte die in der Paulskirche beschlossenen Grundrechte als Landesrechte übernommen. Das neue Ministerium berief eine »Organisationskommission für das Volksschulwesen«, die sogleich die Revision des Schulgesetzes in Angriff nahm. Doch schon 1849 wurden die Grundrechte der Paulskirchenverfassung vom deutschen Bundestag, dem Gesandtenkongreß der Länderregierungen unter dem Vorsitz Österreichs, wieder aufgehoben und traten somit auch in Württemberg außer Kraft. Damit war der Schulreform der Boden entzogen. Die Verbesserung der Lehrerbesoldung unterblieb, in der Lehrerausbildung wurde die restriktive Aufsicht verschärft, die geistliche Schulaufsicht, auch die der katholischen Kirche, befestigt.

Wie in Preußen bestand zwischen der mehr oder weniger repressiven Volksschulpolitik und der Wirtschaftsentwicklung des Landes kein Zusammenhang. »1836 und 1865 – in besonders intensiven Wachstumsphasen –«, bemerkt Friederich, »werden die Versuche, die Volksschule mit einer Neubestimmung des allgemeinen Bildungsziels und einer Neufassung des Lehrplans an diese Entwicklung anzubinden, vereitelt; die den herkömmlichen Bildungsauftrag der Volksschule sprengende Vermittlung von Realien wird dieser Schulart verweigert und an das sich ausdifferenzierende mittlere (1836) bzw. berufliche Schulwesen (1865) delegiert« (Friederich 1978, S. 207). Anders als in Preußen gab es in Württemberg später keinen Kulturkampf, blieben Staat und Kirche in der Volksschulorganisation einander eng verbunden.

Die württembergischen Volksschullehrer kämpften daher weiter in erster Linie für berufsständische Ziele und gegen die geistliche Schulaufsicht. Ihr »Schulkampf« wurde Teil einer breiteren Bewegung zur Revision der Verfassung, durch deren Erfolg 1907 auch die Lehrer von Volksschulen volles Beamtenrecht erhielten. An der Absonderung ihrer Schulen von den mittleren und höheren änderte das nichts. Denn ihr Bildungsauftrag blieb die religiös-sittliche Erziehung der Landbevölkerung und der städtischen Unterschichten.

Bayern und Österreich

Die andersartige Stellung der Kirche bezeichnet die wichtigste Differenz für die staatliche Schulpolitik in den katholischen deutschen Fürstentümern. Wie in den später protestantischen erst nach der Reformation nahm in den katholischen der Staat in der Gegenreformation Kenntnis von der Schule. Diese eignete sich dort aber weit weniger als Mittel landesherrlicher Machtentfaltung, weil die Auseinandersetzung um Form und Inhalt der Schulaufsicht nicht innerhalb einer Landeskirche geführt werden konnte. Staatliches Interesse an der Schule diente vornehmlich der gemeinsamen Abwehr der neuen Irrlehren. So hieß es 1569 in einer der ersten Schulvorschriften Bayerns, auch hier Teil einer Kirchenordnung, der Herzog habe nach Mitteln und Wegen gesucht, um »die wahre und allein seligmachende H(eilige) Katholische Religion (zu) erhalten und vor allem vor Abfall und verdammlichem Irrtum« zu bewahren. Daher bestünde die hohe Notwendigkeit, »die Schulen und Lehrhäuser rein zu erhalten, damit die liebe, unschuldige Jugend nicht vergiftet und also unwissender Dinge auf Sekten und irrige Meinungen abgeführt werde: So haben dem allen nach Ihres F. G.'s ernstlichen Befehl und Verordnung getan, daß künftig in allen denselben Fürstentümern und Gebieten (von) Obern und Niederbayern niemand zu Schuloder Lehrmeister aufgenommen werde, der nicht in allen Dingen katholisch und in Heiliger Christlicher Religion unverdächtig sei, daß auch ferner in Schul- und Lehrhäusern sowohl deutschen als lateinischen kein sektiererisches Buch vorgelesen, ja, auch kein anderes bestellt oder gebraucht werden solle, es sei denn in katholischen Druckereien gedruckt …« (Dietrich und Klink 1972, S. 26 f.). Schule blieb so trotz gelegentlicher Erlasse und formaler Oberaufsicht des Staates Sache der Kirche, »annexum religionis«, wie es im Vertragswerk des Westfälischen Friedens hieß, *ecclesiasticum* und nicht *politicum*.

Das änderte sich erst spät in der Aufklärung mit absolutistischem Staatsanspruch und philanthropischem Schulverständnis sowie bezeichnenderweise in Reaktion auf die Expansion Preußens und dessen Schulpolitik. In Bayern wie Österreich hatte die Arbeit des Abtes Johann Ignaz von Felbinger bestimmenden Einfluß, der im Auftrag Friedrichs II. die Volksschulverbesserung in Schlesien betrieb und dessen Sagansche Schulordnung das Generallandschul-Reglement für die Römischkatholischen in Schlesien und Glatz (1765) vorbereitete. Von Maria Theresia nach Wien berufen, entwarf er 1774 das erste Reichsschulgesetz Österreichs, die »Allgemeine Schulordnung für die deutschen Normal-, Haupt- und Trivialschulen in den sämtlichen k. k. Erbländern« (Maier 1967, S. 24). Gleichzeitig verfaßte sein Anhänger Heinrich Braun, ein Benediktiner und mehrfach Bayerischer Schulkommissar, in seinem Geist die Kurfürstliche Schulordnung von 1770, die als »Markstein der bayerischen Schulgeschichte« (Reble 1975, S. 952) angesehen werden kann. Mit ihr verstärkte das weltliche Regiment den Zwang zum Besuch der Schule und erhob an sie den Anspruch, die Heranwachsenden zu »guten und nützlichen Staatsbürgern« zu erziehen. Dieser Auftrag schloß die Erziehung zum guten Katholiken durchaus ein. Daß sich im süddeutschen Philanthropismus das Religiöse und das Lebenspraktische mit der Elementarbildung in moderater Weise verband, erklärt seine Attraktion auf die Regierungen.

Allerdings blieb es zumeist bei Plänen und Erlassen, deren Verwirklichung vielfältiger Widerstand verzögerte, wenn nicht verhinderte, nicht anders als in den protestantischen Fürstentümern. Verweist die so viel spätere Weichenstellung der katholischen Regierungen in der Schulfrage auf ein anderes Verhältnis von Staat, Kirche und Bildung, ist dann die Verwirklichung staatlicher Schulpolitik wie in den evangelischen Ländern Gegenstand und Mittel der Durchsetzung landesherrlicher Macht. Erst im Josephinischen Österreich, dessen Regierung die Einheit der Verwaltung in den weitverzweigten Erblanden herzustellen und die provinzielle Selbständigkeit ebenso wie die Privilegien der Stände drastisch zu beschränken suchte, waren größere Erfolge im Ausbau der Volksschule zu verzeichnen. Die Anzahl der Schulen wurde beträchtlich vermehrt, der Schulbesuch strenger kontrolliert ebenso wie die Anstellung der Lehrer und auch auf innere Schulverbesserung gedrängt. Wiewohl der konfessionelle Charakter des Unterrichts und damit die faktische Aufsicht der katholischen Kirche bewahrt blieben, griff der Staat unter schulfachlichen Gesichtspunkten tief in das traditionelle klösterliche Schulwesen ein. Das Toleranz-Edikt von 1781 erlaubte auch Protestanten, Juden und Orthodoxen, eigene Schulen zu gründen.

Noch deutlicher trat der Zusammenhang von Staats- und Schulorganisation in Bayern zutage. Nach den Verheerungen der Erbfolgekriege ging es nicht nur um den Wiederaufbau, sondern später durch die napoleonische Erhebung zur Monarchie, mit der sich das Staatsgebiet verdoppelte, vor allem um dessen zentrale Verwaltung nach kurbayerischen Maßstäben. Die Regierung unter dem Grafen Montgelas, die Stil und Wirksamkeit der bayerischen Verwaltung bis heute prägte, suchte im Sinne des aufgeklärten Absolutismus den neuen Staat ebenso von den alten Bindungen des Römischen Reiches und der römischen Kirche wie von den Ansprüchen der ständischen Herrschaftsgruppen zu emanzipieren. Ihre Schulpolitik entsprach und diente diesem Zweck. »Sie duldete keine Hindernisse auf dem Weg zu ihrem spezifischen Ziel,« resümiert Josef Neukum, »mit dem gesamten Schulwesen auch die Volksschule als einen unentbehrlichen Baustein in das Fundament der staatlichen Neuordnung einzufügen. Alle qualitativ und faktisch von dieser Absicht abweichenden Rechtsnormen und Realitäten im eigenständig gewachsenen Schulwesen der neuen, in dieser Hinsicht Kurbayern oft überlegenen Landesteile, wurden Zug um Zug beseitigt und den Maximen und Notwendigkeiten des Regimes angepaßt. Die überkommenen Sonderrechte der Standesherren und Gemeinden sowie die Ansprüche der kirchlichen Hierarchie auf Einfluß und Bevorrechtung unterlagen dem konsequenten Willen zur Verstaatlichung der Volksschule. Wo eine Mitwirkung weiterhin in Anspruch genommen, ja ausdrücklich gefordert wurde, blieb jeder Zweifel an der Abhängigkeit geduldeter Dienste von der Autorität des Staates ausgeschlossen.« (Neukum 1969, S. 17)

Der Intention einer zentralen und einheitlichen Schulaufsicht, für die an der Spitze 1802 ein besonderes Generaldirektorium geschaffen und die über Mittelinstanzen bis zur Ortsaufsicht zu einem umfassenden Kontroll- und Regelungssystem ausgebaut wurde, ohne den örtlichen Pfarrer aus seiner Inspektionsverpflichtung für die Gemeindeschule zu entlassen, entsprach aber keineswegs die Absicht, ein einheitliches Schulsystem für alle heranwachsenden Staatsbürger zu schaffen. Die verspätete Aufklärung verband sich in den katholischen Ländern auch nicht im Ansatz mit bürgerlich-revolutionären Forderungen wie der nach Chancengleichheit als einem Menschenrecht. In Österreich und Bayern meinte der Staat mit seinem Eingreifen die überkommene, standesgemäß geteilte Schulorganisation. In den für das niedere Volk bestimmten Trivialschulen sollte das dürftige Pensum im Prinzip beibehalten werden, wie immer auch eine gewisse Durchlässigkeit zwischen den verschiedenen Schulformen ins Auge gefaßt wurde. Eingefügt in die bayerische Verwaltung, betrieb auch deren hervorragendster Neuhumanist, Friedrich Immanuel Niethammer, vordem Würzburger Professor und protestantischer Oberschulkommissär in Franken, dann Zentralschulrat in der obersten Schulbehörde, im Gegensatz zu Humboldt und Süvern die Abgrenzung der Volksschule. Welches Interesse sollte auch die Regierung eines Staates, der auf der Siegerseite soeben groß geworden war und sich dann gerade noch rechtzeitig, am Vorabend der französischen Niederlage, auf die Seite der endgültigen Gewinner schlug, an einem emphatischen, für den Widerstand bestimmten Begriff von Nationalbildung mit seinen Momenten der Selbsttätigkeit, Freiheit und Einheit haben?

Die zurückhaltendere Reform bot der Reaktion weniger Angriffsfläche. Das Pendel schlug dementsprechend in den katholischen Ländern geringer zurück, doch die Restauration wirkte nachhaltiger. Sie war in Österreich als Antwort auf die Josephinische Bewegung und die Französische Revolution schon früher zu spüren. Konservative Proteste gegen das angebliche Übermaß an Volksaufklärung mehrten sich. Auch der Erzbischof von Wien trug sie vor. Die Politische Schulverfassung von 1805, mit geringen Modifikationen bis 1869 als Gesetz in Kraft, trug ihnen Rechnung. Dem durch Krieg und Umsturz bedrohten Staat ging es wie der Kirche nicht um vermehrte, sondern um angemessene

Volksbildung, die zur Erfüllung vorgeschriebener Pflichten und hergebrachter Religiosität erziehen und damit der Stabilität des Landes dienen sollte. Daher wurde in der Schulverfassung als ein Hauptfehler der Volksbildung angeprangert, »wenn sie bei der übereinstimmenden Ausbildung aller Seelenkräfte nicht auf das Bedürfnis der Klasse, die sie bearbeitet und unterrichtet, Rücksicht nimmt, sondern jeder Klasse alles Wissenswürdige angemessen glaubt, jeder Klasse die nämlichen Empfindungen beibringen und jede Klasse durch die nämlichen Vorstellungen determinieren will« (Maier 1967, S. 62). Daher sollte die Ausbildung der Trivialschullehrer so trivial wie möglich sein. Statt mehrjähriger Lehrerbildung in einem Seminar, wie sie sich in Preußen und auch Bayern durchsetzte, blieb es in Österreich bei der Abrichtung in Kursen von drei, später sechs Monaten. Denn nach dem Willen der Schulverfassung sollte sich ein Lehrer »durch Gebet und Nachdenken über das, was er lehren soll, zur Schule vorbereiten«. Auch solches Nachdenken hatte allerdings enge Grenzen, wie Maier kommentiert, »weil ja methodische Freiheit untersagt und das Abweichen vom vorgeschriebenen Schul- und Methodenbuch streng verboten war. Das geringe Bildungsniveau der Lehrerschaft machte es unmöglich, die von oben her stark reglementierte und eingeengte Schule etwa von innen her mit neuen Ideen zu durchtränken und wirksam zu beleben« (Maier 1967, S. 63).

In Bayern setzte die Reaktion in den zwanziger Jahren ein, deutlicher noch nach dem Regierungswechsel 1825. Der neue König Ludwig I. betrieb mit Nachdruck obrigkeitsstaatliche Schulpolitik. Die neue Verfassung und Volksvertretung der nun konstitutionellen Monarchie konnten ihn daran nicht hindern, da nach Auslegung der Regierung das Schulwesen weder mit der Freiheit noch mit dem Eigentum der Staatsangehörigen zu tun hatte und daher allein der Gesetzgebung der Krone unterlag. Den obersten Kirchen- und Schulrat unterstellte der König einem monarchisch-konservativ gesonnenen Behördenleiter, den vorgesetzten Innenminister ermahnte er schriftlich: »Es ist das höchste Bedürfnis für die Heilung der Gebrechen unserer Zeit, die Volksschule so einzurichten, daß eine sittliche, rechtliche und religiöse Bildung, nicht aber bloß ein schwölstiges Wißen mit den daraus hervorgehenden Anmaßungen erwirkt werde.« (Neukum 1969, S. 92)

Nach der Pariser Juli-Revolution verstärkte sich in den dreißiger Jahren die restriktive Politik gegenüber den Volksschulen. Denn der König hielt die Erziehung zur Untertanentreue für das wirksamste Mittel, »den bösen Geist der Zeit zu bannen und in den folgenden Generationen wenigstens jenen patriarchalischen Sinn, jene Zufriedenheit, Treue wieder herbeizuführen, bei welcher allein wahres Volksglück bestehen kann« (Reble 1975, S. 964). Daher wurde das Ansinnen beider Kammern, ein siebentes Volksschuljahr einzuführen, abgewiesen und, ganz im Gegensatz zum bemerkenswerten Ausbau gewerblich-technischer Schulen in jener Zeit, das Pensum der Volksschulen enggehalten, die Lehrerbildung reglementiert und eingeschränkt.

Mit der bürgerlichen Umsturzstimmung griff 1848 auch die Lehrerbewegung nach Bayern und Österreich über. Prinzipiell wurden dieselben Forderungen gestellt: nationale Einheitsschule, staatliche Fachaufsicht, anspruchsvollere Lehrerausbildung, bessere Arbeitsbedingungen an den Schulen. Wieder schlug das Pendel geringer aus; diesmal auch in der folgenden Reaktionsphase. Denn in Österreich waren die Schulverhältnisse noch sehr zurückgeblieben, in Bayern hatte das reaktionäre Regime sich schon in den vorangegangenen Jahrzehnten deutlicher durchgesetzt. Es blieb dort bei seiner Tendenz, auf dem Lande die Lehrer wie die Schulen kurzzuhalten. Das 1857 erlassene »Normativ über die Bildung der Schullehrer« entsprach nach Absicht und Inhalt den preußischen Regulativen. In Österreich stellte ein Ministerialerlaß 1855 im selben Sinne fest: »Die sogenannten Realien, wie Geographie, Weltgeschichte, Naturlehre u. dgl., gehören als besondere Unterrichtsgegenstände nicht in die Trivialschule. Es ist vielmehr der Schuljugend nur gelegentlich, namentlich beim Leseunterrichte, das wichtigste und praktisch naheliegendste aus diesen Wissenszweigen zur Belebung des sittlich-religiösen Gefühles und zur Vermehrung der Kenntnisse der Jugend, insbesondere über das heimatliche und vaterländische, beizubringen« (Maier 1967, S. 74).

Die betonte Restriktion der Volksschule durch den Staat fand aber bezeichnenderweise in den beiden katholischen Monarchien ein früheres Ende als in Preußen. Denn anders als dort ließ sich der Ausgang der Schlacht von Königgrätz kaum als Erfolg der eigenen Volksschulpolitik interpretieren. Im Gegenteil erschütterte die militärische Niederlage die Legitimation bisheriger Herrschaftsgrundsätze und eröffnete Reformbestrebungen einen Weg. So kam die Schulgesetzgebung vor allem in Österreich voran. Nach den Grundgesetzen über die Reichsvertretung und die allgemeinen Rechte der Staatsbürger (1867), in denen die Zuständigkeit des Reichsrates für das Unterrichtswesen festgelegt und die staatliche Schulaufsicht erneut begründet wurde, gelang es trotz des heftigen Widerstands der Kirche, ein Schulaufsichtsgesetz (1868) und ein Reichsvolksschulgesetz (1869) durchzusetzen, das endlich die immer noch geltende Politische Schulverfassung ablöste. Es verlängerte die Schulpflicht von sechs auf acht Jahre und gliederte das Elementarschulwesen in Allgemeine Volksschulen und Bürgerschulen mit dem Ziel einer breiteren Grundbildung für alle Heranwachsenden. Nun auch wurden die überfälligen Lehrerbildungsanstalten geschaffen, die Kursdauer sogar auf vier Jahre festgelegt. Doch der Widerstand gegen die vom Zentralstaat betriebene Hebung der Volksschule blieb in den Ländern wirksam. Er behinderte in vielen Regionen die Umsetzung des Schulaufsichtsgesetzes und hielt die »Übertreibungen« der Pädagogen in Grenzen.

Im Nachbarland führte nach einem Normativ zur Lehrerbildung (1866) schon der »Entwurf eines Gesetzes über das Volksschulwesen im Königreich Bayern« zum Kulminationspunkt der Schulreformdebatte. Es gelang der Regierung nicht, den Widerstand der Kirche im Streit um den konfessionellen Charakter der Schule zu überwinden und die am Ende der sechziger Jahre betont konservativ-patriotische Mehrheit des Landtages zur Annahme des Gesetzes zu bewegen. Allerdings bestand in Bayern schon vordem die siebenjährige Besuchspflicht für Werktags- sowie eine weitere dreijährige für Sonntagsschulen; und für die Lehrerausbildung gab es seit langem Seminare, wenn auch nur mit einer Kursdauer von zwei Jahren. Nach dem Scheitern der Landesgesetzgebung mußten neue Volksschullehrpläne einzeln von den Kreisregierungen erlassen werden. Dieses Verfahren fand erst 1926 mit einer allgemeinen »Lehrerordnung für die bayerischen Volksschulen« sein Ende.

Wiewohl in beiden Staaten die freisinnigen Reformbestrebungen nach der Niederlage den Stoffplan der Volksschule erweiterten und für bessere Lehrerbildung sorgten, hielt sich die Schulverbes serung in engen Grenzen. Gewiß gewann der Sachunterricht an Raum und Bedeutung gegenüber dem überkommenen Religions- und Elementarunterricht. Die Realien sollten auch mehr als nur erwünschter Sachinformation dienen, nämlich gleichfalls der formellen Bildung. Diese war nicht berufsbezogen gemeint. Es ging um das für alle Staatsbürger als notwendig erachtete Mindestmaß allgemeiner Volksbildung. An ihr, nicht aber an der Bildung einzelner bevorzugter Klassen sollte die Kultur eines Staates abzulesen sein, wie der österreichische Unterrichtsminister von Hasner vor dem Abgeordnetenhaus erklärte (Maier 1967, S. 87). Nach wie vor aber war die Hauptaufgabe der Volksschule die sittlich-religiöse Erziehung. Der Religionsunterricht behielt daher seine zentrale Position. Anspruchsvollere Allgemeinbildung wie beispielsweise Mathematik oder eine Fremdsprache fand keinen Platz. Die Volksschule blieb statt dessen auf das Rechnen und die Muttersprache beschränkt, ihr Unterricht durch die große Schülerzahl behindert. Im Landesdurchschnitt kamen in Österreich 1871 auf einen Lehrer 83, in Bayern 1884 auf einen Lehrer 69 Volksschüler. Auch am Ende des Jahrhunderts waren es in Österreich noch durchschnittlich 61 und in Bayern 59 (vgl. Reble 1975, S. 968 und Maier 1967, S. 98). Insofern blieb auch die dort vermittelte Allgemeinbildung »berufsbezogen«, ihr Ausmaß und ihr Inhalt an den Erfordernissen untergeordneter, vor allem handarbeitender Erwerbstätigkeit orientiert. Im Kontrast machten das Auftrag und Anstrengungen für die Gymnasien deutlich. Zwar führten zu ihnen keine eigenen Vorschulen wie in den protestantischen Ländern, auch mußten seit den siebziger Jahren keine Lateinkenntnisse bei der Aufnahme mehr nachgewiesen werden. Der unmittelbare Übergang aus der Volksschule wurde möglich und zur Regel. Aber damit änderte sich die überkommene Spaltung des Schulsystems weder im Prinzip noch in der Praxis. Gegenüber den neueren Formen der höheren Schulen behauptete im übrigen das humanistische Gymnasium in Bayern seine Vorherrschaft länger als in allen anderen deutschen Ländern.

Die Bildungsgeschichte der beiden wichtigsten katholischen Territorialstaaten deutscher Sprache lehrt, daß ihre Volksschulpolitik trotz bezeichnender Phasendifferenzen und Akzentverschiebungen, die sich vor allem aus der anderen Position der römischen Kirche erklären, in den Grundzügen mit der der protestantischen Fürstentümer übereinstimmte. Das wird um so deutlicher, je mehr sich der aufgeklärte Absolutismus als Form der Territorialherrschaft etablierte und je bewußter staatliche Schulpolitik zur Verbreitung einheitlicher Zentralgewalt eingesetzt wurde, also insbesondere nach größerem Gebietsgewinn. Gewiß lassen sich die Folgen bestimmter Besonderheiten, etwa der konfessionellen Schulorganisation, bis in unsere Zeit verfolgen. Doch das leitende Prinzip der Volksschulpolitik war in allen Ländern gemeinsam das der Beschränkung, ihr Erziehungsziel überall der rechtgläubige Untertan. Übereinstimmend auch hatte die ökonomische Entwicklung und der durch sie vermittelte Qualifikationsbedarf keinen charakteristischen Einfluß auf Inhalt und Organisation der Elementarbildung. Daraus wäre im Umkehrschluß zu folgern, daß es in den deutschen Ländern, ungeachtet wirtschaftlich bedingter Nachfrage, ohne fürstliche Territorialregierung und deren Auseinandersetzung mit den Ständen bis in das 19. Jahrhundert hinein keine staatliche Volksschulpolitik, insbesondere keine staatlich verordnete Schulpflicht gegeben hätte. Diese Folgerung ist an der Entwicklung jener Gemeinwesen zu überprüfen, die reichsunmittelbar keiner partikularen Feudalherrschaft unterstanden, vorzugsweise der freien Reichsstädte Bremen und Hamburg, die es bis heute in der Form selbständiger Bundesländer geblieben sind.

Hansestädte

Früh benötigten Handel und Gewerbe in den Kaufmannsstädten Mitarbeiter, die lesen und schreiben konnten. War man zunächst auf die einzige Schriftsprache, die lateinische, angewiesen, so gewannen im ausgehenden Mittelalter muttersprachliche Elementarkenntnisse für den Geschäftsverkehr zunehmend an Bedeutung. Neben den Kirchenschulen entstanden deutsche Schreib-Lese-Rechenschulen als private Gewerbebetriebe. Diese Art Schule war nicht mehr Sache der Kirche, doch noch kein *politicum*, sondern *negotium*, Geschäft, eine »bürgerliche Nahrung«, wie man damals sagte (Wulff 1967, S. 17). Die städtische und kirchliche Obrigkeit teilte zwar Konzessionen für Schulhalter aus, kümmerte sich aber dabei im allgemeinen weder um deren Eignung noch die Qualität des Unterrichts. Daher hatte die Zulassung auch keine große Bedeutung. Neben respektablen Schreib-Lese-Rechenschulen als handwerklichen Zunftbetrieben gab es allerlei Lese- und Betschulen und eine Vielzahl von Winkel-, Heck- und Klippschulen minderer bis mangelnder Qualität. Doch nährten sie, wenn auch kümmerlich, offenbar ihre Veranstalter, ehemalige Schneider und Schuster, Soldatenwitwen und Seemannsfrauen, erfüllten also, wenn auch mehr schlecht als recht, die geringen Ansprüche ihrer zahlenden Besucher. Die meisten kleinen Privatschulen, hieß es in einem Kommissionsbericht aus Hamburg noch 1840, »haben ihr Domizil in Sählen (Wohnungen in oberen Stockwerken mit besonderem Treppenaufgang von der Straße aus), in Höfen und anderen Lokalen aufgeschlagen, wo die Kinder in den engen, finsteren und dumpfen Stuben an Luft und Licht Mangel leiden. Hier sitzen sie in gepreßter Stellung morgens vier und nachmittags drei Stunden, verderben ihre Augen und verdumpfen geistig, weil sie von dem Lehrer nicht gehörig übersehen und beobachtet werden können. Nirgends ist ein Hofraum zu körperlichen Übungen und Beschäftigungen« (Blinckmann 1930, S. 24 f.). Nachfrage und Angebot regulierten diese Form der Berufspädagogik auch inhaltlich. Kein Bildungsauftrag, weder ein kirchlicher noch ein staatlicher, setzte Mindestmaßstäbe.

Die Auseinandersetzung zwischen den Schulen wurde daher in erster Linie durch die Konkurrenz um die zahlenden Schüler bestimmt, wenngleich die älteren und respektablen Schulen zumeist Inhalt und Qualität des Unterrichts in den Vordergrund ihrer Kritik an der »Schundkonkurrenz« rückten. Dabei gab es nicht nur die Frontstellung zwischen den von der Kirche getragenen und den privaten Schulen. Letztere bestanden ja aus verschiedenen, miteinander konkurrierenden Gruppen, von der Zunft der Schreib- und Rechenmeister, in Lübeck beispielsweise im »Kollegium der Deutschen Schulmeister« organisiert, die allein das Privileg hatte, Lehrlinge auszubilden und Gesellen zu halten (Bangert, S. 6), über die Lese- und Betschulmeister bis zu den Betreibern der Winkel- und Klippschulen. Diese boten als »Schulstörer und Stümpler, die ihnen das Brod vom Mund nehmen und großen Schaden thun«, den Schulmeistern ständigen Anlaß zur Klage (Neumann 1903, S. 15). Allerdings war den Beschwerden der ordentlichen Lehrer an den Kirchspielschulen und der aufsichtführenden Pfarrer ungleich größere Resonanz bei der städtischen Obrigkeit gewiß, da die Kirche in der Verfassung der freien Reichsstädte einen besonderen Platz innehatte. Immer wieder sind solche Beschwerden auch vorgetragen worden. Entsprechend häufig wandte sich die Stadtregierung gegen das Klippschulwesen. In Bremen erließ der Senat 1592 ein in niederdeutscher Sprache verfaßtes Edikt, daß die Winkelschulen »henforder tho ewigen dagen« abgeschafft wissen wollte (Wulff 1967, S. 23). Sie vermehrten sich statt dessen nur um so mehr. In den folgenden Jahrhunderten sind Eingaben gegen die unerlaubten Nebenschulen nahezu in jedem Jahrzehnt bezeugt, denen mannigfache Edikte des Senats folgten. Sie appellierten immer auch an die Eltern, ihre Kinder erstens überhaupt in die Schule zu schicken, zweitens aber in eine ordentliche! Doch bis in die erste Hälfte des 19. Jahrhunderts änderte sich im Grundsatz an den mißlichen Schulverhältnissen wenig. Weder setzten sich die Regierungen der Stadtstaaten gegen das Klippschulwesen durch, noch gar erließen sie Gesetze, die den Schulbesuch obligatorisch regelten.

Die Schullandschaft der freien Reichsstädte vermittelte daher kritischen Beobachtern den Eindruck von Willkür und Unordnung. Vom »Wirrwarr bremischen Volksschulwesens« ist die Rede, der zur Folge ein »buntes Nebeneinander voneinander völlig unabhäniger Schulbehörden« hatte (Wulff 1950a, S. 43). »Ein gar bunt Bild«, berichtet ein Chronist der »Schulkleinstaaterei« Lübecks, »bieten diese über die ganze Stadt dicht gesäten kleinen Schulen und Schülchen, die selten über 50 Kinder aufwiesen« (Bangert, S. 8). In Hamburg hieß es 1843 in einem Kommissionsbericht der »Patriotischen Gesellschaft zur Beförderung der Künste und nützlichen Gewerbe« im Zusammenhang der nach dem großen Brand zu bewältigenden öffentlichen Aufgaben über die Schulen: »Wenn die Kommission bei den früheren Teilen ihrer Arbeit einzelne Mißstände hervorzuheben und deren Abstellung zu empfehlen sich veranlaßt fand, so kann sie ihrer Aufgabe in bezug auf das Schulwesen nicht genügen, ohne einen Zustand der Verwirrung zur Sprache zu bringen, der in einigen Partien das Bild einer völligen Gesetzlosigkeit darbietet.« (Blinckmann 1930, S. 13) Von der »Frankfurter Schulnoth« wurde dort noch in den sechziger Jahren gesprochen und der »abnorme, fast anarchische Zustand« des Schulwesens, so ein Stadtverordneter in einer Eingabe, angeprangert (Münzenberger 1880, S. 9 f.).

Warum konnten sich die Stadtstaaten nicht durchsetzen, sind die schulpolitischen Anstrengungen der Kirchen in ihnen so erfolglos geblieben? Überall in den Städten wurde nach der Reformation gegen die Winkelschulen Stellung bezogen und diese, wenn auch nicht beseitigt so doch zurückgedrängt und kurzgehalten. Zumindest war es gelungen, in den Städten eine gewisse Ordnung in das Schulwesen zu bringen, unerläßliche Voraussetzung dafür, es weiter zu entfalten. Für diese Entwicklung genügten aber offensichtlich Anstoß und Einfluß der Kirchen nicht. Es bedurfte des Nachdrucks der weltlichen Regierung, und zwar einer, die anders als das städte-ständische Patriziat mit der Schulordnung eigene Herrschaftsinteressen verband. Stand die kirchliche Schulaufsicht nicht auch in ihrem Dienst, sondern wurde sie autonom zu kirchlichen Zwecken ausgeübt, wie lange Zeiten in den katholischen Fürstentümern und auch, wegen der besonderen Vertragslage, im evangelischen Altwürttemberg, hatte dies für die Organisation und Entwicklung des Schulwesens retardierende Folgen. In der Verfassung der freien Reichsstädte verband sich eine vergleichsweise autonome Position der Staatskirche mit einer am allgemeinen Schulwesen nicht interessierten Herrschaftsauffassung des Patriziats. Die so überraschend lang anhaltende hanseatische Schulwillkür kann einerseits, was die Quantität und Vielgestaltigkeit des Angebots angeht, als Reaktion auf eine relativ große Nachfrage verstanden und muß andererseits, was den Mangel an gesetzlicher Schulpflicht, den organisatorischen Wirrwarr und die unzureichenden Qualitätsmaßstäbe betrifft, als Konsequenz des besonderen Verhältnisses von Staat, Kirche und Schule angesehen werden.

Dieses Verhältnis war in den Stadtverfassungen festgelegt. Sie gingen auf die Reformationszeit zurück, in der, wie auch in den Territorialstaaten, die Herrschaftsstrukturen neu bestimmt werden mußten. Die damals ermöglichte und erwünschte Verbindung der Staats- und Kirchenverfassung ergab sich aber nicht automatisch durch die Person des regierenden Landesherren. Sie ist dadurch geschaffen worden, daß Stadt- und Kirchenverwaltung miteinander verkoppelt wurden. Die Hamburger Verfassung beispielsweise, nach dem Übergang zur lutherischen Konfession 1529 von Rat und Bürgerschaft beschlossen, stellte »eine auf den Kirchspielen aufbauende Ordnung dar mit weitgehender Identität von kirchlichem und bürgerlichem Amt und mit einem praktisch den Geistlichen übertragenen Scholarchat« (Milberg 1970, S. 29). Formal gehörten dem Scholarchat neben den 5 Hauptpastoren 5 Senatoren und 15 Oberalte an. Es war im strengen Sinn auch nur für die Anstalten des Johanneums, eines von der Stadt getragenen humanistischen Gymnasiums, zuständig, während für alle übrigen Schulen das Aufsichtsrecht zweifelhaft blieb. Tatsächlich nahmen die Hauptpastoren ein allgemeines Visitationsrecht in Anspruch und erteilten auch Konzessionen zur Errichtung von Schulen. (Blinckmann 1930, S. 15)

Die Bürger der Stadt gliederten sich nicht nur kirchlich in Gemeinden, sondern auch politisch. Die »Erbgesessene Bürgerschaft«, zu der nur gehörte, wer das Bürgerrecht und eines der alten Häuser der Stadt besaß, stimmte keineswegs geschlossen, sondern getrennt nach Kirchspielen ab. Nicht nur wegen solcher Zersplitterung war ihr Einfluß auf den regierenden Senat, der, auch an der Kirchenspitze stehend, sich den lutherischen Obrigkeitsbegriff zu eigen gemacht hatte, gering. Die laufenden Geschäfte besorgten von den Kirchspielen delegierte Gremien. Die in ihnen politisch tätigen Bürger waren vornehmlich mit der Gemeindeverwaltung und der Armenpflege beschäftigt. (Schramm 1963, S. 80 f.) So unklar die allgemeinen Schulverhältnisse, so tatkräftig wurde für Waisenhäuser gesorgt und dafür, Kinder armer Leute in die Schule zu bringen, um sie zur Arbeit anzuhalten. Nach stadtstaatlichem Selbstverständnis waren Erziehung und Unterricht der Bürgerkinder Sache der Familie. Der Staat hatte nur nach dem Subsidiaritätsprinzip einzutreten, mit den Worten des Hamburger Syndikus Sieveking (1836) also nur für »die Kinder der Armuth, welche ohne Dazwischenkunft des Staates verwildert aufwachsen würden, welche nur durch frühe Arbeitsgewöhnung gerettet werden können« (Milberg 1970, S. 28).

In ihren Grundzügen hatte diese Ordnung bis in das 19. Jahrhundert Bestand. Schule blieb kirchliche Veranstaltung oder bürgerliche Nahrung ohne Besuchszwang für die Stadtkinder, soweit ihre Eltern nicht von der Armenfürsorge lebten. Eine unmittelbare

Verantwortung des Staates für die Schulaufsicht oder gar eine gesetzliche Schulpflicht waren nicht vorgesehen. Bezeichnenderweise galt das nur für die Stadt selbst. In den Landgebieten unter hanseatischer Verwaltung war die Schulpflicht seit langem eingeführt, aber nicht weil die öffentliche Schule den Vorzug verdienen, sondern weil es auf dem Lande an privaten Schulen fehlen würde. Für diese Gebiete bestimmte beispielsweise die hamburgische Kirchen- und Schulkonstitution von 1703: »Aeltern sollen ihre Kinder fleißig zur Schule schicken und zwar vom 7. bis 12. Jahre und wo sie dem zuwiderhandeln und etwan lieber das Schulgeld sparen, als ihre Kinder in der Furcht des Herrn erziehen lassen wollen, sollen dennoch für ihre Kinder das jeden Orts gewöhnliche Schulgeld dem Schulmeister erlegen.« (Blinckmann 1930, S. 17) Ansinnen solcher Art für die Stadtbürger zu stellen, warf zwangsläufig die Verfassungsfrage auf. Sie widersprachen den Interessen und der Überzeugung der Bürgerschaft. Denn die überlieferten Schulverhältnisse waren, so einer ihrer Kritiker, der Bremer Senator Arnold Deneken, 1798, »tief im bremischen Locale und Personale gegründet und mit manchen Seiten der übrigen Verfassung gleichsam zusammen gewachsen«. Gegen ihre Verbesserung stände »die frappante Gleichgültigkeit und Kälte« der einflußreichen Kreise, im übrigen »die theils alle Neuerung verabscheuende religiöse, theils nur auf Gewinnst ausgehende mercantilistische Stimmung des Publikums« (Wulff 1967, S. 17).

Daher fand die Aufklärungspädagogik in der Schulpolitik der Hansestädte kaum Anhaltspunkte. Dabei war zumindest Hamburg im ausgehenden 18. Jahrhundert, trotz einiger orthodoxer Hauptpastoren, eine aufgeschlossene Stadt, die Lessing wie Klopstock anzog. Doch für die Schulreform fand sich in ihr kein Partner. So gingen Basedow und Trapp, beide ehemals Lehrer im damals noch dänischen Altona, zum Fürsten von Anhalt-Dessau. Campe, der nach dem Zerwürfnis mit Basedow das Dessauer Philanthropin verlassen und in Hamburg Zuflucht gefunden hatte, verlebte dort glückliche Jahre als Privatlehrer und Schriftsteller. Dann aber folgte er dem Angebot des Herzogs von Braunschweig, in seinem Heimatland die Leitung der Schulreform zu übernehmen.

Auch die mit dem politischen Umbruch Europas verbundene

Volksschulbewegung, die Pestalozzis Werk aufnahm und mit der Idee der Nationalbildung verknüpfte, fand in den Hansestädten vergleichsweise geringe Resonanz. Zwar bildeten sich die ersten Lehrervereine, doch dienten sie mehr der Weiterbildung und Witwenversorgung als der Schulreform. In Hamburg gründete Johann Carl Daniel Curio 1805 die »Gesellschaft der Freunde des vaterländischen Schul- und Erziehungswesens«, deren Zweck »die immer wachsende Veredelung des Schullehrerstandes in der Hamburgischen Republik, das Selbstgefühl eigner Würde der Schullehrer, auf richtige Selbstkenntniß gebaut, die Erleichterung und Vervollkommnung der Schularbeiten und des Bildungsgeschäftes, die Verbesserung der bürgerlichen Lage der Lehrer und die Unterstützung ihrer nachbleibenden Familie« sein und die den Lehrern aller Schulen offenstehen sollte (Mevius 1981, S. 37). Auf diese Zeit geht ebenfalls die Geschichte des Lübecker Lehrervereins zurück, der 1809 von »arbeitsfrohen« Seminaristen gegründet wurde (Bangert, S. 10).

Die Restaurationszeit gab dann überall der Volksschulverbesserung wenig Chancen. In den Hafenstädten, die Kontinentalsperre und französische Besatzung an den Rand des Ruins gebracht hatten, stand der wirtschaftliche Wiederaufbau ganz im Vordergrund. Von den Lehrern wurde Bescheidung und Wohlverhalten erwartet und dargebracht. In ihren Vereinsversammlungen ging es um »Kleinpädagogik«, berichtet Bangert aus Lübeck: »Aufrüttelnde Allgemeinfragen aber sproßten nirgends. Kein Windhauch der Erregung ging durch den Kreis der Zufriedenen.« (Bangert, S. 15) Als Curio 1815 starb, bestand der Hamburger Verband aus vierzehn aktiven und nur noch zwei unterstützenden Mitgliedern. Auf letztere aber kam es vor allem an, wenn die Kasse nicht versiegen sollte. Unter der Leitung bedächtiger Vorsitzender gelang es durch entsprechendes Vereinsgebaren in den folgenden Jahrzehnten, die Zahl der Aktiven mäßig, die der unterstützenden Mitglieder aber erheblich zu steigern. Man vermied soweit irgend möglich, auf Mängel des Schulwesens öffentlich hinzuweisen. Ein Antrag, die vereinsinternen Vorträge zu publizieren, wurde 1822 abgelehnt und im Protokoll festgehalten: »›Nach reiflicher Überlegung hat die Gesellschaft diesen Vorschlag abgeschlagen und wünscht künftig im stillen wie bisher zu ihren Zwecken fortzuwirken; jedoch ist es keinem Mitgliede benommen, seinen Vortrag privatim drucken zu lassen, doch darf er sich auf dem Titel nicht der Worte bedienen: gehalten in der Gesellschaft der Freunde ...‹ 1834 befürchtete man, mit ›Gedanken und Ideen über eine abzufassende Schulordnung für Hamburg‹ öffentlich anzustoßen. Beliebter waren Themen wie ›Der Jugendlehrer wirke in Bescheidenheit, Demut und Vertrauen‹ (1839).« (Kraus 1955, S. 11)

Allein in Bremen kam es um die Jahrhundertwende zu ersten Ansätzen einer Reformdiskussion, in der das Verhältnis von Staat und Schulbildung neu gedacht wurde. Dafür war nicht nur der Schulsenator jener Zeit und spätere Bürgermeister Johann Smidt verantwortlich. Er konnte auf die Unterstützung anderer Senatoren, wie des schon erwähnten Arnold Deneken, zählen wie auf die erfolgreiche Arbeit einer Reihe engagierter Reformpädagogen, die an Pestalozzi und Herbart anknüpften. Smidt selbst, von Hause aus Theologe, war vor seinem Amtsantritt als Gymnasialprofessor in Bremen tätig. Er hatte Pestalozzi in der Schweiz besucht und sich mit Herbart, der einige Jahre in Bremen wohnte, befreundet wie auch mit Fichte. Herbart widmete ihm seine *Allgemeine Pädagogik* (Wulff 1950a). Daß die Schulbewegung eine gewisse Resonanz fand, dürfte aber nicht nur mit der überzeugenden Vermittlung pädagogischer Ideen zu erklären sein. Die zu Beginn des Jahrhunderts glänzende Wirtschaftslage der Handelsstadt kam der privaten Schulfinanzierung zugute, beträchtliche Schulspenden und Stiftungen ermöglichten die pädagogische Reformarbeit. Aber auch die besonderen Probleme der konfessionellen Schulorganisation in der Stadt spielten ihre Rolle. Bremen war nach der Reformation zunächst lutherisch geworden. Die erste, 1534 vom Rat erlassene evangelische Kirchenordnung war von Luther überprüft worden. Später aber trat die Stadt, mit Ausnahme des Domes, endgültig und offiziell zum Kalvinismus über. Die städtische Lateinschule wurde zu einem reformierten Gymnasium illustre (Drechsel 1982), die nach der Reformation geschlossene Lateinschule des Domes später als lutherisches Gymnasium wieder eröffnet. Nun nutzte der Senat, der sich der Reorganisation der höheren Schule zuwandte, die Gunst der Stunde, um das konfessionelle Nebeneinander zu überwinden. Er gründete 1817 von Staats wegen eine überkonfessionelle »Hauptschule«, bestehend aus Vorschule, Gelehrtenschule und

Handelsschule, in der die bisher getrennten Gymnasien mit ihren Vorschulen aufgingen. (Hippe 1953)

Anstöße zur Volksschulreform kamen aus der Bürgerschaft. So hieß es in einem Gesuch, »da ›die höheren Schulen nunmehr eine so zweckmäßige Einrichtung erhalten‹ hätten, erscheine ›der Verfall der niederen Volksschulen in einem um so grelleren Abstande‹ « (Wulff 1967, S. 60). Schließlich gab der Senat seine Zustimmung, eine schon länger beantragte gemeinschaftliche Deputation einzusetzen. Doch sollten bei einer Reform die den Kirchengemeinden gehörenden Kirchspielschulen ebenso ausgeschlossen bleiben wie die Landschulen, die der Kirchenvisitation des Senats direkt unterstellt waren. Die Bestandsaufnahme im Jahre 1820 ergab für die Stadt mit etwa 40 000 Einwohnern »83 Schulen. Davon waren 22 höhere Lehrinstitute (von denen 21 Privatschulen waren) und 61 Volksschulen (diese insgesamt mit 4625 Schülern ...). Von den Volksschulen waren 6 reformierte (später kam 7. S. Martini hinzu) und 1 lutherische Kirchspielschule, 3 reformierte und 1 lutherische (Armen-)Freischule, 7 lutherische Nebenschulen und 35 Klippschulen; die letzteren sämtlich von Frauen geleitet. Die 3 reformierten Freischulen wurden auch ›vereinigte Freischulen‹ genannt, da sie seit der Eingliederung des lutherischen Doms in das landesherrliche Kirchenregiment im Jahre 1803 auch lutherische Armenkinder aufnahmen. Um 1820 machen diese neun Zehntel des Schülerbestandes dieser Schulen aus. Wegen Platzmangel wurden viele Freischüler in den Nebenschulen untergebracht und, wenn sie noch nicht lesen konnten, auch in den Klippschulen. Die Konfessionen vermischten sich allmählich und wie zwangsläufig und von selbst. In Fabriken beschäftigte Kinder (425 an der Zahl) konnten nur eine Abendschule besuchen in der Zeit von 7 bis 9 Uhr. Nur zehn von den durch die Deputation überholten Schulen – die Kirchspiels- und Landschulen hatten sie von ihrer Inspektion ausnehmen müssen – wurden als gut bezeichnet, zwölf als geradezu schädlich (darin 600 Kinder verwahrlost), alle übrigen etwa 30 Schulen als durchaus mangelhaft, aber verbesserungsfähig.« (Wulff 1967, S. 61)

Um dem mangelhaften Zustand des niederen Schulwesens abzuhelfen, forderte die Deputation den Staat auf, die Fürsorge für die Frei-, Neben- und Klippschulen zu übernehmen und die Abendschulen abzuschaffen. Letzteres mißlang, da die um ihres Unterhalts willen zur Erwerbsarbeit gezwungenen Kinder noch Jahrzehnte tagsüber keine Schule besuchen konnten. Für die Aufsicht wurde eine »Schulpflege« geschaffen und 25 Bezirksschulpfleger eingesetzt, für die Prüfung der Lehrer eine Kommission, der drei reformierte und drei lutherische Pastoren angehörten. Zum Ansatz staatlicher Schulhoheit, die über Aufsicht und Fürsorge hinausging, führte wie bei den höheren Schulen das Konfessionsproblem. Die Bürgerschaft wollte die Nebenschulen, welche mäßiges Schulgeld verlangten, von den Kindern der Armen entlasten, die allein, aber ohne Unterschied der Konfession in den einklassigen Freischulen zusammengefaßt werden sollten. Zu diesem Zweck entstand 1823 in Bremen die erste staatliche Volksschule als überkonfessionelle. Im Disput mit den widerstrebenden Kirchen waren Befugnis und Verpflichtung des Staates geltend gemacht worden, für ein gewisses Maß an Schulbildung aller seiner Bürger Sorge tragen zu müssen. Von Chancengleichheit war noch keine Rede.

Weitergehende Reformwünsche nach allgemeiner Schulpflicht und verbesserter Ausbildung und Bezahlung der Lehrer beschied der Senat auch weiterhin sehr zurückhaltend, da er die »Beeinträchtigung bedeutender Erwerbszweige« scheute (Wulff 1967, S. 66). Schließlich wurde 1844 ein Gesetz über die Schulpflichtigkeit aller Kinder im Alter von sechs bis vierzehn Jahren erlassen. Betroffen waren vor allem die Unterschichten. Die Zahl der Freischüler stieg erheblich, bis auf 135 in einer Klasse. Die Unterschiede im Bildungsaufwand für die Kinder verschiedener sozialer Schichten wurden eher augenfälliger. Kritik blieb nicht aus. Sie verband sich mit den revolutionären Tendenzen des Vormärz. Die Schulreform erhielt ihren demokratischen Akzent. Ihre stadtstaatliche Verknüpfung mit der Verfassungsfrage trat 1848 deutlich zutage. Erst nachdem es dem mittelständischen Bürgertum gelungen war, dem Patriziat die Zustimmung zu einer neuen Verfassung abzuringen, konnte die Forderung, die die »Konferenz bremischer Volksschullehrer« an die erste Stelle gesetzt hatte: »Das Volksschulwesen muß Staatssache werden«, in Erfüllung gehen. Organisation und Verwaltung des Schulwesens wurden 1849 grundgesetzlich der gemeinsamen Wirksamkeit von Senat und Bürgerschaft unterstellt, die Ausführung einer »Schuldeputation« mit der Aufgabe übertragen, zunächst ein Schulgesetz zu erarbeiten. Dessen Entwurf sah vor, sämtliche Elementarschulen, also auch die der Kirchengemeinden, aufzuheben und im ganzen Stadtgebiet mehrklassige staatliche Volksschulen, teils unentgeltlich, teils schulgeldpflichtig, einzurichten, deren verbesserte Arbeitsbedingungen ebenso vorgeschrieben waren wie Anforderungen, Gehälter und Pensionen für die Lehrer. Ihren besonderen Akzent sollte die neue, staatliche Volksschule durch den vorgesehenen Lehrplan erhalten. Er war nicht durch das überkommene Prinzip der Beschränkung auf die Unterweisung in biblischer Geschichte, wie in Bremen der überkonfessionelle Religionsunterricht hieß, und die elementaren Kulturtechniken bestimmt, sondern eröffnete ein vielseitiges und anspruchsvolles Angebot mit der Möglichkeit, auch in fremden Sprachen und in Naturwissenschaften Unterricht zu erhalten. Erkennbar wurde ein erster Ansatz einer hanseatischen Volksschulpolitik, der in der Folge vor allem in Hamburg formuliert werden sollte.

Gegen diesen Ansatz wandte sich sogleich, angeleitet von orthodoxen Pastoren in Stadt und Land, konservativer Widerstand, der mit der allgemeinen Tendenzwende darüber hinaus gegen die staatliche Schulhoheit und damit die neue Verfassung selbst sich richtete. »In dem weitschichtigen Entwurf voll erfahrungsloser Meinungssätze«, hieß es in einem der Protestbriefe aus dem Bremer Landgebiet, »kostspieliger Anschläge und mit besonderer Gunst hochgestellter Lehrergehalte finden wir nichts, was einem christlichen Gemeindewesen zukommt und eine christliche Volksschule für sich anzusprechen hat. Das einmal vorkommende Wort Religion kann heißen Vernunftreligion, Religion der freien Gemeinde u.s.w. Dies Umgehen und Verschweigen erscheint uns noch um so mehr verdächtig, als im vorgeschlagenen Lehrplan wohl von Naturgeschichte, Arithmetik, Geometrie, sogar Physik und Chemie, fremden Sprachen, wozu Privatlehrer sind, die Rede ist, jedoch was christlicher Staaten Grund und Boden ist, von der Gottesfurcht, von Bibel und biblischer Geschichte, von christlicher Lehre und Erziehung nicht im geringsten ...« (Wulff 1967, S. 72). Trotz solcher Proteste verabschiedete die gewählte Bürgerschaft das Gesetz mit eindrucksvoller Mehrheit, der konservative Senat jedoch weigerte ihm die erforderliche Zustimmung. Also setzte sich der Schulstreit fort. Auch in der Bürgerschaft gewann die Bedenklichkeit Oberwasser.

Schließlich kam es 1854 zu einem dürftigen Kompromiß und einer doppelten Ordnung des Volksschulwesens in Bremen. Abgesehen von den weiterbestehenden Privatschulen, gab es einerseits Staatsschulen, im Laufe des Jahrhunderts an Zahl und Bedeutung immer mehr wachsend, andererseits Kirchenschulen, die allerdings immer seltener wurden, getragen von einem Gemeindeschulverband, der ebenfalls staatliche Mittel erhielt. An den Lehrplänen änderte sich wenig. Die Verknüpfung der Schulreform mit der Verfassung des Stadtstaates wurde auch jetzt erneut deutlich, als mit ihrer Neufassung 1854 das Gewicht der Schulaufsicht wieder von der Deputation der Bürgerschaft auf das Scholarchat des Senats verschoben wurde. »Es war der Weg«, kommentiert Hinrich Wulff, »den damals alle Reformen gingen, der bittere Weg von der Hoffnung zur Enttäuschung.« (Wulff 1967, S. 75)

Weit später noch als in Bremen gelangten Lübeck (1866) und Hamburg (1870) zu einem Schulgesetz. An Eingaben und Anregungen hatte es auch dort nicht gefehlt. Immer aber hielt der Stadtstaat aus prinzipiellen Gründen dem privaten Schulwesen den Rücken frei. In Hamburg kam 1847 nach jahrzehntelangen Verhandlungen zwischen Kirche und Staat endlich der Entwurf einer Schulordnung zustande, der das gesamte Schulwesen dem Scholarchat unterstellen, aber keine staatlichen Volksschulen einrichten, die Schulpflicht zwar fordern, aber sie nicht durch gesetzliche Handhaben auch durchsetzen wollte. Bei der Erbgesessenen Bürgerschaft fand die Indolenz des Staates gegenüber dem Privatschulwesen kaum Widerspruch. Sie verweigerte dem Vorschlag des Senats aus anderem Grunde ihre Zustimmung, da der Einfluß der Kirche im Scholarchat nicht gemindert werden sollte. Auch in einflußreichen Kreisen der Hamburger Lehrerschaft dachte man in jener Zeit noch nicht anders. Im Protokoll einer Veranstaltung der Gesellschaft der Freunde des vaterländischen Schul- und Erziehungswesens hieß es 1851: »Der Redner bewies auf überzeugende Weise, daß der Staat die Ansprüche der Lehrer auf mehr Freiheit, mehr Ehre, mehr Brot nicht befriedigen könne und auf eine bessere Lage der Schule unter seiner Herrschaft nicht zu hoffen sei. Verbessern würde der Lehrer seine Stellung am sichersten durch weise Sparsamkeit und durch Anspruchslosigkeit. Dem geistlichen Hochmut sei oft genug der krasse Schulmeisterdünkel entgegengetreten und die Herrschsucht der Prediger durch die unangemessenen Ansprüche der Lehrer ausgeglichen worden.« Dieser Vortrag wurde veröffentlicht und im Vorwort betont: »Die Gesellschaft hielt es bei den vielen jetzt laut werdenden Ansichten über das Verhältnis der Schule zu Staat und Kirche, bei den oft vagen Äußerungen junger angehender Lehrer für nötig, den unterstützenden Mitgliedern von dem Geiste Rechenschaft zu geben, der sich in den aktiven Mitgliedern findet.« (Kraus 1955, S. 11)

Erst die neue politische Verfassung der Stadt, 1860 von einem gewählten Bürgerparlament, das die Stelle der Erbgesessenen Bürgerschaft eingenommen hatte, verabschiedet, schuf andere Voraussetzungen. Mit der Repräsentativverfassung veränderte sich grundlegend das Verhältnis von Stadtstaat und Schule; sie schuf überhaupt erst ein Verhältnis der Stadt als Staat zur Allgemeinbildung: »Art. 111. Der Staat übt die Oberleitung und Oberaufsicht über das gesammte Unterrichts- und Erziehungswesen vermittelst einer Oberschulbehörde aus. Das Nähere bestimmt ein Gesetz. Art. 112. Das Unterrichtswesen soll durch ein Gesetz geregelt werden« (Fiege 1970, S. 40). Damit wurde jedoch in Hamburg nicht nur nachgeholt, was in den anderen Ländern, jedenfalls dem Grundsatz und dem Anspruch nach, längst geregelt worden war. Die neue Bestimmung klang nicht nur weniger lapidar und obrigkeitsstaatlich als die berühmte Formel des preußischen Landrechtes, nach der Schulen und Universitäten Veranstaltungen des Staates sind, mit der Absicht, die Jugend in nützlichen Kenntnissen einerseits und über Wissenschaften andererseits zu unterrichten. Landesherren hatten immer die Standesschule gemeint, wenn von Allgemeinbildung die Rede war. Welche Chance hatte das gewählte Bürgerparlament einer freien Reichsstadt, Bildung als Bürgerrecht zu begreifen?

Die Jahre bis zum ersten Schulgesetz 1870 sollten zeigen, wie weit Hamburgs Bürgerschaft dieser Aufgabe gewachsen war. Die Diskussion begann sogleich und in aller Schärfe zum ersten Entwurf der interimistischen Oberschulbehörde, der mit einer Aufgliederung der öffentlichen Schulen in allgemeine Volks- sowie mittlere und höhere Bürgerschulen dem Prinzip der Standesschule, wie andernorts auch, verpflichtet blieb. Dagegen aber wurden von liberalen Lehrern mehr oder weniger anspruchsvolle Gesamtschulentwürfe gestellt. Die Auseinandersetzung, in den pädagogischen Zeitschriften jener Tage »Hamburger Schulkrieg« genannt, bestimmte den anstehenden Wahlkampf. Die Volkspartei verkündete in ihrem Programm: »Allgemeine Volksschulen, jedem Kinde ohne Rücksicht auf Stand und Vermögen der Eltern zugänglich, ohne konfessionellen Charakter, und der Leitung der Geistlichen als solchen entzogen, sind ein dringendes Bedürfnis.« (Blinckmann 1930, S. 63) Der Wahlerfolg der Linken war bedeutend, reichte aber nicht aus, ihre Schulforderungen durchzusetzen. Der Schulkrieg hätte nach dem Urteil eines sachverständigen Beobachters wohl noch lange gedauert, wenn mittlerweile nicht »der ›preußische Schulmeister‹ bei Königgrätz gesiegt (hätte); Hamburg mußte in den norddeutschen Bund eintreten und infolge der allgemeinen Dienstpflicht notwendig Schulreformen einführen, sowohl wegen der jungen Leute, die als Einjährige dienen wollten, die aber nicht genug berechtigte Schulen vorfanden, als auch wegen der Lehrer, die Preußen nur dann mit 6 Wochen Dienst davon kommen lassen wollte, wenn sie das Seminar absolviert hätten« (Rüdiger 1896, S. 140).

Das »Gesetz, betreffend das Unterrichtswesen«, das 1870 erstmals die Schulpflicht in Hamburg einführte, bezeichnete einen Kompromiß. Weder wurde eine Einheitsschule geschaffen oder gar das Johanneum aufgehoben, noch aber auch war die Abgrenzung der Volksschule so rigide wie zu jener Zeit allgemein. Das Gesetz enthielt im Ansatz alle Elemente eines durchaus besonderen hanseatischen Bildungskonzepts: eine für den Besuch aller Kinder Hamburgs geeignete und entsprechend den Fähigkeiten und Interessen der einzelnen differenzierte allgemeine Schule mit einer entsprechend anspruchsvollen Ausbildung und Stellung der Lehrer sowie eine weitgehende Selbstverwaltung durch die unmittelbar Betroffenen, insbesondere die Lehrer.

Die Volksschule als Veranstaltung des Staates wurde also nicht unter das Verdikt der Beschränkung gestellt, sondern von Anbeginn an als vollwertige allgemeine Bildungsanstalt aufgefaßt, die den Ansprüchen aller Schüler gerecht werden sollte. Es ging nicht nur um den obligaten Elementarunterricht in Religion, Lesen, Schreiben und Rechnen, in das Gesetz selbst wurde vielmehr ein weitgefaßter, hochgespannter Lernzielkatalog aufgenommen: »§ 32. Die Lehrgegenstände der öffentlichen Volksschulen sind:

Religion, Deutsche Sprache, Lesen, Schreiben, Rechnen, Geometrie und Algebra, Geographie, Geschichte, Naturgeschichte, Physik, Chemie, Englisch, Zeichnen, Gesang und Turnen. Soweit es die Verhältnisse gestatten, wird auch Unterricht in der Französischen Sprache ertheilt werden.« Gemäß § 36 sollten an einigen dieser Volksschulen Oberklassen eingerichtet werden, »in welche die fähigeren und fleißigeren Schüler sämmtlicher Volksschulen nach Beendigung der gewöhnlichen Schulcurse zum Zweck der Erweiterung und Erhöhung ihrer Ausbildung aufgenommen werden« (Gesetzsammlung 1870, S. 124 f.).

Ein solches Volksschulkonzept war nicht einfach Folge des Zeitablaufs, also der Verspätung Hamburgs in der Schulgeschichte, oder gar Produkt des Zeitgeistes. Im Gegenteil galten damals im umliegenden Preußen nach wie vor die Stiehlschen Regulative, nach denen sich der Gedanke einer Allgemeinbildung durch formelle Entwicklung der Geistesvermögen geradezu als schädlich erwiesen habe und nur noch das in der Schule zu dulden, was dem Volke wahrhaft frommen seit langem erprobt worden sei. Daher mußten die Dorfschüler so viele Choräle mit sämtlichen Strophen auswendig lernen und sie des Sonntags mit dem Lehrer im Gottesdienst singen.

Welch eine Differenz zum Schulgesetz der Hamburger Bürgerschaft; ein anderer Staat meinte eine andere Schule. Auch die vom Gesetz eingerichtete Schulsynode, der alle festangestellten Lehrer der öffentlichen und die Vorsteher der Privatschulen angehörten, um zu den Schulangelegenheiten der Stadt Stellung zu nehmen, und aus der zwei Deputierte gar in die Oberschulbehörde entsandt wurden, sowie die Schulkommissionen in den Schulbezirken, die Vorstände an den Volksschulen, die monatlichen Personalversammlungen an der einzelnen Schule, alles hatte in den anderen Ländern damals kein Beispiel. Doch vom Gesetz zur Wirklichkeit führte ein weiter Weg, erschwert durch die Zurückhaltung des Senats, der in den folgenden Jahrzehnten, gedrängt vom explosiven Bevölkerungszuwachs, beträchtliche Schullasten zu bewältigen hatte, und bedrückt vom politischen Klima im wilhelminischen Norddeutschland. »Wenn für die Volksschullehrer in Preußen schlechtes Wetter ist«, bemerkte ein zeitgenössischer Beobachter, »haben auch die andern deutschen Staaten höchstens halbfreien Himmel.« (Tews 1914, S. 262)

Preußen nach der Reichsgründung

Zwar änderte sich im Kulturkampf zeitweise das Wetter, aber nicht der Grundzug preußischer Volksschulpolitik. Sie geriet nach der Reichsgründung allerdings in Bewegung. Pläne für die Nationalerziehung lebten auf. Die schon vordem gewonnenen Gebiete in Hannover und Hessen stellten der Schulverwaltung Aufgaben; Schwierigkeiten bereiteten ihr jedoch die weit älteren Rhein- und Ostprovinzen. Im Kultusministerium war seit den vierziger Jahren eine »Katholische Abteilung« tätig, um zwischen den Interessen des Staates und der römischen Kirche zu vermitteln und Konflikten vorzubeugen. Die Schulaufsicht übten immer noch Geistliche aus, die Ortsgeistlichen als Lokalschulinspektoren, als Kreisschulinspektoren, ebenfalls im Nebenamt, evangelische Superintendenten oder katholische Erzpriester. Nach dem Allgemeinen Landrecht unterstanden zwar alle öffentlichen Schulen der Aufsicht des Staates, über die aber nichts Näheres bestimmt war, als daß neben der örtlichen Obrigkeit die zuständige Geistlichkeit heranzuziehen sei. Immerhin ermöglichte in den katholischen Landesteilen die Verwaltungskompetenz des Staates eine fühlbare Schulpolitik, in den polnischen Gebieten eine massive Germanisierungstendenz. Kaum gab es ein »stärkeres Beispiel für die bloß instrumentelle Handhabung der Schulpolitik durch die preußische Regierung als diese Germanisierungspolitik. Zu ihren Gunsten warf man alle jene Motive über Bord, die man sonst für die Schulpolitik reklamiert hatte: das Recht und die Verpflichtung der Gemeinden, für die äußere Erhaltung ihrer Schulen zu sorgen, das Recht der Eltern, über den Charakter der schulischen Erziehung ihrer Kinder mit zu entscheiden, und schließlich den zuvor immer bekräftigten Verfassungsgrundsatz, die konfessionellen Verhältnisse seien bei der Errichtung von Schulen zu berücksichtigen.« (Roeder 1966, S. 565)
Um so geeigneter, zumal nach dem päpstlichen Unfehlbarkeitsdogma, erschien gerade dieses Feld dem Staatsministerium unter Bismarcks Anleitung, um in der grundsätzlichen Auseinandersetzung zwischen der bürgerlich-liberalen und der sich formierenden katholischen Bewegung Partei zu ergreifen. Das Kabinett löste die Katholische Abteilung im Kultusministerium auf, die Bismarck nun als »Staatsministerium des Papstes in Preußen«

diskreditierte (Gall 1980, S. 479), und veranlaßte den widerstrebenden, konservativen Kultusminister v. Mühler, die Frage der Schulaufsicht von seinem Unterrichtsgesetzentwurf, der wie viele seiner Vorgänger das Parlament nie erreichte, abzutrennen und für sie ein eigenes Gesetz vorzulegen. Es bestand nur aus zwei Paragraphen und bekräftigte die Schulaufsicht als Auftragsverwaltung des Staates, füglich dessen Recht, die Schulinspektoren ein- und abzusetzen. Seinen instrumentellen Charakter bestimmte die Begründung. Um den konservativen Widerstand zu spalten, wurde nach innen die nationale Aufgabe der Schule im Kampf gegen angeblich ultramontane Herrschaftsansprüche hervorgehoben. Schließlich hatten die Konservativen die Germanisierungspolitik in den polnischen Gebieten immer unterstützt. Nach dem Immediatsbericht des Staatsministeriums an den Kaiser, der den Gesetzesentwurf begleitete, lagen die inneren Beweggründe »in der schon seit längerer Zeit gemachten Wahrnehmung, daß in den polnisch-katholischen Teilen der Monarchie die Germanisierungsaufgabe der Elementarschulen in den Hintergrund gedrängt, der deutsche Sprachunterricht vernachlässigt wird und zugleich das polnische Sprachgebiet zunimmt, daß mehrfach auch in den Elementarschulen der übrigen katholisch bevölkerten Teile der Monarchie die Pflege ultramontaner Zwecke stattfinde, und somit Zustände eintreten, die – geduldet und befördert von katholischen Geistlichen als den durch Gesetz berufenen Lokal- und Kreisschulinspektoren – in leicht hergestellter Verbindung mit den augenblicklichen Neuerungen in dem Dogma der katholischen Kirche einen staatsgefährlichen Charakter annehmen.« (Berg 1973, S. 29) Nach der anderen Seite, der das Gesetz als Signal für Modernität erscheinen sollte und gerade nicht als Instrument preußischer Polenpolitik, gegen welche die liberale Opposition immer votiert hatte, wurde das wachsende Bedürfnis des Staates nach freier Wahl der Schulinspektoren, also die Selbstverständlichkeit des Gesetzes betont, das die Verfassung nur erläutere.

Es löste in Landtag, Herrenhaus und Öffentlichkeit einen Sturm des Protests wie der Zustimmung aus, in dem der Kultusminister noch vor der Verabschiedung sein Amt verlor. An seine Stelle trat der liberale Verwaltungsjurist Adalbert Falk, der den hochgespielten Konflikt, der sich rasch zum Kulturkampf zwischen Staat und Kirche entwickelte, weiterzubestreiten hatte. Um die Schule ging es dabei zuletzt. Keine der sich befehdenden Parteien trat für die fachliche Kompetenz der Schulaufsichtsbeamten ein. Noch Jahrzehnte später verblieben mehr als zwei Drittel der preußischen Volksschulen unter nebenamtlicher geistlicher Schulaufsicht (Berg 1973, S. 58). De jure und de facto bereitete diesem Zustand erst die republikanische Weimarer Reichsverfassung ein Ende, die von der staatlichen Schulaufsicht verlangte, daß sie durch hauptamtlich tätige, fachmännisch vorgebildete Beamte ausgeübt werde (Art. 144).

Um die Schule ging es bei den »Allgemeinen Bestimmungen betreffend das Volksschul-, Präparanden- und Seminarwesen«, mit denen 1872 die Stiehlschen Regulative aufgehoben wurden. Deren frömmelnder Ton paßte nicht mehr in die Zeit, ebensowenig wie ihr vornehmlicher Bezug auf die einklassige Dorfschule. Während der Vorbereitung des neuen Erlasses trat Stiehl auch von seinem Posten ab und an seine Stelle der bisherige Direktor des Berliner Stadtschullehrerseminars, Karl Schneider, der die Allgemeinen Bestimmungen entwarf. Sie betrafen nicht nur Einrichtung und Aufgabe der Volksschule, sondern auch den Lehrplan der Mittelschulen sowie die Organisation und Anforderungen der Lehrerausbildung. Nunmehr wurde unter den »normalen Volksschuleinrichtungen« die mehrklassige an erster Stelle genannt. Jede Volksschule, auch die einklassige, sollte in drei Abteilungen, die Unterstufe mit vier sowie die Mittel- und Oberstufe mit je zwei Schuljahren gegliedert sein. Falls an einem Ort mehrere einklassige Schulen beständen, sei deren Vereinigung zu einer mehrklassigen Schule anzustreben. »Das Schulzimmer muß mindestens so groß sein, daß auf jedes Schulkind ein Flächenraum von 0,6 qm kommt; auch ist dafür zu sorgen, daß es hell und luftig sei, eine gute Ventilation habe, Schutz gegen die Witterung gewähre und ausreichend mit Fenstervorhängen versehen sei. Die Schultische und Bänke müssen in ausreichender Zahl vorhanden und so eingerichtet und aufgestellt sein, daß alle Kinder ohne Schaden für ihre Gesundheit sitzen und arbeiten können.« Zu den Lehrgegenständen der Volksschule sollten neben der Religion und der Muttersprache »Rechnen nebst den Anfängen der Raumlehre, Zeichnen, Geschichte, Geographie, Naturkunde, und für die Knaben Turnen, für die Mädchen weibliche Handarbeiten«

gehören. Das Auswendiglernen von Kirchenliedern wurde auf höchstens zwanzig statt wie bisher mindestens dreißig Choräle beschränkt, »welche nach Inhalt und Form dem Verständnis der Kinder angemessen sind. Dem Memorieren muß die Erklärung des Liedes und die Übung im sinngemäßen Vortrage desselben vorangehen.« (Scheibe 1974, S. 32 ff.)

Der pädagogische Akzent, die Schule nach Altersgruppen zu gliedern, anstatt der konfessionellen Organisation das Vorrecht zu geben, eröffnete immerhin die Möglichkeit, einklassige Konfessionsschulen zu altersgegliederten Simultanschulen zusammenzuschließen. Allerdings gewann der kirchlich-konservative Widerstand schon bald wieder an Boden, so daß sich am Prinzip konfessioneller Schulorganisation in Preußen wenig änderte. Auf dem Lande verblieben weiterhin zahlreiche einklassige oder wenig gegliederte Dorfschulen. Während in den Städten die viel-, zumindest vierklassigen Volksschulen zunehmend das Bild bestimmten, verfügten auf dem Lande um die Jahrhundertwende noch sieben von zehn Schulen über höchstens zwei Lehrer (Lundgreen 1980, S. 98).

Die Vorschriften über Schulraum und Ausstattung warfen ein Licht auf die vielfach noch unsäglichen tatsächlichen Schulverhältnisse, um so mehr, als ein Klassenzimmer mit 48 qm achtzig Kindern, so der obere Richtwert, kaum hinreichend Platz zu bieten vermochte. Den Akten des Innenministeriums aus dem Jahre 1890 über die Dringlichkeit neuer Schulbauten entstammen die folgenden Angaben: »›Schule ist in einem sehr alten, defekten und feuchten Gebäude untergebracht, einem früheren herrschaftlichen Ochsenstall. Baubedürfnis seit 1882.‹ (Oppeln) – ›Die 2. Klasse ist in einer gemieteten Scheune untergebracht. Das Schulhaus ist so feucht, daß im Wohnzimmer des ersten Lehrers aus dem Fußboden am Fenster ein Rosenstock gewachsen ist. Verhandlungen wegen Neubau schweben seit 1887.‹ (Stade) – ›Unter dem jetzigen sehr niedrigen Schulsaal, welcher in einem Pächterhaus ermietet ist, befindet sich ein Kuhstall. Der Dunggeruch wirkt schädlich auf die Gesundheit der Kinder und des Lehrers. Das Brüllen der Tiere stört den Unterricht. Die Lehrerwohnung fehlt. Der Lehrer hat nur in Entfernung von 1½ Stunden von der Schule Wohnung finden können. Bedürfnis seit langer Zeit.‹ 35 Kinder (Koblenz).« (Berg 1973, S. 232) Mangelhafte äußere Bedingungen wirkten dann um so schädlicher, wenn die obere Richtzahl der Klassenfrequenz wie häufig erheblich überschritten wurde. Denn der Lehrermangel war in den siebziger Jahren groß. Rückblickend hieß es darüber im Centralblatt für die gesamte Unterrichts-Verwaltung in Preußen: »In der That sah sich die Unterrichts-Verwaltung außer Stande, alle erledigten Schulstellen mit vorschriftsmäßig geprüften Lehrern zu besetzen; hier und da erreichte nicht nur die Zahl der unbesetzten Stellen eine bedenkliche Höhe, sondern es wurde selbst nicht mehr möglich, auch nur nothdürftig befähigte Lehrer für sie zu finden; es gab Schulen ohne jede unterrichtliche Versorgung. Die Theilung überfüllter Schulklassen ließ sich, so dringend geboten sie in einzelnen Fällen war, nicht durchführen; es mußten sogar vollständig vorbereitete, baulich fertiggestellte Schuleinrichtungen unbenutzt bleiben, weil keine Lehrer für sie zu finden waren.« (Sauer 1987, S. 70) Daraus konnte in wohlwollender Dialektik gar ein Argument gegen den pädagogischen Fortschritt gewonnen werden. So berichtete ein Hauptmann v. Raumer auf Kundersdorf 1871 in der Kreuzeitung über eine Dorfschule, in der ein alter Lehrer und dessen Adjuvant 260 Schüler in zwei Klassen unterrichteten, und gab zu bedenken: »Wer solche Verhältnisse berücksichtigt kann nicht zweifelhaft sein, daß schon eine außergewöhnliche Hingabe zu dem Beruf dazu gehört, um 260 Kindern, die von Haus aus nur wenig mitbringen und zu Haus auch keine Nachhilfe haben, den für die niederen bürgerlichen Verhältnisse nötigen Elementarunterricht zu erteilen. Wie ist es für den Lehrer möglich, täglich den Geist *jedes* Kindes je nach dessen Fähigkeiten anzuregen, *jedem* Kinde das, was ihm in Bezug auf Religion etc. unverständlich geblieben, zu erklären? Nein, es giebt kein anderes Mittel, als ein Lehrverfahren anzuwenden, welches die Kinder mechanisch zwingt, dem Unterricht zu folgen, selbst auf die Gefahr hin, daß Vieles, was das Kind memorirt, ihm erst in späteren Jahren verständlich wird. Berücksichtigen wir hierbei, daß der Adjuvant, welcher über 100 Kinder zu unterrichten hat, nur freie Station (ohne Licht und Feuerung) und 30 Thaler jährlich erhält, so gehört wahrlich ein großer Grad von Härte dazu, wollte man solchen Lehrern auch noch den Vorwurf machen, daß die Elementarschulen nicht noch mehr leisten.« (Sack 1886, S. 41 f.)

Die Unterrichtsbedingungen also werden vor allem bei der Frage zu berücksichtigen sein, welchen Einfluß der Lehrplanakzent der Allgemeinen Bestimmungen gewinnen konnte, ganz abgesehen davon, daß Lehrerausbildung und Schulleitung auch weiterhin in der Hand des Personals lag, das in diese Positionen während der vorangegangenen restriktiven Jahrzehnte bewußt berufen worden war. Die tatsächliche Akzentverschiebung im Lehrplan war gering. Gewiß sollte der Religionsunterricht etwas verkürzt, den Realien mehr Aufmerksamkeit geschenkt werden. Aber die Differenz beispielsweise zum Hamburger Volksschulkonzept blieb drastisch. Das überkommene Prinzip des muttersprachlichen Elementarunterrichts, welches Falk selbst so formulierte, daß dem Religionsunterricht der »wesentlichste Anteil an der Lösung der erzieherischen Aufgabe der Volksschule gebührt«, blieb erhalten, auch wenn dem formalen Bildungsauftrag nun neben dem Religionsunterricht ein erweitertes Pensum von Fächern übertragen war (Berg 1973, S. 82). Die heftige Debatte mit dem kirchlichen Protest auf der einen, dem Beifall der Pädagogen auf der anderen Seite wurde denn auch eher von den schulpolitischen Positionen und Erwartungen als von der Unterrichtswirklichkeit bestimmt. Im Gegensatz zur Überschrift seiner »Allgemeinen Verfügung über Einrichtung, Aufgabe und Ziel der preußischen Volksschule« hatte Falk, um nicht anzustoßen, jede Angabe über das Ziel sorgsam vermieden. Sicher entsprach es nicht seinem Selbstverständnis, wohl aber dem Sachverhalt und dem weiteren Verlauf preußischer Schulgeschichte, in der trotz erneuten Kurswechsels die Allgemeinen Bestimmungen beibehalten wurden, daß Falk, wie Eduard Sack, einer der schärfsten Kritiker von links, formulierte, die Stiehlschen Regulative nur formell beseitigte, die anstößige Form aufgab, um desto sicherer den auch ihm wertvollen Inhalt zu retten: »In den alten Regulativen verhehlte man nicht, daß es ihr vornehmster Zweck sei, die Bildung des Volkes über ein möglichst niedriges Niveau nicht hinausgehen zu lassen; die neuen Regulative dienten genau demselben Zwecke, aber man suchte sich überall den *Anschein* zu geben, als sollte nun alles gethan werden, um dem Volke eine recht weit gehende und gründliche Bildung zu ermöglichen.« (Sack 1886, S. 226) Genau mit demselben Argument verteidigte später von rechts einer der konservativen Nachfolger im Amt des Kultusministers, Gustav

v. Goßler, die Allgemeinen Bestimmungen gegen den Vorwurf, es handele sich um mehr als diesen Anschein: »Falk habe nur kodifiziert, was sich bis dahin schon entwickelt habe, nur sei die theologisierende Sprache, welche in den Regulativen vorherrsche, einer mehr populären Darstellung gewichen, und es sei, auch wohl mit Rücksicht der Popularität, ein größerer Akzent auf die sog. Realien gelegt worden.« (Meyer 1976, S. 162f.)

Im konservativen Rückschwung Ende der siebziger Jahre trat, nicht zuletzt unter dem Eindruck der großen Depression nach dem Boom der Gründerzeit, die Hauptsorge obrigkeitsstaatlicher Volksschulpolitik wieder in das Zentrum der regierungsamtlichen Diskussion, daß mit den Anforderungen die Ansprüche wüchsen. Nach der Aufgabe des Kulturkampfes verblaßte das Feindbild des politischen Katholizismus. Doch änderte sich nicht der Auftrag der Schule, am politischen Kampf im Sinne der Staatsregierung aktiv teilzuhaben. Er galt nun vor allem der Sozialdemokratie. Diese Zweckbestimmung von Schule, den künftigen Staatsbürger zum königstreuen, patriotisch gesonnenen Untertanen zu erziehen und ihn gegen demokratische Anforderungen zu wappnen, hatte sich lange entwickelt. Sie wurde jetzt im Kampf um das Sozialistengesetz und unter seiner Ägide verstärkt, blieb aber auch nach dem Scheitern der offenen Repression und deshalb um so bedeutsamer Maxime königlich-preußischer und kaiserlich-reichsdeutscher Schulpolitik bis zum Ende der Wilhelminischen Ära. So wie die Sozialgesetzgebung mit der Unfall- und Krankenversicherung, den Invaliden- und Altersrenten für die Erwachsenen bezweckte, »in der großen Masse der Besitzlosen die konservative Gesinnung zu erzeugen, welche das Gefühl der Pensionsberechtigung mit sich bringt« (Bismarck 1935, S. 230), und damit den politischen Ansprüchen der Sozialdemokratischen Partei das Wasser abzugraben, sollten vor deren Irrlehren die Heranwachsenden in der Schule bewahrt werden. Darum bemühte sich der letzte Monarch, Wilhelm II., nach seiner Amtsübernahme in besonderem Maße und mit einem persönlichen, deutlich auf die Schule zielenden Akzent. Er erläuterte dem zu diesem Zweck einberufenen Staatsministerium: »Gesetze, Verordnungen und andere Vorschriften, welche man gegen die Sozialdemokratie erlasse, seien Palliative, durch welche man vielleicht Schutz gegen deren äußere Ausschreitungen erlange; um sie aber an der Wurzel anzufassen und soweit als tunlich im Keime zu ersticken, müsse man auf die Jugend einwirken. Der Hauptkampfplatz liege daher in der Schule. Die demokratische Propaganda, welche den arbeitenden Klassen den Glauben beizubringen suche, daß sie von den oberen Klassen lediglich zu deren Nutzen ausgebeutet würden, gewinne ihre Stärke nur aus der Unwissenheit der Massen. Dieselben müßten von Kindheit auf durch zweckmäßigen Unterricht darauf hingewiesen werden, daß die sozialdemokratischen Lehren unausführbar und jedem gleich verderblich seien.« (Berg 1973, S. 103) Dieser Gedankengang bestimmte Absicht und Inhalt der berühmt-berüchtigten königlichen Order für die preußische Schulpolitik von 1889: »Schon längere Zeit hat Mich der Gedanke beschäftigt, die Schule in ihren einzelnen Abstufungen nutzbar zu machen, um der Ausbreitung sozialistischer und kommunistischer Ideen entgegenzuwirken. In erster Linie wird die Schule durch Pflege der Gottesfurcht und der Liebe zum Vaterland die Grundlage für eine gesunde Auffassung auch der staatlichen und gesellschaftlichen Verhältnisse zu legen haben. Aber Ich kann Mich der Erkenntniß nicht verschließen, daß in einer Zeit, in welcher die sozialdemokratischen Irrthümer und Entstellungen mit vermehrtem Eifer verbreitet werden, die Schule zur Förderung der Erkenntniß dessen, was wahr, was wirklich und was in der Welt möglich ist, erhöhte Anstrengungen zu machen hat. Sie muß bestrebt sein, schon der Jugend die Überzeugung zu verschaffen, daß die Lehren der Sozialdemokratie nicht nur den göttlichen Geboten und der christlichen Sittenlehre widersprechen, sondern in der Wirklichkeit unausführbar und in ihren Konsequenzen dem Einzelnen und dem Ganzen gleich verderblich sind. Sie muß die neue und die neueste Zeitgeschichte mehr als bisher in den Kreis der Unterrichtsgegenstände ziehen und nachweisen, daß die Staatsgewalt allein dem Einzelnen seine Familie, seine Freiheit, seine Rechte schützen kann, und der Jugend zum Bewußtsein bringen, wie Preußens Könige bemüht gewesen sind, in fortschreitender Entwicklung die Lebensbedingungen der Arbeiter zu heben, von den gesetzlichen Reformen Friedrichs des Großen und von Aufhebung der Leibeigenschaft an bis heut. Sie muß ferner durch statistische Thatsachen nachweisen, wie wesentlich und wie konstant in diesem Jahrhundert die Lohn- und Lebensverhältnisse der arbeitenden Klassen unter diesem monarchischen Schutze sich verbessert haben. Um diesem Ziele näher zu kommen, rechne Ich auf die volle Mitwirkung Meines Staatsministeriums.« (Deutsche Schulkonferenzen 1972a, S. 3 f.)

In Kenntnis der weiteren Entwicklung sozialdemokratischer Beteiligung am modernen Verfassungsstaat, dünken Anlaß und Ton der wilhelminischen Erlasse heute oft so befremdend, daß sich bei ihrer Interpretation Begriffe wie »Neuer Kurs« aufdrängen, die einen anderen Ansatz in der Schulpolitik (Herlitz, Hopf und Titze 1981, S. 98) zu unterstellen scheinen. So ist von der »Okkupation der Schule« die Rede (Berg 1973), von ihrer »politischen Indienstnahme« (Lundgreen 1981, S. 93). Das mag für den Versuch, den Gymnasialunterricht unmittelbar zu politisieren, zutreffen. Der historische Rückblick jedoch läßt im wilhelminischen Verständnis der Aufgaben öffentlicher Elementarerziehung keinen grundsätzlich neuen Gedanken erkennen. Überraschend erscheint eher die so ganz und gar ungebrochene Kontinuität monarchischer Volksschulpolitik, ungeachtet aller gesellschaftlichen Veränderungen. Das gilt nicht nur für die Erziehungsziele, sondern in gleicher Weise und noch befremdender für den Bildungsauftrag. Mit der Aufhebung der Stiehlschen Regulative wuchs erneut die Sorge der Regierung, der Volksschulunterricht könne über Gebühr anspruchsvoll werden. Dabei war sowohl an den finanziellen Aufwand der Gemeinden, auf dem Lande also vor allem des grundbesitzenden Adels, wie an den Inhalt des Unterrichts selbst und dessen angeblich verderbliche Folgen gedacht.

Niemand hat dieser Sorge so andauernd und beredt Ausdruck gegeben wie Preußens langjähriger Ministerpräsident Fürst Bismarck. In der Verknüpfung von Aufwand und Inhalt sah er die doppelte politische Gefahr, zumal der Volksschulbesuch immer mehr zugenommen und Preußen 1888 die Schulgeldfreiheit eingeführt hatte. Daher war er bemüht, den vermeintlichen Kausalnexus umzukehren und den Inhalt des Unterrichts dadurch zu begrenzen, daß der Aufwand beschränkt bliebe. Dieser wurde mangels Unterrichtsgesetzes nach Bismarcks Auffassung vom Belieben der Schulbehörde bestimmt, eine illegale Verwaltungspraxis, die sich auf ein Zirkularreskript fragwürdiger Rechtsgültigkeit des Ministers von Raumer aus dem Jahr 1852 berief. Hielt sich Bismarck im Kulturkampf noch zurück, so wurde er nach dessen Ende gegenüber den konservativen Nachfolgern Falks um so deutlicher. »Soweit das Bestreben der Schulverwaltung darauf gerichtet ist«, schrieb er an Kultusminister von Goßler, »daß der Prozentsatz derjenigen, welche analphabet aufwachsen, möglichst verschwinde, bin ich mit ihr einverstanden; nicht aber mit weiterer Steigerung des Maßes von Wissen und Können, welches für den obligatorischen Volksunterricht als das normale hingestellt wird; ich halte schon das jetzige für zu hoch gegriffen und glaube, daß die dadurch bedingte Steigerung der Kosten unserer Schulverwaltung eine durch das staatliche Bedürfnis und die bestehenden Gesetze nicht gerechtfertigte Ursache der Ueberbelastung der Gemeinden bildet. Unsere Schulverwaltung kann nach ihrer heutigen Auffassung jenes Maß, ohne an irgendeine Grenze gebunden zu sein, von Jahr zu Jahr höher schrauben, und dieser Zustand hat für unsere Zukunft etwas Beunruhigendes; er macht es wünschenswert, daß wenigstens in einer Beschränkung der Geldmittel für das Streben der Verwaltungsbehörden eine Grenze gefunden werde. Ew. Exz. ist es bekannt, welch' hohe Bedeutung ich gerade im politischen Interesse auf die Volksschule lege, und ich glaube daher, der Gefahr eines Mißverständnisses bei Hochdemselben nicht ausgesetzt zu sein, wenn ich der Befürchtung Ausdruck gebe, daß die Anforderungen, welche heut an die Volksschule gestellt werden, zu weit gehen. Weiter bin ich überzeugt, daß Ew. Exz. die Bedenken teilen, welche ich wiederholt bezüglich einer Uebertreibung des Elementarunterrichts geäußert habe. Der russische Nihilismus ist eine nach dieser Richtung hin lehrreiche Erscheinung, weil er die pathologischen Folgen illustriert, welche eine über das Maß des Bedürfnisses hinausgehende Schulbildung mit sich bringt.« (Bismarck 1935, S. 314)

Die pathologischen Folgen in Preußen seien daran zu erkennen, daß von Jahr zu Jahr die Zahl derer wachse, die aus der Schule die Überzeugung ins Leben nehmen, sie seien für die gewöhnliche Arbeit ihrer Eltern zu gut. Auf dem Lande herrsche bereits Überfluß an solchen Besserwissern, die, anstatt selbst zu arbeiten, die Arbeit anderer beaufsichtigen wollten. Dem Scharfblick des Reichskanzlers blieb es vorbehalten, den Zusammenhang von Aufwand und Anspruch übertriebener Volksschulbildung noch im Handarbeitsunterricht zu entdecken: »In nachteiliger Weise wird nach meiner Erfahrung die Stimmung sowohl der Eltern, wie der die Schule verlassenden Mädchen insbesondere durch die neueren Vorschriften über den weiblichen Näh- und Strickunterricht beeinflußt. Dieselben verursachen erhebliche Kosten, und die Mädchen, welche die höhere Handarbeit erlernt haben, finden sich für ländliche Arbeiten zu gut; sie ziehen in die Städte, um Näherinnen zu werden, und verfallen bei der Überfüllung des Berufs dort unsicheren Schicksalen.« (Bismarck 1935, S. 315) Wieder und wieder verwandte Bismarck dieselben eingängigen Formulierungen, zuletzt noch in einer Immediateingabe vier Tage vor seiner Entlassung. Mit entsprechenden Randnotizen wurde sie vom Monarchen ausdrücklich gebilligt (Führ 1976). Auch diese letzte Warnung schloß mit dem drängenden Hinweis, die »Übertreibungen« seien nicht durch Gesetze, sondern von widerruflichen Ministerialerlassen herbeigeführt worden. Dem Gesetzgeber aber, so hatte Bismarck seinen Kultusministern stets vorgehalten, schwebten bei der Einführung der Schulpflicht lediglich die Kosten vor, »um den Religionsunterricht und den allgemeinen Unterricht im Lesen, Schreiben und einfachen Rechnen zu bestreiten«. Alles was darüber hinausging, war seiner Ansicht nach »eine Gefahr für unsere politische Zukunft, gegen welche nur das Festhalten bestimmter Grenzen des finanziellen Aufwandes für die Schulen uns schützen kann.« (Bismarck 1935, S. 315) Welchen Stellenwert Bismarck diesem Problem beimaß, ist noch seinen bewußt pointierenden *Gedanken und Erinnerungen* zu entnehmen. Beim Rückblick auf die Ressorts erschien ihm zum Kultusministerium nur ein Gedanke bewahrenswert, er habe auf dem Gebiet der Schule »dauernd, aber ohne Erfolg die Theorie bekämpft, daß der Unterrichtsminister ohne Gesetz und ohne sich an das vorhandene Schulvermögen zu binden, auf dem Verwaltungswege und ohne die Leistungsfähigkeit zu beachten, bestimmen könne, was jede Gemeinde zur Schule beizutragen habe. Diese in keinem andern Verwaltungszweige vorhandene Machtvollkommenheit, deren Anwendung in manchen Fällen so weit getrieben wurde, daß die Gemeinden existenzunfähig wurden, beruhte nicht auf Gesetz, sondern auf einem Rescript des früheren Cultusministers von Raumer, welches das Schulbudget von einer Verfügung der betreffenden Abtheilung der Regierungen, in letzter Instanz des Ministers, abhängig machte. Das Bestreben, diesen Ministerabsolutismus durch Gesetz zu consolidiren, war für mich ein Hinderniß, den gelegentlich mir vorgelegten Schulgesetzentwürfen meine Zustimmung zu geben.« (Bismarck 1932, S. 385)

Schon in den allein vom König eingesetzten Kabinetten war also vielfach kein Konsens für den Inhalt des Unterrichtsgesetzes zu finden, um das sich seit Humboldts Zeiten alle preußischen Kultusminister vergebens bemühten. Von der Jahrhundertmitte ab verlangte zudem die Verfassung eine solche gesetzliche Regelung. Einem Gesetz aber mußte der Landtag zustimmen, mit dessen liberaler Mehrheit noch weniger Übereinstimmung in der Schulpolitik zu finden war als in den konservativen Kabinetten. Waren dergestalt die gesellschaftlichen Kräfte in den oberen Schichten über die Fragen des Unterrichtswesens bereits ganz uneins, so klafften noch weit größere und grundsätzlichere Divergenzen zwischen ihren und den Interessen der unteren Schichten, die am Ende des Jahrhunderts von den Sozialdemokraten zur Sprache gebracht wurden. In der bekannten Formulierung Wilhelm Liebknechts beim Stiftungsfest des Dresdner Arbeiter-Bildungs-Vereins 1872 bedeutete aus dieser Sicht Wissen vor allem Macht, und umgekehrt sei nur durch Macht Wissen zu erlangen. Niemals habe es eine herrschende Klasse gegeben, »die ihr Wissen und ihre Macht zur Aufklärung, Bildung, Erziehung der Beherrschten benutzt und, nicht im Gegenteil, systematisch ihnen die echte Bildung, die Bildung, welche frei macht, abgeschnitten hätte« (Liebknecht 1888, S. 124). Liebknechts Schlußfolgerung war daher der Umsturz. Wer Allgemeinbildung für alle wolle, müsse gegen jede Herrschaft ankämpfen.

Offensichtlich handelt es sich bei dem Grundkonsens in Bildungsfragen, den es früher, in der guten alten Zeit, angeblich gegeben habe und der in unseren Tagen verlassen worden sei, um eine pure Fiktion. Tatsächlich sind die bildungspolitischen Positionen der gesellschaftlichen Interessengruppen inzwischen weit enger zusammengerückt. Wegen des im Königreich Preußen mangelnden Grundkonsenses kam es bis an sein Ende zu keinem Unterrichtsgesetz. Gerade deshalb aber blieb, was Bismarck zu Recht kritisierte, doch niemals zu ändern vermochte, der Schulverwaltung ein unverhältnismäßig großer und einflußreicher Handlungsspielraum. Der autoritäre Stil dieser in keinem anderen Verwaltungszweige vorhandenen Machtvollkommenheit blieb noch bis in unsere Zeit erkennbar. Er wurde, ebenfalls bis in die jüngste Zeit, durch ein Rechtsverständnis vom Gegenstand der Verwaltung bestärkt, das in der Schule kein Rechts-, sondern ein »Gewaltverhältnis« sah, das auch ohne Gesetzesermächtigung individuelle Grundrechte durch Verwaltungsbescheid einzuschränken erlaubte.

Am Anfang des Jahrhunderts hatte die Volksbildung im Zeichen der Nationalerziehung gestanden. Damit war nicht nur der Pädagogik Pestalozzis der Zugang eröffnet, sondern auch der Anschluß der Volksschule an die weiterführende Allgemeinbildung begründet worden. Von solcher Reformintention war am Ende des Jahrhunderts nur noch in den Hansestädten etwas zu verspüren. Wenn Bildungshistoriker die Leistung territorialstaatlicher, insbesondere preußischer Volksschulpolitik jener Zeit hervorheben, wird zumeist auch nicht die Qualität, der Inhalt bewertet, sondern die Quantität, die Verbreitung des Unterrichts beurteilt. In der Tat hielten die nord- und mitteldeutschen Staaten ihren Vorsprung, die Schulpflicht durchzusetzen, bis ihr zur Jahrhundertwende nahezu alle Kinder im Schulalter folgten. Materialistische Interpretation hat darin vornehmlich eine Anpassung an die Erfordernisse der sich ausbreitenden industriellen Arbeit gesehen. Da den Inhalten des Volksschulunterrichts aber kaum spezifisch berufsbildende Qualität zugesprochen werden konnte, betonte man die fraglos bedeutsame Schulordnung, die Arbeitsdisziplin einübte, Pünktlichkeit und Fleiß, Gehorsam und Leistungswillen. Diese Erwartung verband allerdings auch das Militär, dessen Arbeitsorganisation durchweg vorindustriell geblieben war, mit der Schulerziehung und forderte ihre ausnahmslose Verbreitung weit konsequenter und vernehmlicher. Bis zum Schluß leisteten dagegen mit den betroffenen Eltern Arbeitgeber der Schulpflicht ihrer jugendlichen Arbeitskräfte Widerstand, und zwar ebenso Industrielle wie Handwerker und Gutsbesitzer. Denn Kinderarbeit war nach wie vor erlaubt, bestätigt durch die Reichsgewerbeordnung von 1883, auch in Bergwerken, Salinen und Steinbrüchen. Plausibel erscheint daher der umgekehrte Bezug, die Durchsetzung der Schulpflicht nicht als Erfordernis der Industrialisierung zu verstehen, sondern eher als deren Ergebnis, insofern die vermehrte Arbeitsproduktivität und verbesserte Sozialgesetzgebung die Erwerbsarbeit von Kindern so weit einschränkten, daß allen der Schulbesuch möglich wurde. Je mehr aber auch die Kinder der ärmeren Bevölkerung zum regelmäßigen Besuch allgemeiner Volksschulen – und nicht besonderer Armenschulen – verpflichtet werden konnten, um so dringender wurde der Wunsch, für die Volksschulpflicht nicht auch noch Geld bezahlen zu müssen, ganz abgesehen von dem Verfassungsauftrag seit 1850: »In der öffentlichen Volksschule wird der Unterricht unentgeltlich erteilt.« (Deutsche Verfassungen 1974, S. 41) Diesem Bedürfnis trug in Preußen 1888 die Einführung der Schulgeldfreiheit Rechnung wie vordem schon 1870 in der Stadt Berlin, Moment einer Sozialgesetzgebung, die auf ein verbessertes Verhältnis gerade der unteren Schichten zum patriarchalisch eingreifenden Obrigkeitsstaat abzielte.

Bevölkerungswachstum, vermehrter Schulbesuch und Schulgeldfreiheit ließen allerdings die erforderlichen Mittel für die Volksschule erheblich anwachsen. Die Kostenexplosion bestärkte das Bestreben, den Aufwand durch Beschränkung des Unterrichtsinhalts zu begrenzen. In diesen Zusammenhang gehört die vergleichsweise schlechte Bezahlung der Volksschullehrer. Sie verschärfte den Lehrermangel noch, der durch die rasche wachsende Zahl der Schüler trotz vermehrter Lehrerausbildung bedrohlich blieb. Das durchschnittliche Zahlenverhältnis von Volksschullehrern zu Schülern war bis Anfang der siebziger Jahre ungünstiger als 1 : 80, mit einer allerdings deutlichen Differenz zwischen den Stadt- und den Landschulen. Dieser Durchschnittswert sank erst in den neunziger Jahren unter 1 : 70. In der Gründerzeit mußten zahlreiche Schulklassen gebildet werden, für die es keine eigene Lehrkraft gab. 1878–1886 wurden in Preußen für 17 317 neueröffnete Volksschulklassen nur 7 585 Lehrerstellen neu eingerichtet, und viele blieben unbesetzt. Verbreitet unterrichteten an dreiklassigen Schulen lediglich zwei Lehrer. (Meyer 1976, S. 80) Die Mißstände in der Lehrerbesoldung, von den unzulänglichen Alters- und Hinterbliebenenbezügen ganz zu schweigen, wurden am Ende des Jahrhunderts nicht nur von der Opposition angeprangert, sondern von der Regierung selbst als verheerend empfunden. Unter dem Eindruck sozialdemokratischer Wahlerfolge wuchs die Furcht, den Volksschullehrern könnte bei solcher Behandlung nicht nur die Widerstandskraft ermangeln, sondern sie

würden der sozialistischen Bewegung geradezu in die Arme getrieben. Der Kultusminister der neuen Regierung Caprivi, Dr. Bosse, geißelte 1893 vor dem preußischen Abgeordnetenhaus die entstandenen Schäden in bislang ungekannter Schärfe: »Wer in die Statistik unseres Volksschulwesens auch nur einen oberflächlichen Blick wirft, wird nicht in Abrede stellen können, daß die zum Teil schreienden Mißstände, Unzuträglichkeiten, Härten und Ungerechtigkeiten in unserem Lehrerbesoldungswesen mit dem allgemeinen Satze: ›Die Lehrer haben bereits genug bekommen‹ nicht zu heben und nicht abzuweisen sind.« Das Schulleistungsgesetz aus der Bismarck-Ära bedrohe nicht nur die einheitliche Entwicklung der Lehrerbesoldung, sondern führe »zu Konsequenzen, welche das preußische Volksschulwesen in seiner ganzen Existenz auf das Ernstlichste gefährden«. (Tews 1914, S. 203) Es dauerte allerdings noch Jahre, bis 1897 ein neues Lehrerbesoldungsgesetz und erst ein weiteres Jahrzehnt danach eine vergleichsweise befriedigende Regelung, mit der sich Preußen in die Spitzengruppe der Bundesländer einreihte, verabschiedet werden konnte. Mit der materiellen Verbesserung verband sich aber kein Wandel der Ausbildungsziele. Die traditionelle Aufgabe der preußischen Seminare bekräftigte Kultusminister Bosse 1895 im Herrenhause mit den Worten, sie sollten die Volksschullehrer nicht nur zu guten Deutschen und Christen erziehen, sondern »zu einfachen Menschen, die sich in die Verhältnisse schicken, in die sie nun einmal gestellt sind« (Meyer 1976, S. 186).
Insgesamt erreichte das quantitative Verhältnis von Lehrern und Schülern 1910 wieder den Wert vom Anfang des 19. Jahrhunderts, etwa 1 : 55. Allerdings hatte sich die Zahl der Schüler vervielfacht. Im Reichsgebiet gab es mehr als zehn Millionen Volksschüler. Ungleich besser wurden die rund dreihunderttausend Besucher der Mittelschulen unterrichtet; es kamen auf einen hauptamtlichen Lehrer nur 29 Schüler. Erst recht prägte die Differenz der Klassen den Unterschied in der Klassenfrequenz zu den Höheren Schulen, damals von gut sechshunderttausend Gymnasiasten besucht. Für je 19 von ihnen stand ein hauptamtlicher Lehrer zur Verfügung. (Statistisches Bundesamt 1972, S. 127) Nicht minder deutlich blieb der Klassenunterschied in der Lehrerausbildung. So oft die organisierten Volksschullehrer die Universitätsausbildung forderten, die staatliche Schulpolitik baute am System

der getrennten Bildungswege nicht nur für die Schüler, sondern auch für die Lehrer. In Preußen suchte das Kultusministerium nach 1900 eine sechsjährige kontinuierliche Ausbildung im Anschluß an die Volksschule, bestehend aus drei Jahren Präparanden- und drei Jahren Seminarausbildung, einzurichten. Widerstand dagegen leistete das Finanzministerium, das darin einen unziemlichen Aufwand sah. (Sauer 1987)

Die neue Größenordnung bestimmte den wachsenden Abstand zwischen den Stadt- und den Landschulen, letztere, in der Mehrzahl einklassige oder wenig gegliederte Dorfschulen, belastet mit einer durchschnittlich größeren Zahl von Schülern pro Klasse und Lehrer. In den Städten aber wurde der Unterricht zumeist in aufsteigenden Klassen, häufig mehrzügig und vielfach in neu errichteten Schulgebäuden, erteilt. Die öffentliche Volksschule hatte sich gegenüber dem früher vielgestaltigen Privatschulwesen eindeutig durchgesetzt. Genügte sie aber den Erfordernissen der beispiellosen gesellschaftlichen Umwandlung, die sich in dieser Zeit vollzog? Nicht nur hatte sich die Bevölkerung vervielfacht. Preußen zählte 1816 rund zehn Millionen Einwohner, 1910 aber vierzig Millionen. Mit der Hochindustrialisierung im letzten Drittel des Jahrhunderts ging eine Binnenwanderung ohnegleichen, die »größte Massenbewegung der deutschen Geschichte«, einher. »1907 lebten von 60,4 Mill. im Deutschen Reich Geborenen 29 Mill. (48,0%) außerhalb der Gemeinde ihrer Geburt.« (Köllmann 1976, S. 20) Mit der technischen Arbeitsteilung, dem Prinzip der Industrialisierung, verwandelte sich das gesellschaftliche Gefüge von Grund auf. Lebens- und Arbeitsraum wurden getrennt, die Menschen wanderten vom Land in die Städte, aus Bauern und Handwerkern wurden Lohn- und Gehaltsempfänger in Industrie, Handel und Verwaltung, aus langerlernter Berufsarbeit überwiegend kurzfristig einzuübende Beschäftigungen. Traditionelle Sozial- und Familienstrukturen lösten sich auf, geplante Organisation des sozialen Lebens gewann an Einfluß sowie die immer weiter ausgreifende bürokratische Verwaltung. Es entstanden Parteien, Gewerkschaften und Verbände.

Diesem tiefgreifenden gesellschaftlichen Wandel war die Elementarbildung auch und gerade in den Städten nicht gefolgt, »... der Stand des Volksschulunterrichts, gemessen an den zunehmenden Bedürfnissen der industriellen Gesellschaft, (blieb) unbefriedigend« (Conze 1976 b, S. 672). Organisation wie Inhalt der Volksschule sollten Widerstand gegen den gesellschaftlichen Wandel verbürgen, nicht Anpassung erleichtern oder gar sozialer Evolution Vorschub leisten. Insoweit die Binnenwanderung konfessionell einheitliche Siedlungsgebiete in gemischte verwandelte, hätten Simultanschulen den pädagogischen Anforderungen weit besser genügt. Statt dessen beharrte der Staat im Verein mit den Kirchen auf der herkömmlichen, konfessionell gespaltenen Schulorganisation, wiewohl in den örtlichen Konfessionsschulen immer mehr Kinder anderer Bekenntnisse unterrichtet werden mußten. Um den Preis einer Verbesserung des finanziellen Aufwandes für die Volksschulen stimmten die Liberalen, die sich vordem restaurativen Schulgesetzentwürfen erfolgreich widersetzt hatten, 1906 dem Volksschulunterhaltungsgesetz zu, das erstmals die Konfessionalität des niederen Schulwesens für ganz Preußen gesetzlich festlegte (§ 33). Simultanschulen wurden künftig nur noch als Ausnahmen zugelassen. Auf dem Katholikentag in Essen in jenem Jahr stellte der Zentrumsabgeordnete Porsch befriedigt fest, keine andere europäische Großmacht verfüge über ein Gesetz, das die »konfessionelle Beschulung der christlichen Kinder« derart sicherstelle. (Huber 1969, S. 905)

Insofern allein die Quantität der Schüler auf Jahrgangsgliederung und Schulneubau drängte, erscheint, jedenfalls für die Volksschulen, die Rede vom »Modernisierungszwang« (Herrlitz, Hopf und Titze 1981, S. 87) schon zu anspruchsvoll. Um so mehr fällt aus solcher Sicht die »Diskrepanz zwischen institutioneller Modernität und ideologischer Rückständigkeit« (Brocke 1981, S. 736) auf. Der Reformpädagogik war die Volksschule versperrt. Nicht einmal die Arbeitsschulbewegung Kerschensteiners fand breiteren Eingang. In der Regel blieben die Volksschulen reine Kopfschulen, nur eben dritter Klasse. »Keine Neuerung«, hieß es in einem zeitgenössischen Entwurf aus dem Kultusministerium zur Reform der Schulverwaltung, »darf die unveränderliche Grundlage der preußischen Schulpolitik erschüttern, daß es in erster Linie notwendig ist, mit allen Mitteln die gesetzlich feststehende Aufgabe der Volksschule zu sichern, die in der religiösen, sittlichen und vaterländischen Erziehung der Jugendlichen und ihrer Ausbildung in den für das bürgerliche Leben nötigen Kenntnissen und Fertigkeiten besteht« (Heinemann 1980 a, S. 188). Ob die für das bürgerliche Leben nötigen Kenntnisse und Fertigkeiten der Volksschüler, also der überwältigenden Mehrheit der Bevölkerung, tatsächlich so gering waren, wie der beschränkte Unterricht vorgab, oder ob es sich die Obrigkeit nur so wünschte, kann dahingestellt bleiben. Von Bildung war jedenfalls in diesem Zusammenhang nicht mehr die Rede, schon gar nicht von einer für alle gemeinsamen Bildung. »Die allgemeine Volksschule«, resumiert Tews am Ende der Epoche, »bleibt noch immer ein bloßes Ideal, dessen Verwirklichung anscheinend in weiten Fernen liegt« (Tews 1914, S. 262), und im Rückblick konstatiert Werner Conze: »Die Fürsten und die Führungsschicht waren bis 1918, verallgemeinernd gesagt, davon überzeugt, daß die Masse des nicht gebildeten Volkes vor einem Übermaß an Bildung (›Halbbildung‹) bewahrt, zur Rechtschaffenheit und Treue gegenüber dem Fürsten, dem Staat, der Kirche und dem Beruf erzogen und daher vor allem in der christlichen Glaubenslehre sowie in den Elementarkenntnissen einschließlich didaktisch ausgelesener Tatsachen der Natur- und Heimatkunde (Vaterländische Geschichte) unterwiesen werden müsse. Diese Überzeugung blieb in den deutschen Staaten bis 1918 bestehen, so stark auch zeitweise die Pendel in konservativer oder liberaler Richtung ausschlugen.« (Conze 1976b, S. 672)

Auch im Jahrhundert der Industrialisierung hatte die Ökonomie keinen Strukturwandel der Volksschule erfordert. Es bedurfte einer grundlegenden politischen Umwälzung, einer an den Menschenrechten und nicht vornehmlich an der monarchischen Gewalt orientierten Verfassung, um der Bildungsreform einen Weg zu erschließen. Allerdings war inzwischen der Graben zwischen der niederen und der höheren Schule nicht schmaler geworden. Die Kluft hatte sich vielmehr durch die Integration der Oberschicht in das öffentliche Bildungswesen erheblich vertieft. Die Abgrenzung »nach unten« war das bildungspolitische Thema des Jahrhunderts. Es bestimmte zuletzt noch die erbitterte Diskussion um das Privileg des Humanistischen Gymnasiums, die allgemeine Hochschulreife zu erteilen. Als dieses Monopol aufgehoben, die anderen Formen der Höheren Schule gleichberechtigt wurden, als damit der neue Mittelstand prinzipiell den Anschluß erreicht hatte, erwuchs in ihm eine neue Kraft, das überkommene, gespaltene Schulsystem zu verteidigen und das Bildungsrecht der unteren

Schichten abzuwehren. Die Problemstellung der Bildungsreform im republikanischen Deutschland wurde daher ebenso von der Entwicklung der höheren Schulen im neunzehnten Jahrhundert bestimmt wie von der Volksschulpolitik der Fürstenstaaten.

III Höhere Bildung als Berechtigung

Als persönliches Attribut wie als öffentliche Einrichtung hat die höhere Bildung in Deutschland auf dem späten Wege zu nationaler Einheit und gesamtstaatlicher Organisation eine bedeutsame Rolle gespielt. So eng hier die Grenzen der politischen Emanzipation des dritten Standes gezogen waren, dem Bildungsbürgertum wurden die Türen zum sozialen Aufstieg weit geöffnet. Der Adel wiederum mußte, um seinen traditionellen Anspruch auf die Spitzenpositionen in Heer und Verwaltung bewahren zu können, das Erfordernis überprüfter Bildungsqualifikationen anerkennen und sich ihrem Nachweis stellen.

Aufstieg durch Bildung war im Ausnahmefall besonders Begabten und Begünstigten lange schon möglich. Die katholische Kirche traf solche Auswahl seit ihrem Bestehen. In den weltlichen akademischen Berufen, an den Höfen wie in den Städten, fanden sich mit dem Ausgang des Mittelalters zunehmend mehr Plätze für begabte Außenseiter. Allerdings blieben im Regelfall, ob mit oder ohne Studium, die höheren Positionen den Angehörigen der gesellschaftlichen Oberschicht vorbehalten. Das trennte die reichen von den übrigen Schülern, die adelige und bürgerlich-patrizische Studentenschaft, die sich mit Jurisprudenz und Staatswissenschaften auf Regierungsaufgaben vorbereitete, von den armen Studenten, die zur Theologie strebten, um in Pfarrämter und Lehrerstellen zu gelangen (Gerth 1976, S. 38). Letztere waren häufiger in den Häusern der Wohlhabenden und in privaten Unterrichtsanstalten zu finden als im öffentlichen Schulwesen. Mit dem Dahinsiechen der Lateinschulen im 18. Jahrhundert breitete sich der Privatunterricht weiter aus. Hauslehrer und Hofmeister wurden zu Durchgangsstationen für die aufstrebende bürgerliche Intelligenz. Deren Chance, mittels erfolgreicher Wirtschaftstätigkeit nach oben zu gelangen, war im damaligen Deutschland eng begrenzt. Um so eher boten sich Dienstleistungstätigkeiten aller Art in der Vielfalt der Kleinstaaterei an. Der Bürgerliche aus kleinen Verhältnissen ohne Vermögen, aber mit gelehrter Bildung und hoher Leistungsbereitschaft wurde zu einer charakteristischen Figur besonders der deutschen Sozialgeschichte dieser Zeit (Vierhaus 1980, S. 401).

Nicht nur wegen des wachsenden Bedarfs der Verwaltung an vorgebildeten Beamten, mehr noch um das Verhältnis der nachrückenden bürgerlichen Intelligenz zur überkommenen Herrschaft festzulegen, bedurfte es ihrer Einordnung in die bestehende Sozialstruktur. Dabei spielten der Gerichtsstand und die Vorschrift des Militärdienstes als Instrumente der Privilegierung und daher als Merkmale des sozialen Status eine besondere Rolle.

Berufsständische Bildungspolitik

In Preußens Allgemeinem Landrecht fand der Übergang von der altständischen, vorbürgerlichen zur neuständischen Gesellschaft exemplarischen Ausdruck. Es verband im Interesse der Weiterentwicklung des monarchischen Territorialstaates Geburtsstand und Hauptbeschäftigung zum staatlich anerkannten Berufsstand (Koselleck 1967). Deren erster blieb selbstverständlich und ungeteilt der Adel. Ihm waren Privileg und Dienstverpflichtung, Besitz und Amt in gleicher Weise zugeschrieben. Dagegen wurde den neuen Bedürfnissen entsprechend das Bürgertum mit einem scharfen Schnitt aufgeteilt, »der alte Stadtbürger und neue Staatsbürger vielfältig voneinander trennte« (Wehler 1987 a, S. 212). Diese, vornehmlich nicht nach Besitz, sondern durch zumeist bildungsabhängige Ämter und Würden bestimmt, erhielten dasselbe Recht wie der Adel durch Geburt, allein den königlichen Gerichten zu unterstehen. Zu den besser Gestellten gehörten die Militärpersonen im Offiziersrang und die höheren Beamten, einschließlich der Gymnasiallehrer, die Geistlichen wie alle Akademiker, die einen entsprechenden Beruf ausübten, sodann Pächter königlicher Domänen und adeliger Güter wie bürgerliche Gutsbesitzer, weiterhin Großkaufleute und Fabrikanten mit dem Titel eines Kommerzienrates. Alle übrigen Personengruppen in diesen Berufskreisen wurden den Untergerichten zugewiesen. »Ohne die regionale ständische Gesellschaftsordnung selber anzutasten, hatte auf diese Weise der Staat eine Oberschicht ausgegrenzt, die zu ihm in ein unmittelbares Verhältnis trat.« (Koselleck 1967, S. 91) Die bürgerliche Oberschicht war deutlich abgehoben von jenen, die den Bürgerstand in den Städten begründet hatten, den Handwerkern und Einzelhändlern. Nur die Kopfarbeit wurde als gesellschaftsfähig anerkannt; Handarbeit und Ladentisch blieben deplaciert (Habermas 1962, S. 86).

Ungeachtet der wirtschaftlichen Gleichberechtigung aller Stände, die am Anfang des neuen Jahrhunderts durch die Reformen erreicht wurde, bestanden bis 1848 die privilegierten Gerichtsstände weiter. Ebenso überdauerte die vornehmlich auf denselben Kreis bezogene Exemtion von der Militärpflicht in Gestalt des Einjährig-Freiwilligendienstes nach der Einführung der allgemeinen Wehrpflicht. Als deren Vorläufer zwang in Preußen das Kantonsreglement von 1733 die Landbevölkerung zum Militärdienst. Ausgenommen von der Kantonspflicht waren der Adel und die Söhne der höheren Beamten, im übrigen Bürgerliche, deren Väter über einen bestimmten Besitz verfügten oder die sich selbst einer nützlichen Ausbildung für Staat und Kirche unterzogen. »Durch diese Ausnahmebestimmungen hatte der Staat ein Amts-, Bildungs- und wirtschaftliches Leistungsprivileg geschaffen, das den Anreiz zu akademischer, landwirtschaftlicher und kaufmännischer Ausbildung erhöhte. Die Befreiung von Militärdienst bestätigte und verstärkte die Berufstraditionen des oberen Bürgertums. Während die Befreiung innerhalb der Unterschicht immer an die Ausübung des väterlichen Berufs gekoppelt blieb, stellten die Exemtionen für die Oberschicht die Berufswahl frei für einen Bereich, in dem die Absichten des Staates mit den Privatinteressen der staatlich bevorzugten Bürger zusammenfielen.« (Koselleck 1967, S. 95) Bildung und Besitz blieben in diesem Zusammenhang die bestimmenden Merkmale, jedes für sich erforderlich, aber für sich allein nicht ausreichend. So erlangten später das Privileg der wesentlich kürzeren und in vieler Hinsicht bevorzugten einjährig-freiwilligen Dienstzeit nur Gymnasiasten nach einer bestimmten Schulzeit (Lundgreen 1980, S. 68), die sich selbst bekleiden, ausrüsten und verpflegen konnten, was schon bei der Infanterie, mehr aber noch bei den berittenen Truppen erhebliche Kosten verursachte. Schließlich wurde die Versetzung nach der Obersekunda, die »Mittlere Reife«, zur sozialen Scheidellinie. Doch erreichte nur ein kleiner Teil der Einjährigen nach einer strengen, weit eher gesellschaftlichen als militärfachlichen Auswahl den Stand der Reserveoffiziere. Die an sie gestellten Erwartungen faßte die Militärzeitung, das Organ für die Reserve- und Landwehroffiziere des deutschen Heeres, 1894 in dem Satz zusammen, daß sie durch »Geistesbildung, Grundbesitz, amtliche und private Stellung befähigt sind, auf die unteren Volksmassen Einfluß zu gewinnen, die dem Könige und dem Heere feindliche Richtungen wirksam bekämpfen und dem Volke zum Bewußtsein bringen, daß seine wahren Interessen nur durch eine starke Monarchie erfüllt werden können« (John 1981, S. 251 f.). Für die Verknüpfung der Offizierspflichten mit dem Privatleben sorgte eine Ehrengerichtsbarkeit, die auch über das standesgemäße Verhalten in den Zivilberufen, erst recht in politischer Betätigung urteilte. Der Zugang zu dieser standesbewußten Institution war am Ende des Jahrhunderts auch für die Volksschullehrer immer mehr zu einer Prestigefrage geworden. In Preußen brauchten seminaristisch Ausgebildete des Lehrermangels wegen seit 1827 nur eine sechswöchige Übungszeit beim Militär abzuleisten. Dagegen wurden mit der Zeit standespolitische Ansprüche laut. Der 4. Deutsche Lehrertag in Kassel forderte 1882, der »deutsche Volksschullehrer ... muß berechtigt sein, auf Grund der Befähigung für das Volksschulamt seiner aktiven Militärdienstpflicht durch den Einjährig-Freiwilligendienst zu genügen«, was 1896 auch gewährt wurde. Trotz oder wegen der erheblichen Zusatzkosten, die einem halben Jahreseinkommen eines Volksschullehrers entsprachen, stellte später das »Jahrbuch für Seminaristen und Präparanden« heraus, »daß es für die soziale Wertschätzung und für das Ansehen des Lehrerstandes von höchster Bedeutung ist, wenn von seinen militärpflichtigen Gliedern möglichst viele als Einjährig-Freiwillige dienen« (Sauer 1987, S. 114).

In dem Maße, in dem der Staat neben die Stände Klassen von Staatsbürgern stellte, insbesondere die Merkmale bestimmte, nach denen eine bürgerliche Oberklasse Privilegien des Adels erhielt, bedurfte es einer Kontrolle der erhobenen Anforderungen. Konnte die Steuerverwaltung hinreichend über Besitz und Vermögen urteilen, so mangelte es im Bildungswesen ebenso an einheitlichen Maßstäben wie an staatlicher Fachkompetenz. Es ging nicht nur darum, die Schulaufsicht behördlich zu regeln. Um eine Mindestqualität gehobener Bildung zu garantieren, an die sich die Vorrechte knüpften, bedurfte es einer eingreifenden Schulreform, die wiederum von der Qualität der Lehrer und damit ihrer Ausbildung und Auswahl abhing. Für einen wirksamen Staatseingriff in das höhere Bildungswesen, ohne die akademische Freiheit aufzuheben, bot sich das Immatrikulationsverfahren an. Wenn nicht mehr unabhängig von der Art und Dauer der Vorbildung die einzelnen Universitäten nach eigenem, sehr verschiedenem Urteil über die Zulassung bestimmten, sondern eine allgemeine Hochschulreife mit einer verbindlichen Abschlußprüfung der höheren Schule verbunden war, konnten mit einem solchen staatlich anerkannten Abitur zugleich die Schulleistungen kontrolliert und die Maßstäbe eines einheitlichen Universitätszuganges festgesetzt werden. In Anbetracht ständiger Klagen über die Zunahme ungeeigneter Studenten erlaubte das Verfahren ebenso, die Auslese unter den aufstrebenden Bürgerkindern zu verschärfen wie den Adel in das öffentliche Schulwesen einzubeziehen. Um eine regierungstreue und leistungsfähige Oberschicht bewahren und ergänzen zu können, reichte die Verknüpfung von Militär- und Agrarverfassung nicht mehr aus, es bedurfte der Verstaatlichung des höheren Bildungswesens. Diese erforderte einen neuen Typus der Fachverwaltung, die staatliche Schulaufsicht, einen neuen Schultypus, das staatliche Gymnasium, und einen neuen Lehrertypus, den Oberlehrer als Staatsbeamten.

Die Anfänge dieser Entwicklung reichen weit zurück, im Prinzip bis zur Übernahme von Kirchenregiment und Schulhoheit durch die protestantischen Landesfürsten. Doch stand für sie zunächst das niedere Schulwesen im Vordergrund, wie das Militär Mittel der neuen Territorialgewalt, sich gegenüber den Ständen durchzusetzen. Die Unterrichtpflicht meinte nur für die unteren Schichten Schulpflicht, das öffentliche Schulwesen war subsidiär gedacht, die Oberschichten sorgten für Erziehung und Bildung ihrer Kinder in eigener Regie. Allerdings waren die Hochschulen in Deutschland von vornherein Veranstaltungen des Staates, Landesuniversitäten. Früh suchten einzelne Schulreformer die Teile des Bildungssystems zu verknüpfen und die Verbindungslinien zu betonen, wie schon Ernst der Fromme die Lateinschule seiner Hauptstadt Gotha zu einem fürstlichen Gymnasium erhob und dessen erfolgreichen Abschluß, jedenfalls für Landeskinder, die Stipendien erhielten, als Vorbedingung für die Aufnahme in die Landesuniversität forderte. Doch solche Vorsorge blieb Ausnahme.

Sicherlich zeigten die Schulordnungen jener Zeit deutliche Ansätze, die Lernziele der Lateinschulen nach den Erfordernissen des

Universitätsstudiums zu bestimmen. Nur war das immer die Aufgabe der höheren Schule gewesen, die einstmals die akademische Berufsausbildung allein zu leisten hatte, ehe sie dann die Propädeutik übernahm. Allerdings bestanden bis in das neunzehnte Jahrhundert hinein in einzelnen Städten, in denen es keine Universität gab, große, anspruchsvolle Lateinschulen, akademisches oder Gymnasium illustre genannt, deren Besuch einem Universitätsstudium gleichkam und deren akademischer Rang den mancher niedergesunkenen Landesuniversität übertraf. Alle diese Schulen unterstanden faktisch kirchlicher Schulaufsicht. Über Aufnahme und Abgang befanden sie weitgehend selbständig, wie auch die Universitäten.

Die Kritik der Zeit an den höheren Schulen richtete sich aber nicht gegen die Schulorganisation, sondern gegen das Pensum und die Lehrmethode. Der reformatorisch-humanistische Impuls war längst erstarrt und hatte selbst scholastische Züge angenommen. Dem Nützlichkeitsstreben des aufgeklärten Absolutismus und seiner merkantilistischen Wirtschaftsweise mangelte es in den Schulen an Realien und Realitätsbezug. »Viele Jahre werden mit dem Unterricht der Sprachen zugebracht«, klagt ein zeitgenössischer Beobachter, Johann Bergius, 1774, »da man doch darzu nur einige wenige Jahre nöthig haben würde, wenn man die alte, in purem Auswendiglernen bestehende, und mit beständigem Prügeln und Schlagen vergesellschaftete, pedantische Lehrart ablegen wollte.« (Heinemann 1974, S. 40) Der Adel ließ seine Kinder durch Hauslehrer unterrichten und sandte sie in die aufblühenden Ritterakademien.

Mit dem Verfall des höheren Schulwesens und vieler Universitäten sank die Zahl der Studenten in Deutschland von der Mitte des Jahrhunderts ab drastisch, bis sie während der napoleonischen Besatzung einen Tiefstand erreichte, der jenem während des Dreißigjährigen Krieges glich. Den Staatsregierungen kam die Abnahme der Studentenvielfalt nur gelegen, jedenfalls soweit es sich um die Kinder armer Leute handelte. Erinnert sei an das 1708 erlassene »Patent, wegen derer die studiren wollen« des ersten preußischen Königs, Friedrich I., das Mißachtung und Abfall des Studiums mit dem Andrang vorgeblich ungeeigneter Handwerker- und Bauernsöhne erklärte. Staatliche Studienkontrolle, bemüht, die unteren Schichten zu bremsen, wollte Standespersonen den

Zugang möglichst nicht erschweren, zumal sie die Studiengelder zahlten, auf die die Professoren ihres kümmerlichen Gehaltes wegen angewiesen waren. Auch die 1735 »Erneuerte und erweiterte Verordnung, wie es in denen lateinischen Schulen, bey der Universität, mit denen Beneficiis und Stipendiis, mit der Wahl der Diaconorum an denen Kirchen, und der Rectorum und Präceptorum an denen Schulen, imgleichen mit anderen zum Kirchen- und Schulwesen gehörigen Dingen, in dem Königreich Preußen zu halten« sei, garantierte den Söhnen wohlhabender Eltern ein eigenes Studienrecht und regelte den Zugang der übrigen Studenten mit den Mitteln des Stipendienwesens. Wohl aber findet sich nun bereits eine Reaktion auf den sich ausbreitenden häuslichen Unterricht und damit eine erste Stellungnahme zu den Problemen ständischer Bildungsprivilegien aus der Sicht der Landesregierung. Demgemäß sollten »alle diejenigen, welche Privat-Information genossen und in keinen öffentlichen Schulen gewesen, ehe sie auf die Academie gehen, jedesmal dem Inspectori des Ortes vorgestellt werden, sodenn von ihm sich examiniren lassen und ein Zeugniß von ihren Profectibus zu nehmen schuldig seyn, damit, wenn in denen Schulen auf diese Unsere Verordnung sorgfältig gehalten wird, nicht jedermann zu derselbigen Nachtheil zu Privat-Informationen greiffen möge, und die Academie dennoch wider Unsere Landesväterliche Intention mit schlechten und denen Studiis Academicis unreiffen Leuten beladen werde« (Herrlitz 1973, S. 51). Hier erscheint, wie Herrlitz betont, zum erstenmal in einem amtlichen Dokument der deutschen Gymnasialgeschichte der Begriff der Hochschulreife. Er meint die Studierfähigkeit nicht als Ausdruck der persönlichen Reife des Heranwachsenden, sondern als Signum amtlicher Zulassung.

Blieb die Hauptsorge der Bildungspolitik, »die allgemeine Wohlfahrt« durch die »Erhaltung eines gleichen Verhältnisses zwischen den verzehrenden und arbeitenden Volksklassen« zu bewahren, wie es in einer württembergischen »Verordnung die Verminderung der Studirenden und Schreiber betreffend« 1789 hieß (Herrlitz 1973, S. 58), so konnte doch immer weniger übersehen werden, daß nützliche Arbeit nicht nur mit den Händen zu leisten war. Der Bedarf an Kopfarbeit wuchs. Dabei kamen kaum die intellektuellen Anforderungen des Handwerks und der Gewerbetätigkeiten in den Sinn. Es ging um die Kopfarbeit im Dienste des Staates, die in der altständischen Aufgabenzuordnung keinen rechten Platz fand. In seinen Gedanken zum staatsbürgerlichen Unterricht: »Über den Patriotismus als einen Gegenstand der Erziehung in monarchischen Staaten« entwarf der für das Kultuswesen in Preußen damals zuständige Justizminister Carl Freiherr von Zedlitz Ende der siebziger Jahre das Modell einer funktionalen berufsständischen Gesellschaft, aufgeteilt nach der Art der Arbeit. Eine Klasse umfaßte alle, die auf ihrer Hände Arbeit angewiesen waren: »Das Volk, besteht aus den Landleuten, und aus der Menge, die nur zu Handarbeiten geschickt ist, und sich widmet.« Als eigene Klasse begriff er die gebildeten Bürger, »Männer von Talenten, Künstler, Gelehrte, und die durch andre Fähigkeiten zu Aemtern gelangen«. Diese zweite Klasse »liefert uns die Männer, die dereinst ihre Mitbürger von dem ganzen Umfang ihrer Pflichten belehren sollen; aus ihr nimmt der Fürst die Glieder, die in Gerichten oder andern anvertrauten Stellen, an der Regierung des Staats Theil nehmen sollen; aus ihr kommen diejenigen, deren Geschäft es ist, den Geschmack der Nazion zu bilden oder zu verbessern«. Die dritte Klasse bildeten schließlich die »Leute vom Stande« mit ihren dem Adel zukommenden Aufgaben in Heer und Staat des Königs. (Heinemann 1974, S. 77)

Zedlitz hat diesen Plan in engem Kontakt zur reformpädagogischen literarischen Diskussion seiner Zeit, insbesondere in der Berliner Mittwochsgesellschaft, später weiter entwickelt. Nach dem Tode des in Bildungssachen so knauserigen Friedrich II. unterbreitete er dessen Nachfolger weitreichende »Vorschläge über das Schulwesen in den königlichen Landen«. In der nun von ihm vorgesehenen Dreiteilung waren die künftigen Kopfarbeiter einheitlich einer Schulform, der Gelehrtenschule, zugewiesen. Die Bildungsbürger durften zum Adel aufschließen. Die Kinder des handarbeitenden Volkes sollten je nach ererbter Beschäftigung entweder Bauernschulen auf dem Lande besuchen oder realistische Bürgerschulen in den Städten für jene, die später Gewerbe oder ein mechanisches Handwerk betrieben, anstatt wie bisher einige Jahre auf kleinstädtischen Lateinschulen abzusitzen. »Indem Zedlitz die große Zahl der kleinen Lateinschulen aus dem Feld der gelehrten Schulen aussonderte, zog er einen scharfen Schnitt durch die bislang bestehenden sozialen Verbindungen in-

140

nerhalb des gelehrten Schulwesens, trennte grundsätzlich schon im Bildungsweg die künftigen Berufsstände voneinander und wies den übriggebliebenen ›höheren‹ Schulen eine schon exklusive soziale Sonderstellung zu.« (Jeismann 1974, S. 81) Humboldt ist später gegen die berufsbezogene Schulteilung Sturm gelaufen, insbesondere gegen das Nebeneinander von Bürger-, und Gelehrtenschulen. Doch blieb sein eigener, einheitlicher Schulplan Papier, wie der von Zedlitz auch. Die neuhumanistische Gymnasialreform aber, für die Humboldt mehr als irgendein anderer wirkte, lief im Widerspruch zu Humboldts Zielen in der gesellschaftlichen Realität des neunzehnten Jahrhunderts auf das hinaus, was Zedlitz gewollt hatte. Dann auch entstanden bürgerliche Real- als vom grundständigen Gymnasium prinzipiell getrennte Mittelschulen, deren Lernzielen die entsprechenden Berufspositionen im achtzehnten Jahrhundert noch fehlten.

Erfahren in der Verwaltung, wußte Zedlitz, daß es ihrer bedurfte, um gegen die vielfältigen Widerstände Schulpläne in die Realität zu überführen. Der erste Teil seiner Vorschläge bestand demnach darin, der staatlichen Schulaufsicht ein zentrales Organ einzurichten, fehlten doch dem Minister bisher nahezu alle Mittel rationaler Verwaltungsarbeit für diesen Sektor seiner Zuständigkeit. Nicht einmal eine Registratur war vorhanden. Wie in Braunschweig 1786 ein fürstliches Schuldirektorium entstand im Jahr darauf in Berlin ein Oberschulkollegium. Ihm wurde die bislang vom Oberkonsistorium wahrgenommene Schulaufsicht, auch über die Universitäten, übertragen, einschließlich des Rechts, Einblick in die Etats aller Schulen zu nehmen. Faktisch beschränkte sich seine Aufsicht auf das lutherische Schulwesen in Preußen. Eigene Diensträume erhielt es nicht. (Neugebauer 1985, S. 105

Von weit weniger reformatorischem Schwung bestimmt als Campes Direktorium, bestand das Berliner, in das als Verwaltungsfachmann der streng konservative Geheime Finanzrat Wöllner, Favorit des Königs und Zedlitz' baldiger Nachfolger, berufen wurde, weit länger und trug seinen gewichtigen Teil dazu bei, staatliche Bildungsverwaltung schrittweise auszubauen. Zunächst stand ihre Wirksamkeit noch in deutlichem Kontrast zu den weitreichenden Vollmachten. Denn als nachgeordneter Unterbau arbeiteten wie bislang die Konsistorialbehörden. Die Kontrolle über die Ausführung neuer Erlasse blieb also in der Hand der alten Aufsicht. Regionale und ständische Ansprüche konnten durch sie ihrem Widerstand Nachdruck verleihen.

Größeren Konflikten ging allerdings das Oberschulkollegium im Gegensatz zu Campes Direktorium schon deshalb aus dem Wege, als es sich, auch aus Mangel an Finanzen, kaum um die Vielzahl der niederen Schulen kümmerte. Sein erstes Interesse galt vielmehr dem darniederliegenden höheren und Hochschulwesen, insbesondere deren Zusammenhang durch Lehrerbildung und Hochschulzugang. Der Beschluß, in Halle und Berlin Seminare für gelehrte Schulen einzurichten, leitete die Trennung der philologischen von der theologischen Ausbildung ein. In Halle war auf Trapp, dem ersten Professor für Pädagogik, der später in Braunschweig mitwirkte, Friedrich August Wolf gefolgt. Er begründete die selbständige Philologie und machte diese zur Gymnasialpädagogik. Die Altertumswissenschaft trat an die Stelle der Theologie als »die Wissenschaft von dem Höchsten und Wichtigsten, was es für den Menschen gebe« (Paulsen 1921, S. 212). Daher bestimmte sie die gelehrten Schulen. Das Berliner Seminar wurde am Friedrichs-Werderschen Gymnasium eingerichtet. Nach Friedrich Gedikes Plan, der im Oberschulkollegium für diese Fragen zuständig war, entstand hier das Modell der Lehrerausbildung in der sogenannten zweiten Phase. Als Lehramtskandidaten wurden nur Bewerber mit abgeschlossenem Universitätsstudium und nach erfolgreicher Eingangsprüfung zugelassen. (Jeismann 1974, S. 101)

Die bedeutendste Maßnahme der neuen Behörde für die berufsständische Bildungspolitik des Staates, eine erweiterte, qualifizierte Oberschicht zu schaffen und abzugrenzen, war zweifellos die versuchte Einführung des Abiturs. Immer schon lag es im Bestreben der Regierung, die aus ihrer Sicht Untauglichen von der Universität fernzuhalten, da sie, mit Zedlitz' Worten: »nach geendigtem academischen Aufenthalt eine, dem Staat ganz unbrauchbare Classe Menschen abgeben«. Deshalb gelte es, Mittel zu finden, »jungen Leuten, ehe sie die Universitäten besuchen, schon den Fleiß in den Schulwissenschaften als eine nöthige Sache ans Herz zu legen, und sie der Gefahr auszusetzen, daß wenn sie die Prüfungen, welchen jeder auf der Universität ankommende unterworfen seyn soll, nicht aushalten, sie sodann zurückgeschickt werden. Weil aber eine Drohung, wenn sie nicht realisiert wird, den erlangten Erfolg verfehlt, so entsteht die Frage: wie dergleichen Examina bey den Ankömmlingen möglich zu machen sind?« (Jeismann 1974, S. 104) In der an diese Frage anschließenden Diskussion mit Universitätsprofessoren und Schulmännern zeichnete sich der systematische Zusammenhang einer den Hochschulzugang regelnden Abschlußprüfung des Gymnasiums mit dessen Lehrplänen und Lehrerausbildung ab ebenso wie die Erfordernisse staatlicher Prüfungs- und Schulaufsicht bis in die Provinzen und Städte. Erschien es möglich, aus den bisherigen, für ein geneigtes Publikum und zur Selbstdarstellung der Schulen und Absolventen gedachten Abschlußvorführungen ernsthafte Abschlußprüfungen zu machen, so bereitete es nach wie vor größte Schwierigkeiten, mit welchem Verfahren auch immer den Hochschulzugang wohlhabender Studenten zu regeln. Im Edikt von 1788 an die Provinzialschulkollegien wurde zwar verfügt, »daß künftig alle von öffentlichen Schulen zur Universität abgehende Jünglinge schon vorher auf der von ihnen besuchten Schule ... öffentlich geprüft werden, und nachher ein detaillirtes Zeugniß über ihre bey der Prüfung befundene Reife oder Unreife zur Universität erhalten sollen, welches Zeugniß sie demnächst bey ihrer Inscription auf der Universität zu produciren haben, damit es dort ad Acta gelegt, und künftig bey ihrem Abgang von der Universität in ihrem academischen Zeugniß resumirt werden könne«. Aber zugleich wurde ausdrücklich festgehalten: »Es ist jedoch hiebey Unsere Absicht nicht, die bürgerliche Freyheit in so fern zu beschränken, daß es nicht ferner jedem Vater und Vormund frey stehen sollte, auch einen unreifen und unwissensden Jüngling zur Universität zu schicken« (Schwartz 1910, S. 123). Formal galt diese Freiheit für alle, faktisch nur für die Reichen, denn ohne Abitur gab es kein Stipendium. Noch reichte der Arm des Staates nur so weit wie sein Einfluß auf die Zuschüsse. Allerdings sollten Studenten, die sich privat vorbereitet hatten, wie bisher an den Universitäten überprüft werden.

Diese Abiturregelung, später nach preußischem Vorbild in allen deutschen Ländern übernommen, ist von Humboldt und Süvern verbessert, aber erst unter Altensteins Regie 1834 so vervollkommnet worden, daß sie für alle Studenten, gleich welchen Herkommens, verbindlich galt. Mit ihr wurde der notwendige Zusammenhang von Schulaufsicht und Staatsverwaltung deutlich, wenn mit der Kontrolle von Schulbildung gesellschaftspolitische Absichten erreicht werden sollten. Ein langer Entwicklungsprozeß kam zu einem ersten Abschluß, formuliert im Allgemeinen Landrecht. Lorenz von Stein erkannte in ihm »das erste europäische Reichsgesetz für das Unterrichtswesen, das wir besitzen, und welches endgültig dieses Unterrichtswesen zu einem Begriffe und Gebiete des Verwaltungsrechts gemacht hat« (Stein 1884, S. 525). Ist Stein auch zuzustimmen, daß dieses Verwaltungsrecht Aufgaben und Ordnungen des Bildungswesens von nun an auf staatliche Gesetzgebung gründete und nicht mehr von Rechten und Privilegien der ständischen Zeit ableitete, so zielte doch der Gesetzgeber nicht auf gleiche Bildungschancen aller Staatsbürger ab, sondern wiederum auf deren ständische, nun berufsständische Einteilung.

Der Gegensatz von Hand- und Kopfarbeit sprengte von vornherein die neue gesetzliche Einheit des Bildungswesens, insofern es auch als Veranstaltung des Staates den Unterricht der Jugend in »nützlichen Kenntnissen« einerseits und in den »Wissenschaften« andererseits zur Absicht hatte. Also blieb die gemeine Schule einschließlich ihres Lehrers lokaler Gerichtsobrigkeit unterworfen, und die Besuchspflicht war erfüllt, wenn »ein Kind nach dem Befunde seines Seelsorgers, die einem jeden vernünftigen Menschen seines Standes nothwendigen Kenntnisse gefaßt hat«, wie es in § 46 der schulrechtlichen Vorschriften des Landrechtes hieß (Froese und Krawietz 1968, S. 130). Kinder untertäniger Bauern bedurften der ausdrücklichen Erlaubnis ihrer Gutsherrschaft, wenn sie ein bürgerliches Gewerbe erlernen oder gar zum Studium zugelassen werden wollten. Diese Erlaubnis sollte allerdings besonders begabten und mit den notwendigen Mitteln versehenen Schülern nicht versagt werden. Richtschnur war, daß Kopfarbeit nicht nur in eine andere Berufssphäre, sondern vielmehr in einen anderen Stand führte. Die höheren Schulen hatten demgemäß andere Rechte, die der Corporationen, und ihre Lehrer, als Beamte des Staates angesehen, unterstanden einem anderen, privilegierten Gerichtsstand. Das Landrecht sprach von einer eigenen »Lebensart, die gelehrte Kenntnisse erfordert«. Ihr sollten junge Leute mit »vorzügliche(n) Fähigkeiten und Anlagen«

zugeführt, »mittelmäßige Subjekte« dagegen von ihr ferngehalten werden. In diesem Ausleseprozeß übernahm geprüftes Schulwissen seine gesellschaftliche Funktion. § 64 bestimmte: »Kein Landeseingeborener, welcher eine öffentliche Schule besucht hat, soll ohne ein von den Lehrern und Schulaufsehern unterschriebenes Zeugniß über die Beschaffenheit der sich erworbenen Kenntnisse, und seines sittlichen Verhaltens, von der Schule entlassen werden.« (Froese und Krawietz 1968, S. 131 f.)

Der Zusammenhang von Staatsverwaltung und Schulaufsicht, Staatsprüfung und gesellschaftlicher Auslese ist durch die Humboldtsche Administration ganz entgegen dessen liberalem Jugendbild von den Grenzen der Wirksamkeit des Staates energisch weiter befördert worden. Gewiß verbanden die Reformer andere als feudale und absolutistische Vorstellungen mit dem Begriff des Staates. Daß aber auch und gerade in der gänzlich veränderten politischen und ökonomischen Lage Preußens nach der totalen Kapitulation der im Interesse aller liegende Wiederaufbau allein von der Spitze, legalisiert durch den Monarchen, in Gang gebracht werden konnte, war die herrschende Überzeugung. Sosehr die einschneidenden Reformen, die Züge einer Revolution von oben trugen, überkommene Standesvorrechte einschränkten, Freiräume schufen, Selbsttätigkeit anregten, Selbstverwaltung anbahnten, der alles überwölbende Staat blieb der Obrigkeitsstaat, Souverän der König, nicht das Volk.

In Königsberg, beinahe schon im Exil, faßte die Regierung wieder Fuß. Ihr Einfluß blieb zunächst auf die unbesetzten östlichen Provinzen beschränkt. Das Oberschulkollegium in Berlin wurde aufgelöst, der bisherige Minister wegen Kollaboration entlassen. Doch damit verlor die Bildungsverwaltung nicht an Kompetenz. In der erneuerten Behördenorganisation erhielt sie im Gegenteil einen deutlich gewichtigeren Platz. An die Stelle von Oberschulkollegium und Oberkonsistorium trat im neu gebildeten Innenministerium die Sektion für Kultus und Unterricht und Wilhelm von Humboldt an ihre Spitze. Diese Sektion wurde dann 1817 unter Altenstein zum selbständigen Kultusministerium. So verschieden auch die bildungspolitischen Ziele der jeweils zuständigen Ministerien waren, »unabhängig von den pädagogischen Plänen und von deren politischer Perspektive hat sich die Entwicklung der Verstaatlichung des höheren Schulwesens als eine

Konstante in allen unterschiedlichen politischen wie pädagogischen Systemen durchgesetzt« (Jeismann 1974, S. 210). Unter den Mitteln staatlicher Einflußnahme stand auch zu Humboldts Zeiten das Prüfungswesen im Vordergrund des Verwaltungshandelns. »Man kann der Sektion das Urteil nicht ersparen«, beklagte später Spranger, »daß sie Examina in die Zukunft gesät hat. Humboldt, der liberalste Kultusminister, ist von einem Prüfungsfanatismus erfüllt, den man schwer begreift« (Spranger 1960, S. 232). Insoweit nicht mehr nur der Geburtsstand, sondern auch Fähigkeiten und Leistung des einzelnen den Zugang zur Oberschicht eröffnen sollten, sind Prüfungen gewiß unerläßlich. Auch stand Humboldt als Prüfungsinstanz nicht die Bürokratie des Staates, sondern die Selbstverwaltung der Wissenschaft vor Augen. Dennoch ist der Stoßseufzer Sprangers nicht nur von unserem Jahrhundert aus zu verstehen, das sich im Banne meritokratischer Legitimation zu ungeahnten Perversionen des Prüfungswesens aufschwang.

Die verbreitete Nachlässigkeit bei den Abiturprüfungen rügte Humboldt als eines der größten Gebrechen des Schulwesens in einem Generalverwaltungsbericht an den König. Die Sektion verwandte daher besondere Aufmerksamkeit auf die Kontrolle der von den Schulen eingereichten Lehr- und Prüfungsberichte und bemühte sich um Verbesserung. Die beiden einzigen Maßnahmen der Reformer, die in jener Zeit Gesetzeskraft erlangten, waren zwei Prüfungsverfügungen. Mit der einen wurden die Abiturregeln fortgeschrieben. Die andere führte 1810 mit dem *examen pro facultate docendi* ein allgemeines Lehramtsexamen ein und normierte so den Zugang zum neu entstehenden Gymnasiallehrerstand. Nicht mehr sollte die Zulassung mit Rücksicht auf eine bestimmte, gerade freie Lehrstelle vornehmlich von dem Direktor der Schule selbst ermittelt werden, sondern in einer allgemeinen Prüfung, ähnlich der für die Kandidaten des Predigtamtes, um grundsätzlich »dem Eindringen untüchtiger Subjecte in das Erziehungs- und Unterrichtswesen vorzubeugen«, wie es in der Präambel hieß (Jeuthe 1980, S. 235). Lag der Akzent der preußischen Regelung auf der Approbation, so der der im Jahr zuvor erlassenen bayerischen auf der Auslese, um »jene für höhere Bildung der Nation so bedeutende Stellen« jederzeit nur dem Würdigsten zu erteilen«. Die Regierung des Grafen Montgelas wollte es sich daher angelegen sein lassen, »die jungen Männer, insbesondere unter den landeseingeborenen, die sich zu einem wichtigen Berufe gebildet haben, alle zu kennen und zu einer soviel wie möglich bestimmten Beurteilung ihrer Befähigung zu gelangen – welches nur dadurch zu erreichen ist, wenn die Prüfung nach einem gleichförmigen Maßstabe und nicht durch vielerlei Prüfungsstellen vorgenommen wird« (Jeuthe 1980, S. 9). Gegenstand der Prüfung war noch nicht eine bestimmte Fächerkombination, sondern die neuhumanistische Bildung in aller Breite, vor allem als Altphilologie und Altertumskunde, und des weiteren auch die deutsche Sprache und Literatur, Philosophie, Geschichte, Mathematik und Naturwissenschaften.

Die emanzipatorische Tendenz des Humboldtschen Prüfungskonzepts war auch zu seiner Zeit enger begrenzt (Herrlitz 1973), als es seine Befürworter heute wahrhaben wollen. Die prinzipiellen Grenzen sind deutlicher noch als in der Verwaltung im Militär zu erkennen, in dem auf den ersten Blick »das Vordringen von Prüfungen noch krasser als im Zivildienst als ein sozialrevolutionäres Element« erscheinen mochte (Jeismann 1974, S. 311). Gewiß bezeichnete der für den Wiederaufbau des Heeres nach seiner gänzlichen Niederlage verkündete Grundsatz, daß von nun an Kenntnisse und Bildung, nicht aber mehr der Geburtsstand einen Anspruch auf Offiziersstellen eröffnen sollten, eine deutliche Wende gegen die friderizianische Offizierspolitik, doch nicht in sozialrevolutionärer Absicht und schon gar nicht mit solcher Wirkung. Ging es zunächst darum, Widerstandskraft gegen die Besatzungsmacht zu mobilisieren, so war das weitergesteckte Ziel, aus dem geburtsständischen Offizierskorps einen qualifizierten Berufsstand werden zu lassen, der in dieser Form weiterhin den ersten Platz in der Hierarchie des monarchischen Staates halten konnte. Der Nachweis individueller Kenntnisse diente dazu, dem Stand hochbefähigten Nachwuchs aus bürgerlichen Kreisen zuzuführen wie die überkommenen Ansprüche des Adels zweckmäßig zu modifizieren, ihn in das Bildungssystem einzubeziehen und seinen Staatsdienst intellektuellen Mindestanforderungen zu unterwerfen. Um Chancengleichheit zu verwirklichen, ist das Prüfungswesen immer nur ein notwendiges, nie ein hinlängliches Mittel, wie sich im folgenden Jahrhundert nirgends deutlicher als beim Heer zeigte. Nicht nur blieb der breiten Bevölkerung der Zugang zum Offiziersstand mangels höherer Schulbildung verschlossen. Auch unter jenen, die die erforderlichen Zeugnisse erwerben konnten, blieben die einen gleicher als die anderen, insofern die Stellen in angeseheneren Truppenteilen, vor allem aber generell die oberen Positionen weithin adeligen Offizieren vorbehalten waren.

Neuhumanistische Reform

Was aber auch immer die preußischen Reformer mit ihrem angestrengten Bemühen um das Prüfungswesen beabsichtigten und was unter den gegebenen Verhältnissen später daraus wurde, weit wichtiger als ihr Beitrag zu den Formalien wurde für die neue gesellschaftliche Funktion der höheren Schulbildung die Renovation ihrer Inhalte. Das erscheint zunächst um so befremdlicher, als es die neuhumanistische Reform gerade nicht auf den gesellschaftlichen Zusammenhang, den sozialen Nutzen des Lernens, abgesehen hatte, sondern auf individuelle Menschenbildung. Überhaupt überrascht im Zeitalter der Industrialisierung nichts mehr, als daß die Schulpolitik des neuen Jahrhunderts, das wie keines zuvor der Ausbildung seiner Bürger für die Entfaltung von Wirtschaft und Gesellschaft, Forschung und Technik bedurfte, die in den vorangegangenen Jahrzehnten überall entstandenen und vom Staat geförderten Ansätze realistischer Bildung nicht nur nicht aufgriff und ausbaute, sondern ganz im Gegenteil ablehnte und abbrach.

Die höhere Schule des achtzehnten Jahrhunderts war, wie von Anbeginn an, bestimmten Zwecken der Berufsausbildung gewidmet. Eine von der späteren Berufstätigkeit der Schüler unabhängige Allgemeinbildung vermittelten die niederen Schulen in Gestalt ihrer Religionserziehung und des Einübens elementarer Kulturtechniken des Lesens, Schreibens und Rechnens. Diese Pflichtschule für die Kinder durch Arbeitsunterricht nützlicher werden zu lassen, bemühten sich mit mehr oder weniger Erfolg die Industriepädagogen. Die realistische Wende zeitgenössischer Schulpolitik kam deutlicher noch in den ersten Realschulgründungen zum Ausdruck; sie verband muttersprachliche Allgemeinbildung mit einer Berufsgrundausbildung für Handel und Gewerbe.

Für die Oberschicht leisteten diese Aufgabe einer Berufsfachschule die Ritterakademien. Sie erschlossen mit ihrem naturwissenschaftlichen, technischen, rechts- und wirtschaftswissenschaftlichen Unterricht der höheren Schule die neuen Lehrgebiete. So weit ging die Tendenz, das höhere Schulwesen berufsspezifisch aufzugliedern, daß ernstlich diskutiert wurde, die *universitas literarum* ganz aufzuheben und die Universitäten insgesamt zu schließen. An ihrer Statt sollten die neu gegründeten Fachhochschulen künftig die akademische Berufsausbildung übernehmen. Ihr waren nach wie vor die Lateinschulen als propädeutische Anstalten zugeordnet, wiewohl die meisten dem eigenen Anspruch immer weniger gerecht wurden. Kein didaktisches Prinzip bestimmte ihren Lehrplan, schon gar nicht eines der Allgemeinbildung. »Die Septem artes liberales waren«, faßt Dolch zusammen, »keineswegs aus tieferen pädagogischen Überlegungen, sondern wegen der Berufsnotwendigkeiten des priesterlichen Standes zum Lehrplan des Abendlandes geworden, ja vielfach nur darum geduldet worden. Ausmaß und Intensität des Betriebs der alten Sprachen einerseits, der Pflege der Muttersprache und der Berücksichtigung der Realien andererseits hingen jedoch auch im 18. Jahrhundert noch von dem Grade ab, in dem die Studienschule ein Ecclesiasticum verblieben oder schon ein Politicum geworden war. In beiden Richtungen aber wurde das Unterrichtsprogramm, ob es nun Curriculum oder Lehrplan hieß, vom Bedürfnis der Vorbereitung auf künftige Berufsstudien bestimmt.« (Dolch 1965, S. 325)

So einig sich beide Seiten in der berufspropädeutischen Zielsetzung waren, so verschieden setzten sie ihre Kritik am mangelhaften Unterricht der höheren Schulen an. Aufgeklärte Pädagogen und Politiker wollten die künftigen Studenten realistischer vorgebildet wissen. Neben den alten Sprachen, deren Nutzen unbestritten blieb, sollten Deutsch und Französisch gleichen Rang erhalten. Mathematik und Physik, Geographie und Universalgeschichte waren als nützliche Wissenschaften zu fördern. Der spätere Kanzler der Universität Halle und Mitglied des Oberschulkollegiums, Karl-Christoph von Hoffmann, betonte in seiner ersten Anregung für das Abiturexamen, »daß sich unter den jungen Leuten, welche die Universitäten beziehn, beständig eine nicht geringe Anzahl von solchen Subjecten befindet, die nicht allein in den beyden sogenannten gelehrten Sprachen, sondern auch in den übrigen noch wichtigern Vorkenntnissen, die sie von den Schulen mitbringen sollten, so unwissend sind, daß ihre Unwissenheit bald Mitleiden, und bald Widerwillen erregen muß« (Schwartz 1910, S. 67f.).

Eben diese Ansicht, daß es für das Studium als Berufsausbildung noch wichtigere Vorkenntnisse geben könnte, als sie ein gründliches Erlernen der alten Sprachen vermittelte, hielten die traditionellen Schulmeister für ebenso falsch wie schädlich. Der enzyklopädische Ansatz des realistischen Curriculums erschwere den intensiven Lateinunterricht und verführe zur Oberflächlichkeit. Französisch sei entbehrlich. Der Wert der Muttersprache würde gröblich übertrieben. In Kenntnis der lateinischen und griechischen Grammatik könne die deutsche in kürzester Zeit gelernt werden. Was von Natur und Geschichte verstanden werden müsse, ergebe sich beim Studium der alten Sprachen von allein. (Herrlitz 1973, S. 93f.)

Daß durch die neuen Wissenschaften die alten Fächer zu kurz kämen, ein vielfältiger Lehrplan die Vorbildung nicht vielseitiger, sondern oberflächlicher werden ließe, gründliche Kenntnisse nur durch die Konzentration auf den Pflichtkanon zu erreichen wären, alle vertrauten Argumente gegenwärtiger Klagen über die neue Gymnasiale Oberstufe fanden sich bereits damals in der Diskussion um die Krise der gelehrten Schulen. Die humanistische Reform griff sie auf und führte sie über den berufspädagogischen Zusammenhang hinaus zu einer grundsätzlichen Neubestimmung des Bildungsbegriffs. Gegen das Nützlichkeitsdenken der Philanthropen und die Gefahren der Stoffhuberei sollten die Prinzipien formaler Bildung wieder zur Geltung kommen. Sie wurden absichtsvoll unter dem Begriff des Humanismus zusammengefaßt, am wirkungsvollsten von Niethammer, dem obersten Schulrat der protestantischen Konfession in Bayern (Niethammer 1808).

Zunächst noch neutral gegenüber dem Inhalt, befand Herder anläßlich einer Lehrplanverbesserung am Weimarer Gymnasium (1786): »Ob du an Griechen oder an Römern, ob an der Theologie oder der Mathematik denken gelernt d. i. deinen Verstand und dein Urtheil, dein Gedächtniß und deinen Vortrag ausgebildet habest; alles gleich viel, wenn sie nur ausgebildet sind und du mit so hellen scharfen polirten Waffen ins Feld der öffentlichen und deiner besondern Geschäfte eintrittst.« (Herder 1889, S. 123 f.) Wenn aber formale Bildung mehr sein sollte als das, was bleibt, wenn Lehrsatz und Fabel, Geschichte und Gedicht wieder vergessen waren, wenn vielmehr Ziel der Erziehung des Menschen in der harmonischen Totalität aller seiner Begabungen und Fähigkeiten, sein wahrer Zweck in der höchsten Bildung seiner Kräfte zu einem Ganzen bestände, wie es Humboldt mit Wolf und Goethe, Schiller und Hölderlin, Hegel und Schelling verstand, dann lag es nahe, der Sprache, der Kultur und Geschichte der Griechen einen besonderen Rang einzuräumen.

Als Ideal trat an die Stelle des Rousseauschen Naturmenschen der edle Grieche des deutschen Idealismus. »Lassen wir es aber gelten, daß überhaupt vom Vortrefflichen auszugehen ist«, erklärte Hegel 1809 als Gymnasialdirektor in Nürnberg, »so hat für das höhere Studium die Literatur der Griechen vornehmlich, und dann die der Römer, die Grundlage zu seyn und zu bleiben. Die Vollendung und Herrlichkeit dieser Meisterwerke muß das geistige Bad, die profane Taufe seyn, welche der Seele den ersten und unverlierbaren Ton und Tinktur für Geschmack und Wissenschaft gebe. Und zu dieser Einweihung ist nicht eine allgemeine, äußere Bekanntschaft mit den Alten hinreichend, sondern wir müssen uns ihnen in Kost und Wohnung geben, um ihre Luft, ihre Vorstellungen, ihre Sitten, selbst, wenn man will, ihre Irrthümer und Vorurtheile einzusaugen, und in dieser Welt einheimisch zu werden, – der schönsten, die gewesen ist.« (Hegel 1927, S. 236 f.) In dieser Perspektive entfiel der berufspädagogische Bezug der herkömmlichen Gelehrtenschule. Ging es doch um die »allgemeine Bildung des Menschen« und nicht um dessen Ausbildung »für seine künftige Bestimmung in der Welt« (Niethammer 1808, S. 76). Damit verloren zugleich die neuen, nützlichen Wissenschaften ihren erst jüngst errungenen Platz wie das alte Latein seine überkommene Vorrangstellung. Die Utopie der Humanistischen Reform des sechzehnten Jahrhunderts erfüllte sich an der Schwelle des neunzehnten. Die griechische Kultur rückte in den Mittelpunkt einer höheren Allgemeinbildung. Für ein Jahrhundert war die unbeschränkte Hochschulreife, der Zugang zu den modernsten Universitäten der Welt nur dadurch zu erreichen, daß man zuvor in jener vergangenen Welt der Antike heimisch wurde.

Hatte in Preußen noch 1806 das neu gefaßte Abiturreglement Französisch wie bisher als Pflichtfach aufgeführt, so drängten es Humboldt und Süvern als neue Sprache konsequent weiter zurück, schränkten den Umfang des obligatorischen Pensums ein, vermehrten aber dessen Anforderungen, vor allem im Griechischen. Als sich dann 1818 nationale Befreiung und gesellschaftliche Reaktion verbanden, wurde Französisch aus dem verbindlichen Kanon gestrichen. Ganz entsprechend setzte sich das neuhumanistische Gymnasium als ebenso anspruchsvolle wie spezialisierte Altsprachenschule in den anderen deutschen Ländern durch. In Bayern hatte am Anfang des Jahrhunderts die königliche Schulordnung gemäß Niethammers Plänen noch ein Nebeneinander von gymnasialem und realistischem Weg zum akademischen Studium vorgesehen, Progymnasium und Realschule in der Sekundarstufe, Gymnasialinstitut und Realinstitut in der Studienstufe, nun wurde die Zweigleisigkeit nach der politischen Wende rasch abgebaut. Wortführer der Gymnasialbewegung war Friedrich Wilhelm Thiersch, Gründer des philologischen Seminars der Münchener Universität. Zuerst wurden 1816 die Realinstitute wieder aufgelöst, dann 1824 die beiden Teilstücke des gymnasialen Schulweges auch organisatorisch zum grundständigen humanistischen Gymnasium vereinigt. Der von Thiersch 1829 entworfene Lehrplan brachte unter allen »am reinsten die Idee des neuhumanistischen Unterrichts zur Darstellung. Der ganze Unterricht bewegt sich um die klassischen Schriftsteller als Mittelpunkt; Deutsch, Geschichte, Philosophie schließen sich aufs engste an die klassische Lektüre; selbst Religion und Mathematik streben danach. Was sich nicht fügt, wird von dem obligatorischen Schulbetrieb ausgeschlossen« (Paulsen 1921, S. 429 f.).

Auch wenn man den Einfluß von Lehrplänen und Schulordnungen nicht überschätzt, die Kluft zwischen den Einsichten der Professoren und den Absichten der Regierenden einerseits, der Schulwirklichkeit andererseits gebührend berücksichtigt, bleibt die bildungspolitische Wende an der Schwelle des Industriezeitalters bemerkenswert genug. Hatten zwar alle Anstrengungen der Philanthropen an der Misere der Dorfschulen wie der kleinen Lateinschulen wenig zu ändern vermocht, so waren doch in der ganzen Breite, von den Industrieschulen bis zu den Ritterakademien, von den Gewerbeschulen bis zu den Berufsakademien, die Vorzüge realistischer, berufsbezogener Pädagogik für das niedere wie das höhere Schulwesen dargetan worden. Insofern die berufliche Spezialisierung nahtlos mit der berufsständischen Gliederung der Gesellschaft übereinstimmte, konnte die realistische Pädagogoik der Obrigkeit als ebenso förderlich für die Erwerbstätigkeit wie zweckmäßig für das Staatsleben erscheinen.

Mag am ehesten noch einleuchten, daß in einer überwiegend auf Landarbeit angewiesenen Gesellschaft manche Ansätze realistischen Unterrichts in der Dorfschule, beispielsweise in Geographie oder im Handarbeitsunterricht für Mädchen, nur zu leicht in Verdacht gerieten, der Land- und damit der Standesflucht Vorschub zu leisten, so erscheint die Abwendung von dem ganz und gar traditionellen, standesgemäßen Berufsbezug der höheren Schulen um so schwerer verständlich. Und doch führte der Vergleich auf die richtige Fährte. Die Absage an die moderne Welt (Litt), das Wiederausscheiden des ökonomischen Motivs (Spranger), also die restriktive Neubestimmung öffentlicher Erziehung als Allgemeinbildung zeitigte im gespaltenen Schulsystem sehr verschiedene Ergebnisse. Sie minderte den Anspruch der niederen, stärkte aber den der höheren Schule und leitete eine Entwicklung ein, die die beiden Schulformen nun erst recht voneinander trennte.

Um den überraschenden Wandel der Gymnasialpädagogik zu erklären, hat Paulsen auf drei Momente verwiesen, ein religiöses, ein nationales und ein soziales (Paulsen 1921, S. 310 ff.). Mit der Aufklärung schwand die Verbindlichkeit des alten Glaubens. Rationalistische Weltanschauung trat unter den Gebildeten an seine Stelle und gab doch auf Sinnfragen keine überzeugende Antwort, am wenigsten den Pädagogen und Philosophen, die allesamt als Theologen begonnen hatten. Daher gewann der hellenische Humanismus als Weg zum vollkommenen Menschen durch Bildung seine spirituelle Anziehungskraft. Der nationalen Bewegung erschien das Französische, mit dessen Sprache und Kultur sich die eigene Oberschicht so sehr identifizierte, als Symbol für Fremdherrschaft, lange bevor das napoleonische Frankreich buchstäblich als Besatzungsmacht einrückte. Das protestantische Deutschland, von dem der Widerstand und der Neuhumanismus ausgingen, verwandte das Griechische als Gegenbild, zugleich auch im Gegensatz zum katholischen Rom. Doch unter den gegebenen Herrschaftsverhältnissen mußte dem dritten, dem sozialen Moment das größte Gewicht zukommen, rückten doch in der nachfolgenden Zeit Thron und Altar wieder enger zusammen und verlor das Französische seine gesellschaftliche Bedeutung in der Oberschicht keinesfalls. Paulsen betont die instrumentelle Bedeutung der griechischen Bildung für die aufsteigende Bürgerschicht. In der Tat »ist mit dem Eintritt des Bürgertums in die Gesellschaft die Einführung des Griechischen als obligatorischen Lehrfachs in den Schulen durchgesetzt worden« (Paulsen 1921, S. 314). Doch warum sollte die Regierung des monarchischen Staates Schulpolitik im Interesse des Bürgertums treiben? Offenbar verkürzt diese Perspektive den historischen Prozeß, an dessen Ende erst, und in besonderem Maße in Deutschland, sich bürgerliche Intellektuelle, nicht anders als Humboldt oder vorher Zedlitz, dem neuhumanistischen Bildungsideal zuwandten.

Zunächst waren die Interessen bürgerlicher Emanzipation mit dem Realismus der Aufklärung weit enger verbunden als die des konservativen Adels, der mit der »französischen Bildung« in seinen Häusern und Höfen vornehmlich die Sprache und Spielregeln des Ancien régime meinte. Die Aufklärung aber verstand, auch und gerade in Frankreich, sich als »Ausgang des Menschen aus seiner selbstverschuldeten Unmündigkeit«, wie Kant es 1784 formulierte, und forderte von den Menschen: »Habe Mut, dich deines *eigenen* Verstandes zu bedienen!« (Kant 1913, S. 169) Also engagierten sich Rousseau und Voltaire, Helvétius und Condorcet im Kampf für eine andere, bessere Gesellschaft. Der Vernunft ging es um ihre praktische Wende. Die Verfassung sollte nicht vererbte Vorrechte garantieren, sondern die Naturrechte jedes einzelnen Menschen. Daher das Pathos der Individualität, bei Rousseau in Gestalt des Naturmenschen.

Die Sprengkraft solcher liberaler Ideen beargwöhnten die Obrigkeiten seit langem. In der Französischen Revolution wurden sie einem breiten Publikum offenbar und suspekt. Mit ihrer Radikalisierung verlor die französische Aufklärung im Bürgertum weithin an Resonanz, insbesondere in den deutschen Ländern. Das neuhumanistische Bildungsideal, das sich von den Naturrechten aller Menschen und damit von den realen Problemen der Ausbildung in einer zerrissenen Welt abwandte hin zur Innerlichkeit der Individuen und zu jenem fernen, harmonisch erscheinenden Altertum, war wie geschaffen, um dort Eingang zu finden, wo »ein Ethos für tatsächlich bereits individualisierte, vereinzelte, nicht mehr einheitlich glaubende, denkende, wollende Bürger gesucht wurde«, das die überkommene Ordnung der äußeren Welt nicht in Frage stellte. »Für die Staaten konnte die ›Bildung‹ des Einzelnen, besonders die ästhetische Bildung, das ›Zum-Bilde-machen‹ nicht solche Gefahren bergen wie sie sich zweifellos aus einer intensiven Fortdauer des ›Naturrechts‹ in einer rational konzipierten Aufklärung hätten ergeben können.« (Weil 1930, S. 257 f.) Ganz entgegen Sprangers Interpretation war die »Lokalisation« des Bildungsideals also keineswegs »willkürlich«. Es änderte sehr wohl seine »Kulturfunktion«, als »die deutschen Rousseauschüler es umpflanzten und auf das – humanistisch gedeutete – klassische Altertum übertrugen, in ihm allein die Einheit und Ganzheit des Menschen verwirklicht fanden« (Spranger 1928, S. 12). Warum sonst hätte es an den sozialen Problemen der wirklichen Welt seine »unverkennbare Grenze« (Spranger 1928, S. 16) gefunden?

Damit aber zeigte sich der Bildungsbegriff des Neuhumanismus ungleich besser in der Lage als der realistische Ansatz der Philanthropen mit ihrem ungewissen Verhältnis zur radikalen Aufklärung, jene spezifischen Anforderungen zu erfüllen, die der monarchische Staat an die Bildungsreform stellte. Um der berufsständischen Gliederung willen galt es nicht nur den Unterschied zwischen dem niederen und dem höheren Schulwesen zu wahren, sondern die Leistungsansprüche an die Gymnasien, ihrer Auslesefunktion wegen, zu verschärfen. Doch durften die für den Zugang zur Oberschicht notwendigen Bildungsqualifikationen nicht deren Konstitution in Frage stellen, sondern sollten im Gegenteil zu ihrer Integration beitragen.

Mit dem Bildungsziel der Läuterung des Menschen auf dem Wege zu sich selbst und nicht seiner Befreiung aus selbstverschuldeter Unmündigkeit konnte der allgemeine Schulplan Humboldts auf dem Papier stehenbleiben, auf das er geschrieben war. Das Griechische mochte dem Tischler ebensowenig unnütz sein wie dem Gelehrten, Tische zu machen, aber in der Schulwirklichkeit erschwerte es den späteren Handwerkern den Besuch höherer

Schulen erheblich und führte keinen Gelehrten zur Tischlerkunst. Indem sich Humboldt um der allgemeinen Menschenbildung willen gegen die Realschulen wandte, leistete er der Trennung von Hand- und Kopfarbeit erst recht Vorschub. Jedenfalls gelang es nicht, an dieser Menschenbildung alle, zumindest abgestuft, teilhaben zu lassen. Statt dessen wurde erstmals neben der niederen eine höhere Allgemeinbildung verbindlich. Ihr überkommener und bleibender berufspädagogischer Bezug trat hinter dem bildungstheoretischen Anspruch zurück, der nun eine pädagogische Begründung des Bildungskanons erlaubte. Mit den Mitteln staatlicher Schulpolitik wurde diese neue Allgemeinbildung zum Bestandteil der Berufsausbildung für die Oberschicht. An Widerstand des konservativen Adels hat es nicht gefehlt. Er wandte sich gegen jede wissenschaftliche Erziehung, »durch welche das gesunde Urteil und die Tatkraft, welche der Schöpfer in den Menschen gelegt hat, verschroben und gelähmt wird« (Marwitz 1908, S. 716). Aber die Abiturprüfung wurde auch für den Zugang seiner Söhne zu den höheren Rängen des Staatsdienstes obligatorisch.

Der erstrebte Übergang von der geburtsständischen zur berufsständischen Gesellschaft erforderte, die Beamten als Staatsdiener der Zivilverwaltung und zugleich als Regierungspartei des Monarchen zu definieren. Vordem gab es Hofordnungen mit komplizierten Rangverteilungen, aber keine Beamtenhierarchie im verwaltungsrechtlichen Sinne noch eine Kodifikation ihrer Rechte. Künftig wurde das Beamtenverhältnis nicht mehr durch einen zivilrechtlichen Vertrag, sondern durch einen Hoheitsakt begründet und gehörte daher dem Verfassungsrecht an. (Hattenhauer 1980, S. 183) Die Unkündbarkeit, das heißt lebenslange standesgemäße Ausstattung einschließlich Pension und Hinterbliebenenversorgung, war der Preis für bereitwillige Unterordnung unter die Zwecke des Dienstherren und für dessen unbeschränktes Besetzungsrecht: »Die Regierung gewann die Staatsdiener durch ihre Privilegierung. Indem sie aber die Regelung ihrer materiellen und sozialen Stellung einer Festlegung und Nachprüfung durch die Volksvertretung entzog, löste sie die Beamtenschaft aus der bürgerlichen Gesellschaft und unterwarf sie der alleinigen Entscheidungsbefugnis der Exekutive.« (Wunder 1978, S. 321) Beispielhaft die bayerische »Hauptlandespragmatik über die Dienstverhältnisse der Staatsdiener, vorzüglich in Bezug auf ihren Stand und Gehalt« vom 1.1. 1805, in wenigen Jahren unter dem Zeichen der Reform des absolutistischen Staates in der nachrevolutionären Epoche von der Regierung Montgelas geschaffen. Bildungsnachweise, seit langem wegen der Adelsprivilegien bei der geburtsständischen Rekrutierung gefordert und von nichtadeligen Bewerbern auch verlangt, erhielten nun konstitutive Bedeutung. 1817 verknüpfte in Preußen die »Verordnung wegen der den Civilbeamten beizulegenden Amtstitel und der Rang-Ordnung der verschiedenen Klassen derselben« im Geiste des Landrechtes das gespaltene Bildungssystem mit dem Behördenaufbau, indem die »Subalternbeamten« eindeutig von den »höheren« dadurch unterschieden wurden, daß letztere studiert hatten. Damit verlängerte sich das »berufssoziologische Bildungselement der deutschen Hohen Schulen strukturierend in die Rang- und Rechtsverhältnisse der preußischen Staatsdiener hinein. Anders formuliert: Der gesellschaftlichen Differenzierung in Gebildete und Ungebildete folgte die konsequente Trennung von gelehrtem und nicht-gelehrtem Justiz-, Verwaltungs- und Schuldienst« (Westphalen 1979, S. 120f.). Das Abiturreglement von 1834 wie ein entsprechender Beschluß der Bundesversammlung im selben Jahr übertrugen den Gymnasien dann endgültig und ausnahmslos den für ein Berufsstudium obligatorischen Nachweis der allgemeinen Hochschulreife, auch für jene, die nie eine öffentliche Schule besucht hatten, sondern von Hauslehrern erzogen worden waren. Damit schloß sich, von der gymnasialen Vorbildung über das Studium bis zur Befähigung, ein höheres Staatsamt zu bekleiden, die »Berechtigungskette« (Westphalen), in der Bildungspatente den Zusammenhang von Auslese und Ansprüchen herstellten und zugleich rationalisierten. Die höheren Beamten waren nur die Vorreiter: »Denn von der Qualität der Bildungsabschlüsse sollte fortab für eine von Jahrzehnt zu Jahrzehnt steigende Zahl von Menschen ihre Position im System der sozialen Ungleichheiten dauerhaft abhängen.« (Wehler 1987a, S. 303)

Entwicklung des deutschen Gymnasiums

In der Alltagspraxis der höheren Schulen setzten sich die neue Bildungskonzeption und ihre gesellschaftlichen Folgen allerdings weit langsamer durch, als es der Absicht der Staatsverwaltung entsprochen hätte. Voran ging bereits seit Jahrzehnten die Anstrengung der Aufsicht, Vielzahl und Vielfalt der gelehrten Schulen zu beschränken und zu vereinheitlichen. Um die Mitte des achtzehnten Jahrhunderts mag es in Preußen etwa vierhundert solcher Schulen gegeben haben. Nur eine Minderheit konnte indes höhere Anforderungen erfüllen. Zwischen den akademischen Gymnasien, deren Kollegien und Lehrpläne mancher damaligen Universität überlegen waren, und den kleinen Bürgerschulen mit gelegentlichem Lateinunterricht rangierte, schwer zu überschauen, der Großteil jener vielgestaltigen Lateinschulen, die sich gelehrte Schulen nannten. Nur zwei bis drei Prozent der höheren Schüler gingen anschließend auf eine Universität (Jeismann 1974). Die meisten beschränkten sich auf die unteren Klassen, um die Schulpflicht abzuleisten und ständischen Dienstverpflichtungen zu entgehen, insbesondere dem Militärdienst, ohne mit den erworbenen Kenntnissen in Handwerk und Handel später allzuviel anfangen zu können.

In einem langen Ausleseprozeß blieben bis zur Mitte des neuen Jahrhunderts in Preußen rund hundert höhere Schulen bestehen, denen mit dem Abiturrecht die einheitliche Bezeichnung Gymnasium amtlich zuerkannt wurde (Gafert 1979, S. 23). Diese Bezeichnung meinte im strengen Sinne zunächst nur die oberen Klassen von der Tertia bis zur Oberprima, die immer noch nur eine Minderheit der höheren Schüler besuchte. Seiner Funktion nach und ganz im Sinne des neuhumanistischen Bildungsbegriffs war das Gymnasium in seiner Unterstufe Stadtschule geblieben, offen für den Zugang der Kinder bürgerlicher Familien auch der unteren Mittelschicht ebenso wie für den stufenweisen Abgang in die verschiedensten Berufe und insofern städtische Einheitsschule (Kraul 1980). Soweit in den oberen Gymnasialklassen das Angebot sich entgegen den Absichten Humboldts differenzierte, an die Stelle des Griechischen die modernen Sprachen Englisch und Französisch, an die Stelle der Mathematik bürgerliches Rechnen und Zeichnen traten, ließen sich Anklänge an eine städtische Gesamtschule erkennen. Typisch für die Bildungsaufgaben eines solchen normalen Gymnasiums kann nach zeitgenössischem Zeugnis das Programm der Stralsunder Anstalt von 1827 angesehen werden: »Unsere Lehranstalt besteht, wie die meisten Gymnasien, aus sechs Hauptklassen. – Sexta und Quinta, als unterste Stufe, bilden zugleich für den niedern Gewerbstand vor; Quarta und Tertia, als mittlere Stufe, bereiten zugleich die Knaben für die höhern Berufsarten des Kaufmanns, Landwirts, Künstlers usw. Um dieses noch besser zu bewerkstelligen, besteht als Nebenklasse neben Quarta und Tertia eine sogenannte Realklasse für die Nichtstudierenden, welche zwar als Schüler jener beiden Klassen an den meisten Lektionen derselben (auch an den Lateinischen, von welchen keiner befreit wird) fortwährend teilnehmen, aber während des griechischen Unterrichts in beiden Klassen und während des mathematischen in Tertia und noch in einigen besondern Stunden im Französischen, Englischen, dem höhern bürgerlichen Rechnen, dem eigentlichen Schönschreiben und dem mathem. und bürgerlichen Zeichnen unterrichtet werden. Sekunda und Prima, als die höhere Stufe, sind die Klassen der eigentlichen Vorbildung für den Gelehrtenstand.« (Müller 1977, S. 606) Die letzte Stufe erforderte mindestens vier Jahre. Noch dominierte, wegen der sehr verschiedenen Eingangsvoraussetzungen nach Vorkenntnis, Lerngeschwindigkeit und Lebensalter, das überkommene System der Fachklassen mit verschiedenen Anspruchsniveaus und nicht das spätere der Jahrgangsklassen, auch darin auf die städtische Gesamtschule verweisend.

Für ein im weiteren, Humboldtschen, Sinne allgemeinbildendes Einheitsschulprogramm der Gymnasien gab es in jener Zeit durchaus auch noch amtliche Hinweise. Entgegen der Auffassung der schlesischen Provinzialstände betonte 1831 das Kultusministerium in Berlin, das Gymnasium sei keineswegs nur für spätere Studenten eingerichtet, sondern geeignet, »jede geistige Fähigkeit zu entwickeln. Die Lehrgegenstände der Gymnas. und zwar in der Stufenfolge und in dem Verhältnisse, worin sie in den verschiedenen Klassen der Gymnas. gelehrt werden, machen die Grundlage jeder höhern allg. menschlichen Bildung aus, und die Erfahrung von Jahrhunderten, sowie das Urteil aller stimmfähigen Männer spricht dafür, daß gerade die in den Kreis des Gymnasial-Unterricht aufgenommenen Lehrgegenstände vorzüglich geschickt sind, um durch sie und an ihnen alle geistigen Kräfte und Fähigkeiten der Jugend zu wecken, zu entwickeln und zu kräftigen ... Beklagenswert würde es zuletzt mit der Ausbildung des Menschen in allen, wie immer verschiedenen Lebensbestimmungen stehen, wenn jeder nur immer gerade das erlernen wollte, was er ausschließlich zum Betriebe seines Gewerbes und zum täglichen Broterwerb bedarf, und sonst durchaus kein edleres Wissen und keine Ahndung einer höheren Erkenntnis, die für Menschen jedes Standes allgemein und wahrhaft bildend ist, seinen Geist erheben sollte« (Müller 1977, S. 30).

Allgemeinbildende Absicht und Fachklassensystem ermöglichten nach wie vor einen höchst individuellen Schulbesuch. In den von Kraul eingehend untersuchten sechs Gymnasien im Rheinland und in Westfalen streute in der ersten Hälfte des 19. Jahrhunderts der Eintritt nach dem Lebensalter zwischen 8 und 25 Jahren ebenso wie nach der Art der Vorbildung und dem Zweck des Besuchs sehr breit. Nur ein Drittel der Schüler begann im Alter zwischen 10 und 12 Jahren. Zumeist währte der Schulbesuch nicht lange, im Durchschnitt drei bis vier Jahre. Die beschränkte Verweildauer und die hohen Abgangsquoten aus den mittleren Klassen entsprachen dem Charakter einer Stadtschule ebenso wie die Herkunft der Schülerschaft. Sie wurde durch die Wirtschaftsstruktur des Schulortes und seiner Region, auch durch die Konfession der Bevölkerung geprägt. »Insgesamt aber besuchen nicht nur Söhne von studierten Eltern das preußische Gymnasium des Vormärz, sondern eben alle jene Bauern- und Handwerker- und Kaufmanns- und Küstersöhne, die dem Gymnasium eher den Charakter einer städtischen Schule für alle männlichen Schulpflichtigen als den einer elitären Anstalt für wenige zuweisen. Zugleich wird das Gymnasium des Vormärz weitgehend durch Schüler geprägt, die nur für kurze Zeit bleiben – sei es, daß sie als auswärtige Schüler erst zur Vorbereitung auf das Studium in das Gymnasium kommen und gleich in eine höhere Klasse eintreten, sei es, daß sie ihre Schulpflicht auf dem Gymnasium statt auf einer anderen städtischen Schule verbringen.« (Kraul 1980, S. 147 f.)

Weithin ausgeschlossen blieben die Kinder der städtischen Unterschicht und die der großen Mehrheit der Landbevölkerung. Die Teilhabe der verschiedenen bürgerlichen Gruppen am gymnasialen Schulbesuch erlaubte wegen dessen Art und Dauer überdies kaum Rückschlüsse auf die Regulierung des sozialen Aufstieges. Einer Untersuchung Jeismanns über die soziale Herkunft der Abiturienten in 29 preußischen Gymnasien um die Jahrhundertwende zufolge war der Abschluß der höheren Schule mit den sich daran knüpfenden Sozialchancen in der Regel den Söhnen entsprechender Väter, höhere Beamte und Offiziere, Geistliche, Ärzte und Oberlehrer, vorbehalten. Nahezu drei Viertel der Abiturienten kamen aus diesen Familien. (Jeismann 1974, S. 165) Von der großen Gruppe der Söhne aus dem unteren Bürgerstand erstrebte oder erreichte nur eine Minderheit das Abitur. Vergleichsweise selten waren damals andererseits auch Abiturienten von Adel, denen im allgemeinen noch ein anderer Zugang zur Universität wie überhaupt zu den höheren Positionen offenstand.

Weit häufiger als unter den Abiturienten war daher der Adel unter den Studierenden vertreten. Nach einer Untersuchung von Jarausch über die soziale Herkunft der Studenten an fünf Universitäten, die er als eine repräsentative Auswahl für das spätere Reichsgebiet ansieht, stellte der Adel ein Achtel der Studentenschaft. Im übrigen und in ihrer großen Mehrheit stammte sie aus bürgerlichen Elternhäusern. Bei den Studenten aus der Unterschicht, weniger als ein Prozent, handelte es sich um individuelle Ausnahmen, nicht um reguläre Studienbeteiligung. »Die neuhumanistische Universität erscheint in ihrer Gründungsphase als Institution des gehobenen und begrenzt auch des niederen Bürgertums, welche die Hälfte der Bevölkerung ausschließt.« (Jarausch 1980, S. 138) Unter der anderen Hälfte stellten im frühen neunzehnten Jahrhundert die Söhne aus Akademikerfamilien die Mehrheit der Studenten. Unter ihnen wiederum überwogen entsprechend der besonderen Verbindung der deutschen Landesuniversitäten mit dem Staatsdienst die Beamtensöhne fast vierfach die Kinder aus Familien freiberuflicher Akademiker. Dagegen war das Besitzbürgertum vergleichsweise geringer vertreten, auch als die kleinbürgerlichen Familien, deren Söhne zwar weit seltener studierten, insgesamt als Gruppe aber gut ein Viertel der Studenten ausmachten. Für Kinder dieser Schicht vor allem eröffnete das Studium sozialen Aufstieg. (Jarausch 1984, S. 29 f.) Die durch das Bildungssystem vermittelte Integration des Adels in den öffentlichen Dienst des monarchischen Staates, mit der zugleich ein Mindestmaß an persönlicher Qualifikation gesichert und der Anschein standesunabhängiger Auswahl leistungsfähigen Nachwuchses für den Staatsdienst gewahrt wurde, ohne doch die deutliche Privilegierung des Adels auszuschließen, bewährte sich in der folgenden Zeit. Trotz der nun erforderlichen Einordnung in das öffentliche Schulwesen und obwohl der Anteil des Adels an den Studierenden kontinuierlich fiel, vergrößerte sich sein Einfluß in der Verwaltung ab Mitte der zwanziger Jahre stetig. Insbesondere besetzte er wiederum weithin die Spitzenstellen. Einer Statistik der Rheinischen Zeitung aus dem Jahre 1842 zufolge waren mehr als zwei Drittel der höchsten Beamten in den Ministerien wie in der Provinzverwaltung von Adel (Koselleck 1967, S. 435). Noch eindrucksvoller verblieb ihm die Vorrangstellung im Militär, insbesondere in den »besseren« Truppenteilen, der Kavallerie und der Garde, während den bürgerlichen Offizieren die Artillerie und der Train überlassen blieben. Je höher der Rang, desto deutlicher die Privilegierung des Adels. Oberst oder gar General zu werden, war einem Bürgerlichen nur im Ausnahmefall möglich. Daß unter den adeligen Inhabern der höchsten Staatsstellen viele waren, die selbst oder deren Familie erst neu in diesen Stand erhoben worden waren, bestätigt nur dessen besondere gesellschaftliche Bedeutung. »Gerade weil sich der Adel den liberalen Kriterien unterwerfen mußte, im Staatsdienst den Prüfungen, auf dem Lande der freien Konkurrenz, konnte er seine Stellung – unter Aufgabe eines begrenzten Terrains – halten. Was der Adel an Standesrechten mit anderen teilte – als Gutsherr, als Offizier oder als Beamter –, kam seinem Standesvorzug wieder zugute. Die Liberalisierung der Reform reichte gerade so weit, um indirekt den Adel zu festigen. Die Verschränkung von Bildung, Besitz und Adel nach 1807 war insofern eine echte Reform. Aber sie war eine Reform, die die Revolution nur hinausschob, nicht verhinderte, weil sie sich nur innerhalb der führenden Staatsstände abgespielt hatte. In dem Maß, wie die Sozial- und Wirtschaftsreformen ihre Wirkungen zeitigten, vollzog sich in den führenden Staatsständen eine von der Reform ermöglichte rückläufige Bewegung.« (Koselleck 1967, S. 437) Insofern diese Bewegung die Bildungspolitik betraf, war sie rückläufig im Hinblick sowohl auf den Inhalt wie die Organisation des Schulwesens. Entgegen der mit der Industrialisierung noch zunehmenden Nachfrage nach realistischer Schulbildung wurden gerade die Realien im Unterricht zurückgedrängt oder gar verbannt, jedenfalls in den Schulformen, der gelehrten und der Volksschule, denen die Aufmerksamkeit des Staates galt. Entgegen dem wachsenden Bedürfnis nach Gleichberechtigung aller Staatsbürger blieb nicht nur die Schule der großen Mehrheit abgetrennt und bewußt untergeordnet, sondern wurde auch das weiterführende Schulwesen schichtenspezifisch zerteilt. Aus der gesamtschulartigen Gelehrtenschule in den Städten entwickelte sich ein System grundständiger, typenverschiedener höherer und mittlerer Bildungsanstalten, deren berufsfeldbezogene Erziehung die Schüler von vornherein bestimmten sozialen Schichten zuordnete.

Im Wiederaufbau nach den Napoleonischen Kriegen, in denen der Besuch der gelehrten Schulen und Universitäten drastisch eingeschränkt worden war, stieg die Zahl der Gymnasiasten und der Studenten zunächst rasch an (Prahl 1978, S. 372 f.). Zwar waren die Ansprüche in den ausgelesenen Bildungseinrichtungen, was die Vorbildung und die Leistungsanforderungen anging, gewachsen, aber die ganz in diesem Sinne gedachte Verklammerung von Schulabschluß und Universitätszugang, Studium und höherem Staatsdienst förderte umgekehrt die Erwartungen der Absolventen und so auch den unerwarteten Andrang.

Für die Vielzahl der akademisch Ausgebildeten fand sich dann in den folgenden Jahren auch nicht annähernd Platz in entsprechenden Berufspositionen, vor allem nicht im öffentlichen Dienst. Überdies wurden, um Geld und Beamte einzusparen, Planstellen gestrichen, in Preußen bis 1825 gut ein Fünftel der vorhandenen. Vorab bürgerliche Staatsdiener verloren ihre Posten. (Wehler 1987b, S. 216) Immer länger mußten Anwärter auf eine feste Anstellung warten, blieben sie als Referendare und Assessoren nicht anders als die Privatdozenten an den Universitäten auf die finanzielle Unterstützung durch ihre Familien angewiesen. Also belebte sich rasch wieder die traditionelle Überfüllungsdebatte. Klagen über den unverantwortlichen Andrang zum Studium verbanden sich mit öffentlicher Abschreckung. Zugleich suchte die Obrigkeit die Auslese zu verschärfen. Anfang der dreißiger Jahre, in denen bereits um die frei werdenden Juristenstellen mehr als doppelt so viele Anwärter rangen, verknüpfte die preußische Regierung den Numerus clausus im Staatsdienst mit dem Notendurchschnitt bezeichnenderweise nicht des Jurastudiums, sondern der Reifeprüfung an den Gymnasien. Abiturienten mit der Note III wurde die Anstellung verweigert (Koselleck 1967, S. 439). Am härtesten und längsten traf die »vormärzliche Überfüllungskrise« die evangelischen Theologen (Titze 1981, S. 191).

In den höheren Schulen hatte das neuhumanistische Bildungskonzept die Anforderungen vielfach bereits derart gesteigert, daß die Aufsicht, jedenfalls noch zu dieser Zeit, eher auf differenzierte denn generell verschärfte Maßstäbe drängte. Die neue Rolle des Griechischen diente offensichtlich dem frisch geschaffenen Gymnasiallehrerstand dazu, seine Identität zu finden und seinen Rang zu befestigen. Süverns Nachfolger, Johannes Schulze, der als zuständiger Referent in Altensteins neuem Kultusministerium mehr als zwei Jahrzehnte die Gymnasialpolitik Preußens und damit in der Folgewirkung auch die der anderen deutschen Länder maßgeblich beeinflußte, tadelte 1828 in einem Circular an die Provinzialschulbehörden solchen Übereifer der Philologen. Das Ministerium verwahrte sich dagegen, daß »man in einigen Gymnasien die Tragödien des Sophokles, den Thucydides und die in Hinsicht ihrer Anlage oder ihres Inhalts schwierigeren, zum Theil eine Bekanntschaft mit der speculativen Idee voraussetzenden Dialoge Platos zur ununterbrochenen und fast ausschliesslichen Lectüre der ersten Klasse gewählt; andere Directoren waren noch weiter gegangen und hatten zur stehenden Lectüre in dieser Klasse sogar den Pindar, Aristophanes und Aeschylus gemacht, dagegen das Lesen der Homerischen Gesänge und der Schriften Xenophons schon mit der zweiten, ja bisweilen schon mit der dritten Klasse abgeschlossen« (Varrentrapp 1889, S. 366f.).

Wollte das Ministerium in jener Zeit auch noch nicht die Schüler der unteren und der oberen Klassen mit dem gleichen, grundständigen Maßstab messen und verlangte daher Rücksicht auf die große Mehrzahl, die das Gymnasium absichtsvoll nicht bis zu seinem Ende besuchte, so sollten sie doch alle, jedenfalls ab Quarta, Griechisch lernen, Homer und Xenophon ohne Anstoß für sich lesen und verstehen, schon um der Grammatik willen deutsche Texte ins Griechische übertragen können. Die Rücksicht auf den neuhumanistischen Bildungsauftrag des Gymnasiums ließ sich im übrigen sehr wohl mit der gesellschaftlichen Aufgabe, für Auslese und Sozialisation zu sorgen, vereinen. Eher

drohte der überspannte Philologenehrgeiz, das Verfahren zu diskreditieren, durch allgemein hohe Schulanforderungen die Berufsausbildung der Oberschicht zu gewährleisten. Dieses Verfahren beschrieb Johannes Schulze 1829 in der Antwort auf eine Eingabe des Berliner Provinzial-Schulkollegiums mit den denkwürdigen Worten, das Ministerium erachte es im allgemeinen für notwendig, »daß den die Gymnasien besuchenden jungen Leuten, welche sich den gelehrten Studien und demnächst einem Beruf widmen sollen, welcher Universitätsstudien erfordert, ihr Vorhaben nicht zu leicht gemacht, daß ihnen vielmehr schon in der Schule und mittels derselben die Beschwerden, Mühseligkeiten und Aufopferungen, welche die unvermeidlichen Bedingungen eines erfolgreichen, dem Dienst der Wissenschaft, des Staates und der Kirche gewidmeten Lebens sind, vergegenwärtigt und sie früh an den Ernst ihres Berufes gewöhnt und zur Ertragung ... der mit demselben verbundenen Arbeiten gestählt werden ...« (Paulsen 1921, S. 341f.).
Dementsprechend hat schon Paulsen darauf hingewiesen, daß für Altenstein und Schulze eben keineswegs pädagogische Überlegungen allein für die starke Anspannung der Schüler mitbestimmend gewesen seien. Angestrengte Pflichtarbeit sollte die einen von »politischer Schwärmerei«, die anderen, »die Minderbegabten und die Minderbemittelten«, vom Studium abhalten. Es besteht aller Anlaß, die staatliche Gymnasialpolitik jener Zeit nicht nur als besorgte Aufsicht zu verstehen, die den Übereifer einiger Philologen bremsen wollte. Bereits das verordnete Pensum war erdrückend. Es verlangte in der Woche mindestens 32, für die Mehrzahl der Schüler gar 34 und mehr Schulstunden und dazu in der Regel 30 häusliche Arbeitsstunden. Paulsen beschreibt den Normalarbeitstag eines vierzehn- bis sechzehnjährigen Sekundaners: »Nehmen wir an, er steht im Winter um 7 Uhr auf, ist von 8–12 oder 1 Uhr in der Klasse, geht eiligst nach Hause, sein Mittagessen einzunehmen, um von 2–4 Uhr wieder in der Schule zu sein. Um $\frac{1}{2}$ 5 Uhr ist er wieder zu Hause und hat nun noch, wenn es nach Altenstein und Johannes Schulze geht, Tag für Tag fünf Stunden, schreibe fünf Stunden häuslicher Arbeit vor sich; zuerst sind die Klassenaufgaben zu machen, dann die kontrollierte Privatlektüre zu erledigen, und nun wird er sich noch irgend welche Lieblingsaufgaben eigener Wahl stellen. Ist der Elfstun-

dentag erledigt, also etwa um 10 Uhr abends, so wird er an seine Erholung denken, ein wenig Musik treiben, ein Viertelstündchen am Familientisch plaudern, falls er es nicht vorzieht, sich ins Bett zu legen, um seiner Sorgen und Pensen auf einige Stunden zu vergessen.« (Paulsen 1921, S. 342)

Derartige Anspannung löste einen in der Bildungsgeschichte neuen Typus von Schulkritik aus. Wurde seit alters her, genauer seit dem Ende des siebzehnten Jahrhunderts, periodisch der Andrang angeblich Untauglicher zum Studium angeprangert und die Überfüllung der höheren Schulen und Universitäten offiziell beklagt, läßt sich noch weit länger eine immer wiederkehrende Debatte über den Formalismus in den Schulen und Hochschulen verfolgen, in der ihnen abwechselnd oder zugleich mangelnder Bezug zur Realität wie andererseits scholastische Entfremdung vom Geiste der Wissenschaften vorgeworfen wurde, so geht es nun und seitdem um das, was damals Überbürdung genannt wurde und heute Schulstreß heißt. Die gesellschaftliche Instrumentalisierung der höheren Schule durch den Staat stellte das Zweck-Mittel-Verhältnis erstmals auch aus der Sicht der Besucher in Frage. Da die Anforderungen des Abiturs die neue Bildungskonzeption mit der Berechtigungskette verknüpften, wurden sie und der erforderliche Aufwand zum Angelpunkt der Diskussion.

Der erste prominente Kritiker, Friedrich Wilhelm Thiersch, hatte 1826 in seinem Werk über die gelehrten Schulen noch ungetrübt die neuhumanistische Bildungsutopie vor Augen. Er wandte gegen die preußische Gymnasialpolitik ein, daß sie durch die Steigerung sowohl des altsprachlichen wie des realistischen Unterrichts die Schüler überfordere, »durch Ueberladung, Ueberspannung und Ueberbietung die Blüthe der Regsamkeit in der Jugend zerdrücke und die Sammlung des Geistes störe« (Varrentrapp 1889, S. 405). Die Teilnahme am Unterricht müsse aus der Bewunderung einzigartiger Bildungsgüter erwachsen, die den Geist erleuchten und das Gemüt erheben.

Nüchterner urteilte der Berliner Historiker Friedrich von Raumer wenig später in einer Arbeit über die preußische Städteordnung. Er mißbilligte, daß die neuen Gymnasien sich keinerlei berufspädagogischer Rücksicht mehr befleißigten, sondern alle ihre Schüler so behandelten, als würden sie später Gelehrte. Solche Allgemeinbildung drehe einem bloß allgemeinen Menschen wie einem gerupften Huhn künstliche bunte Federn, nämlich lateinische und griechische, zu lebenslänglichem Schmuck in die Haut. Früher wären die Schüler nach Maßgabe ihrer Anlagen und ihres künftigen Berufes gefördert worden; »jetzt dagegen heißt es: alles ist für jeden gleich wichtig und kein Fortschritt in eine höhere Klasse erlaubt, solange nicht das Wissen in allen Gegenständen gleichmäßig gewachsen ist. Diese Mechanik, vom Standpunkt untergeordneter, negativer Abstraktion für die höchste Weisheit ausgegeben, ertötet in Wahrheit Lust, Liebe, Geist, Individualität und verschafft in der Regel denjenigen das höchste Lob, die sich zu allen Gegenständen des menschlichen Wissens gleichmäßig verhalten, d.h. den geborenen Philistern. Beharrt man fernerhin bei diesen pedantischen Grundsätzen, so wird die Spaltung zwischen dem, was die Zeit gebieterisch verlangt und dem, was die Schule leistet, täglich wachsen und dann in übertriebenem Eifer die klassische Bildung vielleicht auch da verworfen werden, wo sie in der Tat unentbehrlich ist.« (Paulsen 1921, S. 336f.)

Ob solcher Kritik wurde der Professor von seinem Kultusminister hart gerügt und, als er keine Ruhe gab, sondern vielmehr noch auf seine eigene Erfahrung im Schulwesen und das Urteil vieler Schulmänner verwies, wegen Unbotmäßigkeit mit einer Ordnungsstrafe von zehn Talern belegt. Dem wachsenden Unbehagen war damit nicht abzuhelfen, die Überbürdungsfrage blieb von jetzt an auf der Tagesordnung. Die beiden Momente der Raumerschen Kritik, das Ornamentale abstrakter Allgemeinbildung und das Mechanische ihrer Vermittlung, wurden immer wieder aufgegriffen. Zu deutlich war einerseits die Gefahr der Veräußerlichung und damit die gesellschaftspolitische Funktion des gymnasialen Federschmucks. In einer Festrede zum Beginn des zwanzigsten Jahrhunderts an der Berliner Universität geißelte einer der berühmtesten Gelehrten seiner Zeit, der Altertumswissenschaftler Ulrich von Wilamowitz-Moellendorff, rückblickend die Folgen des neuen Bildungsideals: »So ward ein Ideal von allgemeiner Bildung aufgestellt, deren Vollbesitz, oder wenigstens seine staatliche Bescheinigung, den ›gebildeten Menschen‹, das deutsche Äquivalent des englischen Gentleman, machen sollte. Und dann stufte man neue Kasten ab, je nachdem jemand drei oder auch nur ein Fünftel dieser Bildung erhalten hatte. Und es wurden im Gegensatz zu früher Roheit Bildungshochmut und

Bildungsheuchelei spezifisch deutsche Laster. Ein Papier mit dem ominösen Namen Maturitätszeugnis ward der neue Adelsbrief, und mancher scheute sich, seinen Nebenmenschen als gleichberechtigt anzuerkennen, weil ihm die Gelegenheit gefehlt hatte, die Verba auf mi und die Kettenbrüche gleichfalls zu vergessen.« (Wilamowitz-Moellendorff 1901, S. 162f.)

Der gesellschaftlichen Veräußerlichung von Schulbildung leistete die Stoffhuberei entschieden Vorschub. Ungezählt die Klagen über die mechanische Viellernerei, der ursprüngliches Interesse und anfängliche Spontaneität zum Opfer fielen. Große Teile des Unterrichts dienten nicht dem lebendigen Zusammenspiel von Lehren und Lernen, sondern dem Abfragen und Abhören zu Hause gepaukten Stoffes. Das Pensum erdrückte vielfach beide, die Schüler wie die Lehrer. Der steten, ganz enggeführten Kontrolle der Schüler entsprach die der Lehrer durch die Schulaufsicht mit dem Direktor als erster Instanz.

Diese Seite des preußischen Gymnasiums zeichnete Thomas Mann am Ende der *Buddenbrooks* für die späten siebziger Jahre nach in der Erinnerung an den Wandel, den die ehemalige Lübekker Klosterschule unter dem Einfluß des Zeitgeistes erfahren hatte. Der zielte auf Pflicht, Dienst und Karriere, so sehr, »daß nicht allein die Lehrer, sondern auch die Schüler sich als Beamte empfanden, die um nichts als ihr Avancement und darum besorgt waren, bei den Machthabern gut angeschrieben zu stehen« (Mann 1901, S. 485). Den neuen Geist an der Alten Schule personifizierte der neue Direktor, vormals Professor an einem preußischen Gymnasium: »Ohne daß nämlich geklopft worden wäre, öffnete sich mit einem Ruck die Thür sperrangelweit, etwas Langes und Ungeheures kam herein, stieß einen brummenden Lippenlaut aus und stand mit einem einzigen Seitenschritt mitten vor den Bänken … Es war der liebe Gott. Herr Modersohn war aschfahl geworden und zerrte den Armstuhl vom Katheder herunter, indem er ihn mit seinem Schnupftuche abwischte. Die Schüler waren emporgeschnellt wie Ein Mann. Sie preßten die Arme an die Flanken, stellten sich auf die Zehenspitzen, beugten die Köpfe und bissen sich auf die Zungen vor rasender Devotion. Es herrschte tiefe Lautlosigkeit. Jemand seufzte vor Anstrengung, und dann war Alles wieder still. Direktor Wulicke musterte eine Weile die salutierenden Kolonnen, worauf er die Arme mit den trichterförmigen, schmutzigen Manschetten erhob und sie mit weit gespreizten Fingern senkte, wie Jemand, der voll in die Tasten greift. ›Setzt euch‹, sagte er dabei mit seinem Kontrabaßorgan. Er duzte Jedermann. Die Schüler versanken. Herr Modersohn zog mit zitternden Händen den Armstuhl herbei und der Direktor setzte sich zur Seite des Katheders. ›Bitte, nur fortzufahren‹, sagte er; und das klang genau so entsetzlich, als hätte er gesagt: ›Wir werden ja sehen, und wehe demjenigen …!‹ Es war klar, warum er erschienen war. Herr Modersohn sollte vor ihm eine Probe seiner Unterrichtskunst ablegen, sollte zeigen, was die Real-Untersekunda in sechs oder sieben Stunden bei ihm gelernt hatte; es galt Herrn Modersohns Existenz und Zukunft. Der Kandidat bot einen traurigen Anblick, als er wieder auf dem Katheder stand und Jemanden zur Wiederholung des Gedichtes ›The Monkey‹ aufrief. Und wie bislang nur die Schüler geprüft und begutachtet worden waren, so geschah es nun gleichzeitig auch mit dem Lehrer … Ach, es erging beiden Teilen schlecht! Das Erscheinen Direktor Wulickes war eine Überrumpelung, und niemand, bis auf zwei oder drei, war vorbereitet. Herr Modersohn konnte unmöglich die ganze Stunde lang Adolf Todtenhaupt fragen, der Alles wußte. Da ›The monkey‹ in Gegenwart des Direktors nicht mehr abgelesen werden konnte, so ging es jammervoll, und als die Lektüre von ›Ivanhoe‹ an die Reihe kam, konnte eigentlich nur der junge Graf Mölln ein wenig übersetzen, weil bei ihm ein privates Interesse für den Roman vorhanden war. Die Übrigen stocherten hustend und hülflos zwischen den Vokabeln umher. Auch Hanno Buddenbrook ward aufgerufen und kam nicht über eine Zeile hinweg. Direktor Wulicke stieß einen Laut aus, wie wenn die tiefste Saite des Kontrabasses heftig angestrichen wird. Herr Modersohn rang seine kleinen, ungeschickten, mit Tinte besudelten Hände und wiederholte jammernd: ›Und sonst ging es immer so gut! Und sonst ging es immer so gut!‹ Dies wiederholte er noch, als es schellte, verzweiflungsvoll halb an die Schüler und halb an den Direktor gewendet. Aber der liebe Gott stand fürchterlich aufgerichtet, mit verschränkten Armen vor seinem Stuhle und blickte mit abweisendem Kopfnikken starr über die Klasse hinweg … Und dann befahl er das Klassenbuch und schrieb langsam allen Denjenigen, deren Leistungen soeben mangelhaft oder gleich Null gewesen waren, einen Tadel wegen Trägheit hinein, sechs oder sieben Schülern auf einmal. Herr Modersohn konnte nicht eingeschrieben werden, aber er war schlimmer daran, als Alle; er stand da, fahl, gebrochen und abgethan. Hanno Buddenbrook aber war ebenfalls unter den Getadelten. – ›Ich will euch eure Carrière schon verderben‹, sagte Direktor Wulicke noch. Und dann verschwand er.« (Mann 1901, S. 510 ff.)

Bis das Gymnasium derart kritisiert werden konnte, dauerte es allerdings Jahrzehnte. Von den dreißiger Jahren ab betonte die amtliche Schulpolitik den inneren Zusammenhalt eines grundständigen Curriculums, jedenfalls für künftige Abiturienten. In diesem Sinne wurden die Anfangsklassen mit der gymnasialen Oberstufe im Laufe der Zeit immer enger verbunden. Die abschließende Abiturregelung, in Preußen 1834, und die späteren Lehrplanerlasse zielten auf das in sich geschlossene, deutlich abgehobene Gymnasium mit seinem Bildungsauftrag, Propädeutik für das Universitätsstudium zu leisten. Diese wurde dann immer mehr normiert durch die Aufhebung der Niveaukurse und die Organisation der Schule wie der Lehrpläne nach Jahrgangsklassen. (Müller 1977)

Der bürokratischen Differenzierung im Innern entsprach die äußere Aufteilung in Schultypen. Am Ende steht ein vielgegliedertes System voll- und teilausgebauter Anstalten verschiedenen Ranges des höheren und niederen Schulwesens, zwischen die sich in unserem Jahrhundert noch das mittlere Schulwesen schiebt, das seine Absolventen jeweils bestimmten Berufsfeldern zuweist und damit den Eindruck vermittelt, als habe es sich gemäß dem Bedarf der arbeitsteiligen Erwerbstätigkeiten entwickelt.

Zunächst gab es als vollausgebaute, neunjährige Anstalt, die zum Abitur führte, nur das altsprachliche Gymnasium; neben ihm eine Vielzahl von Stadt-, Bürger- und Realschulen, die als kürzere Formen, Vorschulen, inhaltliche Varianten oder auch als Mittelschulen arbeiteten. Eine altsprachliche Gelehrtenschule, der die beiden obersten Klassen fehlten, wurde Progymnasium genannt. Eine so verkürzte Schulform, in der aber statt Griechisch Englisch unterrichtet wurde – Latein und Französisch waren obligatorisch –, hieß zunächst Realschule, später auch höhere Bürgerschule und ab 1822 Realprogymnasium. Ausgebaut zur neunjährigen Anstalt mit der Berechtigung, die Abiturprüfung abzuhalten, wurde diese Form 1859 zur Realschule 1. Ordnung, ab 1882 zum Realgymnasium. Verzichtete man auf den neunjährigen Lateinunterricht, vor allem zugunsten naturwissenschaftlicher Fächer, handelte es sich um eine Realschule 2. Ordnung, die später den Namen Oberrealschule erhielt. Deren Kurzform konnte zunächst ebenfalls höhere Bürgerschule heißen und wurde dann später Realschule genannt. Zu dieser Form entwickelte sich auch ein Teil der ehemaligen Berufsfachschulen, der Provinzialgewerbeschulen, während andere von ihnen, vor allem in den größeren Städten, zu neunjährigen Oberrealschulen ausgebaut wurden. (Lundgreen 1980)

Aus der Vielfalt der Stadtschulen hoben sich so im neunzehnten Jahrhundert immer wieder einzelne empor, indem sie geltende Lehrplannormen übernahmen und damit zu höheren Schulen wurden, die Entlassungsprüfungen abzuhalten berechtigt waren. Die übrigen Stadtschulen blieben als Bürger-, Mittel- und höhere Mädchenschulen ihrer Aufgabe nach auch höhere Schulen, aber solche ohne Abschlußberechtigungen. Der heutige Mittelteil des dreigegliederten Schulwesens deutete sich an, als, in Preußen 1872, Mittelschulen amtlich eingeführt wurden, die allerdings damals noch zum niederen Schulwesen zählten und von ausgebauten Volksschulen sich oft wenig unterschieden.

Daß wohl andere Kräfte als allein oder auch nur vornehmlich ein bestimmter Qualifikationsbedarf von Wirtschaft und Verwaltung die Typenvielfalt prägten, läßt sich bereits aus den Proportionen ablesen. Nicht nur verweist darauf das quantitative Verhältnis des niederen zum höheren Schulwesen, sondern ebenso innerhalb dessen die Dominanz des altsprachlichen Gymnasiums. Noch in den sechziger Jahren, also am Ende der ersten großen Industrialisierungsphase, gingen in Preußen zwei Drittel aller Besucher höherer Schulen auf ein humanistisches Gymnasium. In der folgenden Zeit sank dieser Anteil zwar langsam, bildete aber auch zur Jahrhundertwende die stattliche Mehrheit. Rechnet man die Schüler der Realgymnasien hinzu, so drückt sich das Übergewicht der alten Lateinschule in ihren neuen Formen noch deutlicher aus. Mehr als achtzig Prozent der Schüler im höheren Schulwesen besuchten sie noch in den neunziger Jahren (Lundgreen 1980, S. 79). Unter den Abiturienten war, Ruppels Erhebung zufolge, das Übergewicht noch größer. Im letzten Viertel des Jahrhunderts stellten die alten Gymnasien vierundachtzig Prozent, knapp fünfzehn Prozent die Realgymnasien. Auf die Oberrealschulen entfiel kaum mehr als ein Prozent. (Ruppel 1904, S. 8) Der heute dominierende Typ des neusprachlich-naturwissenschaftlichen Gymnasiums führte bis zum Ende des Jahrhunderts der Industrialisierung ein Schattendasein. Die amtliche Schulpolitik hatte von Anfang an das humanistische Gymnasium hoch privilegiert, seinen Lehrplan dadurch hervorgehoben, daß nur er zum Abitur und damit zum Studium führte. Dieser Vorrang blieb auch nach dem Ausbau der anderen grundständigen Formen erhalten. Erlangten sie zwar das Recht, Abiturprüfungen abzuhalten, so war deren Geltung doch eingeschränkt. Die Abiturienten der höheren Realschulen blieben nicht nur vom Studium der Theologie, sondern ebenso von dem der Medizin und der Jurisprudenz sowie den meisten Fächern der Philosophischen Fakultät ausgeschlossen. Zugelassen zum Studium an den technischen Hochschulen wurden die Absolventen der Realgymnasien 1859, die der Oberrealschulen erst 1882. Zum Studium der Mathematik, der Naturwissenschaften und der neueren Sprachen berechtigt das Abitur der Realgymnasien ab 1870, für mathematische, naturwissenschaftliche, bergbauliche und forstwirtschaftliche Studiengänge das Abitur der Oberrealschulen erst ab 1891. Allein das altsprachliche Gymnasium durfte die allgemeine Hochschulreife erteilen. (Huber 1969, S. 920 f.)

Zweck solcher Bevorzugung war die standespolitische Absicht der Schulpolitik für den qualifizierten Nachwuchs einer dem monarchischen Staat auch unter den gewandelten Umständen eng verbundenen Oberschicht Sorge zu tragen. Anforderungen und Abgrenzungen gingen dabei Hand in Hand. Daß die Absichten der Regierungen so erfolgreich verwirklicht werden konnten, dazu trug das standespolitische Verhalten der Lehrer ebenso bei wie die entsprechenden Einstellungen der Eltern. Den Gymnasiallehrern war, in Preußen schon durch das Landrecht, die privilegierte Position des höheren Staatsbeamten zugeschrieben worden. Sie haben diese Position mit der Abgrenzung ihrer Schule durchweg verteidigt und bis heute behauptet. Sie bewahrten die Einheit des Gymnasiums als Grundständigkeit akademischer Propädeutik gegen alle Versuche einer pädagogischen Unterscheidung von Schulstufen wie als geschlossenes Lehrerkorps gegen alle Vorstellungen einer Unterscheidung der Lehrerbildung nach Fach und Stufe. Auch der technische Unterricht sollte am Gymnasium von akademisch vorgebildeten Gymnasiallehrern erteilt werden.

Die mit den Gymnasien und den Privatschulen um schulgeldzahlende Besucher konkurrierenden »mittleren« Schulen, also die Vielzahl der Stadtschulen, haben die Elitefunktion der Gymnasien zunächst bekräftigt. Es ging ihnen um den größeren Teil der Stadtjugend, der nach der Pflichtschulzeit in die bürgerlichen Berufe strebte. Doch die daraus folgende Festigung einer mittleren Position gegenüber dem höheren und dem niederen Schulwesen wurde durch die Standespolitik der Lehrer immer wieder in Frage gestellt. Ungeachtet der späteren Berufstätigkeit ihrer Schüler suchten die Lehrer den Anschluß an die Gymnasialbildung. Das galt auch für die Tendenz der Gewerbeschulen, sich zu Oberrealschulen zu entwickeln. Beispielhaft hieß es im Programm der Friedrichs-Werderschen Gewerbeschule zu Berlin noch 1861, sie verfolge ausschließlich den Zweck der Vorbildung für die bürgerlichen Berufe und das gewerbliche Leben, wolle also das geistige Vermögen ihrer Schüler zu derjenigen Entwicklung bringen, »welche die notwendige Voraussetzung einer freien und selbständigen Erfassung des späteren Lebensberufes bildet«. Sechs Jahre später hebt das Programm neben dem allgemeinen Ziel der Vorbereitung auf den bürgerlichen Beruf eigens hervor, daß eine gründliche Vorbildung für die Studien auf technischen Hochschulen Aufgabe der oberen Gewerbeschulklassen sei. Im Programm von 1879 hatten sich die Gewichte weiter verschoben: »Die Gewerbeschule bildet ihre Schüler für die Studien auf technischen Hochschulen. In ihren mittleren Klassen verfolgt sie zugleich das Ziel der Vorbildung für den bürgerlichen Beruf.« Ein Jahrzehnt später war dann das Entwicklungsziel der Schule erreicht: »Die Gewerbeschule ist eine Oberrealschule. – Sie erstrebt in ihrem 9jährigen Lehrgange die wissenschaftliche Vorbildung für alle diejenigen Berufszweige, deren Aufgabe es ist, die Kräfte der Natur dem Menschen dienstbar zu machen, Naturerzeugnisse zu gewinnen, zu verarbeiten und in den Verkehr zu bringen; sie strebt danach, eine möglichst vollkommene Vorbildung für alle Studien auf technischen Hochschulen zu geben.« (Müller 1977, S. 742)

Die formale Anpassung an die Prinzipien grundständiger Hoch-schulpropädeutik vernachlässigte die Interessen all der Schüler, die anschließend in das gewerbliche Leben strebten. Mit ihr ver-banden sich aber Erwartungen und Ansprüche jener Familien, deren Söhne studieren und mit dem Abitur auch das volle Stu-dienrecht, die allgemeine Hochschulreife erlangen wollten. Vom Unterrichtsinhalt her gesehen ließen sich die neuen Schulen, den lebenden Sprachen, der neueren Geschichte und den Natur-wissenschaften gewidmet, als die Gymnasien des neuen Mittel-standes auffassen. Im Kampf um die Gleichberechtigung dieser neuen mit den alten Gymnasien, wie auch der technischen Hoch-schulen, die damals noch kein Promotionsrecht besaßen, mit den Universitäten, ging es so auch um die gesellschaftliche Anerken-nung des neuen Standes der qualifizierten, aber nicht akademi-schen Angestellten und Beamten. Insofern aber die herrschende Schulpolitik in ihrem Kern Standespolitik war, mußte der An-spruch auf Gleichberechtigung der Bildungsgänge zu einem ge-sellschaftlichen Konflikt ersten Ranges führen. Mit dem her-kömmlichen Verständnis vom Gymnasium des neunzehnten Jahrhunderts als einer »Standesschule« für den Nachwuchs der sozialen Oberschichten läßt sich durchaus vereinen, daß die Mehrzahl seiner Besucher nicht der Oberschicht selbst entstamm-te. Handelte es sich doch nicht um eine ihr exklusiv vorbehaltene Einrichtung wie vordem die Ritterakademien als Berufsfachschu-len des Adels, sondern um eine öffentliche Bildungsanstalt, deren Aufgabe darin bestand, beides miteinander zu verbinden, die Qualifizierung des »geborenen« und die anpassende Auslese des übrigen Nachwuchses. Für diesen war die höhere Schule schon immer ein Vehikel des sozialen Aufstieges, seit der Verknüpfung von Bildungsgang und Berechtigungswesen allerdings mit einem weit höheren Anspruchscharakter versehen als früher. Erst im Verein mit Lehrplan und Laufbahn erlaubt das Herkommen der Schüler ein Urteil über die gesellschaftliche Rolle des Gymna-siums.

In der ersten Hälfte des neunzehnten Jahrhunderts erreichte der mit der Entfaltung der modernen Gesellschaft in Europa zu-nächst einhergehende Prozeß der Inanspruchnahme höherer Schulbildung durch die Oberschichten seinen Gipfel (Kaelble 1981). Wachsende Anforderungen an die Inhaber der höheren

Berufspositionen und immer verbindlichere Prüfungsbestimmungen drängten die Söhne der Oberschichten in das öffentliche Bildungswesen. Da dessen quantitative Entwicklung nach der ersten Wachstumswelle in den zwanziger Jahren stagnierte, die Beschäftigungskrise der dreißiger Jahre einen drastischen Rückgang der Studentenzahlen herbeiführte, deren im Vergleich zum Bevölkerungszuwachs sinkende Frequenz sogar bis in die sechziger Jahre anhielt, blieben die Aufstiegsmöglichkeiten für die übrigen Schichten sehr eng (Titze 1981). Eine Tendenzwende zeichnet sich erst gegen Ende des Jahrhunderts ab. Mit dem Wandel der gesellschaftlichen Lebensbedingungen setzte eine allgemeine Zunahme des Bedarfs akademisch Ausgebildeter ein. Vor allem aber begann der Charakter der Nachfrage nach höherer Schulbildung sich grundlegend zu verändern.

An der Ausdehnung des weiterführenden Schulwesens hatten die Gymnasien keinen Anteil. Wie schon seit den dreißiger Jahren ihre Schülerzahl kaum mehr als dem Bevölkerungswachstum entsprechend zugenommen hatte, blieb die Besuchsfrequenz auch in der einsetzenden Bildungsexpansion bemerkenswert konstant. Den Zuwachs brachten die neuen Formen der höheren Schule, Realgymnasium und Oberrealschule und der neue Typ der Realschule als Mittelschule (Ringer 1979). Die Vorrangstellung des Gymnasiums spiegelte sich auch weiterhin in der sozialen Herkunft seiner Besucher. Inzwischen erreichten, der Durchsetzung der Grundständigkeit des Lehrplanes entsprechend, mehr Schüler der unteren auch die oberen Gymnasialklassen, und ein höherer Anteil erlangte das Abitur, allerdings bis 1914 in Preußen weniger als ein Viertel der Sextaner (Conze 1976b, S. 674), in den süddeutschen Ländern und in Sachsen etwas mehr (Koppenhöfer 1980, S. 262). Nimmt man die Verhältnisse in Berlin zum Maßstab, so war der Anteil der Söhne aus den Oberschichten unter den Abiturienten schon in den ersten Jahrzehnten des Jahrhunderts, einer Zeit kräftigen Schülerzuwachses, erheblich gesunken – auf etwa zwei Fünftel gegenüber einem Anteil von drei Vierteln um die Jahrhundertwende –, doch behaupteten sie ihre dominierende Position gegenüber den Kindern des alten wie andererseits des neuen Mittelstandes bis zum Ende des Kaiserreiches. Auch quantitativ blieb ihr Anteil unter den Abiturienten der humanistischen Gymnasien in diesem Umfang bis 1914 erhalten. Der Vergleich der Schulformen verdeutlicht das soziale Profil. Auf den neuen Schulen, den Realgymnasien und den Oberrealschulen, machten die Kinder der Oberschichten denen der Mittelschichten Platz. Allerdings erhielten diese durch die Position, die sie damit im höheren Schulwesen gewannen, zunächst nur beschränkte Berechtigungen. Aber sie bestimmten die neue Bildungsexpansion. Die Kinder der Arbeiter dagegen blieben von allen Formen der höheren Schule nach wie vor praktisch ausgeschlossen (Müller 1977, S. 522 ff.).

Dieses Muster bestätigten Untersuchungen in anderen Städten und Ländern. Kinder der Oberschichten, der höheren Beamten, des gebildeten und des besitzenden Bürgertums, erreichten in den norddeutschen Ländern und Württemberg das Gymnasium auf dem bevorzugten Wege einer besonderen dreiklassigen Vorschule. Kinder aus den anderen Schichten besuchten die Volksschule und konnten, wenn überhaupt, frühestens nach vier Jahren auf eine höhere Schule gelangen. Nach einer Erhebung der Stadt Barmen im Jahre 1905 stammte die Hälfte der Besucher des dortigen Gymnasiums aus den Oberschichten, aber noch nicht zwei Prozent aus den breiten arbeitenden Unterschichten der Industriestadt. Das soziale Profil der verschiedenen Formen der höheren Schulen trat deutlich zutage. Gegenüber dem altsprachlichen Gymnasium überwogen im Realgymnasium und noch stärker in der Oberrealschule die Kinder der Mittelschichten. Wie der Vergleich des sozialen Herkommens in den einzelnen Schulstufen zeigt, waren die Aussichten für die Kinder der gebildeten Ober- und Mittelschichten erheblich besser als für die der besitzenden, besonders gut für die Kinder von Akademikern und besonders schlecht für jene aus Arbeiterkreisen. (Titze 1973, S. 200 ff.)

Mit der Verstaatlichung des höheren Schulwesens und damit der Installation des Berechtigungswesens erhielt auch im Herzogtum Braunschweig das Gymnasium seine »bildungsständische Orientierung«. Überwiegend besuchten es in der zweiten Hälfte des neunzehnten Jahrhunderts Schüler, deren Väter im öffentlichen Dienst oder in freien Berufen tätig waren. Die Söhne des Wirtschaftsbürgertums blieben, ganz anders als in der Braunschweiger Realschule, unterrepräsentiert, die der Arbeiterschaft praktisch ausgeschlossen. (Schönemann 1983)

Für das Land Bayern analysierte Koppenhöfer die verfügbaren

Unterlagen. Aus den Herkunftsvergleichen der Schüler der Gymnasien und der höheren Bürgerschulen in den letzten Jahrzehnten des neunzehnten Jahrhunderts folgerte er: »Die Bedeutung von Latein und Griechisch für die Abschreckung und selektive Wirkung auf die Kinder der Unterschichten und der gewerblichen und bäuerlichen Mittelschichten, ja des Wirtschaftsbürgertums war handgreiflich.« (Koppenhöfer 1980, S. 229)

Dem Bildungskanon, der die soziale Auslese vermittelte, entsprachen die Bewertungen im Bildungsbürgertum, mathematisch-naturwissenschaftliche Kenntnisse wurden geringer geschätzt, das Verhältnis zu den neueren Sprachen war eher literarisch als umgangssprachlich bestimmt, und das Wissen um die neuere Geschichte und die politische Gegenwartskunde blieb vergleichsweise dürftig. Kritik am Vorrang und den Ausbildungsmängeln der altsprachlichen Gymnasien speiste sich wie vordem die Klage über die Lateinschulen aus den Kreisen der Handwerker und Landwirte, der Kaufleute und Industriellen. Deutlicher als in den Nachbarstaaten traten in den deutschen Ländern Geist und Geld, Bildung und Besitz im Ansehen auseinander. Doch gerade wegen dieser Prestigedifferenz erstrebten zu Wohlstand gelangte Bürgerfamilien Bildungspatente für ihre Kinder aus Legitimationsgründen wie in der nächsten Stufe den Reserveoffiziersstatus.

Daß sich große Teile des Wirtschaftsbürgertums den vorindustriellen, obrigkeitsstaatlichen Wertvorstellungen der Oberschicht, in der neben Adel und Militär die Beamtenhierarchie eine charakteristische Rolle spielte, unterordneten, bezeichnete in der zweiten Hälfte des neunzehnten Jahrhunderts einen besonderen Akzent der deutschen Gesellschaftsentwicklung. Ihm entsprach der vergleichsweise große Anteil von Beamtenkindern auf dem Gymnasium, auch aus Kreisen der mittleren und unteren Beamtenschaft, die Volksschullehrer eingeschlossen. Deren beharrliches Bildungsstreben, das weder durch gezielte Gegenpropaganda noch langes Warten auf Anstellung sich nennenswert entmutigen ließ, bezeichnet Titze als das vielleicht interessanteste Einzelphänomen der von ihm in seiner Studie zu den Überfüllungskrisen in den akademischen Karrieren untersuchten Prozesse: »In ihrem Durchhaltevermögen war diese Schicht selbst ein Produkt des Systems, von dessen eigendynamischen, gesellschaftsverändernden Tendenzen sie in den kritischen 8oer und 9oer Jahren weitgehend ausgeschlossen werden sollte: des öffentlichen Berechtigungs- und Laufbahnsystems. Als Beamte auf den mittleren und unteren Stufen dieses hierarchischen Systems hatten die Väter dieser Studentengruppe im eigenen Berufsleben erfahren und gelernt, was Bildungspatente für den Einstieg in die unterschiedlichen Ränge und für den Aufstieg innerhalb der Rangordnung des Laufbahnsystems bedeuten. Diese unmittelbare Erfahrung gaben sie an ihre Söhne weiter, die den Aufstieg in der Hierarchie des öffentlichen Dienstes dort fortzusetzen bestrebt waren, wo die nichtakademisch gebildeten Väter auf unüberwindliche Aufstiegsbarrieren gestoßen waren.« (Titze 1981, S. 210) In Frankreich andererseits blieb in jener Zeit der Besuch der entsprechenden Schulen in höherem Maße den Kindern der Oberschichten vorbehalten, unter denen aber die Wirtschaftsgruppen eine weit größere Rolle spielten. »The difference between a Gymnasium and a lycée around 1900 was that the Gymnasium represented status, while the lycée was integrally bourgeois.« (Ringer 1979, S. 169 f.) Dafür wurden in Deutschland die höheren Realschulen und die technischen Hochschulen stärker ausgebaut.

Diese vertikale Trennung, zusätzlich zu der traditionellen horizontalen Spaltung, die die handarbeitende Bevölkerung auf die Volksschulen beschränkte, durchzog das gesamte weiterführende Bildungssystem und verfeinerte die grundständige Zuordnung bestimmter Arten von Allgemeinbildung zu ganz bestimmten Berufsbereichen. Keine Schulorganisation war in diesem Sinne so berufsbezogen, genauer: so berufsständisch orientiert wie die der deutschen Länder und blieb es bis in unsere Tage. Daß das Gymnasium dabei vorzüglich dem höheren öffentlichen Dienst und den akademischen Professionen zugeordnet war, wiesen die Berufswünsche seiner Abiturienten noch weit deutlicher aus als ihr soziales Herkommen. Ruppels Analyse der Studienwünsche und Berufswahlen der Abiturienten Preußens in den Jahren 1875 bis 1899 zufolge strebten mehr als vier Fünftel der damaligen Absolventen altsprachlicher Gymnasien in diese Berufe der gebildeten und verwaltenden Oberschichten, dagegen jeweils nur eine Minderheit der Abiturienten der Realgymnasien und der Oberrealschulen, von denen überhaupt nur ein Fünftel studieren wollte. Sie zielten vielmehr auf Positionen in Industrie, Gewerbe und Handel ab, vor allem als Techniker, im übrigen als Kaufleute;

unter den Abiturienten der Oberrealschulen jener Zeit zusammengenommen zwei Drittel. (Ruppel 1904, S. 35 ff.) Demgegenüber gingen kaum Absolventen der humanistischen Gymnasien in die Privatindustrie, in Preußen so wenige wie beispielsweise in Baden, wo ebenfalls vier Fünftel von ihnen in akademische oder Beamtenberufe gelangten (Koppenhöfer 1980, S. 234).

Schulkrieg um die Hochschulreife

Seit den Gründerjahren des Kaiserreiches verschärfte sich der jahrzehntealte Schulkrieg, wuchs der Protest gegen das ungerechte Berechtigungswesen wie dessen beharrliche Verteidigung. Als das preußische Kultusministerium den Abiturienten der Realgymnasien 1870 erstmals den Zugang zu den Universitäten, allerdings nur zum Studium der Fächer Mathematik, Naturwissenschaften und neuere Sprachen, öffnete, verhärtete sich der Widerstand der Gymnasialpartei, die auf die Abschaffung der Realgymnasien drängte. Unversöhnlich standen sich auf der Schulkonferenz 1873 die Gegensätze gegenüber. Das Ministerium benötigte lange Zeit, ehe es 1882 neue Lehrpläne herausgab. Mit ihnen wurden die drei Formen der höheren Schule und die neue Realschule als amtliche Mittelschule geschaffen. (Huber 1969, S. 914 f.) Zwar mußte das altsprachliche Gymnasium eine Kürzung seines Lateinunterrichts und den von der Quinta auf die Untertertia verschobenen Beginn des Griechischen zugunsten vermehrter Stunden für Deutsch und Naturwissenschaften hinnehmen, aber die Leistungsansprüche blieben unverändert. Dem Realgymnasium andererseits wurden zusätzliche Lateinstunden vorgeschrieben, die Studienrechte seiner Abiturienten aber nicht erweitert. »So blieben also«, kommentiert Friedrich Paulsen, »die beiden Übel, um deren Beseitigung es sich eigentlich handelte: die Überbürdung und der Schulkrieg.« (Paulsen 1921, S. 585)
Die Lehrer der Realschulen hatten sich im Allgemeinen Deutschen Realschulmännerverein zusammengeschlossen, der um die Gleichberechtigung kämpfte. Ein Deutscher Einheitsschulverein wollte den angebahnten Weg der Lehrplanannäherung von beiden Seiten energisch fortsetzen und durch eine gemeinsame Unterstufe das altsprachliche mit dem Realgymnasium organisato-

179

risch verschmelzen. Nachdrücklich meldeten sich die Interessenten aus Technik, Wirtschaft und Kommunalpolitik zu Wort. (Führ 1980, S. 195) Den Verein Deutscher Ingenieure wie die Handelskammern beschwerten die Benachteiligung ihrer Mitglieder wie der vorgebliche Schaden falscher Bildungspolitik für den wirtschaftlichen Fortschritt. Die Magistrate der Industriestädte kämpften als Schulträger für die Interessen ihrer Steuerzahler. Der Herausgeber der *Täglichen Rundschau*, Friedrich Lange, organisierte eine massenhafte Unterschriftenaktion, an der sich Tausende von Kaufleuten, Ingenieuren und Industriellen, aber auch Ärzten und Lehrern beteiligten und die von einem Ausschuß für deutsche Schulreform im Verein mit dem VDI dem Reichskanzler übergeben wurde. Die Aktion forderte eine neue Schulkonferenz mit dem Ziel, die Verbindung des humanistischen und realistischen Unterrichts in einer gemeinsamen Schule zu erreichen, die zunächst als einheitliche sechsklassige Mittelstufe beginnen und dann in drei gleichberechtigte Oberstufenformen einmünden sollte. Solch eingreifende Reformabsichten mobilisierten die Vertreter der Gelehrtenschulen. Auch sie brachten einige tausend Unterschriften für eine »Heidelberger Erklärung«, die dem Gymnasium das Vertrauen aussprach, gründeten 1890 einen »Gymnasialverein« und die Zeitschrift *Das Humanistische Gymnasium*. Dem Heidelberger Manifest, das fünfhundert und damit rund ein Drittel der damals lehrenden Professoren unterschrieben hatten, folgte die von dem Leipziger Physiologen Ludwig angeregte »Leipziger Gegenerklärung«, in der vierhundert anders gesonnene Professoren die Mängel der Gymnasialbildung für das Studium der Medizin und der Naturwissenschaften anprangerten (Schmeding 1956, S. 125).

In der großen Wirtschaftsdepression, die in der Mitte der siebziger Jahre begonnen hatte und annähernd zwei Jahrzehnte anhielt, vermengte sich der Schulstreit mit der Überfüllungsklage. Die rasch wachsenden Schwierigkeiten für viele Akademiker, die auf dem Wege des altsprachlichen Gymnasiums zu ihrer Berufsausbildung und ihrem Berechtigungsanspruch gelangt waren, im höheren Dienst als Juristen oder Gymnasiallehrer eine Anstellung zu finden, Wartezeiten von sechs, acht Jahren waren keine Seltenheit, ließen die einen die gesellschaftlichen Lasten derart unproduktiver Überproduktion anprangern und die mangelhafte Förderung von Ingenieuren und Technikern beklagen, die die deutsche Wirtschaft im internationalen Konkurrenzkampf um die Exportmärkte benötige (Glöckner 1976, S. 71). Die anderen aber wiesen auf den Zustrom gerade zu den lateinlosen Schulen hin, fühlten sich in den überkommenen Ausleseprinzipien bestätigt und sahen allein in ihrer Verschärfung ein wirksames Mittel gegen das »Abiturientenproletariat«. Diesen Begriff führte der Reichskanzler Fürst Bismarck in der Debatte zur Verlängerung der Sozialistengesetze ein: »Es ist die Überproduktion an halbgebildeten Leuten, die in Rußland die nihilistische Wirkung hat.« (Müller 1977, S. 278) Bücher und Abhandlungen zur Überfüllung der Gymnasien und Universitäten überschwemmten den Markt.

Besonders einflußreich waren die Schriften des hallischen Staatswissenschaftlers Conrad, der erstmals für alle deutschen Universitäten zusammengenommen statistische Untersuchungen über die Studentenzahlen seit 1830 anstellte. Der kräftige Zustrom in jüngster Zeit, überproportional auch im Verhältnis zum raschen Bevölkerungswachstum, mußte, so Conrads vorgeblich volkswirtschaftlich begründete Forderung, an seinem Ursprung eingedämmt werden. Wenn schon dem Zug der Zeit nicht zu begegnen wäre, käme alles darauf an, das Streben nach höherer Bildung früh zu kanalisieren, also den Strom von den Gymnasien abzuleiten. Diese hätten allein der Universitätspropädeutik zu dienen und sollten von nur so wenigen besucht werden, wie später gesichert einen Platz im akademischen Berufsleben und, vermittels Tradition und Besitz ihrer Elternhäuser, in der guten Gesellschaft fänden. Hochbegabte ärmere Schüler könnten nur im Ausnahmefall zugelassen und müßten von ihren Familien getrennt »in guten Erziehungsanstalten nach allen Richtungen für einen gelehrten Lebensberuf erzogen« werden (Conrad 1884, S. 230). Die Kinder des Mittelstandes, vorgesehen für das praktische Erwerbsleben in Wirtschaft und Industrie, gehörten auf sechs-, nicht aber neunklassige, lateinlose Realschulen, die sie sachlich auf ihre Berufe vorbereiten und zugleich gar nicht erst in Versuchung führen würden, höhere Ziele anzustreben. Entsprechend wäre für die große Zahl der Handarbeitenden die Elementarschule ebenso ausreichend wie verbindlich.

Im Interesse strikter Berufspädagogik warf Conrad den Regierungen vor, die Realschulen zu vernachlässigen und den Besuch der Gymnasien zu begünstigen. Eine Gelehrtenschule dürften kleinere Städte erst dann erhalten, wenn sie bereits mindestens eine Bürgerschule betrieben. Den Gymnasien sollten geringere Beiträge von Staat oder Stadt zufließen, dafür hätten sie zur Abschreckung wie zur Selbstfinanzierung drastisch das Schulgeld zu erhöhen. Vor allem kritisierte Conrad die ambivalenten Folgen der Bevorzugung der Gymnasien durch das Berechtigungswesen. Die vielgestaltigen Privilegien, die nicht erst den Abiturienten, sondern schon den vorzeitigen Abgängern zuständen, übten einen amtlich verschuldeten Sog aus. Ihm zu begegnen, sollten nur die Abschlußexamen der Schulen Rechte erteilen, abgestuft nach der Art der Schule. In keinem Beitrag zur bildungspolitischen Diskussion jener Zeit wird der Zusammenhang von Wissen und Macht, Schule und Herrschaft so rigoros durchdacht, um gegen das demokratische Postulat, Schulbildung überall zu verbreiten und so weit wie möglich zu erhöhen, auf deren portionsweiser Zuteilung zu bestehen, damit die berufsständische Zuordnung der Heranwachsenden garantiert bliebe. Denn allgemeine Schulbildung würde die wirtschaftliche Leistungsfähigkeit kaum verbessern, während »die Bedürfnisse gewaltig gesteigert werden und daher zu oft ein Mißverhältnis zwischen wirtschaftlichen Leistungen einerseits und den Bedürfnissen andrerseits herbeigeführt wird. Aus all dem Gesagten folgt, daß man nichts Schlimmeres thun kann, als einseitig die Schulbildung in die Höhe zu schrauben, unbekümmert darum, wie dieselbe wirken wird« (Conrad 1884, S. 213).

So dringlich das Hin und Her der Argumente und Vorwürfe nach einer Schulkonferenz verlangte, im Ministerium sprachen die Erfahrungen der letzten kaum dafür, eine neue Konferenz einzuberufen. Zu sehr hatten sich die Fronten verfestigt. Andererseits konnte der Konflikt nicht parlamentarisch behandelt werden, da es kein Schulgesetz gab. Die Angelegenheit fiel also allein in die Kompetenz der Verwaltung. Deren monarchische Spitze gab den Ausschlag. Es war der neue Kaiser, Wilhelm II., der die Gelegenheit ergriff, um mit und vor einer Schulkonferenz seine Bildungspolitik zu demonstrieren. Die umstrittenen Berechtigungsfragen waren ihm dabei ziemlich gleichgültig ebenso wie die gesellschaftliche Anerkennung des Mittelstandes. Es ging ihm vielmehr um die Ablösung der starren, erfolglosen Innenpolitik Bismarcks durch eine geschmeidigere Abwehr der sozialdemokratischen Fundamentalopposition. An die Stelle von Verbot und Verfolgung sollten einander ergänzend Erziehungs- und Sozialpolitik treten, der Internationale Muttersprache und Vaterland entgegengehalten werden, dem Anarchismus die Wohltaten von Königshaus und Privatbesitz.

Diese politische Absicht verband sich insofern mit der pädagogischen Diskussion, als in ihr Gegenwartsferne und Weltfremdheit humanistischer Gymnasialbildung schon seit langem beklagt wurden. Mit der Reichsgründung hatte die preußische Schulverwaltung ihren Argwohn gegenüber einem deutschen Nationalbewußtsein aufgegeben. In der Schulkonferenz von 1873 machte man sich darüber Gedanken, wie die Pflege des Bewußtseins deutscher Nationalität gefördert werden könnte. Es ging insbesondere darum, den Aufstieg der Hohenzollern, Brandenburgs Weg zur europäischen Großmacht mit der deutschen Geschichte zu verbinden, die im Unterricht nicht mehr bei den Befreiungskriegen enden, sondern nach den Siegen von 1866 und 1871 bis in die Gegenwart des neuen Kaiserreiches weitergeführt werden sollte.

Die Lehrpläne von 1882 gaben erstmals auch Hinweise dafür, wie der Deutschunterricht an den Gymnasien auszugestalten sei. Als nationale Pflicht jedes Gebildeten galt nun, die wertvollen Schätze der klassischen Dichtung des eigenen Volkes sich anzueignen und im Gedächtnis zu bewahren. In seiner Eingabe an den Reichskanzler forderte am Ende des Jahrzehnts der Ausschuß für deutsche Schulreform, »daß heute nicht mehr die toten Sprachen und die alte Kultur, sondern die deutsche Sprache, die deutsche Literatur und die deutsche Geschichte zum Ausgangs- und Mittelpunkt einer deutschen nationalen höheren Bildung gemacht werden müssen« (Brunkhorst 1956, S. 50). In diesem Sinne wollte der Monarch das Gymnasium seiner Bildungspolitik einfügen. Die allgemeinen Richtlinien verfügte er mit jener Kabinettsorder, in der die Schule zum Hauptkampfplatz des Feldzuges gegen die Sozialdemokratie bestimmt wurde (vgl. a. a. O., S. 101 f.). Das Kultusministerium erarbeitete eine »Denkschrift zur Ausführung des Allerhöchsten Erlasses vom 1. Mai 1889« und ging daran, eine Schulkonferenz vorzubereiten. Den Provinzial-Schulkollegien teilte es mit: »Dem höheren Schulwesen fällt hiernach die Aufgabe zu, in noch wirksamerer Verfolgung seiner bisherigen Ziele diejenigen Gesellschaftsklassen, welche zu maßgebendem Einflusse auf unser gesammtes Volksleben berufen sind, nicht nur mit dem dazu nöthigen fruchtbringenden Wissen auszurüsten, sondern ihnen auch durch eine auf dem Grunde des Christenthumes und des deutschen Volksgeistes beruhende Erziehung eine dauernde Richtung des Willens und des Charakters zu geben. ... Dies wird allgemein anerkannt, aber über die zur Erreichung jenes Zieles einzuschlagenden Wege herrschen verschiedene und zum Theil einander widersprechende Ansichten. Es hat sich daher empfohlen, durch gemeinsame Berathung von Männern verschiedener Lebensstellung zu ermitteln, welche von den zahlreichen Vorschlägen zur Verbesserung unseres höheren Schulwesens berechtigt und wie dieselben unter einander auszugleichen, besonders aber, wie sie für die geschichtlich überkommenen Schulformen zu verwerthen sind.« (Deutsche Schulkonferenzen 1972 a, S. 9)

Den im Dezember 1890 versammelten Fachleuten der höheren Schulen und der Schulaufsicht, vornehmlich Anhänger der Gymnasialpartei, den Kirchenmännern, Wissenschaftlern, Industriellen, Parteipolitikern aus dem preußischen Abgeordnetenhaus und Beamten aus fünf Ministerien sowie je einem Gymnasialfachmann aus Baden, Elsaß-Lothringen und Hessen wurde allerdings in einer Liste von vierzehn Fragen nur eine vorgelegt, die den schulpolitischen Anlaß direkt berührte: »Durch welche Mittel vermögen die höheren Lehranstalten in möglichster Uebereinstimmung mit der Familie auf die sittliche Bildung ihrer Schüler einzuwirken?« (Deutsche Schulkonferenzen 1972 a, S. 21) Um so deutlicher äußerte sich der Kaiser. Nach der Eröffnungsansprache des preußischen Kultusministers von Goßler, die abgesehen von der Rekapitulation hohenzollernscher Schulpolitik vor allem dem Überfüllungsproblem gewidmet war, da »durch eine übermäßige Zahl von höheren Schulen und durch eine übermäßige Produktion von akademisch Gebildeten alle gelehrten Berufsfächer überfüllt waren und nun in der Noth, im Kampf um das Dasein eine Menge Zweifel auftraten, ob die Schule selbst, die Unterrichtsmethode eine Verschuldung treffe« (Deutsche Schulkonferenzen 1972 a, S. 68 f.), ergriff der Monarch zur allgemeinen Überraschung selbst das Wort. Er bezog sich auf seine eigene Erfahrung. Erstmals hatte, von höchstem Symbolwert für die Integration des Adels in das staatliche Bildungssystem, ein preußischer Kronprinz ein öffentliches Gymnasium besucht, 1874 bis 1877 in Kassel, und dort sein Abitur abgelegt. Nicht anders als Bismarck, der ein halbes Jahrhundert zuvor auf öffentliche Schulen in Berlin ging und im Grauen Kloster das Abitur bestand, kritisierte Wilhelm II. die vom Standpunkt der Monarchie ungenügende politische Erziehung auf den Gymnasien. »Als normales Produkt unsres staatlichen Unterrichts verließ ich 1832 die Schule als Pantheist«, erinnert sich Bismarck später, »und wenn nicht als Republikaner, doch mit der Überzeugung, daß die Republik die vernünftigste Staatsform sei, und mit Nachdenken über die Ursachen, welche Millionen von Menschen bestimmen könnten, Einem dauernd zu gehorchen, während ich von Erwachsenen manche bittere oder geringschätzige Kritik über die Herrscher hören konnte.« (Bismarck 1932, S. 5)

Vieles hatte sich seit dem Vormärz insbesondere im kaiserlichen Deutschland verändert. Zum Kampfplatz aber waren die höheren Schulen nicht geworden. Jede direkte Politisierung widersprach dem Selbstverständnis der Gymnasiallehrer als Wissenschaftler wie als Pädagogen. Eben darin sah Wilhelm II. ihre Pflichtverletzung gegenüber der nationalen Aufgabe und den Grund für sein persönliches Eingreifen: »Wenn die Schule das gethan hätte, was von ihr zu verlangen ist, – und Ich kann zu Ihnen als Eingeweihter sprechen, denn Ich habe auch auf dem Gymnasium gesessen und weiß, wie es da zugeht – so hätte sie von vornherein von selber das Gefecht gegen die Sozialdemokratie übernehmen müssen. Die Lehrerkollegien hätten alle miteinander die Sache fest ergreifen und die heranwachsende Generation so instruiren müssen, daß diejenigen jungen Leute, die mit Mir etwa gleichaltrig sind, also von etwa 30 Jahren, von selbst bereits das Material bilden würden, mit dem Ich im Staate arbeiten könnte, um der Bewegung schneller Herr zu werden. Das aber ist nicht der Fall gewesen.« Die Gymnasien verstünden ihr Geschäft vornehmlich als Gymnastik des Geistes. »Wer selber auf dem Gymnasium gewesen ist und hinter die Coulissen gesehen hat, der weiß, wo es da fehlt. Und da fehlt es vor Allem an der nationalen Basis. Wir müssen als Grundlage für das Gymnasium das Deutsche nehmen; wir sollen nationale junge Deutsche erziehen und nicht junge Griechen und Römer.« Der Deutschunterricht müßte daher neu bewertet, in der Geschichte, der Geographie und der Sage das Nationale gefördert werden. »Warum werden denn unsere jungen Leute verführt? Warum tauchen so viele unklare, konfuse Weltverbesserer auf? Warum wird immer an unserer Regierung herumgenörgelt und auf das Ausland verwiesen? Weil unsere jungen Leute nicht wissen, wie unsere Zustände sich entwickelt haben und daß die Wurzeln in dem Zeitalter der französischen Revolution liegen. Und darum bin Ich gerade der festen Ueberzeugung, daß, wenn wir diesen Uebergang aus der französischen Revolution in das 19. Jahrhundert in einfacher, objektiver Weise in den Grundzügen den jungen Leuten klar machen, so bekommen sie ein ganz anderes Verständniß für die heutigen Fragen ...« Im übrigen müßten die Gymnasien von der Stoffüberfüllung befreit werden und dem Ballast von Schülern, die gar nicht studieren, sondern nur die Berechtigung zum einjährigen Militärdienst erlangen wollen. Das Übermaß an geistiger Arbeit sollte entschieden herabgedrückt, dafür aber mehr Wert auf Turnen und Singen gelegt werden. »Bedenken Sie, was uns für ein Nachwuchs für die Landesvertheidigung erwächst. Ich suche nach Soldaten, wir wollen eine kräftige Generation haben, die auch als geistige Führer und Beamte dem Vaterlande dienen. Die Masse der Kurzsichtigen ist meist nicht zu brauchen, denn ein Mann, der seine Augen nicht brauchen kann, wie will der nachher viel leisten?« Also schloß der Kaiser seine Ansprache, die Optik mit der Politik verbindend, »die Männer sollen nicht durch Brillen die Welt ansehen, sondern mit eigenen Augen und Gefallen finden an dem, was sie vor sich haben, ihrem Vaterlande und seinen Einrichtungen.« (Deutsche Schulkonferenzen 1972 a, S. 71 ff.) Von den Frauen war im Zusammenhang mit der höheren Bildung noch nicht die Rede.

Der Appell des Monarchen, der sich schon in den vorbereiteten Fragen kaum Geltung hatte verschaffen können, fand auch in der Konferenz bemerkenswert wenig Resonanz. Erst in den neuen Lehrplänen, die 1892 veröffentlicht wurden, war eine deutliche Spur zu erkennen. Zu Lasten der alten Sprachen und in den Oberrealschulen des Französischen gewann der Deutschunterricht an Stunden, Examensrelevanz und nationalem Akzent. Eine ungenügende Gesamtleistung sollte das Abitur ausschließen, in dem nun der deutsche Aufsatz und nicht mehr der lateinische den Höhepunkt zu bilden hatte. In der Abschlußprüfung auf dem humanistischen Gymnasium waren damals fünf Klausurarbeiten zu schreiben, neben dem deutschen Aufsatz Übersetzungen ins Lateinische, Griechische und Französische sowie eine mathematische Arbeit und mündliche Prüfungen in sechs Fächern zu bestreiten (Paulsen 1921, S. 613).

Vom Lehrer erwarteten die neuen Richtlinien, die die »Belebung des vaterländischen Sinnes« zum Lernziel dieses Faches erhoben (Brunkhorst 1956, S. 74), daß er »gestützt auf tieferes Verständnis unserer Sprache und deren Geschichte, getragen von Begeisterung für die Schätze unserer Literatur und erfüllt von patriotischem Sinne, die empfänglichen Herzen unserer Jugend für deutsche Sprache, deutsches Volkstum und deutsche Geistesgröße zu erwärmen versteht«. Im Geschichtsunterricht hatte die alte und die neue Geschichte einen Teil ihrer Stunden abzutreten, die brandenburg-preußische sollte in den Mittelpunkt der deutschen und europäischen Geschichte bis in die jüngste Zeit gestellt und die Verdienste der Hohenzollern für die Wohlfahrt aller Stände, auch und gerade des Arbeiterstandes, hervorgehoben werden. »Je mehr hierbei jede Tendenz vermieden«, hieß es dazu in dem Lehrplan, »vielmehr der gesamte Unterricht von ethischem und geschichtlichem Geist durchdrungen und gegenüber den sozialen Forderungen der Jetztzeit auf die geschichtliche Entwickelung des Verhältnisses der Stände untereinander und der Lage des arbeitenden Standes insbesondere in objektiver Darstellung hingewiesen, der stetige Fortschritt zum Besseren und die Verderblichkeit aller gewaltsamen Versuche der Änderung sozialer Ordnungen aufgezeigt wird: um so eher wird bei dem gesunden Sinn unserer Jugend es gelingen, dieselbe zu einem Urteil über das Verhängnisvolle gewisser sozialer Bestrebungen der Gegenwart zu befähigen.« (Paulsen 1921, S. 603 f.)

Mit diesem methodischen Hinweis folgte das Ministerium dem Rat eines Ausschusses, der nach der Konferenz zur Vorbereitung der Schulreform und insbesondere zum Problem »Die Sozialdemokratie und die Schule« eingesetzt wurde. Den Vorsitz führte Georg Ernst Hinzpeter, früher Erzieher und später Ratgeber des Kaisers in Schulfragen. In seinem abschließenden Bericht an den

Kulturminister hieß es nachdrücklich, »daß der indirekten Bekämpfung der Sozialdemokratie in der Schule entschieden der Vorzug zu geben sei vor der direkten« (Brunkhorst 1956, S. 105). Wie wenig Wilhelm II., der den unmittelbaren politischen Kampf des Gymnasiums forderte, damals Verständnis gefunden habe, beklagte noch ein Vierteljahrhundert später kein Geringerer als Eduard Spranger in seiner im dritten Kriegsjahr veröffentlichten Jubiläumsschrift *Fünfundzwanzig Jahre deutscher Erziehungspolitik*. Rückblickend erschien es ihm, als habe sich der Kaiser in der Tür geirrt, als er von dieser Konferenz Unterstützung für seine Schulpolitik zu erhalten hoffte. »Es war aber«, schwärmte Spranger, »in dieser Versammlung auch nur ein Mann, der den Pulsschlag der neuen Zeit fühlte, und es bleibt ein Bild von unvergänglichem dramatischem Reiz, diesen Vertreter der Jugend leidenschaftlich, unverstanden und doch siegesgewiß im Kreise der Älteren auftreten zu sehen, die als seine Lehrer oder Berater oder Fachverständige sich sicher im Besitz der Wahrheit fühlten. Der Kaiser selbst hat die neue Epoche heraufgeführt. Er hat die Frage so gestellt, wie sie lauten mußte, wenn man sie aus dem großen Strom der Zeitbewegung herausgriff. Und sie durfte nicht lauten: Gymnasium oder Realgymnasium oder Oberrealschule, – das waren technische Einzelheiten; ... sondern sie lautete, auf ihren kürzesten Ausdruck gebracht: Was sollen Schule und Staat für einander sein? Der Kaiser sah das Ziel.« (Spranger 1919, S. 2) Aufgegriffen hatte die Schulkonferenz die Vorschläge des Monarchen, das Realgymnasium wieder abzuschaffen und eine Prüfung für die »Einjährigen« einzuschieben. Ging es dem Kaiser um die nationale Modernisierung des alten Gymnasiums, so daß auf das Realgymnasium verzichtet werden konnte, wurde dessen Abschaffung von der Gymnasialpartei mit der entgegengesetzten Absicht verfolgt, den humanistischen Unterricht ungetrübt zu bewahren. Beispielhaft erklärte in jener Zeit Heinrich von Treitschke: »Realschulen und Gymnasien pfuschen sich gegenseitig ins Handwerk. Die Realschullehrer, weil ihre Schulen jünger sind, bilden sich ein gekränkt in ihrer Ehre zu werden, wenn ihre Schüler nicht alle dieselben Berechtigungen erhalten wie die Gymnasiasten; und so wird das Gymnasium ein Stück Realschule und die Realschule ein Stück Gymnasium. Sie sind nun weder Fisch noch Fleisch. Und da heute eine haltlose Regierung beherrscht von der Presse, welche die Forderung nach einem allgemeinen Conversationslexiconswissen mit immer größerer Anmaßung erhebt, so sind wir bald daran unsere ältere geehrte Bildung gänzlich zu verschütten.« (Treitschke 1897, S. 363)

Aber was aus so verschiedenen Gründen gefordert, vermochte die preußische Regierung in der Realität kaum zu erreichen, weniger wegen der Presse als wegen des geschlossenen Widerstandes der größeren Städte, der Schulträger der Realgymnasien. Die neuen Lehrpläne bestätigten vielmehr das Realgymnasium und damit die Dreigliederung des höheren Schulwesens. Erstmals wurde den Abiturienten der Oberrealschulen das Studium an den Universitäten, allerdings allein in den mathematisch-naturwissenschaftlichen Studiengängen eröffnet und in allen höheren Schulen, auch im Gymnasium, eine Zwischenprüfung nach der sechsten Klasse eingeführt. Bisher genügte der erfolgreiche Besuch der Untersekunda, um den Vorzug des einjährig-freiwilligen Militärdienstes in Anspruch nehmen zu können. Damit entsprach man zugleich den Klagen des Kriegsministers, der auf die gefährliche Halbbildung der Schüler nach der Untersekunda hingewiesen hatte (Brunkhorst 1956, S. 61). Im übrigen rückte man der Überbürdung zu Leibe. Die Zahl der Stunden für die jeweils dominierende Fremdsprache, Latein an den Gymnasien, Französisch an den Oberrealschulen, wurde drastisch gesenkt. Doch stellte die Zwischenprüfung neue Anforderungen und störte die grundständige Unterrichtsmethode.

Insofern die höheren Schulen zu beidem beitragen sollten, zur Selbstrekrutierung der oberen und zur strengen Auslese besonders begabter und anpassungsbereiter Kinder der mittleren Schichten, hatten die Leistungsansprüche der Gymnasien immer einen ambivalenten Charakter. Wenn Kultusminister von Goßler vor dem preußischen Abgeordnetenhaus forderte, daß »jeder junge Mensch mit mittelguter Begabung, mit einem einfachen mittelguten Fleiß« das Schulziel erreichen müßte, so meinte er gerade nicht jeden durchschnittlich begabten Heranwachsenden, sondern nur ganz bestimmte, die Söhne der Oberschichten (Müller 1977, S. 296). »Suum cuique«, hatte Wilhelm II. die Schulkonferenz zum Schluß belehrt, »das heißt: Jedem das Seine, und nicht: Allen dasselbe.« (Deutsche Schulkonferenzen 1972a, S. 772) Denn es galt die keineswegs meritokratische, sondern ganz und gar standesbewußte Frage zu beantworten, »wie wir unsere Schulen entlasten und die ungeeigneten Elemente von uns (!) fernhalten könnten«, so die Formulierung des Kultusministers (Müller 1977, S. 296). Hatte am Anfang des Jahrhunderts die Verknüpfung des Berechtigungswesens mit dem Besuch des altsprachlichen Gymnasiums diese Frage beantwortet, galt es jetzt dessen Privilegien gegenüber den neuen Schulen, die grundständige Gliederung der höheren Schulen im Verein mit den abgestuften Berechtigungen ihrer Examen so lange als möglich zu verteidigen. Der erste Berichterstatter zu diesem Komplex auf der Schulkonferenz, der Kurator der Universität Halle, Geheimer Ober-Regierungs-Rath Dr. Dr. Schrader, forderte daher eine strengere Aufteilung der Schulen und ihrer Rechte, »so werden die höheren Berufsarten vor derartigen, minder berufenen und deshalb unbefriedigten Anwärtern geschützt, was anbetracht der gegenwärtigen gefahrdrohenden Erscheinungen schon für sich vom höchsten Werthe ist; der Unterricht wird vereinfacht, erleichtert und verliert das Gepräge äußerer Abrichtung, und die Unterhaltungspflichtigen gewinnen mit der Abnahme der Schülerzahl, der Klassen, der Anstalten und der Lehrer eine erhebliche Verringerung ihrer Lasten.« (Deutsche Schulkonferenzen 1972 a, S. 728)

Dem stimmten mit Ausnahme Friedrich Paulsens auch die anderen Berichterstatter zu sowie die große Mehrheit der Disputanten. Virchow unterlag mit seinem Antrag, die Abiturienten der Realgymnasien zum Medizinstudium zuzulassen, erst recht Paulsen mit seinen Vorschlägen, ihnen noch weitergehende Rechte einzuräumen. Das Realgymnasium sollte ja um der strengeren Aufteilung der Schulen und Privilegien willen überhaupt wieder abgeschafft werden. Nach dem Motto: »getrennt marschiren und vereint schlagen« befand der Hagener Gewerbeschul-Direktor: »Das Realgymnasium war nicht die höhere Einheit für die idealistischen und realistischen Schulen. Die höhere Einheit finden wir lediglich in dem Staatswesen«, und schlug jene zu nichts verpflichtende Kompromißformel vor, der alle Konferenzteilnehmer gerne zustimmten: »Bei der unumgänglich nothwendigen Neuregelung des Berechtigungswesens ist zu erstreben, daß eine möglichst gleiche Werthschätzung der realistischen Bildung mit der humanistischen angebahnt werde.« (Deutsche Schulkonferenzen 1972 a, S. 754)

Soweit es um die Einjährig-Freiwilligen ging, sollte die Zwischen-prüfung das »Ersitzen« dieses Rechtes verhindern und die Gymnasien von vielen Schülern entlasten, die für diesen Zweck besser auf Realschulen ausgebildet würden. Für die akademischen Studien und Berufe aber müßte der Vorrang des altsprachlichen Gymnasiums erhalten bleiben. »Es ist meine feste Ansicht«, erklärte beispielhaft der Vorsitzende des deutschen Aerzte-Vereins, Geheimer Sanitäts-Rath Dr. Graf, in seinem Plädoyer gegen die Gleichberechtigung, »daß beiden Bildungsarten der gleiche Werth beizumessen ist, jeder an der Stelle, wohin sie gehört; und das bringt mich auf die Frage der Vornehmheit, die hier schon gestreift worden ist. Gehen Sie doch hinaus in das Land; ist da draußen der Techniker, der Industrielle, der Großkaufmann weniger vornehm, hat er eine schlechtere soziale Stellung als beispielsweise der Gymnasiallehrer oder der Arzt? Oft genug ist gerade das Gegentheil der Fall. Etwas ganz anderes ist es ja freilich mit der inneren Vornehmheit, dem Standesbewußtsein, dessen stärkere Pflege seitens der Lehrer gestern von Herrn Geheimrath Dr. Hinzpeter mit warmen Worten hier empfohlen worden ist. Dieses Standesbewußtsein, das lebendige Gefühl für Standesehre und Standespflichten, wollen wir auch dem ärztlichen Stande erhalten; und diese innere Vornehmheit beeinträchtigt niemanden, sie nützt nicht nur dem Stande, sie nützt der Gesammtheit, sie kommt Ihnen allen zu Gute, und sie ist auch ein starker Halt für manchen, der das Facit langer Arbeit und ehrlichen Strebens zieht und der auf die Frage, was ihm denn geblieben sei, antworten muß: ›Nichts als die Mühen und als die Schmerzen, und wofür wir uns halten in unserm Herzen.‹ « (Deutsche Schulkonferenzen 1972 a, S. 752)
Insgesamt waren die Ergebnisse der Schulkonferenz so halbherzig, daß sie die ebenso großen wie widerspruchsvollen Erwartungen der Öffentlichkeit allenthalben enttäuschten. Den einen erschien die wie immer beschränkte Zulassung von Oberrealschülern zum Universitätsstudium als Sündenfall, den anderen der nach wie vor beharrliche Widerstand gegen die volle Gleichberechtigung aller höheren Schulen, gar der Versuch, das Realgymnasium wieder abzuschaffen, ganz weltfern und reaktionär. Oskar Jäger, ein Haupt der Gymnasialpartei, sprach von der »gemeinsamen Niederlage beider Schulen« (Paulsen 1921, S. 715).

Im preußischen Abgeordnetenhaus wurde die Auswahl der Konferenzteilnehmer kritisiert; in einer Lebensfrage der Nation sollte nicht der Lehrerstand entscheiden, sondern das Urteil der Praxis von Wirtschaft und Technik (Führ 1980, S. 205). In einer erneuten Eingabe an den preußischen Kultusminister räsonierte der Verein Deutscher Ingenieure: »Viel zu wenig ist bei allen bisherigen Verhandlungen über die Schulfrage die Wichtigkeit des höheren Schulwesens für die gewerblichen Kreise, für die Leistungsfähigkeit der deutschen Industrie zur Geltung gekommen. Auf dieser Leistungsfähigkeit beruht aber zum großen Teil Deutschlands Weltstellung in Frieden und Krieg, zu deren Erhaltung die Industrie die materiellen Mittel, die Technik die Waffen und Werkzeuge liefert. Deshalb ist es Aufgabe der Schulreform, in viel höherem Maße als bisher durch die Pflege der neusprachlichen und naturwissenschaftlichen Bildungsmittel die gewerblichen Kreise der Bevölkerung zu hohen Leistungen zu befähigen.« (Glöckner 1976, S. 110)

Mit der sich wieder belebenden Wirtschaftskonjunktur gewannen diese Argumente Resonanz. Wachsender Steuereingang entspannte die Stellenlage. Vom Abiturientenproletariat war immer weniger die Rede. Für den internationalen Wettbewerb hieß es gerüstet zu sein, wirtschaftlich auf den Weltmärkten und politisch im Kampf der Großmächte. Auch in die pädagogische Diskussion der Zeit drang die Parole von der bevorstehenden Entscheidungsschlacht. Der Realismus der großen Industrie hatte mit dem industriösen Realismus der Aufklärung kaum mehr etwas gemein. Es ging nicht um Menschenrechte, sondern um die Rechtfertigung monarchischer Herrschaft und ihrer Weltgeltung. Um den Besitz dieser Rechtfertigung stritten sich Realisten und Klassiker, beide wollten jeweils »ihren Himmel über die imperialistische Epoche wölben« (Heydorn/Koneffke 1973, S. 36). Aber wie die Lebensferne des humanistischen Gymnasiums den Realisten gefährlich erschien, schreckte deren Materialismus die Bildungsbürger. Gefahr drohte dem Staat und seiner Beamtenschaft durch innere Fäulnis. Naturwissenschaftlicher Geist und mathematisches Denken wären dem egalitären Prinzip verhaftet. Die Schule der preußischen Beamten, so Wilhelm Dilthey, müßte »auf die logische Disziplinierung des Geistes durch die alten Sprachen, auf die Ausbildung von Staats- und Rechtsbewußtsein an der römischen Geschichte und Literatur, zuletzt auch auf die Idealität des griechischen Geisteslebens gegründet« bleiben. »So kämpfen wir für die Monarchie, indem wir die Entwicklung des geschichtlichen Bewußtseins als die Vorschule des Juristen und des Beamten zur Geltung bringen.« (Fiedler 1973, S. 102 f.) Doch wuchs der Druck auf die Verwaltung vor allem von der anderen Seite. Nach den Ingenieuren forderten auch die Gesellschaften der Naturforscher und der Chemiker die Gleichberechtigung, und weiter drängten Bürgermeister, Wirtschaftsführer und Militärs. In den Kadettenanstalten galt seit 1877 der Lehrplan der Realgymnasien. Abermals begann die Vorarbeit für eine Schulkonferenz. Friedrich Althoff, seit 1897 im Kultusministerium verantwortlich sowohl für die Hochschulen wie für die höheren Schulen, nahm sich ihrer an. Zum Beginn des neuen, des zwanzigsten Jahrhunderts sollte der Schulkrieg beendet werden. Die gegnerischen Parteien sammelten wieder Unterschriften und demonstrierten in großen Versammlungen für oder gegen die »Einheitsschule«, die gemeinsame Mittelstufe des weiterführenden Schulwesens. Aber die Fronten hatten sich verschoben. Der Widerstand der Gymnasialpartei gegen die Gleichberechtigung der anderen Abiturzeugnisse bröckelte ab. Zugeständnisse in dieser Frage sollten die Abwehr der »Einheitsschule« verstärken, das altsprachliche Gymnasium in seiner Eigenständigkeit »von unten bis oben« bewahren (Schmeding 1956, S. 168 f.). Auf dieser Linie suchte die Verwaltung, zu einem Beschluß zu gelangen, erlangte sie das Einverständnis des Monarchen, der schon vorweg den Abiturienten der Kadettenanstalten die Gleichberechtigung zuerkannte. Zur Konferenz im Juni 1900 waren nur wenige Schulfachleute geladen. Sie hatten vorher Gelegenheit gehabt, sich gutachtlich zu äußern. Es dominierten die Vertreter der Universitäten und der technischen Hochschulen, darunter bekannte Gelehrte wie Dilthey und Harnack, Mommsen und Wilamowitz-Moellendorff, der Chemiker Emil Fischer, der Mathematiker Felix Klein und wiederum der Pathologe Rudolf Virchow. Die Beschlüsse der Konferenz sollten in der akademischen Welt Anerkennung finden. Im Jahr zuvor hatten die technischen Hochschulen das Promotionsrecht erhalten. (Führ 1980) Den Ton gab der neue Kultusminister, Dr. Studt, an. Nicht mehr von Überfüllung und Überbürdung war die Rede, sondern von der Weiterentwicklung der Wirtschaft, vom »Wachsen unserer internationalen Beziehungen« und dem »Aufblühen der deutschen Seemacht« (Deutsche Schulkonferenzen 1972 b, S. 1). Daher müßte, ohne das humanistische Gymnasium aufzugeben, für mehr realistische Kenntnisse gesorgt, also nicht nur die Gleichwertigkeit der höheren Realschulen beschworen, sondern deren Gleichberechtigung anerkannt werden. Hinzpeter begründete die Wende der Schulpolitik anschließend dadurch, daß »die geistige Atmosphäre, wenn ich so sagen darf, seit 1890 sich gewaltig geändert hat. Sie hat sich im Laufe des Jahrhunderts mit immer steigender Schnelligkeit verändert, aber im letzten Jahrzehnt in fast rasendem Tempo. Die persönliche geistige Entwicklung galt früher als hohes, erstrebenswertes Ziel, und jetzt gilt sie nur noch als Mittel zu erfolgreicher Bethätigung im wilden Kampfe ums Dasein. Man will nicht bloß höhere Lebensanschauung wie damals, man will höhere Lebenshaltung, und zwar die ganze Nation so gut wie der einzelne. Damit hat sich, scheint mir, auch das ganze Bildungsideal bedeutend verschoben. Es gehörte früher zum gebildeten Manne die Kenntnis der alten Sprachen, der antiken Kultur und Geschichte; es gehört jetzt zum gebildeten Manne die Kenntnis der neueren Sprachen, der deutschen Kultur und Geschichte und der Naturwissenschaften.« Also ließe sich das Gymnasialmonopol nicht mehr halten, so sehr es das Prestigedenken nach wie vor bestimmte. »Eines von beiden wird das Gymnasium wohl aufgeben müssen: entweder seine traditionelle Organisation oder seine traditionelle privilegierte Stellung.« (Deutsche Schulkonferenzen 1972 b, S. 3 f.)

Die Alternative war vorentschieden. Sie mußte nicht mehr beraten werden. Schon in der ersten Sitzung kam man zu dem erwünschten Ergebnis. Empfohlen wurde die Gleichberechtigung der drei höheren Schulformen, aber ein gemeinsamer Unterbau wurde fortgeschoben. Vielmehr betonte man die jeweilige Eigenständigkeit der höheren und die gemeinsame Trennung von den Mittelschulen, ganz zu schweigen von der Kluft zur Volksschule. Denn die Zwischenprüfung nach der sechsten Klasse fiel wieder, und die neuen Lehrpläne vom April 1901 erhöhten erneut die Stundenzahlen für Latein im humanistischen und im Realgymnasium sowie für Geographie, nun von der Geschichte getrennt, in den Oberrealschulen. »Durch die grundsätzliche Anerkennung der Gleichwertigkeit der drei höheren Lehranstalten wird die Möglichkeit geboten, die Eigenart einer jeden kräftiger zu betonen«, hieß es in dem »Allerhöchsten Erlaß« des Kaisers, der die Konferenzergebnisse legalisierte (Paulsen 1921, S. 746).

Den Abiturienten der bisher benachteiligten Schulen öffnete sich zunächst das Studium für das höhere Lehramt, danach trotz des weiteren Widerstandes vieler Standesvertreter das juristische und medizinische. Die anderen deutschen Länder folgten. Um notwendige sprachliche Vorkenntnisse zu erlangen, konnten entsprechende Kurse auf den Hochschulen besucht werden. Nur für die theologischen Fakultäten blieb auf Wunsch beider Kirchen zunächst alles beim alten.

Der erzielte Kompromiß legte einen lang anhaltenden, zum Jahrhundertende im Auftrieb von Wirtschaft und Technik sich immer mehr verschärfenden Konflikt bei. Wiewohl das Bildungssystem so berufsbezogen eingerichtet war und die Realisten gegenüber den Humanisten viel Boden gewonnen hatten, ging es doch nur vordergründig darum, mit dem Schulunterricht modernen Qualifikationserfordernissen nachzukommen. So plausibel alle realistischen Argumente dafür erschienen, daß die wirtschaftliche und militärische Konkurrenzfähigkeit des aufstrebenden Staates ohne den Fortgang von Technik und Industrie nicht zu halten sei, so wenig vermochten sie zu belegen, daß über den technischen Fortschritt in der Realschule entschieden würde. Die Gymnasialpartei konnte mit diesem Ansatz leichter das Gegenteil beweisen und die internationalen Erfolge gerade der naturwissenschaftlichen Forschung im Kaiserreich mit den Vorzügen des herkömmlichen Schulsystems begründen. Woher sollen auch die zahlreichen Träger der Nobelpreise für Physik, Chemie und Medizin in den folgenden Jahren anders kommen als aus dem humanistischen Gymnasium.

Insoweit Studienabschlüsse eine Antwort auf diese Streitfrage zu geben vermochten, zeigten die Lehrerexamen seit der Zulassung der Realgymnasiasten zum höheren Lehramt in den mathematisch-naturwissenschaftlichen Fächern und den neueren Sprachen keine Differenzen zwischen den einerseits auf realistischen, andererseits auf altsprachlichen Gymnasien vorgebildeten Kandidaten (Schmeding 1956, S. 128). Nicht anders hat später Kullnick, Direktor einer Auskunftsstelle für das preußische Schulwesen, mit einem Vergleich der Ergebnisse der Prüfungen für das höhere Lehramt in allen Fächern von 1901 bis 1929 gezeigt, daß durch den starken Zugang aus den höheren Realschulen, nun auch den Oberreal- und später den höheren Mädchenschulen, und die erhebliche Abnahme der Gymnasialabiturienten von über achtzig auf unter vierzig Prozent in diesem Zeitraum die Gesamtergebnisse nicht schlechter wurden. Eher ließe sich das Gegenteil behaupten. »Demnach besteht, wenn man sie in Beziehung setzt zur Vorbildung der Prüflinge, auch kein Grund zu der Klage, daß die Leistungen der höheren Schulen allgemein gegen früher zurückgegangen seien. – Die Annahme, das Gymnasium biete für alle Studien die beste Vorbildung, findet in den Prüfungsergebnissen keine Stütze; die auf Realanstalten vorgebildeten Prüflinge haben zumindesten keine schlechteren, vielfach sogar bessere Ergebnisse erzielt.« (Kullnick 1931, S. 11)

Die Staatsregierung, auf die beide Seiten mit ihren Qualifikationsargumenten Einfluß zu nehmen suchten, hatte im übrigen vornehmlich die Erfordernisse des öffentlichen Dienstes und der traditionellen akademischen Berufe im Auge, denen auch weiterhin die Mehrzahl der Abiturienten und erst recht der Universitätsabsolventen zustrebte. Zur Vorbereitung für diese Berufe mochte man den Lateinunterricht methodisch wie inhaltlich besonders geeignet halten. Wichtiger erschien der seit langem unterstellte Zusammenhang zwischen den formalen Anstrengungen im Schulleben und späterer Pflichterfüllung. Hatte Hinzpeter auf der Schulkonferenz 1890 an das Ziel der Kronprinzenerziehung auf dem Gymnasium in Kassel erinnert, »er sollte dort suchen die strenge Disziplin des Geistes, die der altsprachliche Unterricht der Gymnasien allein im Stande schien zu gewähren, er sollte suchen eine gewisse Uebung in der Lösung geistiger Aufgaben und ein gewisses Streben nach wahrem Erkennen und Wissen. Daneben hoffte man auch, es solle sich in ihm dort eine historische Weltanschauung ausbilden, mit einem gewissen Verständniß für die Verhältnisse seiner Zeit«, so brachte der folgende Redner, der Berliner Universitätsprofessor Zeller, das Erziehungsziel für die normalen Gymnasiasten unter großem Beifall auf die Formel: »Wenn ein Junge auf der Schule Gehorsam und gewissenhaftes Arbeiten gelernt hat, wenn die Schule ihn daran gewöhnt, daß er den Ehrgeiz hat, alles, was er thut, recht zu machen, wenn sie ihm das Gefühl persönlicher Verantwortlichkeit erweckt und festigt, hat sie gethan was sie thun kann.« Denn die Bildung des Charakters sei nicht Sache der Lehre, sondern der Gewöhnung, und die, »welche die Schule ihren Schülern zu ertheilen hat, ist in erster Stelle die Gewöhnung an Gehorsam und Arbeit.« (Deutsche Schulkonferenzen 1972 a, S. 251 ff.)

Die Regierung beabsichtigte daher mit dem Kompromiß auch nicht, eine funktionale Schulgliederung anzubahnen, die Bedarfsgesichtspunkten und Qualifikationsargumenten genügen, geschweige denn den individuellen Begabungen und Interessen der Schüler dienen sollte. Ihr ging es in erster Linie um die Aufgabe der Schule im Prozeß der sozialen Differenzierung. Es galt, die Prestigedifferenzen innerhalb der Oberschicht abzubauen und sie gegen nachrückende Gruppen zu festigen. Die wachsende Nachfrage nach weiterführender Schulbildung sollte bestehende Privilegien möglichst wenig berühren. Wegen der Auseinandersetzungen in den Oberschichten war das Gymnasialmonopol kaum zu halten, jedenfalls nicht in reinlicher Scheidung von bevorzugter altsprachlicher und minderberechtigter lateinloser Sekundarschule. Noch weniger konnte die aus pädagogischen Gründen befürwortete gemeinsame höhere Schule die ihr zugedachte gesellschaftliche Aufgabe erfüllen. Hätte man mit den Vorrechten auch die Grundständigkeit des humanistischen Gymnasiums aufgegeben, wäre seine Schlüsselrolle für den öffentlichen Dienst weit über Gebühr und Notwendigkeit hinaus beschränkt worden. Eine »Einheitsschule« würde leistungsorientierten Wettbewerb fördern, standesbewußte Auslese aber erschweren. Für die Selbstrekrutierung der Oberschichten wie für die Auswahl der höheren Staatsbeamten sollte das altsprachliche Gymnasium erhalten bleiben, die übrigen höheren Schulen dagegen die Bildungsexpansion kanalisieren.

Die Entwicklung entsprach den Erwartungen. Nach der Jahrhundertwende setzte sich die Bildungsexpansion verstärkt fort. Nicht nur stiegen die absoluten Zahlen der höheren Schüler, der Abiturienten und der Studenten beträchtlich, sondern auch ihr Anteil an den jeweiligen Altersgruppen (Ringer 1980, S. 11). Von dieser Expansion aber blieben die altsprachlichen Gymnasien nahezu verschont. Die Zahl der Schüler vergrößerte sich nur wenig, ihr Anteil sank damit. Der Zustrom wurde, wie beabsichtigt, von

den Oberrealschulen und Realgymnasien aufgenommen sowie von den höheren Mädchenschulen (Lundgreen 1980, S. 79). Entsprechend erweiterte sich der Zugang der Mittelschichten zur höheren Schul- und Universitätsbildung und wurde doch zugleich gelenkt. Barrieren waren gefallen, aber die indirekte Steuerung gewann um so mehr an Gewicht. Am bestimmenden Anteil der Kinder aus den Oberschichten auf den humanistischen Gymnasien wie im Jurastudium änderte sich nichts. Die Mittelschichten dominierten in »ihren« Gymnasien, immer deutlicher wurde die Oberrealschule zur Anstalt des neuen Mittelstandes (Müller 1977, S. 522 f.). Die Gleichberechtigung der Abiturzeugnisse öffnete die Universitäten dem Strukturwandel der Bildungsnachfrage. Unter den Nichtselbständigen waren es die Kinder von Angestellten und nichtakademischen Beamten, die in besonderem Maße zur Universität drängten. Ausgeschlossen wurde weiterhin die Arbeiterschaft. Jarausch zeigte für die Universität Bonn, wie die Bildungsexpansion »zu begrenzten, aber wichtigen Aufstiegsgewinnen für Realabiturienten, Frauen, Katholiken und Kleinbürger führte«. Dabei blieb die interne Selektion durch die Verteilung auf die Fakultäten und die Korporationen, durch Verbindungen und Beziehungen wirksam. Die Oberschichten sandten ihre Söhne vorzüglich zu den Juristischen Fakultäten, die Mittelschichten füllten die Philosophischen, abgesehen von den Technischen und Wirtschaftlichen Hochschulen. »Die stärkere innere Stratifizierung der Studentenschaft äußert sich in der doppelten sozialen Tendenz der Verschmelzung der höheren Elemente der Akademikerschaft mit den anderen Teilen der Oberschicht zu einer imperialen Elite (Dreiklang von Adel, Besitz und Bildung) auf der einen Seite und der stärkeren standesmäßigen Abgrenzung zum Kleinbürgertum und vor allem der Arbeiterschaft hin auf der anderen Seite.« (Jarausch 1980, S. 143 ff.)
Dieser Abgrenzung diente die grundständige Gliederung des Schulwesens sowohl mit der Kluft zwischen den niederen und den höheren Schulen wie aber auch in deren Aufteilung in verschiedene Formen. Die eigenen Vorschulen der Gymnasien vervollkommneten die soziale Auslese. Schulgeldpflichtig gegenüber den inzwischen gebührenfreien Volksschulen, bereiteten sie ihre Kinder in kleineren Klassen, besonderer Weise und nur drei Jahren auf den Gymnasialunterricht vor. Volksschulkinder konnten

erst nach vier Jahren und bestandener Aufnahmeprüfung in eine Sexta gelangen. Das Verfahren drängte auf möglichst frühe und eindeutige Zuordnung. Es entsprach den sozialen Interessen der Oberschichten und der gesellschaftlichen Distanz der Arbeiterschaft, die dem ganzen System ablehnend gegenüberstand. Komplikationen brachte es für die Mittelschichten und deren Abgrenzungsbedürfnisse, zumal die neugeschaffenen Mittelschulen zum niederen Schulwesen rechneten.

Der Schulkrieg, so lange und so heftig er geführt wurde, spielte sich in und zwischen den oberen Regionen ab. Die Kluft zwischen den Volks- und den höheren Schulen war dort kein Thema. Von der »Einheitsschule« wurde in dem ganz anderen Sinne des gemeinsamen Unterbaus allein der höheren Schulen gesprochen. Soweit die Mittelschichten einbezogen wurden, war der erklärte Zweck, die Arbeiterschaft um so sicherer auszuschließen. Denn mit dem Fortgang der Industrialisierung war der Druck des Proletariats gewachsen wie andererseits der Einfluß wirtschaftlicher Konzentration. In der überkommenen hierarchischen Schichtung drohte dem alten, selbständigen Mittelstand Gefahr, sein Geschäft, seine Produktionsmittel zu verlieren, suchte der neue Dienstleistungsmittelstand seinen sozialen Status zu sichern. Die Furcht, Teile der Mittelschichten könnten dem Proletariat und damit der Arbeiterbewegung anheimfallen, breitete sich an der Spitze der Pyramide aus. Sie wurde auf der Schulkonferenz 1890 ganz unverhohlen und von allen Seiten beim Namen genannt. »Der Mittelstand, das kräftige Bürgerthum, ist heute auch in sozialer Hinsicht noch die eigentliche feste Burg, die gegen den Andrang der sozialistischen Umtriebe schützt«, bekannte der Abgeordnete von Schenkendorff und plädierte für lateinlose, aber von der Volksschule deutlich geschiedene Mittelschulen. Unter allgemeiner Zustimmung schloß er seinen Beitrag mit den Worten: »Die soziale Frage ist die Signatur der Zeit, die rohe Gewalt strebt nach Herrschaft ... Da müssen wir ernst den Umstand beachten, daß die Schuleinrichtungen nicht ferner zur Vermehrung des Proletariats beitragen, daß wir den künftigen, noch ungebeugten Bürgerstand, den Mittelstand, erhalten und stützen. So beugen auch wir einer Katastrophe vor, die die gesammte Kultur bedroht. Haben Sie andere Vorschläge zur Abhülfe, so mögen Sie sie nennen und erörtern. Ich habe die feste Überzeugung, die ganze Schulreform wird im Lande nicht zur Ruhe kommen, wenn man nicht auch diese Seite der Frage ins Auge faßt: die Gymnasien und Hochschulen von dem ungesunden Andrange zu befreien, und diesen freigewordenen Bildungsstrom dem Bürgerstande, der heute Gottlob noch fest und treu zu Kaiser und Reich steht, zuzuführen!« (Deutsche Schulkonferenzen 1972 a, S. 333 u. 337) Nicht anders Gewerbeschuldirektor Holzmüller: »Wir werden durch die Unterstützung der lateinlosen Schulen, insbesondere durch Ausbreitung der sechsjährigen höheren Bürgerschule, einen kräftigen Mittelstand schaffen, wir müssen dem Mittelstand, der viel zu sehr zum Studium und auch zu den subalternen Carrieren neige, wieder zur praktischen Arbeit zurückrufen, und das kann auch durch die mittleren Fachschulen geschehen, die sich auf höhere Bürgerschulen aufzusetzen haben. Den Mittelstand müssen wir befestigen, stärken und kräftigen, um die Kluft zwischen den oberen Zehntausend und den unteren Arbeitermassen wirklich auszufüllen und so ein solides konservatives Element zu bilden.« (Deutsche Schulkonferenzen 1972 a, S. 692)

Doch war der Schutzwall weder fest noch solide. Schon im alten Mittelstand unterschieden sich Gruppen und Interessen je nach Gewerbe und Kapitalausstattung, in Stadt und Land, Produktion und Verarbeitung, Handwerk und Handel. Noch größer die Differenz zwischen den Selbständigen, die Besitz zu bewahren und zu vererben hatten, und den Nichtselbständigen, den Privatangestellten in der Wirtschaft und den Subalternbeamten aller Art einschließlich der Volksschullehrer. Wegen der Ausrichtung des Schulwesens auf den Beamtenstaat hatte die letzte Gruppe in Deutschland, im Vergleich beispielsweise zu England und Frankreich, immer schon verhältnismäßig viele Aufsteiger gestellt. Zu ihnen gesellte sich eine wachsende Zahl von Angestellten vor allem aus dem Dienstleistungssektor. Dieser neue Mittelstand wurde in allen entwickelten Industriegesellschaften zum Träger der Bildungsexpansion, in besonderer Weise aber in Deutschland. Denn hier separierte ihn der Staat systematisch von der allgemeinen Arbeiterschaft.

Die Option des Kaiserreichs am Anfang des Wohlfahrtsstaates und in der Abwehr der Sozialdemokratie bestand in der Sozialversicherung, nicht in Chancengleichheit und Mobilität. Ganz anders der zweite industrielle Aufsteiger jener Zeit, die Vereinigten Staaten von Amerika, die ihre Verfassung auf die Menschenrechte gegründet hatten. Ihre sozialpolitische Option bestand im Ausbau des öffentlichen Bildungswesens, prinzipiell für alle Heranwachsenden, mit der Vorstellung, daß damit sowohl der persönlichen Entwicklung jedes einzelnen wie dem sozialen und wirtschaftlichen Wohlergehen der Nation am besten gedient werde. Entsprechend rasch nahm der Besuch weiterführender Schulen zu, von knapp sieben Prozent der 14–17jährigen um 1890 auf nahezu ein Drittel um 1920 (Heidenheimer 1981, S. 278). In Deutschland dagegen wurde um der sozialen Auslese willen die Bildungsexpansion so weit wie möglich gedrosselt und kanalisiert. Die charakteristische Verknüpfung staatlicher Sozial- und Bildungspolitik mit dem Beschäftigungssystem durch das Berechtigungswesen ermöglichte es dabei, dem neuen Mittelstand eine Sonderstellung einzuräumen. In keinem anderen vergleichbaren Industrieland führt die verbreitete Diskussion über die Probleme der Angestellten in wirtschaftlich schlechten Zeiten zu einem Eingreifen des Staates. Wurden sie in Amerika auf das allgemeine Schulwesen und die Tüchtigkeit des einzelnen verwiesen, in England auf individuelle und kollektive Selbsthilfe, so setzte in Deutschland die Reichsregierung 1911 für die Angestellten eine beamtenähnliche Sonderversicherung durch. Diese Angestelltenversicherung privilegierte ihre Mitglieder und definierte sie, so verschieden auch ihre Ausbildungen, Tätigkeiten und Gehälter waren, als eine von den Arbeitern abgesetzte, hervorgehobene soziale Schicht. (Mangold 1981) Das außerordentliche öffentliche Engagement in der Bildungspolitik, das in Deutschland private Hochschulen von vornherein verhindert hatte und die privaten Schulen während des neunzehnten Jahrhunderts weithin verschwinden ließ, verpflichtete die Gesamtgesellschaft nicht nur zur Fürsorge für die Elementarbildung, sondern lud ihr mit der gewollten Alleinzuständigkeit auch die Verantwortung für die Bildungsaspirationen der oberen Schichten auf. Das erschien den Regierungen der Fürstentümer selbstverständlich und notwendig wie die Sonderstellung jener staatstragenden Gruppen. Die dementsprechend extrem berufsständische Gliederung des Schulsystems mußte, zumal in einer so strikten Verknüpfung mit dem Berechtigungswesen, für eine republikanische Verfassung, die gleiches Bildungsangebot als Bürgerrecht erachtete, zu einer schweren Hypothek werden.

IV Bildungsreform in der ersten deutschen Republik

Mit der Verstaatlichung gewann die höhere Bildung ihre berufspädagogische Funktion zurück, die der Neuhumanismus im Widerspruch zum Nützlichkeitsdenken der Aufklärungspädagogik
von sich abgewiesen hatte. Die neue Allgemeinbildung wurde zur
Berufsausbildung der höheren Stände, und zwar nicht in privater
Beliebigkeit, durch Hauslehrer und Bildungsreisen vermittelt,
sondern mit einem schulpädagogischen Konzept im Interesse
monarchischer Staatsraison verbindlich normiert. Umgekehrt
überließ die Begrenzung der Volksschule, insbesondere ihre Orientierung an der Religionserziehung, die das Übergewicht der
Bekenntnisschulen bestimmte wie die durch die Kirchen im staatlichen Auftrag wahrgenommene Schulaufsicht, die allgemeine
Bildung der unteren Schichten weithin ihrer Berufserfahrung.

Reformpädagogik und politische Opposition am Ende des Kaiserreiches

Die Verankerung der berufsständischen Organisation des Bil-
dungswesens in der Staatsverfassung der Monarchien schloß un-
ter den gegebenen Herrschaftsverhältnissen jede grundlegende
Reform aus. Die liberale bürgerliche Kritik wandte sich von der
Bildungspolitik ab und suchte in der Kindererziehung ihr Betäti-
gungsfeld. Nach der Kapitulation der Nationalliberalen, die zur
Abwehr sozial-revolutionärer Einflüsse und nicht nur wegen des
Kompromisses in der Frage der materiellen Ausstattung der
Volksschulen deren gänzlicher Konfessionalisierung in Preußen
1906 zustimmten, blieb die parlamentarische Repräsentanz liberaler Schulpolitik auf die freisinnigen Randgruppen, wie die
Deutsche Volkspartei, beschränkt. Nicht minder ohnmächtig
aber war, trotz ihres großen Stimmengewinns, die Sozialdemokratie mit ihrem Programm einer allgemeinen, weltlichen und
unentgeltlichen Schule für alle Heranwachsenden.
Erziehung, nicht unter dem Diktat von Staat und Gesellschaft,

sondern »vom Kinde aus«, an die Möglichkeiten, Motive und Interessen der Lernenden anknüpfend, war das Credo der reformpädagogischen Bewegung, die um die Jahrhundertwende entstand. Sie enthielt in sich viele Bewegungen, für Schulgemeinden und Landerziehungsheime, Arbeitsschule und Sozialpädagogik, Kunsterziehung und Volksbildung. Ihre Kritik galt weniger den Strukturen als dem Geist der Wilhelminischen Gesellschaft, knüpfte an die Kulturkritik gegen den Rationalismus, die Entzauberung der Welt durch Technik und Wissenschaft an. Sie machte Front gegen die lebensfernen Kopfschulen mit ihrem Drill und Schematismus, ihrer Zensurenmanie und Prügelpädagogik. Gefordert wurde die neue, »freie« Schule, mit »natürlichem« Unterricht und aktiver Teilhabe aller Betroffenen, der Schüler, Eltern und Lehrer. Schule als Lebensform, die, in öffentlicher Einrichtung damals wie heute kaum zu erreichen, allenfalls als Privatschule erprobt werden konnte.

In der Abwendung von Herbart, zurückkommend auf Rousseau, auf Pädagogen wie Pestalozzi und Fröbel, die weniger an den Grundsätzen des Staates und der Schulorganisation als an der Entfaltung der Heranwachsenden interessiert waren, und im Zusammenhang neuer Ansätze der Entwicklungspsychologie entstand das reformpädagogische Bild vom Kind. Es erschien nicht wie in den Maximen lange zurückreichender Schulerziehung als ein Hort des Widerstandes, der im eigenen Interesse und dem seiner Umwelt gebrochen werden mußte, dessen Faulheit und Abwehr, übrigens unabhängig von den Merkmalen seiner sozialen Herkunft, nur durch Gewalt in Fleiß und Lernbereitschaft zu verwandeln wären. Der Mensch, der nicht geschunden wird, wird nicht erzogen, hatte schon Menander im hellenistischen Athen formuliert und alle Gymnasiasten lernten es. Nun aber wurden Eigenwert und Eigenwelt des Heranwachsenden wieder entdeckt. Diese »Umkehrung des Bildes des Kindes von schwarz in weiß«, urteilt Wolfgang Scheibe, ermöglichte eine andere pädagogische Einstellung: »Die Zuversicht und das Vertrauen in das Gute in jedem Kinde gewannen eine bestimmende Bedeutung für die neue Erziehung.« (Scheibe 1980, S. 60) Zunächst blieb sie allerdings auf wenige private Versuche beschränkt, deren wichtigste für den Übergang von der Familien- zur Schulerziehung Berthold Ottos Hauslehrer-Schule in Berlin-Lichterfelde, für die

Internatspädagogik die Landerziehungsheime von Hermann Lietz und deren Weiterentwicklung von Gustav Wyneken in der Freien Schulgemeinde Wickersdorf sowie von Paul Geheeb in der Odenwaldschule wurden. Sie übten im Verein mit der Arbeitsschulbewegung ihren Einfluß auf die in den zwanziger Jahren entstehenden Jena-Plan-Schulen aus, entworfen von Peter Petersen und seinen Mitarbeitern, wie auf die von Rudolf Steiner ins Werk gesetzten Freien Waldorfschulen, die heute noch die bedeutendste Gruppe reformpädagogischer Schulen darstellen.

Alle diese Einrichtungen leisteten auch einen Beitrag zur Strukturdiskussion, insofern sie grundsätzlich die überkommenen Spaltungen des Schulwesens, ob nach Konfession, Geschlecht oder Schulreform, in Frage stellten. Zeigten sie doch, daß gemeinsame Schule möglich ist, ja, daß sie hohen Ansprüchen zu genügen vermag. Aber nicht die Schulorganisation, sondern das Lernen und Lehren stand im Zentrum des Bemühens um die innere Schulreform. Otto, der den Gesamtunterricht für die Grundschule entdeckte, gab seiner Zeitschrift *Der Hauslehrer* den bezeichnenden Untertitel »Wochenschrift für den geistigen Verkehr mit Kindern«.

Vom Reichtum erziehungswissenschaftlicher Erkenntnis und reformpädagogischer Praxis war die Bildungsprogrammatik der politischen Opposition weit entfernt. Um so entschiedener wurde die Verknüpfung von Schulreform und Gesellschaftsveränderung betont. Das galt sowohl für die Grundsätze wie für die seltenen Stellungnahmen führender Funktionäre der Sozialdemokratie zu Bildungsfragen. Den lapidaren Forderungen nach Trennung der Schule von der Kirche, obligatorischem Unterricht in der Volksschule, das hieß allgemeiner gleicher Volkserziehung durch den Staat, Unentgeltlichkeit des Unterrichts, der Lehrmittel und der Verpflegung auch in den höheren Bildungseinrichtungen für die entsprechend begabten Schülerinnen und Schüler waren in den Parteiprogrammen von Eisenach (1869), Gotha (1875), und Erfurt (1891) jeweils die Prinzipien einer demokratischen Staats- und sozialistischen Gesellschaftsverfassung vorangestellt. Gegen den Schein, Bildung mache frei, argumentierte Wilhelm Liebknecht 1872 in seiner Leipziger Rede, gleichsam dem Manifest sozialdemokratischer Bildungspolitik jener Zeit: »Der Staat, wie er ist, d. h. der Klassenstaat, macht die Schule zu einem Mittel der

Klassenherrschaft. Er kann freie Männer nicht brauchen, nur gehorsame Unterthanen; nicht Charaktere, nur Bedienten- und Sklavenseelen.« Daher müßte, um Bildung in ihr Recht zu setzen, jedem gleichmäßig die Mittel zur harmonischen Ausbildung seiner Fähigkeiten zu gewähren, der bestehende Staat bekämpft, die Gesellschaft grundlegend verändert werden. »Nur im freien Volksstaat kann das Volk Bildung erlangen. Nur wenn das Volk sich politische Macht erkämpft, öffnen sich ihm die Pforten des Wissens.« (Liebknecht 1888, S. 134 und 159)

Unverkennbar ist die besondere Rolle des Staates in der Orientierung der deutschen Arbeiterbewegung. Die Opposition hielt sich an die überkommenen Zuständigkeiten. Daher stellte sie, als 1906 in Mannheim, vorbereitet von Heinrich Schulz und Clara Zetkin, erstmals auf einem Parteitag grundsätzlich über Bildungsfragen diskutiert wurde, an die Spitze ihrer Forderungen ein Reichsschulgesetz. Es sollte auf der Grundlage der Weltlichkeit und der Einheitlichkeit des gesamten Schulwesens die höheren an die niederen Bildungsanstalten »organisch« angliedern. Unmißverständlich wurde zwar der Mangel an Grundkonsens unter den herrschenden Verhältnissen bezeichnet. Solange »der Klassenstaat besteht und die Volksschule als Werkzeug der Klassenherrschaft mißbraucht wird, kann sich die häusliche Erziehung nicht harmonisch an den Schulunterricht angliedern, sie muß vielmehr im großen Umfange bewußt und planmäßig den Tendenzen entgegenwirken, welche diesen verfälschen und vergiften«, hieß es, formuliert von Clara Zetkin, in den Mannheimer Leitsätzen (Parteitag 1906, S. 136). Doch den Staat im gewünschten Sinne zu verändern, erschien ungeachtet der revolutionären Rhetorik eher eine reformistische Politik geeignet, gestützt auf die wachsenden Parlamentsfraktionen. Bei den Reichstagswahlen von 1912 errangen die oppositionellen »Mehrheitsparteien«, Sozialdemokraten, Zentrum und Fortschrittliche Volkspartei, drei Fünftel der Mandate.

Mit seiner Arbeit über die Schulreform der Sozialdemokratie gab Heinrich Schulz, ihr wichtigster Bildungspolitiker in jener Zeit, die Richtung an: »Die Einheitsschule setzt zwar noch keine sozialistische Gesellschaftsordnung, aber doch ein demokratisch organisiertes und verwaltetes Staatswesen voraus. Solange wir das in Deutschland und in den einzelnen Bundesstaaten noch nicht haben, müssen wir versuchen, auch den heutigen autokratischen und bureaukratischen Regierungen und den ihnen ergebenen Parteien Verbesserungen der Schulorganisation abzutrotzen, die wenigstens auf dem Wege zur Einheitsschule liegen.« (Schulz 1911, S. 62) Organisatorisch war die Vorschule die erste Bastion, die aufgehoben werden mußte. Inhaltlich erhielt der Arbeitsunterricht, den es an allen Schulen einzurichten galt, seinen besonderen Stellenwert.

Verfassung und Verwaltung der Fürstenstaaten boten einer oppositionellen Bildungspolitik allerdings kaum Handlungsspielraum. Am ehesten hätte eine reformistische Schulpolitik noch in den Stadtstaaten Veränderungen bewirken müssen, in denen liberale Lehrer- und Bürgergruppen vergleichsweise fortschrittliche Unterrichtsgesetze durchgebracht hatten und reformpädagogische Impulse im Innern der Schule mit deren »äußerer« Veränderung, der Organisationsreform, zu verbinden trachteten. Das beispielhafte Gesetz, mit dem in Hamburg 1870 die Schulpflicht eingeführt wurde, enthielt viele Elemente für eine anspruchsvolle Einheitsschule, geeignet für den Besuch aller Hamburger Kinder, mit entsprechend ausgebildeten Lehrern und großem Selbstverwaltungsspielraum. Doch vom Gesetz zur Wirklichkeit blieb ein weiter Weg zurückzulegen. Die Volksschullehrer waren gehalten, sich selbst um die neuen Rechte zu kümmern. Der älteste und bedeutendste Hamburger Lehrerverband, die Gesellschaft der Freunde des vaterländischen Schul- und Erziehungswesens, bot ihnen dabei zunächst wenig Rückhalt. Der Gründungsgedanke, alle Hamburger Lehrer zu vereinen, blieb indessen lebendig. Die Gesellschaft der Freunde öffnete sich der neuen Lehrergeneration und nahm 1894 den Verein Hamburger Volksschullehrer in sich auf. Die Reformvorstellungen der früheren Außenseiter gewannen programmatischen Charakter für die Gesellschaft. Der langjährige Sprecher der liberalen Minderheit, Johannes Halben, bekräftigte auf der Allgemeinen Deutschen Lehrerversammlung 1894 die Forderung nach der für alle gemeinsamen Schule: »Unsere Meinung steht felsenfest, daß Volksschule, Mittelschule, Realschule nur künstlich getrennte Organisationen für denselben Zweck der Volksbildung sind, daß sie zusammengehören, von unten auf gleichmäßig eingerichtet sein sollten und nur wegen der Verschiedenheit der Kursdauer in den letzten oberen Jahrgängen abweichen dürften. Es ist nur ein krasses Durchbrechen der Gleichheit aller Bürger vor dem Gesetz, wenn man den Wohlhabenden gestattet, gegen ein hohes Schulgeld in den Vorschulen ihre Kinder drei Jahre lang von denselben seminaristisch gebildeten Lehrern unterrichten zu lassen, die in der Volksschule arbeiten. Besseren Unterricht erlangen die Kinder dadurch freilich nicht, aber das Vorrecht, allen andern genügend vorgebildeten voran in die Sexten der höheren Schulen aufgenommen zu werden.« (Kraus 1955, S. 20)

So isoliert die Hamburger Reformer mit dieser Position im Deutschen Lehrerverein blieben, in der Volksschullehrerschaft der Hansestadt wuchs ihr Einfluß. Sie vermittelten den Einheitsschulgedanken der Schulsynode, einer durch das Unterrichtsgesetz geschaffenen Korporation aller Leiter und festangestellten Lehrer der öffentlichen sowie der Vorsteher der privaten Schulen. Die Synode war durch Delegierte in der Oberschulbehörde vertreten, von der sie bei Gesetzesvorlagen zu hören war und der sie eigene Anträge zur Beratung überweisen konnte. Als sich die Behörde weigerte, den Entwurf eines Unterrichtsgesetzes, das auch für die höheren Schulen galt, der Synode zuzuleiten, legte diese ihrerseits 1899 einen gut begründeten Gesetzentwurf für die Einheitsschule in Hamburg vor. Erstmals seit Süverns »Entwurf eines allgemeinen Gesetzes über die Verfassung des Schulwesens im preußischen Staate«, achtzig Jahre zuvor, wurde damit nicht nur die Forderung nach einer Gesamtschule für alle Heranwachsenden erhoben, sondern eine ausgearbeitete Konzeption vorgestellt. Dieser Einheitsschule, die die Vielfalt individueller Begabungen, nicht aber die Unterschiede in der sozialen Position der Eltern respektieren sollte, kam es vor allem auf die gemeinsame fünfstufige Grundschule und die vollständige Durchlässigkeit zu den angeschlossenen Ergänzungs-, Real- und Gymnasialstufen an, die alle unentgeltlich bei freien Lehr- und Lernmitteln besucht werden sollten (Blinckmann 1930, S. 242 ff.).

Doch unklar blieb das Verhältnis von öffentlichem und privatem Schulwesen. Die Entwicklung in Hamburg nach dem Unterrichtsgesetz hatte gezeigt, daß selbst noch im Besuch von privaten Vorschulen einerseits und staatlichen, deren soziales Ansehen weit geringer war, andererseits große Unterschiede im gesellschaftlichen Stand der Eltern zum Ausdruck kamen. Erst recht behielt die Volksschule, trotz der mit ihr in Hamburg verbundenen höheren Ansprüche, das Odium der früheren Armenschule. Um Leistungsfähigkeit und Prestige der öffentlichen Schulen zu heben, bedurfte es eingreifender Maßnahmen des Staates, sollte mehr Einheitlichkeit in der Schulerziehung erreicht werden. Solange private und öffentliche Schulen konkurrierten, mußte der Staat auch in dem grundsätzlich umstrittenen Vorschulwesen mithalten, ohne doch die sozialen Unterschiede im Ansehen und Besuch ausgleichen zu können. Für den anderen Weg aber, die Abschaffung der Privatschulen, zunächst vor allem die Aufhebung der privaten Vorschulen, war auch und gerade in Hamburg in den bürgerlich dominierten Körperschaften keine Mehrheit zu gewinnen.

Dieses Schlüsselproblem der Schulreform wurde im Stadtstaat zuerst von den Sozialdemokraten zur Sprache gebracht. Ihr Auftreten auf der parlamentarischen Bühne akzentuierte seinen gesellschaftspolitischen Charakter. Trotz der bestehenden Klassenschranken, da nur die Hälfte der Abgeordneten in allgemeinen Wahlen direkt bestimmt wurde, errang die Sozialdemokratie in den Bürgerschaftswahlen 1904 einen beträchtlichen Erfolg. Daraufhin wollte der Senat ein nach dem Einkommen gestuftes Dreiklassenwahlrecht einführen, um die besitzenden Schichten stärker zu privilegieren. Der Widerstand gegen solche Manipulation spaltete die Lehrerschaft. Die *Pädagogische Reform* veröffentlichte eine Kampfansage. Selbst wenn künftig einige Volksschullehrer in die Bürgerschaft gewählt würden, könnten sie »reden, schön reden, begeistert reden für die Rechte des Lehrerstandes, für die Hebung der Volksschule, für alles, was die Massen zur Bildung und Kultur hinaufführt, und bei jeder entscheidenden Abstimmung blieben sie in der Minderheit. Wird das Gesetz, dann können wir auf lange Zeit unsere Hoffnungen auf einen gesunden Fortschritt im hamburgischen Schulwesen begraben.« Dagegen hielt die konservative *Hamburger Schulzeitung*: »Wir sagen dazu, daß wir die Kritik den politischen Zeitungen und den gesetzgebenden Körperschaften überlassen und daß wir nicht anmaßend genug sind, unsere Meinung als Meinung der Lehrerschaft überhaupt zu bezeichnen.« (Kraus 1955, S. 31)

Der Vorstand der Gesellschaft der Freunde aber sah allen Anlaß zum Engagement. Denn Fragen der Schulreform wurden nicht mehr im stillen hinter verschlossenen Türen verhandelt. Vielmehr bedrängte die Gesellschaft mit ihnen die Öffentlichkeit, befragte die Kandidaten der Bürgerschaftswahlen, unterstützte im Verein mit Gewerkschaftern und zusammen mit progressiven Künstlern wie Alfred Lichtwark vernünftige Jugendschriften und veranstaltete Ausstellungen. Der Vorstand geriet dadurch nach innen wie nach außen in wachsende Schwierigkeiten. Den Konservativen erschienen die höchsten Erziehungsziele, Vaterlandsliebe und Rechtgläubigkeit, in sozialdemokratischer Gefahr. Der Protest des Vorstandes gegen die Wahlrechtsänderung führte, ausgerechnet im Jubiläumsjahr 1905, zum Eklat. Die Erklärung, vom Vorsitzenden Theodor Blinckmann verkündet, ging von der Erfahrung vieler Jahrzehnte aus, daß »von den jetzt regierenden Kreisen eine durchgreifende Förderung unserer Volksschule nicht zu erwarten« sei. Besserung könne erst bewirkt werden, wenn »die unteren Volksschichten, also diejenigen, welche an der Volksschule ein ureigenes Interesse haben, auf die gesetzgebenden Gewalten einen maßgebenden Einfluß« auszuüben vermöchten. Die Gesellschaft der Freunde werde nach wie vor versuchen, »den herrschenden Kreisen Stück um Stück das abzuringen, was unserer Schule not tut«. Nicht wenige Mitglieder unterzeichneten ihrerseits eine Protestresolution gegen diese ihrer Ansicht nach unzulässige Vermengung von Pädagogik und Politik. Die alldeutsch-nationalistisch orientierten *Hamburger Nachrichten*, seit langem im Kampf gegen die Sozialdemokratie, sahen sich in ihrer Ansicht bestätigt, daß ein »großer Teil der hiesigen Volksschullehrerschaft mit der Umsturzpartei sympathisiere und ihre Geschäfte besorge«. Mit der Erklärung des Vorstandes werde der Klassenkampf proklamiert. Harte disziplinarische Maßnahmen durch die zuständigen Behörden seien geboten. (Milberg 1970, S. 19 f.)

Das öffentliche Aufsehen vermehrte den Unmut des Senats. Der Schulsenator drohte, die Beziehungen zur Gesellschaft abzubrechen und, schlimmer noch, die von ihr hergestellten Schulbücher nicht mehr zu beziehen. Darauf trat der Vorstand zurück, wiewohl ihm auf einer der überfüllten Mitgliederversammlungen das Vertrauen der Mehrheit nachträglich noch einmal bestätigt wurde. Ein neuer Vorstand wurde im selben Geist, aber mit anderen Personen gewählt. Doch bedurfte es später auch eines anderen

Senators, um das Verhältnis zwischen Behörde und Gesellschaft wieder herzustellen. Zur Hundertjahrfeier erschienen jedenfalls weder der amtierende Schulsenator noch Vertreter der Oberschulbehörde. Den städtischen Schulinspektoren, zumeist selbst Mitglieder der Gesellschaft, war die Teilnahme dienstlich untersagt. Nicht nur die Schulreform versandete unter den obwaltenden Umständen, auch die Selbstverwaltung konnte sich gegen das autoritäre Verhalten von Behörde und Schulleitern nicht entfalten. Zudem verschlechterten sich unter dem anhaltenden Druck des Bevölkerungszuwachses die Arbeitsbedingungen in den Schulen.

Nicht anders in Bremen. Dort hatten sich Fritz Gansberg und Heinrich Scharrelmann als Reformpädagogen einen Namen gemacht. Sie wurden von einer Vereinigung reforminteressierter Eltern, später »Elternbund für Schulreform« genannt, unterstützt. Obwohl es in Bremen weder geistliche Schulaufsicht noch dogmatischen Religionsunterricht gab, kam es 1905 wegen des Religionsunterrichts zum Schulstreit gegen die Aufsicht. Anlaß war das Verhalten des Schulinspektors für die Volksschulen. Aber die Unruhe unter den Lehrern wurde auch durch die Diskussion über die Konfessionalisierung des Schulwesens im umliegenden Preußen bestimmt. Inhaltlich ging es um Grundfragen der Zeit, vor allem das Verhältnis von Naturwissenschaften und Christentum, wie um die Auffassung vom Kind in der erziehenden Schule. Gemäßigte Eingaben des Bremer Lehrervereins waren vergeblich geblieben. Wilhelm Holzmeier und Emil Sonnemann, beide Mitglieder der Bremer Sozialdemokraten, wurden zu Sprechern der radikalen sozialpolitischen Gruppe der Lehrerschaft. Gemeinsam mit den Reformpädagogen gründeten sie in diesem Jahr den *Roland*, ein Organ für freiheitliche Pädagogik, das sich sowohl pädagogisch wie schulpolitisch engagierte. Trotz ihrer konservativen Mehrheit nahm die Bürgerschaft einen Antrag an, der von der Behörde die Überprüfung der Frage verlangte, wie der Religionsunterricht durch vergleichende Religionsgeschichte und Sittenkunde ersetzt werden könnte. Abstimmungen in der Lehrerschaft bekräftigten die Forderungen. Widerstand regte sich in den Reihen der Vorsteher. Die Reformpädagogen stellten deren Autorität in Frage. Sie verlangten eine von den Lehrern gewählte kollegiale Schulleitung. Demokratie in der Schule wie auch in jeder

Klasse unter dem Stichwort »produktive Pädagogik« und darüber hinaus in einem Konvent aller Bremer Volksschullehrer, der die Befugnisse der Hamburger Schulsynode erhalten sollte.

Der Senat trat rückhaltlos für den kritisierten Schulinspektor ein. Seine Unterrichtskommission suchte die Beschwerdeführer als »Agitatoren« aus dem Schuldienst zu entfernen. Zumindest an Holzmeier sollte ein Exempel statuiert werden. Im Verlauf der Disziplinarprozesse wurden aber eher die Klagen als die Schutzbehauptungen bestätigt. Der umstrittene Schulinspektor trat vorzeitig in den Ruhestand. Der Senat genehmigte den Konvent — allerdings nur als erweiterte Versammlung der Schulvorsteher. Die *Pädagogische Reform* rügte: »Es ist ein fein ausgeklügelter Plan, dem schulbureaukratischen Absolutismus ein scheinkonstitutionelles Mäntelchen umzuhängen und eine ›Vertretung‹ der Lehrerschaft zu organisieren, von deren Beschlüssen man keine Unbequemlichkeiten zu befürchten hat, weil die Partei ›des gemäßigten Fortschritts‹ immer das Übergewicht in ihr haben wird.« (Hagener 1973, S. 66)

Zum Höhepunkt des Schulkampfes aber kam es in der Auseinandersetzung um die politischen Rahmenbedingungen der Einheitsschule. Erst mit ihr, so die Mehrheit der bremischen Lehrerschaft, würde sich eine Reihe weiterer Forderungen verwirklichen lassen wie die gemeinsame akademische Ausbildung aller Lehrer, deren einheitliche Bezahlung und die gleichwertige Ausstattung aller Schulen. Die Reformer trugen ihre Forderungen in die Öffentlichkeit. Die radikaleren unter ihnen verknüpften sie bewußt mit den politischen Machtverhältnissen und suchten das Bündnis mit den Sozialdemokraten, die sich im Schulkampf vorbehaltlos auf die Seite der Volksschullehrer gestellt hatten. Heinrich Schulz, dort geboren und zum Lehrer ausgebildet, war bis 1906 Redakteur der sozialdemokratischen Bremer *Bürger-Zeitung*. Im *Roland* attackierten Holzmeier und seine Gesinnungsgenossen die reaktionäre Schulverwaltung, vor allem in Preußen. Sie drängten auf rasche Politisierung der Lehrerschaft. Darüber kam es zum Bruch in der Redaktion wie in der Reformbewegung. Unter den Lehrern sammelte sich die Opposition vor allem gegen die Identifizierung mit der Sozialdemokratie. Im Lehrerverein mußte der radikale Vorstand einem gemäßigten weichen. Doch der Fortgang des Schulkampfes brachte die Radikalen wieder an die Spitze. Der

Lehrerverein bekannte sich in Resolutionen und Eingaben zu den Rechten jedes einzelnen Staatsbürgers, zum demokratischen Prinzip und gesellschaftlichen Wandel.

Der Staat griff mit Disziplinarmaßnahmen durch. Er verfolgte sowohl das reformpädagogische wie das politische Engagement unter den Lehrern in seinen Exponenten. Scharrelmann, der sich von niemand befehlen lassen wollte, wie er zu unterrichten habe, erhielt eine horrende Geldstrafe. Er schied im Bewußtsein, daß die Behörde auch der inneren Reform keinen Raum gewährte, aus dem Schuldienst aus und empfahl Pädagogen und Eltern resignierend das Privatschulwesen. Holzmeier, dessen »schulpolitischer Generalangriff« (Hagener) auf den Senat noch die Feiern zum Sedanstag und zu Kaisers Geburtstag einbezog, wurde 1910 durch das Disziplinargericht aus dem Schuldienst entfernt. Die zu diesem Anlaß sich versammelnden sozialdemokratischen Lehrer sandten dem Vorsitzenden ihrer Partei, August Bebel, ein Telegramm zu seinem siebzigsten Geburtstag, das ihm langes Wirken im Dienste des Klassenkampfes wünschte. Ein politischer Skandal im Wilhelminischen Deutschland. Denn, so die *Leipziger Neuesten Nachrichten*, »ein sozialistischer Lehrer ist ein Widerspruch in sich selbst, der je eher desto besser unschädlich gemacht werden muß« (Wulff 1967, S. 102). Die Bremer Lehrerbewegung aber war damit am Ende. Eine eingreifende Schulrefom, die ihre politischen Voraussetzungen benannte, so hatte Holzmeier schon zuvor im *Roland* geschrieben, war unter den gegebenen Verhältnissen nicht möglich: »Wer also ehrlich die Einheitsschule will, der muß auch die Konsequenzen ziehen und eine neue Gesellschaftsordnung wollen, in der die Ausbildung des Kindes nicht mehr vom Geldsack des Vaters, sondern von seiner Befähigung abhängig ist.« (Hagener 1973, S. 74 f.) Galt dies im Kaiserreich für die freien Hansestädte, so erst recht für die fürstlichen Bundesstaaten. Während der Deutsche Lehrertag 1914 in Kiel erneut die Nationale Einheitsschule ohne jede Trennung nach sozialen und konfessionellen Rücksichten forderte, erschien es dem preußischen Kultusminister von Trott zu Solz mehr als zweifelhaft, ob diese Schule jemals in Deutschland werde eingeführt werden können. Unzweifelhaft aber, »daß ihre Einführung unter den gegenwärtigen Verhältnissen und in übersehbarer Zukunft einfach eine Unmöglichkeit ist.« (Oppermann 1982, S. 256) Soweit es um die politische Verfassung und die gesellschaftlichen Machtverhältnisse ging, hatte er damit die Realität kurz vor dem Ausbruch des Krieges zutreffend bezeichnet. An dessen Ende jedoch begann eine andere als die von ihm erwartete Zukunft.

Bürgerrecht auf Bildung

Nach dem Zusammenbruch des Kaiserreichs fiel die vollziehende Gewalt an die Mehrheitsparteien, insbesondere die Sozialdemokraten. Sie eröffneten in den Landesregierungen von Preußen und Bayern, Sachsen und Braunschweig, Hamburg und Bremen sowie einiger Kleinstaaten sogleich die bildungspolitische Offensive. Im Aufruf »An das preußische Volk« proklamierte die neue Regierung beispielsweise den »Ausbau aller Bildungsinstitute, insbesondere der Volksschule, Schaffung der Einheitsschule, Befreiung der Schule von jeglicher kirchlicher Bevormundung, Trennung von Staat und Kirche« (Führ 1972, S. 31). Friedrich Ebert übernahm das Amt des Reichskanzlers, dann das des Vorsitzenden im Rat der Volksbeauftragten. Um die neue Verfassung vorzubereiten, setzte er den Staatsrechtler und Mitbegründer der Deutschen Demokratischen Partei, Hugo Preuß, als Staatssekretär im Reichsamt des Innern ein. Die dort für die Schulangelegenheiten neugebildete Kulturpolitische Abteilung erhielt als Unterstaatssekretär Heinrich Schulz, der bildungspolitische Sprecher der Mehrheitssozialisten. Reform, nicht Revolution war das Ziel. Soziale und linksliberale Demokraten gingen im Verein mit dem katholischen Zentrum daran, das Wilhelminische Reich in eine demokratische Republik zu verwandeln, ohne an dessen politischer Ökonomie viel zu verändern. Bei den Wahlen zum ersten republikanischen Parlament, der Nationalversammlung, im Januar 1919, erhielten sie zusammen mehr als drei Viertel der Stimmen, aber keine Partei für sich die Mehrheit. Sie waren auf Zusammenarbeit angewiesen, sollte die neue Verfassung verabschiedet werden. Der Unruhen in Berlin wegen trat die Nationalversammlung in Weimar zusammen. Ebert wurde zum Reichspräsidenten gewählt. Scheidemann, ebenfalls Mehrheitssozialist, bildete die erste Reichsregierung der Weimarer Koalition. Preuß war ihr Innenminister. Sein Verfassungsentwurf klammerte alle zwischen den Koalitionsfraktionen strittigen Fragen der Bildungspolitik aus, um sie der späteren Gesetzgebung zu überantworten. Neben der Freiheit der Wissenschaft wollte er lediglich festgehalten wissen: »Der Unterricht soll allen Deutschen gleichmäßig nach Maßgabe der Befähigung zugänglich sein« (Landé 1929, S. 28). Das entsprach dem Grundsatz der Chancengleichheit, der nun zum Grundrecht jedes Staatsbürgers wurde: »Alle Deutschen sind vor dem Gesetze gleich. Männer und Frauen haben grundsätzlich dieselben staatsbürgerlichen Rechte und Pflichten. Öffentlich-rechtliche Vorrechte oder Nachteile der Geburt oder des Standes sind aufzuheben. Adelsbezeichnungen gelten nur als Teil des Namens und dürfen nicht mehr verliehen werden.« (Art. 109. Deutsche Verfassungen 1974, S. 90) Der Gesamtstaat erhielt erstmals die Kompetenz zur Rahmengesetzgebung für das Schul- und Hochschulwesen sowie für die wissenschaftlichen Büchereien (Art. 10). Auch die Regierungsvorlage blieb ganz allgemein, mit einer Andeutung der Einheitsschule.

Doch die Parteien wollten ihr Bildungsprogramm in der Verfassung festschreiben und nicht einer vertagten Gesetzgebung des Reiches und der Länder überlassen. Damit kam es zu schweren Auseinandersetzungen im Verfassungsausschuß, vor allem um die Einheit der Schule und ihr Verhältnis zur Kirche. Vergleichsweise eng standen die Sozialdemokraten mit der von ihnen geforderten weltlichen Einheitsschule neben den liberalen Demokraten, die für die einheitliche Simultanschule eintraten, in der Religionsunterricht als biblische Geschichte und christliche Sittenlehre erteilt werden sollte. In den Fragen des öffentlichen Bildungsangebotes und der staatlichen Aufsicht, der Lehrerbildung, des Arbeitsunterrichts und der Staatsbürgerkunde waren ihre Sprecher weithin einer Auffassung.

Dagegen trat das Zentrum für die Bekenntnisschule, die geistliche Schulaufsicht und den obligatorischen konfessionellen Religionsunterricht sowie jedermanns Recht ein, Privatschulen zu betreiben und zu besuchen. Es hatte sogleich nach dem Umsturz gegen die sozialliberale Schulpolitik in den Ländern zum Sammeln geblasen. Im Wahlkampf ließ das preußische Episkopat zu seiner Unterstützung in einem Hirtenbrief gegen den antichristlichen Sozialismus von den Kanzeln verlesen: »Wer den Sozialismus unmittelbar oder mittelbar, durch eigenes Tun oder Nachlässigkeit oder durch Saumseligkeit unterstützt, versündigt sich an Christus und seiner Kirche.« (Grünthal 1968, S. 31) Ebenso übte die katholische Kirche Druck auf die parlamentarischen Verhandlungen aus.

Die neue Reichsverfassung, die die Schulreform erst ermöglichte, drohte an ihren Problemen zu scheitern. Ultimativ forderte das Zentrum die gleichberechtigte Bekenntnisschule, vor allem entsprechende Elternrechte, andernfalls es die Verfassung nicht mittragen wollte. Entgegengesetzt, aber nicht minder grundsätzlich, argumentierte die SPD. Doch ihre Position wurde entscheidend geschwächt, als die Deutschen Demokraten wegen des Versailler Friedensvertrages die Reichsregierung verließen. Das Zentrum machte die Bildungspolitik zur Schlüsselfrage der neuen Kabinettsbildung der Regierung Bauer und wandte sich direkt an Ebert. Dieser bat Schulz um persönliche Vermittlung. Beide hielten, der gefahrdrohenden politischen Gesamtlage wegen, die Regelung der Schulfrage zwischen den verbliebenen Koalitionsparteien für unabdingbar (Schulz 1926, S. 43). So konnte das Zentrum im sogenannten ersten Weimarer Schulkompromiß die Dreiteilung der Volksschule in Bekenntnis-, Gemeinschafts- und Weltanschauungsschulen je nach Maßgabe des Elternwillens durchsetzen, zudem die Bindung der Länder an die bisherige Rechtslage in dieser Frage bis zum Erlaß eines Reichsschulgesetzes (Art. 146) und damit die »Suspendierung der Revolution in einem wesentlichen Teil ihres kulturellen Programms« (Grünthal 1968, S. 58).

Gegen eine solche Schulorganisation wandten sich im Plenum der Nationalversammlung gleichermaßen erbittert die unabhängigen sozialen und die liberalen Demokraten. Aber auch viele Fraktionsmitglieder der Mehrheitssozialisten verweigerten ihre Zustimmung. Gemeinsam protestierten die Kultusminister von Preußen, Baden, Bayern, Hessen, Lippe-Detmold, Sachsen und Württemberg. Der Deutsche Lehrerverein sah im Verein mit der Deutschen Demokratischen Partei die Schule verraten und verkauft. Also mußte ein anderer, der zweite Weimarer Schulkompromiß geschlossen werden, an dem sich, wenn auch noch nicht an der Reichsregierung, die Deutschen Demokraten wieder beteiligten. Mit ihm wurde die Gemeinschaftsschule, mit Religion als ordentlichem Lehrfach, hervorgehoben. Aber bekenntnis- und religionsfreie Weltanschauungsschulen blieben je nach Elternwillen möglich, die Länder an die bisherigen Rechtsverhältnisse gebunden (Art. 174). Allerdings sollte das Reichsschulgesetz die Simultanschultradition in den südwestdeutschen Ländern besonders berücksichtigen.

Die überkommene Allzuständigkeit des einzelnen Bundesstaates nicht nur für die Hochschulen, sondern auch für die Schule wurde bewahrt. Die Länder sollten aber jetzt das Reich und die Gemeinden an ihr beteiligen. Langfristig änderte der Kompromiß, der die »begrenzte Privatschulfreiheit für das höhere Schulwesen und das abgeschwächte Staatsmonopol für die Volksschulen« schuf (Richter 1973, S. 291), nichts an der generell etatistischen Entwicklung des deutschen Bildungswesens, zumal die staatliche Schulaufsicht nun nicht mehr durch die Ortsgeistlichen ausgeübt werden durfte, sondern hauptamtlichen, fachlich vorgebildeten Beamten zu übertragen war, und die Schulpflicht nicht mehr bloß Unterrichtszwang meinte, gegebenenfalls auch im Elternhaus oder in einer Privatschule abzuleisten, sondern die Verpflichtung, eine öffentliche Unterrichtsanstalt zu besuchen. Die Schulartikel der Weimarer Verfassung, kommentierte Walter Landé, Ministerialrat im preußischen Kultusministerium, gehen nicht von dem Prinzip der Unterrichtsfreiheit aus. »Ihnen liegt zugrunde die geradewegs gegenteilige Auffassung von dem Verhältnis der Schule zum Staat. Die Schule erscheint in ihnen als grundsätzlich staatliche Einrichtung, und wo im einzelnen ein Stückchen Grundrecht des Individuums oder der Religionsgesellschaft erscheint, da ist es begrenzte Freigabe einer Parzelle des Schulgebiets, Ausnahme von einer klar und folgerichtig aufgestellten und durchgeführten Regel.« (Landé 1929, S. 26)

Die Verfassung schrieb den achtjährigen unentgeltlichen Besuch der Volks- und der anschließenden Fortbildungsschule, der späteren Berufsschule, bis zum vollendeten achtzehnten Lebensjahr vor. Erst nach einer für alle gemeinsamen Grundschule sollte die Schulpflicht anstatt auf der Volks- und Berufsschule auch auf den weiterführenden mittleren und höheren Schulen kostenpflichtig abgeleistet werden können. Für den Schulaufbau bestimmte das Grundgesetz: »Das öffentliche Schulwesen ist organisch auszugestalten. Auf einer für alle gemeinsamen Grundschule baut sich das mittlere und höhere Schulwesen auf. Für diesen Aufbau ist

die Mannigfaltigkeit der Lebensberufe, für die Aufnahme eines Kindes in eine bestimmte Schule sind seine Anlage und Neigung, nicht die wirtschaftliche und gesellschaftliche Stellung oder das Religionsbekenntnis seiner Eltern maßgebend.« (Art. 146) Damit war ein entscheidender, aber doch nur ein erster Schritt zum Aufbau der Gesamtschule, damals Einheitsschule genannt, als gemeinsamer Bildungsstätte für alle Heranwachsenden getan. Das Bürgerrecht auf Bildung war benannt, das Prinzip der Chancengleichheit bezeichnet. Die Mannigfaltigkeit der Lebensberufe, nicht deren gesellschaftliche Rangunterschiede, individuelle Begabungen und Interessen, nicht Einkommen und Stellung der Eltern sollten den Aufbau der Schulen und den Zugang zu ihnen bestimmen. Aber weder war über die Dauer der für alle gemeinsamen Grundschule noch über deren Didaktik Genaueres ausgemacht, ebensowenig wie über das organisatorische und innere Verhältnis der verschiedenen Schulformen, deren Durchlässigkeit und Kooperation. Die breite Mehrheit der sozialen und liberalen Demokraten für die Einheitsschule hatte sich mangels theoretischer Reflexion und schulorganisatorischer Abstimmung nicht überzeugend artikuliert. Zutreffend befand im Verfassungsausschuß Innenminister Preuß, einer ihrer Anhänger: »Die E(inheitsschule) ist zwar eine weitverbreitete Forderung, aber ihre Anhänger stellen sich sehr verschiedenes darunter vor. Das Minimum wäre wohl, daß die E(inheitsschule) den Fortfall der Vorschulen bedeuten soll, wobei dann Vorkehrungen im Unterrichtsplan getroffen werden müßten, daß gewisse untere Klassen der Volksschule die Vorschulen voll ersetzen. Das Maximum wäre, daß erst die ganze Volksschule absolviert sein muß, ehe der Schüler in eine Mittelschule eintreten kann ... Das Entscheidende ist doch gerade hinsichtlich der E(inheitsschule), wie die Sache im einzelnen durchgeführt werden soll. Soll sie sich auf die Beseitigung der Vorschule beschränken oder soll sie ein organisches Ineinandergreifen der verschiedenen Schulgattungen darstellen?« (Landé 1929, S. 75)
Nur über das Minimum konnte man sich verständigen. Der Sonderweg zum Gymnasium wurde im Prinzip abgeschafft. Private Vorschulen erhielten allerdings mit der Formulierung, sie seien aufzuheben anstatt unzulässig (Art. 147), eine Übergangsfrist, die die Weimarer Republik später nicht zu begrenzen vermochte.

Darüber hinaus blieb es beim vagen Verweis, das Schulwesen »organisch« auszugestalten. So jedoch war das »mechanische« Nebeneinander der überkommenen Schulformen nicht zu überwinden. Zu lange hatten sich mit der berufsständisch orientierten Schulstruktur Gruppeninteressen verbunden, deren gesellschaftliche Macht rasch wieder wuchs. Erhalten blieb die soziale Distanz der weiterführenden Schulen, insbesondere des Gymnasiums, die im Kampf um seine Grundständigkeit mit pädagogischen Argumenten verteidigt wurde. Der Grundschule war damit von vornherein die Last der Selektion auf den Weg gegeben, im Widerspruch zu ihrer verfassungsmäßigen Aufgabe, ein gemeinsames Fundament für alle Schulbildung zu vermitteln. Die aufgeteilte Mittelstufe erschwerte auch die angestrebte Gleichstellung aller Lehrer. Ihre Ausbildung sollte nun zwar ungeachtet der Schulformen vom Reich einheitlich nach den Grundsätzen, die für die höhere Bildung allgemein galten, geregelt werden, aber dazu kam es so wenig wie zum Reichsschulgesetz. Lehrer an öffentlichen Schulen waren nach der Verfassung Staatsbeamte (Art. 143) – aber sehr verschiedenen Ranges. Über den Inhalt des Unterrichts hieß es in der Verfassung: »In allen Schulen ist sittliche Bildung, staatsbürgerliche Gesinnung, persönliche und berufliche Tüchtigkeit im Geiste des deutschen Volkstums und der Völkerversöhnung zu erstreben.« (Art. 148) Um solchem Streben in den Schulstuben zum Erfolg zu verhelfen, waren Staatsbürgerkunde und Arbeitsunterricht als Lehrfächer für alle Schulen vorgeschrieben. Doch die Wirklichkeit sah im geteilten Schulsystem oft ganz anders aus, zumal »das zu vermittelnde Staatsideal und die politische Realität so weit entfernt voneinander (sind), daß Lücken entstehen, die sich mit zeitgenössischen Gedanken jeder Art füllen lassen« (Kraul 1984, S. 138).

Kommentatoren hat es immer wieder verwundert, wie sehr sich die Sozialdemokratie gleichsam als Testamentsvollstrecker der bürgerlichen Emanzipation in der Weltlichkeitsfrage engagierte, anstatt mit den liberalen Demokraten eine verbindliche längere Einheitsschule als Gemeinschaftsschule durchzusetzen. Indes blieb sie in der entscheidenden Phase der Verfassungsverhandlungen allein auf das Zentrum angewiesen, dessen Mitarbeit wegen der separatistischen Tendenzen im Rheinland und in Oberschlesien notwendig erschien. Die konfessionelle Schulspaltung, die sich später, in der zweiten Hälfte unseres Jahrhunderts überlebte, hatte damals vehemente Sprengkraft. Die Bekenntnisschule, auf der das Zentrum bestand, vom Antrag der Erziehungsberechtigten abhängig zu machen, die Simultanschulen aber zur staatlichen Norm zu erheben, mochte als Ausweg erscheinen. Sozialistische wie bürgerliche Schulkritik erblickte darin allerdings eine Kapitulation. Paul Oestreich, Gründer und Vorsitzender des Bundes entschiedener Schulreformer, sprach von einem »inneren Versailles« (Führ 1972, S. 38). Der Sperrparagraph sorgte dafür, daß noch am Ende der Weimarer Republik mehr als vier Fünftel aller Volksschulen als Bekenntnisschulen geführt wurden (Huber 1981, S. 949).

Unter diesen Umständen verbürgten Elternrechte kaum Freiraum wider den Schulzwang, sondern gerieten zum Instrument im Schulkampf. Die bayerische Bischofskonferenz gab die Parole »Elternrecht bricht Schulrecht« aus und beschwor in einem Hirtenbrief den Widerstand: »Keine Verfassung, kein Gesetz, keine Verordnung kann die Eltern im Gewissen verpflichten, ihre Kinder zum Besuch der Staatsschule anzuhalten, wenn diese Schule einen Gottesraub an diesen Kindern begeht und niederreißt, was Väter und Mütter bis zum schulpflichtigen Alter in den Kindern aufgebaut haben.« (Oppermann 1982, S. 309) In den Kampfruf der katholischen Seite: »Wem gehört die Schule?« stimmten andere Interessengruppen nur zu gern ein. Als erstes ging es um die Grundschule.

Der Kampf um die Grundschule

Vielfältige Ansichten in Ländern und Gemeinden über Dauer und Inhalt der neuen Grundschule drängten die Reichsregierung zu raschem Handeln. Schon vor den ersten Reichstagswahlen und der bereits geplanten Reichsschulkonferenz legte die Regierung der Nationalversammlung Anfang März 1920 den »Entwurf eines Gesetzes betreffend die Grundschule und die Aufhebung der Vorschulen« vor. Damit begann eine langanhaltende, erbitterte Auseinandersetzung über die allgemeine Grundschule, noch ehe sie überhaupt eingerichtet war. Konservativer und reaktionärer Widerstand gegen die angebliche »Sozialistische Einheitsschule« wurden mit wachsendem Abstand vom Kriegsende immer lauter. Das Reichsgesetz verstand sich als ein Provisorium. Um nach unten hin eine Schranke zu setzen, sah es eine Mindestzeit von vier Jahren für die Grundschule vor, ließ die endgültige Regelung aber offen. Die Länder wurden ermächtigt, für besondere Fälle noch weitere Jahrgänge einer Volksschule als Grundschulklassen einzurichten. In der Begründung hieß es: »Über die Bemessung der Dauer der Grundschule in ihrer doppelten Eigenschaft als Teil der Volksschule und als Unterbau für das mittlere und höhere Schulwesen gehen die Meinungen der pädagogischen Welt auseinander, so daß eine endgültige reichsgesetzliche Regelung dieser Frage zweckmäßigerweise erst erfolgt, nachdem auf der bevorstehenden Reichsschulkonferenz eine gründliche Beratung der Sachverständigen stattgefunden hat und eine Klärung der Ansichten erreicht ist. Die wesentlichen Meinungsverschiedenheiten beziehen sich aber nur darauf, ob die Grundschule vier oder sechs oder noch mehr Jahre umfassen soll. Dagegen herrscht in den Kreisen der Pädagogen kaum noch ein Zweifel darüber, daß die Grundschule eine Dauer von weniger als vier Jahren nicht haben darf.« (Landé 1927, S. 37)

Die Sozialdemokraten wollten im Grundschulgesetz einen »bescheidenen, durch die augenblickliche Lage gebotenen kleinen, aber doch auch entscheidenden Anfang zu einer Entwicklung sehen, die uns hoffentlich schneller als die meisten Volksgenossen es noch ahnen, zu einer einheitlichen Gestaltung der deutschen Schule in ihrer Gesamtheit, zu einer lebensvollen Verbindung aller Glieder des staatlichen Unterrichtswesens« führen soll, wie ihr Sprecher in der Nationalversammlung erklärte. Mit ihnen und der USPD setzte sich aber nur eine Gruppe der liberalen Demokraten für eine längere Gesamtschulzeit ein. Für sie erklärte der Abgeordnete Weiß, Stadtschulrat in Nürnberg: »Wer auf dem Standpunkt steht, daß die Grundschule die Aufgabe hat, die Kinder der verschiedenen Stände zusammenzuführen, wer weiter der Überzeugung ist, daß die Begabungsdifferenz erst mit dem 10. und nach dem 10. Lebensjahre hervortritt, der kann im Ernst nicht für eine dreijährige Grundschule, sondern muß mindestens für eine vierjährige, am besten fünf- oder sechsjährige Grundschule sein.« (Nave 1961, S. 83) Andere Abgeordnete der Deutschen Demokraten wie auch die der Deutschen Volkspartei wollten zunächst praktische Erfahrungen mit der vierjährigen Grundschule sammeln. Das Zentrum nahm zu deren Dauer nicht

Stellung. Es unterstützte das Gesetz, das den Bestand der Bekenntnisschulen ausdrücklich bestätigte, votierte also für die soziale Grundschule und lehnte die gesellschaftliche Trennung der Schüler ab.

Gegen jede Pflicht zum Besuch einer für alle Kinder gemeinsamen Grundschule opponierte die Rechte in der Nationalversammlung. Argumentiert wurde mit Leistung. Die Vorschule habe ihre pädagogische Aufgabe, den höheren Schulen ein einheitlich vorgebildetes »Schülermaterial« zu verschaffen, hervorragend erfüllt, behauptete der Sprecher der Deutschnationalen Partei, Dr. Oberfohren, Oberlehrer aus Kiel. Im übrigen sei die Vorschule beileibe keine Standesschule, sondern werde von allen Volksschichten besucht und werfe als einzige Schuleinrichtung des Staates auch noch Gewinn ab. Als so ergiebig wurde das hohe Schulgeld gepriesen, das angeblich die Eltern aus allen Volksschichten bereitwillig zahlen wollten. Das Interesse der konservativen Opposition bestand darin, Ansprüche auf Privilegien als Freiheitsrechte des einzelnen gegen den Staat auszugeben. Die gemeinsame Grundschule für alle Kinder bedeute praktisch, »daß jedes Elternpaar direkt von Staats wegen mit den rigorosesten Mitteln gezwungen wird, seine Kinder ausgerechnet in die Grundschule zu schicken, die der Staat einrichtet. Das ist ...«, empörte sich Oberlehrer Oberfohren, »ein Kinderzwangszuchthaus.« (Nave 1961, S. 69) Wer möge, könne ja seine Kinder auf die Grundschule schicken. Wer aber nicht wolle, dem müsse ein separater Weg zur Verfügung stehen, nämlich seinen Kindern Privatunterricht erteilen zu lassen oder sich mit gleichgesinnten Eltern zusammenzutun und einen privaten Schulzirkel zu finanzieren.

Gegen solche Versuche, die Verfassung auszuhöhlen, wandte sich mit Nachdruck Staatssekretär Schulz als Vertreter der Reichsregierung. Denn wenn »Privatunterricht für einzelne Kinder oder der Zusammenschluß von Eltern zu gemeinsamer Erteilung von Privatunterricht an ihre Kinder möglich wäre, so hieße das, daß die Vorschulen, die vorn aus dem Schulhaus des neuen Deutschland hinausgeworfen werden, von hinten wieder hineingeschmuggelt würden« (Nave 1961, S. 93). Er verteidigte damit die Gesetzesvorlage der Reichsregierung. Sie räumte den privaten Vorschulen dort, wo ihr baldiger Abbau erhebliche wirtschaftliche Härten für die Lehrkräfte oder die Unterhaltsträger mit sich gebracht hätte, eine Auslauffrist von immerhin zehn Jahren und eine Entschädigung aus öffentlichen Mitteln ein. Privatunterricht für einzelne oder die Kinder mehrerer Familien sollte aber künftig anstelle der Grundschule nur ausnahmsweise in besonders dringenden Fällen zugelassen werden (Landé 1927, S. 16 ff.). Eben diese Bestimmung wollte die Deutschnationale Partei gestrichen wissen, und bis weit in die bürgerlichen Parteien der Mitte hinein wünschte man grundsätzlich, Ausweichmöglichkeiten zu erhalten.

Es erscheint wie eine Ironie der Geschichte, daß dieser konservative Widerstand gegen die allgemeine Grundschule, die viele als Kind der Revolution betrachteten, nicht durch deren Macht überwunden, sondern im Gefolge einer gescheiterten Gegenrevolution diskreditiert wurde. Kurz nach der ersten Lesung des Grundschulgesetzes putschten der rechtsradikale Politiker Kapp und der reaktionäre Reichswehrgeneral von Lüttwitz. Freikorpsverbände besetzten Berlin. Die Reichsregierung zog sich nach Dresden zurück. Nur ein Generalstreik der Gewerkschaften und die Distanz der Heeresleitung retteten die Republik. Kapp gab nach wenigen Tagen auf. Im republikanischen Aufwind nach dem Fehlschlag des Putsches wurde die Regierungsvorlage für das Grundschulgesetz nahezu unverändert und von allen in der Nationalversammlung vertretenen Parteien außer den Deutschnationalen im April 1920 gebilligt.

Doch was als erster Anfang einer umfassenden Schulreform im Deutschen Reich gedacht war, bezeichnete in Wirklichkeit bereits das Ende. Zu einer abschließenden Regelung von Dauer und Inhalt der Grundschule ist es ebensowenig mehr gekommen wie zu einer Rahmengesetzgebung für das übrige Schulwesen. Die Reichstagswahlen im Juni 1920 brachten den drei Parteien, die die Weimarer Verfassung trugen, den Sozialdemokraten, den Deutschen Demokraten und dem Zentrum, schwerste Verluste. In den anhaltenden Nachkriegswirren wandten sich Scharen von Wählern den Flügeln des Parteienspektrums zu, enttäuschte nach links, verunsicherte nach rechts. Die Sozialdemokraten verließen die Reichsregierung. Der Zentrumsabgeordnete Fehrenbach bildete eine neue, bürgerliche, gestützt auf Parteien, denen keine gemeinsame Schulpolitik mehr gelang.

Die Reichsschulkonferenz war daher zum Scheitern verurteilt, noch ehe sie begann. Heinrich Schulz hatte sie im Namen der Sozialdemokraten schon 1917 im Reichstag beantragt. Damals aber lehnte die Mehrheit ab. Nun ging es nicht mehr nur um den Anspruch des Gesamtstaates gegenüber den einzelnen Ländern, für ein einheitliches Schulwesen zu sorgen, sondern um den Aufbau eines neuen Bildungswesens, das der neuen demokratischen Verfassung entsprach. Zugleich sollte, mit den Worten des preußischen Kultusministers Haenisch, Ordnung »in das wild gärende Chaos der Reformpläne« gebracht werden (Führ 1970, S. 46). Tausende Interessenten aller Richtungen, Verbände und Gruppen meldeten sich an, etwa siebenhundert nahmen teil, vom Reichsinnenministerium zunächst für Mitte April 1920 in den Reichstag nach Berlin eingeladen. Des Kapp-Putsches wegen aber mußte die Konferenz auf den Juni verschoben werden und fand unmittelbar nach den Reichstagsneuwahlen statt.

In seiner Eröffnungsansprache appellierte Innenminister Koch (DDP) an die Teilnehmer, sich darüber zu freuen, »daß heute die Bahn frei gemacht ist für die Verwirklichung von Reformgedanken, die seit Jahrzehnten erörtert worden sind, deren Verwirklichung aber mit einer gewissen Ängstlichkeit zurückgehalten ist (Sehr richtig!), daß die Bahn frei gemacht worden ist, nicht zum wilden Weggaloppieren, sondern zum ruhigen, besonnenen und überlegten Fortschritt. (Bravo!)«. Dazu zählte er vor allem die Einsicht, daß die Schule ihre inneren Aufgaben nicht leisten könne, ohne ihre äußere Organisation zu verändern: »Wir bedürfen zunächst der sozialen Einheitsschule.« (Reichsministerium des Innern 1921, S. 441 ff.) Wie der Innenminister, der die Teilnehmer beschwörend als »Versammlung von wissenschaftlich Strebenden und Forschenden«, nicht aber von »Parteimännern und Interessenvertretern« ansprach, forderte Staatssekretär Schulz sie auf, »ihre sachlichen Gegensätze sachlich, mit ernster Würdigung des entgegengesetzten Standpunktes und ohne unsachliche Hereinziehung politischer Meinungsverschiedenheiten, auszutragen. Der Parteien Haß und Gunst soll und kann vor dem köstlichen Jugendland, das wir hier bearbeiten wollen, Halt machen. (Bravo!)« (Reichsministerium des Innern 1921, S. 450). Tatsächlich bestimmten jedoch die gesellschaftlichen Interessen, vermittelt durch die sachverständigen Sprecher der Institutionen und Grup-

pen den Ertrag der Beratungen, den später die einen als »Ausver-
kauf politischer Chancen« (Heydorn und Koneffke 1973, S. 39),
andere als »richtungweisend« für »die weitere Zusammenarbeit
von Reich und Ländern« (Führ 1972, S. 49) bewerteten.
Eingangs war die Konferenz von ihren Organisatoren noch als
Auftakt zur großen Schulgesetzgebung der kommenden Jahrzehnte angesehen worden, für die das Reich den Rahmen zu
bestimmen, aber mit den Ländern und Gemeinden zusammenzu-
wirken hatte. Doch zeigten sich die Sachverständigen nicht in der
Lage, eine allgemeine Grundlage für diese Gesetzgebung zu erarbeiten, so ertragreich sie in einzelnen Ausschüssen, zum Beispiel
für die Berufsschulgesetzgebung, zu Werke gingen. Auch in einem
solchen Fall vergleichsweise weitgehender bildungspolitischer
Übereinstimmung der Interessengruppen kam es später wegen
der Kostenverteilung zu keiner Rahmenregelung in der Weimarer
Republik, sondern erst danach, mit dem Reichsschulpflichtgesetz
1938, in der Diktatur. Zumeist traten in der Konferenz eher die
bildungspolitischen Gegensätze zutage, zeigte sich nur zu deutlich, wie schmal die gemeinsame Grundlage der reformorientierten Kräfte war. Weil die nationale Einheit des Reiches bedroht
war, erhielt die Einheitlichkeit des Schulwesens breite Zustimmung. Durchlässig sollte es für die von der Natur bestimmten
Begabungen sein: freie Bahn dem Tüchtigen. Alles, was darüber
hinausging, stieß an Grenzen, die von gesellschaftlichen Interessen gezogen und in einer Sachverständigenkonferenz nicht aufzuheben waren. Keiner ihrer Teilnehmer formulierte diesen
Sachverhalt, daß es sich bei den zentralen Fragen der neuen
Schulgesetzgebung zunächst nicht um pädagogische, sondern um
politische Probleme handelte, so deutlich wie einer der bekanntesten Reformpädagogen. Für Gustav Wyneken, den Gründer der
Freien Schulgemeinde Wickersdorf, ging es bei der Lehrerbildung
um die gleiche Frage wie bei der Einheitsschule: »Es handelt sich
auch hier wieder nur um die Erweiterung, sagen wir, des Kunden-
kreises für eine bessere und höhere Bildung. Diese Frage ist bei
der Einheitsschule sowohl wie bei der Lehrerbildung zunächst
eine soziale Frage, eine politische Frage. Und als diese politische
Frage ist sie eben einfach zu bejahen. Und wenn man sie auch
nicht bejaht, die Sache kommt doch.« (Reichsministerium des
Innern 1921, S. 675) Offensichtlich aber kam sie unter den gege-

benen Bedingungen nur einen begrenzten Schritt voran, und auch den nur gegen erhebliche Widerstand.

Dem Philologenstand bot die Reichsschulkonferenz eine erste Möglichkeit, nach dem Zusammenbruch des Kaiserreiches seinen bildungspolitischen Standpunkt wieder zur Geltung zu bringen. Als Berichterstatter warf der Stuttgarter Gymnasialprofessor Binder vom »Vereinsverband akademisch gebildeter Lehrer« dem neuen Staat vor, in die Freiheit der Erziehungsberechtigten einzugreifen, »indem er es allen Eltern verbietet, ihren Kindern in den ersten Schuljahren eine intensivere und sorgfältigere Schulung angedeihen zu lassen, vielleicht unter starken finanziellen Opfern, als die Grundschule mit ihren großen Klassen und ihrer ungleichartigen Schülerschaft sie jemals wird geben können«. Es gelte, die Gymnasien unberührt zu erhalten in ihren Bildungszielen, der Grundständigkeit und neunjährigen Dauer. Waren ihnen schon die eigenen Vorschulen genommen, sei um so mehr »nun unbedingt zu verlangen, daß den höheren Schulen nicht durch allzu lange Dauer der Grundschule unheilbarer Schaden geschehe« (Reichsministerium des Innern 1921, S. 87). Die Grundschule sollte daher auf drei Jahre begrenzt Fachunterricht vermitteln, zumindest aber für die »begabten« Kinder die Möglichkeit eröffnen, sie nach drei Jahren zu verlassen. Dagegen kritisierte Johannes Tews als Sprecher der Volksschullehrerschaft gerade die bisherige Überbetonung der Lernschule und forderte die gemeinsame Erziehung aller Kinder in einer sechsjährigen Grundschule, auf der sich alle weiterführenden Unterrichtsstufen als gleichwertige Teile einer allgemeinen Volksschule aufbauen sollten.

Die folgenden Jahre wachsender Reaktion unter dem Druck von Reparationen und Inflation machten die Grundschule als ersten und einzigen Schritt allgemeiner Schulreform zur Zielscheibe konservativer Systemkritiker. Die Angriffe gegen die gesetzlich vorgeschriebene Mindestdauer von vier Jahren und ihre Verbindlichkeit für alle Kinder gingen dabei bezeichnenderweise nicht von Parlamentariern oder Parteizentralen aus, sondern von außerparlamentarischen Aktionen bestimmter rechtsgerichteter Elternkreise. Sie trugen den »Grundschulkampf« in die Versammlungslokale. Für sie war die gemeinsame Grundschule ein »Machwerk der Novemberverbrecher« (Nave 1961, S. 132). Pädagogische Einwände konnten gegen eine kindgemäße Grundschule kaum vorgebracht werden. Sollte sie doch nach den preußischen »Richtlinien zur Aufstellung von Lehrplänen für die Grundschule« von 1921 »alle geistigen und körperlichen Kräfte der Kinder wecken und schulen und die Kinder mit denjenigen Kenntnissen und Fertigkeiten ausrüsten, die als Grundlage für jede Art von weiterführender Bildung unerläßliches Erfordernis sind. Im gesamten Unterricht der Grundschule ist der Grundsatz zur Durchführung zu bringen, daß nicht Wissensstoffe und Fertigkeiten bloß äußerlich angeeignet, sondern möglichst alles, was die Kinder lernen, von ihnen innerlich erlebt und selbsttätig erworben wird. Deshalb hat aller Unterricht die Beziehungen zur heimatlichen Umwelt der Kinder sorgsam zu pflegen und an den geistigen Besitz, den sie bereits vor dem Eintritt in die Schule erworben haben, anzuknüpfen, auch der heimischen Mundart der Schüler ihr Recht werden zu lassen. Die Selbstbetätigung der Schüler im Spiel, im Beobachten von Natur- und Lebensvorgängen, namentlich auf Lehrspaziergängen und Wanderungen, ferner in der Ausübung von Handtätigkeiten, wie Formen in Plastilin oder Ton, Stäbchenlegen, malendem Zeichnen, Ausschneiden, ist ausgiebig für die Zwecke des Unterrichts nutzbar zu machen. Die Lehrgegenstände der Grundschule sind Religion, Heimatkunde, deutsche Sprache, Rechnen, Zeichnen, Gesang, Turnen und für Mädchen des dritten und vierten Schuljahres Nadelarbeit.« (Landé 1927, S. 55 f.)

Im Grundschulkampf traten die pädagogischen Fragen der Kindererziehung und die sachlichen Probleme der Schulorganisation ganz in den Hintergrund. Vielmehr bestimmte die Standespolitik der Eltern die Opposition. »Der Widerstand gegen das Grundschulgesetz«, resümierte Georg Wolff vom Deutschen Lehrerverein damals in einer Berliner Elternversammlung im Großen Schauspielhaus, »kommt bei solchen Eltern nicht aus pädagogischen Gründen; er ist aus ständischer Ablehnung des gemeinsamen Schulbesuchs geboren.« (Wolff 1925, S. 15) Denn die Volksschule galt in den besseren Gesellschaftskreisen nach wie vor als »Armeleuteschule«, zu deren Besuch nun die Kinder der Reichen gezwungen werden sollten. »Diejenigen Eltern, die es gewohnt waren, die Elementarausbildung ihrer Kinder Hauslehrern, Privatschulen oder den dem höheren Schulwesen angegliederten Vorschulen zu überlassen, betrachteten die Grundschulpflicht schlicht als Zumutung und wehrten sich erbittert gegen eine Erfüllung der Vorschriften des Grundschulgesetzes.« (Nave 1961, S. 134)

Eine Möglichkeit, die Kinder vor der Grundschule zu bewahren, eröffnete das Bündnis mit dem Hausarzt. Er bescheinigte den Eltern, daß ihren Kindern der Besuch einer öffentlichen Volksschule gesundheitlich nicht zuträglich sei, um so die Ausnahmebestimmung des Grundschulgesetzes in Anspruch nehmen zu können. Erst 1926 wurde ein amtsärztliches Gutachten vorgeschrieben. Wer es sich leisten konnte, behielt den Hauslehrer. Weniger wohlhabende, aber nicht minder standesbewußte Familien taten sich zusammen, um für ihre Kinder sogenannte »Schulzirkel« oder »Familienschulen« zu betreiben. Ohnehin war sogleich nach Kriegsende und noch vor dem Inkrafttreten der neuen Reichsverfassung, als in Ländern wie Preußen die öffentlichen Vorschulen bereits aufgelöst wurden, so manche private Vorschule neu entstanden. Deren Besitzer beriefen sich dann nach Erlaß des Grundschulgesetzes auf »erhebliche wirtschaftliche Härten«, um ihren Abbau aufzuschieben. Die preußische Regierung kam daher mit der in der Verfassung vorgeschriebenen Aufhebung der privaten Vorschulen nicht voran, sie mußte ständig darum kämpfen, daß deren Schülerzahl nicht noch zunahm und bereits aufgelöste Vorschulklassen wieder neu gebildet wurden.

Besorgt kritisierte der parteilose preußische Kultusminister Carl Heinrich Becker die standespolitische Sabotage vieler Eltern, »das Grundschulgesetz zu umgehen, indem sie ihre Kinder entweder auf Grund ärztlichen Attestes zu Hause treibhausartig hochzüchten oder sie zwar in die Grundschule schicken, aber mit Privatunterricht nachhelfen, um das vierjährige Pensum in drei Jahren zu erledigen und dann über die pädagogische Unmöglichkeit zu jammern, ihre doch bereits sextareifen Kinder noch in der Grundschule belassen zu müssen. Wer so handelt, versündigt sich an seinen Kindern.« (Becker 1922, S. 480) Das Reichsinnenministerium hatte 1923 die Länder angehalten, den Umgehungen des Grundschulgesetzes entgegenzutreten. In einem Erlaß des preußischen Ministeriums für Wissenschaft, Kunst und Volksbildung hieß es dementsprechend: »Die Versuche, die durch Reichsgesetz festgelegte Grundschulpflicht durch Zirkel, Einzelunterricht und Familienschulen zu umgehen, häufen sich in einem solchen Maße, daß ein Einschreiten dagegen notwendig geworden ist. Gesuche um Befreiung von der Grundschulpflicht werden deshalb besonders gründlich zu prüfen sein, gegebenenfalls sind sie amts-, vertrauens- und schulärztlich nachzuprüfen … da nicht zugelassen werden kann, daß schulpflichtige Kinder allgemein für die öffentliche Schule als nichtschulfähig, für Privatschulen aber als schulfähig gelten.« (Landé 1927, S. 201 ff.)

Doch begnügte der konservative Widerstand gegen die gemeinsame Schule sich nicht mit privater Absonderung, zumal sie beträchtliche Ausgaben erforderte. Vielmehr sollte das Rad der Geschichte zurückgedreht und das öffentliche Schulwesen wieder von Anbeginn an gespalten werden. Der Feldzug gegen die Grundschule zielte, wie Nave es formulierte, darauf ab, »die Stellung der normalen Volksschule als Grundschule zu beschränken und die Ausbildung der künftigen Gymnasiasten innerhalb des wesentlich billigeren öffentlichen Schulwesens wieder den Verhältnissen der Vorkriegszeit anzupassen« (Nave 1961, S. 142). Dabei erscheint zweierlei bemerkenswert. Vom Schulkampf verschont blieben diejenigen Länder, wie Bayern oder Baden, in denen schon seit langem die ersten vier Jahre der Volksschule von allen Kindern gemeinsam besucht wurden. In den anderen Ländern aber gelang es den Pressekampagnen und Protestversammlungen von Elternvereinigungen und Bürgeraktionen für freie Schulwahl, den Eindruck zu erwecken, als werde die Grundschule allgemein von den Eltern abgelehnt, wiewohl deren große Mehrheit weder gefragt worden war noch Stellung nahm. Entschieden wandte sich 1924 der Deutsche Lehrerverein dagegen, »daß kirchliche und politische Parteien das Elternrecht an der Schule dazu mißbrauchen, die Schule in den Dienst ihrer einseitigen Parteibestrebungen zu ziehen und damit die Einheit der deutschen Volksbildung schädigen« (Bungardt 1959, S. 110). Ziel des politischen Kampfes war, soweit nicht überhaupt die Verfassung beseitigt werden sollte, für die Kinder standesbewußter Eltern nach deren eigener Wahl Sonderkurse innerhalb der öffentlichen Schule einzurichten, mit eigenen Klassen und eigenem Unterricht, die einen gesicherten Übergang aufs Gymnasium nach drei Jahren eröffneten.

Als im Januar 1925 die Deutschnationale Volkspartei das für die Schulfragen im Reich zuständige Innenministerium übernahm, schien das Schicksal der allgemeinen Grundschule besiegelt. Abgeordnete der Deutschnationalen und der Deutschen Volkspartei brachten denselben Antrag zur Änderung des Grundschulgesetzes im Reichstag ein: »Begabten, körperlich und seelisch gesunden Schülern ist durch Einrichtungen innerhalb der Grundschule die Möglichkeit zu verschaffen, das Ziel der Grundschule in drei Jahren zu erreichen« (Landé 1927, S. 103). Es war allein dem historischen Bündnis von Sozialdemokraten, freien Demokraten und der christlichen Arbeitnehmerschaft im Zentrum zu verdanken, daß dieser Antrag nicht Gesetz und damit die Schulreform schon im Ansatz wieder ausgemerzt wurde. Das Grundschulgesetz vom April 1925 ermöglichte zwar besonders leistungsfähigen Schülern, bereits nach dreijähriger Grundschulpflicht in eine höhere Schule aufgenommen zu werden, also das Überspringen einer Klasse in der Grundschule. Aber es bestätigte diese als Schule für alle Kinder und schuf in ihr keinen Sonderweg für künftige Gymnasiasten.

In der Reichstagsdebatte hatte der Vertreter des preußischen Kultusministeriums besorgt darauf verwiesen, daß noch niemals in der Schulgeschichte »eine Schule in ihrer Entwicklung und in ihrem ruhigen Abschluß derartig häufig gestört worden ist, wie die Grundschule bisher gestört wurde. Die häufigen Störungen in der Entwicklung der Grundschule haben es bisher noch nicht ermöglicht, ein irgendwie abschließendes Urteil über die Entwicklung der Grundschule zu geben« (Wolff 1925, S. 21). Um die Ausführungsbestimmungen in den Ländern ging der Kampf weiter. Gegen die preußische Landesregierung, die zu Recht mit dem neuen Reichsgesetz die vierjährige Dauer der gemeinsamen Grundschule bestätigt sah und Kindern, die von ihr ferngehalten wurden, nach nur dreijährigem Privatunterricht die Aufnahme in eine höhere Schule verweigerte, machte die konservative Presse mobil. »Wenn die hohe Landesbehörde etwa glauben sollte«, hieß es in der *Deutschen Allgemeinen Zeitung*, »aus dem bisherigen Schweigen im Blätterwalde darauf schließen zu dürfen, daß diese Verfügung nur mit einem leisen Murren oder gar widerspruchslos hingenommen werde, so befindet sie sich in einem gewaltigen Irrtum; der Sturm wird in nicht allzu ferner Zeit losbrechen und manchem so um die Ohren sausen, daß ihm um seine Gottähnlichkeit, d. h. um seine ministerielle Stellung bange wird.« (Wolff 1925, S. 28) Entsprechend folgten der Pressekampagne Elternversammlungen und Massenbesuche im Ministerium und im Abgeordnetenhaus. Aber das Ministerium wehrte sich. Becker bezog »Zum Kampf um die Grundschule« ebenfalls in der *Deutschen Allgemeinen Zeitung* erneut Position: »Die Kinder lernen gerade fürs Leben in der heutigen Grundschule unendlich viel mehr als in der alten Vorschule, in der man ausschließlich für die Schule lernte.« (Becker 1925 a) Das Bündnis der Demokraten im Parlament beschirmte die Grundschule gegen die Elternvereine. Zwar gelang diesen, die Lebenszeit der privaten Vorschulen dadurch zu verlängern, daß 1927 auf Drängen der Rechtsparteien der Reichstag beschloß, zunächst die Entschädigungsfrage für die Besitzer der aufzulösenden Vorschulen reichsgesetzlich zu regeln, wozu es wegen der Finanzmisere des Reiches bis zum Ende der Republik nicht mehr kam. Doch konnte sich die allgemeine, öffentliche Grundschule unter dem Schutz des Staates behaupten und pädagogisch langsam entwickeln.

Die Umstände waren schwierig genug. Nicht nur bildungspolitische Vorurteile, die realen Bedingungen sprachen weithin dagegen, daß sich in den Anfangsklassen der damaligen Volksschule das Ziel der Grundschule erreichen ließ, nämlich »die allmähliche Entfaltung der kindlichen Kräfte aus dem Spiel- und Bewegungstriebe zum sittlichen Arbeitswillen, der sich innerhalb der Schulgemeinschaft bestätigt«, wie es in den Richtlinien des Reichsinnenministeriums hieß. »Durch diese Zielbestimmung aus der kindlichen Entwicklung mit dem Ausgleich zwischen ihr und den Kulturforderungen schafft die Grundschule aus ihrem Wesen selbst heraus die Grundlage für jede weiterführende Bildung, auch für die höhere Schule, ohne dabei mit der ihr wesensfremden Aufgabe belastet zu werden, eine Vorschule für fremdsprachigen Unterricht zu sein.« (Landé 1927, S. 52 ff.)

Wie konnte aber dieses Ziel in der Massenschule, wie ihre Gegner sie nannten, erreicht werden, in kasernenartigen Volksschulgebäuden, in denen Lehrer übergroße Klassen zu unterrichten hatten und die Schuldisziplin mit dem Rohrstock gewahrt wurde. Das durchschnittliche Zahlenverhältnis von hauptamtlichen Volksschullehrern zu Schülern war zwar seit der Jahrhundertwende bis zum Anfang der zwanziger Jahre von 1:61 auf 1:45 gefallen und verbesserte sich in der Republik bis 1926/27 weiter auf 1 : 36. Es wurde jedoch in der folgenden Krisenzeit und aus demographischen Gründen wieder ungünstiger und übertraf in den dreißiger Jahren erneut 1 : 40. An den höheren Schulen dagegen war die Lehrer-Schüler-Relation stets besser als 1 : 20, Anfang der dreißiger Jahre 1 : 17 (Statistisches Bundesamt 1972, S. 127). In den privaten Vorschulen und Familienzirkeln konnten vermögende Eltern noch weit günstigere Betreuungsverhältnisse schaffen. Verständlich, daß die Befürworter von Verfassung und Schulreform zur »Arbeit für unsere Grundschule!« aufriefen. In der preußischen Volksschullehrerinnenzeitung hieß es: »Wem die Volksschule für sein Kind zu schlecht ist, der soll dafür sorgen, daß sie besser wird. Wer sich vor Läusen fürchtet, soll an seinem Teil dazu beitragen, daß sie verschwinden. Wer den Ton der Straße nicht verträgt, soll dem Volksschulkinde Spiel- und Arbeitsgelegenheit schaffen, damit die Straße nicht sein einziger Tummelplatz ist. Die exclusiven Oberschichten mögen ihren Kindern zuliebe jetzt der Volksschule die Beachtung schenken, die sie beanspruchen kann. Schöne, luftige Klassenräume, geringe Frequenzen, bestausgebildetes Lehrermaterial und andere Dinge, die die höhere Schule schon längst hat, können mit Fug und Recht auch für die Volksschule verlangt werden.« (Wolff 1925, S. 45) Damals fand die Reformpädagogik in der Grundschule ein erstes allgemeines Feld für die innere Reform, nachdem die Schutzmauern der äußeren standgehalten hatten. Pädagogen und Psychologen bestätigten der Grundschule am Ende der zwanziger Jahre, daß sie den richtigen Weg eingeschlagen hatte. Mit der Anerkennung, die sie in der Öffentlichkeit und in der Fachwelt gewann, wurde aber auch deutlich, daß die Volksschule aufgespalten worden war und ihre Oberstufe, die spätere Hauptschule, in Schwierigkeiten zu geraten drohte. Denn mehr als die gemeinsame Grundschule konnte in der Zusammenarbeit zwischen dem Reich und den Ländern für ein allgemeines republikanisches Bildungskonzept nicht erreicht werden, weder für den organischen Aufbau des Schulwesens, also die Abstimmung zwischen dessen verschiedenen Formen, noch gar für die allgemeine Lehrerbildung, die der Verfassung gemäß nach den Grundsätzen der höheren Bildung für das Reich einheitlich geregelt werden sollte.

Entwicklung jeder Schulform für sich

Ohne ein gemeinsames Bildungskonzept, aber bestimmt von gegensätzlichen Interessen, entwickelten sich in der Weimarer Republik die einzelnen Schulformen getrennt und mit Bedacht auf ihre Eigenständigkeit. Die vielbeschworene Einheit, aber auch der von der Reichsverfassung geforderte organische Zusammenhang des Schulwesens blieb Deklamation. Gegen Erkenntnisse und Ergebnisse der Reformpädagogik wurden das grundständige Gymnasium und die selbständige Mittelschule ausgebaut, soweit es die von Finanzkrisen geschüttelten Länder und der merkliche Schülerschwund zuließen. Im Laufe des Krieges war die Zahl der Geburten im Reich auf etwa die Hälfte des seit Jahrzehnten recht stabilen Standes von nahezu zwei Millionen gesunken, der trotz späterer Erholung in der Nachkriegszeit nie wieder erreicht wurde. (Statistisches Bundesamt 1972, S. 102) Da der soziale Status mit dem Besuch bestimmter Schulformen eng verklammert blieb, wandte sich zunehmend auch der neue, kleinbürgerliche Mittelstand von der Volksschule ab. Deren Weg in die Sackgasse einer Restschule begann sich abzuzeichnen, ungeachtet aller Anstrengungen, mit Aufbauformen den Anschluß an Inhalte und Berechtigungen weiterführender Schulbildung zu gewinnen.

Nationale Erziehung in den Gymnasien

Seit der napoleonischen Besatzung hatte sich an den deutschen Ländern der Begriff der Einheit des Schulwesens mit der Sehnsucht nach einer deutschen Nationalerziehung verknüpft. Diese Interpretation der Einheitsschule erhielt nach dem Zusammenbruch neuen Auftrieb. Konservativen Pädagogen erschien sie zugleich geeignet, der äußeren Schulreform zu wehren, gegen die immer schon der Vorrang des Inhaltes der schweren pädagogischen Arbeit in den Schulstuben (Dilthey 1958, S. 5) vor der Form staatlicher Schulorganisation ins Feld geführt worden war. »Nicht Organisation schafft die Einheit, so wichtig sie ist. Der Geist schafft sich seine Organisation«, proklamierte der pommersche Gymnasiallehrer Hans Richert, Abgeordneter der Deutschen Volkspartei, in seinem wirkungsvollen *Buch von deutscher Nationalerziehung* (Richert 1920, S. VII). Den organischen

Schulaufbau verknüpfte er mit Friedrich Meineckes Idee vom organischen Staat, die Einheit des Unterrichts mit dem Zusammenhalt der Nation. In der organischen Staatsidee habe die deutsche Staatsgesinnung ihre den anderen unfaßbare Eigenart gewonnen, in Krieg und Not »der Genius der Menschheit im deutschen Menschen sich in besonderer Form offenbart« (Richert 1920, S. 15). Am deutschen Wesen sollte, wenn auch nicht die Welt, so doch der neue Nationalstaat genesen.

In diesen Jahren gehörte die Deutsche Volkspartei zur Regierungskoalition in Preußen. Der von ihr gestellte Kultusminister Boelitz berief Richert als Generalreferent für die Neuordnung des höheren Schulwesens. An den Reichsregierungen war die Deutsche Volkspartei, mit Unterbrechungen, seit 1920 ebenfalls beteiligt. Das Innenministerium veröffentlichte 1923 eine Denkschrift über »Die Umgestaltung des höheren Schulwesens, insbesondere die Einführung der Deutschen Oberschule und der Aufbauschule«, mit der die Grundsätze der weiteren Entwicklung festgehalten werden sollten (Huber 1981, S. 963). Die preußische Denkschrift über die Neuordnung der höheren Schulen des Landes folgte 1924. National-deutsche Bildung versprach Ordnung in der Vielfalt der Vorstellungen von Reform und Reaktion, die weithin als Schulchaos empfunden wurde. Denn sie verhieß zugleich Einheit und Abgrenzung. Als Unterrichtsprinzip für alle Schulen trug sie dem Verlangen nach deren organischem Zusammenhang und insofern der Einheitsbewegung Rechnung. Andererseits definierten die Kernfächer: Deutsch, Geschichte, Erdkunde, Staatsbürgerkunde und Religion, einen neuen vierten Typus der höheren Schule, die Deutsche Oberschule, und bestätigten, wie auch die Zuordnung der anderen Typen zu jeweils einem Kulturbereich, dem klassischen Altertum, dem neuzeitlichen Europa und der Entwicklung von Naturwissenschaften und Technik, die Unterscheidung grundständiger Gymnasialformen voneinander und deren gemeinsame Abgrenzung von den Mittel- und Volksschulen.

So wurde unter veränderten Umständen die traditionelle Schulorganisation neu begründet, nicht nur gegen den übergreifenden Anspruch der Einheitsschulbewegung, sondern auch gegen Reformtendenzen innerhalb des höheren Schulwesens. Diese hatten seit langem einerseits auf eine gemeinsame Unterstufe für alle

Gymnasialformen, andererseits auf Differenzierung und Wahlfreiheit in den Oberstufen gedrängt, um mehr Durchlässigkeit und Spielraum für die Entfaltung der individuellen Begabungen zu erreichen. Beidem wurde, im Interesse der Selektion, eine Absage erteilt. In Preußen sollten die bestehenden Reformschulen aufgelöst werden (Müller 1976, S. 109). Ein Teil ihrer Aufgaben war der neuen Deutschen Oberschule zugedacht, insofern Realschulabsolventen in deren Oberstufe aufgenommen, vor allem aber mit ihrem Fächerkanon sechsjährige Aufbauschulen an die Volksschule angeschlossen werden sollten. Über sie verständigten sich im Zusammenhang der gegenseitigen Anerkennung der Reifezeugnisse die Länder, mit Ausnahme Bayerns, 1922, im gleichen Jahr, in dem der neue Volksstaat Thüringen, der aus einer Reihe kleinerer Fürstentümer entstanden war, unter sozialistischer Regierung ein Einheitsschulgesetz verkündete. Dieses durchbrach erstmals die vertikale Schulgliederung nach der Grundschule und entschied sich für den horizontalen Stufenaufbau. Allerdings blieben die Stufen in Zweige gegliedert. Es handelte sich also nicht um eine Einheits-, sondern um eine schulformbezogene Gesamtschule. (Oppermann 1982, S. 415) Thüringens Volksbildungsminister Greil argumentierte im Reichsschulausschuß, daß sich damit das Problem der Aufbauschule im Gegensatz zu den grundständigen Gymnasien nicht mehr stelle, sondern durch die einheitliche Organisation des gesamten Schulwesens gelöst werde (Führ 1972, S. 242). Doch schon 1924 schnitt eine rechte Landesregierung diesen Weg ab. Man orientierte sich wieder an den preußischen Regelungen. Allerdings blieb die akademische Ausbildung für alle Lehrer an der Universität Jena bis zum Anfang der dreißiger Jahre erhalten. In Preußen dagegen machten Aufbauschulen und Pädagogische Akademien es möglich, daß Gymnasial- und Volksschullehrer sich nach der Grundschule nicht wieder begegneten.

Ebenso wurde die Verfassungsvorschrift, Arbeitsunterricht an allen Schulen als Fach einzuführen, vielfach unterlaufen. Die Reichsschulkonferenz hatte den Arbeitsunterricht zum Lehrgrundsatz in jedem Fach und als Werkunterricht zum Lehrfach in allen Schulen bestimmt. Also sollten Schulwerkstatt und Schulküche an jeder Schule eingerichtet werden. Es ging der Arbeitsschulbewegung darum, daß die Heranwachsenden ihre »Erkenntnisse und inneren Erlebnisse nicht nur in Wort und Schrift, sondern auch in Werk und Handlung ausdrücken lernen«. Die am sinnlichen Stoff geübte Arbeit sollte Grundlage der Erziehung sein, in der Hoffnung, »daß wieder sich die Arbeit zum Geist, der Geist zur Arbeit findet« (Reichsministerium des Innern 1921, S. 740 f.). Im geteilten Schulsystem wurde daraus für die Gymnasien eine Methode, bei geistiger Tätigkeit Faktenwissen und selbständiges Urteil miteinander zu verbinden. Der Unterricht an den höheren Schulen, hieß es in den Richertschen Richtlinien, »ist grundsätzlich Arbeitsunterricht« und seine ernste und große Aufgabe, die »natürliche Spannung zwischen dem Erwerb sicheren Wissens, ohne das höhere geistige Tätigkeit nicht möglich ist, und dem Erwerb der Fähigkeit selbständigen Arbeitens, ohne die bloßes Wissen unfruchtbar bleibt, zu überbrücken« (Schmoldt 1980, S. 168). Der polytechnische Unterricht hingegen beschränkte sich auf das Werken in den Volksschulen, sofern sie über entsprechende Einrichtungen verfügten.

Quantitativ blieben die Deutschen Ober- und Aufbauschulen in der Weimarer Zeit eine kleine Minderheit gegenüber den herkömmlichen Gymnasien. Sie akzentuierten aber den langfristigen Wandel der höheren Schulbildung, der im Wilhelminischen Deutschland mit der Forderung Wilhelms II., das Deutsche zur Grundlage für das Gymnasium zu nehmen, um dort nicht Griechen und Römer, sondern nationale junge Deutsche zu erziehen, eingeleitet worden war*. In diesem Sinne wurde zu Beginn des neuen Jahrhunderts das Monopol des altsprachlichen Gymnasiums aufgehoben und sowohl den Realgymnasien wie den Oberrealschulen das Recht zugesprochen, die allgemeine Hochschulreife zu vergeben. Sie vor allem nahmen den Schülerzustrom der sich anbahnenden Bildungsexpansion auf. In den folgenden Jahrzehnten verlor das altsprachliche Gymnasium an Boden, festigte aber seine Position als Eliteanstalt. Das lag nach wie vor in der Absicht berufsständischer Bildungspolitik, wie Kultusminister Boelitz von der Deutschen Volkspartei zur »Durchführung der Einheitsschule in Preußen« in seinem Bericht über den »Aufbau des preußischen Bildungswesens nach der Staatsumwälzung« unmißverständlich anmerkte, »es ist

---

* Vgl. S. 186.

nicht nötig, daß die Zahl der alten Gymnasien so groß ist, wie sie zurzeit besteht. Weniger Gymnasien alten Stils, in den wenigen aber, die bestehen bleiben, stärkeres wissenschaftliches Leben unter Lehrern, die eine tiefe humanistische Bildung besitzen, und mit Schülern, die vorher viel sorgsamer gesiebt werden, als es leider oft geschieht, das ist die Forderung, die die Preußische Unterrichtsverwaltung zugleich mit den wärmsten Verteidigern des humanistischen Gymnasiums erhebt. Nicht die Zahl soll entscheiden, sondern der Geist, der in diesen Anstalten lebt.« (Boelitz 1924, S. 69) Die traditionelle, aus der städtischen Lateinschule erwachsene Rolle als Bildungseinrichtung für Schüler vielfältiger Interessen- und Berufsorientierung übernahm, vor allem in den kleineren Städten, das Reformrealgymnasium, das zwar Latein lehrte, dessen Fremdsprachenunterricht aber mit einer modernen Sprache, zumeist Französisch, begann. Als erste Fremdsprache trat Latein im Schulunterricht damit immer mehr zurück. Gegenüber der herkömmlichen Alternative, dem Französischen, begann Englisch aufzukommen.

Den unmittelbaren örtlichen Bedürfnissen, der Nachfrage der Schüler nach bestimmten Fächerkombinationen wie dem Interesse der Schulleiter an höher dotierten Stellen, wurde wie vordem durch vielfältige Kombinationen Rechnung getragen, in denen mehrere Gymnasialtypen, zum Teil auch mit einer Realschule, zusammen in einer größeren Anstalt untergebracht, aber nicht zu einer Schule vereinigt wurden. Andererseits ließ das Ministerium, um in einer kleineren Stadt eine höhere Schule am Leben zu erhalten, auch Abstriche vom amtlichen Lehrplan zu. Mit solcher Kompromißbereitschaft gelang es der Schulverwaltung, das System grundständiger Schulformen und die mit ihnen verbundenen gesellschaftlichen Unterscheidungen zu bewahren. (Zymek 1981)

Die höheren Mädchenschulen

Seiner berufsständischen Orientierung gemäß war das höhere Schulwesen im Kaiserreich allein für Jungen gedacht. Mädchen fanden neben den Volks- nur mittlere Schulen, auch wenn sie »höhere« Mädchenschulen hießen. Die Töchter der oberen Schichten, so sie nicht zu Hause unterrichtet wurden, besuchten zumeist private Lyzeen, in denen die deutsche, französische und englische Sprache und Literatur in religiös-sittlicher Absicht unterrichtet wurden. Die preußische Kultusverwaltung sah noch am Ende des Jahrhunderts kein Bedürfnis, solche Schulen amtlich zu normieren, »da in den Mädchenschulen Berechtigungen bestimmter Art, welche für den künftigen Lebensweg von entscheidender Bedeutung wären, nicht erworben werden« (Lundgreen 1981 a, S. 67). Erst 1908 erreichte die bürgerliche Frauenbewegung eine Reform, die die weiterführenden Mädchenschulen mit dem Berechtigungssystem verband. Es entstand das siebenklassige Lyzeum, dem drei Vorklassen vorangingen. Neben anderen waren auch akademisch gebildete Lehrer und Lehrerinnen vorgesehen, die als Fremdsprachen Französisch und Englisch unterrichteten. Das Lyzeum führte, wie die um ein Jahr kürzere Knabenrealschule, zur Obersekundareife. Mit ihr konnten Studienanstalten für Mädchen, entsprechend den Gymnasialtypen für die Jungen, besucht werden, in denen nach drei Jahren die Hochschulreife zu erlangen war, um die Töchter der höheren Stände für akademische Berufe, zum Beispiel Lehrerinnen an einem Lyzeum, vorzubereiten. Einzelne Mädchen besuchten auch höhere Knabenschulen. Am Anfang des Jahrhunderts wurden die ersten Studentinnen an deutschen Universitäten zugelassen. Wichtiger aber erschien den Behörden wie der Gesellschaft der Anschluß von Frauenschulen an das Lyzeum. Sie sollten hausfrauliche Tugenden und Fertigkeiten fördern und Kindergärtnerinnen sowie nichtakademische Hauswirtschafts-, Handarbeits- und Turnlehrerinnen ausbilden. Für die Mittelschullehrerinnen wurde ein Seminar mit der Bezeichnung Oberlyzeum geschaffen. (Kraul 1984, S. 146 f.)

Die Weimarer Verfassung, gegründet auf die Menschenrechte, förderte die Gleichberechtigung von Frauen und Männern und erzwang die Öffnung der regulären höheren Schulbildung für die Mädchen, nicht aber die Koedukation. Also wurde die Trennung der Geschlechter im Schulwesen ausgebaut wie die nach der Konfession. Im Anschluß an die neue Grundschule führte das Lyzeum, jetzt in derselben Zeit von sechs Jahren wie die Realschule für Jungen, zur mittleren Reife. Von dort ging der Weg entweder zu den ein- bis dreijährigen Frauenschulen und -oberschulen, die nicht als berufliche, sondern als geschlechtsspezifische allgemeinbildende Schulen angesehen wurden und nach der Übereinkunft der Länder von 1931 »in enger Verbindung von wissenschaftlicher und praktischer Bildung eine Einführung in die besonderen Aufgaben der Frau in Familie und Volksgemeinschaft« zu geben hatten (Führ 1972, S. 302). Selbst ein so überzeugter Demokrat wie der badische Kultusminister und Staatspräsident Willy Hellpach glaubte damals bekunden zu müssen, »daß eine Bereicherung unserer Volkskultur, auch unseres feineren Geisteslebens, durch die wissenschaftlich erzogene Frau nicht eingetreten ist«. Daher sollte die höhere Bildung der Mädchen ihrer Natur entsprechend praktischer sein als die der Jungen: »Die diskursive Grundlegung des wertewählenden Urteils steht hier nicht im Vordergrunde. Die Frau, die überhaupt noch eine und keine Männin ist, wird ihre Lebensorientierung, auch die sublimste, allezeit mehr intuitiv und irrational finden. Darum darf sprachliche und mathematische Verstandesschulung zurücktreten und auf die Elemente begrenzt bleiben.« (Hellpach 1925, S. 150f.) Doch der Verfassung gemäß blieb nicht nur die Vielfalt der Studienanstalten als gymnasiale Oberstufen mit dem Ziel der Hochschulreife erhalten. Alle Gymnasialtypen einschließlich der neuen Deutschen Oberschule wurden für die Mädchen auch grundständig eingerichtet, ebenso Aufbauschulen im Anschluß an die Volksschulen. In besonderer Weise nahm ein neues grundständiges Oberlyzeum die Tradition der höheren Mädchenbildung auf. Ohne Vorbild im Knabenschulwesen stellte es den reinen Typ des neusprachlichen Gymnasiums dar (Lundgreen 1981a).

Dreiteilung durch die Mittelschule

Den folgenreichsten Schritt zur Aufteilung des Bildungswesens nach der Grundschule ging die Weimarer Bildungspolitik mit der Einrichtung eigenständiger Mittelschulen. Aus dem bisher in höhere und niedere Anstalten geteilten, also im Prinzip zweigliedrigen, wurde ein dreigeteiltes Schulsystem. In einer langen und wechselvollen Geschichte waren mittlere Schulen durch die praktischen Bedürfnisse des städtischen Mittelstandes sowie seine Kritik an der Lebensferne der Lateinschule und deren Mangel an realistischem Unterricht befördert worden. Im neunzehnten Jahrhundert gerieten die Bürger-, Real- und Gewerbeschulen, ihrer

Berufsorientierung nach zwischen den Volks- und den Gelehrtenschulen stehend, ebenso wie die vielfältigen Lateinschulen unter den Druck landesstaatlicher Bildungspolitik. Sie paßten nicht in das Berechtigungssystem, das allein das Gymnasium und seine Lehrer privilegierte. Daher suchten immer wieder mittlere Schulen den Anschluß nach oben, Bürgerschulen wurden zu Realgymnasien, Gewerbeschulen zu Oberrealschulen. Aber auch viele der unvollständigen und daher nicht anerkannten »höheren« Bürgerschulen orientierten ihren Lehrplan am Gymnasialunterricht, ebenfalls die preußische Realschule von 1882*.

Andere Bürger-, Mittel-, Rektor- und Stadtschulen waren ihrem Lehrplan nach verbesserte Volks- oder Handelsschulen mit Französisch als Fremdsprache. Alle diese Schulen, »welche einerseits ihren Schülern eine höhere Bildung zu geben versuchen, als dies in der mehrklassigen Volksschule geschieht, anderseits aber auch die Bedürfnisse des gewerblichen Lebens und des sogenannten Mittelstandes in größerem Umfange berücksichtigen, als dies in höheren Lehranstalten regelmäßig der Fall sein kann«, wurden seit 1872 in Preußen durch die »Allgemeinen Bestimmungen betreffend das Volksschul-, Präparanden- und Seminarwesen« als Mittelschulen bezeichnet, aber zum niederen Schulwesen gerechnet (Bremen 1905, S. 676). Ihr Lehrplan sah mindestens sechs aufsteigende Klassen mit Französisch von der vierten ab vor. Auch die betonte Mittelstandspolitik am Ende des Jahrhunderts führte nicht zu einer Einordnung dieser Mittelschulen in das Berechtigungswesen, wohl aber 1910 zu ihrem weiteren Ausbau. Die öffentlichen höheren Schulen sollten entlastet, das Privatschulwesen weiter eingeschränkt werden. Die Mittelschulen wurden auf neun Klassen erweitert, die Unterstufe konnte auch auf einer Volksschule absolviert werden. Sonderformen erlaubten berufsorientierte Abgänge wie auch den Anschluß an die höhere Schule. Im Gegensatz zu den Volks- waren die Mittelschulen kostenpflichtig. Sie gaben zwar keine Berechtigungen, aber boten dem kleinen Mittelstand die Möglichkeit, sich von der Arbeiterschaft abzugrenzen.

Nach dem Zusammenbruch wollte der Deutsche Lehrerverein wie alle Befürworter einer integrierten Einheitsschule die Mittel-

* Vgl. S. 170 f.

schule als Stufe im allgemeinen Bildungssystem aufgehoben wissen. Aber auch Anhänger des grundständigen Gymnasiums, beispielsweise Eduard Spranger, hielten die Mittelschule gemäß der prinzipiellen Unterscheidung von Geistes- und Handarbeit für überflüssig (Spranger 1919 b, S. 29). Anders die Mittelschullehrer. Ihr Vertreter, der Brandenburger Mittelschulrektor Ernst Buhtz, forderte auf der Reichsschulkonferenz: »Die Mittelschule muß in ihrem Eigenleben erhalten bleiben.« (Reichsministerium des Innern 1921, S. 702) Davon war auch die preußische Schulverwaltung überzeugt. Kultusminister Boelitz machte in seinem Rechenschaftsbericht keinen Hehl daraus, wie umstritten die Mittelschule im Aufbau des öffentlichen Schulwesens war, hielt aber unbeirrt an dessen berufsständischer Gliederung fest. Der Text der Verfassung hatte es offengelassen, ob das mittlere und höhere Schulwesen sich in horizontalen Stufen oder vertikal getrennt als Schulformen an die Grundschule anschlossen. Maßgebend für den Aufbau hatte die Mannigfaltigkeit der Lebensberufe, nicht etwa die Scheidung von Kopf-, Hand- und Mittelstandsarbeit zu sein. Über die Aufnahme eines Kindes in eine bestimmte Schule sollten dessen Anlage und Neigung, nicht aber die wirtschaftliche und gesellschaftliche Stellung seiner Eltern entscheiden (Art. 146). Demgegenüber ließ sich Boelitz von einem »Bestimmungsrecht der Eltern bei Beschulung ihrer Kinder« ohne viel Umschweife zu den »Bildungsbedürfnissen des Mittelstandes« leiten und damit zur Begründung der eigenständigen Mittelschule: »Die Pflege dieser Mittelschule liegt heute vielleicht noch mehr als bisher im Interesse der Erhaltung des schwer ringenden Mittelstandes, der nach dem Wegfall der sogenannten Einjährigenberechtigung ersichtlich eine immer stärker zutage tretende Neigung zur Ausbildung seiner Kinder in der Mittelschule zeigt.« (Boelitz 1924, S. 49 f.)
Die amtliche preußische Regelung von 1925 nannte diese mit der Verfassung kaum zu vereinbarende Begründung denn auch nicht, sondern bezog sich auf die »bewährten Grundlagen der bisherigen Bestimmungen« von 1910, wie es im Einführungserlaß hieß (Brandau 1959, S. 261). Nach der Grundschule blieb der bisherige sechsjährige Mittel- und Oberbau als selbständige Mittelschule erhalten. Die Dauer dieses Schulweges verlängerte sich damit auf zehn Jahre. Eine Vielfalt von Lehrplänen und Wahlfächern

sollte den Berufszielen der Schüler und Schülerinnen Rechnung tragen. Die Aufgaben der Mittelschule interpretierte eine am Ende des Jahres vom Zentralinstitut für Erziehung und Unterricht in Zusammenarbeit mit dem Deutschen Verein für das mittlere Schulwesen an der Berliner Universität veranstaltete Tagung. Nach der Eröffnung durch Boelitz' Nachfolger C. H. Becker benannte der Stadtschulrat Schwarzhaupt in seinem Grundsatzreferat über »Die Stellung der Mittelschule im Aufbau des gesamten Schulwesens« die »soziologischen« Gründe für deren Eigenständigkeit: »Die wirtschaftliche Struktur unseres Volkes erfordert die Dreiteilung des Schulwesens in Volks-, mittlere, höhere Schule. Die Vorbereitung auf eine gewisse Schicht von Lebensberufen verlangt eine Schulgattung zwischen Volks- und höherer Schule, die ihren Bildungsbedürfnissen dienen und genügen soll.« Die Unterscheidung der Berufe, aufsteigend von den »mechanischen, rein manuellen« bis zu den »rein geistigen«, verwandelte sich in dieser Begründung in die soziale Schichtung der Berufstätigen, die Mittelschule in die allgemeinbildende Vorbereitungsschule für die »mittlere soziale Schicht«. (Brandau 1959, S. 263 ff.) Weder die dritte Schulform noch gar ihre »soziologische« Begründung fand den Beifall aller Länder. In Baden beispielsweise waren die den preußischen Mittelschulen entsprechenden Bürgerschulen 1918 aufgegeben worden. Sie wurden auch nicht wieder eingeführt. Ebensowenig wie in Bremen, Hessen, Lippe, Lübeck und Sachsen. Kultusminister Hellpach, freisinniger Demokrat, betonte, daß die Mittelschulen bei ihren Widersachern als typische Standesschulen verschrieen seien, als Schulen eines dünkelhaften Bürgers, »der sich selber als Abstand von der ›Masse‹, vom ›Proleten‹ empfindet. Die Überheblichkeit des ›Stehkragenproletariats‹ des kleinen Beamten- und Angestelltentums, der Büro- und Kontormenschen, werde in den Mittelschulen als Reinprodukt gezüchtet. ... Will man von den über die Volksschule hinausgreifenden, aber an rein praktischen Bildungszielen festhaltenden Schularten den Verdacht einer vorwiegend ständischen Frequentierung nehmen, so soll man sie als Abzweigungen innerhalb der Volksschule einrichten, dergestalt, daß der Übergang zu ihnen, etwa mit dem beendeten 12. Lebensjahre, nur ausgelesenen Elementen verstattet wird.« (Hellpach 1925, S. 87 f.)

Daher bereitete die Anerkennung der Mittelschulen, also ihre Einfügung in das Berechtigungswesen, erhebliche Schwierigkeiten. Boelitz forderte einen Abschluß, »der ihnen in dem Vertrauen der Eltern und der weiteren Öffentlichkeit die Stellung sichert, die ihnen zweifellos zukommt« (Boelitz 1924, S. 51). Hellpach dagegen beschwor seine Kollegen: »Wir brauchen nicht schon wieder ein neues Privilegiensystem« (Hellpach 1925, S. 91). Die bisherige mittlere Reife war durch den Untersekundaabschluß der höheren Schulen definiert worden. Eine Voraussetzung auf dem Wege zur Hochschulreife, zum einjährig-freiwilligen Militärdienst berechtigend, den es nun nicht mehr gab, wie zum Eintritt in die allgemeine mittlere Beamtenlaufbahn. Unvorstellbar erschien, daß der zwar gleich lange, aber weniger anspruchsvolle mittlere Schulweg zu denselben Berechtigungen führen könnte. Andererseits sollten die höheren Schulen entlastet werden und die Mittelschulen sich ihnen nicht wieder angleichen. Daher wurde 1927 in Preußen neben der Obersekunda- eine weitere mittlere Reife als Abschluß der Mittelschulen geschaffen. Sie berechtigte zum Besuch der höheren Fachschulen und zum Eintritt in die staatlichen Förster- und Polizeibeamtenlaufbahnen, öffnete aber nicht allgemein den Zugang zu den mittleren Beamtenpositionen. Der blieb dem Untersekundaabschluß, also der höheren Schulbildung vorbehalten. (Lundgreen 1981a) 1931 schlossen die Länder eine entsprechende Vereinbarung. Für den Erwerb der mittleren Reife war »grundsätzlich ein mindestens zehnjähriger Gesamtschullehrgang mit Vollunterricht erforderlich, der eine in dem erzielten Reifegrade mindestens der anerkannten preußischen Mittelschule entsprechende Allgemeinbildung verbürgt; an Stelle der Fremdsprache kann in Fachschulen eine vertiefte Fachbildung treten« (Führ 1972, S. 285). Damit wurde die Mittelschule allgemein anerkannt, ihr spezifischer Abschluß auf besondere Weise in das Berechtigungswesen eingeordnet und somit das dreigliedrige Schulsystem geschaffen.

Die Volksschule blieb im Hintergrund. Insgesamt verbesserte sich zwar quantitativ die Schüler-Lehrer-Relation in den ersten Jahren der Weimarer Republik, und stärker als in den höheren Schulen. Denn die sinkenden Schülerzahlen, bedingt durch die schwachen Geburtsjahrgänge vom ersten Kriegsjahr ab, machten sich zunächst in den Grundschulklassen bemerkbar. Bezogen auf den

Vorkriegsstand, sank die Zahl der Volksschüler im Reich bis zum Schuljahr 1926/27 um 35 Prozent. Auf einen hauptamtlichen Lehrer kamen nun im Durchschnitt 36 Schüler*. Auf dem Lande erschwerte der Schülerschwund allerdings die erstrebte Differenzierung der Schulorganisation, der durch die Trennung der Konfessionen in den Dorfschulen und der Jungen und Mädchen in den kleinstädtischen weiterführenden Schulen von vornherein enge Grenzen gezogen waren. Als gegen Ende der Weimarer Zeit die etwas stärkeren Nachkriegsjahrgänge die Grundschulen besuchten, verschlechterte sich die Schüler-Lehrer-Relation wieder. Ausgebaute Volksschulen gab es in der Regel nur in den Städten. Im Durchschnitt besuchten damals 72 Schüler eine ländliche Volksschule. Sie verfügte über einen oder höchstens zwei Lehrer. Die Schüler, sechs bis vierzehn Jahre alt, wurden entweder in einer Klasse unterrichtet oder auf zwei verteilt. Die durchschnittliche großstädtische Volksschule dagegen, jahrgangsgegliedert in zumindest sieben Stufen, umfaßte elf Klassen; zwölf hauptamtliche Lehrer unterrichteten 430 Schüler (Leschinsky 1982, S. 40). Der politischen und konfessionellen Gegensätze wegen kam es im Reich zu keiner gesetzlichen Rahmenregelung für die Volksschuloberstufe. In Preußen bestimmten 1922 die »Richtlinien zur Aufstellung von Lehrplänen für die vier oberen Jahrgänge der Volksschule« als Lehrfächer »Religion (gegebenenfalls Lebenskunde), Deutsch, Geschichte und Staatsbürgerkunde, Erdkunde, Naturkunde, Rechnen, Raumlehre, Zeichnen, Gesang, Turnen und für Mädchen Nadelarbeit; außerdem, wo die äußeren Voraussetzungen dafür zu schaffen sind, für Knaben Werkarbeit, für Mädchen Hauswirtschaft« (Scheibe 1974, S. 68). Bei der Auswahl der Stoffe mußte die einzelne Schule jeweils den »Grundsatz der Bodenständigkeit« beachten. Auch die konfessionelle Organisation der Volksschule bestärkte deren enge Beziehung zu den Strukturen und Traditionen ihrer näheren Umgebung mehr, als daß sie nach der Abschaffung der geistlichen Schulaufsicht kirchlicher Kontrolle diente.

Zwar war in der Präambel der Richtlinien mit reformpädagogischen Vokabeln von der geistigen und körperlichen Eigentätigkeit der Volksschüler die Rede, von forschendem Lernen und

* Vgl. S. 231.

243

selbsttätigem Lernen, aber das Ziel blieb eindeutig berufsständisch bestimmt: »Die vier oberen Jahrgänge der Volksschule bilden die abschließende Schule für die Kinder, die nach Vollendung
der Schulpflicht in das werktätige Leben eintreten und ihre weitere Schulung vornehmlich in den Berufsschulen empfangen«
(Scheibe 1974, S. 67). Keine Schulform, darin stimmten am Anfang der Republik alle Reformkräfte überein, mußte so dringend
verbessert werden wie die der Volksschule. Doch der Weg einer
gemeinsamen Schulorganisation wurde nach der Grundschule
abgebrochen. Die Volksschuloberstufe, Pflichtschule für die große Mehrheit der Heranwachsenden, bot nicht allzuviel. Ihre
Schüler und Schülerinnen wurden auf die spätere Fortbildung
neben der Erwerbstätigkeit verwiesen. Denn die Schulpflicht war
bis zum vollendeten achtzehnten Lebensjahre verlängert worden.
Nur gingen die einen ins Gymnasium, die anderen in den Betrieb
– und einmal in der Woche in die Berufsschule.

Das duale System der Berufsbildung

Nach dem staatlichen Gymnasium, das den Hochschulzugang
vermittelt, und der Forschungsuniversität für die Beamtenbil-
dung entstand am Ende des neunzehnten Jahrhunderts als dritte
ebenso bedeutsame wie besondere Bildungseinrichtung der deutschen Länder das duale System der Berufsausbildung. Es verband
die praktische Ausbildung in einem privaten Betrieb mit dem
obligatorischen Besuch einer später durchweg öffentlichen Berufsschule. Daß die Meisterlehre nicht nur überlebte, sondern,
ganz anders als in den fortgeschrittenen Industrieländern England und Frankreich, eine gewichtige Position im Bildungssystem
bezog, verdankte sie der staatlichen Mittelstandspolitik.
Die Gewerbefreiheit hatte auch in Deutschland die Zunft-
schranken aufgehoben. Die mittelalterlichen Gebräuche der
Handwerkerausbildung verfielen. Gewerbeordnungen machten
aus Zünften Innungen und suchten die Nachwuchsbildung für die
Handwerkerberufe neu zu regeln. Auf dem Höhepunkt der libera-
listischen Wirtschaftsgesetzgebung brachte die Gewerbeordnung
von 1869 den Ländern des Norddeutschen Bundes weitgehende
Gewerbefreiheit. Das Kaiserreich übernahm sie 1871. Die Industrie hatte an der Lehrlingsausbildung schon aus Kostengründen

kaum Interesse. Sie lernte Industriearbeiter an, gelegentlich fanden sich in den Betrieben auch Fabriklehrlinge. Aber nach der damaligen Auffassung war jeder Lehrling, der in einen Betrieb eintrat, um ein Gewerbe zu lernen, wie es in der Gewerbeordnung hieß. In diesem weiten Sinne kann man für jene Zeit mit einem Anteil männlicher Lehrlinge von etwa dreißig Prozent je Jahrgang, bei den weiblichen Lehrlingen von zwei bis drei Prozent rechnen. Die in der Industrie tätigen ausgebildeten Arbeitskräfte hatten nahezu ausschließlich im Handwerk gelernt. Die fachlich spezialisierte Handwerkslehre vernachlässigte die Allgemeinbildung. Die wachsende Industrie, im Übergang von der extensiven zur intensiven Ausbeutung menschlicher Arbeitskraft, verlangte besser vorgebildete Monteure und Fabrikmeister. Das liberale Bürgertum führte bewegte Klage über die mangelhafte Volksschulbildung. Freiwillige Fortbildungsschulen gab es schon länger. Nach der Gewerbeordnung konnten nun »durch Ortsstatus Gesellen, Gehülfen und Lehrlinge, sofern sie das 18. Lebensjahr nicht überschritten haben, zum Besuch einer Fortbildungsschule des Ortes, Arbeits- und Lehrherren aber zur Gewährung der für diesen Besuch erforderlichen Zeit verpflichtet werden« (Harney 1980, S. 67). Während die Handwerkerverbände für die Einschränkung der Gewerbefreiheit, für neue Korporationsrechte und Befähigungsnachweise kämpften, suchte die Verwaltung den obligatorischen Fortbildungsunterricht mit den Fächern Deutsch, Rechnen und Zeichnen durchzusetzen. 11 von 26 Ländern führten in den siebziger Jahren die gesetzliche Fortbildungsschulpflicht ein (Deutscher Ausschuß 1966, S. 430). Ein erster preußischer Fortbildungserlaß stellte den Schulträgern für Pflichtschulen staatliche Subventionen in Aussicht. Die erweiterte Schulpflicht ließ sich jedoch nicht mit ortspolizeilichen Vorschriften begründen. Um die Gesetzeslücke zu schließen, ermächtigte eine Novelle der Gewerbeordnung 1891 die Gemeinden zum Erlaß von Zwangsbestimmungen.

Nicht pädagogische und auch nicht Kapitalverwertungsinteressen führten diese Entwicklung fort. Staatsregierungen und Handwerkerinnungen suchten die erwünschte Ausbildungsreform für ihre Zwecke einzuspannen. Die Verwaltung »benutzte die ihr gestellte Aufgabe zur Einbindung des Mittelstandes in den Staat, indem sie die Ausbildungspolitik als wesentlichen Teil der Gewerbepolitik zur Förderung des Mittelstandes einsetzte. Dieses Verständnis der Berufsausbildungspolitik als Gewerbeförderungspolitik wurde auch von den übrigen Beteiligten, den Vertretern der Handwerker und Unternehmer, aber später auch von den Vertretern der Gewerkschaft geteilt« (Schöfer 1981, S. 9). Schützenhilfe für die staatliche Mittelstandspolitik leisteten die christlichen und sozialpolitischen Vereinigungen. 1897 verabschiedete der Reichstag ein Handwerkerschutzgesetz, »Ausdruck der Hoffnung, im Mittelstand einen Bundesgenossen gegen die Sozialdemokratie und für die Erhaltung von ›Thron und Altar‹ zu stärken« (Blankertz 1969, S. 127). Die Innungen erhielten wieder Korporationsrechte. Handwerkskammern wurden gegründet. Der Meistertitel durfte in Verbindung mit einem Handwerksnamen nur noch nach bestandener Meisterprüfung geführt werden. 1908 machte der »Kleine Befähigungsnachweis« die Ausbildung der Lehrlinge im Handwerk vom Meistertitel oder einer ausdrücklichen Anleitungsbefugnis des Ausbildenden abhängig. Die Handwerkskammern waren auch für die Prüfungen der Industrielehrlinge zuständig. Also hatte sich die Industrie bei der Entwicklung ihrer Ausbildungsgänge am Handwerk zu orientieren wie die Fortbildungsschule in ihrer Entwicklung zur Berufsschule. Die Armee sollte die Schule der Nation, das Handwerk die Lehrwerkstatt des Volkes sein. Im Jahrhundert der Gewerbefreiheit und der großen Industrie obsiegte damit auch in der Organisation der beruflichen Bildung wie schon in der Gliederung der allgemeinbildenden Schulen das berufsständische Prinzip.

Allerdings waren die Handwerksinnungen weder willens noch in der Lage, die ihnen angebotene allgemeine Fortbildung der Lehrlinge zu übernehmen. Diese Aufgabe, erwachsen aus den Mängeln der restriktiv begrenzten Volksschulbildung, verblieb dem Staat. Es entstand das duale System der beruflichen Ausbildung. Das Handwerkerschutzgesetz verpflichtete die Lehrlinge zum Besuch der Fortbildungsschulen, andernfalls sie entlassen werden konnten, die Lehrherren dazu, die erforderliche Zeit zur Verfügung zu stellen und den Schulbesuch zu überwachen. Der Weg von der Fortbildungs- zur Berufsschule wurde von der Arbeitsschulbewegung, insbesondere vom Werk Georg Kerschensteiners bestimmt. Für ihn war die Berufserziehung die »Pforte zur Menschenbildung«. 1900 stellte die Erfurter Akademie der Gemeinnützigen Wissenschaften die Preisfrage: »Wie ist unsere männliche Jugend von der Entlassung aus der Volksschule bis zum Eintritt in den Heeresdienst am zweckmäßigsten für die bürgerliche Gesellschaft zu erziehen?« Mit seiner Darlegung der Berufsbildung als staatsbürgerliche Erziehung gewann Kerschensteiner den Wettbewerb und wurde zum »Vater« der deutschen Berufsschule. (Blankertz 1969, S. 135 f.) Doch ging deren Ausbau, vor allem auf dem Lande, nur langsam voran.

Die Weimarer Republik setzte den eingeschlagenen Weg fort. Der Reichsschulausschuß diskutierte sogleich Leitsätze für die weitere Entwicklung des beruflichen Schulwesens. Der Unterricht sollte von der bisher üblichen Höchstdauer von sechs allmählich auf acht Stunden an zwei halben Arbeitstagen je Woche ausgedehnt und um Leibesübungen erweitert werden. Die Reichschulkonferenz nahm diese Anregung auf und verabschiedete den Entwurf eines Reichsgesetzes über die Berufsschulpflicht, mit diesem Begriff den besonderen Bildungsauftrag der Fortbildungsschule betonend. Das Reichsinnenministerium schloß sich mit seinem Entwurf an. Doch einige Länder, unter ihnen Preußen, Sachsen und Bayern, forderten, das Reich habe die Kosten zu tragen. Dabei blieb es dann und den einzelnen Ländern überlassen, unzureichende Volks- mit mehr oder minder Fortbildung zu ergänzen. Am Ende der Weimarer Republik erhielten im Durchschnitt zwei Drittel der berufsschulpflichtigen Jugendlichen entsprechenden Unterricht. Aber der Wert für die einzelnen Länder variierte zwischen 24 und 99 Prozent (Löffler 1931, S. 95).

Auch der 1927 vom Reichsarbeitsministerium vorgelegte Entwurf eines Berufsausbildungsgesetzes blieb auf der Strecke. Er sollte die Berufserziehung in Handwerk, Handel und Industrie wie die Beschäftigung Jugendlicher als ungelernte Arbeiter und Angestellte auf der »Grundlage der Selbstverwaltung der Beteiligten und der Gleichberechtigung der Arbeitgeber oder Lehrherrn und der Arbeitnehmer« regeln (Schöfer 1981, S. 186). Wiewohl der Entwurf die berufsständische Organisation der Berufsbildung, von den Beteiligten selbst und nicht vom Staat verwaltet, ausdrücklich anerkannte, wurde er wegen der Aufnahme gewerkschaftlicher Mitbestimmungswünsche von seiten der Unternehmer abgelehnt. Deren Spitzenverbände hatten 1925 den Arbeitsausschuß für Berufsbildung gegründet, dem später auch das

Handwerk beitrat. Den Herr-im-Haus-Standpunkt vieler Unternehmer verkündete das Deutsche Institut für technische Arbeitsschulung (DINTA), das der Verein Deutscher Eisenhüttenleute ins Leben gerufen hatte. Es verstand Ausbildungspolitik als Waffe im Kampf gegen die Gewerkschaften. Ihm ging es in der Bildungsarbeit der Unternehmer, von der Mütterberatung bis zum Sportverein, von der Facharbeiterschulung bis zur Ingenieurausbildung, um die Arbeit als Dienstpflicht, um Disziplin und Betriebstreue, um die Höchstleistung der nach dem Führerprinzip untergeordneten Belegschaft. (Baethge 1970) Reibungslos ging das DINTA dann in die nationalsozialistische Deutsche Arbeitsfront über.

Gemeinsame oder getrennte Lehrerbildung

Die Schranken zwischen den Schulformen und den mit ihnen verbundenen Arten der Berufsausbildung bestärkten die Opposition der Finanzminister wie der Beamtenverbände gegen die von der Verfassung geforderte Reform der Lehrerausbildung. Dem Versuch, sie »nach den Grundsätzen, die für die höhere Bildung allgemein gelten, für das Reich einheitlich zu regeln« (Art. 143), stellten sich alle Widerstände in den Weg, die den Spielraum der Bildungsreform in der Weimarer Republik so eng begrenzten. Ende 1919, im Reformaufschwung nach dem Zusammenbruch, waren sich die Länder noch weithin über den Stellenwert und die Grundsätze der neuen Lehrerbildung einig. Als »Kardinalpunkt der gesamten Schulreform« bezeichnete sie selbst Bayerns Ministerpräsident, der damals allerdings ein Sozialdemokrat und zugleich Kultusminister seines Landes war (Führ 1972, S. 73). Die Seminare, an denen die Volksschullehrer bislang ohne die Vorbildung der höheren Schule auf ihren Beruf nach den Präparandien vorbereitet wurden, hatten die pädagogische Initiative, die einst von ihnen ausgegangen war, längst verloren. Fast immer in kleinen Orten gelegen, mangelte es ihnen häufig an geeigneten Lehrkräften, zumal diese finanziell schlechter gestellt waren als die Volksschulrektoren in größeren Städten. Beklagt wurde die dortige »Abseitsbildung« der Volkschullehrer, die den Lehramtskandidaten insgesamt, wie der preußische Kultusminister Becker kritisierte, »zwei Jahre mehr Schulzeit kostete als die Höhere Schule, ohne ihm auch nur die geringste Berechtigung zu verleihen, außer daß er Volksschullehrer werden konnte«. Genau bezeichnete Becker den Konstitutionsfehler dieser Ausbildung, die Spaltung des Bildungssystems: »Das alte Seminar hatte noch die unüberbrückbare Kluft zwischen Volksschule und Höherer Schule zur Voraussetzung.« Das Gymnasium führte über das Studium zum höheren Dienst. Volksschullehrer aber wurden aus der Volksschule rekrutiert und so ausgebildet, daß sie diese Sphäre nur schwer verlassen konnten. Das Seminar also war »der bildungsorganisatorische Ausdruck der sozialen Schichtung«. (Becker 1926, S. 29 ff.)

Der Anforderungen ihrer Arbeit wie der sozialen Stellung wegen hatte die Volksschullehrerschaft die revolutionäre Forderung von 1848 nach einer einheitlichen akademischen Lehrerbildung und dem einheitlichen Status als Staatsbeamte für alle Lehrer an öffentlichen Schulen zuletzt immer dringender gestellt. Nun waren diese Forderungen Bestandteil der Verfassung geworden. Im Reichsschulausschuß, in dem die Vertreter des Innenministeriums mit denen der Unterrichtsverwaltungen der Länder und der großen Gemeindeverbände zusammenarbeiteten, stimmten alle darin überein, die Präparandienanstalten und Seminare aufzuheben und jedem Lehramtskandidaten nach abgeschlossener höherer Schule eine akademische Berufsausbildung zu eröffnen. Wie lange diese dauert und ob sie an einer wissenschaftlichen oder eigens zu schaffenden pädagogischen Hochschule zu erfüllen sei, darüber gingen die Meinungen allerdings auseinander. Ebenso auf der Reichsschulkonferenz. Die Leitsätze des Ausschusses für die Lehrerbildung beschworen den einheitlichen Berufsstand um der für alle Lehrer gleichwertigen Pflicht der Menschenbildung willen, aber empfahlen wegen der verschiedenen Berufsaufgaben von Gymnasial- und Volksschullehrern eine nach Dauer und Inhalt jeweils verschiedene Hochschulausbildung. Sie sollte für Volksschullehrer mindestens drei Jahre währen und beide Gruppen zu einer fachlichen und einer pädagogischen Ausbildung verpflichten, für die an den Hochschulen selbständige pädagogische Institute einzurichten seien (Reichsministerium des Innern 1921, S. 774 f.).

Einige Länder, wie vor allem Sachsen, drängten die Reichsregierung zum raschen Handeln. Andere, wie Bayern, nachdem dort bürgerliche Kabinette die Macht übernommen hatten, ließen früh erkennen, daß sie sich sperren würden. Alle aber wollten Geld. Denn darüber waren sich die Länder einig, daß das Reich mit seiner Rahmenkompetenz die Kosten einer einheitlichen Neuregelung zu tragen hätte. Daran aber scheiterten unter dem Druck von Wirtschaftsproblemen und Reparationen alle Ansätze der gesamtstaatlichen Gesetzgebung und am Widerstand einzelner Landesregierungen, vorab der Preußens (Weber 1984). Der erste, von Staatssekretär Schulz erarbeitete Entwurf kam über den Reichsschulausschuß nicht hinaus; ein weiterer gelangte 1921 zwar bis in das Kabinett Wirth, doch nur, um dort vom Finanzminister abgelehnt zu werden. Er nötigte das Kabinett zu dem Beschluß, das Reich könnte keine Mittel für die neue Lehrerbildung beisteuern. Die Länder kündigten darauf der Republik die Zusammenarbeit in dieser Frage auf. Nicht besser ging es im Jahr darauf Innenminister Oeser von den Deutschen Demokraten. Sein Gesetzentwurf, der, wie die vorangegangenen, für Lehramtskandidaten das Abitur, den Besuch einer Hochschule und eine praktisch pädagogische Schulung vorsah, blieb im Kabinett hängen. Dabei hatte er den Ländern eine Übergangsfrist bis 1929 eingeräumt. Das Reich sollte die Mehraufwendungen für Lehrergehälter höherer Gehaltsgruppen erst dann übernehmen, wenn mindestens ein Drittel der an öffentlichen Schulen tätigen Lehrer und Lehrerinnen nach den Bestimmungen dieses Gesetzes vorgebildet worden seien.

Inzwischen gingen die Länder ihre eigenen Wege. Resolutionen des Reichstages verhallten ebenso wie der Auftrag des Kabinetts an den Innenminister, beim Vorgehen der Länder »auf möglichste Gleichmäßigkeit dieser Maßnahmen hinzuwirken« (Bungardt 1959, S. 112). Die einen, voran Bayern, drehten das Rad zurück und ließen die Seminarausbildung für die Volksschullehrer wieder aufleben. Andere, mit Thüringen und Sachsen an der Spitze, gliederten deren Ausbildung in verschiedener Form und einer Dauer bis zu sechs Semestern in ihre wissenschaftlichen Hochschulen ein. Zu ihnen gehörten nach dem Aufbau einer Universität auch Hamburg und Hessen mit Hochschulkursen in Gießen und Darmstadt. Preußen dagegen wählte einen Mittelweg und gründete in Gestalt Pädagogischer Akademien höhere Fachschulen für die Volksschullehrer. Statt einheitlich, wie von der Verfassung gefordert, war die Lehrerausbildung am Ende der Weimarer Republik zersplitterter als vordem. Anders als in der Frage der konfessionellen Schulorganisation hinderte die Verfassung bis zum Inkrafttreten eines Reichsgesetzes die Länder nicht, ihr jeweiliges Landesrecht umzugestalten. Abgesehen von der vagen Verpflichtung zur Reichstreue, mußten sie sich nicht einmal im Sinne der Verfassungsvorschrift für die Lehrerausbildung orientieren. Denn diese galt nur für das Reich, nicht aber für die Ländergesetze. In den Prozessen, die der handlungsunfähige Gesamtstaat gegen einzelne Länder führte, wurde deren überkommene Kulturhoheit nur zu eindrucksvoll bestätigt. Ihr setzte dann vorübergehend die nationalsozialistische Diktatur ein Ende, die die Volksschullehrerausbildung schließlich wieder einheitlich auf den Seminarbetrieb reduzierte.

In den Kämpfen um die Formen der Lehrerbildung und ihre landesspezifischen Regelungen kamen gesellschaftspolitische, standesbezogene und kirchliche Interessen mit aller Deutlichkeit zum Ausdruck. Befürchtet wurde Überqualifikation, insbesondere für die Tätigkeit des Landschullehrers, und durch Überproduktion weitere Zunahme der sich nach dem Kriege verbreitenden Lehrerarbeitslosigkeit. Schwerer wog, daß die Berufsausbildung der Volksschullehrer an einer wissenschaftlichen Hochschule sie wie die der Gymnasiallehrer, der Freiheit von Lehre und Forschung entsprechend, von den konfessionellen Bindungen distanzierte, denen die große Mehrzahl der Volksschulen nach wie vor unterworfen blieb. Zugleich bedeutete sie, dem überkommenen Berechtigungswesen entsprechend, einen ersten wichtigen Eingangsschritt in den höheren Dienst, zumindest aber eine Erschütterung des Besoldungsgefüges mit erheblichen Folgen für die gesamte Besoldungsstruktur der Beamtenschaft (Weber 1984, S. 323). Die Wiedereröffnung von Lehrerseminaren löste alle Probleme defensiv. Bayern verpflichtete sich überdies im Konkordat von 1924 ausdrücklich dazu, an der Konfessionalität der Lehrerbildungseinrichtungen festzuhalten (Huber 1981, S. 971). Aber auch die in Preußen neu gegründeten Pädagogischen Akademien waren im allgemeinen konfessionell gebundene Ausbildungsstätten. Schon 1923 hatte das Kultusministerium dem Vorsitzenden der Fuldaer Bischofskonferenz versichert, daß »katholische Anwärter ihre Ausbildung auf der Grundlage und im Sinne ihres Bekenntnisses erhalten, wie bisher in den katholischen Seminaren« (Kittel 1957, S. 177). Gegen die einzige Simultan-Akademie, in Frankfurt am Main gemäß dem Wunsch des dortigen Stadtparlaments und ausdrücklichem Beschluß des Preußischen Landtages 1927 eröffnet, klagte im übrigen auf Initiative der Zentrumspartei vergeblich das Reich wegen der Sperrklausel für die Bekenntnisschulen. Die Bischöfe von Limburg und Fulda richteten von allen Kanzeln ihrer Diözesen die dringende Mahnung an die katholischen Eltern, »die mit ihrem Oberhirten dereinst vor Gott Rechenschaft ablegen müssen über das Seelenheil der Kinder, daß sie ihre Söhne von dem Besuch der Frankfurter Akademie zurückhalten. Wir erwarten, daß überzeugte Katholiken diese Ermahnung beachten werden, auch wenn sie, weil sie in Frankfurt und seiner näheren Umgebung wohnen, auf gewisse materielle Vorteile verzichten müssen. Sie mögen bedenken, daß es sich um eine Anstalt handelt, die den religiösen und erzieherischen Aufgaben der katholischen Schulen nicht nur nicht genügt, sondern zu ihnen auch im Gegensatz steht« (Kittel 1957, S. 182).

Eine Anregung für den dritten Weg war von Eduard Spranger ausgegangen, der wenige Monate nach der Verabschiedung der Verfassung seine *Gedanken über Lehrerbildung* vorlegte und sie auf der Reichsschulkonferenz selbstbewußt vertrat. Neben Wissenschaft und Technik, für die einerseits Universitäten, andererseits Technische Hochschulen geschaffen worden seien, trete nun die Menschenbildung. Für diese neue Aufgabe müßten ebenfalls eigene, nämlich »Bildnerhochschulen« gegründet werden (Spranger 1920, S. 40). Unter den verschiedenen Vorschlägen zeichnete sich die Darlegung Sprangers, der grundsätzlich die Ausbildung der Volksschullehrer an den Universitäten ablehnte, durch ihre einfallsreiche bildungstheoretische Begründung aus, die Widerhall in den Universitäten fand und der Sonderregelung in Preußen den Weg ebnete (Meyer-Willner 1986, S. 218 f.). Dessen führender Bildungspolitiker, C.H. Becker, von Hause aus selbst Hochschullehrer, leitete nach einigem Hin und Her die Unfähigkeit der Universitäten, pädagogische Ausbildung zu leisten, von der Rationalität und der Spezialisierung der Wissenschaft ab. Der angehende Studienrat werde als Fachwissenschaftler ohne jede Rücksicht darauf ausgebildet, einmal Lehrer sein zu

sollen, »um nachher, plötzlich vor eine Klasse gestellt, viel zu
spät zu bemerken, daß er ja gar nicht Forschen und Wissenschaft
betreiben, sondern Menschen bilden soll« (Becker 1926, S. 40).
Die neue Aufgabe des Menschenbildens wurde derart dem Reich
der irrationalen Werte zugewiesen, daß ihr ein wissenschaftliches
Studium prinzipiell nicht gerecht, dafür im Gegensatz zu Spranger, aber im Einklang mit den Interessen der Regierungskoalition
eine konfessionelle Bindung solcher Erzieherausbildung nicht nur
als möglich, sondern als wünschenswert dargestellt werden
konnte. In diesem Sinne erschienen dann für die künftigen Volksschullehrer in der Tat die philosophischen Fakultäten unter allen
Bildungsstätten als die ungeeignetesten. Ob allerdings, wie Bek-
ker vermutete, deren Verweigerung von solcher Selbstkritik her-
rührte (Becker 1926, S. 52), mußte füglich bezweifelt werden.
Die Erfindung eigener pädagogischer Akademien entschärfte viele der mit einer anspruchsvollen Lehrerbildung verbundenen fi-
nanz-, beamten-, standes- und konfessionspolitischen Probleme.
Sie beschränkte überdies den Staat nicht auf die Rechtsaufsicht,
sondern bewahrte ihm die Fachkontrolle. Unstrittig, daß manche
praktischen Belange so rascher zu regeln, geeignete Lehrkräfte
für die pädagogische Ausbildung schneller zu gewinnen waren,
auch der Reformpädagogik mehr Raum gewährt werden konnte.
Aber die Erfahrungen in Sachsen und Hamburg, Braunschweig
und Hessen mit der Volksschullehrerausbildung an den wissenschaftlichen Hochschulen waren keineswegs unbefriedigend,
sondern durchwegs gut, wie die Ländervertreter Ende der zwanziger Jahre im Ausschuß für das Unterrichtswesen dem Nachfolger des Reichsschulausschusses berichteten (Führ 1972, S.
265 ff.). Daß Preußen als größtes und seit langem bildungspolitisch einflußreichstes Land, regiert von der Weimarer Koalition,
diesen Weg nicht einschlug, blieb für die Lehrerbildung und damit die Bildungsreform insgesamt von entscheidender Bedeutung,
auch später noch in der Bundesrepublik, als die eigenständigen
Pädagogischen Hochschulen wiederbelebt wurden. Entgegen den
Leitsätzen der Reichsschulkonferenz, von den Forderungen des
Preußischen und des Deutschen Lehrervereins ganz zu schweigen,
beschloß die Landesregierung schon 1922, die Fachausbildung
der Volksschullehrer dürfe nicht an den Universitäten oder in
Verbindung mit ihnen stattfinden und zwei Jahre nicht über-

schreiten (Kittel 1957, S. 75). Ihr habe sich eine praktische Ausbildung von ebenfalls zwei Jahren anzuschließen. Die künftigen Volksschullehrer sollten verfassungsgemäß die höhere Schule besucht und das Abitur erlangt haben. Um diesem Bildungsgang im besonderen aber seine Berechtigung zu nehmen und dem massiven Widerstand des Finanzministers zu begegnen, der als Folge Einkommensansprüche für die gesamte mittlere Beamtenschaft erwartete, bot das Kultusministerium in den interministeriellen Verhandlungen die Interpretation an, die – besoldungswirksame – Allgemeinbildung der Volksschullehrer reiche wie bei den übrigen mittleren Beamten nur bis zum Abschluß der Untersekunda. Der weitere Schulbesuch bis zum Abitur diene bereits, als wissenschaftlicher Teil, ihrer Berufsausbildung und stelle somit keinen Präzedenzfall für die allgemeine Bildung anderer Beamten dar. Gewiß bezeichnete das Abitur in der Ausbildung der Volksschullehrer einen wichtigen Schritt allgemeiner Bildungsreform. Doch ihre abgegrenzte Berufsausbildung entsprach der sozialen und konfessionellen Spaltung des Bildungssystems und bestätigte sie. Sosehr das preußische Kultusministerium bemüht war, seinen Weg als exemplarisch für das neue einheitliche Schulwesen auszugeben, weil es glaubte, »von innen heraus die Einheitsschule, die unserem Jahrhundert als Ideal vorschwebt und die man z.B. in Amerika oder Skandinavien schematisch geschaffen hat, (versöhnt zu) haben mit dem bei uns traditionellen Prinzip der grundständigen Höheren Schule« (Becker 1926, S. 78), Aufbauschulen und pädagogische Akademien blieben doch bildungsorganisatorischer Ausdruck der sozialen Schichtung.

Kontinuität der Ordinarienuniversität

Struktur und geistiges Klima der Universitäten, das politische Selbstverständnis konservativer Staatsgesinnung bei vielen Professoren, das völkische Bekenntnis der meisten Studenten hatten sich nicht gewandelt. Um so erstaunlicher, daß selbst in der Revolutionszeit der Umsturzwille die Universitäten verschonte, wie es einer ihrer bedeutendsten Verteidiger später formulierte (Becker 1925 b, S. 24). Die Verfassung bestätigte die Freiheit der Wissenschaft und ihrer Lehre (Art. 142) und die Hochschulen als Veranstaltung des Staates (Art. 143) einschließlich der theologischen Fakultäten (Art. 149). Von seiner neu gewonnenen Kompetenz für das Hochschulwesen machte das Reich jedoch keinen Gebrauch. Hochschulpolitik blieb Ländersache. Ungeachtet der vielen Probleme, die Studentenandrang und Hochschulausbau den knappen Kassen bereiteten, hielt sich die Reform in engen Grenzen. Die Richtung bezeichnete mit seinen *Gedanken zur Hochschulreform* C. H. Becker, seit 1916 als Personalreferent, von 1919 bis 1930 abwechselnd als Staatssekretär und Kultusminister für die preußische Universitätspolitik verantwortlich: »Der Kern unserer Universitäten ist gesund.« (Becker 1919, S. 17) Der wissenschaftliche Geist der Forschung sei lebendig, die Probleme lägen in den Antithesen der deutschen Universität, der Verknüpfung von Forschung und Lehre, dem Gegensatz zwischen Theorie und Praxis. Die äußere, organisatorische Reform der Selbstverwaltung habe der inneren, pädagogischen vorauszugehen. In Frage stand allerdings, abgesehen von der Organisation der Studentenschaften, allein die Rangordnung im Lehrkörper, nicht die Mitbestimmung der anderen Gruppen. Im übrigen ging es um die Hierarchie der Lehrfächer.

Die Humboldtsche Reform hatte am Anfang des neunzehnten Jahrhunderts die wissenschaftliche Forschung, nach den Vorbildern von Halle und Göttingen, mit der neuen Universität als einer Bildungsanstalt verbunden. Dies fand im Ordinariensystem die geeignete Personalstruktur für ihre überschaubare Organisation. Als Humboldt in Frankfurt an der Oder studierte, zählte die dortige Universität 120 Studenten. Als er dann nach Göttingen an die modernste Universität seiner Zeit ging, studierten dort etwa 800. An diesen Größenordnungen orientierte sich die neue Universitätsidee. Die Friedrich-Wilhelm-Universität in Berlin wurde zwar rasch sehr groß, wie sonst in Deutschland nur die Hochschulen in Leipzig und München, aber bis in die siebziger Jahre des vorigen Jahrhunderts erreichte keine von ihnen dreitausend Studenten. Insgesamt hat sich bis dahin die Zahl der Studenten in Deutschland über mehr als vierhundert Jahre unterhalb der Größe einer mittleren Universität von heute gehalten, sie schwankte zwischen zwei- und sechzehntausend. Dann erst begann die Bildungsexpansion.

Die vom Staat der Universität eingeräumte Freiheit der Wissenschaft, Freiraum für die Forschung und deren Einheit mit der Lehre, war institutionell nicht auf die Kooperation der Lehrenden und Lernenden bezogen. Ihr Subjekt war der einzelne Fachvertreter in seiner Eigenschaft als Lehrstuhlinhaber, der zugleich als Forscher die ihm zugedachten Mittel in den Berufungsverhandlungen direkt vom Staat erhielt. Die Kopplung von Berufung und gezieltem Mitteleinsatz steuerte den Aufbau der Universitäten und bestimmte deren hierarchische Organisation.

Mit der Zunahme der Spezialisierung und den Anforderungen der Forschung wuchs eine Statuspyramide heran. Am Anfang des Jahrhunderts spielten die unteren Ränge im Lehrkörper, die Extraordinarien und die Privatdozenten, letztere allein auf ihre Privatvermögen angewiesen, quantitativ nur eine geringe Rolle. An einer Universität lehrten im Durchschnitt etwa zwanzig Ordinarien, die rund drei Viertel des Lehrkörpers ausmachten, und nur sechs Extraordinarien und Privatdozenten. Am Ende des Jahrhunderts waren im Durchschnitt gut fünfzig Ordinarien an einer Universität in Deutschland tätig und mit ihnen gut achtzig Extraordinarien und Privatdozenten, also inzwischen die Mehrheit des Lehrkörpers. (Prahl 1978; Ringer 1983)

Die quantitative Entwicklung von Lehre und Forschung, der Zuwachs in der Zahl der Studenten und der personellen und apparativen Ausstattung der Institute verbreitete die Basis der Pyramide durch Assistenten und nichtwissenschaftliche Kräfte aller Art. Um die Jahrhundertwende arbeiteten an einem Institut für Chemie, beispielsweise in Heidelberg, ein Ordinarius, drei Extraordinarien als Abteilungsleiter, zehn Assistenten, vier Hilfsassistenten und rund einhundertfünfzig Studenten (Riese 1977). Das Ordinarienprinzip, die Verklammerung von Lehrstuhl und Institutsdirektion, war offensichtlich in der Lage, bis in die ersten Jahrzehnte unseres Jahrhunderts Humboldts Hochschulidee mit den Anforderungen kleinbetrieblicher Forschung und landesstaatlicher Verwaltung effektvoll zu verbinden. Kein Zweifel, daß von dieser Konstruktion, auch als internationales Vorbild, eine unvergleichliche Wirkung ausging. Sie zog Begabungen an und gab ihnen, ausgelesen im Prozeß der Forschung selbst, Spielraum für die eigene wissenschaftliche Arbeit. Das galt vor allem für die Philosophische Fakultät und die in ihrem Schoß sich entfaltenden Geistes- und Naturwissenschaften, später dann die Wirtschafts-

und Sozialwissenschaften. Die Hochschulverwaltung sorgte für die erforderliche Infrastruktur der Seminare und Institute, der Bibliotheken und Laboratorien.

Doch der Bildungsexpansion war die Ordinarienuniversität grundsätzlich nicht gewachsen. Noch vermochte sie dem Anspruch der Extra- und Nichtordinarien auf Beteiligung an der akademischen Selbstverwaltung strukturell gerecht zu werden, geschweige dem von Assistenten und Studenten. Schon die Parallelordinariate widersprachen dem Prinzip der alleinigen Fachvertretung jeweils eines Ordinarius an einer Universität. Er allein hatte in der Fakultät Sitz und Stimme, nahm also an der Selbstverwaltung teil. Er allein durfte Prüfungen abhalten. Selbst die gleichaltrigen, ebenfalls habilitierten, ordnungsgemäß berufenen und als Beamte auf Lebenszeit mit Pensionsrecht angestellten Extraordinarien blieben noch lange Zeit von der Selbstverwaltung ebenso ausgeschlossen wie von den Prüfungen.

Selbst die bescheidensten Vorschläge der Vereinigungen der Nichtordinarien, ihren Vertretern zwei Sitze im Senat und ein bis zwei Stimmen in der Fakultät einzuräumen, verstanden die Verteidiger der uneingeschränkten Ordinarienuniversität als einen Anschlag auf die Freiheit der Wissenschaft. Der Heidelberger Physiker Philipp Lenard, der 1905 den Nobelpreis erhielt und später die arische Physik erfand, forderte seinen Kultusminister zum Widerstand dagegen auf, »daß fundamentale Umwälzungen in der Universitätsverfassung Platz greifen, die es für die Zukunft unmöglich machen würden, daß umfassendere Geister, die über Gedanken aus mehr als einem engen Zweige ihrer Wissenschaft verfügen und die zugleich Einfachheit in ihrer Tätigkeit zugunsten der Tiefe lieben, noch Raum und Befriedigung an der Universität finden« (Riese 1977, S. 188). Doch hatten vielfach gerade nicht fachliche, sondern vielmehr finanzielle Gründe dazu geführt, Extraordinariate einzurichten, wollte der Staat neuen Forschungsgebieten, also der Freiheit der Wissenschaft überhaupt Raum schaffen.

Einer raschen Lehrkörperreform stand nach dem Kriege weiter die Besoldungsordnung im Wege. Deshalb wollte der preußische Kultusminister Haenisch, um zu »einer einzigen Klasse von planmäßigen Professoren« zu gelangen, zunächst allen beamteten Extraordinarien den persönlichen Titel und damit die Rechte eines ordentlichen Professors verleihen (Becker 1919, S. 69). Selbst diese Absicht ließ sich nur teilweise verwirklichen. Die Stellen in planmäßige Ordinariate umzuwandeln, verhinderte das »finanzielle Unvermögen des Staates« (Boelitz 1924, S. 138). Doch war der Bann gebrochen, die Rechte der beamteten Professoren näherten sich weiter an. Die außerplanmäßigen aber, vor allem die Privatdozenten ohne Professorentitel, blieben im allgemeinen von der Selbstverwaltung ausgeschlossen, wenn sie nun auch zu den neuen Versammlungen mit beratender und so weithin fiktiver Funktion wie dem großen Senat und der weiteren Fakultät gehörten und in den Entscheidungsgremien, dem »kleinen« Senat und der »engeren« Fakultät, durch einige wenige Vertreter symbolisch repräsentiert waren. Wichtiger noch für die nichtbeamteten Hochschullehrer, die von der Universität außer den schmalen Hörergebühren keine Mittel erhielten, war es, ihren Lebensunterhalt zu sichern. Um den wissenschaftlichen Nachwuchs zu fördern, bemühten sich die Hochschulverwaltungen darum, mehr Assistentenstellen einzurichten, vor allem auch in den Geisteswissenschaften, wenn auch die knappen Landeskassen keine großen Sprünge erlaubten.

Vermehrte Assistentenstellen verstärkten andererseits wiederum die Hierarchie der Ordinarienuniversität. Auf dem Weg des Nachwuchses durch das Nadelöhr der Assistentur konnte beträchtlicher Anpassungsdruck ausgeübt werden. Die weitere Beschäftigung habilitierter Wissenschaftler in dieser Stellung barg den Widerspruch zwischen der Gleichberechtigung aller Lehrenden und der Abhängigkeit bürokratisch untergeordneter Positionen, einen unter vielen Widersprüchen der deutschen Universität. Mit dem Aufbau der Infrastruktur der Hochschulen bestimmten die speziellen Organisationsinteressen der Institute und Kliniken, formuliert von ihren Direktoren, immer deutlicher die Karrierechancen des Nachwuchses.

In ihrem Bemühen um Hochschulreform hatten die Verwaltungen beim fachlichen Ausbau größeren Erfolg. Es gelang, das Fächerspektrum wissenschaftlicher Forschung und Lehre, den gesellschaftlichen Anforderungen entsprechend, beträchtlich zu erweitern. Dabei ging es auch um Prestige und Privilegien. Becker gab die Parole aus: »Wiederanschluß der Technischen Hochschulen und aller anderen Hochschulen an die Universität. Ist das organisatorisch nicht mehr zu erreichen, dann müssen wenigstens der Geist der Verwaltung, die Grundsätze der Berufungen die gleichen sein, dann muß etwas vom Geist jeder Hochschule auf die andere übergehen. Es gibt Wege in Hülle und Fülle; hier soll nur der Wille zum Zusammenschluß gefordert werden. Im übrigen aber rücksichtsloser Kampf gegen jede neue Fachhochschule. Nicht Spezialisierung, sondern Zusammenschluß.« (Becker 1919, S. 8) Die erstrebte gemeinsame Hochschule war in der Tat nicht zu erreichen, nicht nur aus organisatorischen Gründen. In Preußen wurden von Becker selbst die Pädagogischen Akademien als Höhere Fachschulen für die Volksschullehrerausbildung gegründet. Aber die Absage an die Spezialisierung ermöglichte die Aufwertung der Sepzialhochschulen. Den Technischen Hochschulen wurden nun alle Privilegien der Universitäten zuteil, die innere Selbstverwaltung, die Emeritierung ihrer Professoren, selbst die Teilhabe an der Gymnasiallehrerausbildung mittels neuer Studiengänge für Mathematik und Naturwissenschaften. Darüber hinaus wurden die Wirtschaftswissenschaften einbezogen. Entsprechend groß war der Andrang der Studenten. Handelshochschulen als eigene Fakultäten für Wirtschafts- und Sozialwissenschaften wurden zum Kern neuer Universitäten in Frankfurt und Köln. Damit wurde dort, und auch in der neuen Hamburger Universität, demonstriert, daß mit privater und städtischer Initiative »Wissenschaft ihren Impetus aus den aktuellen Problemen der Gegenwart gewinnen konnte. An diesen drei modernen Universitäten wurde die akademische Welt in engeren Kontakt mit dem Leben der Nation gebracht, wie dies Haenisch und Becker vorgeschlagen hatten.« (Ringer 1983, S. 73) Im übrigen gelangten die Land- und Forstwirtschaften in die wissenschaftlichen Hochschulen, fand die Zahnheilkunde Aufnahme in den medizinischen Fakultäten und die Tiermedizin in der Universität, in einigen Ländern sogar die Volksschullehrerausbildung. In den neuen Fakultäten gelangen auch neue Studiengänge, wie beispielhaft für die Volkswirte, Kaufleute und Handelslehrer. In den alten Fakultäten jedoch kam die Studienreform nicht voran. (Boelitz 1924, S. 141 ff.)

Die Mehrzahl der Professoren in den etablierten Fächern widersetzte sich jeder Veränderung zumal ihrer privilegierten Position. Der von ihnen gegründete Verband der Deutschen Hochschulen wandte sich gegen alle Reformvorschläge, die Regierungen und Parlamente, politische und gesellschaftliche Gruppen vortrugen, mit dem schwersten Geschütz. Stets sollte die Bildung zerstört und die Freiheit begraben werden. Solche Reaktionen verbanden sich mit betonter Zurückhaltung gegenüber der neuen Verfassung und ihren demokratischen Einrichtungen. Der aristokratische Geist der Wissenschaft wurde gegen die Vermassung durch Bildungsexpansion und Gesellschaftsnivellierung aufgerufen.

Im vorangegangenen Jahrhundert hatte die Professorenschaft als Spitze des Bildungsbürgertums ihren festen Platz in der Oberschicht der berufsständischen Gliederung gefunden, aus der sie sich auch weithin rekrutierte. Katholiken, in Preußen, und Juden hatten deutlich geringere, Sozialdemokraten überhaupt keine Chancen, zu beamteten Professoren ernannt zu werden. In einem spektakulären Verfahren war die politische Selektion auch auf die übrigen Hochschullehrer ausgedehnt worden. Wilhelm II. verfügte 1897, daß der Privatdozent für Physik Leo Arons, der sich in der Sozialdemokratischen Partei engagiert hatte, von der Berliner Universität zu entfernen sei. »Ich dulde keinen Sozialisten unter Meinen Beamten, also auch nicht unter den Lehrern unserer Jugend an der königlichen Hochschule«, telegraphierte er seinem Kultusminister Bosse (Huber 1969, S. 954). Der hatte vorher schon die von der Universität beantragte Ernennung Arons' zum außerordentlichen Professor abgelehnt. Doch die philosophische Fakultät weigerte sich, ungeachtet aller Differenzen in der politischen Auffassung, ihrem Kollegen die Lehrbefugnis zu entziehen. Jedem Hochschullehrer stehe die Freiheit persönlicher Stellungnahme zu. Also wurde ein Gesetz im preußischen Landtag verabschiedet, das die Privatdozenten dem Disziplinarrecht der Beamten unterwarf. Sodann leitete der Kultusminister ein Dienststrafverfahren ein mit der Begründung, Dr. Arons habe »die ihm als akademischem Lehrer obliegenden Pflichten gröblich verletzt und sich der Achtung und des Vertrauens, die sein Beruf erfordert, unwürdig gezeigt«, weil er die »auf den Umsturz der bestehenden Staats- und Wirtschaftsordnung gerichteten Bestrebungen der sozialdemokratischen Partei, zu der er sich seit Jahren bekennt, bewußt unterstützt und gefördert« habe (Huber 1969, S. 955). Doch die Philosophische Fakultät blieb standhaft und sprach ihn erneut frei, da die sozialdemokratischen Ideen nicht notwendig auf Umsturz gerichtet, die bloße Mitgliedschaft in der Partei also kein Bekenntnis zum Umsturz sei, das vielmehr im Einzelfall nachgewiesen werden müsse. Das Ministerium hob als obere Disziplinarbehörde diese Entscheidung auf und entzog dem sozialdemokratischen Privatdozenten die Lehrerlaubnis.

In Grenzen leisteten die neuen Landesregierungen den bisher verfolgten oder verschmähten Wissenschaftlern Genugtuung. Republiktreue Hochschullehrer, vor allem Linksliberale und Sozialisten, kamen insbesondere in den Sozial-, Wirtschafts- und Rechtswissenschaften zur Geltung. Aber die vorherrschenden Grundüberzeugungen der Professorenschaft wandelten sich so wenig wie ihre Sozialstruktur. Auch bei der Mehrheit der Studenten änderten sich Herkunft und Weltbild nicht. Um sie für die Republik zu gewinnen, erkannten die Länder ihnen Selbstverwaltungsrechte in den Hochschulen zu. Örtliche Studentenschaften und Allgemeine Studentenausschüsse waren aus eigener Initiative seit Ende des neunzehnten Jahrhunderts entstanden, ebenso die Deutsche Studentenschaft 1919 als Dachverband. Richtungsweisend für die staatliche Anerkennung wurde im Jahr darauf die preußische Verordnung über die Bildung von Studentenschaften. Danach war jeder vollimmatrikulierte Studierende deutscher Staatsangehörigkeit an der betreffenden Hochschule Mitglied der örtlichen Studentenschaft. Diese erhob, nach Vorlage einer entsprechenden Satzung vom Kultusminister anerkannt und damit verfassungsmäßiges Glied der Hochschule, von allen Studierenden Beiträge. Ihre Aufgaben bestanden in der Selbstverwaltung sozialer Belange, der Teilnahme an der akademischen Selbstverwaltung in studentischen Angelegenheiten, der überparteilichen Mitarbeit am kulturellen und wirtschaftlichen Aufbau des Reiches sowie der Pflege des geselligen Lebens und der Leibesübungen an der Hochschule (Huber 1981, S. 1008).
Doch die Hoffnung auf Integration und gemäßigte Politik der Studentenvertretungen erfüllte sich nicht. Gegenüber den Korporationen und Bünden blieben die republikanischen Studentengruppen eine kleine Minderheit. Gegenstand der Auseinandersetzung innerhalb der Studentenschaften und mit den Landesregierungen war die Organisation des Dachverbandes, dem auch die Studentenschaften deutschsprachiger Hochschulen außerhalb des

Reiches angehörten. Die österreichischen aber verwehrten ihren jüdischen Kommilitonen den Zutritt. Es blieb der Satzung der jeweiligen Studentenschaft der preußischen Hochschulen vorbehalten, welchen der dort studierenden ausländischen Staatsangehörigen sie den Beitritt erlaubten. Die Hochschulverwaltungen der Länder drangen darauf, daß alle auslandsdeutschen Studierenden, gleich welcher Konfession und »Rasse«, zugelassen werden sollten. Aber die auslandsdeutschen Studentenschaften beharrten auf dem »völkischen« Prinzip, und die Mehrheit der reichsdeutschen wollte sich deshalb nicht von ihnen trennen. Verfassungsfeindliche Demonstrationen deutschnationaler Professoren gegen den »Hochverrat der Novemberverbrecher« fanden ihren Beifall und im allgemeinen auch keinen Protest in den Fakultäten. Pazifistische und kulturkritische Äußerungen insbesondere jüdischer Gelehrter aber riefen sogleich aggressive Reaktionen hervor. (Jarausch 1984, S. 122 f.)

Die Technische Hochschule Hannover beispielsweise wollte ihren außerordentlichen Professor für Philosophie und Pädagogik, Theodor Lessing, wegen seiner Berichterstattung vom Prozeß gegen den Sexualmörder Haarmann aus dem Lehrkörper ausschließen. 1925, im Wahlkampf um die Nachfolge des Reichspräsidenten, führte Lessings Charakteristik des Kandidaten der Rechtsparteien, Generalfeldmarschall von Hindenburg, Ehrenbürger von Hannover und Ehrendoktor der Technischen Hochschule, zu Tumulten eines studentischen »Kampfausschusses« in der Hochschule. Nur das Dazwischentreten des Rektors konnte Lessing vor Tätlichkeiten bewahren. Die von Senat und Studenten immer wieder geforderte Suspension des Dozenten lehnte der preußische Kultusminister Becker aber ab, verpflichtete die Hochschule, die Lehrfreiheit sicherzustellen, und drohte bei weiteren Störungen, die Hochschule zu schließen. (Wende 1959, S. 253 f.) Lessing verzichtete später auf seine Lehrbefugnis. 1933 wurde er von Nationalsozialisten im Exil ermordet.

Die Auseinandersetzungen der Studentenschaften mit dem republikanischen Staat um die Mitgliedschaft jüdischer Kommilitonen erreichten 1927 ihren Höhepunkt. Gedrängt vom Landtag, erließ der preußische Kultusminister eine neue Verordnung über die Bildung der Studentenschaften, zu denen nun generell alle auslandsdeutschen Studierenden zählen und die sich mit anderen

Organisationen nur dann vereinigen sollten, wenn diese satzungsgemäß ebenso verfuhren. Daraufhin mobilisierten die Studenten, ermuntert von den Alten Herren ihrer Verbindungen und Politikern der Rechtsparteien, den völkischen Protest. Der Reichsinnenminister, Mitglied der Deutschnationalen Volkspartei und verantwortlich für die Bildungspolitik des Gesamtstaates, sandte einer Großkundgebung der deutschen Studentenschaft kurz vor der von Becker anberaumten Urabstimmung ein persönliches Sympathietelegramm: »Im Geiste unter Ihnen in innerer Verbundenheit bekennt sich erneut zu Ihnen mit herzlichen Grüßen und Wünschen – v. Keudell« (Huber 1981, S. 1016). Mit Ausnahme einer kleinen katholisch-theologischen Akademie wurde die Verordnung an keiner preußischen Hochschule angenommen. Die »verfaßten« Studentenschaften waren damit aufgehoben. Sie verloren die staatliche Anerkennung und ihren öffentlich-rechtlichen Status, nicht aber ihr Aktionspotential, das sich unter der Fahne »freier« Studentenschaften formierte. Als 1929 in Preußen anläßlich des zehnten Jahrestages des Friedensschlusses alle Kundgebungen an Schulen und Hochschulen gegen den »Schandvertrag« von Versailles untersagt wurden, weil die Reichsregierung eine zentrale Veranstaltung mit dem Reichspräsidenten von Hindenburg für wirkungsvoller hielt, zogen randalierende Studenten vor das Kultusministerium in Berlin und schrieen: »Deutschland erwache, Becker verrecke!« (Wende 1959, S. 267)

Wirtschaftskrise

Die Weltwirtschaftskrise, in der die Weimarer Republik zugrunde ging, begann 1929. Im November überstieg die Zahl der Erwerbslosen im Reich erstmals die Grenze von zwei Millionen. War zuvor die politische Lage einigermaßen stabil, so änderte sie sich rasch mit wachsender Arbeitslosigkeit und Haushaltsmisere. Wie in jeder anhaltenden ökonomischen Krise verfiel rasch der Wert von Bildungspatenten für die Nachrückenden, verschärfte sich die Konkurrenz um Ausbildungs- und Arbeitsplätze, wurde die »Überfüllung« der höheren Schulen und Universitäten angeprangert, der Segen der Handarbeit gepriesen und die »Auspowerung« der Volksschule beklagt. Um sie aufzuwerten, auch die

Allgemeinbildung ihrer Schüler zu verbessern, forderten Lehrerverbände und Gewerkschaften, die Volksschule zu verlängern. Öffentliche Resonanz fanden diese Pläne durch die wachsende Arbeitslosigkeit. Ein neuntes Schuljahr versprach den Arbeitsmarkt zu entlasten. Gemeinsam wandten sich im Sommer 1930 mit »Leitsätzen für Schulaufbau, Berufsauslese und Berechtigungswesen« Vertreter der drei Reichsministerien für Inneres, Wirtschaft und Arbeit sowie der Unterrichtsverwaltungen von Preußen, Bayern, Sachsen, Oldenburg und Lübeck gegen den Zustrom »Ungeeigneter« zu den höheren Schulen und bezeichneten als entscheidendes Mittel zu deren Entlastung den Ausbau der Volksschule, die Kräftigung der Mittelschule und die Entwicklung der Berufs- und Fachschulen. Als Ursache des Andrangs zu den höheren Schulen und Universitäten prangerten sie die in Deutschland von jeher übliche Überschätzung des Wertes der Schuldbildung für die Praxis an: »Diese durch das Berechtigungswesen verstärkte Tradition hat den Aufstiegswillen der Massen einseitig auf die zur wissenschaftlichen Durchbildung bestimmten höheren Bildungsstätten gedrängt. Dem Druck der Überfüllung des Arbeitsmarktes versucht die Bevölkerung dadurch zu begegnen, daß sie ihre Vorbildungsleistung verstärkt, um ihre Aussichten zu verbessern. Andererseits wirkt das Überangebot von Kräften mit höherer Schulbildung oder akademischer Bildung zu weiterer Übersteigerung der Vorbildungsanforderungen bei den freien oder behördlichen Arbeitgebern.« (Führ 1972, S. 261)

In der Tat herrschte in der kurzen Spanne der Republik eine beträchtliche Bildungsexpansion. Der Anteil der Jugendlichen, die höhere Schulen besuchten, stieg jäh an. Der Zugang kam vor allem aus dem neuen Mittelstand, kaum aus der Arbeiterschaft und vom Lande. Die Kluft zwischen dem Bildungsangebot in Stadt und Land vergrößerte sich. Im Reichsdurchschnitt besuchten nach der Grundschule rund fünfundachtzig Prozent weiter die Volksschule, fünf Prozent die Mittel- und zehn Prozent, Jungen häufiger als Mädchen, die höhere Schule. Zwar gab es Industriestädte im Ruhrgebiet und in Oberschlesien, in denen wie in den ländlichen Gebieten mehr als neunzig Prozent der Heranwachsenden in der Volksschule blieben. Aber im allgemeinen besuchten in den großen Städten mehr als ein Viertel der Jugendlichen weiterführende Schulen, in Dienstleistungszentren, den Handels- und Beamtenstädten, zwischen einem Drittel und der Hälfte. Einzelne von der Mittel- und Oberschicht bewohnte Stadtbezirke wiesen auch noch weit höhere Übergangsquoten auf. (Leschinsky 1982, S. 64 ff.; Lundgreen 1981 a, S. 108 ff.)

Auch in die gymnasialen Oberstufen gelangten erheblich mehr Schüler, 1931 bei den Jungen etwa sieben Prozent, bei den Mädchen zwei Prozent der entsprechenden Altersgruppen. Die Zahl der Studenten, 1914 im Reichsgebiet noch kaum 80 000, wuchs Anfang der zwanziger Jahre, des Nachholbedarfs der Kriegsjahrgänge wegen, um mehr als die Hälfte. Danach sank sie, auch infolge der Inflation, zeitweise, stieg aber mit der wirtschaftlichen Erholung in der zweiten Hälfte der zwanziger Jahre erneut an. 1931 erreichte sie den Gipfel von 134 767. Auf tausend Einwohner kamen zwei Studierende, ein Wert, der erst zwanzig Jahre später wieder zu verzeichnen war. (Statistisches Bundesamt 1972, S. 129) Damals hatten ausgebildete Gymnasiallehrer durchschnittlich 7 Jahre, in der folgenden Zeit sogar 9 bis 10 Jahre auf eine Anstellung als Studienrat zu warten (Nath 1981, S. 289). Die Anfang der dreißiger Jahre für die damaligen Verhältnisse große Zahl von Abiturienten und Studenten mitten in der Wirtschaftskrise war durch das Zusammenwirken von Bildungsnachfrage und Demographie entstanden. Geburtenstarke Vorkriegsjahrgänge füllten die gymnasialen Oberstufen und Hochschulen. Zur selben Zeit beendeten wieder stärkere Jahrgänge, nämlich die in den ersten Nachkriegsjahren Geborenen, die Grundschulen und wandten sich vermehrt, wenn auch der Wirtschaftskrise wegen nicht mehr so häufig wie einige Jahre zuvor, den höheren Schulen zu. Der Eindruck von der »Überflutung« der Gymnasien trotz Akademikerarbeitslosigkeit wurde so bestärkt. Gleichzeitig verließen immer weniger und, wie man meinte, immer schlechtere Schüler die Volksschulen; denn sie gehörten zu den besonders schwachen Kriegsjahrgängen. In der zeitgenössischen Diskussion sind die demographischen Zusammenhänge kaum durchschaut worden. Das beispiellos rasche Auf und Ab der Jahrgangsstärken dramatisierte den langsamen Wandel des relativen Schulbesuchs. Er wurde als Fehlentwicklung des Schulwesens aufgefaßt und der Bildungspolitik zur Last gelegt. (Leschinsky 1982) Nicht nur war die alte Klage nie verstummt, daß Bildung die

Heranwachsenden vor allem vom Lande ungewissen Schicksalen vorwerfe, wie es Bismarck am Nadelunterricht für Mädchen dargetan hatte. Gymnasialdirektor Richert verglich in seiner Programmschrift über die deutsche Nationalerziehung die begabten Land- und Kleinstadtkinder, die höhere Schulen in den Großstädten besuchten, mit vom Winde entführten Blättern – »Heimatlos, dem Elend der billigen Pensionen ausgeliefert, losgerissen von der heimatlichen Scholle, von den Segensmächten der Natur und des Familienlebens irren sie in der Großstadtwüste umher« – und warnte ganz allgemein vor den Gefahren von Bildungschancen: »Je mehr unter dem Ruf ›Freie Bahn dem Tüchtigen‹ aus sozial ungünstig gestellten Schichten Schüler in die höhere Schule gezogen werden, um so zahlreicher werden solche Schüler sein, bei denen zwischen Bildungsideal und Lebensform sich Abgründe auftun, die sie zu verschlingen drohen.« (Richert 1920, S. 256) Weil nicht sein konnte, was nicht sein durfte, weil soviel mehr in die höheren und Hochschulen gelangten, mußten unter ihnen entsprechend mehr »Ungeeignete« sein, solche, die dort nicht hingehörten und jenen den Platz streitig machten, welche ihrer Herkunft nach ein Anrecht auf privilegierte Ausbildungs- und Arbeitsplätze hatten. Im Ausschuß für das Unterrichtswesen, der den Reichsschulausschuß abgelöst hatte, wurde 1931 von den Vertretern des Reiches und der Länder der Numerus clausus, die Einschränkung des Zuganges zu den Hochschulen, diskutiert. Denn, so der Berichterstatter: »Die Arbeitslosigkeit der Akademiker ist schlimmer als die Arbeitslosigkeit von Menschen anderer Vorbildung, weil für sie häufig keine Arbeitslosenunterstützung möglich ist. Die Ausbildung auf der höheren Schule und das Studium wecken in den jungen Menschen geistige Ansprüche, soziale und materielle Erwartungen und lenken sie, in besonders bedenklichem Umfang die Mädchen, von praktischen Betätigungsgebieten ab. Es entsteht ein geistiges Proletariat, das der Nährboden für Radikalisierung und Gewalttat ist, wenn es nicht in unerhörten seelischen Tragödien zu Grunde geht.« (Führ 1972, S. 270) Es fehlte nicht an Vorwürfen gegen jene Länder, die angeblich der Quantität vor der Qualität den Vorrang gegeben hätten, insbesondere Hessen, das mit seiner Abiturientenquote den Spitzenplatz vor Baden und Hamburg innehatte, während am anderen Ende Württemberg und Bayern etwa um die Hälfte zurücklagen: Bildungschancen im Länderspiegel.

Zur »Überfüllung« der höheren gehört als andere Seite der Medaille die »Auspowerung« der Volksschule. Erziehungswissenschaftler und Volksschulpädagogen beklagten deren Verfall durch die negative Auslese ihrer Schüler und forderten staatliche Rettungsmaßnahmen, nämlich strengere Maßstäbe bei der Zulassung zu den weiterführenden Schulen einerseits, Ausbau der Volksschuloberstufen andererseits, um sie im Wettbewerb der Schulformen attraktiver zu machen. Gewiß hatten die Volksschulen unter den Folgen der Krise, wie mangelhafte Ernährung und Gesundheit, Wohnungsnot und fehlende Betreuung der Schüler durch ihre Familien, am meisten zu leiden. Aber noch war in der Regel die Leistungsbreite der Schüler kaum eingeschränkt, und die Leistungsfähigkeit der Volksschule, jedenfalls in den Städten und gemessen am Anteil der Schüler, die sie erfolgreich beendeten, hatte eher zugenommen (Leschinsky 1982). Trotzdem verschärfte beispielsweise das preußische Kultusministerium 1931, um den Andrang zu den weiterführenden Schulen zu begrenzen, die Aufnahmebedingungen und forderte schriftliche Gutachten und bei akutem Platzmangel zusätzliche mündliche Prüfungen im Dienste einer »sachlich besser begründeten verschärften Auslese« (Herrlitz/Hopf/Titze 1981, S. 111). Aber auch im Stadtstaat Lübeck, der, sieht man von Fritz Karsens Gesamtschulprojekt in Berlin-Neukölln und einzelnen privaten wie den Waldorfschulen ab, allein noch an der horizontalen Organisation der Mittelstufe festhielt und neben der höheren Schule eine »elastische Einheitsschule«, in die die Volks- und Mittelschulen aufgingen, einrichtete, sollte die Ausdehnung der Gymnasien über den bisherigen Bestand hinaus verhindert werden (Schwarz 1929, S. 166).

Verschärfte Auslese, schwieriger Arbeitsmarkt und wohl noch mehr die öffentliche Diskussion der »Überfüllungskrise« in der Wirtschaftsdepression drosselten den Zugang zu den höheren und Mittelschulen. Die Zahl der Sextaner sank im Reich zwischen 1931 und 1932 um mehr als zwanzig Prozent. Betroffen waren vor allem Arbeiterkinder und Mädchen. Der neue Mittelstand hielt dagegen seinen Anteil, die höheren Schichten gewannen wieder hinzu (Lundgreen 1981 b, S. 243). Auf die Chancenungleichheit beim Zugang zu den Hochschulen hatte die wirtschaftliche und politische Entwicklung wenig Einfluß. Bis zur Mitte des Jahrhunderts blieb ungeachtet der politischen und ökonomischen Katastrophen die soziale Herkunft der Studierenden vergleichsweise konstant. Zwar spiegelte sie die Strukturveränderungen in der Erwerbstätigkeit, die Abnahme der Selbständigen und den Zuwachs der Dienstleistungsschichten, wider, aber größere Auswirkungen auf die soziale Zusammensetzung der Studentenschaft verhinderte die unterdrückte Expansion der Hochschulen in den dreißiger und vierziger Jahren.

Nationalsozialistische Bildungspolitik

Nach der Machtübernahme stellte das nationalsozialistische Regime die Bildungseinrichtungen in seinen Dienst. Es konnte an viele Traditionen und die überkommenen Strukturen anknüpfen. Die in der Krise gewachsene Abneigung gegen Bildungsreformen setzte es mit seinen Zwangsmitteln direkt in staatliche Bildungsbegrenzung um. Sie diente zugleich der Rassen- und Familienpolitik. Befohlen wurde erstmals in der deutschen Geschichte ein genereller Numerus clausus für alle weiterführenden Bildungsanstalten. Am 25. April erließ die Reichsregierung das »Gesetz gegen die Überfüllung deutscher Schulen und Hochschulen«, dessen erster Paragraph lautete: »Bei allen Schulen außer den Pflichtschulen und bei den Hochschulen ist die Zahl der Schüler und Studenten so weit zu beschränken, daß die gründliche Ausbildung gesichert und dem Bedarf der Berufe genügt ist.« Die Selektion galt nicht nur für Neuanmeldungen, sondern in den »Schularten und Fakultäten, deren Besucherzahl in einem besonders starken Mißverhältnis zum Bedarf der Berufe steht«, auch rückblickend für die im laufenden Schuljahr bereits Aufgenommenen. Sie zielte vor allem auf die Schüler und Studenten »nichtarischer Abstammung«, deren Anteil bei der Neuaufnahme auf 1,5 Prozent, bei der Selektion schon Zugelassener auf 5 Prozent festgelegt wurde. (Zentralblatt 1933, S. 128 f.) Im übrigen sollte die Bildungsbeschränkung besonders die Mädchen treffen, deren Leben sich in der Familie und nicht im Beruf zu erfüllen hätte.

Der für das Gesetz zuständige Reichsinnenminister Wilhelm Frick war 1930 in Thüringen erster nationalsozialistischer Landeskultusminister geworden. Hitler hatte ihn damals beauftragt, »das gesamte Schulwesen in den Dienst der Erziehung des Deut-

schen zum fanatischen Nationalisten« zu stellen, den »Lehrkörper von den marxistisch-demokratischen Erscheinungen (zu) säubern wie umgekehrt den Lehrplan unseren nationalsozialistischen Tendenzen und Gedanken« anzupassen (Führ 1972, S. 61).
Das sollte nun für das ganze Reich gelten. Am 9. Mai verkündete
Frick der Konferenz der Kultusminister den neuen Mut zur Erziehung: »Die liberalistische Bildungsvorstellung hat den Sinn aller
Erziehung und unserer Erziehungseinrichtungen bis auf den
Grund verdorben. Unter der Geltung dieser Bildungsvorstellung
haben die Schulen nicht erzogen, sondern geschult. Sie haben
nicht alle Kräfte der Schüler zum Nutzen von Volk und Staat
entwickelt, sondern vorab Kenntnisse zum Nutzen des Einzelnen
vermittelt. Sie haben nicht den volksverwurzelten, dem Staat verpflichteten deutschen Menschen geformt, sondern der Bildung
der freien Einzelperson gedient.« Statt dessen hätte die Schule die
»Einordnung der Schüler ins Volksganze« herbeizuführen, vor
allem durch die Erziehung zur Berufsarbeit als »pflichtmäßige
Leistung im Dienste von Volk und Staat«. Dieser Aufgabe müsse
auch der äußere Aufbau des Schulwesens entsprechen, also die
Volksschule aufgewertet und die Auslese bedarfsorientiert verschärft werden: »Der Volksschule, die in Wahrheit die Schule des
Volkes ist, hat die erste Sorge der Nation zu gelten. Sie ist in der
Vergangenheit häufig zu Gunsten der höheren Schulen und der
Hochschulen vernachlässigt worden. Der Zugang zu höherer
Schule und Hochschule darf fernerhin nicht vom völlig freien
Belieben der Eltern der Schüler derart abhängig sein, daß die
Zahl der Abiturienten und Hochschüler jedes vernünftige Verhältnis zum Bedarf der Berufe an höher vorgebildeten Kräften
verliert und ein Überangebot an Abiturienten und Akademikern
entsteht, die nicht in die Arbeitsordnung des Volkes eingegliedert
werden können. Durch die Überzahl der nach der höchsten Bildungsstufe Strebenden ist außerdem deren Niveau beträchtlich
gesunken.« (Führ 1972, S. 212 ff.) Keine neuen Argumente also,
vielmehr die ganz alten für die berufsständische Organisation des
allgemeinbildenden Schulwesens und die mit ihr verbundene Bildungsrestriktion. Allein, der totalitäre Staat vermochte sie auch
durchzusetzen. Darüber hinaus gab es, allen immer wieder wiederholten markigen Worten zum Trotz, kein zusammenhängendes Konzept einer nationalsozialistischen Bildungspolitik, wie-

wohl 1934 der Gesamtstaat erstmals ein eigenes Reichsministerium für »Wissenschaft, Erziehung und Volksbildung« erhielt. Es wurde in Personalunion mit dem preußischen Kultusministerium von dem 1930 aus dem hannoveranischen Schuldienst entlassenen Studienrat Bernhard Rust geleitet. In den »Grundlagen zur Neuordnung des höheren Schulwesens« hieß es 1938: »Wenn der Nationalsozialismus den Vorrang des Lebens und der Tat vor allen Systemen der Erziehung und Bildung behauptet, dann spricht er das Gesetz der Entwicklung jeder großen Kultur aus. Politisches Handeln ist die Stiftung einer neuen Ordnung. Bevor von einer neuen Erziehung die Rede sein kann, muß die Ordnung, der überzeugende Kraft innewohnt, geschaffen sein. Der Staat Adolf Hitlers ist darum zum Erziehungsstaat geworden, weil der Führer durch die Schöpfung seines Reiches die Kraft seines Volkes in einem einzigen politischen Willen, in einer einzigen alle durchdringenden Weltanschauung zusammenfaßte und damit wieder große und sinnvolle Erziehung möglich machte.« Doch es war nicht die Schule, an die das nationalsozialistische Regime in erster Linie dachte, sondern die Kampforganisationen von Partei und Wehrmacht, die die Staatsbürger als politische Soldaten zu prägen hatten. Denn die »nationalsozialistische Revolution der Weltanschauung hat an die Stelle des Trugbildes der gebildeten Persönlichkeit die Gestalt des wirklichen, d. h. durch Blut und geschichtliches Schicksal bestimmten deutschen Menschen gesetzt und an Stelle der humanistischen Bildungsideologie, die bis in die jüngste Vergangenheit fortgelebt hatte, eine Erziehungsordnung aufgebaut, die sich aus der Gemeinschaft des wirklichen Kampfes entwickelt hatte. Nur aus dem Geiste dieser politischen Zucht kann auch echte Bildung als die zentrale Aufgabe der kommenden Schule erwachsen, die die Begeisterungsfähigkeit des jungen Deutschen nicht lähmt, sondern steigert und zur Einsatzfähigkeit fortführt.« (Michael und Schepp 1974, S. 204 f.) Die kommende Schule aber blieb dahingestellt. Es ging dem Regime zunächst nicht um die Erziehung künftiger, sondern um die Formierung der gegenwärtigen Generationen.

Bei keiner Gruppe fand das Leitbild des politischen Soldaten so große Resonanz wie bei den Studenten. Keine der staatlichen Bildungseinrichtungen wurde so früh und so folgenreich erobert wie die wissenschaftlichen Hochschulen. »Systemfeindschaft«

bestimmte von Anfang an große Teile der Studentenschaft. Nachdem die Hoffnungen vieler ehemaliger Kriegsteilnehmer auf einen erfolgreichen Putsch von Freikorpsverbänden und Reichswehr gegen die Weimarer Demokratie verflogen waren und das politische Engagement der Studentenschaft während der mittleren, wirtschaftlich erfolgreicheren Jahre der Republik abgenommen hatte, versteifte sich der Protest erneut in der Krise. 1926 war der Nationalsozialistische Deutsche Studentenbund gegründet worden. Er stand, zentral organisiert vom Braunen Haus in München, seit 1928 unter der Leitung Baldur von Schirachs, des späteren Reichsjugendführers. Agitatorische Schuldzuweisung für Stellenmangel und Notverordnungen sowie radikale Propaganda für einen anderen Staat, begleitet von Krawallen an den Hochschulen, verschafften ihm immer mehr Wähler. Wiewohl Anfang der dreißiger Jahre von den insgesamt rund 125 000 Studenten an den deutschsprachigen wissenschaftlichen Hochschulen dem NSDStB nur etwa 4000 angehörten, gegenüber 6000 Mitgliedern der republikanischen Studentenverbände und mehr als 70 000 der Verbindungen aller Art, gewannen die Nationalsozialisten 1930/31 bei den Asta-Wahlen im Durchschnitt 50 Prozent der Stimmen. An zahlreichen Hochschulen erreichten sie die absolute Mehrheit oder stellten die stärkste Fraktion. Dementsprechend gewannen sie auf dem Grazer Studententag im Sommer 1931 die Position des Vorsitzenden der Deutschen Studentenschaft. Kaum an der Macht, drängten sie darauf, das parlamentarische System in der Studentenschaft abzuschaffen und das Führerprinzip durchzusetzen. Auch wenn sich dagegen Funktionäre der Korporationen auflehnten, grundsätzlicher noch katholische Studentenverbindungen und prinzipiell die republikanischen Studentengruppen Widerstand leisteten, für die große Mehrheit der Studenten bot die nationale, völkische »Bewegung« die ersehnte Einheitsfront gegen das demokratische System. (Bleuel/Klinnert 1967; Huber 1982)

Mit der Studentenschaft begrüßte der Hochschulverband, die Standesvertretung der deutschen Hochschullehrer, 1933 die Wende. Namhafte Gelehrte vor allem aus den Geisteswissenschaften schlossen sich an. In Freiburg übernahm Martin Heidegger das Rektorat, nachdem der Amtsvorgänger von Möllendorff auf Weisung des Ministers hatte zurücktreten müssen. In seiner

Antrittsrede über die *Selbstbehauptung der deutschen Universität* wollte Heidegger, gezielt gegen die Zivilisation, die geistige Welt eines Volkes nicht als Überbau der Kultur, sondern als »Macht der tiefsten Bewahrung seiner erd- und bluthaften Kräfte« verstanden wissen. Er sah die Studentenschaft auf dem Marsch, den neuen Führern folgend: »Die vielbesungene ›akademische Freiheit‹ wird aus der deutschen Universität verstoßen; denn diese Freiheit war unecht, weil nur verneinend. Sie bedeutete vorwiegend Unbekümmertheit, Beliebigkeit der Absichten und Neigungen, Ungebundenheit im Tun und Lassen. Der Begriff der Freiheit des deutschen Studenten wird jetzt zu seiner Wahrheit zurückgebracht. Aus ihr entfalten sich künftig Bindung und Dienst der deutschen Studentenschaft.« Diesen definierte Heidegger in dreifacher Weise, als Arbeitsdienst, als Wehrdienst und als Wissensdienst, zu leisten in der »Kampfgemeinschaft der Lehrer und Schüler«. (Heidegger 1983, S. 14 ff.)

Heidegger trat, enttäuscht von der neuen Regierung, bald wieder von seinem Amt zurück. Er hat später erklärt, mit Kampf nicht Gewaltanwendung oder gar Krieg, sondern »Aus-einander-setzung« gemeint zu haben (Heidegger 1983, S. 28). Das war in jener Zeit terroristischer Staatsgewalt, die unumwunden den Krieg verherrlichte, kaum zu vermuten, zumal die Unterordnung des Geistes unter die Gewalt ihre lange Tradition in der Welt deutscher Gelehrter hatte. Im Namen der Universität Berlin, die 1871 deren Rektor Emil Du Bois-Reymond, einen weltberühmten Physiologen, als das »geistige Leibregiment der Hohenzollern« bezeichnet hatte (Böhme 1975, S. 13), pries der Begründer der Altertumswissenschaften, Ulrich von Wilamowitz-Moellendorff, in einer Feier zu Beginn des neuen Jahrhunderts die Armee als Rettung vor deutscher Bildungsheuchelei: »Demgegenüber kann der Segen nicht hoch genug geschätzt werden, und eine Stätte intellektueller Bildung hat erst recht die Pflicht zu rühmen, daß doch eine Institution bestand, die Erziehung bot, wie sie jedem Not thut, durch Gehorsam zur Selbständigkeit, durch Dienst zur Freiheit: das preußische Heer.« (Wilamowitz-Moellendorff 1901, S. 163) Im Oktober 1914 formulierte er in einer »Erklärung der Hochschullehrer des Deutschen Reiches«, der sich mehr als dreitausend anschlossen, die Entrüstung darüber, »daß die Feinde Deutschlands, England an der Spitze, angeblich zu unsern Gunsten einen Gegensatz machen wollen zwischen dem Geiste der deutschen Wissenschaft und dem, was sie den preußischen Militarismus nennen. In dem deutschen Heere ist kein anderer Geist als in dem deutschen Volke, denn beide sind eins, und wir gehören auch dazu. ... Unser Glaube ist, daß für die ganze Kultur Europas das Heil an dem Siege hängt, den der deutsche ›Militarismus‹ erkämpfen wird, die Manneszucht, die Treue, der Opfermut des einträchtigen freien Volkes.« Zuvor schon hatten in einem »Aufruf an die Kulturwelt« bedeutende Gelehrte wie Paul Ehrlich und Ernst Haeckel, Max Planck und Wilhelm Röntgen jegliche Kriegsschuld zurückgewiesen, den Überfall auf das neutrale Belgien gerechtfertigt und die Einheit von Militarismus und Kultur in Deutschland beschworen: »Deutsches Heer und deutsches Volk sind eins. Dieses Bewußtsein verbrüdert heute 70 Millionen Deutsche ohne Unterschied der Bildung, des Standes und der Partei.« (Böhme 1975, S. 47 ff.) Der Enthusiasmus der Unterordnung, der Integration aller in den nationalen Staat erklärte sich nicht nur aus der gemeinsamen Abwehr des äußeren Feindes im Kriege. Zugleich erschienen alle inneren Gegensätze zwischen den sozialen Klassen und politischen Parteien aufgehoben, die Last alltäglicher Interessenauseinandersetzungen abgeworfen. Darin sollte die weltgeschichtliche Perspektive der Mission des deutschen Fürstenstaates liegen, der deutschen Kultur gegen die westliche Zivilisation, der »Helden«, die nur an ihre Pflichten, gegen die »Händler«, die nur an ihre Rechte denken (Sombart 1915, S. 64).

Unverändert bestimmte diese Perspektive den Zuspruch zur nationalsozialistischen Bewegung, wie viele Professoren auch das Auftreten ihrer Führer und die Ausschreitungen ihrer Kampfgruppen mißbilligten. Eduard Spranger, international anerkannter großer Geisteswissenschaftler, der wie kein anderer die Bildungspolitik in der Weimarer Republik beeinflußt hatte, gab dafür auf dem Hochschulverbandstag in Danzig Ende 1932 ein bezeichnendes Beispiel. Er verteidigte nationalsozialistische Studenten, gegen deren »Unzuverlässigkeit und Lügenhaftigkeit«, nach einem Vorschlage Theodor Litts, damals Rektor der Universität Leipzig, die Hochschullehrer Stellung nehmen sollten. Denn Spranger, wie so viele Professoren, hielt »die Bewegung der nationalen Studenten noch im Kern für echt, nur in der Form für undiszipliniert« und fürchtete Schaden für die Hochschule, »wenn sie sich zu der nationalen Welle, die damals noch viel Gesundes mit sich führte und mit heißen Erwartungen begrüßt wurde, nur schulmeisterlich geäußert hätte« (Spranger 1955, S. 457). Als positiven Kern bezeichnete er den aus den Kriegserlebnissen geborenen Willen, endlich ein einiges Volk zu werden. Spranger resignierte bald, wie Heidegger. Aber er bezeugte noch in einer veröffentlichten Begründung seines Abschiedsgesuches, daß »das Glück über das wiedergewonnene Deutschland (nach den Wahlen) am 21. März kaum irgendwo so rein und ganz empfunden wurde, wie an den deutschen Hochschulen« (Spranger 1955, S. 464). Diesem März 1933 widmete er einen programmatischen Aufsatz in der von ihm mitherausgegebenen pädagogischen Monatsschrift *Die Erziehung,* in dem er den wiedererstandenen Kampfgeist preist: »So ist es denn nicht zufällig ein militärischer Geist, der die neu entstehenden Erziehungsideale bis in die äußere Terminologie hinein bestimmt. Der Weltkrieg beginnt endlich seinen positiven (denn alles Tragische ist positiv!) Gehalt in unserem Volke zu entfalten, dessen Masse lange Zeit niedergeworfen und von pazifistischen Hoffnungen erfüllt war, obwohl sie jeder neue Tag realpolitischer Erfahrung aufs neue widerlegte. Wer wollte es uns verdenken, wenn wir bei einem Blick auf unsere Grenzen, auf unsere gewaltsam klein gehaltene Wehrmacht, auf manchen Eingriff von Nachbarvölkern in unser elementarstes Lebensrecht als Volk den Krieg nicht nur als Vergangenheit sehen, sondern die Notwendigkeit eines zweiten Aufbruches zur Verteidigung aus der gespannten Weltlage heraus vorfühlen müssen?« (Spranger 1933, S. 403 f.)

So weit war es noch nicht, aber die Vorbereitungen begannen bald. Die allgemeinbildenden Schulen spielten dabei eine untergeordnete Rolle. Wichtiger für die wirtschaftliche und militärische Aufrüstung war die berufliche Ausbildung der Heranwachsenden, vor allem der Facharbeiter für die Kriegsindustrie. Zwar rangen um Zuständigkeiten und Einfluß nicht nur wie bei den allgemeinbildenden Schulen Fachbürokratie und Parteiführung. Gegen die Kultus- und die Wirtschaftsverwaltung, letztere für die betriebliche Ausbildung zuständig, trat das »Amt für Betriebserziehung und Betriebsführung« der Deutschen Arbeitsfront mit totalitärem Anspruch auf. Daneben aber verfolgten die Träger

der Ausbildung, Handwerker, Gewerbe und Industrie, ihre eigenen Interessen. Trotz aller Kompetenzstreitigkeiten geriet die Berufsbildungspolitik dem nationalsozialistischen Regime jedoch vergleichsweise einheitlich und erfolgreich. Da aller Nachdruck auf Berufslenkung und praxisorientierter Ausbildung lag, fand sie die Zustimmung insbesondere der Industrie, zumal die Gewerkschaften sogleich zerschlagen wurden. Dem Handwerk, zunächst bevorzugt, dann aber im Schatten der Industrieförderung, wurden verbliebene Standeswünsche erfüllt. Jeder Handwerker mußte einer Innung beitreten. 1935 wurde der lange ersehnte große Befähigungsnachweis eingeführt, demgemäß in die Handwerksrolle nur eingetragen und damit einen Handwerks- als selbständigen Gewerbebetrieb führen durfte, wer die Meisterprüfung für dieses oder ein verwandtes Handwerk bestanden hatte oder die Befugnis zur Anleitung von Lehrlingen in einem dieser Handwerke besaß (Wolsing 1977, S. 402 ff.). War die Berufsausbildung im Handwerk seit langem eingespielt, wurden nun alle Voraussetzungen für ein eigenständiges Lehrlingswesen in der Industrie geschaffen, von einheitlichen Lehrverträgen und festgelegten Berufsbildern für die anerkannten Lehrberufe bis zu den Prüfungen für die Industriefacharbeiter, 1936 den Gesellenprüfungen gleichgestellt. Die Industrie nahm solche Initiative im Klima der Diktatur bereitwilliger auf als vordem, folgte weithin den Absprachen von Reichswirtschaftsministerium und Reichswirtschaftskammer und baute bis zum Kriegsbeginn ein funktionsfähiges Berufsausbildungssystem auf. Die in Gestalt von Appellen, Schulung und Lager auf Arbeitsleistung und Betriebsgemeinschaft abgestellten Erziehungsmaßnahmen der Parteiorganisationen akzeptierten die Unternehmer, ebenso die Dienst- und Gemeinschaftsideologie von Berufspädagogen wie Friedrich Schlieper, Walther Löbner und Karl Abraham (Seubert 1977).
Auch die andere Seite des dualen Systems der Berufsausbildung fand das Interesse des Regimes. Reichseinheitlich wurden jetzt die Berufsschulen, die die betriebliche Ausbildung begleiten, von den vollzeitlichen Berufsfach- und Fachschulen unterschieden. Doch gelang es der Reichsfachschaft für das Berufs- und Fachschulwesen im Nationalsozialistischen Lehrerbund nicht, ihren Entwurf eines alle einschlägigen Fragen behandelnden Reichsberufsschulgesetzes durchzubringen, da das Erziehungsministerium

ein allgemeines Reichsschulpflichtgesetz vorbereitete, das die Reichsregierung 1938 verabschiedete. Mit ihm wurde erstmals in Deutschland der Berufsschulbesuch generell geregelt, seine Dauer nach der Volksschulpflichtzeit auf drei Jahre, für landwirtschaftliche Berufe auf zwei Jahre festgelegt. Die überkommene Organisation des gewerblich-technischen Berufs- und Fachschulwesens einerseits und des kaufmännischen andererseits blieb erhalten. Erheblich ausgebaut wurden die hauswirtschaftlichen Schulen für die Mädchen, deren Bildungschancen in den Gymnasien und Hochschulen so drastisch begrenzt worden waren, und die landwirtschaftlichen Schulen im Zusammenhang der Politik für den Bauernstand. Die Lehrplanarbeit galt überall den berufskundlichen Fächern, das didaktische Interesse dem berufsbezogenen Unterricht. (Kümmel 1980)

Für die allgemeine Jugenderziehung sollte die Hitlerjugend sorgen. Die allgemeinbildenden Schulen paßten nicht recht ins Konzept, sie nahmen zuviel Zeit in Anspruch, die für Arbeits- und Militärdienst gebraucht wurde. Also hatten sie begrenzt und nicht ausgebaut zu werden. Das übernommene Programm der Bildungsrestriktion versprach Zeitgewinn und planwirtschaftliche Anpassung. Der Indoktrination waren durch die bestehenden Einrichtungen und das vorhandene Personal Grenzen gesetzt. Zwar wurden die Kultusministerien der Länder sofort gleichgeschaltet, die Schulverwaltungen durchgekämmt und mit dem »Gesetz zur Wiederherstellung des Berufsbeamtentums« (11. April 1933) Tausende von Professoren und Lehrern entlassen. Aber die Bleibenden konnten in der knappen Zeit kaum planvoll umerzogen werden. Das Regime verließ sich auf bestehende Überzeugungen und Loyalitäten und bestärkte sie durch konservative Bildungspolitik. Die Einheit der Schule sollte weiterhin nicht in ihrer Organisation zum Ausdruck kommen, sondern in ihrer Ideologie, als »weltanschauliche Gleichrichtung und Geschlossenheit aller Erzieher und aller Schularbeit« aufgefaßt. Nach offizieller Darstellung erforderte die »berufsmäßige Gliederung des Volkskörpers« die »Dreiteilung des Schulwesens«, welche füglich weiter ausgebaut wurde. Die Schularten sollten »durch Ausrichtung auf ein besonderes Bildungs- und Berufsziel stärker voneinander geschieden« werden. (Zymek 1980, S. 270) Von Chancengleichheit keine Rede, um so mehr von Volksgemeinschaft und Rassenkunde. Besondere Internate wie die Nationalpolitischen Erziehungsanstalten, in den alten Kadettenanstalten, und ab 1937 die Adolf-Hitler-Schulen sollten den Führernachwuchs für Partei und Wehrmacht heranziehen.

Besondere Aufmerksamkeit galt programmgemäß der Volksschule, doch mehr ihrer Ausrichtung als ihrer Förderung. Nachdem zunächst in den Ländern verschiedene Eingriffe der neuen Administration zu verzeichnen waren, erschienen 1937 Reichsrichtlinien für die vierjährige Grundschule, nachdem vordem schon die letzten privaten Vorschulen aufgelöst worden waren, und 1939 für die gesamte Unterrichts- und Erziehungsarbeit in der Volksschule. Den Konfessionsschulen gegenüber hielt man sich anfangs wegen der Konkordatsverhandlungen zurück, später wurden sie bekämpft und dann zwangsweise in Gemeinschaftsschulen umgewandelt. Der versprochene Ausbau der Volksschulen kam nicht voran, zumal der übernommene Lehrerüberschuß bald aufgezehrt war und infolge der Abschreckung und Bildungsrestriktion sich gegen Ende der dreißiger Jahre akuter Lehrermangel einstellte. Der einzelne Lehrer mußte sich um immer mehr Schüler kümmern. Die Durchschnittsrelation für die Volksschulen war im Reich 1936 bereits wieder bei 43 angelangt und verschlechterte sich weiter (Statistisches Bundesamt 1972, S. 127). In Bayern hatte im Schuljahr 1942/43 ein Lehrer im Durchschnitt 68 und im Jahr darauf 80 Schüler zu betreuen. Im Reich war 1940 nur ein Zehntel der Volksschulen voll ausgebaut, drei Fünftel aber bestanden lediglich aus einer oder zwei Klassen. Daher besuchten auch im Regelfalle Jungen und Mädchen dieselbe Schule, wiewohl das Regime die Koedukation grundsätzlich ablehnte. (Ottweiler 1980, S. 201 und 212)

Beschwerden und Klagen über den Leistungsverfall der Volksschulen, vor allem auch weil Lehrer und Schüler zu sehr durch Partei und Hitlerjugend in Anspruch genommen wurden, häuften sich von Anfang an. Daher sollte am Ende noch strengere Selektion der mangelnden Förderung befähigter Volksschüler abhelfen. Gegen den Widerstand des Reichserziehungsministeriums setzte die Parteiführung im Schuljahr 1941/42 eine Spaltung der Volksschuloberstufe durch. Der bevorzugte Zweig wurde nach österreichischem Vorbild Hauptschule genannt. Sie trat, vierjährig und unentgeltlich, zugleich an die Stelle der bisher freiwilligen sechsjährigen schulgeldpflichtigen Mittelschule. Zum Besuch der Hauptschule waren Volksschüler verpflichtet, wenn Lehrer und Parteifunktionäre ihre Befähigung festgestellt hatten, wobei es vor allem auf die charakterliche Haltung, im übrigen zunächst auf körperliche und letztlich auf geistige Leistungsfähigkeit ankam. Damit wurde, dem Arbeitskräftebedarf entsprechend, die Schulzeit für den Nachwuchs der mittleren und gehobenen praktischen Berufe um zwei Jahre verkürzt, die Dreiteilung des allgemeinbildenden Schulwesens dabei nicht verändert, sondern nach unten verschoben und alle Bemühung des Reichserziehungsministeriums um die eigenständige Mittelschule zunichte gemacht. Zunächst war deren verbliebene Mischform mit dem Lehrplan der höheren Schule eingestellt worden, die vor allem in ländlichen Gebieten den Zugang zur Hochschulreife erleichtert hatte. 1939 wurde mit der »Verordnung über die Vorbildung und die Laufbahnen der deutschen Beamten« der Abschluß der Mittelschule mit der Obersekundareife für den Eintritt in den gehobenen nichttechnischen Dienst gleichgestellt. Im selben Jahr erschienen reichseinheitliche Lehrpläne. Auch in den süddeutschen Ländern hatte man die Mittelschule eingeführt. Dann wurde sie überall wieder abgeschafft. (Brandau 1959; Ottweiler 1980)

Vor 1933 hatte es Stimmen aus der Partei für eine einheitliche Hochschulausbildung aller Lehrer gegeben, zwischen denen keine Standesunterschiede mehr bestehen sollten. So wurde auch in den Ländern Thüringen und Braunschweig die Universitätsausbildung beibehalten, nachdem die Nationalsozialisten in die Regierung eintraten. Andere Parteigruppen sprachen sich für die eigene »Bildner-Hochschule« aus. Nach der Machtübernahme im Reich wurden in Preußen die Pädagogischen Akademien in Hochschulen für Lehrerbildung umbenannt und einige aus großen in kleine Städte verlegt, wie von Frankfurt am Main nach Weilburg. Diese Lösung wurde vom Reichserziehungsministerium auch für die anderen Gebiete durchgesetzt und trat einerseits an die Stelle der Universitäts-, andererseits in Bayern und Württemberg an die der beibehaltenen Seminarausbildung. Zeitweise hatten die Anwärter für das höhere Lehramt, der weltanschaulichen Ausrichtung wegen, ebenfalls zwei Semester eine Hochschule für Lehrerbildung zu besuchen. Die gemeinsame akademische Ausbildung aller Lehrer war in dieser Perversion

Wirklichkeit geworden. Doch nur zu schnell ließ man alle Qualitätsansprüche fallen, als der Lehrerbedarf und die Kriegsverhältnisse immer drückender wurden. Anfangs als Notmaßnahme angesehen, sollten »staatliche Aufbaulehrgänge für das Studium an den Hochschulen für Lehrerbildung« Volksschüler in vier, Mittelschüler in zwei Internatsjahren auf ein zweijähriges Lehrerstudium vorbereiten. Überdies wurden Kurzlehrgänge für Schulhelfer eingerichtet. Dann setzte die Parteiführung gegen den Widerstand des Reichserziehungsministeriums den prinzipiellen Abbau der akademischen Ausbildung für Volksschullehrer durch. In den Jahren 1941 und 1942 wurden die 26 Hochschulen für Lehrerbildung geschlossen, statt dessen begann man, zahlreiche fünfjährige Lehrerbildungsanstalten aufzubauen, die nach dem Vorbild der früheren Präparandien und Seminare Volks- und Hauptschulabsolventen aufnahmen, einschließlich Unteroffizieren der Wehrmacht, wie es Hitler in Erinnerung an die Intentionen Friedrichs II. ausdrücklich wünschte. (Ottweiler 1980; Scholtz/Stranz 1980)

Die höheren Schulen waren inzwischen ebenfalls, und zwar 1937, um ein Jahr verkürzt worden. Am System grundständiger gymnasialer Schulformen hatte das nationalsozialistische Regime nichts geändert. Den Strukturwandel der Lehrpläne führte es mit seiner Version deutsch-nationaler Bildung fort. Die äußere Organisation vereinheitlichte es im Sinne des Reform-Realgymnasiums, aber nun mit Englisch als erster Fremdsprache. Diese Hauptform der höheren Knabenschule, »Deutsche Oberschule« genannt, lehrte Latein als zweite Fremdsprache und bot in der Oberstufe einen sprachlichen und einen naturwissenschaftlich-mathematischen Zweig an. In den größeren Städten blieb das altsprachliche Gymnasium erhalten, politisch angefeindet, aber gesellschaftlich als Eliteschule bestätigt. (Zymek 1981)

Der Eintritt in die höheren Schulen hatte schon in der Wirtschaftskrise abgenommen. Er wurde durch die nationalsozialistische Schulpolitik erst recht gedrosselt. Überdies beendeten schwache Geburtenjahrgänge die Grundschule. 1935/36 war der Anteil der Sextaner unter ihnen gut ein Drittel geringer als Mitte der zwanziger Jahre, bei den Sextanerinnen sogar die Hälfte. Erst am Ende des Jahrzehnts kam in die geleerten Gymnasien wieder ein größerer Jahrgangsanteil. Drastischer noch reduzierten Politik und Demographie die Zahl der Studierenden. Sie sank in der Zeit von 1931 bis 1939, noch bevor der Krieg begonnen wurde, an den Universitäten von über 100000 auf etwa 40000, also um 60 Prozent.

Entgegen der herrschenden Volksgemeinschaftsideologie verfestigte sich dabei, wie durch den eingeschränkten Besuch der altsprachlichen Gymnasien, der traditionell-elitäre Charakter der Bildungsanstalt. Erstmals seit der Mitte des vergangenen Jahrhunderts nahm der Anteil der Studierenden aus akademischen Elternhäusern wieder zu. Studienbewerber aus dem Mittelstand und auch aus Arbeiterkreisen erhielten geringere Chancen. Besonders drastisch wurde das Frauenstudium beschnitten. Die Zahl der Studentinnen an den Universitäten sank in diesem Zeitraum um siebzig Prozent; an allen Hochschulen studierten 1939 noch 6342. Der inzwischen bedrohliche Nachwuchsmangel an Akademikern zwang dann insbesondere im Krieg zu einer bildungspolitischen Kehrtwende. Das Frauenstudium mußte Hals über Kopf aufgewertet werden. Im Sommersemester 1944 erreichte die Gesamtzahl der Studentinnen mit 42210 die Hälfte der eingeschriebenen Studierenden, wobei die Studenten zumeist zugleich Soldaten und häufig für den Frontdienst »beurlaubt« waren. Unter den Studienanfängern war der Anteil der Studentinnen von weniger als einem Zehntel auf nahezu zwei Drittel angewachsen, bis dann am Ende formell nur noch Verwundete und Witwen studieren durften. (Jarausch 1984)

V Der versäumte Neubeginn

Mit der demokratischen Reichsverfassung war 1919 nach dem Zusammenbruch der konstitutionellen Monarchie einer grundlegenden Bildungsreform der Weg geöffnet worden. Das Schulwesen sollte, organisch aufgebaut, der Mannigfaltigkeit der Lebensberufe entsprechen, der Schulbesuch der Kinder ihren Begabungen und Interessen, nicht aber der gesellschaftlichen Stellung oder dem Religionsbekenntnis ihrer Eltern. Für die Überwindung der Schulspaltung stand in der Reformdiskussion der Begriff der Einheitsschule, keineswegs Gleichmacherei meinend, sondern ein in sich differenziertes, aber für alle Heranwachsenden gemeinsames Schulsystem. Es sollte von der Öffentlichkeit getragen sein, also unentgeltlich für die Schüler, weltlich und nicht konfessionell in Schulaufsicht und Schulorganisation, gleiche Bildungschancen vermittelnd für die Heranwachsenden der unteren wie der oberen Schichten, auf dem Lande und in den Städten, für die Mädchen wie für die Jungen, mit Lehrern, die ebenfalls nicht mehr nach Ständen getrennt, sondern gemeinsam an den Universitäten auszubilden waren.

Für die Bildungsreform erhielt der Gesamtstaat erstmals die Rahmenkompetenz. Aber im Widerspruch der gesellschaftlichen und konfessionellen Interessen, von den politischen Parteien im Konzert der Länder wirkungsvoll vorgetragen, und unter dem Druck wirtschaftlicher Schwierigkeiten und leerer Haushaltskassen kamen im Reich insgesamt nur die weltliche Schulaufsicht, die gemeinsame Grundschule und die erweiterte Mädchenbildung zustande. Was in einzelnen Ländern vor allem für die Lehrerbildung mehr erreicht wurde, ebnete die restriktive Bildungspolitik des nationalsozialistischen Regimes wieder ein. Sie schränkte nicht nur wegen der Rassenpolitik, sondern, gegen die säkulare Expansion gerichtet, generell höhere Schulbildung ein, zu Lasten vor allem der Mädchen, der Kinder unterer sozialer Schichten und der auf dem Lande Heranwachsenden. Von der totalitären Indoktrination und Schulaufsicht, von der Zerstörung der deutschen Universität ganz zu schweigen. Um so notwendiger war nach dem totalen Zusammenbruch der grundsätzliche Neubeginn. Niemals zuvor in der deutschen Geschichte erschienen die Ausgangsbedingungen zwingender für die überfällige Bildungsreform.

Bekenntnis- oder Einheitsschule: Wiederaufbau durch die Territorialverwaltung

Mit der Absicht eingreifender Neuordnung übernahmen die Besatzungsmächte die Staatsgewalt. Die Umerziehung der Deutschen gehörte zu ihrem Programm. Im Potsdamer Abkommen vereinbarten sie: »Das deutsche Erziehungswesen soll überwacht werden, um die nazistischen und militärischen Lehren vollständig auszumerzen und um die erfolgreiche Entwicklung demokratischer Ideen zu ermöglichen.« (Klafki 1971, S. 139) Also schlossen sie zunächst alle Schulen und Hochschulen, soweit die unmittelbaren Kriegsereignisse ihren Betrieb noch zugelassen hatten. Erstes Gebot war die Entnazifizierung des Lehr- und Aufsichtspersonals, der Schulbücher und Lehrstoffe. Vielfach in nur notdürftig hergerichteten Räumen und oft mit Schulhelfern statt Lehrern wurde der Unterricht dann wieder aufgenommen. Materielle und personelle Probleme standen im Vordergrund, nicht Organisationsfragen des Bildungswesens. Sie wurden auch von den Besatzungsmächten nicht gestellt. In keiner Zone, auch nicht in der sowjetischen, schrieben die Militäradministrationen ein neues Schulkonzept vor. Sie hatten zunächst andere Sorgen, vor allem um die Sicherheit der eigenen Truppen und das Funktionieren der einheimischen Verwaltung. Kriegszerstörungen und Demontage, desolate Wirtschaftsverhältnisse und hohe Arbeitslosigkeit stellten die Versorgung der Bevölkerung in Frage.

Die unmittelbare Bildungsverwaltung wurde politisch unverdächtigen Fachleuten übertragen. Diese repräsentierten die jeweiligen konfessionellen und politischen Kräfte und Konflikte. Zwischen den Anhängern der weltlichen Einheits- und denen der traditionell gegliederten Bekenntnisschule lebte die Auseinandersetzung sofort wieder auf und wurde regional, den überkommenen Strukturen gemäß, entschieden, ungeachtet der jeweiligen Besatzungsherrschaft und ihres mehr oder minder ausgeprägten Bildungskonzepts. Im übrigen waren die vier Besatzungsmächte

Ende 1945 im Alliierten Kontrollrat übereingekommen, in der Frage des Religionsunterrichts und der Konfessionsschulen den lokalen Traditionen und den Wünschen der Bevölkerung Rechnung zu tragen (Pakschies 1984, S. 187). Die einheimischen Kräfte, durch die Militäradministration nicht nur von der Außenpolitik, sondern weithin auch von der Innen- und Wirtschaftspolitik ausgeschlossen, fanden in der Bildungspolitik ein Feld kompensatorischer Betätigung. So wurde in der britischen Besatzungszone im katholisch dominierten Nordrhein-Westfalen die Konfessionsschule wiedereingeführt, in Hamburg und Schleswig-Holstein aber die gemeinsame Grundschule erweitert, ebenso in Bremen unter amerikanischer Regie. Dagegen wurde im gleichfalls amerikanisch kontrollierten Bayern sowie im französisch besetzten Rheinland-Pfalz und Württemberg-Hohenzollern die Bekenntnisschule wiederhergestellt, nicht aber im angrenzenden Baden, das traditionell zu den Simultanschulländern gehörte. Einheitlicher war das Bild nur in der sowjetischen Besatzungszone, in deren Ländern, mit überwiegend evangelischer Bevölkerung, durchweg Sozialdemokraten und Kommunisten die Bildungspolitik bestimmten und die Einheitsschule ausbauten.

Der Weimarer Schulkompromiß, der die demokratische Reichsverfassung und die gemeinsame Grundschule ermöglichte, hatte den Strukturkonflikt nur überdeckt, der zwischen dem reformorientierten Einheitsschulgedanken und der Bekenntnisschule bestand. Auch wenn in Unterricht und Lehrerbildung der spezifisch konfessionelle Einfluß gegenüber dem der Fachdidaktik immer mehr zurücktrat, blieben die organisatorischen Zwänge bestehen. Die Volksschule als Bekenntnisanstalt war nur bei Beschränkung der Einheitsschule auf die Grundstufe, konfessionelle Lehrerbildung nur außerhalb der Universität zu erhalten. Denn diese wie das öffentliche Gymnasium als ihre Vorbildungsanstalt waren herkömmlich nicht nach Bekenntnissen organisiert. Eine Entscheidung für die Konfessionsschule war damit zugleich immer eine gegen die Erweiterung der Gesamtschule und für die überkommene berufsständische Spaltung des Schulsystems und der Lehrerbildung. Die westlichen Besatzungsmächte brachten für diesen Strukturkonflikt weder Verständnis noch Lösungen mit. Sie kannten in ihren Ländern, in denen die Trennung von Kirche und Staat längst vollzogen war, konfessionelle Schulerziehung nur als nichtstaatliche im Rahmen eines ausgedehnten, tradierten privaten Schulwesens. Daher traten sie für die Zulassung von Privatschulen und für den Religionsunterricht in der Schule ein, standen aber der öffentlichen Bekenntnisschule zurückhaltend gegenüber, soviel Bedeutung sie den Kirchen als Repräsentanten der Bevölkerung und ihrer christlichen Erziehung für den Wiederaufbau zumaßen.

Diese Einschätzung verdankten die Kirchen weniger ihrer Haltung gegenüber dem Nationalsozialismus als dessen Kirchenfeindschaft. Hatte das Regime zunächst aus propagandistischen Gründen im Juli 1933 das von katholischer Seite so lange gewünschte Reichskonkordat mit dem Heiligen Stuhl abgeschlossen, so drängte es in den folgenden Jahren den kirchlichen Einfluß totalitär zurück, beschränkte den Religionsunterricht und beseitigte die Bekenntnisschulen. Auf das Reichskonkordat beriefen sich nun die katholischen Bischöfe wie auf die vordem geschlossenen Verträge mit einzelnen Ländern. Gemäß den Kirchengesetzen und der Enzyklika »Divini illius magistri«, die Pius XI. 1929 verkündete, war es das Ziel katholischer Bildungspolitik, den gesamten Unterricht und seine Organisation vom Kindergarten bis zur Hochschule zu bestimmen. Im August 1945 erklärte die Fuldaer Bischofskonferenz: »Wir hoffen, daß katholischen Eltern wieder die Möglichkeit gegeben wird, ihre Kinder in katholische Schulen zu schicken. Es gibt keine bessere Bürgschaft für die Gesundung der geistigen Lage als eine wahrhaft religiöse Erziehung, die in der Bekenntnisschule gesichert ist.« (Winkeler 1971, S. 42)

Bayern

Die Bekenntnisschule war in Bayern bereits im Juli 1945 wiederhergestellt worden. Die amerikanische Militäradministration hatte in einer ersten kommissarischen Landesregierung unter dem Mitbegründer der Christlich Sozialen Union, Fritz Schäffer, zum Leiter des Ministeriums für Unterricht und Kunst Otto Hipp ernannt. Dieser griff auf eine königlich-bayerische Verordnung über die Einrichtung der Volksschulen aus dem Jahr 1883 zurück und erklärte die Bekenntnisschule zur Regelform der Volksschulen, wobei in Kauf genommen werden sollte, »daß dort, wo nach 1933 infolge Zusammenlegung von verschiedenen Bekenntnis-

284

schulen eine teilweise oder vollausgebaute Schule gebildet wurde, wieder mehrere Schulen mit weniger Klassen oder auch ungeteilte Schulen entstehen«. Gleichzeitig wurde die »Wiederzulassung der geistigen Gesellschaften und religiösen Vereine zur Erteilung des Volksschulunterrichts« verfügt. Entgegen dem Drang nach neuen Methoden müsse im Volksschulunterricht vor allem Ruhe und Einfachheit einkehren. Zur Erläuterung von »Übergangs-richtlinien für die Bayerischen Volksschulen«, die die Lehrpläne von 1926 wieder in Kraft setzen, hieß es: »Die Volksschule muß wieder eine Stätte schlichter, geordneter Arbeit werden, in der religiöser Geist, echte Autorität, sinnvolles Leistungsstreben, Zu-sammenarbeit mit Elternhaus und Kirche, der Geist des Verste-hens und der Freude die Jugend zu edlem Menschtum formt und die notwendigen Grundlagen für die Lebenstüchtigkeit erworben werden.« (Klafki 1971, S. 145 f.)

Rheinland-Pfalz

Ebenso war in Rheinland-Pfalz die von der französischen Militär-regierung eingesetzte deutsche Verwaltung von Anfang an be-strebt, die Bekenntnisschule wiederherzustellen, die katholische Kirche sogar bemüht, sie auch im ehemaligen Rheinhessen und im Nachbarland Baden einzuführen, deren Verfassungen vor 1933 die Simultanschule vorsahen. Die Kirchenvertreter beriefen sich auf das Reichskonkordat, nach dessen Buchstaben nicht nur die Beibehaltung, sondern auch die Neueinrichtung katholischer Bekenntnisschulen gewährleistet bleiben sollte. Unterstützt wur-den sie von der 1946 gegründeten CDU, die einen christlichen Staat mit konfessioneller Erziehung errichten wollte. Anders die Militärregierung, die ein weltliches Schulsystem nach französi-schem Vorbild bevorzugte. Mehr noch als gegen den Nationalso-zialismus sollte dieses sich gegen den preußischen Militarismus wenden, der seit der Annexion Elsaß-Lothringens als Ursache des deutschen Imperialismus angesehen wurde. Dementsprechend rechnete der Oberregierungspräsident von Hessen-Pfalz, Dr. Ot-to Eichenlaub, in einem Schreiben an die Militärregierung, die Simultanschule dem Gedankengut jener Kreise zu, »welche den preußisch-berlinerischen Zentralismus und Unitarismus beja-hen« und in denen »sich auch der Gedanke des preußischen Mili-

tarismus und des arischen Herrenmenschentums vorzüglich ver-
körpert«. Demgegenüber sei die Konfessionsschule »eine Erziehungsanstalt zu einer echten, christlichen Vaterlandsliebe, aber
auch einer aufrichtigen Völkerversöhnung in christlichem Geist.
In ihr wird sich nicht die katholische Lehrerschaft, wie es die
liberale Lehrerschaft in der Simultanschule in überreichem Masse
getan hat, zumal im Deutsch- und Geschichtsunterricht, austo-
ben in der Darbietung eines ungesunden militaristischen, faschi-
stischen und eines von Rassendünkel besessenen Geistes. In ihr
werden die Kinder in ihrer frühesten Jugend eine universalistische
europäische Schau erhalten, in ihr werden die Kinder auch von
den großen christlichen Gestalten Frankreichs, eines hl. Ludwig
etc., hören und ihre Blicke und Seelen vornehmlich nach dem
Westen orientieren, wo eine der Wiegen der großen europäischen
Kulturen stand und noch steht.« (Ruge-Schatz 1977, S. 97 f.)
Solche Anbiederung bewirkte allerdings weniger als Rücksicht-
nahmen, die die französische Regierung auf den Vatikan und die
Kirche im eigenen Lande nehmen wollte. Sie wurden der widerstrebenden Militäradministration vom Außenministerium nahe-
gelegt und in der Zone von Elternbefragungen unterstützt, die
katholische Pfarrer auf Anordnung ihrer Kirchenbehörden unter-
nahmen. Ihre Ergebnisse waren indes so uniform, daß die Militärregierung im Sommer 1946 einheitliche Richtlinien für eine
Ermittlung der Elternwünsche durch die Schulverwaltung erließ.
Bedeutsamer noch als das Elternrecht, dessen Einfluß auf die
Organisation öffentlicher Schulen umstritten war und das erst
nach 1918 im Kampf für die Bekenntnisschulen und dann gegen
die Grundschule politische Gestalt angenommen hatte, erwiesen
sich die neuen Landesverfassungen. In Rheinland-Pfalz verband
die christdemokratische Landesregierung im Mai 1947 den
Volksentscheid über die Verfassung zudem mit einer Abstimmung über die eigene Bildungspolitik, die die Bekenntnisschule
mit der Abwehr des Staatszwanges durch das Elternrecht begründete. Die Mehrheit votierte entsprechend und damit auch gegen
die Absichten der Militärregierung (Ruge-Schatz 1977).

Ebenso wie in Bayern und Rheinland-Pfalz gelangten in Nordrhein-Westfalen von Anfang an konservative Bildungspolitiker in die Spitzenpositionen der Schulverwaltung, erst der Oberpräsidien der Provinzen, danach der Landesregierungen. Die Leiter der Kulturabteilung der Provinz Nordrhein, Hermann Platz und Joseph Schnippenkötter, kamen aus dem katholischen Lehrerverbandswesen wie auch der Leiter des entsprechenden Generalreferats in Westfalen, Johannes Groß. Nur sein sozialdemokratischer Stellvertreter, Otto Koch, entstammte der Schulreformbewegung. Er arbeitete dann als Ministerialdirektor in der christdemokratisch geführten Landesregierung, sein schulpolitischer Einfluß blieb wie vorher eng begrenzt. Unter den Kultusministern Heinrich Konen und Christine Teusch gewann die Gruppe konfessionell engagierter Spitzenbeamten weiter an Einfluß (Himmelstein 1986). Reformanhänger hatten ihnen gegenüber kaum Handlungsspielraum. Die Schulverwaltung stellte die Konfessionsschulen und die Gymnasialtypen des zurückliegenden Jahrhunderts wieder her, wobei zunächst alle, also nicht nur das humanistische, sondern auch das neusprachliche und das naturwissenschaftliche Gymnasium, mit Latein als erster Fremdsprache beginnen sollten. Die Grundschule blieb hier im Gegensatz zu den meisten anderen Ländern der britischen Besatzungszone und auch den Intentionen der Militärregierung auf vier Jahre beschränkt. Die Verfassung bekräftigte dann 1950 den Rang der Bekenntnisschule, die in diesem Bundesland noch heute nicht nur als Grund-, sondern auch als öffentliche Hauptschule auf Antrag eines entsprechend großen Anteils der Erziehungsberechtigten gewährleistet sein muß. 1952 bestätigte das Gesetz zur Ordnung des Schulwesens die überkommene Schulstruktur. Nicht einmal die Schulgeldfreiheit wurde, wie in anderen Ländern, erweitert. (Halbritter 1979)

Anders als in den katholischen Gebieten des Westens und Südens übernahmen in den nord- und mitteldeutschen Ländern Schulfachleute aus der Reformbewegung, die an ihre Erfahrungen anknüpften und die Einheitsschulbewegung weiterführen wollten, die zuständigen Verwaltungen. Äußere und innere Schulreform mit dem Ziel, Chancengleichheit herzustellen und urteilsfähige, handlungsbereite Staatsbürger heranzubilden, erschien ihnen als notwendiger Bestandteil des demokratischen Wiederaufbaus. Sie kamen von den sozialen und freien Demokraten, aber auch von den Kommunisten und wurden von diesen Parteien wie von den Gewerkschaften unterstützt.

Berlin

Nirgendwo waren für sie Rahmenbedingungen zunächst günstiger als in Berlin, einer Stadt, in der bedeutende Reformpädagogen, von Berthold Otto bis Fritz Karsen, mannigfaltige Gesamtschulformen erprobt und die Einheitsschulbewegung, deren Sprecher Tews und Oestreich dort unterrichteten, große Resonanz nicht nur in der Lehrerschaft, sondern auch in breiten Kreisen der Bevölkerung gefunden hatte. Im ersten Nachkriegsjahrzehnt wurde Berlin wieder zum Anziehungspunkt für Reformpädagogen aller Richtungen. Auch Oestreich kehrte zurück und Karsen als Berater der amerikanischen Militärregierung. Der von der sowjetischen Militäradministration als Stadtrat an die Spitze des Berliner Volksbildungswesens gestellte Otto Winzer hatte sich während der zwanziger Jahre in der Jugendarbeit einen Namen gemacht. Ernst Wildangel, zunächst stellvertretender, dann Leiter des Hauptschulamtes, war Studienrat an der Karl-Marx-Schule von Fritz Karsen gewesen. Die sich regelmäßig im Hauptschulamt versammelnde Konferenz der Schulräte und Volksbildungsdezernenten der Bezirke verband den Willen zur Neuordnung mit pädagogischem Sachverstand und Organisationserfahrung. Die Einrichtung der Alliierten Kommandantur, deren Erziehungsausschuß das Bildungswesen Berlins unterstellt wurde, eröffnete der städtischen Bildungsdiskussion einen weiten Spielraum.

Ein gemeinsamer Aufruf von SPD und KPD prangerte im Oktober 1945 die Folgen der nationalsozialistischen Schreckensherrschaft für das Bildungswesen an und forderte grundlegende Reformen: »Das Ziel der demokratischen Schulreform ist die Schaffung eines einheitlichen Schulsystems, in dem die geistigen, moralischen und physischen Fähigkeiten der Jugend allseitig entwickelt, ihr eine hohe Bildung vermittelt und allen Befähigten ohne Rücksicht auf Herkunft, Stellung und Vermögen der Eltern der Weg zu den höchsten Bildungsstätten des Landes freigemacht wird.« (Froese 1969, S. 88) Um die demokratische Einheit der Nation zu festigen, sollte diese Schule nicht mehr durch Glaubensbekenntnisse und Weltanschauungen zerrissen, religiöse Erziehung also nicht mehr Sache der Schule, sondern Angelegenheit des Elternhauses und der Glaubensgemeinschaften sein. Für den allgemeinbildenden Unterricht als Aufgabe des öffentlichen Schulwesens sollten private Anstalten nicht mehr zugelassen werden.

Beide Parteien bemühten sich in gemeinsamen Kundgebungen, besonders auch zur Feier des zweihundertsten Geburtstages von Pestalozzi, werbend um das Interesse und die Zustimmung der Bevölkerung zu der geplanten Schulreform. Sie fand Resonanz bis weit in bürgerlich-liberale Kreise. Ein »Kulturbund zur demokratischen Erneuerung Deutschlands« trat unter Wissenschaftlern und Künstlern für sie ein. Die Liberal-Demokratische Partei bekundete im Sinne ihrer alten Forderungen, Staat und Kirche zu trennen und mehr Chancengleichheit im Bildungswesen herzustellen, ihre Zustimmung. Gegen die Schulpolitik des Magistrats opponierten die Kirchen und die CDU, um den Religionsunterricht und das humanistische Gymnasium zu erhalten.

Auch als die SPD 1946 nach der erzwungenen Verschmelzung mit der KPD in der sowjetischen Besatzungszone in Berlin gegen die neue SED Front zu machen begann und nach der Kommunalwahl in diesem Jahr die mit Abstand größte Fraktion stellte, blieb sie im Verein mit der Schulrätekonferenz und der stärksten Lehrergewerkschaft, dem Berliner Verband der Lehrer und Erzieher, bei der bisherigen schulpolitischen Linie. Zurückhaltender wurde die LDP. Unter dem Einfluß ihres bildungspolitischen Sprechers Georg Wolff, des früheren Vorsitzenden des Allgemeinen Deutschen Lehrervereins, stimmte sie weiterhin für die unentgeltliche staatliche Schule, wollte aber die gemeinsame Grundschule auf sechs Jahre begrenzen. Anhaltende Opposition leisteten mit den Kirchen die Schulpolitiker und Lehrervertreter aus dem bürgerlich-konservativen Lager. (Klewitz 1971)

In der sowjetischen Besatzungszone außerhalb Berlins war inzwischen nach lebhafter Diskussion mit dem »Gesetz zur Demokratisierung der deutschen Schule« vom 2. Juni 1946 die achtjährige Einheitsschule eingeführt worden, mit Kern- und Kursunterricht in den beiden letzten Klassen für die anschließende Aufgliederung in Berufs- und Fachschulen sowie die herkömmlichen Zweige der gymnasialen Oberstufe. Ungeachtet der Zurückhaltung der sowjetischen Militäradministration bei dieser von einheimischen Sachverständigen erarbeiteten Gesetzgebung, die die Forderung demokratischer Schulreform des neunzehnten Jahrhunderts verwirklichte, erhielt die schon in den zwanziger Jahren geprägte Formel von der „sowjetischen« Einheitsschule erneut propagandistisches Potential.

Wie in den mitteldeutschen Ländern entschied sich die SPD in Berlin nach langer, auch interner Diskussion für die achtjährige, differenzierte weltliche Einheitsschule, unentgeltlich und mit freien Lernmitteln, wie es ihr Programm seit langem forderte. Den Rahmen bildete die zwölfjährige Schulpflicht, innerhalb derer die praktischen und die wissenschaftlichen Ausbildungswege einander möglichst eng verbunden werden sollten. Die Alliierte Kommandantur Berlins, wohl auf Vorschlag des amerikanischen Vertreters im Erziehungsausschuß (Bungenstab 1970, S. 97), schrieb dann sogar in das Gesetz hinein: »Die Klassen der beiden Zweige der 12jährigen Einheitsschule (9. bis 12. Schuljahr) sind grundsätzlich in ein und demselben Gebäude unterzubringen und sind vom gleichen Lehrpersonal gemeinsam zu unterrichten, sofern die Fächer sich zum gemeinsamen Unterricht eignen.« (Froese 1969, S. 111) Immerhin hatten auf amerikanische Initiative die vier Besatzungsmächte in jener Zeit für ganz Deutschland mit der Direktive Nr. 54 der Alliierten Kontrollbehörde vom 25. Juni 1947 vorgeschrieben: »Es sollen die allgemein verbindlichen Schulen ein umfassendes Schulsystem bilden, um allen Jugendlichen gerecht zu werden. Die Begriffe ›Grundschule‹ und ›Höhere Schule‹ sollten zwei aufeinanderfolgende Stufen der Ausbildung darstellen, nicht zwei Grundformen oder Arten der Ausbildung, die sich überschneiden.« (Froese 1969, S. 102) Das Berliner Gesetz entsprach diesen Anforderungen mehr als irgendein anderer Schulreformplan in den westlichen Besatzungszonen. Es wurde daher von amerikanischen Beobachtern als rühmliche Ausnahme angesehen und als »one of the most important steps in education since the beginning of the occupation« bezeichnet (Bungenstab 1970, S. 97).

Der erbitterten Kritik der Kirchen, bürgerlichen Parteien und konservativen Lehrerverbände wegen suchte die SPD, um die Zustimmung zur Berliner Schulreform zu verbreitern, wenigstens mit der LDP und der evangelischen Kirche zu einer Übereinkunft zu kommen. Daher wurden in den Grundsatzartikel des Schulgesetzes nicht nur die »sozialistischen« Erziehungsziele aufgenommen, nach denen es die Aufgabe der Schule war, alle wertvollen Anlagen der Kinder und Jugendlichen zur vollen Entfaltung zu bringen und ihnen ein Höchstmaß an Urteilskraft, gründliches Wissen und Verständnis für die »Notwendigkeit einer fortschrittlichen Gestaltung der gesellschaftlichen Verhältnisse sowie einer friedlichen Verständigung der Völker« zu vermitteln. Ausdrücklich sollten dabei im Unterricht »die Antike, das Christentum und die für die Entwicklung zum Humanismus, zur Freiheit und zur Demokratie wesentlichen gesellschaftlichen Bewegungen« ihren Platz finden. (Froese 1969, S. 106) Die Mehrheit der LDP-Abgeordneten stimmte, vor allem auf Initiative Georg Wolffs, dem Schulgesetz dann zu. Die Vertreter der evangelischen Kirche, erst recht die der katholischen aber bestanden auf Religion als ordentlichem Unterrichtsfach. Die Genehmigung von Privatschulen hatte der alliierte Erziehungsausschuß auf Drängen der Amerikaner und Engländer schon verfügt.

Lange zögerte sich die einhellig erforderliche Zustimmung der Alliierten Kommandantur zu dem Gesetz hinaus. Zwei Tage, nachdem sie am 22. Juni 1948 erteilt wurde, verhängten die Sowjets die Blockade über Berlin. Die Schulreform geriet damit erst recht in die allgemeine politische Auseinandersetzung. Die parlamentarische Opposition in Berlin, zu der nun auch die nach rechts gerückten Liberalen gehörten, nach westdeutschem Vorbild als FDP neu organisiert, suchte den Aufbau der neuen Schule, wo immer es ging, zu behindern. Die Schulverwaltung hatte sich realistisch einen Zeitraum von acht Jahren für den Übergang gesteckt. Zunächst wurden lediglich kleine Anfangsklassen an den bisherigen mittleren und höheren Schulen eingerichtet. Doch türmten sich rasch die personellen, räumlichen und finanziellen Schwierigkeiten der Umstellung. Trotz der ständig wachsenden Zahl von Schülern gab es unter dem Druck von Blockade und Währungsreform keine neuen Stellen, wohl aber arbeitslose Lehrer. Der von der SPD gestellte Bildungsstadtrat Walter May, engagierter Reformpädagoge wie der neue Leiter des Hauptschulamtes, Paul Fechner, suchte die Mitwirkung der Eltern. Aber unter den genauer informierten, an der Mitsprache interessierten überwogen die Gegner der Schulreform. Ein Rechtsanwalt aus den Reihen der FDP organisierte privat einen opponierenden Stadtelternausschuß. An einer »Vereinigung der Freunde des Humanistischen Gymnasiums« beteiligten sich prominente CDU-Politiker. Der Philologenverband erhielt Zuzug. Die Lehrergewerkschaft verlor an Resonanz.

Die Polarisierung im umkämpften Berlin, der gemeinsame parlamentarische Widerstand in den Westsektoren gegen sowjetische Machtansprüche, die bildungspolitische Entwicklung in den Ländern der umliegenden Besatzungszone und in Ostberlin, die Politik der Westintegration in der übrigen Stadt, alles veränderte den Charakter der Auseinandersetzung um die Berliner Bildungsreform. Angriffe der bürgerlichen Opposition gegen die »rote Einheitsschule« als ein »Überbleibsel der sozialistisch-kommunistischen Blockpolitik von 1946/48«, so Bürgermeister Friedensburg von der CDU, wurden immer härter. Die SPD geriet in die Defensive. »Das Berliner Schulgesetz«, betonte ihr Berliner Vorsitzender Franz Neumann, »wird von den fortschrittlichen Lehrern aller Zonen als beispielhaft begrüßt, und gerade aus Westdeutschland ergeht immer wieder die Aufforderung, dieses Gesetz unter allen Umständen durchzuführen, damit es später einmal in ganz Deutschland wirksam werden kann. Wir Sozialdemokraten werden jedenfalls in allen künftigen Auseinandersetzungen auf dem Gebiet der Neuordnung des gesamten Erziehungswesens unbeirrt und konsequent unsere Forderungen durchzusetzen trachten...« (Klewitz 1971, S. 235) Doch die Vorreiterrolle Berlins war immer schwerer durchzuhalten. In den norddeutschen Ländern hatten sich die regierenden Sozialdemokraten pragmatisch für die sechsjährige Grundschule entschieden, ohne daß deshalb die bürgerlich-konservative Opposition weniger aggressiv und wirksam agiert hätte. In Berlin drängten FDP und CDU gemeinsam darauf, die Distanz zur Schulorganisation der westdeutschen Länder zu verringern. Sie verständigten sich gemeinsam auf die sechsjährige Grundschule, also auf die Position der westdeutschen SPD, ungeachtet der dortigen Schulpolitik ihrer eigenen Parteiführungen. Im Juni 1950 brachte die CDU in der Stadtverordnetenversammlung von Groß-Berlin formell einen entsprechenden Antrag ein. Im Dezember errang sie bei der Wahl zusammen mit der FDP fünf Abgeordnetenmandate mehr als die SPD. In der Koalitionsregierung unter Ernst Reuter stellte sie mit Professor Joachim Tiburtius den Volksbildungssenator. Das neue Schulgesetz beschränkte 1951 die gemeinsame Grundschule auf sechs Jahre und trennte danach, vorgeblich drei verschiedenen Begabungstypen entsprechend, drei Oberschulzweige, einen dreijährigen praktischen, einen vierjährigen technischen und einen siebenjährigen wissenschaftlichen. Auch wenn die Lehrpläne Übergänge im siebten und achten Schuljahr erleichtern sollten, wurde damit in West-Berlin nach der Grundschule das dreigliedrige Schulsystem wiederhergestellt und von bürgerlich-konservativer Seite mit berufsständischer Begründung begrüßt. Konsequent lehnte die SPD-Fraktion die Kompromißvorlage der Koalitionsregierung ab. Professor Otto Suhr, ein Jahrzehnt lang Stadtverordnetenvorsteher und später Regierender Bürgermeister, suchte vor dem Landesparteitag der SPD den schulpolitischen Rückzug zugleich zu erklären und zu begrenzen. In dem Schulgesetz, erklärte er, »haben wir eine konstruktive, schöpferische Neulösung versucht, und wenn wir heute diese unter dem Druck der politischen Verhältnisse nicht in aller Gänze durchhalten können, so sollten wir uns dennoch zu unserem Kinde bekennen und dieses Schulgesetz als eine bessere Lösung ansehen, als sie uns jetzt durch die Verhältnisse auferzwungen wird.« (Klewitz 1971, S. 262)

Niedersachsen

In derselben Richtung, wenn auch nicht in einem so großen Schritt, hatten in den norddeutschen Ländern die sozialdemokratisch geführten Verwaltungen die Schulreform wieder in Gang gebracht. Wie in Berlin und in den mitteldeutschen Ländern suchte man an die Intentionen der Reformpädagogik anzuknüpfen und ihre Erfahrungen zu nutzen. Einige ihrer Vertreter hatten während des Krieges in England an der German Educational Reconstruction-Gruppe (G. E. R.) mitgearbeitet, so Minna Specht, die die Odenwaldschule wiederbegründete. Adolf Grimme, vom Bund entschiedener Schulreformer und letzter demokratischer Kultusminister in Preußen, wurde von der britischen Militäradministration als Leiter der Schulabteilung für die Provinz Hannover eingesetzt und war dann erster Kultusminister des neuen Landes Niedersachsen. Im August 1945 versammelte er in Marienau Pädagogen und Schulpolitiker, unter ihnen Hermann Nohl, Erich Weniger und Heinrich Landahl, früher Leiter der Lichtwarkschule und liberaler, jetzt sozialdemokratischer Bürgerschaftsabgeordneter in Hamburg, dessen Schulbehörde er bis 1953 und von 1957 bis 1961 vorstand. Nach dem »Grimme-Plan« sollten Urteilsfähigkeit und sittliches Handeln, nicht aber vordringlich Wissen und Fertigkeiten Ziele der Erziehung in der Schule sein. Zwischen allen Schulformen wurde bis zur Klasse 7 der Übergang eröffnet, überall Englisch als erste Fremdsprache eingeführt, freiwillig auch an der Volksschule, ganz entgegengesetzt zu den Plänen in der Rheinprovinz, sämtliche höheren Schulen mit Latein beginnen zu lassen. Füglich wurde Grimme von konservativer Seite als »Totengräber des deutschen Gymnasiums« bekämpft (Halbritter 1979).

In dem zunächst selbständigen Land Braunschweig gingen die Reformpläne des Ministeriums für Volksbildung noch weiter. Man wollte im Verein mit den Lehrerorganisationen und der Lehrerbildung »die Gunst der Zeit nutzen, eh sie vergeht, und ohne Rücksicht auf andere Länder und Bezirke oder auf Widerstände aus konservativen Kreisen die bestmögliche Einheitsschulform organisieren«. Als erste Stufe war an eine sechsjährige Grundschule mit obligatorischem Englischunterricht ab Klasse 5 gedacht. Von der siebten Klasse ab sollten Aufbau- und Oberschulzweige nebeneinander herlaufen, verbunden durch einen möglichst vielfältigen gemeinsamen Kernunterricht. Doch kam es nicht zu dieser selbständigen Schulreform, da Braunschweig in das neue Land Niedersachsen eingegliedert wurde (Pakschies 1984, S. 196 f.).

Schleswig-Holstein

Anders in den übrigen Küstenstaaten. Sie verlängerten die Grundschule um zwei Jahre, hoben das Schulgeld auf und strebten die Lernmittelfreiheit an. Den Anfang machte Schleswig-Holstein. Dem sozialdemokratischen Kultusminister Wilhelm Kuklinski, selbst Absolvent des zweiten Bildungsweges, ging es betont um bessere Allgemeinbildung nicht nur für wenige, sondern für alle Heranwachsenden, damit die Demokratie eine Chance erhalte. Im März 1948 verabschiedete der Landtag das »Gesetz zur Abänderung der Grundschulpflicht in Schleswig-Holstein«, das die Schulreform einleitete (Hars 1981, S. 220). Die erweiterte Grundschule wurde sogar in die Verfassung aufgenommen. Artikel 6 der im Dezember 1949 verabschiedeten Landessatzung bestimmte: »Die für alle gemeinsame Grundstufe umfaßt mindestens sechs Schuljahre. Für die Aufnahme in die weiterführenden Schulen sind im Rahmen der Aufnahmefähigkeit der Schule außer dem Wunsche der Erziehungsberechtigten nur Begabung und Leistung maßgebend. – Der Unterricht in den öffentlichen Schulen ist für jeden Schüler während der Dauer seiner gesetzlichen Schulpflicht unentgeltlich. Die Unentgeltlichkeit des darüber hinausgehenden Besuchs öffentlicher Schulen ist anzustreben. – Lernmittel und Erziehungsbeihilfen werden im Rahmen der Gesetze bereitgestellt.«

Die Schulreform vereinte rasch ihre Gegner zu gemeinsamem Handeln. Das herkömmliche Gymnasium war bedroht, seine Grundständigkeit durch den Verlust der Eingangsklassen gefährdet, die berufsständische Auslese in Frage gestellt. Wie in den Grundschulkämpfen der zwanziger Jahre behauptete die Opposition, der erweiterte Zugang zur allgemeinen Bildung höhle deren Substanz aus. Konservative Politiker, Verbandsfunktionäre, Professoren und Elternbeiräte gründeten einen »Verein zur Erhaltung und Förderung der Schulbildung«. Der britischen Militäradministration erschien die Reform zu kontrovers, übereilt eingeleitet und in dem von Flüchtlingen überlaufenen Land kaum finanzierbar (Hearnden 1973, S. 25). Nach dem Ablauf der Legislaturperiode hatte die Opposition ihr Ziel erreicht. Deutlicher noch als im selben Jahr in Berlin diente die Bildungspolitik der Landesregierung ihrer vielfältigen Opposition als Plattform für ein Zweckbündnis. CDU, Deutsche Partei und FDP gingen im »Deutschen Block« eine Listenverbindung ein und gewannen so im Sommer 1950 zusammen mit dem Bund der Heimatvertriebenen und Entrechteten die Landtagswahlen. Sie entfernten die Verfassungsgebote für die Schulreform ebenso wie die für die Bodenreform aus der Landessatzung, beschränkten die Grundschule auf vier Jahre und stellten so die frühere Trennung der Schulformen wieder her.

Denselben Weg ging der Stadtstaat Hamburg. Schulsenator Landahl brachte nicht nur die Erfahrungen der Lichtwarkschule mit. Er konnte an eine lange Reformtradition anknüpfen, die bis zum ersten Schulgesetz der Hansestadt zurückreichte. Ihr fühlten sich die maßgebenden Lehrerorganisationen verpflichtet, die Gesellschaft der Freunde des vaterländischen Schul- und Erziehungswesens, aus der der Landesverband der Gewerkschaft Erziehung und Wissenschaft hervorging, und die Arbeitsgemeinschaft Sozialdemokratischer Lehrer. Ihre Programme bezeichneten, wie die der Lehrergewerkschaft in Berlin, weitgespannte Reformziele und ließen deutlicher als in Schleswig-Holstein die Diskrepanz zwischen der erwünschten neuen Bildungsorganisation und den pragmatisch erreichbaren Zwischenschritten hervortreten. So wurde in einer Arbeitsversammlung der Gesellschaft der Freunde im Oktober 1949 mit großer Mehrheit beschlossen: »Das gesamte hamburgische Schulwesen wird nach dem Prinzip der differenzierten Einheitsschule aufgebaut. In der Unter- und Mittelstufe werden alle Kinder neun Jahre lang in einer Schule unter einer Leitung von Lehrern der bisherigen Volks-, Berufs- und höheren Schulen erzogen. In den ersten vier Jahren wird vorwiegend Gesamtunterricht erteilt. Im fünften Schuljahr beginnt neben dem Gesamtunterricht Fachunterricht und eine Differenzierung, die durch weitere Auflockerung des Klassenunterrichts unter Fortfall der gleichen Anforderungen für alle Schüler und durch Gruppen- und Einzelunterricht erfolgt. Diese Differenzierung innerhalb des Klassenverbandes bereitet die mit dem siebten Schuljahre beginnenden, nach Begabungsrichtungen unterschiedenen drei Züge vor... Die Gesellschaft sieht die Durchführung der sechsjährigen Grundschule nicht als einen Schritt zu der differenzierten Einheitsschule an. Bei schematischer Verlängerung der Grundschuldauer wird nicht nur die Verständigung und Zusammenarbeit von Volksschullehrern und Oberschullehrern erschwert; darüber hinaus bleibt der organisatorische Anstoß zu einer inneren Neugestaltung der Erziehung aus.« (Kraus 1955, S. 105) Eine ähnlich differenzierte, achtjährige Einheitsschule mit Lehrern, die acht Semester lang an einer Universität ausgebildet werden sollten, hatte vordem schon die Arbeitsgemeinschaft Sozialdemokratischer Lehrer gefordert, zudem die Abschaffung von Religionsunterricht und Privatschulen sowie eine weitgehende Selbstverwaltung der jeweiligen Schule durch ihre Lehrer, Schüler und Eltern.

Senat und Schulbehörde steuerten jedoch wie die Verwaltungen in den Nachbarländern und im Verein mit den bildungspolitischen Vorstellungen der SPD-Zentrale in Hannover einen vorsichtigeren Kurs. Die für alle gemeinsame Schule wurde auf sechs Jahre begrenzt. An sie sollten sich drei Oberschulzweige anschließen: die bisherigen höheren Schulen als getrennte Wissenschaftliche Oberschule gegenüber den mit der Grundschule räumlich und organisatorisch verbundenen Technischen und Praktischen Oberschulzweigen. Der Übergang der Schüler sollte durch deren Eignung, Neigung und Begabung sowie den Willen der Erziehungsberechtigten bestimmt werden. Solche Vorsicht sicherte dem Gesetzentwurf wohlwollende Kommentare in den Beratungen und eine große parlamentarische Mehrheit bei seiner Verabschiedung im September 1949. Doch die Zurückhaltung der Reform verminderte den Widerstand der bildungspolitischen Fundamentalopposition keineswegs. Ihr ging es nicht wie dem Senat um einen Kompromiß, sondern allein um die Restauration der traditionellen Schulorganisation, insbesondere des separierten grundständigen Gymnasiums. Daher lehnte sie jede Verlängerung der gemeinsamen Schulzeit ab und rückte diese Frage ins Zentrum der landespolitischen Auseinandersetzung bei den folgenden Bürgerschaftswahlen. Beispielhaft ist während dieser Jahre in Hamburg die Eigenschaft bildungsorganisatorischer Themen zu beobachten, zum Kristallisationskern allgemeinpolitischen Handelns zu werden. Insbesondere sind sie dazu geeignet, sonst divergierende Oppositionsgruppen zusammenzuschließen. Für die Bürgerschaftswahl im Oktober 1949 verbanden sich zunächst CDU und FDP zum Vaterstädtischen Bund Hamburg. Noch konnte allerdings die SPD, gerade weil sie auch bildungspolitisch auf ihrem Programm bestand und damit die Alternative zu der in Bonn gebildeten bürgerlichen Bundesregierung betonte, ihre dominierende Stellung in der Hansestadt behaupten. Sie errang, als stärkste Partei begünstigt durch das Wahlrecht, mit knapp 43 Prozent der Stimmen die absolute Mehrheit der Mandate in der Bürgerschaft. Doch die anhaltende Kontroverse um die Schulorganisation förderte die Polarisierung. 1953 stieß die Deutsche Partei zum Vaterstädtischen Bund und bildete mit der CDU und FDP zusammen den Hamburg-Block. Wiewohl die SPD bei der Bürgerschaftswahl Stimmen hinzugewann, verlor sie auf diese Weise ihre Position als stärkste Partei. Der Hamburg-Block erhielt die absolute Mehrheit der Mandate, besetzte den Senat und stellte die alten Schulverhältnisse wieder her (Statistisches Bundesamt 1953 und 1954).

Auch in der Frage des Elternrechts gewann der Hamburger Schulkampf besondere Bedeutung. Im Parlamentarischen Rat hatten die Anhänger der katholischen Schulrechtslehre keine Mehrheit gefunden. Wiederholte Anträge von CDU, CSU, Zentrum und Deutscher Partei, den Eltern grundsätzlich das Recht einzuräumen, über den religiös-weltanschaulichen Charakter der Schulen zu entscheiden, wurden abgelehnt. Das Recht und die Pflicht der Eltern zur Erziehung ihrer Kinder einerseits, der Erziehungsauftrag des Staates andererseits und sein Recht, über die Schulorganisation zu bestimmen, blieben nebeneinander bestehen. Dieses der herkömmlichen Kulturhoheit des Staates entsprechende »Separationsprinzip« im Verhältnis von Elternhaus und Schule wurde in einzelnen Landesverfassungen durchbrochen, insofern sie ein »konfessionelles Elternrecht« auf Bekenntnisschulen oder ein »pädagogisches Elternrecht« auf Mitbestimmung begründeten. Im übrigen beschränkt sich das Elternrecht auf die Wahl zwischen angebotenen Alternativen, soweit wie die staatliche Schulorganisation Wahlmöglichkeiten vorsieht, wie die zwischen öffentlichen und privaten und zwischen verschiedenen Formen weiterführender Schulen, wobei Aufnahmekriterien festgesetzt werden können (Richter 1973).

Der Übergang von der Volksschule zum Gymnasium, den Willen der Eltern vorausgesetzt, regelten damals in allen Bundesländern Aufnahmeverfahren, in denen auf verschiedene Weise ein Grundschulgutachten mit einer Aufnahmeprüfung oder einem Probeunterricht verknüpft war. Verfassungsgemäß sollen Begabung und Leistungsfähigkeit den Bildungsweg der Heranwachsenden bestimmen. Ein staatlicher Eingriff erschien nur erlaubt, um jene Schüler von einer weiterführenden Schulform auszuschließen, die ihren Anforderungen nicht gewachsen sein und damit, wie es das Bundesverwaltungsgericht formulierte, »dort ihre Mitschüler mit an Sicherheit grenzender Wahrscheinlichkeit empfindlich hemmen würden« (Mampe 1965, S. 68). Gegen solche Entscheidungen wurden gelegentlich die Verwaltungsgerichte angerufen, so auch Anfang der fünfziger Jahre in Hamburg, als ein Vater für seinen Sohn die Zulassung zur Wissenschaftlichen Oberschule erzwingen wollte, obwohl dieser die erforderliche Aufnahmeprüfung wiederholt nicht bestanden hatte. Die Hamburger Verwaltungsgerichte wiesen die Klage nicht der Rechtslage entsprechend ab, sondern stellten die Schulorganisation der Hansestadt in Gestalt der Ausleserichtlinien der Schulbehörde in Frage, der sie unterstellten, verfassungswidrig das Elternrecht zu verletzen und anstatt der »negativen«, abwehrenden eine »positive«, lenkende Auslese zu praktizieren. An den Richtlinien beanstandete das Oberverwaltungsgericht, daß nach ihnen nicht in erster Linie Mängel des Kindes festgestellt werden sollten, die es für den Besuch einer weiterführenden Schule ungeeignet erscheinen ließen, sondern in den letzten Jahren der Grundschule positiv »die besonderen Neigungen, Anlagen und Befähigungen eines Kindes zu ermitteln« waren, »auf Grund derer es für die ihm gemäße Form der Oberschule vorzuschlagen ist« (Mampe 1965, S. 57). Daß der Wunsch der Eltern dabei vorausgesetzt wurde, war schon dem Schulgesetz zu entnehmen, nach dem »der Wille der Erziehungsberechtigten und Eignung, Neigung und Begabung den Bildungsgang bestimmen« (Richter 1973, S. 60). Dem Oberverwaltungsgericht aber kam es auf den unbedingten Vorrang der Eltern an, die dem Kind gemäße Schule festzulegen. Denn deren Wille, so hieß es in der Begründung des Urteils, sei »für die Entfaltung der Persönlichkeit des Kindes ohne Rücksicht darauf maßgeblich, ob die Durchsetzung dieses Willens möglicherweise zu einer Fehlentwicklung des Kindes führt« (Herzer 1953, S. 6). Ein anderer Anwalt für das Grundrecht des Kindes auf die Entfaltung seiner Persönlichkeit als die Erziehungsberechtigten stand nicht zur Diskussion, ganz zu schweigen vom eigenen Willen des Heranwachsenden.

Die emphatische Zustimmung, die das Urteil der Hamburger Verwaltungsgerichte in der Schulrechtslehre fand, ließ die Fronten im Schulkampf nur zu deutlich erkennen. Der Tübinger Verfassungsrechtler Otto Bachhof sprach von dem »wahrhaft skandalösen Unfug des Schulsystems in Hamburg und Berlin« und der »obrigkeitsstaatlichen Reglementiersucht unverbesserlicher Menschenverplaner« (Mampe 1965, S. 58). Der spätere niedersächsische Staatssekretär Axel Freiherr von Campenhausen wollte noch in den sechziger Jahren in der Hamburger Schulreform die »Gefahr einer vollkommen sozialistischen Aushöhlung des Elternrechts auf einen Schlag« sehen (Campenhausen 1967, S. 36).

Die Ausleserichtlinien, in denen es jeweils um die besonderen Neigungen, Anlagen und Befähigungen eines einzelnen Kindes ging, hatten weder mit Planung noch mit Sozialismus etwas zu tun. Aber die Individualisierung des Übergangs zu den weiterführenden Schulen im Verein mit der Verlängerung der gemeinsamen Grundschule, die eine bessere Förderung befähigter Unterschichtskinder versprach, drohte die schichtenspezifische Selektion im gespaltenen Schulsystem auszuhöhlen. Dagegen galt es zu Felde zu ziehen. Die Schule sollte grundsätzlich daran gehindert werden, Kinder bildungsunwilliger Eltern, die zumeist bildungsfernen Gruppen angehörten, in deren eigenem Interesse, aber in gesamtgesellschaftlicher Absicht zu fördern. Denn auch »die bessere pädagogische Einsicht hat dem rechtlichen Vorrang des elterlichen Erziehungsrechtes zu weichen« (Campenhausen 1967, S. 39). Wie in der Frage der Bekenntnisschulen diente das Elternrecht als Instrument einer bildungspolitischen Opposition. Durch einen Verfassungswandel sollte der Abbau schichtenspezifischer Differenzierung im Schulwesen verhindert werden (Richter 1972, S. 62).

Erst Jahrzehnte später, als diese Diskussion mit der Einführung verbindlicher Förderstufen wieder auflebte, schob das Bundesverfassungsgericht 1972 diesem Versuch des Verfassungswandels einen Riegel vor. Es gibt in der Bundesrepublik kein Besitzstandsrecht von Eltern auf die herkömmliche Schule und deren soziale Auslese, kein Elternrecht gegen Schulreform. Nur solange »noch verschiedene Schulformen bestehen«, gilt das Recht der Eltern, zwischen ihnen zu wählen (BVerfGE 1973, S. 199). Dabei ist dem Staat jede »Bewirtschaftung des Begabungspotentials« untersagt, er darf durch schulorganisatorische Maßnahmen nie »den ganzen Werdegang des Kindes« eingleisig regeln wollen. »Seine Aufgabe ist es, auf der Grundlage der Ergebnisse der Bildungsforschung bildungspolitische Entscheidungen zu treffen und im Rahmen seiner finanziellen und organisatorischen Möglichkeiten ein Schulsystem bereitzustellen, das den verschiedenen Begabungsrichtungen Raum zur Entfaltung läßt« (BVerfGE 1973, S. 183 f.). Das Dogma der Schulrechtslehre, allein negative Auslese, nicht aber positive Förderung wäre dem Staat in der Schule erlaubt, geriet ins Wanken. Es ist das erklärte und legitime Ziel der Förderstufe, befand das Bundesverfassungsgericht in seiner Urteilsbegründung, »Bildungsbarrieren abzubauen, Begabungsreserven zu erschließen, Kreativität und Spontaneität zu wecken. Eine solche Aufgabe verlangt naturgemäß ein anderes, positiveres Verhältnis zu der individuellen Leistungsfähigkeit des Kindes als das Verfahren der ›negativen Auslese‹ im engeren Sinn« (BVerfGE 1973, S. 190).

Die Kinder der Eltern sind zugleich werdende Staatsbürger, über deren Schulausbildung nicht die Eltern allein zu befinden haben, sondern die Gesamtheit aller Bürger, zusammengefaßt im Staat. Ganz abgesehen von den eigenen Rechten der Kinder, denen es Geltung erst zu verschaffen gilt. Die Schulaufsicht des Staates, wiederholte später das Bundesverfassungsgericht, umfaßt die Befugnis »zur Planung und Organisation des Schulwesens mit dem Ziel, ein Schulsystem zu gewährleisten, das allen jungen Bürgern gemäß ihren Fähigkeiten die dem heutigen gesellschaftlichen Leben entsprechenden Bildungsmöglichkeiten eröffnet. Zu diesem staatlichen Gestaltungsbereich gehört nicht nur die organisatorische Gliederung der Schule, sondern auch die inhaltliche Festlegung der Ausbildungsgänge und der Unterrichtsziele. Der Staat kann daher in der Schule grundsätzlich unabhängig von den Eltern eigene Erziehungsziele verfolgen. Der allgemeine Auftrag der Schule zur Bildung und Erziehung der Kinder ist dem Elternrecht nicht nach-, sondern gleichgeordnet.« (BVerfGE 1978, S. 71 f.)

Den Versuchen in der ersten Nachkriegszeit, mit neuen Formen der Schule und neuen Inhalten des Unterrichts dieser Aufgabe gerecht zu werden, standen die Ungunst der allgemeinen Lebensbedingungen und die Opposition konfessioneller und bildungsbürgerlicher Gruppeninteressen entgegen, die sich in langer Geschichte mit den Strukturen des Schulsystems aufs engste verknüpft hatten. Die Restaurationsfähigkeit dieser interessengestützten Strukturen war sogleich spürbar, als die Schulen und

Hochschulen nach dem Zusammenbruch wieder in Gang kamen. Ihre enorme Widerstandskraft erwiesen sie in den Besatzungsgebieten, in denen die Militärregierungen eigene organisatorische und inhaltliche Bildungsvorstellungen direkt und gegen die einheimische Verwaltung durchsetzen wollten. Das geschah recht spät und nur in der amerikanischen und französischen Zone. In dem sowjetisch besetzten Gebiet sorgte die dominierende SED dafür, daß es zu einem solchen Konflikt nicht kam, welche Differenzen im Detail es auch zwischen den Planzielen der Militäradministration und der Entwicklung eines »einheitlichen sozialistischen Bildungswesens« durch die SED gegeben haben mag. Die Engländer, seit dem Educational Act von 1944 mit der umstrittenen eigenen Schulreform beschäftigt, waren in ihrer Bildungspolitik als Besatzungsmacht äußerst zurückhaltend. Im Dezember 1946 schon übertrugen sie die einschlägigen Vollmachten auf die Landesregierungen und beschränkten sich darauf, zu beobachten und zu beraten.

Bildungspolitik im Widerspruch zur Besatzungsmacht

Anders die Amerikaner, die in jener Zeit erst bildungspolitisch aktiv wurden. Im Spätsommer jenes Jahres lud General Clay eine Kommission renommierter amerikanischer Pädagogen, die United States Education Mission to Germany unter der Leitung des Präsidenten des United States Council of Education, George F. Zook, in die Zone ein, um das Bildungssystem zu begutachten. Zwei deutsche Reformpädagogen von internationalem Rang, Erich Hylla und Franz Hilker, begleiteten die Gruppe. Die Zook-Kommission registrierte das Dilemma der Besatzungsmacht, die Bildungsreform für unerläßlich zu halten, die Initiative aber deutschen Experten und den Schulaufbau der einheimischen Verwaltung überlassen zu wollen. Wiederhergestellt worden wäre ein Schulsystem mit deutlichen Überresten einer »aristokratisch-militaristischen Tradition«, in dem »Klassenunterschiede durch die bloße Organisation der Schule betont werden und in dem autoritäres Einpauken von Stoff noch eine weitverbreitete Lehrmethode ist« (Bungenstab 1970, S. 51). Die Kommission schlug daher vor, ein unentgeltliches, lernmittelfreies Gesamtschulsystem einzurichten, in dem eine gemeinsame Grundstufe von sechs Jahren und die anschließende gleich lange Sekundarstufe nicht verschiedene Schulformen, sondern aufeinanderfolgende Abschnitte darstellten und besonderer Wert auf soziales Lernen und die Erziehung zu demokratischem Verhalten gelegt würde. Die Militärregierung griff diese Vorschläge auf, revidierte die Richtlinien für ihre Erziehungsoffiziere und die deutschen Behörden, brachte in der Alliierten Kontrollbehörde die entsprechende Direktive Nr. 54 aller vier Besatzungsmächte zur Demokratisierung des deutschen Bildungswesens zustande und verlangte von den Landesregierungen der eigenen Zone die Vorlage von Schulentwicklungsplänen gemäß fünfzehn Reformprinzipien, die alle kritischen Fragen, von der Schulorganisation bis zur Lehrerbildung, betrafen (Gimbel 1968, S. 241). Die Reaktionen der deutschen Länderregierungen waren mehr oder minder unbefriedigend. Am meisten, abgesehen von Berlin, entsprach Bremen dem amerikanischen Reformverlangen, am wenigsten Bayern. Alle Pläne wurden zurückgegeben und sollten, mit ausdrücklichem Verweis auf die Direktive der Alliierten Kontrollkommission, bis zum 1. Oktober 1947 überarbeitet und erneut vorgelegt werden.

Bremen konnte wie Hamburg auf eine lange reformpädagogische Tradition zurückblicken. Ihre Exponenten im Bremischen Lehrerverein hatten früh erkannt und nur zu oft bitter erfahren, wie eng die Schulverbesserung an die demokratische Verfassung des Gemeinwesens geknüpft war. Aus ihren Reihen übernahm Christian Paulmann als Senator die Schulbehörde, gestützt von der in der Bürgerschaft dominierenden sozialdemokratischen Fraktion. Es ging ihm darum, wie er später zur Eröffnung der Schuldebatte betonte, »jene alten Ideale zu verwirklichen, die uns seit dem Aufbruch des modernen demokratischen und pädagogischen Gedankens« aufgegeben sind. Unverständlich erschien ihm daher der Vorwurf, das amerikanische Schulsystem nach Bremen importieren zu wollen. Denn die »einheitlich, organisch gegliederte Schule für alle Kinder des Volkes« gehörte zum »Gedankengut führender deutscher Pädagogen seit Jahrzehnten« (Halbritter 1979, S. 103). Die im Oktober 1947 verabschiedete Verfassung des Landes Bremen billigte jedermann »nach Maßgabe seiner Begabung das gleiche Recht auf Bildung« zu und verpflichtete den Staat, durch öffentliche Einrichtungen, dieses Recht zu sichern (Art. 27). »Das öffentliche Schulwesen ist organisch auszugestalten. Der Unterricht ist an allen öffentlichen Schulen unentgeltlich. Lehr- und Lernmittel werden unentgeltlich bereitgestellt«, Minderbemittelten war bei entsprechender Begabung die weiterführende Schul- und Hochschulbildung durch Beihilfen zu ermöglichen (Art. 31). Getreu bremischer Tradition gab es in den öffentlichen Schulen keine Religionsunterweisung, sondern Unterricht in Biblischer Geschichte auf allgemein christlicher Grundlage (Art. 32), worauf dann das Bonner Grundgesetz mit der Bremer Klausel im Artikel 141 Rücksicht nahm. Im April 1948 wurde die sechsjährige Grundschule eingeführt.

Dazu kam es in Hessen und Württemberg so wenig wie in Niedersachsen, obwohl die sozialen und freien Demokraten in den Parlamenten bestimmenden Einfluß hatten. Kultusminister Grimme, der sich wie vorher in Preußen um eine die Regionen und nun auch die Zonen übergreifende Bildungsreform bemühte und Niedersachsen in einer Vermittlerrolle zwischen dem Rheinland und Mitteldeutschland sah, war davon überzeugt, »daß dann, wenn man im übrigen Deutschland entsprechend den Clayschen Vorschlägen für die US-Zone zu der 6jährigen Grundschule kommen sollte, auch die Ostzone nicht mit dem Kopf durch die Wand gehen würde« (Halbritter 1979, S. 122). Doch setzte er sich nicht einmal im eigenen Lande durch. Die unentgeltliche elastische Einheitsschule scheiterte am konservativen Widerstand, auch in den eigenen Reihen, und an den leeren Kassen. Da die »äußere« Schulreform nicht gelang, vermochte die »innere« sich nicht zu halten. Die Schulformen isolierten sich wieder voneinander, Durchlässigkeit und Chancengleichheit nahmen ab. Später wurden die organisatorisch mit den Volksschulen verbundenen Versuche, einen differenzierten Mittelbau mit Kern- und Kursunterricht zu erproben, ganz eingestellt.

Hessen

In Hessen regierte bis 1950 eine große Koalition, in der Vertreter der CDU das Kultusressort innehatten, zunächst kurzzeitig der Wirtschaftsrechtler Franz Böhm und der Philologe Franz Schramm, dann vier Jahre lang der Verfassungsrechtler Erwin

Stein. Die im Dezember 1946 durch Volksentscheid angenommene Verfassung bestätigte die in großen Gebieten seit langem eingerichtete Gemeinschaftsschule für das ganze Land, legte die Lernmittelfreiheit für die Schulen und die Unentgeltlichkeit des Besuchs auch der höheren und Hochschulen fest, allerdings mit der Maßgabe einer finanziellen Beteiligung wohlhabender Eltern. Die Erziehungsberechtigten gewannen das Recht, die Gestaltung des Unterrichts, nicht aber die Organisation des Schulwesens, grundsätzlich mitzubestimmen. Um die Ziele der neuen demokratischen Erziehung zu verdeutlichen, erhielt die Abkehr vom herkömmlichen deutschen Geschichtsunterricht Verfassungsrang. Eine »getreue, unverfälschte Darstellung der Vergangenheit« muß nach Artikel 56 »die großen Wohltäter der Menschheit, die Entwicklung von Staat, Wirtschaft, Zivilisation und Kultur, nicht aber Feldherren, Kriege und Schlachten« in den Vordergrund des Geschichtsunterrichtes stellen.

Über die Schulorganisation besagte die Verfassung lediglich, daß der Zugang zu den Mittel-, höheren und Hochschulen nur von der Eignung des Schülers abhängig zu machen sei. In Opposition zur Militärregierung suchte Kultusminister Schramm, Oberstudiendirektor aus Geisenheim, die überkommene Schulgliederung zu erhalten, indem er ihre Trennungen berufspädagogisch begründete. Die Mittelstufe, »die als Bildungsziel den Lehrling für alle Berufsarten formen soll«, bedurfte deshalb wie die Oberstufe, welche »die Heranbildung des Gesellen sich zum Ziel setzt«, einer entsprechenden Gliederung, insbesondere der Gabelung der Wege im 11. Lebensjahr zu den praktischen Berufen einerseits und zu den wissenschaftlichen andererseits: »Ich halte bewußt an der ›Grundständigkeit‹ für beide Ausbildungswege fest, da wir in Deutschland im Hinblick auf unsere besonders schweren Lebensbedingungen eine gründliche Berufsausbildung mit allen Mitteln ermöglichen und zu verwirklichen suchen müssen.« (Schramm 1947, S. 23 f.)

Erst mit Stein im Kultusressort und unter sozialdemokratischer Leitung des Kabinetts gewann die Schulreform Gestalt. »Bildung und Erziehung ist Vorwegnahme einer neuen Gesellschaft«, proklamierte der neue Kultusminister in den *Frankfurter Heften* (Stein 1947, S. 1017) und bekannte sich mit deutlicher Absage an das grundständige Gymnasium zur elastischen, differenzierten

Einheitsschule, in der kein Riß mehr zwischen dem sogenannten Volksschulsystem und dem der Höheren Schule klaffte. An die in den beiden letzten Klassen differenzierte sechsjährige Grundschule sollten sich, miteinander verbunden und in einem Gebäude untergebracht, drei Zweige der Mittelstufe anschließen, gedacht für die einfachen und die gehobenen praktischen sowie die wissenschaftlichen Begabungen und Berufe. Vorgesehen waren zweigübergreifende Lehrpläne und eine gemeinsame Grundausbildung für alle Lehrer, um die Einheit der Schule zu gewährleisten; ein breites, vom Inhalt der Fächer und der Leistungsfähigkeit der Schüler bestimmtes Kursangebot, um der Begabungsvielfalt gerecht zu werden. »Bis zum neunten Schuljahr gelten für alle Zweige einheitliche, von der Leistungsspitze her differenzierte Lehrbücher, Lehr- und Erziehungsziele in den Kernfächern«, hieß es im Entwurf des neuen Schulgrundgesetzes (Stein 1950, S. 21). Kernfächer waren neben der musischen und polytechnischen, sportlichen und religiösen Erziehung Geschichte, Erdkunde und politische Bildung, die Bestandteile der späteren Gemeinschaftskunde und Gesellschaftslehre. Andererseits konnten die Zweige an propädeutischen Fachunterricht in den beiden letzten Klassen der Grundschule und an den Beginn der Fremdsprachenunterweisung in Englisch und Latein anknüpfen. Nach heutigem Begriff handelte es sich um eine kooperative schulformbezogene Gesamtschule mit integrierter Förderstufe.

Alle Heranwachsenden sollten nach ihrem Können und Wollen gleiche Bildungsmöglichkeiten erhalten. Also mußten sie individuell gefördert werden. Nachdrücklicher als die nord- und mitteldeutschen Einheitsschulpläne betonte die hessische Bildungsreform aus diesem Grund die Differenzierung und nahm die spätere Diskussion der Individualisierung des Unterrichts in Förderstufe und differenzierter Gesamtschule vorweg. Damals geriet sie unter doppelten Beschuß. Die anfangs hoffnungsvolle amerikanische Militärregierung lehnte den Reformplan als verkappten Versuch ab, das bisherige dreigeteilte Schulsystem zu erhalten, und verlangte zunehmend deutlicher, die undifferenzierte sechsjährige Grundschule in Hessen einzurichten. Überdies sollten alle Lehrer in einem wissenschaftlichen Hochschulstudium ausgebildet werden, orientiert an den Altersstufen der Schüler, nicht aber an den aufgegliederten Schulformen. Schließlich wies der Leiter der Militärregierung in Hessen, Oberst Newman, den Ministerpräsidenten Christian Stock lapidar im August 1948 an, »die notwendigen Schritte zu unternehmen, um sicherzustellen, daß keine Schüler, die das 5. Schuljahr beginnen, zur Mittelschule oder zur Höheren Schule in dem 1. Schuljahr, das nach dem Datum dieser Direktive oder in den folgenden Jahren beginnt, zugelassen werden« (Mühlhausen 1985, S. 474). Die Landesregierung versprach Zugeständnisse. Sie wollte die Lehrpläne für das 5. und 6. Schuljahr in allen Schulen angleichen. Vor allem aber verschleppte sie die Ausführung des Befehls. Der Kultusminister verlegte mit Zustimmung des Kabinetts, »um Zeit zu gewinnen, den Beginn des nächsten Schuljahres auf Ostern 1949. Darüber murrten die Schüler. Als Grund für die Verlegung gab ich die schlechten Leistungen der Schüler infolge Ausfall des Unterrichts in der Kriegszeit an. Mehr konnte ich damals nicht sagen.« (Stein 1986, S. 9) In andauernden Verhandlungen gelang es, den Termin der angeordneten Reform auf das Jahr 1950 zu verschieben (Tent 1982, S. 197), und damit lange genug, um durch das Besatzungsstatut des Zwanges enthoben zu werden, sie auszuführen.

Aus entgegengesetzter Richtung attackierten die Anhänger des tradierten Bildungswesens den hessischen Reformplan. Für sie standen Privilegien, die eindeutige Trennung der Schulformen und das grundständige Gymnasium, insbesondere das humanistische, auf dem Spiel. Die auch in einer Demokratie unerläßliche Elite müßte aus der Masse des Volkes rechtzeitig ausgelesen werden. »Die Dreigliederung ist biologisch begründet«, verkündete der Landesverband für Höhere Schulen (Mühlhausen 1985, S. 471). Lehrer, Schüler und Elternvertreter dieser Schulen trugen die Aktionen. Sie wurden von der national-liberal orientierten hessischen FDP unterstützt, bald aber auch von der regierenden CDU, die anfangs eine soziale Schulreform und ein möglichst einheitliches Bildungswesen noch bejaht hatte, dann aber mehr und mehr auf Distanz zu ihrem Kultusminister ging. Die bildungspolitische Opposition begnügte sich nicht mit Denkschriften und Rücksprachen im Ministerium. »Wir haben unser Material an sämtliche Landtagsabgeordnete geschickt. Wir haben die Elternbeiräte im ganzen Land in Bewegung gesetzt«, schilderte der Vorstand des hessischen Philologenverbandes rückblickend die Aktionen. Der Zentralelternbeirat gab unter der energischen

Leitung eines Frankfurter Rechtsanwaltes ein Informationsblatt zur Schulreform heraus, das einseitig die Forderungen der Gymnasiallehrer unterstützte. Entsprechende Entschließungen von Elternbeiräten wurden dem Ministerium aus allen Teilen des Landes zugeleitet. »Wir haben bei dem Kampf um die Schulreform es zuwege gebracht – und das können wir uns als wirkliches Verdienst anrechnen –, daß wir das öffentliche Interesse wachgerufen haben.« (Kuhlmann 1970, S. 178)

In der erbitterten Diskussion spielte auch ein Manifest deutschamerikanischer Professoren der Universität Chicago eine Rolle, die das amerikanische Schulsystem kritisierten. Schon vordem hatte eine Gruppe emigrierter deutscher Professoren dieser Universität gegen die Empfehlungen der Zook-Kommission Stellung bezogen und vor allem das altsprachliche Gymnasium verteidigt. In einer polemischen Antwort bescheinigte ihnen der Direktor der Erziehungsabteilung der amerikanischen Militärregierung, ihre Intervention hätte vom Bayerischen Kultusminister stammen können (Bungenstab 1970, S. 53). Die Kampagne mobilisierte auch unverhüllt nationale Emotionen sowohl gegen die vorgebliche geistige Demontage Deutschlands durch die Besatzungsmächte und die kommunistische Schulpolitik in der Ostzone wie auch für die Einheitlichkeit des Bildungswesens, also die Bewahrung seiner herkömmlichen Grundstrukturen in der werdenden Bundesrepublik.

Zwischen den beiden Fronten zerrieb sich die hessische Schulreform. Nicht einmal Versuchsvorhaben für die differenzierte, elastische Einheitsschule kamen zustande. Am Ende der Legislaturperiode wurde vielmehr die selbständige Realschule neu eingerichtet. Ebensowenig wie der DGB hatte die regierende SPD am Schicksal der Schulreform großes Interesse gezeigt. Dabei blieb es auch, als sie bei den Landtagswahlen im November 1950 die absolute Mehrheit errang und die neue Landesregierung allein stellte.

Bayern

Weit schärfer als in den Ländern Hessen und Württemberg-Baden, deren Reformpläne immerhin in zentralen Fragen den Forderungen der amerikanischen Militärregierung entsprachen, verliefen die Auseinandersetzungen in Bayern, nachdem 1946 in der gewählten Landesregierung der Fraktionsvorsitzende der CSU, Alois Hundhammer, das Kultusministerium übernommen hatte. Allerdings waren die Weichen bereits vorher gestellt worden, da schon die erste von der Militäradministration eingesetzte Landesregierung unter Fritz Schäffer die Bekenntnisschule wieder eingerichtet hatte. Als sie entlassen und durch eine zweite unter der Leitung des Sozialdemokraten Wilhelm Hoegner ersetzt wurde, änderte sich daran nichts, obwohl der ebenfalls sozialdemokratische Kultusminister Franz Fendt die christliche Gemeinschaftsschule als Regelschule einführen wollte. Aber der massive Protest der Kirchen veranlaßte den Ministerpräsidenten, auf die bildungspolitischen Forderungen seiner Partei zu verzichten. Er stellte das »Einvernehmen zwischen Staat und Kirche« her, das die Bekenntnis- als Regelschule bestätigte, soweit nicht im Einzelfall die Notlage des Schulwesens verschärft würde. Gemeinschaftsschulen sollten nur in konfessionell gemischten Gemeinden und auf Antrag von Eltern eingerichtet werden können. Hoegner wollte diese Regelung in einem Gesetz über die Rechtslage der Religionsgemeinschaften in Bayern verankern, das aber die Militärregierung nicht genehmigte. Also wurde sie, gegen den Widerstand der FDP und der KPD, in die Verfassung übernommen – auch mit Zustimmung der SPD, die um des inneren bayerischen Friedens willen ihr grundsätzliches Votum für die Gemeinschaftsschule zurückstellte (Nawiasky/Leusser 1948, S. 215). Es dauerte auch noch einige Jahre, bis die bayerische SPD sich für die differenzierte Einheitsschule mit längerer gemeinsamer Grundstufe einsetzte. Ihr Kultusminister, die »Harmonie der sozialen Humanität« als Bildungsziel vor Augen, hatte zunächst eine »Absage an die schulreformerischen Pläne der letzten 50 Jahre« erteilt (Fendt 1946, S. 10 f.) und eine strenge zentral geleitete Auslese unter den Zehnjährigen für die Aufnahme in das Gymnasium verlangt.

Die breite Zustimmung zur Bekenntnisschule in Bayern bestärkte die Bildungspolitiker der CSU darin, die mit der konfessionellen Spaltung verbundenen Folgen, von den Zwergschulen bis zu den Lehrerseminaren, besonders konsequent zu verfechten und den gegenteiligen Absichten der Militärregierung besonders hartnäckigen Widerstand entgegenzusetzen. In die Verfassung wurde die Weimarer Bestimmung über den Aufbau des Schulwesens gemäß der Mannigfaltigkeit der Lebensberufe ohne die Vorsätze über die gemeinsame Grundschule und die organische Ausgestaltung des öffentlichen Schulwesens aufgenommen, da diese, wenn auch unverständlich, an die Einheitsschule erinnerten (Art. 132). Die Schulgeldfreiheit blieb auf die Volksschule beschränkt, von einer Lernmittelfreiheit war auch dort nicht die Rede (Art. 129). Begabten sollte der Besuch von höheren und Hochschulen »nötigenfalls aus öffentlichen Mitteln« ermöglicht werden (Art. 128).

In einer ersten Stellungnahme zur Aufforderung der amerikanischen Militäradministration an die Landesregierungen, über die Schulpläne zu berichten, lehnte Hundhammer im März 1947 alle substantiellen Reformvorschläge ab. In dem Ringen um die soziale Gerechtigkeit der Schulverfassung dürften zwei Tatsachen nicht geleugnet werden. »Einmal die Tatsache, daß die Begabung für höhere Bildungsziele von der Natur nun einmal nur einem zahlenmäßig begrenzten Personenkreis vorbehalten ist; und sodann die weitere Tatsache, daß diese Begabungen sich zwar auf alle Stände und Klassen der Bevölkerung verteilen, nicht aber so, daß sie prozentual völlig gleichmäßig unter den einzelnen sozialen Schichten verteilt sind. Diese biologisch gegebene Ungleichheit kann durch keine zivilisatorischen Maßnahmen beseitigt werden, auch nicht durch die Änderung unseres sogenannten zweispurigen Schulsystems zugunsten eines Einheitsschulsystems ...«
In dem folgenden »Schulreformplan des Staatsministeriums für Unterricht und Kultus«, eine der »reaktionärsten offiziellen Stellungnahmen zur Schulpolitik nach 1945« (Klafki), hieß es zum geforderten Umbau des Bildungswesens, »er würde zweifellos den weiteren Verfall unseres durch Nazismus und Krieg schon schwer geschädigten Schulwesens statt des drängenden Wiederaufbaus zur Folge haben. Ja noch mehr, er würde den völligen Umsturz und radikalen Bruch mit einer in jahrhundertelangem Wachstum gewordenen Kultur bedeuten, aus der unser Schulwesen hervorgegangen ist und die es an die nachwachsende Generation weiterzugeben hat ...« (Klafki 1971, S. 153 f.) Auch die Verlängerung der allgemeinen Schulpflicht auf neun Jahre wurde abgelehnt, da die wirtschaftliche Lage den frühen Eintritt der Jugendlichen in den Arbeitsprozeß gebiete, obwohl damals erhebliche Arbeitslosigkeit gerade unter den Jugendlichen herrschte.

Die Militärregierung wies diesen »Reformplan« ebenso zurück wie einen zweiten, den das Kultusministerium weisungsgemäß im September 1947 vorlegte. Die angeblich neue Fassung, entstanden auf Grund einer breiten Diskussion aller Fragen der Schulreform, unterschied sich kaum von der ersten. Nur für die Ausbildung der Volksschullehrer war nicht mehr das alte Lehrerseminar im Anschluß an die Dorfschule, sondern ein etwas anspruchsvollerer Bildungsgang vorgesehen. Für alles weitere lehnte die Landesregierung die Verantwortung ab, insbesondere für eine dem Universitätsniveau entsprechende Ausbildung auch der Volksschullehrer. »Hier besteht«, schrieb Ministerpräsident Ehard an die Militärregierung, »die berechtigte Sorge, daß die für die demokratische Erziehung des deutschen Volkes wichtigste Schicht angesichts der im deutschen Charakter liegenden Überschätzung und Überbewertung der sogenannten höheren Bildung ihrer Aufgabe, die Kinder zu brauchbaren Menschen zu allen Berufen vorzubereiten, nicht gerecht werden wird, weil sie nach vermeintlich höheren Zielen strebt. Gerade die bereits durch die bisherigen Reformen herbeigeführte Halbbildung der Lehrerschaft hat sie gegenüber den verschwommenen nationalsozialistischen Parolen besonders wenig widerstandsfähig gemacht.« (Klafki 1971, S. 157)
Zunächst versuchte die Militärregierung weiter zu überzeugen. Dann begann sie, um der ständigen Verzögerung zu begegnen, Druck auszuüben. Schließlich griff sie unmittelbar in die Schulverwaltung ein und erteilte direkte Befehle. Das Kultusministerium andererseits, von den Kirchen, katholischen Lehrerverbänden und Universitäten nachdrücklich unterstützt, legte im weiteren bloß noch fiktive Pläne für eine andere Schulorganisation und Lehrerbildung ausdrücklich ohne eigene Verantwortung und nur auf Weisung der Militärregierung vor und suchte im Verein mit der Mehrheitsfraktion der CSU im Landtag jede tatsächliche Veränderung im Schulwesen zu verhindern. Also setzte die Militärregierung 1948 für die Schulgeld- und Lernmittelfreiheit sowie die Vorbereitung einer längeren gemeinsamen Grundschule feste Termine. »Der Widerwille der bayrischen Regierung«, hieß es im Bericht des Militärgouverneurs, »von sich aus die Durchführung dieser Reform in die Hand zu nehmen, hat es notwendig gemacht, daß diese Termine von der Militärregierung gesetzt wur-

den. Die Hauptgründe für die Opposition der bayerischen Behörden lagen in ihrer Gegnerschaft gegen kostenlose Schulbildung, gegen die geplante Änderung bez. der Vorschriften für den Religionsunterricht und gegen das System der neuen sechsjährigen Grundschule.« (Bungenstab 1970, S. 96) Die Landesregierung legte weisungsgemäß entsprechende Gesetzesentwürfe dem Landtag vor, aber dessen Haushaltsausschuß blockierte sie wegen der Währungsreform. Daraufhin verfügte der Landesdirektor der amerikanischen Militäradministration in Bayern, Murray van Wagoner, durch direkten Befehl an den Ministerpräsidenten am 4. August 1948 die Schulgeld-, Lehr- und Lernmittelfreiheit mit sofortiger Wirkung und verbot den bereits angelaufenen Verkauf der Volksschulbücher für das neue Schuljahr. Der Kulturkampf in Bayern hatte seinen Höhepunkt erreicht. »Bavarian school reform«, urteilt ein amerikanischer Historiker, »produced a confrontation of such proportions that for a time the credibility of Military Government became tied to its outcome.« (Tent 1982, S. 162) Ehard wandte sich an Clay im belagerten Berlin, der traf sich mit ihm in Frankfurt und lenkte ein, nicht zuletzt mit Rücksicht auf die katholische Kirche in Bayern und den Vatikan. Sie vereinbarten einen längerfristigen Stufenplan für den Abbau des Schulgeldes und der Lernmittelkosten. Im Ost-West-Konflikt während der Blockade Berlins hatte die amerikanische Regierung andere Sorgen. Ein neuer Direktor der Erziehungsabteilung der Militärregierung, Alonzo Grace, verkündete im Oktober die Rückkehr der Bildungspolitik vom Befehl zur Überzeugung: »It will not be the purpose of Military Government to superimpose an American system of education on the German people.« (Bungenstab 1970, S. 97 f.) Der Kleinkrieg zwischen Militäradministration und Kultusministerium zog sich zwar noch lange Zeit hin, die Strukturen des Bildungsgefüges blieben davon aber unberührt. Die innenpolitische Konstellation der einheimischen Kräfte, die sie hatte restaurieren können, erwies sich jedenfalls unter den gegebenen wirtschaftlichen und außenpolitischen Randbedingungen als stark genug, sie auch gegen Druck und Intervention der Besatzungsmacht aufrechtzuerhalten.

Ebensowenig Erfolg war den noch drastischeren Eingriffen der französischen Administration in den von ihr beherrschten Ländern beschieden. Das Kräftespiel war besonders deutlich in Württemberg zu beobachten. In seinem südlichen Teil konnte die konfessionelle Schulorganisation trotz der nachdrücklichen Forderungen des Rottenburger Bischofs anfangs noch nicht wiederhergestellt werden. Denn die französische Militärregierung hatte ungeachtet der Teilung des Landes mit der amerikanischen zunächst in Stuttgart Fuß gefaßt und dort sogleich eine zentrale Landesverwaltung aufgebaut. Im liberalen Klima der Hauptstadt des protestantischen Württembergs wurde der Sozialdemokrat Carlo Schmid zum Landesdirektor für Kultur, Erziehung und Kunst ernannt und Theodor Bäuerle, vor 1933 erfolgreich in der Lehrer- und Erwachsenenbildung tätig, als sein Vertreter zum Leiter der Hauptabteilung Schulen. Sie stellten die Schulverhältnisse vor der nationalsozialistischen Machtübernahme wieder her – aber ohne die württembergische Bekenntnisschule und ihre konfessionelle Lehrerbildung. Ihr Konzept einer christlichen Gemeinschaftsschule, mit Schulgebet und Religionsunterricht, toleriert von der einheimischen evangelischen Kirche, wurde zur Grundlage der Schulpolitik Württemberg-Badens, als die amerikanische Administration im Oktober 1945 eine eigene Stuttgarter Landesregierung unter Reinhold Maier von der Demokratischen Volkspartei, mit Theodor Heuss als Kultusminister, einsetzte.

Die französisch kontrollierte Zentralverwaltung mit Schmid und Bäuerle wich nach Tübingen aus. Dort, im katholischen Südwürttemberg-Hohenzollern, hatten die bildungspolitischen Forderungen von Kirche und Christlich-Demokratischer Union anderes Gewicht. Nach den großen Wahlerfolgen der CDU in den ersten Kreistagswahlen Ende 1946 sah sich General Koenig veranlaßt, die eingesetzte Landesregierung umzubilden. Der Ravensburger Bürgermeister Albert Sauer, früher Zentrumsabgeordneter, wurde Landesdirektor für Kultur, Erziehung und Kunst, dann Kultusminister nach den ersten Landtagswahlen. In ihnen hatte die CDU die absolute Mehrheit der Mandate errungen. Sie setzte gegen den Willen der Besatzungsmacht, aber wie in Bayern in Absprache mit der SPD die Konfessionsschule in der Landesverfassung und später entsprechend im Schulgesetz durch (Winkeler 1971). Selbst im Saarland, das damals vom übrigen Reichsgebiet getrennt und wirtschaftlich an die französische Republik angeschlossen war, sorgte die einheimische Kräftekonstellation für die Aufnahme der Volks- als Bekenntnisschule und der konfessionellen Ausbildung ihrer Lehrer in die Verfassung (Art. 27, Art. 31).

Damit aber war für das Bildungssystem mehr vorentschieden, als die französische Besatzungsmacht damals zu überschauen vermochte. Nachdem es ihr nicht gelungen war, auch andere süddeutsche Gebiete wie das Saarland abzuspalten, erhielt die Kulturpolitik besonderes Gewicht (Becker 1977, S. 466). Weit entschlossener als ihre Alliierten griff sie inhaltlich in das Schulwesen ein und betrieb die Umerziehung als »mission civilisatrice« (Hearnden 1973, S. 21). Die Einflüsse des preußischen Militarismus sollten getilgt, die Erziehungsziele der französischen Aufklärung und europäischen Zivilisation aufgerichtet werden. Zu diesem Zweck wurde angeordnet, Französisch als erste Fremdsprache an allen weiterführenden Schulen einzuführen und als freiwilligen Unterricht an den Volksschulen. Die Lektüre der klassischen französischen Literatur sollte ebenso gefördert werden wie die der zeitgenössischen. Um der neuen Erziehung Bahn zu brechen und sie nicht nur auf die schmale Gruppe der Gymnasiasten zu beschränken, verwandte die Militärregierung große Energie auf die Heranbildung einer neuen Generation von Volksschullehrern. Rigoros wurden im Juli 1946 die gerade in Gang gekommenen konfessionellen Lehrerbildungsanstalten aufgehoben und durch laizistische Lehrerseminare nach dem Vorbild der französischen Ecole normale ersetzt. Die Zöglinge dieser Internate, deren Besuch kostenlos war, genossen vielfältige Aufmerksamkeiten. Trotz massiver Kritik der Kirchen, die auf konfessioneller Ausbildung bestanden, der Schulverwaltung, die um ihren Einfluß, des Landtages, der um die Kosten besorgt war, aber auch aus Lehrerkreisen, da diese Seminare keine Hochschulbildung vermittelten, wies die Militärregierung alle Einwände ab und hielt an ihrem Konzept fest, bis das Besatzungsstatut ihr die Verfügungsgewalt entzog. Alsdann wurde die Volksschullehrerausbildung in der Unterstufe wieder konfessionell gespalten (Winkeler 1971).

Hatte sich die Besatzungsmacht mit diesem Eingriff, wenn auch nur vorübergehend, durchgesetzt, so blieb ihr Bestreben, die Schulstruktur zu verändern, auf Deklamationen beschränkt. Insbesondere ging es ihr darum, das Humanistische Gymnasium als Bildungsanstalt einer imperialistischen Elite abzuschaffen. Sie ordnete an, Latein aus dem Lehrplan der ersten drei Klassen aller höheren Schulen zu streichen. Doch sah sie sich nicht in der Lage, ihren Willen gegen den einheimischen Widerstand, vor allem auch der katholischen Kirche, durchzusetzen.

Handfeste Kosequenzen zog sie indessen aus ihrer Kritik am überkommenen Abitur, das Kindern der höheren Schichten den Eintritt in die Universitäten erleichterte. An seine Stelle trat ein inhaltlich zentral normiertes, anonymes Examen mit einem Punktesystem nach dem Vorbild des französischen Baccalauréat. Nur mit den höchsten Punktzahlen vermittelte die Abgangsprüfung die Studienberechtigung. Denn zugleich sollten verschärfte Anforderungen den Zugang zum Studium insgesamt drosseln, wollte doch die französische Militärregierung, wie der Pressebeauftragte der Education Publique ausführte, den Gefahren wehren, die schon die Weimarer Republik bedroht hatten: »Der Zustrom zu den Universitäten hat heute katastrophale Formen angenommen. Angesichts des augenblicklichen wirtschaftlichen Stillstandes, einer völlig unklaren und illusionistischen Vorstellung der künftigen Berufsmöglichkeiten betrachtet man das akademische Studium als eine Zeit- und Geldanlage, studiert auf Kredit und flüchtet sich vor einer Entscheidung jetzt. Das ist verständlich, aber jeder erinnert sich der Folgen, der großen Wirtschaftskrise 1930: Tausende von stellenlosen, proletarisierten Akademikern, die ihre Standes- und Klassenvorurteile und ihre angeblichen akademischen Rechte nicht aufgeben wollten, ein williges Instrument für politische Abenteurer, abgesehen von dem unlösbaren wirtschaftlichen Dilemma, in das sie geworfen wurden.« (Education Publique 1947, S. 428)

Darin waren sich offensichtlich alle Kräftegruppen einig, so sehr sich auch sonst ihre bildungspolitischen Positionen unterschieden: der Bedarf an wissenschaftsorientierter Schulbildung, immer gedacht als Vorbereitung für eine anschließende Hochschulausbildung, erschien aufs engste begrenzt. Die Grenzen hätten in gleicher Weise verbindlich die Biologie und die Ökonomie gezogen. Ein durchweg statisch aufgefaßter biologischer Begabungsbegriff begründete die Vorstellung, daß nur sehr wenige unter der großen Masse einer Bevölkerung – zwei, drei, allerhöchstens fünf Prozent – genetisch für eine wissenschaftliche Ausbildung hinreichend ausgestattet wären. Noch weniger würden eine entsprechende Beschäftigung finden. Denn ringsum herrschte Massenarbeitslosigkeit. Wie in jeder großen Wirtschaftskrise wurde erst recht in dieser Depression nach dem gänzlichen Zusammenbruch die Notwendigkeit von Bildungsrestriktion und Leistungsauslese verkündet. Dem Nachholbedarf der Kriegsjahrgänge stand die harte Realität knapper Ausbildungsplätze entgegen. An allen Universitäten bestanden für alle Fächer Zulassungsbeschränkungen. Die liberale Wochenzeitung *Die Zeit* kommentierte am 4. Dezember 1947: »Das Ausleseprinzip, der vielgefürchtete ›Numerus clausus‹, hat zu allen Zeiten, da ein ›akademisches Proletariat‹ drohte, die Tore zur Universität versperrt. Es ist nur selbstverständlich, daß heute, da die akademischen Berufe in einem sehr bescheidenen Verhältnis zu den praktischen Berufen im deutschen Gesellschaftsaufbau von morgen werden stehen müssen, beizeiten versucht wird, der akademischen Inflation einen Riegel vorzuschieben.«

Dementsprechend hielten Konservative wie Sozialdemokraten, Arbeitgeber wie Gewerkschaften an einer Schulorganisation fest, die wissenschaftsorientierte Grundbildung nur für wenige vorsah, die sorgsam auszulesen waren (Tenorth 1975). Hatten auch schon die Volksschulpläne der Hansestädte im letzten Jahrhundert wie später die reformpädagogischen Entwürfe andere Ansätze enthalten, sie konnten sich weder in der Weimarer Zeit noch in den Anfängen der Bundesrepublik durchsetzen. Die demokratische Alternative zur standesgemäßen Selektion bestand in der freien Bahn, die jedem Tüchtigen eröffnet werden sollte. Also kam es darauf an, dieser vorgeblich »natürlichen« Auslese Raum zu schaffen, damit sich die besondere Begabung ausweisen konnte. Selbst in Konzepten mit ganz freiem Zugang zu den Hochschulen für alle Interessierten, ohne ihnen eine bestimmte Vorbildung vorzuschreiben, wie in dem Deutschen Bildungsplan des zeitweiligen bayerischen Kultusministers Franz Fendt, blieben Pflicht- und Ausleseschulen sorgsam getrennt, begann das Progymnasium nach vierjähriger Grundschule, immer geleitet von

der Idee: »Unter Ausschluß jedes Bildungsmonopols ökonomischer oder soziologischer Art muß der natürliche auf Auslese beruhende Aufstieg der Tüchtigen gesichert werden.« (Fendt 1946, S. 11) War eine längere Grundschule vorgesehen, mußte erst recht die ausschließende Selektion betont werden. In Berlin erläuterte Senator Tiburtius dem Landesparteitag der CDU: »Es ist doch mit allen erzieherischen Mitteln dahin zu wirken, daß die Auslese, die von der Grundschule in die Oberschule führt, streng ist und das, was jenseits dieser sechs Jahre Grundschule geschieht, wirklich den wissenschaftlichen Anforderungen einer Oberschule genügt ... Es muß die unerbittliche Auslese in der nun einmal traditionsmäßig bekannten Form des Sitzenbleibens geben. Es muß das Fernhalten geistig ungeeigneter Kinder von der Oberschule geben, wenn diese nicht völlig ihrem Sinn entfremdet werden soll.« (Klewitz 1971, S. 332)
Weder stellte sich die Frage nach dem Sinn wissenschaftlicher Allgemeinbildung anders als unter dem Aspekt ihres propädeutischen Beitrages für die Berufsausbildung von Akademikern. Noch vermochte man die ersten Anzeichen der mit der Wandlung der Sozialstruktur in den Industrieländern einhergehenden enormen Bildungsexpansion zu deuten. So ausgiebig diskutiert wurde, welche Aufgaben das Schulwesen beim Aufbau einer demokratischen Gesellschaft zu erfüllen habe, die in der zweiten Hälfte des Jahrhunderts explosiv wachsenden Anforderungen der wissenschaftlich technischen Zivilisation an alle Bürger, nicht nur eine kleine Gruppe von Experten, spielten dabei kaum eine Rolle. Die Notwendigkeit, tendenziell alle Heranwachsenden auf sie vorzubereiten, wurde nicht erkannt. Schulorganisation erschien nur in enger Kopplung an bestehende Beschäftigungsverhältnisse denkbar. Wie aber das Bildungswesen der Berg- und Talfahrt des Wirtschaftsablaufes folgen sollte, darauf hatte es herkömmlich, abgesehen von der Kritik am realitätsfernen Inhalt des Unterrichts der höheren Schulen und der Studiengänge, immer nur die Antwort der Bildungsrestriktion gegeben. Bei zeitweilig zusätzlichem Bedarf konnte, zumal in der privaten Wirtschaft, Personal über zweite und dritte Bildungswege, in harter betrieblicher Auslese und vor allem ohne Berechtigungsansprüche gewonnen werden. Im öffentlichen Dienst wurde dann auf jene zurückgegriffen, die in Perioden des Überangebots mit einer halben oder gedrittel-

ten Stelle, wenn nicht nur mit einem Platz auf der Warteliste hatten vorlieb nehmen müssen. Wie sollte in einer Zeit großer Arbeitslosigkeit und ganz ungewisser Entwicklungschancen dieser bewährte Mechanismus in Zweifel geraten? Unvorstellbar erschien damals, daß in wenigen Jahrzehnten eine allgemeine Bildungsexpansion ihn ganz außer Kraft setzen, daß vorher noch in einem unerwartet langen Wirtschaftsaufschwung eklatanter Nachwuchsmangel das Bildungswesen so bald wieder in eine schwere Krise stürzen würde.

Demgegenüber beschäftigte sich die bildungspolitische Diskussion der Nachkriegszeit mit den Themen von vorgestern. Im Streit der Konfessions- gegen die Einheitsschule wurden auf beiden Seiten die Kämpfe der Vergangenheit erneuert. Sie führten zu keinem anderen Ergebnis als vordem schon in der Weimarer Republik. Um die Volksschule wieder als Bekenntnisanstalt einzurichten, mußte die Gesamtschule auf die Grundstufe beschränkt bleiben. Jede Verlängerung der Grundschule über die herkömmlichen vier Jahre hinaus warf so viele Probleme von der Auslese der Schüler bis zur Ausbildung der Lehrer auf, daß sich die Abwehr recht verschieden motivierter Interessengruppen leicht in gemeinsamer Aktion verbinden konnte. Der Weg zur Restauration war vorgezeichnet. Er wurde im neuen Gesamtstaat, der Bundesrepublik, konsequent eingehalten.

Kulturhoheit und Koordination der Länder

So sehr das nationalsozialistische Regime die Kompetenzen staatlicher Schulaufsicht mißbraucht und diskreditiert hatte, nach dem Zusammenbruch bestanden kaum Zweifel daran, die Kontinuität der etatistischen Organisation des öffentlichen Bildungswesens zu bewahren. Alle Landesverfassungen, die vor dem Grundgesetz in Kraft traten, bestätigten sie, zumeist in enger Anlehnung an die Bestimmung der Weimarer Reichsverfassung: »Das gesamte Schulwesen steht unter der Aufsicht des Staates.« (Art. 144) Diese Formulierung übernahm dann auch das Grundgesetz. Gemeint war, wie es in der Hessischen Verfassung hieß, daß das Schulwesen »Sache des Staates« ist (Art. 56). Dessen Recht blieb es, über Aufbau und Organisation ebenso zu entscheiden wie über die Lernziele und Unterrichtsinhalte. Aber anders als in der Weimarer Republik wurde die staatliche Bildungsvollmacht wieder allein den Ländern zugewiesen, dem Gesamtstaat aber, in Reaktion auf den nationalsozialistischen Bildungsimperialismus und dem Föderalismusgebot der Besatzungsmächte entsprechend, weder Gesetzgebungsbefugnis noch Verwaltungshoheit zugestanden. Auch keine Rahmenvorschriften sollte die Bundesregierung erlassen. Die Gestaltungsfreiheit der Länder wurde nur durch einige wenige übergeordnete Normen, den Religionsunterricht und die Privatschulen betreffend, eingeschränkt sowie durch die Garantie der Grundschule. Vorschulen blieben aufgehoben (Art. 7).

Nirgends erhielt der Föderalismus einen so weiten Spielraum, war damit zugleich aber die Abstimmung zwischen den Trägern der Kulturhoheit, den Ländern, so dringlich. Mehr noch als die Besatzungsmächte, von denen insbesondere die Abfolge des Fremdsprachenunterrichts jeweils verschieden geregelt wurde, hatten die regionalen Kräfte eine vielgestaltige Bildungslandschaft entstehen lassen. Die mangelnde Einheitlichkeit wurde bald als »Chaos im Schulrecht« angeprangert. »Es soll nicht verkannt werden«, hieß es aus der Sicht der kommunalen Schulträger, »daß es einen guten Sinn hat, wenn die Länder ihrer Eigenart entsprechende Gesetze gerade auf kulturellem Gebiet schaffen. Aber die Ländergesetzgebung auf dem Gebiete des Schulwesens ist in gefährlicher Weise unterschiedlich. Es ist heute kaum noch möglich, Schulkinder ohne erhebliche nachteilige Folgen umzuschulen, wenn ein Wohnsitzwechsel aus einem Land in ein anderes erfolgt ...« (Kuhnt 1950, S. 194) Vater versetzt, Sohn sitzengeblieben, lautete ein alter Vorwurf gegen den Bildungsföderalismus. Nicht die Gleichheit der Lebenschancen in den einzelnen Regionen bestimmte den Maßstab der Kritik. Sie orientierte sich eher am Berechtigungswesen als an der Pädagogik und hatte immer schon vornehmlich die Kontinuität gymnasialer Schullaufbahnen und die Anerkennung der Abiturzeugnisse im Auge. So kommentierte damals auch der Göttinger Verfassungsrechtler Werner Weber: »Die Tatsache etwa, daß man im Gegensatz zur Weimarer Verfassung darauf verzichtet hat, für das Schulwesen wenigstens einige gesamtdeutsche Rahmenvorschriften aufzustellen, läßt schon jetzt einen derartigen Partikularismus im Schulorganisationswesen entstehen, daß die Freizügigkeit in der Bundesrepublik ernsthaft behindert wird und eine vernünftige Schulausbildung in Frage gestellt ist. Im Hochschulwesen, das noch stärker auf einheitliche Formung in den Grundzügen angewiesen ist, bahnt sich eine ähnliche Aufsplitterung an.« (Weber 1958, S. 77)

Ständige Konferenz der Kultusminister

Bereits in den ersten Nachkriegsjahren waren, zunächst innerhalb der Besatzungszonen, dann darüber hinaus, Kontakte zwischen den Kultusministerien der Länder geknüpft worden. Im britischen Verwaltungsgebiet wurde ein Zonenerziehungsbeirat vom Sekretariat der Länderkonferenz, in der amerikanischen Zone ein kultuspolitischer Ausschuß als Dienststelle des Länderrates gebildet. Die erste und einzige gemeinsame Sitzung der Kultusminister aller Länder fand als »Konferenz der Deutschen Erziehungsminister« im Februar 1948 in Stuttgart-Hohenheim statt. Ihre Entschließung zur Frage der Schulreform war als Antwort auf die Direktive Nr. 54 der Alliierten Kontrollbehörde gedacht. Es ging dabei mehr um die äußeren als die inneren Widerstände, die dem Aufbau eines demokratischen Schulwesens im Wege standen. »Unzureichende Bekleidung und Ernährung, Mangel an Lehr- und Lernmitteln, Schulraumnot und fehlender Brennstoff und die katastrophalen Wohnverhältnisse mindern die Schulleistungen und steigern die sittliche Gefährdung der Jugendlichen«, stellten die Kultusminister einmütig fest. So konkret diese Mängel im einzelnen bezeichnet wurden, so allgemein blieb der Beschluß zur Schulreform und damit weit hinter den Erwartungen der Alliierten zurück. Erneuert wurde die Weimarer Kompromißformel von der organischen Einheit, die das gesamte Schulwesen bilden solle, aufgebaut »im Geiste der Demokratie, der sozialen Gerechtigkeit, des Friedens und der Völkerverständigung«. Jedem Kind sollte unabhängig von der sozialen und wirtschaftlichen Lage des Elternhauses die Möglichkeit zur allseitigen Entfaltung seiner körperlichen, geistigen und sittlichen Kräfte gegeben werden. Nur herrschte keinerlei Übereinstimmung darüber, wie das geschehen sollte. Also nahm man Zuflucht zur inneren Schulreform: »Bei aller Verschiedenheit des äußeren Bildungsweges müssen die Unterrichtsziele in den deutschen Ländern einander angeglichen werden.« (Froese 1969, S. 104 f.) So aber war die Zersplitterung nicht zu überwinden. Beispielsweise hatte die Mehrzahl der Länder den Schuljahresbeginn auf den Herbst festgesetzt. Den anderen wurde empfohlen zu prüfen, ob sie sich dieser Regelung anschließen könnten. Dabei blieb es.

Auf ihrer zweiten Zusammenkunft in Stuttgart, im Juli kurz nach der Währungsreform und während der Berliner Blockade, also ohne die Vertreter der mitteldeutschen Länder, verständigten sich die Erziehungsminister der drei Westzonen, eine »Ständige Konferenz der Kultusminister« (KMK) mit einem eigenen Sekretariat einzurichten. Ihr wurden später ein Schul-, ein Hochschul- und ein Kunstausschuß beigegeben. Nach ihrer Geschäftsordnung behandelt die Kultusministerkonferenz »Angelegenheiten der Kulturpolitik von überregionaler Bedeutung mit dem Ziel einer gemeinsamen Willensbildung und der Vertretung gemeinsamer Anliegen« (KMK 1971, S. 15). Ihre Beschlüsse setzen Einstimmigkeit voraus. Rechtlich stellen sie Empfehlungen an die einzelnen Länder dar, erhielten aber in der Praxis den Charakter von Vereinbarungen, nach denen sich alle Länder richten.

Düsseldorfer Abkommen

Zunächst galt alle Aufmerksamkeit dem vorgeblichen Schulchaos. Der Arbeitsmarkt wie die »berechtigten« Ansprüche der Absolventen erforderten wechselseitige Anerkennung der Bildungsabschlüsse und ihrer Voraussetzungen, insbesondere für den Hochschulzugang und damit für die Lehrpläne der Gymnasien. Waren die Kultusminister in ihrer Zusammenarbeit bemüht, »eine sinnvolle gemeinsame Ordnung in der historisch gewachsenen Vielfalt des Schulwesens in den verschiedenen deutschen Gebieten und Ländern« zu erreichen (KMK 1971, S. 16), so drängte die politische Öffentlichkeit auf Vereinheitlichung durch Vereinfachung. Zu ihrem Sprachrohr machten sich die Regierungschefs der Länder, die im Februar 1954 mit deutlicher Kritik an den Kultusministern es als ein »gemeinsames dringendes politisches Anliegen« erklärten, »in der äußeren Organisation des Schul- und Erziehungswesens eine weitgehende Vereinfachung und eine Vereinheitlichung zwischen den Ländern herbeizuführen«. Dabei ging es ihnen vordringlich um Zahl und Bezeichnung der Schultypen, Schuljahresbeginn und Ferienordnung, um Schulgeld- und Lernmittelfreiheit, doch nicht zuletzt um die Anerkennung der Reifezeugnisse, also »die Frage des Berechtigungswesens« (Froese 1969, S. 293).

Sie forderten von der Ständigen Konferenz der Kultusminister, binnen fünf Monaten eine gemeinsame Grundlage zu erarbeiten und Vorschläge mitzuteilen, die für eine Vereinbarung der Länder geeignet wären. Wo sollte, zumal in dieser Frist, bei den bestehenden Interessengegensätzen, die sich in den bildungspolitischen Divergenzen der Landesregierungen ausdrückten, eine gemeinsame Grundlage anders gefunden werden als bei dem kleinsten Nenner im Bildungssystem, den überkommenen Strukturen und Standards? Zu Recht protestierte daher sogleich der gerade geschaffene »Deutsche Ausschuß für das Erziehungs- und Bildungswesen«, eine Gruppe von zwanzig unabhängigen Persönlichkeiten, deren Aufgabe es nach dem Willen aller Regierungen der Länder und des Bundes sein sollte, die Bildungsentwicklung zu beobachten und durch Rat und Empfehlung zu fördern. Wie groß die Spannweite der Erwartungen war, bestätigten diesem ersten Bildungsrat die Ansprachen bei seiner Konstituierung im September 1953. Nordrhein-Westfalens christdemokratische Kultusministerin Christine Teusch ermahnte als Vizepräsidentin der KMK den Ausschuß, bei allen Anregungen stets an die Gegenwart zu denken und daran, »daß diese Gegenwart sich zu gründen hat auf die Ergebnisse der Vergangenheit, nicht nur der Vergangenheit in langen Jahrhunderten und Jahrzehnten, traditionsreich und landschaftsverbunden, nein, vor allem der Vergangenheit auch der letzten Jahre« (Deutscher Ausschuß 1966, S. 971). Gegenüber solcher Fixierung auf gerade erst restaurierte Strukturen erinnerte der liberale Bundespräsident Theodor Heuss daran, daß nach dem Zusammenbruch trotz allgegenwärtiger praktischer Bedrängnis »ein suchender Optimismus, wie man zur organisatorischen, zur geistigen Neugestaltung käme« (Deutscher Ausschuß 1966, S. 973 f.), sein Handeln als Kultusminister und das einiger seiner Kollegen bestimmt hatte.

Die auf Vereinheitlichung drängenden Ministerpräsidenten forderten das berufene Beratungsgremium ebenso dringend auf, zunächst nachzudenken, anstatt vorschnell zu handeln. Die bestehenden Unterschiede wären nicht nur auf den Willen der Besatzungsmächte und andere mehr oder weniger legitime Umstände zurückzuführen, sondern auch auf verschiedene Vorstellungen vom Sinn der Bildung und der Zukunft der Gesellschaft. Bei einer Gesamtplanung müßten solche Vorstellungen gründlich erwogen und ausgetragen werden. »Versuche, die Bildungspläne der deutschen Schulen in kurzer Frist zu vereinheitlichen, können sich nur auf der Linie der geringsten Schwierigkeiten bewegen: sie laufen Gefahr, die im Grunde nur der Ratlosigkeit entstammende Tendenz zur Wiederherstellung des Alten zu fördern. Der Deutsche Ausschuß glaubt, vor dieser Gefahr ausdrücklich warnen zu müssen.« (Deutscher Ausschuß 1966, S. 52)

Ungeachtet dieser Sachlage schlossen die Regierungschefs auf der Linie der geringsten Schwierigkeiten Anfang 1955 in Düsseldorf das »Abkommen zwischen den Ländern der Bundesrepublik zur Vereinheitlichung auf dem Gebiete des Schulwesens«. Zwar konnte kein gemeinsamer Schuljahresbeginn durchgesetzt werden. Im bayerischen Landtag fand die Bestimmung, das Schuljahr einheitlich im April beginnen zu lassen, trotz der Unterschrift der bayerischen Landesregierung keine Zustimmung. Bayern blieb als einziges Land bei dem Herbsttermin, bis deshalb später alle anderen sich veranlaßt sahen, zu dieser Regelung zurückzukehren. Aber leichter als ein gemeinsamer Schuljahresbeginn war offensichtlich der Abbruch der Schulreform zu erreichen. Der Vertrag schob jedem Ansatz, Strukturen zu verändern, einen Riegel vor. Allgemeinbildende Schulen sollte es nur in ihren überkommenen Formen geben, als Volksschule, als Mittelschule und als Gymnasium. Etwaige, ungern gesehene, Versuchsschulen durften die Dreigliedrigkeit auf keinen Fall in Frage stellen: »Werden aus pädagogischen Gründen ausnahmsweise Versuche im Rahmen dieser Schultypen unternommen, so muß die wesentliche Eigenart der Schultypen erhalten bleiben«, hieß es im Düsseldorfer Abkommen (Froese 1969, S. 310). Derart starre Restauration konnte traditionelle Ansprüche an das deutsche Bildungswesen als Berechtigungssystem befriedigen, den aufziehenden Problemen der Bildungsexpansion vermochte sie nicht zu begegnen, noch gab sie dem Verlangen nach mehr Bildungsgerechtigkeit eine überzeugende Antwort. Das kommende Dilemma vorausahnend, erneuerte der Deutsche Ausschuß seine Kritik. Er hielt es für »verhängnisvoll« zu glauben, »die unbestreitbar vorhandenen Unzulänglichkeiten im Schulwesen der Bundesrepublik seien schon durch die vorgesehenen Maßnahmen der Ministerpräsidentenkonferenz zu überwinden«. Neugestaltung war notwendig. Der Deutsche Ausschuß verwies auf bedeutsame Vorschläge von Erzieherverbänden und Sachverständigenkonferenzen, in denen Ansätze zu einer wirklichen Neuordnung sichtbar geworden waren, und wiederholte seine Überzeugung, daß das deutsche Schulwesen dem gesellschaftlichen Wandel nicht nachgekommen war, sondern »die Prägungen weithin festgehalten (hat), die aus vergangenen geistigen, wirtschaftlichen und politischen Verfassungen stammen« (Deutscher Ausschuß 1966, S. 58).

Die bisherigen Schulformen festzuschreiben, hieß zugleich, sich von der internationalen Entwicklung abzukoppeln, die ringsum, im Westen wie im Osten, in die entgegengesetzte Richtung führte. Längere Grundschulzeiten waren vielfach schon die Regel. Zeitgemäße Schulreform meinte vor allem, Formen einer differenzierten, gemeinsamen Mittelstufe zu entwerfen und zu erproben. Dafür sprachen nicht nur bildungspolitische und bildungsökonomische Gründe. Die unaufhaltsame Bildungsexpansion gemäß der immer wachsenden Nachfrage nach weiterführender Schulbildung mußte auf die Dauer jedes nach berufsständischen Gesichtspunkten gegliederte Schulsystem aus den Angeln heben.

Unmittelbar besiegelte das Düsseldorfer Abkommen die Spaltung der Bildungsentwicklung in den beiden deutschen Staaten. Deren Systemkonkurrenz hatte die Einheitsschule in der bundesrepublikanischen Diskussion zusätzlich belastet und war zur Rechtfertigung überkommener Schulteilung benutzt worden. Die allgemeine achtjährige Grundschule, in den mitteldeutschen Ländern 1946 eingeführt, hatte es zeitweise zugleich auch in Berlin gegeben. In den Nachkriegsjahren bestanden vielfältige Verbindungen zwischen den Kultusministerien auf beiden Seiten. Zuletzt kam es im Frühjahr 1948 beim ersten Treffen der Erziehungsminister aller deutschen Länder zur Stuttgarter Entschließung über die Schulreform.

Die Änderung des Berliner Schulgesetzes wurde in der DDR heftig kritisiert. Auch dort gab es Anfang der fünfziger Jahre eine neue Diskussion über gegliederte Schulformen. Aber es ging um den Anschluß an die achtjährige gemeinsame Grundschule. Der

Arbeitsmarkt verlangte qualifizierte Kräfte. Sie sollten nicht von den aus der Sicht der SED immer noch rückständigen Oberschulen kommen. Um Technikernachwuchs aus der Arbeiterschaft zu gewinnen, wurden zusätzlich Schulen mit einem neunten und zehnten Jahr, sogenannte »Zehnklassenschulen«, gebildet und damit ein dritter Weg geschaffen, der speziell zu den Ingenieurschulen und ähnlichen Einrichtungen führte. Kritik an der neuen Dreigliedrigkeit wie an den angeblich bourgeoisen Tendenzen der Oberschulen veranlaßte jedoch 1953 eine »Verordnung über die Reorganisation der allgemeinbildenden Schulen«, nach der beide Oberstufen zusammengefaßt, der altsprachliche Zweig der Oberschulen ganz abgeschafft und eine gemeinsame »Elfklassenschule« eingerichtet werden sollte. Aber der Widerstand in der Lehrerschaft und in der Bevölkerung war so groß, daß die Verordnung sogleich wieder aufgehoben werden mußte. Die Reorganisation war gescheitert. Die Diskussion über die Zehnklassenschule ging weiter, bis Ende 1959 das »Gesetz über die sozialistische Entwicklung des Schulwesens in der Deutschen Demokratischen Republik« die zehnjährige Pflichtschule als allgemeinbildende polytechnische Oberschule begründete. Nach der achten Klasse war wie bisher der Übergang zur Erweiterten Oberschule, die zum Abitur führte, möglich. In der Bundesrepublik hatten damals noch nicht einmal alle Länder das neunte Pflichtschuljahr eingeführt. 1965 wurde in der DDR diese Phase der Schulreform mit dem »Gesetz über das einheitliche sozialistische Bildungssystem« abgeschlossen, das den Stufenaufbau abrundete und die Erweiterte Oberschule erst nach der letzten, zehnten, Klasse der allgemeinen Oberschule beginnen ließ. Daneben war eine Reihe von Spezialschulen und -klassen für besondere Befähigungen entstanden, die jetzt ihre gesetzliche Grundlage erhielten (Mende 1970; Hearnden 1973).

Vergebliche Neuordnungspläne

In der Bundesrepublik der fünfziger Jahre, während des materiell so erfolgreichen, restaurativen Aufbaues unter dem Motto »Keine Experimente«, stagnierte die Schulreformbewegung. Ein gemeinsamer Nenner für die Schulpolitik der Länder konnte in den überkommenen Bildungsstrukturen nur deshalb gefunden werden, weil die sozialdemokratischen Regierungen sich von der eigenen Bildungspolitik absetzten, und zwar auch dort, wo sie über die absolute Mehrheit der Landtagsmandate verfügten oder sie nach vorangegangenen Niederlagen wiedergewannen. In Hessen regierte die SPD seit 1950 vier Jahre lang allein, ohne die Schulreform anzupacken. In Berlin beschloß Mitte 1954 der Landesvorstand der Sozialdemokraten entgegen früheren Bekundungen, die von den bürgerlichen Parteien durchgesetzte Beschränkung der gemeinsamen Schule auf sechs Jahre auch dann beizubehalten, wenn die SPD nach der kommenden Wahl die Regierung bestimmen würde – wie es dann geschah (Füssl/Kubina 1983, S. 59). In Hamburg gewann die SPD im November 1957 die Landesregierung zurück – und beließ es bei der vierjährigen Grundschule, die der Hamburg-Block vordem erzwungen hatte. In Bremen hatten die stets führenden Sozialdemokraten schon im März dieses Jahres den Ausstieg aus der sechsjährigen Grundschule durch die Möglichkeit eröffnet, bereits nach vier Jahren auf eine weiterführende Schule überzugehen.

Vorübergehend wollte die SPD mit ihrer Bildungspolitik nicht mehr identifiziert werden. Sie strich die Schulreform aus ihrem Programm. Auf den Parteitagen jener Zeit, vor allem in München 1956, beschäftigte sie sich statt dessen mit den mutmaßlichen Anforderungen der industriellen Entwicklung und internationalen Konkurrenz an Begabtenauslese und Spitzenleistung. Hatte es im Entwurf des Godesberger Programms noch geheißen, pädagogische Experimente und Versuchsschulen, darunter ausdrücklich auch »Formen des differenzierten Mittelbaus im Schulwesen«, müßten großzügig gefördert werden (Flechtheim 1963, S. 200), so fand sich in dessen Schlußfassung 1959 kein Wort mehr zu der zentralen Frage der bildungspolitischen Auseinandersetzung. Gefordert wurde wie bisher ein zehntes obligatorisches Jahr für die Volksschule, Besuchsgeld- und Lernmittelfreiheit für alle öffentlichen Schulen und Hochschulen sowie die Ausbildung aller Lehrer an wissenschaftlichen Hochschulen (Flechtheim 1963, S. 222).

Nicht daß solche Zurückhaltung in der Frage der Schulstrukturen Zugeständnisse der konservativen Seite an anderer Stelle erbracht hätte. Weder waren Absprachen über eine Verlängerung der Pflichtschulzeit noch über eine erweiterte Schulgeld- oder über die Lernmittelfreiheit, noch gar über die Verbesserung der Volksschullehrerausbildung zu erreichen. Erst recht waren keine Zugeständnisse in der konfessionellen Schulteilung zu erwarten, nachdem es den konservativen Parteien zehn Jahre zuvor im Parlamentarischen Rat nicht gelungen war, einen Elternanspruch auf öffentliche Konfessionsschulen im Grundrechtsteil zu verankern und das Reichskonkordat von 1933 als geltendes Recht durch die Verfassung abzusichern. Die Mehrheit, die Vertreter der sozialen und liberalen Demokraten sowie der Kommunisten, wollte eine spätere gemeinsame Schulgesetzgebung nicht wieder an einem »Weimarer Schulkompromiß« scheitern lassen. Theodor Heuss begründete im Hauptausschuß den Vorrang des Staates bei der Schulorganisation aus der deutschen Geschichte. Seit der Reformation habe nicht mehr die Kirche, »sondern die Gemeinde, der Staat den Auftrag, Schulen zu errichten. Und von dieser Seite aus, von Deutschland aus, ist das Schulproblem für die ganze Welt ein neues Modell geworden, weil zuerst in Deutschland ein öffentliches Schulwesen als Auftrag von der öffentlichen Gewalt begriffen wurde und von dort aus dann in die Welt hinausgewirkt hat. Das ist der spezifisch deutsche Beitrag zur Bildungsgeschichte ...« (Parlamentarischer Rat 1948/49, S. 247).

Doch im Klima der fünfziger Jahre fügte sich die landesstaatliche Schulgewalt nur zu sehr den restaurativen Zügen des Wiederaufbaus. Wer an der Notwendigkeit eingreifender Bildungsreform festhielt, fand sich als Außenseiter abgestempelt. Neuordnungspläne wurden nicht mehr von Parteien und Regierungen vorgelegt. Nur noch kleine Kreise interessierter einzelner, so auftragsgemäß der Deutsche Ausschuß für das Erziehungs- und Bildungswesen, beschäftigten sich mit diesem Thema, als größere Gruppe, in der Kontinuität einer langen Geschichte des Ringens um Reform, allein die Lehrerschaft der Volksschulen.

Rahmenplan des Deutschen Ausschusses

Mehr als fünf Jahre dauerte es, bis der Deutsche Ausschuß nach einer Reihe von Empfehlungen zu Einzelfragen Anfang 1959 seinen »Rahmenplan zur Umgestaltung und Vereinheitlichung des allgemeinbildenden öffentlichen Schulwesens« vorlegte. Dessen Grundüberlegungen waren im internationalen Maßstab eher antiquiert, wirkten aber unter den damaligen Verhältnissen in der Bundesrepublik nahezu revolutionär. Am dreigeteilten Schulsystem sollte ausdrücklich festgehalten werden. »Der Ausschuß«, warf ihm einer seiner konservativen Kritiker vor, »muß sich darüber klar sein, daß gerade dieses Festhalten an der Dreigliederung der allgemeinen Schule eine sozialkonservative Grundentscheidung ist, die trotz aller Förderstufen und Übergänge den sozialen und beruflichen Unterschied zwischen einer ›bloßen Handarbeiterschaft‹ und den neumittelständischen Berufen ›mit erhöhter Verantwortung‹ zementiert. Hier hat sich der Ausschuß dem sozialen Fortschritt an Hand der realen Berufsentwicklungstendenzen versagt.« (Schelsky 1961, S. 10) Um die derart fragwürdige Schulorganisation abzusichern, wollte der Deutsche Ausschuß die Auswahl verbessern. Es ging nicht mehr um die gemeinsame Schule, deren Dauer und innere Ausgestaltung, sondern um eine überzeugendere Verteilung der Schüler auf die verschiedenen Schulformen. Die Grundschule sollte keinesfalls verlängert, wohl aber von der ihr auferlegten Selektion entlastet werden, die große Mehrheit der Heranwachsenden erst nach einer weiteren, zweijährigen, Zwischenphase in die drei herkömmlichen Schulwege gelangen. Damit »nach den Maßen der sozialen Gerechtigkeit und des steigenden Bedarfs unserer Gesellschaft an höhergebildetem Nachwuchs jedem Kinde der Weg sich öffnet, der seiner Bildungsfähigkeit entspricht«, war der sogenannten Förderstufe die Aufgabe zugedacht, »alle kindlichen Begabungen zu wecken und so zu erproben, daß die Entscheidung für den endgültigen Bildungsweg sich auf deutlich erkennbare Bewährungen stützen kann« (Deutscher Ausschuß 1966, S. 83).

In ihrer Aufgabe den drei folgenden Schulformen grundsätzlich in gleicher Weise zugeordnet, ihre Schüler in gemeinsamen »Kern«-Veranstaltungen und in getrennten Leistungskursen unterrichtend, sollte die Förderstufe organisatorisch am besten mit der Grund- oder mit der Hauptschule verbunden sein. Bemüht um einen »Ausgleich zwischen konservativen und evolutionären Tendenzen«, grenzte der Deutsche Ausschuß seinen Rahmenplan nachdrücklich gegen Vorstellungen eines differenzierten Mittelbaus ab, wie er vor allem in Niedersachsen erprobt worden war. Die Zwischenphase auf zwei Jahre zu beschränken, vermied nach seiner Auffassung »für die Förderung der Begabten und für die

Ausprägung klarer Typen der Oberschule die Gefahren, die in einem zu langen Zusammenhalten der Kinder gesehen werden. Denn sowohl die neunjährige Studienschule, das siebenjährige Gymnasium und die fünfjährige Realschule als auch die drei- oder vierjährige Hauptschule umfassen genug Schuljahre, um ihren eigenen Charakter in Ruhe entwickeln zu können. Daß ihnen die und nur die Kinder zugeführt werden, die sich in sorgsamer Erprobung gerade für den jeweiligen Typ als geeignet erwiesen haben, ist sogar für die Ausprägung seiner Eigenart ein hoher Gewinn« (Deutscher Ausschuß 1966, S. 83 f.). Ein solcher Versuch, die getrennten Schulformen durch begabungsgerechtere Auswahl neu zu begründen, mußte zwangsläufig dem Verdikt der positiven Auslese verfallen. Daß eine kleine Zahl hochbefähigter Kinder direkt nach der Grundschule in ein besonderes Gymnasium sollte einziehen können, vermehrte nur die Kritik von beiden Seiten. Nahm die Förderstufe, nicht anders als die verlängerte Grundschule, den weiterführenden Schulen die untersten Klassen ab, so spaltete die Studienschule das herkömmliche Gymnasium noch einmal der Länge nach. In dieser »Schule der europäischen Bildungstradition« sollte das humanistische Gymnasium als einziges grundständig erhalten bleiben, beginnend mit Latein, dann Englisch oder Russisch aufnehmend und in einem griechischen und einem französischen Zweig endend. Damit waren die Vertreter der modernen Sprachen ebenso unzufrieden wie die Naturwissenschaftler, und die Hochschulen verwahrten sich gegen Abiturienten mit derart verschiedener Vorbildung (Schorb 1960). So gern die Anregungen des Deutschen Ausschusses für die innere Entwicklung der einzelnen Schultypen aufgegriffen wurden, so rasch formierte sich der Widerstand gegen jeden Vorschlag einer Strukturreform. Was im Rahmenplan zur Neugestaltung der gymnasialen Oberstufe gesagt wurde, fand schon im folgenden Jahr bei der Kultusministerkonferenz Eingang in die Saarbrückener »Rahmenvereinbarung zur Ordnung des Unterrichts auf der Oberstufe der Gymnasien«, mit der die Fächerzahl eingeschränkt, Schwerpunkte gesetzt und Wahlmöglichkeiten eröffnet wurden, um Selbsttätigkeit und Eigenverantwortung zu fördern. Damals wurde die »Gemeinschaftskunde« zum verbindlichen Unterrichtsgebiet für alle Schüler der obersten Klassen bestimmt, um Geschichte, Geographie und Sozialkunde sinnvoll zu verknüpfen (KMK 1971a, S. 107). Einmütig auch wollten die Kultusminister aller Länder die Volksschuloberstufe ausbauen und ihr, soweit dies noch nicht geschehen, ein neuntes Schuljahr hinzufügen. Prinzipiell aber blieb ein »Höchstmaß von Einheitlichkeit der Schulformen und Bildungsinhalte« ihr oberstes Ziel. Sie würden daher, hieß es in ihrer Stellungnahme zum Rahmenplan, »von allen Maßnahmen absehen, die eine solche Entwicklung hemmen könnten« (Schorb 1960, S. 82).

Förderstufe und Studienschule, wie immer ersonnen, um das dreigliedrige Schulsystem zu erhalten, stellten dessen interessengestützte Eckwerte in Frage, das grundständige Gymnasium und die konfessionelle Volksschule als einheitliche, prinzipiell getrennte Schulformen. Die seit den zwanziger Jahren erprobte Allianz von Philologenverband und katholischer Kirche fand sich sogleich zu gemeinsamer Abwehr zusammen. Sie bezeugte ihre generelle Absicht dadurch, daß sie in derselben Weise gegen den Deutschen Ausschuß zu Felde zog wie gegen die Arbeitsgemeinschaft Deutscher Lehrerverbände, in der sich die Gewerkschaft Erziehung und Wissenschaft (GEW) und der Bayerische Lehrer- und Lehrerinnenverein zusammengeschlossen hatten. Diese legten im Frühjahr 1960 auf einer Vertreterversammlung in Bremen einen eigenen Reformplan vor.

Bremer Plan

In der Tradition des Allgemeinen Deutschen Lehrervereins, der von 1848 an für eine gemeinsame Schule eingetreten war, hielt die Arbeitsgemeinschaft auch in den fünfziger Jahren an der Forderung fest, die vertikale Dreigliedrigkeit des Schulsystems aufzuheben. Zunächst hatte Heinrich Rodenstein, Vorsitzender der GEW, »Grundsätze der Neuformung des deutschen Bildungswesens« dargelegt (Rodenstein 1952), dann waren von den Vertreterversammlungen programmatische Thesen beschlossen, schließlich der Auftrag für einen langfristigen Plan an Arbeitsgruppen und eine Kommission unter der Leitung des Freiburger Philosophen und Pädagogen Eugen Fink erteilt worden. Der Bremer Plan, erklärte Fink bei der Vorlage, habe »das ganze Schulwesen von der Grundschule bis zur Universität als eine Einheit der Bildungsbewegung begriffen und zugleich das in den traditionalen Bildungsvorstellungen ausgeklammerte werktätige Handeln als bildende Sinnmacht anerkannt. Der Plan verhält sich somit polemisch gegen eine statische Aufgliederung des Schulwesens in selbständige und unbezügliche Schularten mit einem je eigenen ›Bildungsauftrag‹, verhält sich polemisch gegen eine Trennung von wissenschaftlichen und nicht-wissenschaftlichen Lehrern und gegen die herkömmliche Unterscheidung von ›Allgemeinbildung‹ und ›Berufsbildung‹. Der Plan will die Einheit des Schulsystems, der Lehrerschaft und der menschlichen Bildungsfunktionen ...« (Fink 1962, S. 135). Vorgeschlagen wurde ein konsequenter Stufenaufbau für die ersten sechs Schuljahre. Eine zweijährige Mittelstufe sollte wie die Förderstufe, aber von allen Schülern besucht, den Übergang von der Grundschule zu den drei Zweigen der Oberschule erleichtern und verbessern. Ebenso wegweisend wie die Idee einer zugleich fördernden und orientierenden allgemeinen Zwischenstufe, über die sich später alle Bundesländer verständigten, war die Reflexion auf die Anforderungen der wissenschaftlichen Zivilisation an die Schulbildung ihrer Angehörigen. Es ging um die »Sicherung einer allgemeinen wissenschaftsorientierten Grundbildung für alle«, wie es danach im Bildungsgesamtplan hieß (Bund-Länder-Kommission für Bildungsplanung 1973, S. 24). Wissenschaft und ihre Wahrheit, die das Leben jedes einzelnen heute bestimmen, sind nicht ins Unzugängliche entrückt, erläuterte Fink, sondern »eine Potentialität für jeden, und jedermann hat das Recht, selbst darüber zu entscheiden, wieweit er die Anstrengung des Begriffs übernimmt« (Fink 1962, S. 135).

In dieser Sicht des Bezuges von Wissenschaft und Bildungssystem unterschied sich der Bremer erheblich vom Rahmenplan. Ebenso in der Frage des Schulaufbaus. Die bemerkenswerte Übereinstimmung beider Konzepte bestand in der grundsätzlichen Wendung zur Differenzierung, die fortan die Reformdiskussion bestimmte. Beide nahmen insofern ausdrücklich Abschied von der Einheitsschule, die einmal prinzipiell als eine für alle gemeinsame Volksschule gedacht worden war. Dort wo sie vergleichsweise früh begonnen wurde, wie in den Vereinigten Staaten von Amerika und in der Sowjetunion, dann auch in Schweden und Japan, fand sich der Einheitscharakter von Organisation und Curriculum entsprechend stark ausgeprägt. In Deutschland hatte sich wegen der

Trennung der gymnasialen Vorschule von der Volksschule die Diskussion zunächst auf die gemeinsame Grundschule konzentriert, um deren Dauer daher in der Nachkriegszeit wie vordem in Weimar anhaltend gestritten wurde. Beide Reformpläne führten diese Auseinandersetzung nicht fort, beließen die Grundschule bei ihren vier Jahren und legten den neuen Akzent auf die anschließende teils innere, teils äußere Differenzierung der Angebote und Schülergruppen. Die konservative Kritik war jedoch nicht bereit, auf diesen Unterschied einzugehen noch auf die gravierenden Differenzen zwischen den beiden Konzepten. Den Deutschen Philologenverband »überrascht(e) nicht, daß weite Teile des schulpolitischen Programms der ›Gewerkschaft Erziehung und Wissenschaft‹ sich mit dem ›Rahmenplan‹ decken – wie: Verbreiterung aller weiterführenden Bildungswege, Verlängerung der Grundschuldauer, Verkürzung der Gymnasien« (Schorb 1960, S. 27 f.). Mit dem Bremer wurde zugleich der Rahmenplan entlarvt als »eine revolutionäre Konspiration gegen die christliche Erziehung unserer Jugend« mit dem Ziel einer »entchristlichten« Einheitsschule, die der Kultusminister von Schleswig-Holstein, Edo Osterloh (CDU), »nicht mehr von dem östlichen Erziehungssystem zu unterscheiden« vermochte und den Bischof von Aachen, Johannes Pohlschneider, im *Rheinischen Merkur* die Frage aufgreifen ließ, ob der Bremer Plan »gewissermaßen als Durchführungsverordnung zu jenen kulturpolitischen Programmpunkten des Godesberger Grundsatzprogramms der Sozialdemokraten angesehen werden müsse, die für die Christen so enttäuschend formuliert wurden« (Bungardt 1962, S. 67 ff.).

»Höhere Schulbildung«, hieß es in der Zeitschrift des Philologenverbandes, »muß Elitebildung sein und bleiben.« (Neunheuser 1959, S. 214) Seite an Seite mit der katholischen Kirche kämpften die Philologenvereine für das Elternrecht, um das grundständige Gymnasium ebenso wie die Einheit der Bekenntnisschule zu erhalten. In ihren Versammlungen wurde Georg Picht, Leiter der Forschungsstätte der Evangelischen Studiengemeinschaft in Heidelberg, der den Rahmenplan mitersonnen hatte und ihn nun verteidigte, nicht weniger attackiert als der zum »Chefideologen« der Gewerkschaft abgestempelte Eugen Fink. Ein Senatspräsident vom Bundesverfassungsgericht verkündete auf einer Diözesantagung des Vereins katholischer deutscher Lehrerinnen, der Bremer

Plan werde mit Sicherheit an der Verfassung scheitern (Bungardt 1962, S. 46). Juristen in führenden Positionen zogen mit dem Grundgesetz gegen die Förderstufe zu Felde, wiewohl erst recht im Rahmenplan keine Spur staatlicher Lenkung gegen den Willen der Eltern zu finden war.

Die Chancen für den in den Anfängen der Bundesrepublik versäumten Neubeginn waren in der Zwischenzeit gesunken. Der Arbeitsmarkt hatte sich zwar entspannt, aber von anhaltender Vollbeschäftigung war noch keine Rede, lebendig dagegen die Erinnerung an drückende Erwerbslosigkeit in den Nachkriegsjahren und davor in der Weltwirtschaftskrise. Für qualifizierten Nachwuchs vermochte das überkommene Bildungssystem einigermaßen zu sorgen, überdies die Zuwanderung von Heimatvertriebenen und DDR-Flüchtlingen. Der Kampf um die besseren Stellen hatte die oberen Schichten darin bestärkt, den Weg durch das Berechtigungssystem zu ihnen möglichst schmal, allein für die eigenen Kinder möglichst sicher zu halten. Eine nach Begabung und Schulleistung fragende Orientierungsstufe konnte dabei nur stören. Das grundständige Gymnasium, auf dem damals, vom Ausscheiden in den ersten beiden Jahren ganz abgesehen, nur eine Minderheit von vierzig Prozent der Quartaner zum Abitur gelangten, sorgte bei entsprechendem Familienhintergrund und elterlichem Nachdruck für die rechte Placierung. Den breiten Schichten der Bevölkerung verbürgte eher kürzere Schulzeit und baldige Erwerbsarbeit nicht nur ein Auskommen, sondern auch den rascheren Eintritt in das System sozialer Sicherheit. Für Schulreform schien weder Bedarf noch Nachfrage zu bestehen.

VI Modernität und Chancengleichheit

Das Bildungswesen der deutschen Länder, insbesondere der protestantisch regierten, hatte jahrhundertelang in hohem Ansehen gestanden. Seit die sächsischen Fürstentümer im Gefolge der Reformation begannen, die Schulpflicht einzuführen, fand die Verbreitung allgemeiner Elementarerziehung in Deutschland internationale Aufmerksamkeit und Anerkennung. Ebensosehr wurden die Ergebnisse der staatlichen Organisation des höheren Schulwesens im neunzehnten Jahrhundert beachtet. Die auf das ausgebaute humanistische Gymnasium gründende deutsche Forschungsuniversität entwickelte sich zur modernsten und leistungsfähigsten der Welt. Wenn auch spät, fügte sich die realistische Schulbildung, weitergeführt in den Ingenieurschulen und Technischen Hochschulen, in dieses Bild, das dann abgerundet wurde durch die einzigartige Verbreitung einer modernen, zugleich qualifizierten und betriebsnahen Berufsausbildung.

Defizitär war in diesem Bildungssystem nicht seine Effektivität, jedenfalls nicht im internationalen Vergleich. Problematisch erschienen die Erziehungsziele, im Wilhelminischen wie dann besonders im nationalsozialistischen Reich, und der Mangel an Chancengleichheit, den die berufsständische Gliederung auch im zwanzigsten Jahrhundert verbürgte. Im Mittelpunkt der bildungspolitischen Diskussion nach den Zusammenbrüchen von 1918 und 1945 standen daher nicht Modernität und Leistungsfähigkeit, sondern Wertsysteme und ihre bildungsorganisatorischen Konsequenzen: die sozialistische oder sozialliberale Einheitsschule im Dienste republikanisch-demokratischer Gesellschaftsentwicklung, die konfessionell separatierte Bekenntnisschule im Dienste christlicher Menschenbildung.

Daß mit der allgemeinen Bildungsexpansion die Vorrangstellung des deutschen Bildungssystems in Frage gestellt würde, daß es in seiner eigentlichen Domäne, effektive und moderne Ausbildung zu gewährleisten, im internationalen Vergleich zurückfiel und durch die restriktive Bildungspolitik des Nationalsozialismus ein großer Nachholbedarf entstanden war, wurde erst im Zusammenhang der Modernisierung der Produktion in den fünfziger

Jahren entdeckt und in den sechzigern bei anhaltender Vollbeschäftigung bestimmend für die Gesellschaftspolitik. Die Sozialdemokraten, im Bundestag in einer wenig aussichtsreichen Oppositionsrolle, wandten sich auf ihrem Wege zur Volkspartei den Konsequenzen und Anforderungen der Industrialisierung zu und machten Begabtenauslese und Begabtenförderung zu Kernpunkten der Verbesserung aller bestehenden Bildungseinrichtungen. Dabei konnten sie an einen von ihnen immer betonten Zusammenhang zwischen der Benachteiligung breiter Schichten der Bevölkerung und unzulänglicher Begabtenförderung anknüpfen. Freie Bahn dem Tüchtigen, lautete die bürgerliche Forderung, die sie gemeinsam mit den Liberalen gegen die berufsständische Bildungspolitik der Konservativen gerichtet hatten. Chancengleichheit wurde dabei nicht als Ergebnis gesellschaftlicher Umwälzung aufgefaßt, sondern als erweiterter Spielraum für den individuellen Aufstieg durch Bildung. Dessen immer offensichtlicher werdende Erfolgsaussichten erlaubten der Opposition in den sechziger Jahren, unterstützt durch tatsächliche oder auch nur vermeintliche Rückständigkeit im internationalen Vergleich, die Kritik an den bestehenden Bildungseinrichtungen auf deren Strukturen zu beziehen und so die zuvor auch von ihr selbst verdrängte Organisationsfrage erneut auf die Tagesordnung zu setzen. Das Modernisierungspostulat, auf verbesserte Leistungsfähigkeit und vermehrte Begabtenförderung zielend, ließ sich wirksam mit dem Bürgerrecht auf Bildung, mit der Forderung nach Chancengleichheit und Demokratisierung im Bildungswesen verknüpfen – allerdings mit schwerwiegenden Folgen für die Ziele und Mittel, den Verlauf und die Bewertung dieser Phase der Bildungsreform.
Voraussetzung für ihre Entfaltung, jedenfalls auf dem Lande, aber war die Aufgabe der konfessionellen Schulorganisation. Erlaubten die bildungsökonomischen Argumente der sozialliberalen Opposition, auf die Strukturreform zurückzukommen, so veranlaßten sie die Christdemokraten, von der öffentlichen Bekenntnisschule Zug um Zug Abstand und schließlich ganz Abschied zu nehmen. Unter dem Gesichtspunkt der Leistungsfähigkeit erlangten jahrgangsgegliederte, mehrzügige, mit Fachlehrern hinreichend versorgte Schulen zunehmend Anziehungskraft gegenüber der Vielzahl auch und gerade aus konfessionellen Gründen ein- oder zweiklassiger Zwergschulen, gewannen Argumente

für eine anspruchsvollere, überkonfessionelle Volksschullehrerausbildung an Gewicht. Solchen Argumenten vermochte auch die katholische Kirche nicht mehr wirkungsvoll zu begegnen. Nach langjähriger Erfahrung mit den Ergebnissen des Unterrichts an den Konfessionsschulen inmitten einer weithin materialistisch orientierten Wirtschaftsgesellschaft hatte der Impuls zur Wiederbelebung christlicher Menschenbildung an Überzeugungskraft eingebüßt.

Der Bildungsreform ging die Bildungsexpansion voran, nicht umgekehrt. Dem Strukturwandel der Erwerbstätigkeit folgend, reichen ihre Anfänge in das neunzehnte Jahrhundert zurück, allerdings gebremst durch die Verfassung der monarchischen Staaten und die berufsständische Bildungsorganisation. Um so deutlicher machte sich das Bildungswachstum in den Jahren der ersten Republik bemerkbar. Nach der verheerenden Zäsur durch das nationalsozialistische Regime und der Überwindung der unmittelbaren Kriegsfolgen setzte es ungeachtet schlechter Berufsaussichten und hoher Arbeitslosigkeit erneut ein.

Bis zum Ende der fünfziger Jahre noch hatten mehr als 85 Prozent der Erwerbsbevölkerung lediglich die Volksschule besucht, kaum 5 Prozent eine Mittelschule und weniger als 10 Prozent ein Gymnasium abgeschlossen. Doch während der fünfziger Jahre änderte sich der relative Schulbesuch bereits erheblich. Der Anteil der Volksschüler unter den Dreizehnjährigen sank bis zum Ende des Jahrhunderts auf 70 Prozent. Den Gewinn verzeichneten die ringsum geförderten Mittelschulen, die ihren Anteil auf 11 Prozent erhöhten, aber auch die Gymnasien. Deren Jahrgangsquote stieg bis 1957 auf gut 16 Prozent. Danach allerdings sank sie wieder etwas und stagnierte für einige Jahre. Da in den fünfziger Jahren die schwachen Nachkriegsjahrgänge in die allgemeinbildenden Schulen einzogen, die Schülerzahl insgesamt sank, 1956 einen Tiefpunkt und erst Mitte der sechziger Jahre den Stand von 1950 wieder erreichte, wurde der Wandel des relativen Schulbesuches jedoch kaum wahrgenommen (Hüfner und Naumann 1977).

Deutlicher machte sich die Bildungsexpansion im vermehrten Zustrom zu den Universitäten bemerkbar. Nicht nur wuchs der Anteil der Studenten unter den Gleichaltrigen ab 1953 kontinuierlich. Da sie aus immer stärkeren Jahrgängen kamen, verdoppelte sich die Anzahl der Studierenden bis 1961. So entstanden in den Hochschulen, nachdem sie die Anfangsschwierigkeiten überwunden zu haben glaubten, immer größere Engpässe.

Zugleich verwies die Expansion von Wirtschaft und Technik auf die wachsende Bedeutung wissenschaftlicher Forschung, zumal für die Bundesrepublik als Exporteur im internationalen Wettbewerb. Den für die Wissenschaft zuständigen Ländern aber fehlten die Mittel, den erforderlichen Aufwand zu bestreiten. Klagen über mangelnde Förderung von Forschung und Lehre wurden in der Öffentlichkeit immer lauter. Es ging darum, mehr Bundesmittel einzuwerben. Das war, jedenfalls verfassungsrechtlich, noch am einfachsten bei der Ausbildungsbeihilfe für bedürftige Studenten möglich. 1955 wurden die Grundzüge einer einheitlichen »Studienförderung nach dem Honnefer Modell« vereinbart. Die zweckmäßig verstärkte Teilhabe des Bundes an den Lasten der Forschung aber bedurfte einer zumindest mittelfristigen Entwicklungsplanung und Koordination, die damals nicht einmal innerhalb der einzelnen Bundesländer, geschweige denn zwischen ihnen stattfand. Nach dem Grundgesetz war die Kompetenz des Bundes auf die konkurrierende Gesetzgebung für die Regelung der Ausbildungsbeihilfen und der Förderung der wissenschaftlichen Forschung (Art. 74,13) beschränkt, die, an enggezogene Voraussetzungen gebunden, vor allem die Kulturhoheit der Länder nicht beschneiden durfte.

Bedarfsfeststellung

Die Initiative ging im Zusammenwirken mit der Deutschen Forschungsgemeinschaft von bayerischen sozialen und freien Demokraten aus. Die Forschungsgemeinschaft, eine Selbstverwaltungsorganisation gewählter wissenschaftlicher Gutachter, war 1952 durch den Zusammenschluß der 1949 wiedererstandenen Notgemeinschaft der Deutschen Wissenschaft mit dem im selben Jahr gegründeten Deutschen Forschungsrat entstanden. In ihrem Hauptausschuß entscheiden Wissenschaftler, die die Mehrheit bilden, gemeinsam mit Vertretern der Länder, des Bundes und des Stifterverbandes über die Vergabe öffentlicher Forschungsmittel. Nach diesem Vorbild forderte 1956 DFG-Präsident Gerhard Hess, einen »Zentralrat« einzurichten, um den Bedarf für Forschung und Lehre langfristig zu planen und »einen Teil der im Juliusturm des Bundesfinanzministeriums gehorteten Milliarden der Wissenschaft, vornehmlich den Hochschulen zuzuführen« (Wissenschaftsrat 1968, S. 7 f.).

In Bayern regierte damals eine Viererkoalition aller Parteien gegen die CSU, zusammengeführt durch deren Schulpolitik. Von ihr gingen mit dem nach ihrem Kultusminister benannten Rucker-Plan erste Anregungen aus, Bedarfsprognosen für die Bildungsaufwendungen zu erarbeiten und durch die Kultusministerkonferenz zusammenfassen zu lassen. Nun entwarf Ministerpräsident Hoegner den Text eines Verwaltungsabkommens zwischen den Ländern und dem Bund, um dem Vorschlag von Hess entsprechend eine zentrale Kommission zur Förderung der Wissenschaft einzurichten.

Die Kultusminister suchten zunächst ihr Entscheidungsmonopol auch in der Planung zu bewahren. Die beteiligten Wissenschaftler sollten nur beraten, die staatlichen Vertreter allein beschließen können. In die Verhandlungen schaltete sich Bundespräsident Theodor Heuss ein, der sich auch bereit fand, die Mitglieder des neuen Wissenschaftsrates zu berufen. So stimmten die Länder letztlich dessen endgültiger Form zu, bestehend aus einer wissenschaftlichen und einer Verwaltungskommission, aber beschlußfähig nur in der gemeinsamen, paritätisch besetzten Vollversammlung von sechzehn Wissenschaftlern und sechs »Persönlichkeiten des öffentlichen Lebens« sowie sechs Vertretern der Bundesregierung, die über elf Stimmen verfügen, und elf Vertretern der Länder.

Mit dem im September 1957 geschlossenen Abkommen wurde nach den Worten Bundeskanzler Adenauers bei der Unterzeichnung »zum ersten Mal auf deutschem Raum eine Einrichtung geschaffen, die einen Gesamtüberblick über die wissenschaftliche Arbeit in der Bundesrepublik geben und den Regierungen von Bund und Ländern Vorschläge für die Förderung der Wissenschaft unterbreiten soll« (Wissenschaftsrat 1983, S. 5). Zugleich schlossen die Vertragspartner ein »Ingenieurschul-Abkommen«, um, wieder mit den Worten Adenauers, dem »besorgniserregenden Rückstand in der Ausbildung unseres technischen Nachwuchses« zu begegnen (a. a. O.). Da es dem Bund verwehrt war, den Ingenieurschulen direkt Mittel zukommen zu lassen, übernahm er fortan die Hälfte der Zuschüsse der Länder für die von ihnen gemeinsam nach dem Königsteiner Abkommen geförderten Forschungsinstitute, damit die Länder diese Ersparnisse, damals etwa 22 Millionen im Jahr, zum Ausbau der Ingenieurschulen verwenden konnten.

Dem Wissenschaftsrat wurde aufgetragen, die Pläne des Bundes und der Länder aufeinander abzustimmen und auf ihrer Grundlage einen Gesamtplan für die Förderung der Wissenschaft zu erarbeiten, jährliche Dringlichkeitsprogramme aufzustellen und Empfehlungen dafür abzugeben, wie die in den staatlichen Haushaltsplänen für die Wissenschaft vorgesehenen Mittel verwendet werden sollten. Die mangelnde Planungsfähigkeit und Bereitschaft der Hochschulen wie der Bildungsverwaltungen ließen solche Ziele für den Wissenschaftsrat anfangs unerreichbar erscheinen. Im Rückblick auf das erste Jahrzehnt seiner Arbeit erklärte später der damalige Präsident, Hans Leussink, »daß der Wissenschaftsrat keine dieser Aufgaben ganz erfüllt, ja sie bisher so, wie der Wortlaut es zu gebieten scheint, nur in Bruchstücken in Angriff genommen hat. Er hat keine Förderungspläne von Bund und Ländern vorgefunden, die er zu einem Gesamtplan hätte vereinigen können, und er hat infolgedessen auch nicht für den Gesamtbereich jährliche Dringlichkeitsprogramme aufstellen können« (Wissenschaftsrat 1968, S. 27).

Die Kultusministerkonferenz hatte die 1956/57 erarbeitete Gesamtübersicht über die nach dem bayerischen Vorschlag entworfenen Bedarfspläne ihrer Mitglieder nicht zu veröffentlichen gewagt. Die methodischen Grundlagen der Vorausschätzungen erschienen zu unsicher; das Ergebnis, die Verdopplung des Finanzbedarfs in fünf bis zehn Jahren, wurde als unrealistisch empfunden. Tatsächlich übertraf die Wirklichkeit die Prognose. Die Kultusausgaben der Länder verdoppelten sich von 1956 an gerechnet in sieben Jahren von 4,2 Milliarden auf 8,4 Milliarden DM im Jahre 1963 (KMK 1967b, S. 86f.). Auch danach wurden die finanziellen Bedarfsprognosen der Kultusminister regelmäßig für unrealistisch gehalten und dennoch bis in die achtziger Jahre von den tatsächlichen Ausgaben stets eingeholt.

So erklärte sich auch der große Erfolg, welcher der ersten 1960 vorgelegten Empfehlung des Wissenschaftsrates zum Ausbau der

Hochschulen beschieden war. Mit vielfältigem Zahlenmaterial und beredten Worten wurde die Überfüllung der Universitäten dargetan. So große Anstrengungen die Länder beim Wiederaufbau in der Nachkriegszeit auch aufgebracht hatten, die Ausstattung der Hochschulen blieb weit hinter früher gewohnten Verhältnissen zurück. Die naturwüchsige Entwicklung und die Organisation der Ordinarienuniversität hatten zu dramatischen Belastungsdifferenzen zwischen den einzelnen Fächern geführt. In der Elektrotechnik oder in den Wirtschafts- und Sozialwissenschaften mußten von einem Lehrstuhl mehr als zehnmal so viele Studenten betreut werden wie in der Forstwissenschaft. »Den weitgehend sich selbst überlassenen Studenten fehlt es zu einem sinnvollen Studium aber vielfach auch an Arbeitsplätzen in den Laboratorien, in Zeichensälen und in Seminarbibliotheken, am Zugang zu den für wissenschaftliche Arbeiten notwendigen Büchern. Es gibt juristische Seminare, in denen nur 150 Arbeitsplätze für mehr als 1000 Studenten vorhanden sind. Wie soll eine Übungsarbeit vorbereitet werden, wenn 400 Übungsteilnehmer dieselbe Monographie, denselben Aufsatz brauchen, der bestenfalls in zwei oder drei Exemplaren vorhanden ist? Wie sollen Dozenten, Assistenten und Studenten arbeiten, wenn das germanistische Seminar für 1300 Studenten sieben Räume zur Verfügung hat wie in Freiburg. Vielfach macht die Verteilung der nicht ausreichenden Hörsäle kaum überwindbare Schwierigkeiten. Fast noch schlimmer ist es, daß Ordinarien und mehr noch Dozenten ihre Sprechstunden oder Stipendienprüfungen auf den Gängen hin- und herwandelnd abhalten müssen, weil das einzige Sprechzimmer des Seminars besetzt ist.« (Wissenschaftsrat 1960, S. 26)

Angesichts der allgemeinen Wirtschaftsexpansion plädierte der Wissenschaftsrat trotz dieser Überfüllung nicht für Studienbeschränkung, sondern für den energischen Ausbau der Hochschulen. Der in den sechziger Jahren wachsende Mangel an qualifizierten Nachwuchskräften wurde richtig vorausgesehen. Im internationalen Vergleich war die Studentenquote hinter der anderer Industrieländer zurückgeblieben. Die Sorge vor einem akademischen Proletariat erschien unbegründet.

Hatten die Länder von 1949 bis 1960 für die wissenschaftlichen Hochschulen rund 1,5 Milliarden DM an Baumitteln aufgebracht und die Zahl der Lehrstühle um knapp 1 000, die der Assistenten um rund 6 000 vermehrt, überdies etwa 1 000 Stellen für den akademischen »Mittelbau«, vor allem für Diätendozenten, geschaffen, so sollten nach der Empfehlung des Wissenschaftsrates nun sogleich, nämlich in den nächsten vier Jahren 2,6 Milliarden für Baumaßnahmen aller Art ausgegeben und die Anzahl der Lehrstühle in kaum längerer Frist um 1 200, also um etwa 40 Prozent des Bestandes vermehrt, die der Mittelbau- und Assistentenstellen um gut 8 000 mehr als verdoppelt werden. Weiter wurde empfohlen, das nichtwissenschaftliche Personal zu verstärken und die laufenden Sachmittel um 50 Prozent zu erhöhen. Baumittel und Stellen waren den Hochschulen und Fächern im einzelnen zugeordnet worden, ebenso Richtzahlen für die auszubildenden Studenten. Sie wiesen aus, daß es mit dem forcierten Ausbau der bestehenden Hochschulen nicht getan war, sondern unverzüglich neue Universitäten für mindestens vierzigtausend Studenten gegründet werden müßten.

Der Erfolg dieser ersten gesamtstaatlichen Hochschulplanung war zunächst der wirtschaftlichen Prosperität jener Jahre und den damit rasch wachsenden Steuereinnahmen zu danken wie auch der guten Abstimmung mit den einzelnen Hochschulen und innerhalb des Wissenschaftsrates mit den Ländervertretern der Hochschulverwaltung. Im vorgesehenen Zeitraum verdoppelte sich die Stellenzahl für das wissenschaftliche Personal und gaben Länder, Bund und Gemeinden rund drei Milliarden DM für Hochschulbau und Geräte aus. Der Bund beteiligte sich schon stärker, wenngleich die Länder nach wie vor den Löwenanteil von vier Fünfteln der Sachmittel und die Personalkosten allein trugen. Zudem wurden fünf neue Universitäten, in Bochum, Dortmund, Regensburg, Konstanz und Bremen, gegründet sowie medizinische Hochschulen in Ulm und Hannover, aus denen sich später ebenfalls Universitäten entwickelten.

Nicht minder bedeutsam für die rasche und günstige Aufnahme der Wissenschaftsratsempfehlung aber war ihr Abstand von jeglicher Strukturveränderung. Die in den Nachkriegsjahren lebhafte Diskussion über die notwendige Hochschulreform war lange eingeschlafen. Gegen die recht heterogenen Reformbegehren der Besatzungsmächte hatte sich traditionelles Beharren in tiefverwurzelter Überzeugung gestemmt, daß die deutsche Universität im

Kern gesund sei. Ihr räumten die Landesregierungen, nachdem der Staat in der nationalsozialistischen Diktatur sich noch mehr desavouiert hatte als die meisten seiner Einrichtungen, Autonomie in einem bisher unbekannten Ausmaß ein.

Dem Wiederaufbau in der überkommenen Gestalt stand so nichts mehr im Wege. Es mangelte nicht an der Konstruktion, sondern an den Mitteln. Auf die wachsenden Studentenzahlen gab es zunächst auch keine andere Antwort. Ob die Ordinarienuniversität der Bildungsexpansion grundsätzlich gewachsen war, blieb unbefragt. Bei allen Überlegungen, den Lehrkörper zu verstärken und zu gliedern, sei davon auszugehen, erklärte der Wissenschaftsrat, »daß das Ordinariat seine tragende Stelle im Aufbau der Lehrkörper in den deutschen Hochschulen behalten muß. Das setzt voraus, daß die Lehrstuhlinhaber durch sachgerechten Ausbau der Fakultäten wieder in die Lage versetzt werden, ihre eigentlichen Aufgaben, nämlich die Vertretung ihres Faches in Forschung und Lehre zu erfüllen« (Wissenschaftsrat 1960, S. 439). Also wurde die Statuspyramide an ihrer Basis verbreitert und damit die Hierarchie verstärkt. Neben mehr Durchlaufstellen für Assistenten entstanden zusätzliche Dauerstellen für den akademischen Mittelbau, für habilitierte Abteilungsvorsteher und Wissenschaftliche Räte mit dem Titel eines Professors sowie für Studien- und Oberstudienräte im Hochschuldienst, Kustoden und Lektoren. An der Selbstverwaltung waren sie alle so gut wie gar nicht beteiligt. Die außerordentlichen hatten inzwischen mit den ordentlichen Professoren gleichgezogen. Doch hinter ihnen schlossen sich sogleich die Tore. Die neuen Professoren, wiewohl ebenfalls habilitiert und Beamte auf Lebenszeit, blieben draußen. In den Fakultäten saßen nur wenige Vertreter. Die Abteilungsvorsteher könnten, so meinte der Wissenschaftsrat, durch Beratung an der Institutsleitung teilnehmen. Bei großen Instituten sei kollegiale Verwaltung zu erwägen, aber nur durch Ordinarien. Die Reform der Hochschulorganisation wurde nicht minder blockiert als die der Schulen.

Ebenso blieb der erste veröffentlichte Bildungsgesamtplan für die Bundesrepublik auf die Fortschreibung bestehender Verhältnisse beschränkt. 1963 legte die Kultusministerkonferenz eine »Bedarfsfeststellung 1961−1970« für alle Bereiche ihrer Zuständigkeit vor, für Schulen und Lehrerbildung, Wissenschaft und Forschung, Kunstpflege und Erwachsenenbildung. Wieder ging es um die Mittel, nicht um die Konstruktion.

Die Vorausschätzungen des Bedarfs an Lehrern und Schulräumen orientierten sich vornehmlich an der demographischen Entwicklung, also den wachsenden Schülerzahlen infolge der stärkeren Geburtenjahrgänge, weniger an dem in seinem Ausmaß unterschätzten Wandel des relativen Schulbesuches, der Verteilung der Schüler auf die einzelnen Schulformen mit ihrer verschieden langen Besuchsdauer. Lediglich die Einführung des neuen Pflichtschuljahres in allen Bundesländern wurde bis zum Ende des Jahrzehnts unterstellt.

Die Ergebnisse erschienen, was den Lehrer- und den Raumbedarf für Schulen und Hochschulen anging, dramatisch genug. Erstmals wurden mit dem künftigen Schlüsselbegriff der Schüler-Lehrer-Relation, der die Pädagogik mit der Finanzierung verklammerte, Ziel- und Mittelwerte unterschieden. Erstere sollten das pädagogisch Wünschenswerte und im internationalen Vergleich Angemessene bezeichnen, letztere, weil schon in einzelnen Ländern verwirklicht, das bei entsprechender Anstrengung allgemein Erreichbare.

Nach den Mittelwerten waren bis zum Ende des Jahrzehnts weit über zweihunderttausend neue Lehrer aller Schularten erforderlich, von den weit höheren Zielwerten ganz abgesehen. Danach hätten nahezu alle Studenten dieser Jahre Lehrer werden müssen. Der kommende Fehlbedarf war vorauszusehen (KMK 1965, S. 55 f.).

Doch weder eine solche Gesamtrechnung noch die Prognose für ein ganzes Jahrzehnt fügten sich dem Zeitgeist der Bundesrepublik. Die Bedarfsfeststellung der Kultusminister wurde kaum beachtet, wenn nicht als übertrieben abgetan. Ihre Bedeutung erhielt sie erst im internationalen Vergleich und Wettbewerb, denen die politische Publizistik Aufmerksamkeit verschaffte.

Bildungsökonomie

Die Botschaft war aus den Vereinigten Staaten schon in den fünfziger Jahren gekommen. Aufgeschreckt durch den Sputnik-Schock, als es der UdSSR 1957 gelang, den ersten künstlichen

Satelliten in eine Umlaufbahn um die Erde zu steuern, gewannen allgemeine und berufliche Bildung zur Produktion von Humankapital als Betriebsmittel des technischen Fortschritts erhöhtes Ansehen. Die vergleichende Bildungsökonomie fand indes in der Bundesrepublik zunächst wenig Gehör. Erste Veröffentlichungen warben um die Zusammenarbeit aller am Bildungswesen interessierten Disziplinen. Der statistisch beobachtbare Zusammenhang von Schulausgaben und Volkseinkommen wurde vorsichtig mit der Vermutung von Ursache und Wirkung verknüpft (Edding 1958). Nationalsozialismus und Krieg hatten Deutschland bei den Bildungsaufgaben weit zurückfallen lassen. Inzwischen konnte manches aufgeholt werden, doch drohte neuer Rückstand. »Die Schlüsselbedeutung der Investition für die Bildung geistigen Vermögens ist in den letzten Jahren so hervorgetreten und wird von manchen Regierungen soviel höher bewertet als bisher«, warnte Friedrich Edding, erster ordentlicher Professor für die Ökonomie des Bildungswesens, »daß für die Zukunft mit einem in vielen Ländern überproportional zum Volkseinkommen wachsenden Bildungsaufwand gerechnet werden muß. Dies gilt besonders für die Länder, die infolge hoher Bevölkerungsdichte sehr darauf bedacht sein müssen, im internationalen wirtschaftlichen Wettbewerb konkurrenzfähig zu bleiben.« (Edding 1959, S. 23 f.) Dabei war vor allem an Japan gedacht. Im übrigen führten bei den Bildungsausgaben die Weltmächte. In Ost und West wurde Bildungsplanung mit der Modernisierung von Wirtschaft und Gesellschaft zusammengedacht. Die Vereinten Nationen und die großen Verbände nahmen sich ihrer an. Die Organisation der Vereinten Nationen für Erziehung, Wissenschaft und Kultur (UNESCO) gründete ein eigenes internationales Institut für Bildungsplanung (Spies 1976, S. 18). Die Organisation für wirtschaftliche Zusammenarbeit und Entwicklung der westlichen Industrieländer (OECD) setzte 1961 auf ihrer Washingtoner Konferenz Orientierungsmarken. Sie wurden in der Bundesrepublik durch die Kultusministerkonferenz publiziert und regten erneut die Bedarfsfeststellung an. Mit Erstaunen registrierte ihr Generalsekretär Kurt Frey den Anspruch von Wirtschaftswissenschaft und Wirtschaftspolitik, »ein stetiges Wirtschaftswachstum gewährleisten zu können, daß die künftige ökonomische und demographische Entwicklung – den Weiterbestand normaler Verhältnisse unterstellt – weitgehend vorausberechenbar geworden ist und daß daher die künftigen quantitativen und qualitativen Anforderungen an den Bildungs- und Ausbildungsstand der Berufstätigen in fünf oder zehn Jahren schon heute im groben ermittelt werden können« (KMK 1962, S. II).

Die Gewißheit, stetes Wirtschaftswachstum und anhaltende Vollbeschäftigung werde die Zukunft bestimmen, verbreitete im Verein mit keynesianischer Wirtschaftspolitik die neoklassische Wachstumstheorie. Sie hatte sich herausgebildet, um die unerwartet lange und kräftige Nachkriegsexpansion zu erklären. Auf der Suche nach den Gründen fand der sogenannte dritte Faktor immer mehr Beachtung, eine Residualkategorie neben den Faktoren Kapital und Arbeit. Diese beträchtliche Restgröße des Wirtschaftswachstums wurde zunächst allgemein als technischer Fortschritt gedeutet, dann maßgeblich der Qualifikation der Arbeitskräfte, vor allem ihrer Ausbildung zugerechnet. Wiederentdeckt wurde so das Humankapital als Antriebskraft langfristigen Wirtschaftswachstums (Becker 1964). Die weltweite Bildungsexpansion dieser Jahre erschien der sich neu formierenden Bildungsökonomie als unmittelbares Produkt ökonomischer Erfordernisse wie als deren Voraussetzung, Bildungsinvestitionen als Quelle hohen volkswirtschaftlichen Ertrages.

Die Arbeitskräftebedarfsforschung ging dann der Frage nach, welche Zahl von Arbeitskräften mit welchen Qualifikationen für das erwünschte Wachstum des Sozialprodukts erforderlich sei (man power approach). Nicht anders als die »bürgerlichen« urteilten die Vertreter »marxistischer« Bildungsökonomie. Aus ihrer Perspektive erschienen Quantität und Qualität der Bildungsexpansion erst recht von Produktionsnotwendigkeit und Kapitalverwertungsinteressen diktiert (Altvater und Huisken 1971). Jedweder Richtung deuchte das Verhältnis von Bildungs- und Beschäftigungssystem ebenso einfach wie eindeutig. Überdies bestätigte die Alltagserfahrung in der Bundesrepublik von Jahr zu Jahr mehr, daß entsprechend Ausgebildete sich anspruchsvolle Arbeitsplätze aussuchen konnten, zumal die schwachen Nachkriegsjahrgänge die Lücken auf dem Arbeitsmarkt nicht füllen konnten und der Zustrom qualifizierter Arbeitskräfte aus dem deutschen Nachbarstaat nach dem Bau der Mauer versiegte. Um so besorgniserregender mußte ein drohender Bildungsnotstand erscheinen, wie ihn die Prognosen der OECD, vor allem ihrer »Dritten Erhebung des Bedarfs an und der Versorgung mit wissenschaftlichem und technischem Personal« signalisierten. Sie wurden in die deutsche Diskussion durch Friedrich Edding mit seiner *Ökonomie des Bildungswesens* eingeführt. So sorgsam dabei die zahlreichen Schwierigkeiten beim Vergleich verschiedener nationaler Bildungssysteme bedacht waren, beispielsweise blieb der gesamte Berufsschul- als Teilzeitunterricht unberücksichtigt, die Zahlen sprachen ihre eigene Sprache. Sie wiesen für die Bundesrepublik gegenüber den geringen Differenzen in den fünfziger Jahren ein dramatisches Zurückbleiben im Anteil und in der absoluten Zahl der Gymnasiasten und Studenten im kommenden Jahrzehnt aus. 1970 sollten gemäß der von Edding ergänzten OECD-Vorhersage kaum 7 Prozent der entsprechenden Altersgruppe zur Hochschulreife gelangen und nur 5 Prozent studieren gegenüber einem dann doppelt so hohen Studentenanteil beispielsweise in Frankreich (10 Prozent) oder Schweden (12 Prozent) und dreifach größeren Abiturquoten, 19 Prozent in Frankreich und 22 Prozent in Schweden. Die drastische Erhöhung der Abiturquoten fiel in den meisten Nachbarländern mit dem Hineinwachsen der starken Nachkriegsjahrgänge in das Studienalter zusammen, so daß bei den absoluten Zahlen noch erheblich größere Unterschiede erwartet wurden. Die Absolventen höherer Schulen sollten zwischen 1959 und 1970 in der Bundesrepublik nur um 4 Prozent, in Schweden aber um 138, in Frankreich gar um 254 Prozent zunehmen, so daß dort 150 000 Abiturienten, in der Bundesrepublik aber kaum mehr als 50 000 zur Verfügung ständen. Es sei zu fragen, merkte Edding an, »ob es nicht einer Gewichtsverschiebung im Potential gleichkommt, wenn zum Beispiel Frankreich viele Jahre hintereinander eine fast dreimal so große Zahl junger Leute bis zum Abschluß der Sekundärschule bringt als die Bundesrepublik, obwohl deren Gesamtbevölkerung größer ist« (Edding 1963, S. 362, s. auch S. 360 ff.).

Doch die internationale Bildungsökonomie fand zunächst offiziell ebensowenig Aufmerksamkeit wie der von den Kultusministern vorhergesagte Lehrermangel. Nicht nur die Verfassungslage erschwerte die Bildungsplanung, der jedes Bundesland einzeln, wiewohl allein zuständig, nicht gewachsen war. Es mangelte schon am Überblick. Der für die Bundesstatistik verantwortlichen Bundesregierung war verwehrt, Bildungsdaten mit der Volkszählung zu erheben. Überdies aber erschien ihr, auch und gerade unter dem neuen Kanzler Erhard, der im Oktober 1963 sein Amt antrat, staatliche Gesamtrechnung bereits planwirtschaftsverdächtig. Sie stand den Ansätzen staatlicher Modernisierung von Wirtschaft und Gesellschaft, wie sie sich damals in den großen westlichen Industrieländern entwickelten, dem politischen Klima der Bundesrepublik entsprechend reserviert gegenüber.

Die Lage aber spitzte sich zu. Mit anhaltender Vollbeschäftigung und guter Konjunktur, die 1964 einen neuen Gipfel erreichte, wuchs der Bedarf an Arbeitskräften. Die im Ausland Angeworbenen, deren Zahl in der ersten Hälfte des Jahrzehnts um eine Million stieg und damit mehr als fünf Prozent der Erwerbstätigen erreichte, vermochten die Lücken bei den qualifizierten Arbeitsplätzen nicht zu schließen. Von den Schulen und aus der Berufsausbildung kamen die schwachen Nachkriegsjahrgänge. Die Zahl der Schüler in den gymnasialen Oberstufen ging zurück. Es sank nicht nur die Anzahl der Abiturienten und damit die der Studienanfänger, sondern im krassen Unterschied zu allen Nachbarländern auch die Abiturquote. In der zweiten Hälfte der fünfziger Jahre waren wegen der sich wieder abzeichnenden besseren Beschäftigungsmöglichkeiten vorübergehend weniger Kinder von ihren Eltern auf ein Gymnasium geschickt worden (Hüfner und Naumann 1977).

Für den Ausbau der Schulen und Hochschulen waren gewaltige Mittel erforderlich. Sie aufzubringen, mußten die öffentlichen Bildungsausgaben erheblich vermehrt, ihr Anteil am Sozialprodukt, der 1958 3,3 Prozent erreicht hatte, möglichst bald auf mehr als 5 Prozent gesteigert werden. Statt dessen waren die Bildungsausgaben in der Bundesrepublik seitdem im Verhältnis zum steigenden Wohlstand wieder gesunken und unterschritten Anfang der sechziger Jahre erneut den Anteil von 3 Prozent des Sozialproduktes. Alle diese Zahlen faßte Georg Picht, seit dem Rahmenplan des Deutschen Ausschusses mitten in der bildungspolitischen Auseinandersetzung, Anfang 1964 in der konservativen Wochenzeitung *Christ und Welt* zu einer brisanten öffentlichen Anklage zusammen, der der Chefredakteur Giselher Wirsing die alarmierende Überschrift: »Die deutsche Bildungskatastrophe« gab. In der Nachkriegszeit erzielte kein Artikel eines einzelnen eine vergleichbare Wirkung. Picht erklärte die Bildungsökonomie zum Schlüssel für die Wohlstandsentwicklung und den Abiturientenmangel zum Kardinalproblem des Bildungsnotstandes: »Die Zahl der Abiturienten bezeichnet das geistige Potential eines Volkes, und von dem geistigen Potential sind in der modernen Welt die Konkurrenzfähigkeit der Wirtschaft, die Höhe des Sozialproduktes und die politische Stellung abhängig.« (Picht 1965, S. 17) Die Abiturientenzahl in zehn Jahren zu verdoppeln, hätte das oberste Ziel eines gemeinsamen Notstandsprogramms des Bundes und der Länder zu sein. Um die Begabungsreserven zu erschließen, müßte das ländliche Schulwesen modernisiert, das städtische durchlässiger, die Lehrerbildung erneuert und die Bildungsfinanzierung revolutioniert werden.

Hamburger Abkommen

In der so in Gang gebrachten öffentlichen Diskussion reagierten zuerst die Kultusminister. Auf der 100. Plenarsitzung der KMK anerkannten sie in ihrer Berliner Erklärung den Rückstand der Bundesrepublik in der internationalen Schulentwicklung. Nach dem Abschluß des Wiederaufbaus gingen nun die Impulse zur Weiterentwicklung der Schul- und Hochschulpolitik von der europäischen Integration und den Bedürfnissen der Industriegesellschaft aus. Notwendig sei es daher, neue Zielvorstellungen zu entwerfen und in erhöhtem Maße neue Entwicklungslinien des Schulwesens in Schulversuchen zu erproben. Die großen Bildungsaufgaben erforderten, »daß in der deutschen Öffentlichkeit die Gleichrangigkeit der Kulturausgaben mit den Verteidigungs- oder Soziallasten nachdrücklicher als bisher anerkannt wird. Darüber hinaus ist es erforderlich, neue und vertiefte Formen der Zusammenarbeit zwischen Bund, Ländern und Gemeinden und allen selbst verantwortlichen Kräften und Organisationen des Kulturlebens in der Bundesrepublik zu entwickeln« (KMK 1965, S. 35).
Der Appell richtete sich zunächst an die eigene Adresse. Denn das geltende Düsseldorfer Abkommen über das Schulwesen in der Bundesrepublik schloß jede weiterführende Reform aus. Die Kul-

tusminister bereiteten daher ein anderes Abkommen vor. Ihre Überlegungen richteten sich vor allem darauf, »wie neue Entwicklungen im deutschen Schulwesen eingeleitet werden können, die die Erfordernisse der Zukunft erfüllen« (KMK 1965, S. 38). Umfassende Bildungsplanung, gemeinsam mit dem Bund, sollte zu mehr Durchlässigkeit für mehr Abiturienten führen. Schon im Oktober 1964 unterzeichneten die Ministerpräsidenten in Hamburg das neue Abkommen. Es verlängerte die Schulpflicht auf mindestens neun Jahre, ließ auch für Hauptschulen ein zehntes Jahr zu und führte dort den obligatorischen Unterricht in einer Fremdsprache ein, um den Übergang zu den Realschulen und Aufbaugymnasien zu erleichtern. Insoweit blieb die Grundstruktur des Schulwesens bewahrt. Aber die notwendigen Reformen wurden nicht weiter blockiert, für alle Schüler gemeinsame fünfte und sechste Klassen unter der Bezeichnung Förder- oder Beobachtungsstufe zugelassen und pädagogische Versuche, die von der Grundstruktur abwichen, erlaubt, wenn sie sich, wie dann die Gesamtschulen, der vorherigen Empfehlung der Kultusminister-konferenz versicherten. Am Rande bereinigte man den ungelösten Konflikt um den Schuljahresbeginn. Nachdem es nicht gelungen war, Bayern zum Einschwenken auf den von allen Ländern vereinbarten Frühjahrstermin zu bewegen, kehrten nun alle anderen Länder zum international bevorzugten Herbsttermin zurück. Kurzschuljahre sparten zum Wohle des Arbeitsmarktes ein halbes Jahr Schulzeit ein (KMK 1965, S. 45 ff.).

Zugleich beschlossen Bund und Länder ein Abkommen zur finanziellen Förderung von Wissenschaft und Forschung und die Länder untereinander die gemeinsame Finanzierung neuer Hochschulen nach den Vorschlägen des Wissenschaftsrates. Auch dabei wurde erstmals wieder die Reform zugelassen. Die Länder erklärten sich gewillt, »neuen Gedanken für die Gestaltung dieser Hochschulen Raum zu geben, in der Erwartung, damit auch die Neuordnung der bestehenden Hochschulen zu fördern« (KMK 1965, S. 42).

Die Einsicht, daß für die Entwicklung des Bildungswesens weit mehr Sachwissen und Voraussicht erforderlich wären als vorhanden, hatte sich an der Spitze der Kultusverwaltung verbreitet, ehe die öffentliche Diskussion einsetzte. So gelang es dem Bildungs-wissenschaftler Hellmut Becker, namhafte Gelehrte und Kulturpolitiker für den Plan eines Instituts für Bildungsforschung in der Max-Planck-Gesellschaft zu gewinnen und die Widerstände in den Ländern und Kirchen zu neutralisieren. Gemäß seiner Gründungsintention sollte das Institut »durch Verbindung der Methoden der Pädagogik und Psychologie, der Sozialforschung, der Ökonomie und der Jurisprudenz die wissenschaftlich feststellbaren Voraussetzungen unseres Bildungswesens klären«, um die wissenschaftlichen Grundlagen für eine künftige Bildungspolitik zu vermitteln (Hüfner und Naumann 1977, S. 154 f.). Ende 1963 nahm das Institut unter Beckers Leitung in Berlin seine Arbeit auf. Als Bildungsökonomen konnte es Friedrich Edding gewinnen. Im Jahr darauf wurde eine in Frankfurt seit 1951 bestehende Forschungseinrichtung unter der neuen Bezeichnung Deutsches Institut für Internationale Pädagogische Forschung in die finanzielle Obhut aller Bundesländer genommen.

Bildungsplanung

1965 trat der Deutsche Bildungsrat an die Stelle des Deutschen Ausschusses für das Erziehungs- und Bildungswesen. Dieser hatte bei seinem Abschied empfohlen, seinem Nachfolger mehr Rückhalt in der politischen Macht, wenn auch nicht weniger Unabhängigkeit zu geben, indem sich Politik und Verwaltung an den Vorschlägen, die sie dann durchsetzen und ausführen sollten, beteiligten. Im Wissenschaftsrat war ein Modell solcher Zusammenarbeit geschaffen worden. Es ließ sich aber nicht übertragen, da in Schulfragen aus verfassungsrechtlichen wie bildungspolitischen Gründen eine gemeinsame Beschlußfassung der Vertreter der Länder mit denen des Bundes und der Gemeinden oder gar mit unabhängigen Sachverständigen nicht möglich erschien. So sollte die Bildungskommission, bestehend aus achtzehn berufenen Sachverständigen, allein für den Bildungsrat entscheiden, allerdings erst nach sorgfältiger Anhörung der in der Regierungskommission versammelten Verwaltungsvertreter. Mit der Kooperation erweiterte sich die Aufgabenstellung. Der Bildungsrat sollte nicht mehr wie sein Vorgänger die Bildungsentwicklung nur beobachten und durch Rat und Empfehlung fördern, sondern erhielt den Auftrag: »1. Bedarfs- und Entwicklungspläne für das deutsche Bildungswesen zu entwerfen, die den Erfordernissen des kulturellen, wirtschaftlichen und sozialen Lebens entsprechen und den zukünftigen Bedarf an ausgebildeten Menschen berücksichtigen. 2. Vorschläge für die Struktur des Bildungswesens zu machen und den Finanzbedarf zu berechnen. 3. Empfehlungen für eine langfristige Planung auf den verschiedenen Stufen des Bildungswesens auszusprechen.« (Becker 1971, S. 67) Unter diesen Aufgaben wuchs den Vorschlägen für eine Strukturreform des Bildungswesens das größte Gewicht zu. Denn nach der »planlosen« Zeit des konventionellen Wiederaufbaus gerieten die Verwaltungen in der alarmierenden Diskussion um die Wettbewerbsfähigkeit der Republik immer mehr selbst in Planungsaktivitäten, nicht anders als die Wirtschaftspolitiker. Um behördliche Bildungsplanung für den Gesamtstaat zu ermöglichen, wurde dann sogar das Grundgesetz geändert und einer Bund-Länder-Kommission für Bildungsplanung die Arbeit an einem Bildungsgesamtplan übertragen.

Immer mußte es den Ländern auch um das eigene Haus gehen. Alle wollten ihre Bildungsreserven erschließen. Aber je nach bildungspolitischem Standort urteilten sie über Notwendigkeit und Ausmaß einer Strukturreform zu diesem Zweck sehr verschieden. Geriet die konfessionelle Schulorganisation unter dem Gesichtspunkt der Leistungsfähigkeit allgemein immer mehr in Zweifel, so waren die christdemokratischen Regierungen doch bemüht, das gegliederte Schulwesen in seiner bisherigen Form zu erhalten, und wandten sich deshalb als erste der Bildungswerbung und Bildungsplanung zu. Sozialdemokratischen Regierungen ging es, ermutigt durch das Hamburger Abkommen, eher um neue Versuchsprogramme denn um festschreibende Entwicklungspläne.

Vor allen anderen Ländern hatte Bayerns starke Verwaltung auf Bedarfsfeststellung gedrängt. Nach umfangreichen Vorarbeiten, die das Kultusministerium gemeinsam mit den Bezirksregierungen und den Planungsbehörden durchführte, entstand 1963 ein Schulentwicklungsplan, der das ganze Land gleichmäßig mit weiterführenden Schulen ausstatten sollte. Vorgesehen war, 35 höhere Schulen, 38 Mittelschulen, 27 Berufsaufbauschulen und 7 Handelsschulen neu zu gründen. Um die Begabungsreserven zu ermitteln, wurden an allen Volks- und höheren Schulen des Landes statistische Erhebungen veranstaltet, deren Ergebnis unter der Schlagzeile »Bayern überprüft seine Begabtenreserven« veröffentlicht und dem Landtag die Schlußfolgerungen des neuen Kultusministers Ludwig Huber in einem »Sofortprogramm zur Ausschöpfung der Begabtenreserven« präsentiert (KMK 1965, S. 87). Bildungswerbung, Begabtenförderung und Schulentwicklungsplan sollten ineinandergreifen: »Mit der Verteilung von Informationsschriften über die Bildungswege in Bayern und der Einsetzung von hauptamtlichen Schulberatern in allen Regierungsbezirken wurde die Absicht verfolgt, den Eltern bei der Wahl der richtigen Schulart für ihre Kinder zu helfen. Ein Ergänzungsunterricht in den Anfangsklassen der Gymnasien und Realschulen soll den Übergang von der Volksschule erleichtern. Für Mädchen wurde durch die Einführung eines neuen Gymnasialzweiges, des Sozialwissenschaftlichen Gymnasiums, ein besonderer Anreiz geschaffen, den Weg zum Abitur einzuschlagen.« (KMK 1967a, S. 31) Im März 1965 ließ der bayerische Kultusminister 600 000 Exemplare einer Broschüre mit der Überschrift »Aus Ihrem Kind soll etwas werden« an die Eltern der Volksschüler der vierten bis achten Klasse verteilen und wiederholte dann diese Werbung noch öfter bei den Eltern der Grundschüler (KMK 1967b, S. 150). Ein Begabtenförderungsgesetz räumte im Jahr darauf befähigten, aber bedürftigen Schülern in Bayern erstmals einen Rechtsanspruch auf staatliche Beihilfe zu ihrer Ausbildung ein.

Darf auch die Wirkung von Bildungswerbung und Begabtenförderung ebenso wie die der späteren entgegengesetzten Abschreckung nicht überschätzt werden, da die Bildungsexpansion in erster Linie dem Wandel der Sozialstruktur folgt, so drückten sich in diesen Programmen doch unmißverständlich bildungspolitische Grundsätze aus. Die erkannten Mängel des Bildungssystems sollten, ohne es tiefgreifend zu verändern, quantitativ behoben werden. In Baden-Württemberg, das sich die Verdopplung der Abiturientenquote ausdrücklich zum Ziel gesetzt hatte (KMK 1967b, S. 99) und zur Bildungswerbung die Kampagne »Student aufs Land« startete, richtete der neue Kultusminister Wilhelm Hahn die erste eigenständige Planungsabteilung in seinem Ministerium ein und berief in einen Beirat für Bildungsplanung auch Georg Picht. Es ging ihm darum, »in die Gesamtkonzeption für das Bildungswesen den sozialen, wirtschaftlichen, technischen, aber auch den kulturellen Wandel dieser Welt vorausschauend mit einzubeziehen. Im Dreiklang von Bildungsforschung, Bildungsplanung und Bildungspolitik soll der freiheitliche Anspruch des einzelnen und der Gesamtanspruch der Gesellschaft gesichert werden. Nur auf diesem Weg lassen sich der an sich unbegrenzte Bildungsauftrag und die begrenzte Finanzmasse in ein richtiges Verhältnis bringen.« (KMK 1967a, S. 11)

Ein nur finanziell beschränkter, aber sonst unbegrenzter Bildungsauftrag des Staates hätte sich wenige Jahre zuvor kaum mit den Grundsätzen christdemokratischer Kulturpolitik vereinen lassen. Deren Hauptaufgabe nach dem Kriege war die konfessionell gebundene christliche Erziehung zur Abwehr des Materialismus. Mit Hahn an der Spitze wandten sich innerparteilich vornehmlich evangelische Kulturpolitiker wie der schleswig-holsteinische Kultusminister Edo Osterloh oder die hessischen Abgeordneten Berthold Martin und Hanna Walz gegen die missionarische Bildungspolitik. Nicht nur war sie weithin erfolglos geblieben. Ihre organisatorische Konsequenz auf dem Lande, die einklassige Dorfschule, geriet immer mehr in das Blickfeld der Bildungskritik. Auf dem CDU-Bundesparteitag 1964 in Hannover wie auf dem 3. Kulturpolitischen Kongreß der CDU/CSU in Hamburg am Ende des Jahres proklamierte Hahn die Verantwortung der Christen für die sich wandelnde, säkularisierte Welt und somit die Stunde der Bildungspolitik für die CDU (Hahn 1981). Katholische Kulturpolitiker, beispielhaft der nordrhein-westfälische Kultusminister Paul Mikat, stützten die Kritik. Mit ihren Namen verbanden sich nach Dahrendorfs zeitgenössischem Urteil »neue Anfänge der Schulpolitik, die zum erstenmal in der Nachkriegszeit die Zukunft aufgreifen und zu prägen suchen, statt entschwindenden Gegenwarten verlegen nachzuwinken« (Dahrendorf 1965, S. 11). In der neuen Generation christdemokratischer Kultusminister traten im Saarland Werner Scherer und in Rheinland-Pfalz Bernhard Vogel hinzu. Die öffentliche Schulkritik gab ihnen Handlungsspielraum. Sie stieß nun auch nicht mehr auf den unüberwindlichen Widerstand der katholischen Kirche.

Die evangelischen Landeskirchen hatten schon länger der ausgebauten christlichen Gemeinschaftsschule, auf dem Lande als Mittelpunktschule, aus pädagogischen Gründen den Vorzug gegeben (Walz 1964). Dagegen beschworen die katholischen Bischöfe nach wie vor die besondere Erziehungsqualität auch der kleinsten Bekenntnisschule, aber sie machten Ende 1963 der Landschulreform erste Zugeständnisse. Kleine und kleinste Schulen, hieß es in einer Verlautbarung zur Frage der zeitgerechten Landschule, sollten zusammengelegt werden dürfen, wenn dadurch die Unterrichtsziele wesentlich leichter erreicht würden. Dementsprechend erklärte später Kardinal Döpfner zur bayerischen Landschulreform: »Wo eine hinreichende Gliederung nur dadurch erreicht werden kann, daß Volksschulen verschiedenen Bekenntnischarakters oder Bekenntnis- und Gemeinschaftsschulen vereinigt werden, kann es angesichts des Zwanges der Verhältnisse hingenommen werden, daß die Kinder in der Gemeinschaftsschule zusammengefaßt werden, vorausgesetzt, daß es dem Willen der Erziehungsberechtigten entspricht. (Pütz 1974, S. 68; vgl. auch S. 81)

Der Zwang der Verhältnisse, der die katholische Kirche zum Einlenken bewog, ging von der allenthalben proklamierten Notwendigkeit aus, die Bildungsreserven auszuschöpfen. Der Zugang zur weiterführenden Schulbildung war für bestimmte Gruppen der Gesellschaft ungleich schwerer als für andere. Edding hatte schon auf die großen Unterschiede im relativen Schulbesuch der Bundesländer, insbesondere zwischen den Stadt- und den Flächenstaaten, verwiesen (Carnap/Edding 1962). Die weitere Forschung präsentierte immer sicherere Ergebnisse dafür, wie sehr die Landbevölkerung gegenüber den Städtern, die Mädchen gegenüber den Jungen, die Kinder der unteren sozialen Schichten gegenüber denen der höheren und die katholischen Kinder gegenüber den evangelischen benachteiligt wurden (Peisert 1967). Die Ergebnisse wurden in bildungspolitischen Kunstfiguren zusammengefaßt. Einerseits die katholische Tochter eines Landarbeiters im Bayerischen Wald, die ungeachtet ihrer individuellen Befähigung nur die einklassige Dorfschule vor sich sah und danach keinerlei Berufsausbildung. Auf der anderen Seite der Sohn des protestantischen Professors aus Hamburg oder Erlangen, dem Gymnasium und Universität wie selbstverständlich offenstanden.

Landschulreform

In mehr als 8 000 Landgemeinden besuchte 1961 kein einziger Jugendlicher im Alter von sechzehn bis neunzehn Jahren eine weiterführende Schule, in 3 700 Dörfern waren es höchstens fünf Prozent. Das betraf, zusammengenommen, schon nahezu die Hälfte aller Landgemeinden in der Bundesrepublik (Peisert 1967, S. 134). Von der im Grundgesetz geforderten Einheitlichkeit der Lebensverhältnisse konnte keine Rede sein. Landschulreform erschien unabdingbar. Hessen, von konfessioneller Schulteilung nicht behindert, hatte sie schon in den fünfziger Jahren eingeleitet. In seiner Verfassung stand, daß die Kinder aller religiösen Bekenntnisse und Weltanschauungen in der Regel gemeinsam in der Gemeinschaftsschule erzogen werden (Art. 56,2). 1961 wurde die neunjährige Schulpflicht Gesetz. Die Landesregierung förderte den Zusammenschluß von Gemeinden zu Schulverbänden, damit Mittelpunktschulen entstehen konnten. Nach der Absicht des Kultusministeriums veränderte sich damit »die Struktur des ländlichen Schulwesens, indem die Zahl der vollgegliederten Schulen zunimmt. Der eigentliche pädagogische Sinn derartiger Maßnahmen besteht darin, jedem Kind den Besuch von Klassen zu ermöglichen, die nach aufsteigenden Jahrgängen gegliedert sind, wie man es in den städtischen Volksschulen als selbstverständlich ansieht.« (Schütte 1966, S. 17) Im Frühjahr 1966 arbeiteten in Hessen 150 Mittelpunktschulen, viele allerdings noch in den Anfängen. Weitere 75 wurden gebaut. Anfänglich erbitterter Widerstand, vor allem in katholischen Landesteilen, hatte sich gelegt. Insgesamt waren bis Ende der siebziger Jahre 400 Mittelpunktschulen in Hessen vorgesehen und erhebliche Investitionen erforderlich.

Auch in Niedersachsen, das 1962 im ganzen Land die neunjährige Schulpflicht einführte und in dem die christliche Gemeinschaftsschule weithin als Regelschule galt, hatte die Landschulreform lange begonnen. Die von der SPD geführte Landesregierung und der Heilige Stuhl schlossen Mitte der sechziger Jahre ein Konkordat, das den Bestand der wenigen Bekenntnisschulen, vor allem traditionell im Verwaltungsbezirk Oldenburg, ebenso garantierte wie die konfessionelle Lehrerausbildung an der Pädagogischen Hochschule in Vechta. Der FDP, die deshalb die Regierung verließ, erschien das Konkordat »rückschrittlich, überflüssig und gefährlich und weder dem Schulfrieden noch dem Wohle des Landes dienend«. Dagegen erwarteten SPD und CDU, daß die weitere Schulentwicklung durch die Zusammenarbeit mit der katholischen Kirche erleichtert werde (Niedersächsischer Landtag 1965, Sp. 3792 f.). In diesem Sinne wurden 1970 erstmals auch in Oldenburg Gemeinschaftsschulen eingerichtet und 1973, der Strukturreform im Bildungswesen nachkommend, ein weiteres Konkordat geschlossen, das die konfessionelle Schulorganisation auf die Primarstufe beschränkte und die entsprechenden Orientierungsstufen und Hauptschulen der Trägerschaft der katholischen Kirche überließ sowie die konfessionelle Lehrerausbildung in Vechta aufhob. Die regierende SPD wie die CDU in der Opposition rühmten im Rückblick die Zusammenarbeit von Staat und katholischer Kirche (Niedersächsischer Landtag 1973, Sp. 7399 ff.).

Die Zahl der niedersächsischen Mittelpunktschulen betrug im Schuljahr 1964/65 bereits 709. Bezeichnend erschien dem Kultusministerium, »daß die Zahl auch in Gebieten erheblich anstieg, wo vorher Zurückhaltung geübt worden war«. Es registrierte den wachsenden Elternwunsch nach jahrgangsgegliederten Grundschulen. »Als die ersten Mittelpunktschulen gegründet wurden, bestand wohl Übereinstimmung, daß es aus den verschiedensten Gründen erwünscht sei, die Grundschule im Dorfe zu lassen. Aber schon zeigt sich in manchen Gebieten eine aus der Elternschaft kommende Bewegung gegen dieses Prinzip, weil man – falls die Verkehrsverhältnisse es erlauben – bereits vom 1. Schuljahr an eine vollgegliederte Schule vorzieht.« Auch die Bereitschaft zu größeren Einzugsgebieten war gewachsen, wodurch die Bildung von mehrzügigen Mittelpunktschulen eher möglich wurde (KMK 1965, S. 167). Ebenso war die Umwandlung von kleineren, vor allem ein- bis dreiklassigen Anstalten in jahrgangsgegliederte Mittelpunktschulen in Schleswig-Holstein bereits im Gange, zumal die christdemokratische Landesregierung im Etatjahr 1962 ein Sonderprogramm »Dörfergemeinschaftsschule« hatte anlaufen lassen und das Schulunterhaltungs- wie das Schulverwaltungsgesetz verbesserte (KMK 1965, S. 238). Verfassungsgemäß führten in Schleswig-Holstein die öffentlichen Schulen alle Schüler ohne Unterschied des Bekenntnisses und der Weltanschauung zusammen (Art. 6). Eine lange Realschultradition und entsprechende Aufbauzüge auf dem Lande sorgten für eine vergleichsweise hohe Bildungsdichte. Demgegenüber standen bis dahin die katholischen Länder im Abseits. Die neue Generation christdemokratischer Kulturpolitiker ergriff die Initiative.

In Baden-Württemberg sollte der Schulentwicklungsplan die in der Landesverfassung garantierte Gleichheit der Bildungschancen verwirklichen, um zugleich »den langfristigen Bedarf der modernen Gesellschaft an qualifizierten Fachkräften zu befriedigen«, wie es im Erlaß des Kultusministers hieß (Dahrendorf 1965, S. 12). Nicht anders als Hahn erstrebte etwas später Huber in Bayern eine von konfessionellem Einfluß freie Schulplanung, in der ebenso wie die Pädagogik auch die Verkehrslage, die Siedlungs- wie die Wirtschaftsentwicklung zu berücksichtigen waren (Pütz 1974, S. 68). Im Saarland suchte Werner Scherer das Schulwesen so zu ordnen, »daß es auch für die Zukunft seine Bildungsaufgaben lösen kann«. Ein Schulordnungsgesetz eröffnete die Möglichkeit, Hauptschulen und damit auf dem Lande zentrale Mittelpunktschulen einzurichten (KMK 1967a, S. 189).

In dem Maße, in dem die bildungsökonomische Leistungsfähigkeit zum internationalen Maßstab der Schulpolitik wurde und damit die Rechristianisierung als Ziel christ-demokratischer Schulpolitik verblaßte, löste sich die Verknüpfung von Elternrecht und Bekenntnisschule. In den fünfziger Jahren begann sich die CDU von der aktiven Konfessionalisierungspolitik abzusetzen. Kulturpolitische Empfehlungen zum Elternrecht betonten nach wie vor dessen Naturrechtscharakter, aber immer weniger Konsequenzen für die staatliche Schulorganisation, vielmehr rückten sie den Ausbau konfessioneller Privatschulen in den Vordergrund.

In allen von der CDU regierten Ländern West- und Süddeutschlands bedurfte es einer Verfassungsänderung, sollte auch dort die Landschulreform möglich werden. In Rheinland-Pfalz hatte die Verfassung 1947 die Bekenntnis- zur Regelschule gemacht und für die Volksschullehrerausbildung grundsätzlich konfessionell getrennte, vom Geist des betreffenden Bekenntnisses durchformte Lehrerbildungsanstalten vorgeschrieben (Art. 36). 1964 wurden Verfassung und Volksschulgesetz renoviert und damit die rechtlichen Grundlagen »für eine zügige Zusammenführung klei-

357

nerer Volksschulen auf dem Lande geschaffen. Dabei wurde zugleich der Ausbau der Volksschuloberstufe zu einer in ihrem Bildungsangebot breiteren und in unterschiedlich hohe Leistungskurse gegliederten Hauptschule durch die Gründung sogenannter Beispielschulen eingeleitet, die, in jedem Schulaufsichtsbezirk eingerichtet, immer weitere Kreise der Lehrer- und Elternschaft von der Notwendigkeit einer neugestalteten Volksschuloberstufe überzeugen und den Weg zur Hauptschule freimachen« sollten (KMK 1967a, S. 169).

Im Saarland, in dem alle öffentlichen Volksschulen bisher Bekenntnisschulen waren, wurden im Februar 1965 zunächst durch eine Verfassungsänderung gleichberechtigte christliche Gemeinschaftsschulen eingeführt, später mit einer erneuten Verfassungsreform Ende 1969 alle öffentlichen Lehranstalten zu »Gemeinsamen Schulen« gemacht, in denen die Schüler unabhängig von ihrer Religionszugehörigkeit auf der Grundlage christlicher Bildungs- und Kulturwerte unterrichtet und erzogen werden sollten (Art. 27).

Nach dem Zusammenschluß Baden-Württembergs waren gemäß der Verfassung von 1953 die Formen der Volksschule in den einzelnen Landesteilen erhalten geblieben. In Baden gab es seit langem die Simultanschule mit christlichem Charakter. In Württemberg-Baden hatten unmittelbar nach dem Krieg Carlo Schmid und Theodor Heuss mit Zustimmung der evangelischen Landeskirche die Volksschulen als christliche Gemeinschaftsschulen eingerichtet. Nur im südlichen Württemberg-Hohenzollern wurden auf Veranlassung der katholischen Kirche die Bekenntnisanstalten Regelschulen. Sie sollten nun in staatlich geförderte Privatschulen umgewandelt werden können. Im ganzen Land wurden mit der Verfassungsänderung von 1968 die öffentlichen Volksschulen christliche Gemeinschaftsschulen, bezeichnenderweise nach altbadischem Vorbild und nicht nach dem Württembergs, in dessen christliche Gemeinschaftsschulen verfassungsgemäß »auch die geistigen und sittlichen Werte der Humanität und des Sozialismus (hatten) zur Geltung kommen sollen« (Art. 37).

Zu größeren Konflikten kam es in Bayern. Im Oktober 1964 hatte der Vorsitzende der CSU-Landtagsfraktion, Ludwig Huber, zusätzlich das Kultusministerium übernommen. Wie Hahn in Baden-Württemberg proklamierte er die Stunde der Bildungspolitik mit den Mitteln der Bildungsplanung und legte ein Konzept für Verbandsschulen auf dem Lande vor. Staatliche Bauzuschüsse machte er von der Errichtung mindestens vierklassiger Schulen abhängig. Es schien, als wollte er die sozial- und liberaldemokratische Opposition links überholen. Sie hatte seit Jahren ein neues Volksschulgesetz gefordert, das aber aus konfessionellen Rücksichten immer wieder vertagt werden mußte. Huber suchte auch weiterhin um eine Verfassungsänderung herumzukommen. Er holte die Zustimmung der Kirchen zu einem Gesetz ein, dessen Ziel es war, »unter Wahrung der Verfassungsbestimmungen die Bildung großer, in Jahrgangsklassen gegliederter Verbandsschulen zu ermöglichen und auf diese Weise die Voraussetzungen für einen modernen Unterricht vor allem in den ländlichen Schulen zu schaffen« (KMK 1967a, S. 31). Zugleich suchte er eine Rückzugslinie, um in eine »gesicherte Auffangstellung im Bereich der Gemeinschaftsschule« zu gelangen. Denn immer mehr Eltern stellten den Antrag, sie an ihrem Wohnsitz einzurichten. In München übertrafen sie im Mai 1966 erstmals die Anhänger der Bekenntnisschule. Vor dem Landesvorstand der CSU verlangte daraufhin Huber rasches Handeln, »weil das gerade noch der letzte Augenblick ist, wo wir für Zugeständnisse in Richtung an die Gemeinschaftsschule noch Gegenzugeständnisse für die Prägung dieser Gemeinschaftsschule einhandeln können« (Mintzel 1977, S. 311).

Doch die konfessionellen Rücksichten im Verein mit lokalem Besitzstandsdenken behinderten nach wie vor den Ausbau der Landschulen. Aus dem Parlament, in dem die CSU mit ihrer Mehrheit alle weitergehenden Anträge abwürgte, verlagerte sich der Konflikt in die Öffentlichkeit. Die Einsicht wuchs, daß nur eine Verfassungsänderung den Weg freimachen könne. Die FDP leitete 1966 ein erstes Volksbegehren ein, das so knapp scheiterte, daß auch die SPD aktiv wurde. Sie beantragte 1967 ein neues Volksbegehren, um die christliche Gemeinschaftsschule als Regelschule einzuführen. Mit ihm solidarisierten sich FDP und Bayernpartei. Die Verwirrung wuchs, vor allem in der CSU, deren Parlamentsstrategie auch die katholische Kirche kritisierte. Statt endlich einen von allen Parteien getragenen verfassungsändernden Antrag im Landtag zu unterstützen, den insbesondere der Bayerische Lehrer- und Lehrerinnenverband (BLLV) leidenschaftlich forderte, startete die CSU selbst ein Volksbegehren, um, wenn nicht die Bekenntnisschule, so doch Bekenntnisklassen zu retten. Beide Kirchen im Lande, anders als der Vatikan um Schadenbegrenzung bemüht, legten gemeinsam tolerante »Leitsätze für den Unterricht und die Erziehung nach gemeinsamen Grundsätzen der christlichen Bekenntnisse« vor. Der Druck der Öffentlichkeit brachte die Parteien zu gemeinsamem Handeln. Für die Kehrtwende der CSU-Fraktion zur Flucht nach vorn sorgte der Parteivorsitzende Franz Josef Strauß, damals Bundesfinanzminister der großen Koalition. Der reformierte Artikel 135 der Landesverfassung machte 1968 alle öffentlichen Volksschulen Bayerns zu »gemeinsamen Schulen für alle volksschulpflichtigen Kinder«, in denen sie nach den Grundsätzen der christlichen Bekenntnisse unterrichtet und erzogen werden sollten. Erstmals wurde die traditionelle bayerische Volksschule von Grund auf verändert. Kultusminister Huber bezeichnete den Schulkompromiß als ein säkulares Ereignis, weil »damit ein Problem gelöst« worden sei, »das mehr als 200 Jahre die bayerische Kulturpolitik maßgeblich bestimmt« hatte (Mintzel 1977, S. 314). Der Präsident des BLLV, Wilhelm Ebert, bekräftigte den Erfolg: »Die Tür für eine neue Ära bayerischer Schul- und Bildungspolitik ist weit geöffnet worden.« (Buchinger 1975, S. 231)

Nur in Nordrhein-Westfalen wurde in dieser Zeit die öffentliche Schule nicht prinzipiell eine gemeinsame für alle Konfessionen, sondern blieben die kommunalen Grund- und Hauptschulen auf Antrag der Erziehungsberechtigten Bekenntnisanstalten, wiewohl eine sozialliberale Koalition das Land regierte. Allein hier widersetzte sich die CDU als Oppositionspartei einer weitergehenden Verfassungsänderung. Neu definiert wurde allerdings der Begriff des geordneten Schulbetriebes. Hatte zur Bestandssicherung konfessioneller Zwergschulen die alte Verfassung bestimmt: »Auch die wenig gegliederte und ungeteilte Schule gilt grundsätzlich als geordneter Schulbetrieb«, so verlangte die neue, daß Organisation und Ausstattung von Grund- und Hauptschulen ihren Bildungszielen entsprechen müßten, um die Voraussetzungen eines geordneten Schulbetriebes zu erfüllen, also auch die Bekenntnisanstalten (Art. 12). Ungeachtet konfessioneller Erziehungsprinzipien, wurde die Ausbildung auch der Volksschullehrer an wissenschaftlichen Hochschulen anstatt wie bisher »auf bekenntnismäßiger Grundlage« als Regel vorgeschrieben (Art. 15). Daß aber in Nordrhein-Westfalen öffentliche Bekenntnisschulen erhalten blieben, hatte in diesem Lande erhebliche Folgen für die weitere Bildungsreform, die nicht nur die konfessionelle Spaltung und damit die Zwergschulen auf dem Lande aufheben wollte, sondern auch sonst die ungleichen Bildungschancen, also die Aufteilung der Heranwachsenden im Kindesalter auf getrennte, berufsständisch bestimmte Schularten.

Strukturreform

Von der Notwendigkeit einer weitreichenden Strukturreform des Bildungswesens war wieder die Rede, seit sein Einfluß auf Wirtschaftswachstum und technischen Fortschritt beschworen und die Kritik an der Leistungsfähigkeit des heimischen Schulsystems überdeutlich wurde. Allen Bildungspolitikern, gleich welcher Richtung, ging es um die Ausschöpfung der Begabungsreserven. Die Sozialdemokraten hatten indessen die geteilte Schule immer schon als Hindernis für die Talentförderung aus den eigenen Reihen begriffen und daher die gemeinsame Schule mit dem erstrebten Aufstieg durch Bildung identifiziert. So brachte die Schulkritik sie aus der ganz und gar technokratischen Perspektive ihrer Kulturpolitik in den späten fünfziger Jahren wieder auf den Weg der Schulreform.

Erste Anstöße kamen aus Hessen und Niedersachsen, Länder, in denen bildungspolitische Energien weder durch Verfassungskämpfe um Konfessionsschulen gebunden noch durch vorangegangene Niederlagen in der Einheitsschulpolitik gebremst wurden wie in den Stadtstaaten. Seit längerem hatte man in Niedersachsen mit dem Differenzierten Mittelbau, in Hessen mit Förderstufen Erfahrungen gesammelt. Diese machte sich der Deutsche Ausschuß für seine Förderstufenempfehlung zunutze, die ihrerseits die beiden Länder als Unterstützung reklamierten, bis das Hamburger Abkommen ein für alle Schüler gemeinsames fünftes und sechstes Schuljahr als Förder- oder Beobachtungsstufe generell freigab. Dabei ging es nicht um einen erneuten Versuch, die Grundschule als Primarstufe zu verlängern und so die »Einheitsschule« auszubauen. Der internationalen Entwicklung entsprechend, wurden

Differenzierung und Stufenorganisation die neuen Schlüsselbegriffe für die Gesamtschule. Die Grundschule als Primarstufe sollte nach dem zehnten Lebensjahr beendet sein, gegebenenfalls an ihrem Anfang durch eine Eingangsstufe für die Fünfjährigen erweitert, um den Übergang vom Spielen zum Lernen, vom Kindergarten zum Schulunterricht zu ebnen. Zudem sollte die Grundschule von aller Selektion befreit und die Entscheidung über künftige Bildungswege der Sekundarschule überlassen werden. Dazu war gemeinsamer Schulbesuch notwendig, zumindest in den ersten zwei Jahren der Mittelstufe. Die Sekundarschule sollte, anstatt der berufsständischen Gliederung zu dienen, den individuellen Fähigkeiten und Interessen des einzelnen Schülers gerecht werden, die es zu entfalten galt. Also war Differenzierung erforderlich, »innere« im gemeinsamen Unterricht und »äußere« bei der Zuordnung der Schüler zu verschiedenen Lerngruppen und Fächern, und zugleich ein Höchstmaß an Durchlässigkeit, um das beobachtende Auslesen mit dem fördernden Orientieren zu verbinden.

Unbehindert von Konkordatsverhandlungen und koalitionsbedingtem Ministerwechsel im Kultusressort wie in Niedersachsen, bahnte sich der neue Ansatz zur Schulreform in Hessen an. Früh schon war man um schulformübergreifende Unterrichtsangebote bemüht, also Englisch auch in der Volksschule und Sozialkunde an allen Schulen. Lehrplanrichtlinien für das 5. und 6. Schuljahr sollten den Übergang zu den weiterführenden Schulen erleichtern. Neben den privaten Gesamtschulen, den Waldorfschulen und der Odenwaldschule, begannen die öffentlichen Schulversuche Mitte der fünfziger Jahre mit dem Schuldorf Bergstraße. Es faßte alle Schulformen unter einer gemeinsamen Leitung zusammen und richtete 1955 die erste Förderstufe in Hessen ein. Die nächsten Schulzentren in Kirchhain (1956) und Wolfhagen (1957), schon als Gesamtschulen bezeichnet, entstanden in Nordhessen, nicht zuletzt um mit besserem Schulangebot die Industrieansiedlung zu fördern. In der Gesamtschule Kirchhain begann 1958 eine Förderstufe, in Usingen 1960; weitere folgten, auch in Großstädten (Uplegger/Götz 1963). Im Herbst 1963 gab es sie an insgesamt 28, im Herbst 1968 an 85 Schulen, jeweils auf Grund örtlicher Initiative. Nicht anders die weiteren Gesamtschulen in Hungen, Groß-Bieberau, Babenhausen und der Nordweststadt von Frankfurt (KMK 1969, S. 127). Es gab keinen Schulentwicklungsplan des Landes. Die ersten Handreichungen für den Unterricht in der Förderstufe erschienen im Amtsblatt des Kultusministers erst 1969, als der Landtag ihre allgemeine Einführung bereits gesetzlich beschlossen hatte. Im Großen Hessenplan (1964) ging es noch vordringlich um Landschulreform durch Mittelpunktschulen, also bestenfalls zusammengefaßte Haupt- und Realschulen. Gesamtschulen wurden empfohlen, aber es erschien nicht möglich, »für die kommenden zehn Jahre im voraus festzulegen, in welchen konkreten Fällen eine derartige Kombination mehrerer Schulformen beim Schulbau vorzusehen ist, weil die Initiative hierzu aus rechtlichen und politischen Gründen bei den kommunalen Schulträgern verbleiben muß« (Schütte 1966, S. 46).

Ebensowenig konnten die Trennungen in der Lehrerausbildung überwunden werden. In den Förderstufen unterrichteten Lehrer der verschiedenen Schulformen nebeneinander dieselben Fächer, aber unterschiedlich ausgebildet, ungleich bezahlt und mit verschiedenen Stundendeputaten. Beim Wiederaufbau hatte man, anstatt an die volkshessische Integration der zwanziger Jahre anzuknüpfen, die getrennte Lehrerausbildung beibehalten. Der Versuch, sie Ende der fünfziger Jahre an den Universitäten zusammenzuführen, scheiterte an deren massiver Ablehnung, die sich Ministerpräsident Zinn gegen Kultusminister Hennig, der dann ging, zu eigen machte. Die bisherigen pädagogischen Institute für die Volks-, Real- und Berufsschullehrer gewerblicher und hauswirtschaftlicher Richtung wurden zwar aufgehoben und Hochschulen für Erziehung an den Universitäten Gießen (1958) und Frankfurt (1960) – aber keine gemeinsame Ausbildung mit den künftigen Gymnasiallehrern geschaffen, wiewohl alle Lehramtsstudenten an den Universitäten eingeschrieben und die separaten Hochschulen 1966 in Abteilungen für Erziehungswissenschaften der beiden Universitäten umgewandelt wurden. Zusätzlich entstand 1963 noch eine weitere Sparte der Lehrerausbildung für Bewerber ohne Abitur an neu gegründeten Pädagogischen Fachinstituten, um Fachlehrer für den musisch-technischen Unterricht an Volks- und Realschulen zu gewinnen. Denn der Abiturientenmangel erlaubte nicht, dem wachsenden Lehrerbedarf mit wissenschaftlich ausgebildeten Bewerbern nachzukommen.

Um diese Zeit gewann in Berlin sozialdemokratische Bildungspolitik neues Profil. Nach dem spektakulären Wahlsieg Willy Brandts wurde sowohl die große Koalition mit Tiburtius als Kultussenator wie die gemeinsame Verwaltung für Volksbildung aufgelöst. Der bisherige Landesschulrat Carl-Heinz Evers übernahm als Senator das Schulwesen, Adolf Arndt, dann Werner Stein Wissenschaft und Kunst. Berlin sollte zum Kultur- und Bildungszentrum ausgebaut werden. »Was wir heute in unser Erziehungs- und Bildungswesen investieren, das wird sich morgen in mündigen Bürgern und wirtschaftlichem Wachstum bewähren«, hieß es in der Regierungserklärung Brandts (KMK 1965, S. 99).

Die gängigen Forderungen waren in West-Berlin dank langer reformpädagogischer Tradition und immer im Wettbewerb mit der anderen Seite der Stadt längst erfüllt. Die gemeinsame Grundschule währte sechs Jahre, organisatorisch getrennt von der Hauptschule, hier »Oberschule Praktischer Zweig« genannt. Fremdsprachenunterricht wurde vom 5. Schuljahr ab obligatorisch erteilt. Neun Pflichtschuljahre waren verbindlich, ein zehntes konnte an der Hauptschule freiwillig besucht werden. Es gab Wahlfächer und Fachleistungskurse und die Fünftagewoche an der Schule. Der Rahmenplan des Deutschen Ausschusses war in Berlin also bereits weitgehend verwirklicht. Trotzdem blieb das Ergebnis unbefriedigend. Nach wie vor bestanden große Differenzen zwischen den Bezirken bei Besuch weiterführender Schulen. Arbeiterkinder hatten deutlich geringere Chancen. Neukölln und Wedding blieben in der Abiturientenquote weit hinter dem Durchschnitt zurück, Mittelstandsregionen wie Tiergarten und Zehlendorf übertrafen ihn ganz beträchtlich. Wie in den Landkreisen galt es in den Arbeiterbezirken, die Bildungsreserven zu mobilisieren, um der wachsenden Nachfrage zu entsprechen und den Postulaten der Chancengleichheit. Die Unterprivilegierung der Arbeiterkinder lenkte den Blick auf die Distanz ihrer Eltern zum mittelständisch geprägten Gymnasium. Im gesamtgesellschaftlichen Prozeß der Demokratisierung hatte die Schule erheblich aufzuholen.

Merkmale einer Gesamtschule hatte nur die Fritz-Karsen-Schule in Neukölln beibehalten. In Zehlendorf wurde eine deutsch-amerikanische Einheitsschule, die John-F.-Kennedy-Schule, aufgebaut. Die Nachfrage interessierter Eltern übertraf das Platzangebot beider Schulen bei weitem. Also bemühte man sich nicht nur um innere Schulreform, sondern ging daran, integrierte Gesamtschulen einzurichten. Ausländische Erfahrungen sollten berücksichtigt und weiterentwickelt werden, die Versuche mit »Gesamtoberschulen«, nach Evers Absicht, »in einer Reihe von Jahren der deutschen Bildungsreform neue Impulse in Richtung der europäischen Entwicklung« geben (Füssl/Kubina 1983, S. 254). Der erste wurde schon seit 1961 für Britz-Buckow-Rudow geplant, da der Architekt der Neubausiedlung, der wieder heimgekehrte Walter Gropius, nicht bereit gewesen war, die ursprünglich vorgesehene kombinierte Grund- und Realschule zu bauen, sondern nach amerikanischem Vorbild eine Einheitsschule entwerfen wollte. Die Zahl der Gesamtschulversuche blieb wegen des Widerstandes der christdemokratischen Opposition und des Berliner Philologenverbandes auf vier begrenzt, das Ziel vornehmlich bildungsökonomisch bestimmt. Neubauten in Siedlungsgebieten ließen sich als Gesamtschulen preiswerter errichten, weil sie vielseitiger zu nutzen waren. Um der Begabungsreserven und des Aufstiegs durch Bildung willen stand die Leistungssteigerung im Mittelpunkt von Werbung und Planung, ohne daß die pädagogischen Ziele vernachlässigt werden sollten: »Kein Ziel darf auf Kosten der anderen bevorzugt, aber auch nicht zugunsten der andern zurückgestellt werden. Ein zeitgemäßes Schulsystem hat also mit dem rationellsten Einsatz von Gebäuden, Lehrern, Zeit, Lehrbüchern und Geld sowohl die Gleichheit der Bildungschancen zu verwirklichen und dabei mündige Menschen zu erziehen, als auch für eine bestmögliche Ausbildung eines jeden einzelnen zu sorgen.« Diese Gesamtschule, leistungsfähig und demokratisch zugleich, wurde, einem Vorschlag von Evers folgend, demokratische Leistungsschule genannt (Sander u. a. 1971, S. 28). Deren Kredo formulierte er 1965 bei der Grundsteinlegung in Britz-Buckow-Rudow: »... die Auswahl der Besten soll sich dadurch ergeben, daß man jeden einzelnen bestmöglich fördert.« (Evers 1969, S. 76)

Die Reformpolitiker der Stadt fühlten sich durch die Berliner Erklärung der Kultusministerkonferenz ermutigt, ebenso durch das Hamburger Abkommen der Ministerpräsidenten. Berlin übernahm erneut eine Vorreiterrolle. Neben dem Bildungsforschungsinstitut, das die Max-Planck-Gesellschaft dort errichtete, und einem gemeinschaftlich finanzierten Schulbauinstitut der deutschen Länder entstand aus den Mitteln der Stadt ein Pädagogisches Zentrum. Es sollte Unterrichts- und Erziehungsmodelle entwickeln und erproben, wurde vom ehemaligen Präsidenten der Harvard Universität und Hochkommissar James B. Conant mitgeplant und von dem Pädagogen Carl-Ludwig Furck geleitet. In der gemeinsamen Lehrerbildung allerdings kam man auch in Berlin nicht voran, ungeachtet der Intention des Magistrats, wenigstens den erziehungswissenschaftlichen Teil des Studiums zu einem »Ort der Gemeinsamkeit und der Begegnung der verschiedenen Lehrerkategorien« zu machen (KMK 1965, S. 108).

Größeren Spielraum für einen neuen Ansatz der Bildungsreform, als ihre Landesregierungen zu erkennen vermochten, verschaffte sich die Sozialdemokratische Partei in ihrer programmatischen Arbeit. Aus der Kritik an der Leistungsfähigkeit des überkommenen Schulsystems wurde die Konsequenz genereller, grundlegender Schulreform gezogen.

Alle Veranstaltungen am Anfang der sechziger Jahre standen unter dem Motto: Aufstieg durch Bildung, beispielhaft auf dem Kongreß deutsche Gemeinschaftsaufgaben 1962 in Berlin und auf der Kulturpolitischen Konferenz 1963 in Hamburg. Da man in dieser hochtechnisierten Welt es sich einfach nicht mehr leisten könnte, auf eine Begabung nur deshalb zu verzichten, weil sie sich zu spät entwickelt hat, so der gastgebende Kultussenator und Bürgermeister Wilhelm Drexelius in Hamburg, wurde die Bildungspolitik zu der großen Gemeinschaftsaufgabe des gesamten Volkes erklärt. »Wer soll aufsteigen und wohin?«, fragte Willi Eichler, der Vorsitzende des Kulturpolitischen Ausschusses des Parteivorstandes: »Jeder Mensch, jede Familie, das ganze Volk, alle sollen bessere Chancen erhalten, durch Arbeit zu Wohlstand und Bildung zu gelangen.« (SPD 1963, S. 26) Also forderte Erich Ollenhauer als Vorsitzender dazu auf, die Pfähle weiter zu stekken, und es wurden bildungspolitische Leitsätze diskutiert, vom Parteivorstand beschlossen und auf dem Parteitag 1964 in Karlsruhe bestätigt. In ihnen war erstmals wieder programmatisch von der gemeinsamen Schule für alle Heranwachsenden die Rede. Damit sie »den einzelnen bis zum Höchstmaß seiner Leistungsfähigkeit fördert und damit gerechte Chancen für alle schafft«, gelte: »Das Schulsystem wird von der überkommenen vertikalen

Gliederung in einen horizontalen Stufenaufbau übergeführt, der den Alters- und Entwicklungsstufen der Schüler entspricht.« Ebenso unzureichend wie die Schulen erschienen die Hochschulen, die »in ihrer heutigen Form der dynamischen Expansion der Wissenschaften, den steigenden Studentenzahlen und dem ständigen Anwachsen des wissenschaftlichen Arbeitsapparates nicht mehr gewachsen sind. Einschneidende Reformen sind unaufschiebbar geworden.« (SPD 1975, S. 11 und 27)

Noch aber war die öffentliche Unterstützung nicht stark genug, mangelte es vor allem an den erforderlichen finanziellen Mitteln. Der Wirtschaftsaufschwung von 1964 verebbte rasch. Finanzkrise und Preissteigerung wiesen den Weg in die erste große Rezession. Ludwig Erhard, seit 1963 Adenauers Nachfolger, fand mit seiner konservativen Wirtschaftspolitik keinen Ausweg. Gegen die wachsenden Ansprüche der Interessengruppen blieb die Beschwörung einer »formierten Gesellschaft« wirkungslos. Aktive Konjunktur- und Finanzpolitik waren erforderlich, volkswirtschaftliche Gesamtrechnung, Rahmenplanung und Globalsteuerung die erklärten Mittel. Die Sozialdemokratie erwies in der großen Koalition von 1966 nicht nur ihre Regierungsfähigkeit für den Gesamtstaat, sondern ihre damals überlegene wirtschaftspolitische Kompetenz.

Bildungspolitik kam in der Regierungserklärung Kiesingers zwar nicht vor, nachdem ihr Erhard zuvor den Rang der sozialen Frage des neunzehnten Jahrhunderts eingeräumt hatte. Doch das neue wirtschaftspolitische Instrumentarium ebnete der Finanzierung der weiteren Expansion und einer gesamtgesellschaftlichen Planung der neuen Reform des Bildungssystems den Boden. Deren Anforderungen überstiegen die Kräfte der Länder, insbesondere der notwendige Ausbau der Hochschulen. Zwar hatte der Bund sein langem finanzschwachen Ländern dabei unter die Arme gegriffen, aber solche Hilfe warf verfassungsrechtliche Probleme auf. Um der gemeinsamen Bildungsplanung und -finanzierung von Bund und Ländern eine verläßliche Grundlage zu schaffen, bedurfte es eingreifender Verfassungsänderungen, denen beide große Parteien zustimmen mußten. Zunächst ging es um die Organisation einer mittelfristigen Finanzplanung und konjunkturgerechten Haushaltspolitik, die »den Erfordernissen des gesamtwirtschaftlichen Gleichgewichts Rechnung zu tragen« hatten

(Art. 109 GG). Dann um die Neugestaltung des Finanzausgleichs, vor allem zwischen den Ländern mit ihren Gemeinden und dem Bund, sowie um die Mischfinanzierung sogenannter Gemeinschaftsaufgaben. Sie sollte erlauben, klarer zwischen den Aufgaben des Bundes und denen der Länder zu unterscheiden, indem die gemeinsamen Aufgaben festgelegt und auf solche überregionale, für die Gesamtheit bedeutsame begrenzt wurden, bei denen die Mitwirkung des Bundes unerläßlich erschien, um die Lebensverhältnisse zu verbessern. Der Ausbau und Neubau von Hochschulen einschließlich der Hochschulkliniken wurde zur ersten Gemeinschaftsaufgabe bestimmt, ferner die Verbesserung der regionalen Wirtschaftsstruktur, der Agrarstruktur und des Küstenschutzes (Art. 91a GG).

Damit aber stellte sich unausweichlich die Frage nach den Kompetenzen, die das Grundgesetz für die Bildungspolitik so eindeutig den Ländern zugewiesen hatte. Daher auch die Reserve auf seiten der Länder gegenüber einer verfassungsrechtlichen Regelung der Gemeinschaftsaufgaben. Nicht zuletzt auf Drängen der oppositionellen FDP, die sich schon lange für mehr Bundesvollmacht eingesetzt hatte, wurden im selben Zuge dem Bund Gesetzgebungsbefugnisse nicht nur für die Ausbildungsbeihilfen, neben der Förderung der wissenschaftlichen Forschung (Art. 74 GG), sondern auch für die Rahmenplanung der allgemeinen Grundsätze des Hochschulwesens (Art. 75 GG) eingeräumt. Die Bildungsplanung sollte ebenfalls der konkurrierenden Bundesgesetzgebung unterworfen werden. Das aber erschien den Ländern als zu großer Eingriff in ihre Kulturhoheit. Der Bundesrat leistete Widerstand, und nach einigem Tauziehen gelangte die Bildungsplanung zur Forschungsförderung in einen eigenen Artikel bei den Gemeinschaftsaufgaben, der im Unterschied zum vorangehenden über den Ausbau der Hochschulen eher freiwillige denn obligatorische Zusammenarbeit verlangte: »Bund und Länder können auf Grund von Vereinbarungen bei der Bildungsplanung und bei der Förderung von Einrichtungen und Vorhaben der wissenschaftlichen Forschung von überregionaler Bedeutung zusammenwirken. Die Aufteilung der Kosten wird in der Vereinbarung geregelt.« (Art. 91b GG) Für das gemeinsame Vorgehen sprachen nicht nur die Kosten und die grundgesetzliche Verpflichtung, für die Einheitlichkeit der Lebensbedingungen im Bundesgebiet zu sorgen (Art. 106 GG). Längerfristige Bildungsplanung mußte mit der Entwicklung in den anderen Sektoren gesamtstaatlicher Politik abgestimmt werden, insbesondere mit der Wirtschafts- und Sozialpolitik.

Das neue Planungsbewußtsein, gestärkt von der Erfahrung erfolgreicher Wirtschaftsbelebung, beflügelte die Anstrengungen zur Modernisierung des Bildungswesens. In allen Kultusministerien entstanden Anfang der siebziger Jahre Planungsgruppen oder -abteilungen. Die neue sozialliberale Bundesregierung richtete ein eigenes Ministerium für Bildung und Wissenschaft ein und mit den Ländern zusammen eine Bund-Länder-Kommission für Bildungsplanung. Diese sollte einen gemeinsamen langfristigen Rahmenplan für das gesamte Bildungswesen entwerfen, den voraussichtlichen Finanzbedarf ermitteln und ein gemeinsames Bildungsbudget aufstellen. Vorausgegangen waren seit 1969 die Beschlüsse der Kultusminister, gemeinsam zu planen, auch mit Hilfe des Bundes, die Aufträge an den Wissenschafts- und an den Bildungsrat sowie ein »Bericht über den Stand der Maßnahmen auf dem Gebiet der Bildungsplanung«, den die Bundesregierung auf mehrfache Anforderung im Oktober 1967 dem Bundesrat vorlegte, mit einem gemeinsamen Vorwort des Bundeskanzlers und des Vorsitzenden der Ministerpräsidentenkonferenz und ergänzt durch Berichte der elf Bundesländer. Nicht nur ließen diese Berichte erkennen, was alles noch zu tun blieb, um zu besseren Informationen und mit ihnen zu abgestimmter Planung zu gelangen. Vom Präsidenten der Kultusministerkonferenz, dem schleswig-holsteinischen Christdemokraten von Heydebreck, wurde überdies daran erinnert, daß es »in der Bundesrepublik keine selbstverständlich akzeptierten gemeinsamen Grundüberzeugungen über Prinzipien und Ziele der Erziehung des jungen Menschen« gibt (Poeppelt 1978, S. 21). Stimmten auch alle wichtigen Gruppen und Parteien darin überein, das Bildungswesen zu modernisieren und seine Leistungsfähigkeit zu heben, blieb doch weithin unklar, in welchem Ausmaß Chancengleichheit zu diesem Zweck notwendig wäre und darüber hinaus allgemein vom Grundgesetz gefordert würde, ganz abgesehen von der inneren Schul- und Hochschulreform, den Autoritätsverhältnissen und dem Inhalt des Unterrichts.

Anstöße der Experten

Die Anstöße kamen nicht von der Politik oder Verwaltung, sondern von engagierten Forschern, die aus wissenschaftlichen Analysen bildungspolitische Schlußfolgerungen zogen. Der Soziologe Ralf Dahrendorf präsentierte empirische Ergebnisse der Sozialforschung im Bildungswesen, um Bildung als Bürgerrecht einzufordern. Erziehungswissenschaftler wie Heinrich Roth (1963) und Wolfgang Klafki (1963), Herwig Blankertz (1966) und Andreas Flitner (1969) erhoben ihre Stimme für eine realistische Wende in der Pädagogik. Hartmut von Hentig nahm mit der Begründung radikaler Schulreform die Kritik der entstehenden Gesamtschulen vorweg (Hentig 1968). Der Begabungsbegriff rückte ins Zentrum der fachwissenschaftlichen Diskussion mit erheblichen bildungspolitischen Konsequenzen.

Dahrendorf lenkte in seinem Plädoyer für eine aktive Bildungspolitik die Aufmerksamkeit darauf, daß nicht in erster Linie die Schule Sozialchancen zuteilt, wie Schelsky verkündet hatte, sondern die vorgängige Entscheidung der Eltern über den Schulweg ihrer Kinder. Seit Anfang der sechziger Jahre hatte er an der Universität Tübingen Bildungsforschung in Gang gebracht, die Defizite bei gesellschaftlichen Gruppen und in bestimmten Regionen registrierte. Die Benachteiligung der Kinder vom Lande war ebenso wie die der Arbeiterkinder nicht allein durch fehlende finanzielle Mittel für den Schulbesuch zu erklären, erst recht nicht das Bildungsdefizit bei den Mädchen und, abgeschwächt, bei der katholischen Bevölkerung. Wichtig war die Distanz zur höheren Bildung, die traditionell für die Benachteiligten weder als Recht noch als Chance im Horizont der ihnen zugeordneten sozialen Positionen auftauchte. Daher, so Dahrendorfs Argument, »handelt es sich sämtlich um Faktoren, die in erster Linie in der Gesellschaft und erst mittelbar in der Schule wirksam werden, welche also eine Sozialreform vor der Schulreform verlangen. Die Richtung der Wirkung dieser Faktoren ist dieselbe; sie alle verhindern die Entstehung jener modernen, tätigen und mündigen Einstellung zur sozialen Welt, in der die Chancen der Bildung eine zentrale Stellung einnehmen. Negativ formuliert, handelt es sich in allen Fällen um die Versteinerung einer Tradition, deren wesentliches Merkmal darin liegt, daß sie Menschen in ungefragten Abhängigkeiten findet und durch soziale Sanktionen für dauernd an diese zu binden sucht. Will man eine Formel für diese Grundursachen der Ungleichheiten beim Übergang zu weiterführenden Schulen in Deutschland finden, so müßte man von dem Modernitätsrückstand der deutschen Gesellschaft sprechen, der die Effektivität gleicher Bürgerrechte einschränkt.« (Dahrendorf 1965, S. 75 f.)

Vom Modernitätsrückstand war dabei in anderer Weise die Rede als in der bildungsökonomischen Diskussion. Nicht mangelnde Produktivität im internationalen Wettbewerb, sondern mangelhaftes Sozialverhalten wurde kritisiert. Liberale Demokratie, so hatte die Aufklärung erkannt, setzt allgemeine Bildung voraus, um sich miteinander zu verständigen, um Selbst- und Mitbestimmungsrechte wahrnehmen zu können. Wie weit sich der einzelne engagiert, bleibt seine Sache. Aber er muß für diese Entscheidung instand gesetzt werden. Sie sollte ihm nicht durch die Vorentscheidung anderer, auch nicht der eigenen Eltern, verwehrt werden. »Erst auf dem Stand der ihm möglichen gehobenen oder höheren Allgemeinbildung«, hatte Habermas gegen Schelsky in der Diskussion um den Rahmenplan argumentiert, »wird der einzelne es ablehnen können, diese zur Basis der beruflichen Weiterbildung zu machen. Unter diesem Stand ist ihm die Chance des Neinsagens im gleichen Maße beschränkt, in dem die versäumte Schulbildung zumutbare Alternativen von vornherein verschließt.« (Habermas 1961, S. 278) Dahrendorf ging einen Schritt weiter. Nicht nur stecke Bildung als Grundrecht das Fundament ab, auf dem jeder Staatsbürger stehen darf und auch stehen muß, um als solcher tätig zu werden. Pflicht des Staates sei es, dafür Sorge zu tragen, daß die Rechte auch ausgeübt werden können. Da das selbst die beste Verfassung nicht erreiche, komme es auf die Politik an. Nur eine aktive Bildungspolitik von großer Radikalität könne die traditionellen Bindungen durchbrechen. Daß sich aktiver Bildungsreform mehr noch als konservatives Beharren aktive Interessenpolitik in den Weg stellen würde, wurde noch nicht erkannt. Dahrendorfs Schulkritik hielt sich in Grenzen und berührte die »Verbindung der in Deutschland so wohlsortierten Stände der Schulen und Lehrer zu ein wenig demokratischeren Gesamtgebilden« nur am Rande (Dahrendorf 1965, S. 125).

Anders die engagierten Pädagogen, für die Modernität und Chancengleichheit ohne eingreifende Schulreform unerreichbar erschien. Begabungen angemessen zu entfalten, wurde von ihnen nicht nur als ein quantitatives Problem aufgefaßt, zu lösen durch vermehrten Übergang zu den weiterführenden Schulen und verminderten vorzeitigen Abgang von ihnen. Die inhaltlichen Fragen des Bildens und Erziehens hatten das pädagogische Denken zu bestimmen. Die Erkenntnis von der Bildungsdistanz unterprivilegierter Gruppen mußte über deren »Rückständigkeit« hinausführen. Es galt die klassenspezifische Organisation des Schulwesens im Innern aufzuklären und zu verändern: »Bildung«, erklärte der Marburger Pädagoge Wolfgang Klafki, »kann heute, soll sie weiterhin als ein Grundbegriff der Pädagogik sinnvoll sein, nicht mehr als sozialständische Kategorie verstanden werden, und die Differenzierungen der Bildungswege und Schularten dürfen weder bewußt noch unbewußt an dem Denkmodell einer ständisch gegliederten Gesellschaft orientiert werden. Der inhaltliche und organisatorische Aufbau der Bildungsarbeit sollte geradezu das Paradigma einer demokratischen, mobilen Gesellschaft der Gleichberechtigten und sozial Gleichwertigen sein, weil nur in einer solchen Gesellschaft die personale Freiheit des einzelnen, zu der der Erzieher dem jungen Menschen verhelfen will, gewährleistet ist.« (Klafki 1963, S. 97)
Solche Intentionen aber bedurften, um praktische Politik zu werden, bildungsökonomischer Legitimation. Zu groß waren die Finanzmittel, die für den Ausbau der Bildungseinrichtungen aufgebracht werden mußten, zu sehr kreiste die Diskussion um die Mobilisierung von Begabungsreserven. Der neu errichtete Bildungsrat war daher bemüht, Reform und Ökonomie miteinander in Einklang zu halten. Die Bildungskommission setzte als erstes Studien über die Bildungsausgaben in Gang und suchte sich, grundlegend für alle weiteren Überlegungen, über den Stand der Begabungsforschung zu informieren. Nach den Worten des zuständigen Ausschußvorsitzenden, des Göttinger Pädagogen Heinrich Roth, bestimmte sie der Gedanke, »daß alle Schulreformpläne ein nach diesem Stand der wissenschaftlichen Forschung zuverlässiges Wissen darüber voraussetzen, wieweit sich der Aufwand für Verbesserung unserer Schulen lohnt, gemessen an der Möglichkeit, immer mehr Begabungen für immer zahlreicher

nötig werdende weiterführende Schulen und qualifiziertere Berufsanforderungen aufzuschließen« (Roth 1968, S. 18). Ob Begabungen in solchem Ausmaß überhaupt vorhanden oder zu entdecken waren, konnte kaum als ausgemacht gelten. Immerhin gab es seit Jahrhunderten festgefügte Vorurteile, daß schon aus biologischen Gründen nur ein sehr, sehr kleiner Teil der Heranwachsenden, und nur ganz ausnahmsweise Kinder aus den unteren sozialen Schichten, zum erfolgreichen Besuch einer höheren Schule oder gar einer Universität geeignet seien. Erfahrungen mit anderen Bildungssystemen in anderen Ländern schienen mit dem Hinweis auf die dort angeblich geringeren Anforderungen zu entkräften zu sein. Die geringe Erfolgsquote der Gymnasien in der Bundesrepublik – in den fünfziger Jahren erreichten noch nicht zwei von fünf Quartanern das Abitur (Wissenschaftsrat 1964, S. 46f.) – wurde als Beleg für die natürlichen Grenzen des Begabungspotentials angeführt, ungeachtet der drastischen Differenzen zwischen den Bundesländern. Allerdings hatten sich die Vorstellungen über die vorhandene Begabungsquantität im Laufe der Zeiten verschoben. Von Prozentbruchteilen war die angenommene Größenordnung Studierfähiger inzwischen auf »höchstens« fünf Prozent eines Volkes angewachsen. Diese Annahme widerlegten die Zahlen der Studienanfänger schon am Anfang der sechziger Jahre, erst recht im weiteren Verlauf. Mit dem Zustrom zu den weiterführenden Schulen verband sich keineswegs vermehrtes Versagen. Der Schulbesuchserfolg verbesserte sich im Gegenteil erheblich.

Die vom Bildungsrat zusammengeführten Gutachter verschiedener Disziplinen legten ein eindrucksvolles Kompendium zum Zusammenhang von Begabung und Lernen vor, das für die weitere Diskussion bestimmend wurde. Begabung war nicht als isolierte statische Größe, durch die genetische Ausstattung festgelegt, zu verstehen. Wenn es um Lernprozesse geht, erwies sie sich als veränderlich unter dem Einfluß vieler Faktoren, die darüber mitentscheiden, ob Erkenntnisfähigkeiten und Leistungsmöglichkeiten entwickelt werden oder nicht. Dieser dynamische Begabungsbegriff, in dem Anlagen und Umwelt sich verschränken, verleugnete die individuellen Unterschiede entwicklungsfähiger Begabungsanlagen ebensowenig wie die Existenz ausgesprochen Minderbegabter auf der einen und Hochbegabter auf der anderen

Seite des breitgefächerten Mittelfeldes. Er half die Schwierigkeiten zu erklären, die der Prognose künftigen Schulerfolges im gegliederten System nach den Zeugnissen der abgebenden Schulen, den Eignungsurteilen der Lehrer, den Befunden von Aufnahmeprüfungen und Probeunterricht unüberwindbar im Wege stehen. Für die getrennten Schulformen gibt es keine erbbiologische Begründung. Der realistische Begabungsbegriff lenkte den Blick auf die Inhalte und die Organisation des Lernens, und, insofern Lernen an vorangegangene Lernprozesse anknüpft, auf die individuell, aber auch gruppen-, vor allem schichtenspezifisch so verschiedenen Lernbedingungen vor dem Eintritt in die Schule.

Die für die bildungspolitische Diskussion charakteristische Verknüpfung von Leistungssteigerung und Strukturreform kam am deutlichsten in dem Beitrag des Bochumer Psychologen Heinz Heckhausen zum Ausdruck. Er stellte vier Forderungen an das Schulsystem, den Schüler zum Lernen um des Lernens willen zu motivieren, ihn auf ein möglichst hohes Niveau seiner intellektuellen Tüchtigkeiten zu führen, die Pluralität der Gesellschaft in gemeinsamen Schulen erfahrbar werden zu lassen und herkunftsbezogene Chancenungleichheiten auszugleichen. Um Leistungsmotivationen in Lernprozessen zu fördern, müsse der Schwierigkeitsgrad des Unterrichtsangebots sich fortlaufend am erreichten Leistungsstand orientieren, nämlich ihn jeweils leicht überfordern. Dementsprechend sollten Schüler nicht pauschal vorsortiert, sondern fachspezifisch in »Tüchtigkeitsgruppen« zusammengeführt werden. Denn die bisherigen Erfahrungen und Forschungsergebnisse zeigten, »daß eine Gruppierung nach globalen Tüchtigkeitsmerkmalen für alle Unterrichtsfächer (sog. streaming) weder die Lernmotivierung noch die Leistungen zu steigern scheint. Dieses Verfahren verstößt außerdem gegen die dritte und vierte Forderung an ein Schulsystem, da es die herkunftsbezogenen Chancenungleichheiten der Schüler eher vergrößert als vermindert.« Heckhausens Schlußfolgerung lautete, »ein einheitliches Sekundarschulsystem bis zum Ende der Schulpflicht mit tüchtigkeitsgruppierender Auslese für weiterführende Schulen einzurichten« (Roth 1968, S. 225).

Für den Bildungsrat formulierte sein Vorsitzender, der Kieler Historiker Karl Dietrich Erdmann, das bildungspolitische Fazit der Bestandsaufnahme der Begabungsforschung: »Schulorganisation und Didaktik werden nicht von der Vorstellung präformierter Begabungskonstanten ausgehen, sondern sich daran orientieren, wie Begabungen entwickelt, gefördert und angeleitet werden können. Aus den vorgelegten Untersuchungen ergibt sich darüber hinaus die begründete Annahme, daß hier noch große unerschlossene Möglichkeiten ruhen. Es lohnt sich, das Schulwesen unter den primären Gesichtspunkt der Förderung zu stellen. Dem einzelnen wird geholfen, den Weg zur Selbstverwirklichung in der ihm erreichbaren individuellen Höchstleistung zu finden, und die Gesellschaft findet auf der Basis einer breiten, differenzierten Begabungsförderung diejenigen Kräfte, deren sie für die Vielfalt ihrer Funktionen und Berufe bedarf.« (Roth 1968, S. 6) Die Folgerungen aus diesen Grundsätzen suchte die Bildungskommission in den anstehenden Empfehlungen zur Einrichtung von Schulversuchen mit Gesamtschulen, zur Neugestaltung der Abschlüsse im Sekundarschulwesen und schließlich im Strukturplan für das Bildungswesen zu ziehen.

Vorbereitet vom Unterausschuß »Experimentalprogramm« unter der Leitung von Hellmut Becker, dem Direktor des Instituts für Bildungsforschung in der Max-Planck-Gesellschaft, empfahl die Kommission Anfang 1969 allen Bundesländern, integrierte Gesamtschulen zu erproben. Die Versuche sollten als Ganztagsschulen sowohl in ländlichen Gebieten wie in Städten verschiedener Größe und so zahlreich stattfinden, daß die Ergebnisse wissenschaftlicher Begleitforschung systematisch ausgewertet werden könnten. Daher sollten allein mehr als vierzig integrierte und differenzierte Gesamtschulen nach dem von der Bildungskommission entwickelten Modell eingerichtet, darüber hinaus möglichst viele Versuche mit verschiedenen Formen der Gesamtschule gefördert werden. Die vorgeschlagene neue Mittelstufe hob die Trennung der Schulformen mit ihren jeweils verschiedenen Bildungszielen auf. Sie vereinte alle Schulen in einer Schule mit gemeinsamem Unterricht in den Kernfächern, fachspezifischen Leistungskursen und wachsenden Wahlmöglichkeiten im Laufe des Schulbesuchs. Die Motive für diese Gesamtschule und die Einwände gegen sie bestimmten die Versuchsziele. Zu erproben waren wissenschaftsorientierter Unterricht für alle Schüler, individualisiertes Lernen, bessere Förderung des einzelnen, größere Chancengleichheit und soziale Integration. Viele Fachfragen waren berührt. Die Empfehlung enthielt Expertisen über Lehrplanrevision, Schullaufbahnberatung, Leistungsbewertung und Versuchskontrolle (Deutscher Bildungsrat 1969a).

Der Unterausschuß für schulorganisatorische Fragen unter der Leitung des Münchener Politologen Hans Maier ging von den bestehenden Verhältnissen aus. Er holte Gutachten ein über die Gliederung des deutschen Schulwesens in historischer Sicht (Scheuerl 1968) und, in internationaler Perspektive, über die Differenzierung im Sekundarschulwesen (Robinsohn/Thomas 1968). Damit sich die Bildungsgänge nicht weiter voneinander abschotteten, schlug er neue, schulformübergreifende Abschlüsse vor. Die mit den Abschlüssen verbundenen Qualifikationen und Lehrpläne erschienen als Angelpunkte der Bildungsreform. Nach der zehnten Jahrgangsstufe sollte an allen Sekundarschulen als ein erster Abschluß das sogenannte Abitur I möglich sein, im Anschluß an die Hauptschule nach einem zehnten Schuljahr und an die Fachoberschule ebenso wie an den Gymnasien und Realschulen, die bisherige mittlere Reife ersetzend. Für eine vergleichbare Grundbildung und damit mehr Durchlässigkeit in der Mittelstufe sollte ein neues Curriculum sorgen, bestehend aus einem breiten, in allen Schularten verbindlichen Bereich von Pflichtfächern sowie weiterer Wahlfächern. In der Oberstufe sollten studienbezogene Kurse den Hochschulbesuch, praxisbezogene Kurse den Eintritt in das Berufsleben vorbereiten. Der Abschluß, an Gymnasien wie an Fachoberschulen, wurde Abitur II genannt (Deutscher Bildungsrat 1969b).

Alle diese Erwägungen und Vorschläge waren Teil der Arbeit an einem Strukturplan für das Bildungswesen, den der Bildungsrat Anfang 1970 vorlegte. Geleitet von den Ergebnissen der Begabungsforschung und bestärkt durch die inzwischen verbreitete Überzeugung, daß die quantitativen Probleme von Ökonomie und Bildungsexpansion ohne eingreifende Strukturveränderungen nicht zu lösen wären, wurde eine grundlegende Neuorganisation des Schulwesens vorgeschlagen. An die Stelle der vertikal getrennten Schulformen mit jeweils verschiedenen Bildungszielen sollten aufeinander aufbauende Schulstufen treten: Kindergarten und Grundschule, Mittel- und Oberstufe, Hochschule und Weiterbildung. Diese Stufen versah man mit den internationalen Bezeichnungen Elementar- und Primarbereich, Sekundarstufe I und II, tertiärer Bereich, die die Vermittlung der neuen Konzeption nicht gerade erleichterten.

Gedacht war an den Ausbau der vorschulischen Erziehung in den Kindergärten und die Einschulung der Fünfjährigen in eine Eingangsstufe der Grundschule, vom Spielen zum Lernen überleitend. In den beiden weiteren Grundschuljahren sollte die individuelle Förderung im Mittelpunkt stehen. Vorentscheidungen über den weiteren Schulweg brauchten nicht getroffen zu werden. Die gemeinsame Orientierungsstufe als Eingang der Sekundarschule war, abgesehen von den Sonderschülern, für alle gedacht, um sie auf die Leistungsdifferenzierung ebenso wie auf die wachsenden Wahlmöglichkeiten vorzubereiten.

Nach der Überzeugung der Bildungskommission erforderten die Lebensbedingungen der modernen Gesellschaft, daß das Lehren und Lernen für alle Heranwachsenden wissenschaftsorientiert sei. Nicht daß der Schulunterricht auf wissenschaftliche Tätigkeit abzielen oder unmittelbar Wissenschaften vermitteln sollte. Es ging um die Einführung in die wissenschaftliche Zivilisation. »Wissenschaftsorientierung der Bildung bedeutet, daß die Bildungsgegenstände, gleich ob sie dem Bereich der Natur, der Technik, der Sprache, der Politik, der Religion, der Kunst oder der Wirtschaft angehören, in ihrer Bedingtheit und Bestimmtheit durch die Wissenschaft erkannt und entsprechend vermittelt werden. Der Lernende soll in abgestuften Graden in die Lage versetzt werden, sich eben diese Wissenschaftsbestimmtheit bewußt zu machen und sie kritisch in den eigenen Lebensvollzug aufzunehmen.« (Deutscher Bildungsrat 1970, S. 33) Daher ließ sich die überkommene Trennung in eine volkstümlich-elementare, eine technisch-praktische und eine wissenschaftlich-theoretische Bildung sachlich nicht mehr aufrechterhalten. Beispielsweise hatte die Kultusministerkonferenz 1968 neue Richtlinien für den Mathematikunterricht beschlossen. Mathematik sollte nicht mehr den weiterführenden Schulen vorbehalten, sondern in allen allgemeinbildenden Schulen gelehrt werden, beginnend in der Grundschule mit der Information über Mengen, Größen und geometrische Grundbegriffe (KMK 1969, S. 334ff.).

Die Grundsätze der Chancengleichheit wie der bestmöglichen Förderung des einzelnen verlangten in der gemeinsamen Schule ein hohes Maß individuellen Lernens, also nicht weniger, sondern mehr Differenzierung, als die geteilten Schulformen sie vorsahen. Integration und Differenzierung wurden nicht als Gegensätze, sondern einander bedingende Prinzipien der Bildungsreform aufgefaßt. Das galt um so mehr für die Oberstufe, die die beruflichen Schulen mit der gymnasialen Oberstufe zusammenführen sollte. Die berufsbezogenen Bildungsgänge müßten fachtheoretisch besser fundiert und durch mehr Allgemeinbildung ergänzt werden, lautete das Desiderat. Umgekehrt könnten studienbezogene Bildungsgänge durch berufspraktische Kurse und Erfahrungen erweitert werden, um den Eintritt in eine Berufsausbildung oder Tätigkeit außerhalb der Hochschulen zu erleichtern. So wünschenswert die Zusammenarbeit, der Integration standen erhebliche Schwierigkeiten im Weg. Kursorientierte Lehrpläne, eine entsprechende Schulorganisation und geeignete Unterrichtsgebäude waren erst zu schaffen.

Für den wissenschaftsorientierten Unterricht in allen Stufen der neuen Schule waren wissenschaftlich ausgebildete Lehrer in allen Bildungsgängen erforderlich. Jeder sollte über eine erziehungs- und gesellschaftswissenschaftliche Grundbildung, solide fachwissenschaftliche und fachdidaktische Kenntnisse sowie praktische Erfahrung verfügen. Die Standestrennung der Lehrer und Schulen also sollte aufgehoben, dementsprechend auch die Schulverwaltung von der überkommenen Gliederung gelöst und den Schulstufen gemäß neu organisiert werden. Ein in vieler Hinsicht revolutionärer Vorschlag, den die Professoren Erdmann und Maier als Vorsitzende der Bildungskommission der Öffentlichkeit präsentierten. Erstmals wurde dabei auch der Finanzbedarf, wie es der Auftrag verlangte, für die neuen Strukturen vorausgeschätzt und nicht wie bisher nur im gegebenen System fortgeschrieben (Deutscher Bildungsrat 1970).

Nicht weniger weitreichend waren in dieser Zeit die Vorschläge des Wissenschaftsrates für die Hochschulreform. Hatte er sich anfangs allein dem quantitativen Ausbau gewidmet, so tauchten während der sechziger Jahre, zunächst in den Anregungen zur Gestalt neuer Hochschulen (1962), erste vorsichtige Gedanken über die Notwendigkeit einer Strukturreform auf. Immer wachsende Universitätsgröße und immer weitere Spezialisierung der Wissenschaften bedrohten Funktionsfähigkeit und Zusammenhalt. Das Leistungsvermögen des Kollegialprinzips erschien oft erschöpft, wiewohl die Aufgabe, andere Gruppen an der akademischen Selbstverwaltung zu beteiligen, noch ganz ungelöst war: »Dem Idealbild einer ›Gelehrtenrepublik‹ steht in der Wirklichkeit eine Oligarchie der Lehrstuhlinhaber und eine Monokratie der Institutsdirektoren gegenüber.« (Wissenschaftsrat 1962, S. 17) Den Alltag dieser Ordinarienuniversität erreichten die noch sehr zurückhaltenden Empfehlungen des Wissenschaftsrates zur Neugliederung des Lehrkörpers (1964b) und zur Neuordnung des Studiums (1966) kaum. Überlegungen, die Organisation rationaler, die Verwaltung effektiver und die Leitung kompetenter zu gestalten, nahmen deutlichere Konturen an in den Empfehlungen zur Struktur und Verwaltungsorganisation der Universitäten (1968b), Teil der weitreichenden Vorschläge, den Ausbau der Hochschulen mit einer eingreifenden Strukturreform zu verknüpfen, weil das eine ohne das andere nicht mehr zu vertreten war (Wissenschaftsrat 1970).

Ebenso wie der Bildungs- ging der Wissenschaftsrat davon aus, daß es in der heutigen Zivilisation für das Leben des einzelnen von wachsender Bedeutung ist, »ob es ihm gelingt, die für ihn relevanten, von der wissenschaftlichen Entwicklung geprägten Faktoren und Beziehungen zu erkennen sowie die Chancen, die ihm die Ergebnisse der Wissenschaften bieten, zu ergreifen, aber auch die Gefahren zu erkennen, die wissenschaftliche Erkenntnis und ihre Anwendung mit sich bringen können. Nur unter diesen Voraussetzungen kann er die Aufgaben bewältigen, die sich ihm in einer von der wissenschaftlichen Entwicklung geprägten Gesellschaft stellen.« (Wissenschaftsrat 1970, S. 12) Dementsprechend wurde die Wissenschaftsorientierung des Schulunterrichts bekräftigt und der Andrang zu den Hochschulen ausdrücklich legitimiert, ohne ihn mit dem spezifischen Bedarf bestimmter akademischer Berufe zu begründen. Immer hatte der Wissenschaftsrat für den Ausbau der Hochschulen plädiert, aber zunächst doch auch für Entlastung »wenigstens von einem Teil des weithin ›blinden‹, mehr vom sozialen Geltungstrieb als von dem Wunsch nach geistiger Bildung bestimmten Massenandrangs« und daher gefordert, »für die vielen vorwiegend praktisch veranlagten Begabungen eine große Zahl höherer Fachschulen zu gründen« (Wissenschaftsrat 1962, S. 11). Offen blieb, warum die praktisch veranlagten Begabungen mehr als andere vom sozialen

Geltungstrieb ergriffen würden. Nun wurden auch sie in die Gesamthochschule aufgenommen als »notwendige organisatorische Konsequenz der durch die wissenschaftliche Entwicklung bedingten umfassenden Neuordnung der Studiengänge und damit der Öffnung der Hochschulen für einen wesentlich größeren Teil der Bevölkerung« (Wissenschaftsrat 1970, S. 25).

Doch sollte dieser größere Teil andere als wissenschaftliche Studiengänge besuchen. Betont wurde die Differenzierung, um die immer länger werdenden durchschnittlichen Studienzeiten wieder zu verkürzen. In seiner Empfehlung zur Neuordnung des Studiums hatte der Wissenschaftsrat den wissenschaftlichen Hochschulen geraten, das Hauptstudium zeitlich strikt zu begrenzen und dementsprechend stärker zu regulieren. Ein mit der Forschung verbundenes Aufbaustudium sollte einem kleinen Teil der Studierenden vorbehalten bleiben. Inzwischen wurden die Pädagogischen Hochschulen aufgewertet und die Ingenieur- und Höheren Fachschulen in Fachhochschulen umgewandelt. Hochschulen verschiedener Aufgabenstellung und Ausbildungsdauer organisatorisch zusammenzufassen, wobei für den Massenandrang Kurzstudiengänge vorgesehen waren, hatte zuerst ein Arbeitskreis Hochschulgesamtplan (1967) auf Anregung Dahrendorfs in Baden-Württemberg vorgeschlagen. 1969 wurde dort ein »Rahmenplan für einen differenzierten Hochschulbereich« vom Landtag verabschiedet (Kultusministerium Baden-Württemberg 1973). Dem Wissenschaftsrat aber ging es um mehr, nicht nur um Zuordnung, sondern um Zusammenarbeit. Mit dem Konzept der integrierten Gesamthochschule wollte er thematisch zusammengehörende Fächer, die nach Inhalt und Ziel verschiedene Ausbildungsgänge anbieten, in gemeinsamen Fachbereichen möglichst auch zu einem gemeinsamen Grundstudium zusammenführen. So sollten Lehrer für die einzelnen Schulformen und Stufen ebenso zusammen studieren wie Ingenieure oder Betriebswirte mit unterschiedlicher Ausbildung. Unklar blieb allerdings, wie die Vielzahl der vorgesehenen Kurzstudiengänge geschaffen werden könnte. Offensichtlich wurde die Bereitschaft der Hochschulen ebenso überschätzt wie die Steuerungsmöglichkeit des Staates. Zwar erwartete der Wissenschaftsrat für 1980 zutreffend bis zu knapp eine Million deutscher Studierender. Doch rechnete er mit viel zu kurzen Studienzeiten, andererseits mit einer zu hohen Studierquote. Der vorausgeschätzte Studentenanteil an den entsprechenden Geburtsjahrgängen wurde für 1980 mit 25 bis 30 Prozent beziffert. Dieser Anteil hatte sich in den sechziger Jahren bereits mehr als verdoppelt, betrug an deren Ende knapp 10 Prozent und erreichte 1980 tatsächlich erst 16 Prozent. Statt der erwarteten Mehrheit absolvierte dann gerade ein Fünftel Kurzstudiengänge, die überdies nicht zwei bis drei, sondern im Durchschnitt vier Jahre in Anspruch nahmen. Die Majorität aber besuchte nach wie vor die traditionellen Studiengänge an den wissenschaftlichen Hochschulen, und zwar sieben und nicht wie angenommen vier bis sechs Jahre lang (Wissenschaftsrat 1970, S. 30; BMBW 1986, S. 123 u. 204).

Nicht minder eingreifend als die vom Wissenschaftsrat gewünschte Integration waren seine Vorschläge für die Organisation und Personalstruktur der zukünftigen Gesamthochschule. Aus der Ordinarienuniversität sollte eine Gruppenhochschule werden. Da die überkommenen Organisationsformen den neuen Bedingungen und Erfordernissen nicht standgehalten hatten, reichte es nicht mehr aus, sie zu reformieren. Sie mußten von Grund auf neu gestaltet werden. Wachsender personeller und finanzieller Aufwand für Forschung und Lehre, verursacht durch zunehmende Spezialisierung und Bildungsexpansion, »traf in Deutschland auf die Einrichtung der Institute und Seminare, die mit der Universität als Körperschaft nur durch die Personalunion von Institutsdirektor und Lehrstuhlinhaber verbunden waren. Die verwaltungsmäßige Selbständigkeit der Institute leistete den desintegrierenden Tendenzen des Spezialisierungsprozesses besonders dann Vorschub, wenn die Institute nach dem auf einen Mann abgestellten Arbeitsprinzip organisiert waren. Es hat viele Versuche gegeben, an der Institutsform als an einem Idealbild festzuhalten und sie dadurch weiterzuführen, daß die Zahl der Institute der Aufteilung in Spezialgebiete entsprechend vervielfältigt wurde. Die Funktionsfähigkeit der kollegialen Gremien ist dadurch zunehmend vermindert worden.« (Wissenschaftsrat 1968b, S. 9f.) Die großen Fakultäten erwiesen sich ihren Aufgaben nicht mehr gewachsen, nicht nur wegen ihres Umfanges und der Heterogenität ihrer Mitglieder, sondern vor allem wegen der »Interessenkollisionen der Institutsdirektoren«. Die Entwicklung der Universität wurde bisher durch Aufbau und Ausstattung der

Lehrstühle und ihrer Institute bestimmt. Darüber verständigten sich die Institutsdirektoren unmittelbar mit der Kultusverwaltung des Landes: »Wichtige, für den Gesamtzusammenhang und die Entwicklung häufig maßgebliche Entscheidungen sind der Zuständigkeit der Fakultäten auf diese Weise entglitten. Stellen und Mittel sind in kleinsten Einheiten auf lange Zeit festgelegt und damit der Verfügbarkeit der Fakultäten entzogen. Die in Forschung und Lehre vorhandene Kapazität wird infolgedessen vielfach nur unzulänglich genutzt.« (Wissenschaftsrat 1968 b, S. 20) Aus solcher Diagnose zog der Wissenschaftsrat den Schluß, die Fakultäten aufzulösen und die Lehrstuhlprivilegien abzuschaffen. An ihre Stelle traten überschaubare Fachbereiche verwandter Disziplinen, denen nicht nur die übergreifenden Aufgaben der Fakultäten, sondern auch die Verwaltungskompetenzen der Lehrstühle und Institute übertragen werden sollten. So wurden die Fachbereiche für die Verwendung der ihnen von der Hochschule zugewiesenen Personal- und Sachmittel verantwortlich, wie für Prüfungen und Berufungen, die Aufstellung des Lehrplanes und die Einhaltung der Lehrverpflichtungen.

Generell sollte in der Hochschule die bisher getrennte akademische Selbst- und staatliche Wirtschaftsverwaltung zusammengefaßt und mit genügend starker Entscheidungsbefugnis für Personal- und Haushaltsfragen versehen werden, an ihre Spitze statt der kurzfristig wechselnden Rektoren ein Präsident mit langer Amtsdauer treten. Ihm wurde der Kanzler als leitender Verwaltungsbeamter und Sachbearbeiter des Haushalts unterstellt. In allen Entscheidungsgremien, den Fachbereichen, dem satzungsgebenden Konvent und dem von ihm gewählten Senat als Zentralorgan wollte der Wissenschaftsrat die drei Gruppen der Hochschullehrer, der wissenschaftlichen Mitarbeiter und der Studenten so beteiligt sehen, daß in der Zahl der Vertreter die Bedeutung der Gruppe für die jeweiligen Aufgaben des Organs zum Ausdruck käme. Damit wurde der Strukturwandel zur Gruppenuniversität unterstützt, aber den Forderungen der Studenten- und Assistentenbewegung nach allgemeiner Drittelparität nicht entsprochen. Die Unterscheidung von Hochschullehrern und wissenschaftlichen Mitarbeitern bezog sich auf eine veränderte, an den Aufgaben orientierte Personalstruktur, die zugleich eine wichtige Voraussetzung für die Entwicklung von Gesamthochschulen war. In der Gruppe der wissenschaftlichen, technischen und ärztlichen Mitarbeiter wurden alle Personen mit abgegrenzten Aufgaben und dementsprechend abgestufter Weisungsgebundenheit zusammengefaßt. Zur Gruppe der Hochschullehrer zählten alle Personen, die mit der selbständigen Wahrnehmung von Forschungs- und Lehraufgaben betraut waren, unangesehen ihres bisherigen Ranges. Inhaber einer Dauerstelle wurden als Professoren bezeichnet. Waren sie die zum Zwecke weiterer Qualifizierung für eine begrenzte Zeit berufenen, sollten sie Assistenzprofessoren genannt werden (Wissenschaftsrat 1970).

Mehr als die Integration verschiedener Ausbildungsgänge in gemeinsamen Fachbereichen berührte deren vermehrte Verwaltungskompetenz und die neue Personalstruktur die Stellung der Ordinarien. Es hatte viele Jahrzehnte heftiger Auseinandersetzungen gedauert, bis auch nur die außerordentlichen Professoren, habilitiert und verbeamtet wie die ordentlichen, in das Innere der Fakultäten gelangen konnten. Nun sollte der Zugang weit geöffnet, mit der sogenannten Demokratisierung der Hochschulen die Willensbildung gemäß den Interessen aller an der Forschung und Lehre beteiligten Gruppen neu organisiert werden. Schwer vorstellbar war, daß viele Ordinarien einer derart eingreifenden Hochschulreform zustimmen würden, zumal die Ausstattung ihrer Positionen mit Personal- und Sachmitteln jeweils individuell durch unbefristete staatliche Berufungszusagen abgesichert schien. Die für die Strukturfragen zuständigen Kultusminister sahen sich überdies durch die Folgen der Wirtschaftsrezession in die Defensive gedrängt. Da die Steuereinnahmen stagnierten, drosselten die Finanzminister den Zuwachs der Personalausgaben, während immer mehr Schüler und Studenten in die Gymnasien und Universitäten strömten. Zwingend erforderliche Investitionen mußten aufgeschoben werden. Angefangene Bauvorhaben blieben allerorts sichtbar als Einrichtungsruinen liegen. Zugleich hemmten die laufenden Verhandlungen über die geplanten Verfassungsänderungen die Aktivität der Länder. Zwar arbeiteten Fachleute aus den Verwaltungen hinter den Kulissen in den Ausschüssen des Bildungs- und des Wissenschaftsrates intensiv mit. Auch herrschte an Entwürfen für neue Hochschulgesetze kein Mangel. Doch Regierungen und Parlamente erschienen bildungspolitisch wenig handlungsfähig. Das verstärkte den Druck der außerparlamentarischen Opposition, die aus der Studentenbewegung entstand.

Studentenbewegung

Wie auch in anderen Industriestaaten formulierte der Protest engagierter Studenten ein latentes Unbehagen bei der heranwachsenden Generation an den etablierten Machtverhältnissen. Mit dem materiellen Wiederaufbau war der Blick für die immateriellen Verfassungsansprüche frei geworden. Innen- und außenpolitisch wurde die Kluft zwischen den demokratischen Zielen und der Verfassungswirklichkeit deutlich. Die offene Auseinandersetzung begann Mitte der sechziger Jahre in den USA. Bürgerrechte von Minderheiten und der Krieg in Vietnam standen in ihrem Mittelpunkt. Später kamen Ansprüche auf studentische Mitbestimmung in Hochschulen hinzu. Bedeutsam wurden die in der Bürgerrechtsbewegung des Südens entwickelten Demonstrationsverfahren. Sie erlaubten durch phantasievolles Ausschöpfen liberaler Spielräume und begrenzte Regelverletzungen für legitimierte Ziele eine kalkulierte Provokation herrschender Autoritäten. Für viele Demonstrationsteilnehmer eröffnete sich so eine andere Möglichkeit politischer Beteiligung als bei Wahlen und im Organisationshandeln von Parteien und Parlamenten. Sie gewannen durch sie Einsichten in neue politische Perspektiven und ungewohnte Erfahrungen mit solidarischem Handeln, von denen erhebliche sozialisatorische Wirkungen ausgehen sollten.

Gegenstände und Methoden des Protests wurden in den folgenden Jahren weltweit aufgegriffen. In Deutschland schon 1965, zuerst in Westberlin, dessen Freie Universität im Kalten Krieg von Studenten mitbegründet und an der ihnen ein Mitspracherecht eingeräumt worden war. Die besonderen institutionellen Verhältnisse dieser Hochschule begründeten zusammen mit dem stärkeren politischen Potential ihrer Studentenschaft diesen Beginn. Wie Untersuchungen zeigten, entsprang das Bestreben hochschulpolitisch aktiver Studenten, autoritären Abhängigkeitsverhältnissen innerhalb wie außerhalb der Universität entgegenzutreten, genuin demokratischen Intentionen. Ihre Aktionen fanden in breiteren Kreisen der Studentenschaft Resonanz, weil diese wegen ihrer größeren und überwiegend demokratisch orientierten Handlungsbereitschaft leichter zu politischer Reflexion und Aktivität zu bewegen waren als die Studenten anderer westdeutscher Hochschulen (Friedeburg u. a. 1968).

Erst zwei Jahre später, nach dem Regierungsantritt der großen Koalition in Bonn, unter schlechteren ökonomischen und härteren hochschulpolitischen Bedingungen gewann die Studentenbewegung an den Hochschulen der Bundesrepublik breitere Unterstützung. Zum Anlaß wurde der Tod eines Studenten, erschossen von einem Polizisten während einer Demonstration in Berlin. Der Protest galt dem Besuch des Schahs von Persien, Exponent eines diktatorischen, vom Westen gestützten Regimes.

In ihrer antiautoritären Phase wurde die Studentenbewegung in der Bundesrepublik zu einer wirkungsvollen außerparlamentarischen Opposition. Die gesellschaftliche und politische Entwicklung bewirkte, daß die Intentionen des Protests, bei allen Vorbehalten gegenüber seinen Ausdrucksformen von kritischen Professoren und Publizisten unterstützt, in einer breiteren Öffentlichkeit und schließlich in den Institutionen der Politik Beachtung fanden. Das Ende des Wirtschaftswunders hatte erstmals auf Grenzen des ökonomischen Systems verwiesen. Der Kampf um Notstandsgesetze und Wahlrechtsveränderung ließ die Tendenzen zur Verselbständigung der politischen Administration erkennen. Fragen öffentlicher Kontrolle wirtschaftlicher Macht waren auch dort ungelöst geblieben, wo sie wie im Falle der konkurrenzlosen Ausbreitung des Springer-Konzerns gesellschaftlichen Einfluß beanspruchte. Überholter Antikommunismus isolierte die Bundesrepublik von ihren Nachbarländern bei der sich anbahnenden Entspannung im Ost-West-Konflikt.

Wie wirkungsvoll durch die öffentliche Diskussion Problembewußtsein geweckt wurde, selbst noch in der Auseinandersetzung um Protestaktionen wie die Blockade der Springer-Verlagshäuser nach einem Attentat auf Rudi Dutschke, dem Symbol der außerparlamentarischen Opposition, bezeugte wenige Monate später das Berliner Programm der CDU vom November 1968. Trotz der parteipolitischen Unterstützung durch die Springer-Zeitungen verlangte es kritisch: »Pressekonzentration darf nicht dazu führen, daß die Mannigfaltigkeit der politischen Auffassung sich nicht mehr wirksam ausdrücken kann. Wir fordern ein Bundespressegesetz, das Rechte und Pflichten der Verleger und der Redakteure festlegt ...« (Thränhardt 1986, S. 172) Zugleich formierten sich Protestreaktionen auf der anderen Seite des Spektrums, gegen die etablierten Parteien ebenso gerichtet wie gegen die Studentenbewegung. Mit der Nationaldemokratischen Partei zog erstmals wieder eine rechtsradikale Sammlungsorganisation in die Länderparlamente ein.

Unmittelbaren Einfluß auf die Gesetzgebung nahmen die Ideen der Studentenbewegung in der Hochschulpolitik. Das entsprach kaum den Erwartungen. In der langjährigen gesellschaftstheoretischen Vorarbeit, geleistet vor allem vom Sozialistischen Deutschen Studentenbund (SDS), die dem Studentenprotest in der Bundesrepublik seinen im internationalen Vergleich charakteristischen Akzent verlieh, waren die Möglichkeiten einer umfassenden Universitätsreform sehr zurückhaltend eingeschätzt worden. Analysen aus dem SDS über die *Hochschule in der Demokratie* warnten vor Reformoptimismus, auch im Hinblick auf Vorschläge aus den eigenen Reihen, wie dem Gutachten einer Kommission des Verbandes Deutscher Studentenschaften zur Neugründung wissenschaftlicher Hochschulen (1962). Demokratisierung, womit, analog der Mitbestimmung in der Wirtschaft, eine entscheidende Beteiligung aller abhängig Arbeitenden in Selbstverwaltungsorganen gemeint war, Demokratie, verstanden als „Auflösung repressiver Herrschaft im Medium rationaler öffentlicher Diskussion, Willensbildung und Machtausübung«, könnte nicht ohne gesamtgesellschaftliche Veränderung exklusiv für die Gelehrtenrepublik vorweggenommen werden. Nur in Teilbereichen, Instituten avancierter Forschung oder andererseits randständigen Disziplinen, ließe sich Demokratisierung einleiten. Doch erhielte auch das erst einen gesellschaftlichen Sinn, wenn mehr erreicht würde als eine Verbesserung der äußeren Arbeitsbedingungen für die an sich schon privilegierten Hochschulangehörigen, nämlich eine »Veröffentlichung, Rationalisierung und Demokratisierung der Willensbildung über wissenschaftliche Fragen in den gesellschaftlichen Gruppen und Institutionen, die ein legitimes Interesse an der Mitbestimmung der grundsätzlichen Schwerpunkte und Prioritäten in den Forschungs- und Bildungsbereichen haben, von denen ihre Arbeit und ihr Leben mitgeprägt werden« (Nitsch u. a. 1965, S. 109ff.).

In der Großorganisation der Ordinarienuniversität konnte eine Interessenidentität von Lehrenden und Lernenden nicht mehr unterstellt werden. Das neue Hochschulkonzept nahm seinen Ausgang von spezifischen Gruppeninteressen der Hochschullehrer, Assistenten und Studenten, vermittelt durch die Arbeitsbedingungen im Wissenschaftsbetrieb. In der durch Teilhaberechte gestützten Zusammenarbeit aller Gruppen sollte es möglich sein, eine breite Legitimation für eine rational orientierte hochschulpolitische Willensbildung zu erreichen, um damit die Freiheit der Wissenschaft zu erhalten. Organisatorisch ging es in den Vorschlägen um die Auflösung hierarchisch begründeter Abhängigkeiten und unübersichtlicher Großgremien, zu denen viele Fakultäten in der Expansion geworden waren. An ihre Stelle sollten funktional zusammengesetzte Kollegien und Arbeitsgruppen mit großem Handlungsspielraum treten, horizontal zusammengefaßt in Abteilungen mit eigenem Haushalt. Von der Zentralverwaltung der Hochschulen war bei den Studenten zunächst kaum die Rede. Anders in der offiziellen Reformdiskussion, schon wegen der immer wachsenden Mittel. Anleihen bei der angelsächsischen Hochschulorganisation erschienen geboten. Die Kultusministerkonferenz setzte in ihrem ersten Grundsatzbeschluß zur strukturellen Neuordnung des Hochschulwesens im April 1968 die Einführung der Präsidialverfassung an die Spitze der für erforderlich gehaltenen Reformmaßnahmen. Die akademische Zentralverwaltung sollte gestärkt und erweitert werden, aber ebenfalls die staatliche Wirtschaftsverwaltung; ihre Verschmelzung erschien zu diesem Zeitpunkt noch kaum denkbar.

Für die Auflösung der großen Fakultäten plädierten auch die Kultusminister. Funktionsfähige Fachbereiche sollten sie ablösen, ausgestattet mit eigenen Personal- und Sachmitteln. Also war das Berufungswesen neu zu gestalten, eine vakante Position auszuschreiben, unter den Bewerbern fachgerecht auszuwählen und mit den Berufenen von Staats wegen nur noch über die persönlichen Bezüge zu verhandeln. Damit wurde das Grundprinzip der Ordinarienuniversität aufgegeben, zumal die Kultusminister zugleich anderen Gruppen Teilhaberechte an der Selbstverwaltung zubilligten, allerdings nicht nach einem festen Schlüssel: »In den akademischen Organen ist eine funktionsgerechte Mitsprache der an Forschung und Lehre beteiligten Gruppen einschließlich der Studenten zu sichern. Eine schematische Festlegung der Beteiligung wäre nicht sachgemäß. Art und Ausmaß der Beteiligung richten sich nach den Aufgaben des betreffenden Organs. Sie sind so zu gestalten, daß die Arbeitsfähigkeit gewährleistet ist.« (KMK 1969, S. 331)

Begriff und Inhalt der Demokratisierung bestimmten die weitere Auseinandersetzung. Während viele Professoren Mitbestimmungsverfahren aus Politik und Wirtschaft im Hochschulleben für unabwendbar, eine Gruppenbeteiligung mit »ständischer« Sitzverteilung gar für verfassungswidrig hielten, drängten Parteien und Verwaltungen auf die Reform der akademischen Selbstverwaltung. Der Entwurf eines Gesetzes über die wissenschaftlichen Hochschulen des Landes Schleswig-Holstein vom Juni 1968 enthielt die Vorschrift: »Die innere Ordnung der Hochschulen muß demokratischen Grundsätzen entsprechen« (Schmidt/Thelen 1969, S. 12). Die Gesetzentwürfe in Hessen und Berlin sahen für das satzungsgebende Konzil die sogenannte Drittelparität, also die gleiche Zahl von Stimmen für die Vertreter der Professoren, der Assistenten und der Studenten vor. In der Zentralverwaltung der Hochschule sollten allerdings Außenstehende erheblichen Einfluß nehmen können. Doch den Exponenten der westdeutschen Universitäten erschien eine Einbuße an Hochschulautonomie weniger bedrohlich als eine quantitativ geregelte Mitsprache aller an der Forschung und Lehre beteiligten Gruppen bei der inneren Selbstverwaltung, gegen die sie Anfang 1968 in der Godesberger Rektorenerklärung zur Hochschulreform Stellung nahmen. An der kontroversen Diskussion beteiligten sich vor allem Professoren aus Hessen, das in der Hochschulpolitik wie in der Landschulreform voranging. 1967 war die bayerische FDP-Politikerin Hildegard Hamm-Brücher als Staatssekretärin des Kultusministers Ernst Schütte in die reformorientierte sozialdemokratische Landesregierung berufen worden. Es zeichneten sich die ersten Konturen einer sozialliberalen Bildungspolitik ab. Ein neues Schulverwaltungsgesetz entstand und wurde 1969, auch mit den Stimmen der FDP-Fraktion, verabschiedet. Es fügte die obligatorische Förderstufe in das öffentliche Schulwesen ein, so daß die Entscheidung über die weiteren Schullaufbahnen erst nach der siebten Klasse zu treffen war. Wenn die personellen, sachlichen und schulorganisatorischen Voraussetzungen vorlagen, sollten überall Förderstufen eingerichtet werden. Weiterhin sollten zur Bildung von Gesamtschulen die drei herkömmlichen Schulformen organisatorisch zusammengefaßt werden können. Diese sogenannte schulformbezogene oder kooperative Gesamtschule mit mindestens einem Hauptschul-, einem Realschul- und einem Gymnasialzweig wurde damit als öffentliche Regelschule anerkannt. Die Integrierte Gesamtschule, in ihrem Inneren schulformunabhängig organisiert, wurde als Versuchsschule zugelassen.

Auch in der Hochschulreform ging man in Hessen neue Wege. Das erst im Mai 1966 erlassene Hochschulgesetz wurde zur Disposition gestellt. Es sollte den Weg zur Hochschul- und Studienreform freimachen, den aber erst neue Satzungen der Universitäten und neue Studienordnungen der Fakultäten einzuschlagen erlaubten. Um der Kontinuität willen wurde die Amtszeit der Hochschulleitung, wahlweise in Gestalt eines Rektors, eines Direktoriums oder eines Präsidenten, auf mindestens vier Jahre verlängert. Für eine bessere Koordination der getrennt bleibenden akademischen und der staatlichen Wirtschaftsverwaltung sollten der Kanzler und, unter der Leitung des Rektors, ein Verwaltungsrat aus Universitätsangehörigen sorgen, der über den Haushalt zu beschließen hatte. Die Mitwirkungsrechte der Nichtordinarien und Nichthabilitierten wurden verbessert, die stimmberechtigte Teilnahme von Studentenvertretern in den Fakultäten, im Senat und im Verwaltungsrat gesetzlich vorgeschrieben, nachdem die Verfassung des Landes schon zwei Jahrzehnte zuvor bestimmt hatte, daß die Studenten an der Selbstverwaltung der Universitäten zu beteiligen waren (Art. 60). Ein besonderer Schwerpunkt des Gesetzes lag in dem Bemühen, die wachsenden Studienzeiten administrativ zu verkürzen. Die Fakultäten wurden verpflichtet, dafür zu sorgen, »daß die Studenten innerhalb der festgesetzten Mindestdauer des Studiums in sachgerechter Reihenfolge über alle notwendigen Fächer ihres Studienbereichs Vorlesungen, Übungen und andere Unterrichtsveranstaltungen besuchen und ihr Studium abschließen können.« Dazu sollten strenge Studienordnungen, regelmäßige Studienberatungen und eine bessere Prüfungsorganisation dienen sowie »zur Straffung, Ergänzung und Vertiefung des Studiums auch in der vorlesungsfreien Zeit« zu veranstaltende Übungen und Kurse (§ 15). Eine zwangsweise Exmatrikulation, wie in dem gleichzeitigen bayerischen Hochschulgesetzentwurf, war allerdings nicht vorgesehen. Doch an dem Stellenwert einer veränderten Studienorganisation, die »die Intensivierung des Studiums und den Abbau des schlimmsten Übels in der gegenwärtigen Notlage, der übersteigerten Studienzeit, zum Ziel hat« (Staff 1967, S. VIII), ließen Diskussion und Kommentar des Gesetzes keinen Zweifel.

Ein neuer Referentenentwurf machte Ernst mit der Beteiligung aller Gruppen an der Selbstverwaltung der Universität. Gegen ein solches »Rätesystem« wandte sich der Rektor der Universität Frankfurt, Walter Rüegg, zugleich Präsident der Westdeutschen Rektorenkonferenz. Jede »quantitative« Reform entwickele die Funktionsschwäche der Universität zur Funktionsunfähigkeit, lähme den Zusammenhang von Forschung und Wirtschaft und gefährde die Freiheit der Wissenschaft. Ebenso lauteten die Vorwürfe in einem Manifest Marburger Professoren. Eine »Demokratisierung der Universität« habe »die Beschränkung der Freiheit von Forschung und Lehre und damit eine Verkümmerung der Wissenschaft selbst zur Folge« (Schmidt/Thelen 1969, S. 81 u. 108).

Andere hessische Hochschullehrer verwandten sich nicht minder entschieden für ein neues Konzept der Hochschulverfassung. Zwei Frankfurter Juristen, Erhard Denninger und Rudolf Wiethölter, und die beiden Soziologen Jürgen Habermas und Ludwig v. Friedeburg unterbreiteten dem Kultusministerium 1968 einen eigenen Vorschlag, dessen Grundsätze sie in diesem Jahr mehrfach in der Öffentlichkeit vertraten. Die Willensbildung in den Organen der Selbstverwaltung sollte, hochschulpolitisch bewußt, nach Interessen der tatsächlich an Forschung und Lehre beteiligten Gruppen organisiert werden. Die Selbstbestimmung würde dadurch nicht eingeschränkt, sondern unter den gegebenen Bedingungen erst ermöglicht: »Das Prinzip der Freiheit von Lehre, Studium und Forschung kann nicht mehr nur negativ als Abschirmung individueller Gelehrsamkeit gegen interessierte Einwirkung von außen gesichert werden. In der Hochschule und gegenüber dem Staat muß dieses Prinzip auch im Sinne von Teilhaberechten Anwendung finden. Die Autonomie der Wissenschaft kann nicht unpolitisch gewahrt werden. Sie verlangt, daß die am Lehr- und Forschungsprozeß unmittelbar beteiligten Gruppen die unvermeidlichen gesellschaftlichen Abhängigkeiten reflektieren und die gesellschaftlichen Funktionen der Wissenschaft im Bewußtsein politischer Verantwortung für Folgen und Nebenfolgen erörtern.« (Habermas 1969, S. 203)

Alle weiterführenden Reformvorschläge dieser Zeit steckten zwei neue Administrationsebenen in der Universität ab, die der Zentralverwaltung, geleitet von einem langfristig gewählten Präsidenten, der die bisher getrennte akademische und die Wirtschaftsverwaltung zusammenfaßte, und die dezentralisierte Selbstverwaltung in überschaubaren Fachbereichen mit jeweils zulänglicher Ausstattung. Deutlicher aber als in den anderen Bundesländern wurde in Hessen Kritik an dem überkommenen Selbstverständnis geübt, Wissenschaftsverwaltung sei ausschließlich Sachverwaltung. Daher sollte für die hochschulpolitischen Grundsatzfragen auch nicht mehr der Senat zuständig sein, der vor allem koordinierende Aufgaben erhielt, sondern der Konvent, eine Versammlung der Mitgliedergruppen der Hochschule. Dementsprechend sollte dieses Gremium neben dem Präsidenten auch die Mitglieder der Ständigen Ausschüsse wählen, die an der Spitze der Zentralverwaltung den Präsidenten nicht nur zu beraten hatten, sondern auch Entscheidungen treffen sollten. Es ging um die Balance von fachbezogener und zentraler Selbstregulation, von sachbestimmter und hochschulpolitischer Wissenschaftsverwaltung. Die erforderliche Rationalisierung des Universitätsbetriebes und die notwendige Demokratisierung der Kooperation mußten einander nicht im Wege stehen, sie konnten einander ergänzen (Friedeburg 1969).

Doch mit der Eskalation der Studentenbewegung erschien die von ihr eingeleitete Mitwirkung der Gruppen in den Hochschulen vielerorts kaum mehr möglich. Die Drittelparität wurde als Instrument technokratischer Hochschulorganisation diffamiert. Im Kampf gegen die Notstandsgesetzgebung hatte die außerparlamentarische Opposition das Höchstmaß ihrer überraschenden Kraft entfaltet. Aber die große Koalition bewies, wie schon bei den vorangegangenen Osterunruhen, nach dem ersten großen Sternmarsch auf Bonn einen erstaunlichen Zusammenhalt und beschloß die Verfassungsänderung. Gleichzeitig erschütterten die Ereignisse des Pariser Mai Frankreich, wurde der Kampf gegen den Vietnamkrieg in den USA immer härter, fanden Hochschulrevolten und Straßenschlachten in vielen Metropolen statt. Aus Enttäuschung wuchs Aggression, wie aus Selbstüberschätzung. Auch in Frankfurt am Main wurde die Universität geschlossen und von Studenten besetzt. Auf einem Schüler- und Studentenkongreß zu Pfingsten warnte Jürgen Habermas vor einer Taktik der Scheinrevolution und, wie vordem mit anderen Frankfurter Sozialwissenschaftlern zusammen, vor jeder Gewaltanwendung, gerade weil die Protestbewegung mit ihren phantasievollen Provokationen eine »Perspektive für die Umwälzung tiefsitzender Gesellschaftsstrukturen« eröffnet hatte (Habermas 1969, S. 187f.). Doch die Wege hatten sich schon geschieden. Eine Minderheit wandte sich gänzlich vom Gesellschaftssystem der Bundesrepublik ab und gründete kommunistische Kaderorganisationen. Einzelne verschrieben sich nach ersten Brandstiftungen und der blutigen Straßenschlacht im November 1968 am Tegeler Weg in Berlin immer mehr militanter Gewaltanwendung, letztlich dem Terrorismus der Rote Armee Fraktion (RAF).

Die große Mehrheit aber wählte die Option radikaler Reform. Nur vereinzelt verstanden als »Marsch durch die Institutionen« (Dutschke), zumeist eher im Sinne demokratischer Beteiligung, im Widerspruch zur Verfassungswirklichkeit, nicht aber zu den Prinzipien des Grundgesetzes, vielmehr in der Absicht, sie zu realisieren. Beispielhaft die Bundesassistentenkonferenz, die 1968 entstand und mit ihrem Kreuznacher Hochschulkonzept (BAK 1968) sowie vielen weiteren Stellungnahmen und Vorschlägen vermittelnd in die verfahrene hochschulpolitische Diskussion eingriff, von der beunruhigten Bildungsverwaltung als Gesprächspartner wie als Bundesgenosse bereitwillig akzeptiert. Bei der Mehrheit der Studierenden war ein neues politisches Bewußtsein entstanden. Eine gründliche empirische Untersuchung kam zu dem Schluß: »Es kann aber kein Zweifel daran bestehen, daß es eine Minderheit ist, die eine revolutionäre Veränderung dieser Gesellschaft will, und es besteht genausowenig ein Zweifel daran, daß die Studentenschaft keinesfalls dieser Minderheit folgen wird. Die von der Studentenschaft vorliegenden Einstellungen lassen jedenfalls ein demokratisches Potential erkennen, wie es – auf andere Weise – vielleicht nur von den Studenten vor 1848 entwickelt worden ist. Da der Begriff ›demokratisch‹ in dieser Untersuchung konkret und nicht diffus, im Sinne der Zielvorstellungen des Grundgesetzes definiert worden ist, handelt es sich um eine Reformbewegung, die es mit der Verfassung der Bundesrepublik ernst meint.« (Wildenmann und Kaase 1968, S. 85) Radikale Reform erschien in der verbreiteten Aufbruchsstimmung möglich, nachdem Heinemann Lübke als Bundespräsident abgelöst hatte, die große Koalition sich auflöste und Willy Brandt als erster Kanzler einer sozialliberalen Bundestagsmehrheit in seiner Regierungserklärung versprach: »Wir wollen mehr Demokratie wagen. Wir werden unsere Arbeitsweise öffnen und dem kritischen Bedürfnis nach Information Genüge tun. Wir werden darauf hinwirken, daß nicht nur durch Anhörungen im Bundestag, ... sondern auch durch ständige Fühlungnahme mit den repräsentativen Gruppen unseres Volkes und durch eine umfassende Unterrichtung über die Regierungspolitik jeder Bürger die Möglichkeit erhält, an der Reform von Staat und Gesellschaft mitzuwirken.« (Wilharm 1985, S. 27) Das galt insbesondere auch für die jungen Bürger. Also sollte das aktive Wahlalter von 21 auf 18 Jahre gesenkt werden, die Bildungsreform an der Spitze der Erneuerungspolitik stehen.

Stellenwert, Ansatz und Inhalt der in Gang gekommenen Reform waren nicht ohne die tiefe Beunruhigung zu erklären, die die Studentenbewegung zum Ausdruck gebracht hatte und von ihr weitergetragen und vervielfacht wurde. Die ökonomische Diskussion hatte es den christlichen Demokraten erlaubt, sich von den Zwängen der konfessionellen Schulorganisation zu lösen, den sozialen und liberalen ermöglicht, Strukturreformen im Bildungswesen wieder auf die Tagesordnung zu setzen. Aber im Wirtschaftsverlauf der sechziger Jahre hatte dieser Impuls an Stoßkraft verloren, jedenfalls in der politischen Administration, zumal die meisten Unternehmer, anders als die Gewerkschaften, der Bildungsexpansion mit Skepsis gegenüberstanden (Baethge 1970). Schwache Jahrgänge verließen damals die Schulen. Jede Schulzeitverlängerung entzog dem angespannten Markt weitere Arbeitskräfte. Zunächst fehlten sie in den Ausbildungsstellen, die zu mehr als vierzig Prozent nicht besetzt werden konnten (BMBW 1975, S. 42). Die anhaltende Nachfrage, insbesondere auch nach qualifizierten Arbeitskräften, bestärkte andererseits das Interesse der Mittelschichten, Bildung als Instrument und als Garantie individuellen Aufstiegs zu verstehen. Doch um eingreifende Reformen im Bildungswesen sorgte sich nicht der neue Mittelstand, sondern die politische Protestbewegung. Ihren Argumenten wollten, im Rahmen finanzieller Möglichkeiten und bildungsökonomischer Vernunft, Parteien und Regierungen Rechnung tragen, schon um wieder Ruhe zu schaffen, um die radikalen Minderheiten, die solche Reformen längst diskreditierten, zu isolieren, um die große Mehrheit der engagierten Jugendlichen zumindest als Wähler für sich zu gewinnen.

Ein erstes Beispiel gaben die Landesregierungen, als sie 1968 auf die in vielfältigen Aktionen demonstrativ erhobenen Forderungen der Schüler von Ingenieur- und Höheren Fachschulen eingingen und diese Anstalten aus dem Schul- in das Hochschulwesen überführten. Anlaß der Protestbewegung waren Probleme der Anerkennung des graduierten Ingenieurs in anderen europäischen Ländern, da seiner Ausbildung nicht obligatorisch eine zwölfjährige allgemeinbildende Schulzeit vorausging, wohl aber eine abgeschlossene Berufsausbildung mit entsprechender allgemeiner und fachtheoretischer Berufsschulzeit. Deren Unterbewertung in der internationalen Diskussion dieser Zeit kam darin ebenso zum Ausdruck wie die Schwierigkeit, Äquivalente für die deutsche Berufsausbildung im dualen System in den meisten anderen europäischen Ländern zu finden.

Aus den Höheren Fachschulen wurden nun Fachhochschulen, zwar nicht wie die Universitäten allein unter staatlicher Rechtsaufsicht, sondern immer noch unter der Fachaufsicht der Kultusministerien, aber doch mit einem gewissen Maß an Selbstverwaltung. Für den Zugang wurde die neu erfundene Fachhochschulreife erforderlich, die im Anschluß an erfolgreich absolvierte Real- und Aufbauschulen auch ohne Lehre an einer zweijährigen, neu eingerichteten Fachoberschule zu erwerben war. Entsprechend ergänzten die Ministerpräsidenten das Hamburger Abkommen und schlossen ein neues zur »Vereinheitlichung auf dem Gebiet des Fachhochschulwesens« (KMK 1969, S. 362 ff.). Es erlaubte den Studenten, ihr Studium im entsprechenden Fach an einer wissenschaftlichen Hochschule fortzusetzen, und erkannte den erfolgreichen Absolventen der Fachhochschulen die allgemeine Hochschulreife zu. Damit wurde in einem Zug die quantitative Hochschulbilanz der Bundesrepublik um knapp ein Fünftel verbessert (BMBW 1975, S. 57) und für mehr Durchlässigkeit im Bildungswesen gesorgt.

Parteiprogramme

Unter den Parteien war die Sozialdemokratie mit ihrer Integrationspolitik am erfolgreichsten, welche Risiken sie auch für den eigenen Zusammenhalt einschloß. Der Dortmunder Parteitag hatte 1966 die mangelhafte Koordination sozialdemokratischer Kulturpolitik in den Parlamenten der Länder und des Bundes kritisiert und dem Bildungspolitischen Ausschuß des Parteivorstandes aufgetragen, die gemeinsamen Grundlagen sozialdemokratischer Bildungs- und Wissenschaftspolitik sichtbar werden zu lassen (SPD 1975, S. 133 f.). Angeleitet von Johannes Rau und Carl-Heinz Evers, nahm der Ausschuß seine Chance wahr. Er griff die Anregungen der Expertenvorschläge auf und überprüfte die Forderungen der Protestbewegung. Nicht eingebunden in den Bonner Regierungskonsens, angeregt durch die weite Spanne regionaler sozialdemokratischer Initiativen, wurden die Parteibeschlüsse seit den »Bildungspolitischen Leitsätzen« von 1964 fortgeschrieben zu einem »Modell für ein demokratisches Bildungswesen«, das im Januar 1969 als Diskussionsentwurf veröffentlicht wurde. Es bezeichnete die Eckwerte der erforderlichen Organisationsreform. Von den Inhalten war nach wie vor kaum die Rede. Das vertikal gegliederte Bildungswesen der Bundesrepublik sollte aufeinanderfolgenden Schulstufen Platz machen, für den Übergang vom Kindergarten zu einer leistungsfähigen, mindestens zweizügigen Grundschule durch eine Eingangsstufe sorgen. Schulen der Mittelstufe sollten künftig als differenzierte Gesamtschulen errichtet werden, neu organisierte Oberstufen sowohl studien- wie berufsbezogene Curricula und Abschlüsse anbieten, alle Studieneinrichtungen sich zu gestuften Gesamthochschulen zusammenfinden. Für deren einheitliche Verwaltung unter der Leitung eines langfristig amtierenden Präsidenten, für die neue Personalstruktur und die Teilhabe der Gruppen an der Selbstverwaltung wurden konkrete Vorschläge nachgereicht. Im satzungsgebenden und den Präsidenten wählenden Konzil sollten die drei Gruppen, Professoren, Assistenten und Studenten, zu gleichen Anteilen, also »drittelparitätisch«, vertreten sein, im Senat und in den Fachbereichsräten im Verhältnis von 5 : 3 : 2.

Aus den Entwürfen wurden umgehend Parteitagsbeschlüsse. Im Regierungsprogramm für den Bundestagswahlkampf hieß es:

»Bildung und Forschung sind die entscheidenden Aufgaben der siebziger Jahre. Die sozialdemokratische Partei wird die begonnene Bildungsreform beschleunigen: Das von uns in diesem Jahr vorgelegte ›Modell eines demokratischen Bildungswesens‹ ist die Grundlage dieser Reform.« (Dammeyer 1986, S. 115) Nach der gewonnenen Wahl bekräftigte der Parteitag die Regierungserklärung Brandts, Bildung und Ausbildung, Wissenschaft und Forschung an die Spitze der Reformen zu stellen: »Vor uns liegt die große Aufgabe einer Gesamtbildungsreform. Sie kann nur verwirklicht werden, wenn Schule, Hochschule, Berufsbildung und Erwachsenenbildung in einer Reformkonzeption aus einem Guß zusammengefaßt werden. Die SPD hat mit dem ›Modell für ein demokratisches Bildungswesen‹ den Weg gewiesen und Maßstäbe für die bildungspolitische Reformdiskussion gesetzt.« (SPD 1975, S. 142 f.)

Auch die Liberalen suchten die Stunde zu nutzen. In Bonn gegenüber der großen Koalition nahezu auf verlorenem Posten, durch die angekündigte Wahlrechtsreform in ihrer Existenz als Bundespartei bedroht, öffneten sie sich Argumenten der außerparlamentarischen Opposition wie »revolutionären« Stimmen aus den eigenen Reihen. Für eine eingreifende Bildungsreform hatten sich bisher nur einzelne Vordenker, Hildegard Hamm-Brücher oder Ralf Dahrendorf, verwandt. Ihre Handschrift bestimmte nun im neuen Aktionsprogramm der FDP, auf dem ersten Bundesparteitag nach dem Wechsel in die Opposition im April 1967 in Hannover einmütig beschlossen, die liberale Bildungspolitik. Deren erste Prinzipien lauteten: »Bildung ist Bürgerrecht« und »Demokratie braucht Demokraten«. Ziel aller Bildung müsse es sein, »freie und kritische, selbstverantwortlich handelnde Staatsbürger zu bilden und sich entfalten zu lassen« (Juling 1977, S. 183). In dieser Zeit zog Hildegard Hamm-Brücher eine Zwischenbilanz ihrer bildungspolitischen Reisen. Überall spiegelten Schulen und Hochschulen das Modell der Gesellschaft, in das die jungen Menschen hineinwachsen sollten. Bloße Bildungsexpansion reiche nicht aus: »Die Erhöhung der Abiturientenquoten auf 9, 12 oder 15 Prozent löst unser Problem nicht – unser Problem heißt Identifizierung des Bildungssystems mit der demokratischen Staatsform und ihren gesellschaftspolitischen Voraussetzungen.« (Hamm-Brücher 1967, S. 147) Organisatorisch rechnete das Aktionsprogramm die Förderstufe ebenso zu den Zielen des Fortschritts wie die differenzierte Gesamtschule und dementsprechend die Integration der gesamten Lehrerbildung an den wissenschaftlichen Hochschulen.

Deutlicher noch wurde zwei Jahre später auf dem Nürnberger Parteitag der inzwischen auch graphisch neu gestalteten F.D.P. in der Plattform für die bevorstehende Bundestagswahl formuliert. Gegen die Regierung der großen Koalition hieß es: »Dieses Kartell der Unbeweglichkeit hat die Reformen nicht eingeleitet, um derentwillen sie angeblich gebildet worden war. Die Unzufriedenheit der Bürger wächst. Die Kluft zwischen den Generationen wird größer.« (Verheugen 1980a, S. 15) Um die Kluft zu überbrücken und die Heranwachsenden zu integrieren, machten die Liberalen die Bildungspolitik zum »Kernstück ihrer Gesellschaftspolitik« und beschworen Chancengleichheit und Modernität: »Bildung ist Bürgerrecht und Aufstiegschance zugleich. Sie kann dies jedoch nur sein, wenn sie sich nicht an kurzfristigen Bedarfserwägungen orientiert, sondern die Entfaltung des mündigen Menschen mit seinen persönlichen Anlagen zum Ziele hat.« Um der Vielfalt vorhandener Talente gerecht zu werden, forderte die F.D.P. die »Offene Schule«, eine differenzierte Gesamtschule ohne Sackgassen und Sitzenbleiben, jenseits starrer Jahrgangsklassen und der Schranken zwischen den Schultypen, mit individueller Förderung durch die Verbindung von Kern- und Wahlkursen, einschließlich einer beruflichen Grundausbildung. Dieser Offenen Schule sollte dann eine Offene Hochschule entsprechen, die Durchlässigkeit auf allen Stufen erlaube, insbesondere auch in der Lehrerausbildung.

Besonderes Gewicht erhielt in diesem Programm die Erziehung zu gesellschaftlicher Verantwortung: »Ohne eine demokratische Schule können wir keine Gesellschaft von Demokraten schaffen. Die Schule muß in der äußeren und inneren Schulorganisation, in Schulverwaltung und -aufsicht, im Mitwirkungsrecht der Eltern und vor allem der Schüler diesem Prinzip Rechnung tragen. In der Didaktik soll die Einübung kritischen und verantwortlichen Handelns in der Gesellschaft stärker als bisher neben die Aufgaben des Lernens treten. Schule und Lebenspraxis sind durchgängig aufeinander zu beziehen.« (Verheugen, 1980a, S. 19f.) Welche Hoffnungen sich mit der Demokratisierung der Schule verbanden und welche Schwierigkeiten ihr zugleich im Wege standen, sollte sich in den kommenden Jahren zeigen.

Konnten die sozialen und liberalen Demokraten in ihrer Geschichte auf Bildungsreformprogramme zurückblicken, die sie, wenn auch aussichtslos, schon im Kaiserreich, dann mit wechselndem Erfolg am Anfang der Weimarer und der Bundesrepublik vertreten hatten, so waren die christlichen Demokraten zum Umdenken gezwungen, um sich derartige Reformperspektiven zu eigen zu machen. Ihre programmatische Wende hat zeitdiagnostisch um so größeres Gewicht. 1968 gab die CDU mit der ersten Fassung ihres Berliner Programms der Konfessions- als Regelschule den endgültigen Abschied. An deren Stelle sollte die christliche Gemeinschaftsschule treten, wobei Elternwünsche in ausreichender Zahl weiterhin Bekenntnisschulen rechtlich und materiell ermöglichen sollten (Hars 1981, S. 218). Auch die CSU öffnete in Bayern erst zu dieser Zeit durch die Verfassungsänderung die Tür für eine neue Schulpolitik.

Mit der konfessionellen Organisation war seit langem die Gliederung des Schulwesens aufs engste verknüpft. Konsequent bestanden CDU und CSU seit ihrer Gründung auf der Eigenständigkeit der getrennten Schularten und Bildungswege. Diese Position aber geriet zunehmend unter »Fortschrittsdruck«. Der SPD wäre es gelungen, hieß es in einem Rückblick der hessischen CDU später, Kritik an der Landschulreform und Neigungen zur konfessionsgebundenen Schule in einem Feindbild von der CDU zu vermischen, das sie als Partei darstellte, die »dem sozialen Aufstieg breiter Schichten im Wege stünde« – mit großer Wirkung nicht nur in der Wählerschaft, sondern vor allem innerhalb der CDU selbst. »Die Angst, als reformfeindlich zu gelten, verstellte der CDU den Weg zu einem eigenen Konzept. Mitte der sechziger Jahre, in der Zeit also, als das Wort konservativ fast zum Schimpfwort wurde, setzte ein hektisches Bemühen der CDU ein, sich ein bildungspolitisches Reformprofil zu geben. Der schillernde Begriff der Schulreform wurde zur Standardvokabel. Die CDU versuchte sogar über Jahre hinweg, wenn auch vergeblich, sich als den eigentlichen Motor der Reform darzustellen – bis hin zu der Aussage ›CDU – Garant des Fortschritts‹« (Wolf 1986, S. 139). Dementsprechend vertrat die CDU im hessischen Landtagswahlkampf 1970 nicht nur die landesweite Einführung der als hinreichend erprobt angesehenen integrierten Förderstufe, wo immer es die personelle und sächliche Ausstattung ermögliche, sondern darüber hinaus »die Entwicklung aller hessischen allgemeinbildenden Schulen zur kooperativen Gesamtschule«. Sie wollte die organisatorische Einheit von Schulen mit verschiedenen Bildungszielen darstellen, um zwischen ihnen während der gesamten Schulzeit Übergangsmöglichkeiten zu schaffen und durch die Kooperation der Kollegien den Bildungsauftrag der Glieder dieser Gesamtschule aufeinander abzustimmen. So wenig Zutrauen hatte die hessische CDU damals zum überkommenen Schulsystem, daß die sofortige Einführung der kooperativen Gesamtschule im ganzen Lande auch mit dem Zeitvorsprung gegenüber dem mühsamen Aufbau integrierter Gesamtschulen begründet wurde, um nicht »für viele Jahre große Schülerzahlen von den Vorteilen eines modernen Schulwesens« auszuschließen (CDU-Landesverband Hessen 1970, S. 18).

In den Verlautbarungen der Bundespartei machte sich der Fortschrittsdruck nicht minder bemerkbar. Auf einem kulturpolitischen Kongreß der CDU/CSU in Bad Godesberg Anfang 1969, der den Entwurf eines schul- und hochschulpolitischen Programms, die sogenannten Deidesheimer Leitsätze beriet, fand entgegen der bisherigen Kindergartenpolitik der Partei der Vorschlag, für alle Fünfjährigen ein obligatorisches Vorschuljahr einzurichten, eine überwältigende Mehrheit. Für die weiterführenden Schulen wurde eine zweijährige Eingangsstufe empfohlen. Kultusminister der Union wie Bernhard Vogel in Rheinland-Pfalz oder Werner Scherer im Saarland traten dafür ein, neben schulformbezogenen auch integrierte Orientierungsstufen zu schaffen. Richard Langeheine in Niedersachsen forderte eine integrierte Orientierungsstufe für alle Schüler des fünften und sechsten Schuljahres. Auch der Bundesvorstand formulierte damals: »Die Dreigliedrigkeit soll kein Tabu sein, das als eine von Gott gegebene Angelegenheit behandelt werden müsse« (Pütz 1974, S. 88). Aber die beharrenden Kräfte in der Partei, insbesondere die Interessenvertreter der Gymnasien, sorgten dafür, daß die Dreiteilung in der Mittelstufe wenigstens nach der Orientierungsstufe erhalten blieb. Vorschläge niedersächsischer CDU-Bildungspolitiker, die Mittelstufe nur zweizuteilen in einen Real- und einen Gymnasialzug für die eher praktisch und die eher theoretisch orientierte

Intelligenz, fanden keine Mehrheit, erst recht nicht die Konzeption der integrierten Gesamtschule. Gegen sie wuchs vielmehr in der auflebenden bildungspolitischen Auseinandersetzung der siebziger Jahre die Abwehr. Mit aufwendigen Schulversuchen sollte zunächst Zeit gewonnen werden. Aber die zu erhaltenden Schultypen wurden nicht mehr beim Namen genannt. In der zweiten Fassung des Berliner Programms der CDU, verabschiedet auf dem Düsseldorfer Parteitag im Januar 1971, kam das Gymnasium ebensowenig mehr vor wie Haupt- und Realschulen. Vielmehr wurde in der Terminologie des Bildungsrates die Stufenschule mit Sekundarstufe I und Sekundarstufe II propagiert. Deutlicher noch im Schul- und Hochschulreformprogramm der CDU vom Juli dieses Jahres. Sein Ziel war, »eine jugendgerechte Schule mit Chancengleichheit für alle zu schaffen«, die den Schüler durch leistungsfördernde Unterrichtsangebote, welche »im Laufe der Schulzeit zunehmend zu einer vertikalen Differenzierung führen«, immer wieder neu motiviert. »Der neue Sekundarbereich überwindet die Dreigliedrigkeit durch einen übersichtlichen und durchlässigen Schulverbund.« Für die Fünfjährigen verlangte die CDU Vorschulklassen, deren Bildungsarbeit und individuelle Begabungsförderung in der Grundschule fortzuführen sei wie dann in einer obligatorischen Orientierungsstufe, »damit eine bessere Bestimmung des weiteren Bildungsganges gewährleistet wird«. Die Orientierungsstufe sollte als »eine pädagogische Einheit« die Schüler des 5. und 6. Schuljahres umfassen. »Die Zusammenarbeit der Lehrer aller Schularten muß gewährleistet sein.« Von der Sekundarstufe I hieß es aber dann, sie »umfaßt das 5.–10. Schuljahr in einem mehrzügig gefächerten Schulsystem«, ein Widerspruch, der später zum Nachteil der Orientierungsstufe aufgelöst wurde. Die gymnasiale Oberstufe wurde mit der Berufsschulausbildung im Begriff der Sekundarstufe II zusammengefaßt. Die Lehrerausbildung sollte sich nicht mehr an getrennten Schultypen, sondern an Stufenschwerpunkten und Tätigkeitsfeldern orientieren und an den neuen Gesamthochschulen stattfinden, deren Organisation und Einheitsverwaltung, Personalstruktur und Gruppenmitwirkung nach den Vorschlägen des Wissenschaftsrates konzipiert waren (Pütz 1974, S. 207 ff.).

Zu Beginn der siebziger Jahre hatten demnach alle Bundestagsparteien die Strukturreform des Bildungswesens zum Bestandteil ihres eigenen politischen Programms gemacht und inhaltlich die weitreichenden Vorschläge der Experten und Beratungsgremien in einem unerwartet hohen Maße gleichförmig übernommen. Indem sie einzelne programmatische Forderungen unmittelbar umsetzten und ihnen in den Parlamenten Gesetzeskraft gaben, eröffneten sie eine neue Phase der Bildungsreform, wie sie im westlichen Deutschland seit dem Neubeginn am Anfang der ersten Republik kein Beispiel hatte. Über die gemeinsame Grundschule hinaus, die damals eingerichtet und im anhaltenden politischen Kampf verteidigt wurde, ging es nun um den weiteren Stufenaufbau des Bildungswesens. Die konfessionellen Schultrennungen waren, jedenfalls als staatliches Organisationsprinzip, inzwischen aufgehoben, die wissenschaftliche Ausbildung aller Lehrer überall eingeleitet, somit wichtige Vorbedingungen erfüllt, um von der Orientierungs- bis zur Oberstufe für Durchlässigkeit und Differenzierung mit dem Ziel individueller Leistungsförderung zu sorgen.

Dynamik und Radikalität des Reformaufschwungs wurden von einer allgemeinen Aufbruchstimmung getragen, die Planungseuphorie von noch unbeschädigten Wertbegriffen des technischen und gesellschaftlichen Fortschritts wie den Erfolgen staatlicher Konjunkturprogramme und Konzertierter Aktion bei der Überwindung der ersten Wirtschaftskrise. In einem neuen Wachstumszyklus vermehrten sich wieder die Steuereinnahmen und erlaubten es, Mittel für die Reformvorhaben aus dem Zuwachs bereitzustellen. Die anhaltende bildungspolitische Kritik hatte die mangelhafte Chancengleichheit im Schul- und Hochschulsystem wirksam mit den Mängeln seiner Leistungsfähigkeit und dementsprechenden Folgen im internationalen Wettbewerb verknüpft. Alle gewichtigen Reformvorschläge verbanden Durchlässigkeit mit Leistungssteigerung, Chancengleichheit mit Modernität und ließen der erfahrungsbestätigten Parole »Aufstieg durch Bildung« freien Lauf. Zwar war davon die Rede, daß die Bildungsexpansion das Berechtigungswesen aus den Angeln heben könnte. Aber die wieder überbordende Nachfrage nach Arbeitskräften, insbesondere auch akademisch ausgebildeten, verstärkte die Illusion, daß die Probleme der Expansion sich durch noch mehr Expansion beheben ließen. Im Wettkampf zwischen dem öffentlichen Dienst und der Privatwirtschaft um qualifizierten Nachwuchs legten nicht nur die Unternehmen zu, sondern wurden auch Eingangsgehälter und Stellenkegel in der Beamtenbesoldung verbessert. Es war Platz für alle und schien so zu bleiben, »unten« für immer mehr ausländische Arbeitnehmer, deren Zahl sich seit dem Tiefpunkt der Wirtschaftskrise in kaum drei Jahren verdoppelte, »oben« für die Kinder der höheren Schichten und für die Begabten aus den anderen. Denn überall wurden Lehrer gesucht und Ingenieure, Juristen und Physiker, Theologen und Betriebswirte. Für die zentrale Frage, warum das klassenspezifische Interesse der Mittelschichten an den Strukturen des überkommenen Bildungssystems vorübergehend zurücktrat, wird den Argumenten des Arbeitsmarktes mehr Gewicht zugerechnet werden müssen als denen der bildungspolitischen Diskussion, die sich schon deshalb der Bildungsökonomie so nachdrücklich zu versichern suchte. Der Klassenkompromiß wurde durch bestimmte Verfahrensweisen und Begriffe der neuen Reformphase erleichtert. Endgültige Entscheidungen sollten nicht sogleich, sondern erst nach ausgiebiger Erprobung getroffen werden. Den Schul- und Hochschulversuchen kam daher in der Programmdiskussion eine besondere Bedeutung zu. Die Versuche konnten von den Anhängern einer Strukturreform als Beginn einer neuen Entwicklung, von den Gegnern als Zeitgewinn verstanden werden. Ebenso erlaubten zentrale Begriffe der Reform, wie Stufenaufbau und Differenzierung, Gesamthochschule und Gesamtschule, Orientierungs- und Sekundarstufe, immer noch eine schulformbezogene Interpretation, die das gegliederte Schulwesen zu erhalten erlaubte. Alle Parteien sprachen von der Leistungsschule, aber mit Eigensinn forderten die Sozialdemokraten eine demokratische, die Liberalen eine offene und die Union eine gegliederte.

VII Bildungsreform in der Bundesrepublik

Die zweite Phase gesamtstaatlicher Bildungsreform im republikanischen Deutschland währte nur wenig länger als die erste. In der knappen Zeit der Weimarer Nationalversammlung war eine neue Struktur des öffentlichen Schulwesens in der Reichsverfassung verankert und die gemeinsame Grundschule geschaffen worden. Ein halbes Jahrhundert später sollte der nächste Schritt von allen Ländern der Bundesrepublik getan werden. Einzelne hatten ihn bereits eingeleitet oder gar vollzogen, andere aber aufgeschoben. Es ging um die Mittel- und Oberstufe des Schulwesens, um die Reform der Hochschulorganisation und der Lehrerbildung. Die Initiative lag, schon während der großen Koalition, bei den Bundesinstanzen, nicht bei der Kultusministerkonferenz der Länder. Im Mai 1969 wurden die Grundgesetzänderungen verkündet, die dem Bund Kompetenzen im Bildungswesen verschafften, im Juni die neuen Gesetze für die Ausbildungsförderung und den Hochschulbau sowie für die Berufsbildung verabschiedet. Im Oktober setzte die neue sozialliberale Bundesregierung Bildung und Wissenschaft an die Spitze ihrer Reformpolitik und erweiterte programmatisch unter diesem Namen das bisherige Forschungsministerium. Gesamtstaatliche Bildungsplanung, nun der Verfassung nach möglich, sollte sogleich in Angriff genommen werden. An die Spitze des Ministeriums trat der parteilose Ingenieur und Professor der Technischen Universität Karlsruhe, Hans Leussink, bisher Vorsitzender des Wissenschaftsrates, der unmittelbar aus dessen Arbeit an den Empfehlungen zur Struktur und zum Ausbau der Hochschulen kam. Erfahrungen aus der Schulpolitik und der Diskussion im Bildungsrat brachten die Staatssekretärin Hildegard Hamm-Brücher und andere sachverständige Beamte aus Länderministerien mit. Sie machten sich sogleich an den vom Kanzler versprochenen Bildungsbericht der Bundesregierung. Die zuständigen Länder, wie immer sie zum Programm der neuen Bundesregierung standen, hatten gegen deren Prioritäten keine Einwände. Seit Jahren ging es um die Beteiligung des Bundes am finanziellen Aufwand für den Hochschulausbau. Die fortschreitende Bildungsexpansion hatte alle Betroffenen derart beunru higt, daß Planung nicht nur in der Konferenz der Kultusminister, sondern auch gemeinsam mit der Bundesregierung erforderlich und entlastend erschien, zumal die Verfassungsänderung von den beiden großen Parteien zusammen beschlossen worden war.

Bildungsgesamtplan

Modernität wurde vor allem als Rationalität verstanden. Langfristige, alle verfügbaren Daten verarbeitende Planung in allen Sektoren der Regierungstätigkeit gefordert. Entsprechende Berichte und Prognosen sollten für Einsicht und Vorausschau sorgen, Gesamtpläne für den erforderlichen Überblick und die notwendige Abstimmung. Also arbeiteten die Länder an Entwicklungsplänen für ihre Schulen und Hochschulen und machten sich mit dem Bund daran, einen Bildungsgesamtplan zu entwerfen. Im Juni 1970 schlossen sie ein Verwaltungsabkommen, um eine Kommission für Bildungsplanung (BLK) für alle sie gemeinsam berührenden Fragen des Bildungswesens und der Forschungsförderung einzurichten. Deren Beschlüsse müssen nicht wie in der KMK einstimmig gefaßt werden. Es genügen drei Viertel der Stimmen, von denen jedes Land, vertreten in der Regel durch den Kultusminister, über eine, der Bund insgesamt über elf verfügt. Überstimmte Mitglieder können ihre abweichende Auffassung in besonderen Voten niederlegen, die zusammen mit den Beschlüssen den Regierungschefs vorzulegen sind. In diesem Kreis hat auch der Bundeskanzler nur eine Stimme. Der Beschluß einer Dreiviertelmehrheit bindet aber nur diejenigen, die ihm zugestimmt haben. Die Kulturhoheit des einzelnen Landes bleibt gewahrt.
Wichtigste Aufgabe der Kommission war, den langfristigen Rahmenplan vorzubereiten und dabei den Finanzbedarf abzuschätzen und Finanzierungsvorschläge auszuarbeiten. In keinem anderen Feld der Politik haben Bund und Länder so langfristig und so umfassend zu planen versucht. Dabei stand den einen die »Erneuerung des gesamten Bildungswesens und der Bundesrepublik Deutschland« (Spies 1984, S. 451) vor Augen, anderen mehr die Fortschreibung und Finanzierung der Bildungsexpansion. Allen ging es um die notwendige »Antwort der Politik auf den Strukturplan« (Höhne 1973, S. 26) des Bildungs- wie des Wissen-

schaftsrates. Nur fielen die Antworten der einzelnen Länder sehr verschieden aus, auch die der Kultusministerkonferenz und die der Bundesregierung. Denn nach wie vor bestanden in Schlüsselfragen bildungspolitische Gegensätze. Es gab und es gibt, wie der damalige Generalsekretär der Kultusministerkonferenz, Kurt Frey, zum baldigen Scheitern gesamtstaatlicher Bildungsplanung feststellte, jedenfalls insofern sie eine bundeseinheitliche Konzeption für das Bildungssystem unterstellte, »keinen allgemeinen Konsens über die Bildungsziele, Inhalte und Bildungs-Instrumentarien« (Poeppelt 1978, S. 391), sosehr ihn als KMK-Präsident der damalige bayerische Kultusminister Hans Maier auch beschwor: »Notwendig ist heute ein Grundkonsens aller politischen und gesellschaftlichen Kräfte über die künftige Zielsetzung einer gemeinsamen Bildungspolitik in der Bundesrepublik.« (KMK 1971 b, S. 3) Doch in Bayern schrieb man das gegliederte Schulsystem fort, während in Hessen alle neuen Sekundarschulen als Gesamtschulen gebaut und eingerichtet wurden.

In ihrer Stellungnahme zum Strukturplan für das Bildungswesen suchte die Kultusministerkonferenz den Anschluß nicht zu verlieren und die Wogen zu glätten. Sie bemühte sich, die Empfehlungen der Bildungskommission »als eine bedeutsame Unterstützung ihrer eigenen Bemühungen um eine Neuordnung und Weiterentwicklung des Bildungswesens« aufzufassen und darzustellen. Sie betonte die Übereinstimmung mit früheren Vorschlägen und Vorarbeiten. Der Strukturplan ermögliche »eine Annäherung der Schulformen und Ausbildungsgänge unter Verzicht auf radikale Brüche«, er lasse Platz für regionale Kulturhoheit und Initiative. Unstrittig, daß manche seiner Ziele, wie die Erhöhung der Zahl der Jugendlichen mit gehobenen und qualifizierten Abschlüssen, sich in die bisherigen Leitlinien der Bildungspolitik der Länder einfügten. Aber daß der »einheitliche Aufbau des Bildungswesens und seine Gliederung in Stufen« oder die »Verknüpfung von allgemeiner und beruflicher Bildung« von allen Kultusministern bereits als Ziel der eigenen Arbeit angesehen würde, entsprach kaum der Realität. Zumindest blieb ganz offen, was Verknüpfung, Einheitlichkeit und Stufengliederung jeweils meinte (KMK 1971 b, S. 346 f.).

Um so deutlicher fiel die gleichzeitige Antwort der Bundesregierung aus. In ihrem Bildungsbericht '70 bezog sie Position für die bevorstehenden Beratungen in der Bund-Länder-Kommission. Sie würden zeigen, über welche Ziele für eine gemeinsame Bildungspolitik Bund und Länder sich einigen könnten, um die »lange verschleppte Bildungskrise« (Leussink) zu bewältigen. Nach den Vorstellungen der Bundesregierung sollten Hauptschule, Realschule und Gymansium schrittweise zu einem Gesamtschulsystem zusammengefaßt werden. Individuelle Förderung in einer Orientierungsstufe am Anfang der Mittelstufe und vermehrte Wahlmöglichkeiten am Ende könnten die punktuelle Auslese nach dem vierten Schuljahr ersetzen. Möglichst alle Jugendlichen sollten den vom Bildungsrat vorgeschlagenen ersten Sekundarabschluß nach zehnjähriger Schulzeit, das sogenannte Abitur I, erreichen. Vorausgesetzt wurde die Reform von Elementarerziehung und Grundschule. Die Kindergartenplätze sollten verdoppelt, Grundschulen mindestens in Jahrgangsklassen gegliedert werden. Eine neugestaltete Eingangsstufe sollte schon die Fünfjährigen aufnehmen und den Übergang vom Spielen zum Lernen erleichtern, die Grundschule in ihrem weiteren Verlauf aller Schüler »auf eine wissenschaftsbezogene weiterführende Bildung« vorbereiten, als deren besondere Schwerpunkte »die Einführung der ›Neuen Mathematik‹, naturwissenschaftliches Grundverständnis, Versuche mit dem Frühbeginn einer Fremdsprache« bezeichnet wurden (BMBW 1970, S. 10).

Mit ihren Vorschlägen zur Oberstufenreform ging die Bundesregierung noch über den Bildungsrat hinaus. Nicht nur sollten die studien- und die berufsbezogenen Ausbildungsgänge, bisher einerseits den Gymnasien, andererseits den beruflichen Schulen zugeordnet, künftig miteinander verknüpft in gemeinsamen Gebäuden angeboten werden und zugleich zwölf statt bisher dreizehn Jahre bis zum Erlangen der Hochschulreife, jetzt Abitur II genannt, genügen. Aufsehen erregte die Prognose der quantitativen Entwicklung: »Im Laufe der vor uns liegenden Dekade sollen die Voraussetzungen dafür geschaffen werden, daß etwa die Hälfte eines Altersjahrganges das Abitur II erwerben kann, von der wiederum etwa die Hälfte in den Gesamthochschulbereich eintritt. Diese Quoten schließen alle beruflichen Bildungsgänge zum Abitur II mit ein und bereiten die geplante Erweiterung des Gesamthochschulbereichs vor.« (BMBW 1970, S. 75)

Anfang der siebziger Jahre nahm schon nahezu ein Fünftel der

entsprechenden einheimischen Jahrgänge ein Studium im »Gesamthochschulbereich«, also an wissenschaftlichen Hochschulen oder den werdenden Fachhochschulen, auf. Auch im internationalen Vergleich konnte die erwartete Studienquote von 25 Prozent kaum überraschen. Es dauerte allerdings erheblich länger, bis sie 1988 erreicht wurde*. Der bisherige Gipfel lag bei 22 Prozent im Jahre 1983. Arbeitsmarkt und Demographie schränkten den Anstieg ein (BMBW 1989, S. 18). Befremdend an der Prognose der Bundesregierung war der hohe Anteil von noch einmal einem Viertel des Jahrganges, der ebenfalls in der Oberstufe das Abitur II erreichen, doch anschließend nicht studieren sollte, ohne eine andere Art der Berufsausbildung angeboten zu erhalten. Schon für herkömmliche Abiturienten wurde damals nach anderen Wegen gesucht, weil die Hochschulen überfüllt waren und immer weitere Studiengänge dem Numerus clausus anheimfielen. Um so größere Probleme ließen die Vorgaben des Bildungsministeriums erwarten. Jeder der beiden Sekundarabschlüsse sollte einen »weiten Bereich von Berechtigungen« eröffnen, was immer damit gemeint war. Für die Absolventen der Oberstufe müßten als Alternative zum Hochschulbesuch neue Ausbildungs- und Berufsmöglichkeiten geschaffen, bestehende erweitert und verbessert werden. Dabei wurde offensichtlich kaum, schon wegen des fortgeschrittenen Lebensalters der Abiturienten, an die Berufsausbildung im dualen System gedacht. Dessen Unterbewertung in der öffentlichen Diskussion beklagten lebhaft die Wirtschaftsverbände. Mehr als zwei Fünftel der gemeldeten Ausbildungsstellen konnten nicht besetzt werden. Zwar ließ sich zeigen, daß die wachsenden Jahrgangsstärken das Bild rasch ändern würden, zumal bei schlechteren Berufsaussichten für Akademiker. Aber die umstrittene Prognose der Bundsregierung bestärkte den Vorwurf der »Kopflastigkeit« sozialliberaler Bildungspolitik.
Über inhaltliche Probleme der Bildungsreform vermochte, ganz abgesehen von Kompetenzfragen, ein Regierungsbericht, der sich so eingehend mit den Strukturen und Erweiterungen des Bildungswesens beschäftigte, kaum etwas zu sagen. Um so gewichtiger mußten die knappen Schlußbemerkungen zur Verwirklichung

* Vgl. S. 428.

eines Bildungsgesamtplanes erscheinen. Von einer Krise des demokratischen Selbstverständnisses war die Rede. Mit dem erfolgreichen materiellen Aufbau der Bundesrepublik sei eine Restauration der traditionellen geistigen, kulturellen und politischen Vorstellungen einhergegangen. Für die jungen Generationen zählten nicht die Leistungen der Nachkriegszeit, sondern deren Versäumnisse. Sie müßten nunmehr aufgeholt werden: »Anstelle hierarchischer Denk- und Verhaltensmuster in weiten Bereichen der Gesellschaft muß sich ein neues Demokratieverständnis durchsetzen. Seine Merkmale sind gesellschaftliche und soziale Chancengleichheit, Selbstbestimmung und neue Formen der Mitverantwortung und Mitbestimmung.« (BMBW 1970, S. 147)

In dieser Absicht ging das Bundesministerium an den ersten Entwurf eines Bildungsgesamtplanes. Zugleich wurde die Geschäftsstelle für die Bund-Länder-Kommission aufgebaut, deren Leitung der bisherige Generalsekretär des Wissenschaftsrates, Hasemann, übernahm. Es galt die allseitig erwünschte Zusammenarbeit zwischen den Abgesandten der Ministerien von Bund und Ländern sowie der kommunalen Spitzenverbände, aber auch der Experten des Bildungs- und Wissenschaftsrates in einer Vielzahl von Ausschüssen und Arbeitsgruppen zu organisieren. In unglaublich kurzer Zeit kam als Sachstandsbericht mehrerer Arbeitsgruppen ein Vorentwurf genannter Grundriß zustande, der dann rasch die Form eines ersten Entwurfs des Bildungsgesamtplanes erhielt. Der allgemeine Reformaufschwung, die Priorität der Bildungspolitik und die wieder vermehrten Steuereinnahmen öffneten den Horizont. »Damals schien es vielen Mitwirkenden«, rekapitulierte später der Generalsekretär der Kultusministerkonferenz, »wie eine Erlösung, endlich einmal einen ›großen Wurf‹ mitkonzipieren zu dürfen, ohne immer erst wieder ›zu Hause‹ (d. h. in den Ministerien) umständlich rückfragen, d. h. sich politisch und fachlich abstimmen zu müssen. Die Reaktion kam aber bald, als die schriftlich fixierten Texte der Entwürfe nun eben doch ›zu Hause‹ auf den verschiedenen Kompetenzebenen verantwortet werden mußten. Für eine gewisse Zeit hatte die Überraschungsstrategie frappierende ›Erfolge‹, bis die Realitäten des politischen Alltags in den Ländern wieder volle Geltung gewannen.« (Poeppelt 1978, S. 387 f.) Das war auch aus der Sicht der bisher faktisch allein zuständigen Kultusministerkonferenz geurteilt, die in

408

dieser Zeit ihre Funktion als Handlungszentrum für gesamtstaatliche Bildungspolitik nahezu ganz an die Bund-Länder-Kommission abtrat. Ungeachtet der sozialliberalen Mehrheit in diesem
Gremium, leistete der im Jahre 1970 amtierende christdemokratische Präsident der KMK, der rheinland-pfälzische Kultusminister Bernhard Vogel, nicht nur keinen Widerstand, sondern förderte diese Entwicklung. Die in Bonn nach dem Machtverlust
darniederliegende Opposition sollte wieder an den Entscheidungen beteiligt werden. Daher spielte der alternierende Wechsel im
Vorsitz der Kommission und im besonderen das Bestreben Vo-
gels, in der Nachfolge von Leussink Vorsitzender zu werden, eine
wichtige Rolle.

Die Vorarbeiten waren weithin vom Bildungs- und vom Wissenschaftsrat geleistet worden. Es galt nun deren Bestandsaufnahmen
und internationale Vergleiche, Strukturvorschläge und Expan-
sionserwartungen in einem realistischen Gesamtplan zusammenzufassen. Zwei Fragen stellten sich dabei vordringlich. Würde es
möglich sein, die Formel- und Verfahrenskompromisse zu erhalten, die den Vorschlägen der Expertengremien so breite Zustimmung beschert hatten, und würde es gelingen, die quantitativ so
beträchtlichen Erwartungen der Bildungspolitiker mit den Interessen in den anderen gesellschaftlichen Sektoren und mit den
Vorstellungen der Finanzminister abzustimmen? Zwar galt damals noch unangefochten, daß vermehrte Bildung für den einzelnen wie für die Volkswirtschaft von ökonomischem Nutzen sei.
Aber mitten in der Vollbeschäftigung bedeutete jede Schulzeitverlängerung zunächst einmal, dem strapazierten Arbeitsmarkt weitere Kräfte zu entziehen. Zwar teilten die Finanzminister die politisch gesetzten Prioritäten, aber von den Größenordnungen, in
denen sie zu verwirklichen wären, hatten sie andere Vorstellungen. Um so mehr eigneten sich die mutmaßlichen Probleme der
künftigen Finanzierung des Bildungsgesamtplanes zum Instrument politischer Auseinandersetzung, als in den folgenden Jahren
sowohl die Prioritäten wie die Konjunktur sich veränderten.

Doch die bildungspolitische Tendenzwende war nicht erst Folge
der Wirtschaftskrise. Sie setzte schon vorher ein, orientiert noch
nicht an Engpässen in der Beschäftigung, sondern an denen im
höheren Bildungswesen. Erste Hinweise gaben Schülerdemonstrationen, die gegen die Ausbreitung des Numerus clausus an

den Universitäten protestierten. Sie lenkten die Aufmerksamkeit vieler Eltern auf die wachsende Konkurrenz, die ihren Kindern beim Aufstieg durch Bildung inzwischen entstanden war. Neben dem regulären Weg hatten Fachgymnasien und höhere Berufsschulen, zuletzt die Fachober- und die Fachhochschulen den Zugang zur Universität erheblich erweitert. Seit Jahren wechselte ein immer größerer Anteil von immer stärkeren Geburtsjahrgängen nach der Grundschule auf ein Gymnasium über. Den Kindern der bisher benachteiligten Schichten sollten Orientierungsstufen und Gesamtschulen gleiche Bildungschancen einräumen. Besorgte Mittelstandseltern begannen zu zweifeln, ob genug Platz für ihre Kinder bleiben würde. Die gerade erst gewonnene Übereinstimmung aller großen gesellschaftlichen Gruppen über die Bildungsexpansion und ihre Ziele Modernität und Chancengleichheit geriet ins Wanken.

Der gesellschaftliche Konsens hatte den Kultusministern ermöglicht, ungeachtet der Differenzen in der Bildungspolitik ihrer Länder sich einhellig nicht nur für die Expansion, sondern auch für die Reform des Bildungssystems einzusetzen. Daher fanden die Strukturpläne von Bildungs- und Wissenschaftsrat allgemeinen Widerhall wie anfangs auch die Arbeit in der Bund-Länder-Kommission und die erste Fassung eines Bildungsgesamtplanes. Selbst in den schwierigen Fragen einer grundlegenden Reform von Lehrerbildung und Lehrerbesoldung, orientiert an den neuen Schulstufen anstatt den bisherigen Schulformen, kamen sich beide Seiten auf der Kultusministerkonferenz in Frankenthal im Oktober 1970 so nahe, wie es im Jahr zuvor noch kaum denkbar und wenige Monate danach schon wieder unerreichbar erschien. Aber es kam zu keiner Übereinkunft, und in der weiteren Entwicklung galt: je konkreter die Reformvorhaben beim Namen genannt wurden, je eher bildungspolitisch zu entscheiden war, anstatt viele Jahre auf entsprechende Versuchsergebnisse warten zu können, je bestimmter der für die Umstellung vorgesehene Zeitraum, desto weniger konnten sich die Parteien auf ein gemeinsames Vorgehen verständigen. Dabei spielten die verschiedenen Planungen der einzelnen Länder, legitimiert durch ihre Kulturhoheit, zunächst kaum eine Rolle, um so mehr die Vorgaben des Bildungsgesamtplanes. Zum Schlüsselkonflikt geriet die Reform der Mittelstufe unter dem Stichwort Gesamtschule.

Für die vorangehende Schulzeit konnte noch ein Kompromiß erzielt werden. Die Vertreter der sozialliberal regierten Länder traten den Vorstellungen der Bildungskommission entsprechend dafür ein, die Fünfjährigen künftig zusammen mit den bereits schulpflichtigen Sechsjährigen in eine Eingangsstufe der Grundschule aufzunehmen, um ihnen dort den Übergang vom Spielen zum Lernen zu ebnen. Für die Jüngeren sollten beträchtlich mehr Kindergartenplätze geschaffen, deren pädagogische Angebote durch bessere Ausstattung erheblich erweitert werden. Dem stimmte auch die andere Seite zu. Frühe Förderung erschien geeignet, die Entwicklung der Kinder anzuregen und Nachteile in ihrer Umgebung auszugleichen. Aber die Fünfjährigen sollten nach dem Willen der christdemokratisch regierten Länder in den Kindergärten bleiben. Der Plan nahm beide Möglichkeiten als Alternative auf, überließ die Entscheidung den Ländern. Die Idee des Bildungsrates, mit der Eingangsstufe die gesamte Schulzeit wenn schon nicht zu verkürzen, so doch um ein Jahr nach vorne zu verschieben, wurde anfangs aufgegriffen, dann aber wegen des wachsenden Widerstands der Unionsländer fallengelassen. Es ging dabei nicht zuletzt um die Interessen der privaten, vorwiegend kirchlichen, Kindergärten.

Einmütig betonte man den Charakter der ersten Schuljahre als eigene Stufe, Primarbereich genannt, mit spezifischen Anforderungen an den Unterricht und an die Ausbildung der Lehrerinnen und Lehrer. Zu lange war die Grundschule in den Städten lediglich der Anfang der Volksschule, auf dem Lande Bestandteil einer vielfach ungegliederten Dorfschule geblieben. Sie sollte endlich zu ihrem eigenen Recht gelangen. Die aktuelle Überfüllung durch starke Geburtsjahrgänge und der gravierende Lehrermangel verstärkten die Besorgnis.

Für diesen Anfang der gemeinsamen Schule war die Entscheidung ein halbes Jahrhundert zuvor gefallen. Mochte die konfessionelle Organisation der Grundschule noch Grenzen gezogen haben, sie konnten inzwischen weithin überwunden werden. Nun ging es um die Mittelstufe. Ob die Mängel des überkommenen Systems, die krassen Unterschiede zwischen den Schulformen auch in der Leistungsförderung, mangelnde Durchlässigkeit und fehlende Chancengleichheit vor allem für die Kinder der Unterschichten, erst recht auf dem Lande, sich durch eine stärkere Orientierung des

Unterrichts an den Schulstufen und leichteren Übergang zwischen den Schulformen würden beheben lassen, oder ob auch im Anschluß an die Primarstufe eine gemeinsame Sekundarschule unter einem Dach erforderlich sei, hatte der Bildungsrat offengelassen. Schulversuche sollten die Entscheidung vorbereiten und sie damit vertagen. Sie erforderten nicht nur Zeit, sondern gemeinsame Maßstäbe. Überdies gab es nicht nur im Ausland, sondern auch daheim, in den privaten Waldorfschulen, lebendige Anschauung und jahrzehntelange Gesamtschulerfahrung. Doch können Strukturfragen von Schule und Gesellschaft nicht von der Pädagogik gelöst, sie müssen, soweit nicht schon durch die Verfassung bestimmt, parlamentarisch entschieden werden.

In der Bund-Länder-Kommission verrann trotz immenser Arbeitsanspannung in den Ausschüssen die so knapp bemessene Zeit von nicht einmal zehn Monaten bis zur vereinbarten Verabschiedung des Planes. An eine Rückkoppelung der erforderlichen Alternativen mit dem Bildungsbudget war bis zu diesem Termin ohnehin nicht zu denken. Zuerst mußte nach der Auffassung der sozialliberalen Regierungen das Konzept gefunden werden, ehe die Kosten zu berechnen waren und der Aufwand nötigenfalls zu strecken oder durch Reformvarianten zu vermindern wäre. Unter Zeitdruck ließ sich erst recht kein gemeinsames Reformkonzept finden. Bereits bei der Beratung des ersten Entwurfs, am 1. März 1970, kam es zum Bruch.

Zum Anlaß wurde ein Versuch der Bundesregierung, das Verfahren zu beschleunigen und die Strukturreform im einzelnen verbindlicher zu bezeichnen. Die Tischvorlage, in den Ausschüssen vorher nicht beraten, überraschte alle Beteiligten. Immerhin hatte man sich bereits, den Vorschlägen des Bildungsrates entsprechend, über die neuen Aufgaben der Mittelstufe verständigt. Nicht mehr sollte volkstümliche Schulbildung für die unteren Schichten von wissenschaftlicher für die höheren geschieden werden. Vielmehr wurde jeder Sekundarschule als Ziel gesetzt: »Sicherung einer allgemeinen wissenschaftsorientierten Grundbildung für alle/Vermeidung vorzeitiger Festlegung auf bestimmte Bildungsgänge/Berücksichtigung der Neigung und der Befähigung des einzelnen durch eine zunehmende Wahl- und Leistungsdifferenzierung unter Beibehaltung eines verpflichtenden Kernbereichs gemeinsamer Inhalte.« Daher waren in jedem Fall die beiden ersten Schuljahrgänge der Mittelstufe, die fünften und sechsten Klassen, zu einer Orientierungsstufe zusammenzufassen. Ob allerdings die Orientierungsstufe ihre Aufgabe auch erfüllen könnte, wenn sie den bisherigen Schulformen zugeordnet bliebe, oder ob die gemeinsamen Ziele der Mittelstufe nicht die Gesamtschule als Organisationsform erforderten, daran schieden sich nach wie vor die bildungspolitischen Positionen. Die Mehrheit der Kommission sprach sich dafür aus, daß die genannten Ziele und Prinzipien »die Organistationsform der integrierten Gesamtschule« bedingen, dementsprechend die Orientierungsstufe »schulformunabhängig zu organisieren« ist (BLK 1973, S. 24). Aber den siebzehn Stimmen, die die Bundesregierung und die sechs sozialliberal regierten Länder, von nun an A-Länder genannt, aufbrachten, standen die fünf Stimmen der christdemokratisch regierten B-Länder geschlossen entgegen. Sie konnten zwar die Beschlüsse der Kommission nicht verhindern, es sei denn durch Auszug aus dem Sitzungssaal, jedoch ihre abweichenden Auffassungen in besonderen Voten zum Ausdruck bringen. Letztlich band der Plan nur die Länder, die ihm zustimmten.

Ebenso kontrovers wie die Gesamtschule war die ihr entsprechende Lehrerbildung, umstritten weiterhin vor allem die Gestalt eines zehnten Pflichtschuljahres, die Verknüpfung von allgemeinen und beruflichen Bildungsgängen in der Oberstufe und die Verbindlichkeit der Gesamthochschule. Die gesellschaftspolitischen Positionen, die der bildungspolitischen Kontroverse zugrunde liegen, machten sich bei der Anhörung der Verbände deutlicher noch bemerkbar als in den Diskussionen der politischen Parteien. Alle Gewerkschaftsvertreter sprachen sich für die integrierte Gesamtschule aus, die Vertreter der Arbeitgeberverbände aber dagegen (Poeppelt 1978, S. 125). Dem Plan der sozialliberalen Bund-Länder-Mehrheit, das Bildungssystem in Stufen neu zu organisieren, widersetzten sich die Kultusminister der Union mit zahlreichen Sondervoten, um das »bestehende Schulsystem, vertikal nach Schularten gegliedert«, beizubehalten (Schoene 1982, S. 32). Alle weitere Arbeit galt daher, neben den Finanzberechnungen, der Suche nach Kompromissen. In Sondersitzungen und mit einem eigens geschaffenen, paritätisch besetzten Redaktionsausschuß gelang es bis zum Oktober, einen Zwischenbericht zu verabschieden, der eine Reihe der Minderheitsvoten erledigte. Über die Struktur der Mittelstufe aber war kein Kompromiß zu erzielen. Drei Sondervoten blieben bestehen. Die Unionsregierungen wollten offenlassen, »welches von den Systemen – das reformierte gegliederte Schulwesen, die kooperative Gesamtschule oder die integrierte Gesamtschule – den Vorzug verdient oder ob gegebenenfalls die verschiedenen Systeme nebeneinander ihre Berechtigung haben« (BLK 1973, S. 25). Dementsprechend sollte die Orientierungsstufe auch jeweils den bisherigen Schulformen zugeordnet werden können und die unterschiedliche Ausbildung und Besoldung der Lehrer erhalten bleiben, nicht zuletzt, um die Einheit des Gymnasiums zu wahren.

Dabei blieb es in allen späteren Fassungen und nach jahrelangen weiteren Verhandlungen. So konnte das Ziel des Bildungsrates, auch bisherigen Volksschülern nach zehn Jahren allgemeiner Schulbildung einen qualifizierten Abschluß zu ermöglichen, nicht erfüllt werden. Das zehnte Pflichtschuljahr sollte nach den Vorstellungen der Unionsländer nicht die Mittelstufe vervollständigen, sondern im Anschluß an eine Hauptschule mit eigenem Profil der Berufsgrundausbildung dienen und daher von den beruflichen Schulen bestritten werden.

Noch weniger als in der Mittel- war in der Oberstufe an einen gemeinsamen Plan zu denken, der gymnasiale und berufliche Bildungsgänge hätte zusammenführen können, um mehr Durchlässigkeit und damit Chancengleichheit zu erreichen. So hatte es die Bildungskommission gefordert und daher die Oberstufe als »differenzierte Einheit« aufgefaßt. Dagegen wandte sich ihr bisheriger stellvertretender Vorsitzender, Hans Maier, nun bayerischer Kultusminister, besorgt über die Anziehungskraft allgemeiner Schulbildung. Gemeinsam bestanden die Unionsminister auf dem Vorrecht der gymnasialen Oberstufe, die allgemeine Hochschulreife zu verleihen. Vom Abitur II des Bildungsrates war nicht mehr die Rede. Vordringlich erschien den Unionsregierungen, wie sie in einem Sondervotum »Zur Gestaltung der Sekundarstufe II« festhielten, »das berufliche Schulwesen neu zu ordnen und auszubauen und die gymnasiale Oberstufe in der geplanten differenzierenden Form neu zu entwickeln« (Höhne 1973, S. 142). Doch votierten nahezu alle Länder und der Bund dafür, Bildungsgänge im derzeitigen allgemeinen und beruflichen Schulwesen nicht nur in den Lehrplänen aufeinander abzustimmen, sondern probeweise auch miteinander zu verzahnen. Nur Bayern schloß sich aus.

Ebensowenig wie es gelang, die bildungspolitischen Gegensätze zu überbrücken, konnte trotz immer weiterer Abstriche an den erforderlichen Personal- und Sachmitteln, immer bescheidenerer Ziele und unbestimmterer Empfehlungen ein Kompromiß zwischen Bildungs- und Finanzplanung gefunden werden. Versuchte anfangs die Union, vor allem als Bonner Opposition, die sozialliberale Bildungsreform als unfinanzierbar hinzustellen, um sie damit abzuwenden, so standen doch bald wieder die Kultusminister aller Parteien gemeinsam gegen die Finanzverwaltungen, weil unabhängig von den jeweiligen Reformmaßnahmen die fortlaufende Bildungsexpansion immer größere staatliche Mittel forderte. Daher hatten die Länder die Hilfe des Bundes gesucht und den Verfassungsänderungen zugestimmt. So mühsam die Verhandlungen in der Kommission sich hinzogen, unter dem Druck öffentlicher Erwartungen und fiskalischer Notwendigkeiten mußten sie zu einem Abschluß geführt werden. Zwar resignierte Leussink Anfang 1972, und auch Hildegard Hamm-Brücher schied bald danach aus dem Bundesministerium für Bildung und Wissenschaft aus. Doch Klaus von Dohnanyi, schon vorher als parlamentarischer Staatssekretär aktiv beteiligt, sorgte an der Spitze des Hauses und dann als Vorsitzender der Bund-Länder-Kommission für die Verabschiedung der achten Fassung im Juli 1973. Sie wurde von den Regierungschefs des Bundes und der Länder gebilligt. Erstmals gab es einen Bildungsgesamtplan für die Bundesrepublik. Er entwarf die Entwicklung aller Stufen des Bildungswesens in Fünfjahresabschnitten bis 1985. In keinem anderen Sektor gab es eine derart durchdachte und diskutierte Planung für einen so langen Zeitraum. Schon deshalb konnten sich die Hoffnungen nicht erfüllen, die Bildungsplanung mit der Wirtschafts- und Beschäftigungspolitik, der Sozial- und Familienpolitik, geschweige denn mit der langfristigen Finanzplanung abzustimmen. Waren die Folgen der Bildungspolitik für den Arbeitsmarkt schon bei anhaltender Wirtschaftskonjunktur »nicht voll übersehbar«, wie es euphemistisch hieß (BLK 1973, S. 118), so entzogen sich die kommenden Weltwirtschaftskrisen jeder Berechnung. Andererseits konnten nicht einmal erkennbare Entwicklungen, wie vermindertes Wachstum und steigende Inflationsraten, angemessen berücksichtigt werden, um die Glaubwürdigkeit der Bundesregierung nicht in Frage zu stellen, deren Prognosen sie widersprachen. Die Bevölkerungsstatistik brachte im übrigen ihre eigenen Probleme mit sich. Für den Planungszeitraum wurde die Zahl der Geburten weiterhin zu hoch, die des Zuzugs ausländischer schulpflichtiger Kinder zu gering veranschlagt. Von der anhaltenden Bildungsexpansion hatte man kaum hinreichende Vorstellungen, gar keine vom künftigen Mangel an Ausbildungsstellen und Arbeitsplätzen. Daß so viel mehr Heranwachsende immer länger Schulen und Hochschulen besuchten, erschien den Arbeitsmarkt nur weiter zu beschweren. Daß er aber in Zeiten großer Arbeitslosigkeit dadurch erheblich entlastet werden würde, kam noch nicht in den Sinn (Klemm 1986).

So verfehlte die gerade eröffnete Kooperation der Länder mit dem Bund in der Bildungsplanung ihre wichtigste Aufgabe, einen gemeinsamen langfristigen Rahmenplan für eine abgestimmte Entwicklung des gesamten Bildungswesens zu erarbeiten. Die gemeinsame Bildungsreform aller Länder nach den Vorschlägen des Bildungs- und des Wissenschaftsrates scheiterte nicht an der Unmöglichkeit, sie zu finanzieren, wie damals immer wieder eingewandt wurde, sondern an den bildungs-, also gesellschaftspolitischen Gegensätzen. Dennoch erfüllte der Bildungsgesamtplan für die Reform eine bedeutsame Funktion. Da die Regierungen des Bundes und der Mehrheit der Länder für die Neuorganisation des Bildungswesens entschieden hatten, bestätigte und bestärkte der Plan die Reformarbeit überall dort, wo sie in Gang gesetzt wurde. Es erweiterten sich faktisch, wenn auch nicht rechtlich, die Randbedingungen für innovative regionale Bildungspolitik, die bisher durch das Hamburger Abkommen bestimmt waren. Die damalige Einschätzung der Bildungspolitiker aller Parteien gab treffend ein hoher bayerischer Beamter wieder, der viele Jahre lang sein Land im Schulausschuß der KMK und dann in der Bund-Länder-Kommission vertreten hatte: »... hinter den Bildungsgesamtplan und seine Vorstellungen als Ganzes kann die Bildungspolitik nicht mehr zurück, gleichgültig, ob die formale Beschlußfassung noch erfolgt und wie sie ausfällt.« (Höhne 1973, S. 29) Nicht nur konzeptionell erhielt Reformarbeit Rückendeckung. Auch und gerade in der Praxis boten die insbesondere von der Opposition geforderten Modellversuche, die in allen Stufen des Bildungswesens stattfinden sollten, um neue Organisation und Didaktik zu erproben, der Bundesregierung die Möglichkeit, Schulversuche finanziell zu unterstützen. Allerdings blieb auch auf dem Höhepunkt dieser Phase der Bildungsreform der Einfluß des Bundes auf die Schulorganisation verfassungsgemäß eng begrenzt. Anders beim Ausbau der Hochschulen.

Hochschulreform

Die Grundgesetzänderung hatte den Hochschulbau zur Gemeinschaftsaufgabe erklärt (Art. 91 a GG). Der Bund beteiligte sich inzwischen mit beträchtlichen Mitteln. Über die neue Kompetenz in der Bildungsplanung hinaus war er nun für die allgemeinen Grundsätze des Hochschulwesens zuständig (Art. 75 GG). Zu Beginn des Jahres 1970 trat das Hochschulbauförderungsgesetz in Kraft, nach dem jeweils ein gemeinsamer Rahmenplan die Bauvorhaben und Kosten festzustellen hatte (KMK 1971 a, S. 194 ff.). Die Anmeldungen der Länder waren zunächst dem Wissenschaftsrat zur Stellungnahme zuzuleiten, der somit unter den Beratungsgremien eine ausgezeichnete Position zugewiesen erhielt.

Im Planungsausschuß nach dem Hochschulbauförderungsgesetz spielte der Bund wegen der Hälfte der Stimmen, über die er verfügte, und der Mittel, die er einbrachte, eine führende Rolle, wie anfangs auch in der Bund-Länder-Kommission für Bildungsplanung. Vieles bestärkte die Illusion, auch des Bundesministers für Bildung und Wissenschaft, ein Hochschulrahmengesetz ließe sich, wenn die Diskussion nur offen genug geführt würde, rasch zustande bringen. Schienen doch die wichtigsten Entscheidungen für die Hochschulreform ohnehin gefallen: die Öffnung der Universitäten nach außen für den Zustrom immer neuer Studenten und nach innen für die Mitwirkung aller Angehörigen an der Selbstverwaltung, die Zusammenfassung der akademischen und staatlichen Hochschulverwaltung unter der Leitung eines hauptberuflichen Präsidenten, eine an den tatsächlichen Aufgaben orientierte neue Personalstruktur für die Hochschullehrer und wissenschaftlichen Mitarbeiter. In aller Munde war der Begriff der

Gesamthochschule, um die verschiedenartigen Hochschulstudiengänge miteinander zu verbinden, und ganz unbestritten die Notwendigkeit einer tiefgreifenden Studienreform als Inbegriff und Ertrag der neuen Organisation der Hochschulen.

Die Schwierigkeiten lagen wie immer im Detail. Die mutmaßlichen Konsequenzen der vorgeschlagenen Regelungen hatten zudem in den bewegten hochschulpolitischen Kontroversen immer mehr symbolische Bedeutung für die verschiedenen Grundsatzpositionen gewonnen. Bundesminister Leussink, orientiert an den Strukturempfehlungen des Wissenschaftsrates (Wissenschaftsrat 1970), die er als langjähriger Vorsitzender miterarbeitet hatte, suchte zu vermitteln. Er stellte Anfang 1970 zunächst Thesen zur Diskussion, dann erst legte er einen Gesetzentwurf vor. Die CDU/CSU-Opposition im Bundestag präsentierte einen Gegenentwurf, darauf bedacht, der »Demokratisierungseuphorie« und der »Autoritätskrise« in den Hochschulen mit staatlicher Organisationsgewalt zu begegnen (Schenck 1976, S. 41).

War schon die Spanne zwischen den gemäßigten Reformvorstellungen, wie den Grundsätzen der Kultusministerkonferenz für ein modernes Hochschulrecht (KMK 1969, S. 331 ff.) und dem Kreuznacher Hochschulkonzept der Bundesassistentenkonferenz (BAK 1968), schwer zu überbrücken, so standen sich die Forderungen von Studentenorganisationen und Ordinarienvertretungen ganz unvereinbar gegenüber. Also zog sich die Diskussion hin. Die Auseinandersetzungen entzündeten sich an den Hochschulgesetzen der Länder, die verabschiedet wurden. Überall trat an die Stelle der Ordinarienuniversität mit separierter staatlicher Wirtschaftsverwaltung die Gruppenhochschule mit einheitlicher Administration unter selbstgewählter Leitung. Die Stimmrechte der Hochschulangehörigen in der Selbstverwaltung allerdings variierten von Land zu Land. In einigen sozialliberal regierten erhielten die Vertreter der Professoren in den zentralen Organen, die über die hochschulpolitischen Grundsatzfragen zu entscheiden und die Leitung der Hochschule zu wählen hatten, zunächst die gleiche Anzahl von Sitzen wie die Vertreter der wissenschaftlichen Mitarbeiter und die der Studenten. Außerdem wurden die nichtwissenschaftlichen Mitarbeiter beteiligt. An der neuen Universität Bremen bestimmte diese sogenannte Drittelparität das Stimmenverhältnis in allen Hochschulgremien. Die übrigen Länder entschieden sich jeweils für spezifische, an den Aufgaben der einzelnen Organe orientierte Gruppenstimmrechte. So auch der Entwurf des Hochschulrahmengesetzes, allerdings mit der Bestimmung, daß keine Gruppe mehr als die Hälfte der Mitglieder des Gremiums stellen dürfe.

Für die bisherigen Ordinarien spielte überdies eine wichtige Rolle, wie weit der Kreis der Hochschullehrer vom Gesetzgeber gefaßt wurde. So zählte das »Vorschaltgesetz für ein Niedersächsisches Gesamthochschulgesetz« 1971 neben den habilitierten Professoren und Dozenten auch Oberärzte und Oberassistenten, Akademische und Studienräte im Hochschuldienst, hauptberufliche Lektoren und Studienleiter dazu. Dagegen legten Professoren Verfassungsbeschwerde ein. Die neue Hochschulorganisation wurde grundrechtlich überprüft. Im Mai 1973 entschied das Bundesverfassungsgericht über die Gruppenuniversität.

Der Versuch der Kläger, für die überkommene Hochschulorganisation den Grundrechtsschutz der Wissenschaftsfreiheit in Anspruch zu nehmen, scheiterte ebenso wie die Hoffnung, die besondere Position der bisherigen Ordinarien werde durch die »hergebrachten Grundsätze des Berufsbeamtentums« (Art. 33,5 GG) gesichert. »Die Garantie der Wissenschaftsfreiheit«, befand das Bundesverfassungsgericht in seinen Leitsätzen, »hat weder das überlieferte Strukturmodell der deutschen Universität zur Grundlage, noch schreibt sie überhaupt eine bestimmte Organisationsform des Wissenschaftsbetriebs an den Hochschulen vor. ... Das organisatorische System der ›Gruppenuniversität‹ ist als solches mit Art. 5 Abs. 3 GG vereinbar.« (BVerfGE 1974, S. 79) Doch wollte die Mehrheit der Verfassungsrichter den Grundrechtsschutz der Wissenschaftsfreiheit nicht für die Hochschule als ganze, als eine in diesem Sinne autonome Institution gelten lassen, sondern als Individualrecht der einzelnen an der Wissenschaft beteiligten Personen. Unter ihnen hätten die Hochschullehrer eine herausgehobene Stellung. Ihr habe die Wissenschaftsorganisation Rechnung zu tragen, allerdings unter Berücksichtigung der verschiedenartigen Interessen und Funktionen der einzelnen Gruppen von Hochschulmitgliedern. Ein Minderheitsvotum von zwei Verfassungsrichtern bestritt zwar, daß solches Privileg aus dem Grundgesetz abzuleiten sei, doch das Urteil bestimmte für alle »gruppenmäßig zusammengesetzten Kollegialorgane«, die über Forschung und Lehre unmittelbar befinden, nicht nur eine enge Abgrenzung der Gruppe der Hochschullehrer, sondern deren maßgeblichen Einfluß bei Entscheidungen über die Lehre – mit mindestens der Hälfte der Stimmen. Ein noch weitergehender, ausschlaggebender Einfluß müsse ihnen bei allen Entscheidungen, die unmittelbar Fragen der Forschung oder die Berufung der Hochschullehrer betreffen, vorbehalten bleiben (BVerfGE 1974, S. 80).

In die Gruppe der Hochschullehrer, die homogen zusammengesetzt sein müsse, bezog das Urteil alle akademischen Forscher und Lehrer ein, die auf Grund der Habilitation oder eines sonstigen Qualifikationsbeweises mit der selbständigen Vertretung eines wissenschaftlichen Faches betraut sind. Das hatte früher einmal für die Ordinarien allein gegolten, bezog sich aber nun auf die breitere Gruppe von Universitätsprofessoren aller Art, Wissenschaftlichen Räten, Abteilungsvorstehern und Hochschuldozenten, keineswegs aber auf alle hauptamtlich an den Hochschulen Lehrenden, auch nicht, wie später noch deutlich wurde, auf die Fachhochschulprofessoren. Nach den Kriterien Qualifikation und Funktion, Verantwortung und Betroffenheit wurde den wissenschaftlichen Mitarbeitern ausdrücklich die Teilhabe an der Selbstverwaltung in allen Fragen zugesprochen, eine undifferenzierte Beteiligung der Gruppe der nichtwissenschaftlichen Bediensteten aber abgelehnt.

Mit dem Urteil entschieden die Richter über zentrale bildungspolitische Fragen. Das Bundesverfassungsgericht, so beschrieb es das Minderheitsvotum, setzte sich »unter Überschreitung seiner Funktion an die Stelle des Gesetzgebers. Die scheinbar übereinstimmend anerkannte Gestaltungsfreiheit des demokratisch legitimierten Gesetzgebers für die Organisation der Wissenschaftsverwaltung wird von der Senatsmehrheit in einem anfangs unmerklichen, schließlich aber unverkennbaren Erosionsprozeß weitgehend ins Gegenteil verkehrt; sie erhebt Zweckmäßigkeitserwägungen, die der Gesetzgeber bei seiner Willensbildung anzustellen hat und denen namentlich in Übergangszeiten durchaus Gewicht gebührt, unzulässig zu unabdingbaren, mit der Verfassungsbeschwerde durchsetzbaren Postulaten.« (BVerfGE 1974, S. 150) Mehr noch als das Bundes- haben in den folgenden Jahren Landesverfassungsgerichte diese Rolle gespielt.

Die Bundesregierung, in der Klaus von Dohnanyi das Ministerium für Bildung und Wissenschaft übernommen hatte, suchte in einem zweiten Regierungsentwurf für das Hochschulrahmengesetz dem Urteil wie auch einer Reihe von Einwänden der Opposition Rechnung zu tragen, ohne die bisherige Linie aufzugeben. Sie geriet damit in nicht geringe Widersprüche und noch mehr zwischen die hochschulpolitischen Fronten. So wurden nun zwei Hochschullehrergruppen vorgesehen, neben den dauerhaft tätigen Professoren die sich weiterqualifizierenden, befristet beschäftigten Nachwuchskräfte, damals Assistenzprofessor genannt. Mit dieser Konstruktion sollte die Bestimmung erhalten bleiben, daß keine Gruppe mehr als die Hälfte der Mitglieder in die Entscheidungsgremien entsenden könnte. Die beiden Gruppen zusammen verfügten über die vom Verfassungsgericht bei Entscheidungen über Lehre, Forschung und Berufungen für die Hochschullehrer geforderten Stimmen. Damit aber mußten entsprechend höhere Anforderungen an die formale Qualifikation der Assistenzprofessoren sogleich vom Antritt ihrer Tätigkeit an gestellt werden. Gegenüber der bloßen Rahmenkompetenz für die Hochschulorganisation war seit Anfang 1971 die verfassungsrechtliche Zuständigkeit des Bundes für die Ämter und Gehälter der Professoren als Angehörige des öffentlichen Dienstes stärker (Art. 74a GG). Die neue Personalstruktur der Hochschulen sollte den tatsächlichen Funktionen entsprechen, überlebte hierarchische Formen auflösen, die bisherige Unübersichtlichkeit beseitigen. Das gelang vergleichsweise gut. Unterschieden wurden zunächst nur noch die Gruppen der Professoren, der Assistenzprofessoren sowie der wissenschaftlichen und künstlerischen Mitarbeiter. Für bestimmte Fachgebiete waren zur Vermittlung praktischer Fertigkeiten und Kenntnisse außerdem noch Lehrkräfte für besondere Aufgaben vorgesehen. Mit dem Ziel vor Augen, die verschiedenen Hochschularten zu Gesamthochschulen zusammenzuführen, erhielt jeder Hochschullehrer einheitlich die Amtsbezeichnung »Professor«, unabhängig davon, ob er an einer wissenschaftlichen oder einer Fachhochschule tätig und welcher Besoldungsgruppe der neuen Bundesbesoldungsordnung C sein Amt zugeordnet war. Mitteleuropäischer Titelsucht wurde so entgegengewirkt, aber den hergebrachten Grundsätzen des Berufsbeamtentums widersprochen. Wie auch die damals in einzelnen Ländern eingeführten einheitlichen Bezeichnungen Lehrer und Richter für die entsprechenden Berufsgruppen wieder aufgegeben werden mußten, verfiel die gemeinsame Amtsbezeichnung Professor dem Verdikt des Bundesverfassungsgerichtes (BVerfGE 1984, S. 323 ff.). Die ehemaligen Ordinarien verloren in der Gruppenuniversität ihre besondere Position. Das hatten die Beamtenrechte nicht verhindern können, wohl aber begründen sie auch künftig den Anspruch auf einen besonderen Titel.

Zum zentralen Thema der hochschulpolitischen Diskussion wurden in den siebziger Jahren die Zulassungsbeschränkungen, die immer weitere Fächer abschlossen. Der Ausbau der Hochschulen, so groß die aufgewandten Mittel waren, konnte mit der ständig steigenden Zahl der Studienanfänger nicht Schritt halten. Die Engpässe beunruhigten vor allem die Mittelschichten. Die unerwartete Konkurrenz um knappe Studienplätze motivierte nicht zuletzt die bildungspolitische Wende. Vermehrt wurden solche Befürchtungen durch die im Rahmengesetz vorgesehenen Zugangsregelungen, die soziale Gesichtspunkte in den Vordergrund stellten und die traditionellen Chancen der Abiturienten minderten.

Gesamtstaatlichen Handlungsbedarf hatte das Bundesverfassungsgericht im Juli 1972 in seinem Numerus-clausus-Urteil angemahnt, da die absolute Studienplatzbeschränkung wie im Fach Medizin sich »am Rande des verfassungsrechtlich Hinnehmbaren« (BVerfGE 1973, S. 333) bewege. Das Grundrecht auf freie Wahl des Berufs und der Ausbildungsstätte begründe in Verbindung mit dem allgemeinen Gleichheitssatz und dem Sozialstaatsprinzip ein Recht auf den Zugang zum Hochschulstudium, das nur gesetzlich und nur dann eingeschränkt werden kann, wenn alle vorhandenen Ausbildungskapazitäten erschöpfend genutzt und alle »hochschulreifen« Bewerber eine Chance erhalten würden. Unter ihnen muß nach sachgerechten Kriterien ausgewählt werden. Eine Landeskinderklausel wie im Falle des damaligen bayerischen Zulassungsgesetzes, das einheimischen Studienbewerbern an heimatnahen Universitäten Vergünstigungen einräumte, wurde ausdrücklich für verfassungswidrig erklärt, die Zersplitterung des Zulassungswesens, in den Ländern zumeist Exekutivorganen oder den Hochschulen übertragen, kritisiert. Der Bundesgesetzgeber jedoch war in diesem Jahr, des Mißtrauensvotums und der Neuwahlen wegen, kaum handlungsfähig. Manchen Landesregierungen war das nur recht. Alle gemeinsam schlossen sie im Oktober einen Staatsvertrag, richteten eine Zentralstelle für die Vergabe von Studienplätzen ein und organisierten die Mängelverwaltung. Um Chancengleichheit und sachgerechte Verteilung bürokratisch zu regeln, überzog bald ein Netz von Verordnungen die Bildungseinrichtungen. Kapazitätsverordnungen wurden zum Schlüssel der Hochschulentwicklung, Dezimalstellen von Durchschnittsnoten und zweifelhafte Normbücher zum Stigma der gymnasialen Oberstufe.

Auch in der neuen Bundesregierung unter Helmut Schmidt bestimmte ein pragmatisch-technokratischer Zug den Umgang mit der Hochschulgesetzgebung. Man wollte endlich zu einem Schluß kommen. Weitere Kompromisse waren angezeigt, in der Personalstruktur, beim Hochschulzugang wie bei den Mitbestimmungsregelungen. Die Mehrheit der Opposition im Bundesrat ließ ohnehin keine andere Wahl. Aus der Gesamthochschule war ein unverbindliches Entwicklungsziel geworden. Die Studentenschaft als Glied der Hochschule und öffentliche Körperschaft blieb der jeweiligen Landesregelung überlassen. Im jähen Wirtschaftsabschwung als Folge der ersten Ölpreiskrise setzten die Überfüllung der Hochschulen und erste Anzeichen künftigen Stellenmangels für Akademiker andere Akzente. Es ging um Kapazitätsengpässe und Geldmangel, überlange Ausbildungszeiten und versäumte Studienreform. Sie standen mit den Fragen des Hochschulzugangs im Mittelpunkt des dritten Versuches, ein Rahmengesetz zustande zu bringen, den Helmut Rohde als Bildungsminister vertrat. Das letzte Wort hatte Bundeskanzler Schmidt: »Es wird Zeit, daß wir die Sache in eine einheitliche Richtung bringen.« (Schenck 1976, S. 143) Das längst allseitig ungeliebte Gesetz trat am 27. Januar 1976 in Kraft. Die Länder hatten ihre Gesetze innerhalb von drei Jahren anzupassen. Damit erst wurden die neuen Bestimmungen verbindlich. Also begannen die Hochschulkämpfe von vorn. Im Mittelpunkt standen die Regelstudienzeiten als Schlüsselgrößen für Studiengang, Lehrangebot und Prüfungsverfahren, Ausbildungskapazitäten und Studentenzahlen. Die Regelstudienzeiten bestimmten die Prüfungsfristen, deren Versäumnis vom Bundesgesetzgeber nach bestimmten Fristen nun mit der Exmatrikulation, dem Verlust der Hochschulrechte, bedroht wurde. Allerdings sollten zunächst die Studiengänge mit Hilfe von Reformkommissionen, denen auch Vertreter des Staates und der Berufspraxis angehörten, entrümpelt und neuorganisiert werden. Es dauerte Jahre erbitterter Auseinandersetzungen, bis erkannt wurde, wie sehr das eine dem anderen im Wege stand. Bundesrat und Bundestag strichen die Prüfungsfristen wieder aus dem Rahmengesetz. Vermehrte Arbeitslosigkeit, auch des akademischen Nachwuchses, hatte inzwischen das jahrzehntelang so brisante Thema der langen Verweildauer an den Hochschulen entschärft.

Anfangs, in den sechziger Jahren, drängten Politik, Verwaltung und Wirtschaft nicht nur der wachsenden Kosten wegen auf kürzere Studienzeiten, sondern auch wegen des großen Bedarfs. Allenthalben fehlten Nachwuchskräfte, im öffentlichen Dienst ebenso wie in der Wirtschaft. Insbesondere herrschte Lehrermangel. Für weiteren Druck sorgten dann immer mehr Studienanfänger. Je enger die Studienverhältnisse, trotz der zusätzlichen Mittel, je mehr der Numerus clausus sich ausbreitete, desto gebieterischer erscholl der Ruf nach eingreifender Studienreform. So aussichtslos es einmal schien, die Hochschulorganisation grundlegend zu erneuern, da die Besitzstände der Ordinarien sich gegen alle Veränderungen behauptet hatten, so überzeugend und machbar erschien es, die Studienzeiten zu verkürzen. Die große Mehrheit der Studierenden sollte künftig in Kurzstudiengängen ausgebildet, der Minderheit im herkömmlichen Universitätsstudium eine enge Zeitgrenze gesetzt werden. Doch nichts davon ließ sich verwirklichen. Die durchschnittliche Verweildauer an den Hochschulen stieg von Jahr zu Jahr an, entsprechend überproportional zu den weiter wachsenden Neuzugängen die Gesamtzahl der Studierenden.

Die Verwaltungen reagierten zunehmend restriktiv. Für die Hochschulen war in den vergangenen Jahren so viel getan worden. Inzwischen studierten nahezu fünfzehn Prozent eines Jahrgangs, statt wie noch 1960 nur fünf Prozent (BMBW 1986, S. 123). Erste Engpässe bei der Lehreranstellung wiesen auf kommende Schwierigkeiten der Hochschulabsolventen hin, freie Plätze im erlernten Beruf zu finden. Ein übriges tat die Wirtschaftskrise. Die Staatseinnahmen stagnierten, Haushaltsstrukturgesetze mußten verabschiedet werden. Studienbeschränkungen nicht nur in den bisher betroffenen, sondern in immer weiteren Fächern schienen zwangsläufig und angemessen. Es bedurfte eines neuen Anstoßes, um umzudenken. Er ging nicht von der offiziellen Bildungspolitik aus, sondern wurde wiederum von außen durch Sachverständige vermittelt. 1975 bildete sich beim Stifterverband für die Deutsche Wissenschaft im Anschluß an eine Diskussion über Bildungsexpansion und Beschäftigungsstruktur (Stifterverband 1976a) ein Expertenkreis von Wissenschaftlern und Praktikern unter der Gesprächsleitung von Hellmut Becker. Der Arbeitskreis stellte die geburtenstarken Jahrgänge, die künftig die Schulen verließen, in den Mittelpunkt seiner Überlegungen.

Demographische Sachverhalte waren in der Gesellschaftspolitik der zurückliegenden Jahrzehnte sträflich vernachlässigt worden. Wenn überhaupt rechtzeitig erkannt, wurden sie zumeist schnell wieder vergessen. Dabei charakterisierte seit dem Geburtenrückgang im Ersten Weltkrieg ein jähes Auf und Ab die Bevölkerungsgeschichte Deutschlands. Doch die Bundesstatistik hatte es nicht vermocht, ein angemessenes Gesamtbild zu vermitteln. Die Tagespolitik beleuchtete jeweils nur akute Notstände. Gravierende Fehlprognosen in den sechziger Jahren für künftige Geburtenziffern, Schülermengen und Studentenzahlen hatten überdies die Bildungsplanung irregeführt. Zwar verschaffte der Bildungsgesamtplan einen besseren Überblick. Doch lenkte er den Blick auf die einzelnen Stufen im Bildungssystem und deren vermutliche Besucher in Fünfjahresabständen. Der Zusammenhang zwischen den Ausbildungschancen der verschiedenen Altersjahrgänge in einem bestimmten Zeitabschnitt war nicht zu erkennen. So vermochte sich die Illusion zu erhalten, als könnte Engpässen im Ausbildungsangebot einer höheren Stufe durch vermehrte Auslese zweckentsprechend Rechnung getragen werden.

Erst eine Modellrechnung von Mitarbeitern des Nürnberger Instituts für Arbeitsmarkt- und Berufsforschung zur Aufnahmefähigkeit der beruflichen Bildungsgänge für die Schulabgänger aller Altersgruppen in den kommenden Jahren erhellte schlagartig die bevorstehende »demographische Ausbildungskrise«. Sie war durch Selektion nicht zu lösen, sondern würde im Gegenteil durch sie verschärft. Man entdeckte eine bisher kaum beachtete Kategorie möglicher Ungerechtigkeit, nämlich mangelnde Chancengleichheit zwischen den Generationen. Unbedingt aber sollte daran festgehalten werden, daß die Angehörigen der starken Jahrgänge ebenso einen Anspruch auf qualifizierte Berufsausbildung besäßen wie ihre Vorgänger und Nachfolger und daß dieser Anspruch durch die Ungewißheit künftiger Berufschancen nicht entwertet werden dürfe. Gesteigerte Auslese, also Platzbeschränkungen in der Berufsausbildung an den Hochschulen, den Fachschulen und in den Betrieben, mußte zu einem Verdrängungswettbewerb führen, der nicht nur insgesamt den Anteil der Ungelernten und damit Benachteiligten wieder vermehrte, sondern sich eindeutig zu Lasten der jeweils gesellschaftlich schwächeren Schichten auswirken würde. Zudem würde ruinöser Wettbewerb im Gefolge der Numerus-clausus-Regulierungen sich in den Bildungseinrichtungen verheerend auswirken, wie Notenstreß und Normbücherdruck in den Gymnasien schon zeigten.

Gemäß der Modellrechnung fehlten nach damaligem Stand in der Zeit von 1977 bis 1987, in der die stärksten Nachkriegsjahrgänge die allgemeinbildenden Schulen verließen, 1,4 Millionen Ausbildungsplätze, etwa 350 000 an den Hochschulen und mehr als eine Million im dualen System und an den beruflichen Vollzeitschulen (Stifterverband 1976 b, S. 16). Besonders gravierend erschien, der sozialen und wirtschaftlichen Folgen wegen, der zu erwartende Mangel an betrieblichen Ausbildungsstellen. Ein Abschotten der Studienplätze mußte den Kampf um die Lehrstellen nochmals drastisch verschärfen. Nur die Öffnung der Hochschulen konnte den Andrang »entzerren« und damit die Ausbildungskrise mildern. Es blieb auch dann übergenug zu tun, um Jahr für Jahr mehr als hunderttausend zusätzliche Lehrstellen zu schaffen. Bewußt nahm der Arbeitskreis in Kauf, daß Bildung und Beschäftigung weiter »entkoppelt« wurden. Denn unter den gegebenen Umständen verbürgte eine qualifizierte Berufsausbildung nicht auch eine entsprechende Beschäftigung: »Für den einzelnen bedeutet es die Abkehr von der Vorstellung, daß er aufgrund einer bestimmten Ausbildung Anspruch auf eine bestimmte berufliche und soziale Position hat. Dies ist allerdings nur für Abiturienten und Hochschulabsolventen neu, nicht aber für den hohen Prozentsatz der im dualen System Ausgebildeten, von denen bisher schon viele nur kurz oder nie in ihrem gelernten Beruf tätig waren. Die lange Zeit scheinbar selbstverständliche Verbindung von

Bildung und Berechtigung gehört damit der Vergangenheit an.«
(Stifterverband 1976b, S. 27f.)
Trotz dieses deutlichen Hinweises auf den Zusammenhang von
Bildungsexpansion und Privilegienschwund blieb stärkerer Widerstand von konservativer Seite aus. Der Arbeitskreis hatte in
der aktuellen bildungspolitischen Auseinandersetzung keine Position bezogen und sich aller Erwägungen zur Strukturreform enthalten. Die bisherigen Ausbildungsstätten sollten erhalten und
ausgebaut werden. In der Kürze der Zeit blieb auch gar kein
anderer Weg. Zurückhaltend verhielten sich die Unternehmen
und Hochschulen, die, wenn auch für eine begrenzte Zeit, viele
neue Plätze schaffen mußten. Näher als die Nachfrage der Heranwachsenden lag ihnen der Bedarf des Arbeitsmarktes, der mehr
als zweifelhaft erschien. Doch das Interesse der Arbeitgeber, die
betriebliche Ausbildung in der Hand zu behalten sowie die geplante Novellierung des Berufsausbildungsgesetzes abzuwehren,
und der Wunsch der Hochschulen, eigenen Handlungsspielraum
zu bewahren und ihre Ausstattung als Gegenleistung für ertrage-
ne Überlast während der Notjahre in bessere Zeiten herüberzu-
retten, bewog sie zur Kooperation (Lau/Beck 1989).
Die vom Arbeitskreis lancierte »Öffnungsdiskussion« wurde von
der überraschten Öffentlichkeit positiv aufgenommen. Der Bundesbildungsminister wie der Bundeskanzler veröffentlichten sogleich entsprechende Vorschläge. Der Wissenschaftsrat sprach
sich für sie aus; die Westdeutsche Rektorenkonferenz nicht dagegen. Der aufziehende Bundestagswahlkampf erleichterte es, die
Vorschläge an die politischen Parteien zu vermitteln. In allen
Wahlprogrammen wurde der Abbau des Numerus clausus gefordert. Die Zentralstelle für die Vergabe von Studienplätzen beschloß im September, 21 Fächer aus dem Numerus-clausus-Ver-
fahren herauszunehmen. In der Regierungserklärung des wieder-
gewählten Bundeskanzlers spielten die geburtenstarken Jahrgänge
und deren Ausbildung eine wichtige Rolle. Wenn »Konkurrenz
schon in der Schule zu Streß und Leistungsdruck führt«, erklärte
Schmidt, »dann wird die Erziehung zur Gemeinschaft, aber auch
die Erziehung zum kritischen Selbstbewußtsein des einzelnen jungen Menschen erstickt. Wir treten deshalb mit Nachdruck für die
Öffnung der Hochschulen ein. Aber jeder junge Mensch muß
dabei auch wissen, daß ein akademischer Abschluß keineswegs

427

eine Garantie sein kann, lebenslang mehr zu verdienen als ein Facharbeiter.« (Wilharm 1985, S. 166)

Die Verhandlungen mit den Ländern über die finanziellen Einzelheiten nahmen allerdings noch viel Zeit in Anspruch. Erst im November 1977 einigten sich alle Regierungschefs auf einen gemeinsamen Beschluß, weitere Zulassungsbeschränkungen zu vermeiden und die bestehenden abzubauen. Für jeden Studienbewerber sollte ein Studienplatz, wenn auch nicht immer im Fach und an der Hochschule seiner Wahl, bereitgestellt werden. Dazu mußten die vorhandenen Kapazitäten besser genutzt und für die Engpässe Notprogramme entwickelt werden. Was die Bürokratie mit der einen Hand aufgab, zog sie aber mit der anderen wieder an sich. 1988 gab es nahezu 1,5 Millionen Studierende. Ihre Zahl war seit 1975 um 75 Prozent gestiegen, die des wissenschaftlichen Personals an den Hochschulen aber nur um fünf Prozent (BMBW 1988). Es mangelte in vielen Fächern an Lehr- und Arbeitsräumen, Büchern und Geräten. Mensaplätze und Wohnmöglichkeiten waren immer knapper geworden, die Anteile der nach dem Bundesausbildungsförderungsgesetz (BAföG) finanziell unterstützten Studierenden von über vierzig auf zwanzig Prozent gesunken (Beirat für Ausbildungsförderung 1988, S. 11). Der Zustrom der Studienanfänger, rückläufig nur in den Lehramtsstudiengängen, belastete vor allem Fächer mit vergleichsweise besseren Berufsaussichten, zunächst die Rechts-, dann vor allem die Wirtschaftswissenschaften (Wissenschaftsrat 1988, S. 99). Für das Fach Betriebswirtschaftslehre wurde auf Drängen Hamburgs 1989 der Numerus clausus eingeführt. Massenhafter und anhaltender Studentenprotest, erstmals seit zwei Jahrzehnten, mobilisierte endlich die Öffentlichkeit und zwang die Regierungen von Bund und Ländern zu Dringlichkeitsprogrammen. Vor allem aber zum Umdenken. Aus bald vorübergehender »Überlast« war anhaltender, drückender Normalzustand geworden. Auch die neunziger Jahre versprachen keine Entlastung. Bis in das nächste Jahrhundert würde bei den Studierenden die Millionengrenze stets weit überschritten werden. Also mußte das Ausbauziel von 850000 flächenbezogenen Studienplätzen, von denen im übrigen Anfang 1989 erst 782000 erreicht waren, erheblich nach oben korrigiert werden (KMK 1989; BMBW 1989).

Berufsbildung

Mit noch größerem Andrang als an den Hochschulen war durch die geburtenstarken Jahrgänge in der betrieblichen Berufsausbildung und entsprechend an den Berufsschulen zu rechnen. Es drohte nicht nur die Gefahr des Wiederanstiegs der Ungelernten, sondern auch eine erneute Ausweitung der Lehrstellen gerade in den Handwerks- und Einzelhandelsberufen, die für die Ausgelernten kaum Erwerbschancen boten. Ähnlich war in den fünfziger Jahren verfahren worden, um arbeitslose Jugendliche von der Straße zu holen. Doch hatten inzwischen und in Anbetracht der zu erwartenden Entwicklung von Wirtschaft und Bevölkerung Inhalt und Qualität der Berufsausbildung ein anderes Gewicht gewonnen. Die erforderlichen Ausbildungsinvestitionen mußten ebenso unter volkswirtschaftlichen wie sozialpolitischen Gesichtspunkten bewertet werden. Es galt vor allem jene Ausbildungsgänge zu fördern, die vielfältig verwendbare Berufsqualifikationen vermitteln, also industrielle und tertiäre Grundberufe wie den des Industrie- und des Bankkaufmanns, des Maschinenschlossers und des Kraftfahrzeugmechanikers, oder die Elektroberufe. Es galt im Interesse der Auszubildenden, die mühsam genug errungenen Reformansätze zu erhalten und nicht der Expansion wegen wieder aufzugeben (Lutz 1976a).
Die betriebliche Berufsausbildung hatte in der Reformdiskussion am Rande gestanden, nicht nur weil ihre mannigfaltigen Wege so unübersichtlich und die Zuständigkeiten so verzwickt waren. Herkömmlich hatte die betriebliche Berufsausbildung im internationalen Vergleich einen guten Ruf, der auch in den sechziger Jahren nicht so ins Wanken geriet wie der der weiterführenden allgemeinbildenden Schulen. Es mangelte aber in der Bundesrepublik bis zum Ende der sechziger Jahre an einer einheitlichen Gesetzesgrundlage, für die das Bundesparlament die Verantwortung trägt. Die Berufsschulen hingegen unterstehen jeweils der Kulturhoheit des einzelnen Landes. Wichtiger als diese Koordination aber ist im dualen System die zwischen der Praxis der privatwirtschaftlich organisierten Ausbildung in den Betrieben und den durch die Kammern korporativ vermittelten staatlichen Normen. Die ausbildenden Unternehmen, auf ihren Handlungsspielraum bedacht, erleichterten den Einblick in die reale Ausbildung nicht.

Sie kritisierten den Staat, weil nach ihrer Sicht die expansive Bildungspolitik zusätzlich zur damaligen Bevölkerungsentwicklung Anzahl und Qualität der Lehrlinge ständig verminderte und überdies die Berufsschulen zugunsten der allgemeinbildenden vernachlässigt würden. Das konnte allerdings nur für die Teilzeitberufsschulen gelten, deren Unterricht unter Lehrer- und Raummangel litt. Die Kapazitäten der Berufsfach- und Fachschulen waren seit den sechziger Jahren erheblich ausgebaut worden wie im folgenden Jahrzehnt dann die der Fachoberschulen und der Berufsgrundausbildung.

Die Ungleichbehandlung von Lehrlingen und Studenten wurde in erster Linie in dem weit höheren Aufwand an öffentlicher Verantwortung und staatlichen Finanzmitteln für die weiterführenden Schulen und Hochschulen gesehen. Offensichtlich dienten in vielen Handwerks- und kleineren Dienstleistungsbetrieben die Auszubildenden vor allem als Arbeitskräfte. Die Funktion dieser frühen Berufsarbeit für den Übergang von der Schule in die Arbeitswelt und überdies für den Eintritt in das System der sozialen Sicherheit spielte während der Vollbeschäftigung kaum eine Rolle. Der strapazierte Arbeitsmarkt aber erleichterte es, Vorschläge für bessere Berufspädagogik mit den steigenden Anforderungen an die Qualifikationen von Facharbeitern im Gefolge des technischen Fortschritts und der wachsenden Bedeutung der Mobilität im Erwerbsleben zu begründen. So hatte 1964 der Deutsche Ausschuß für das Erziehungs- und Bildungswesen nicht nur empfohlen, die Ausbilder selbst besser auszubilden und ungeeignete Lehrbetriebe auszuschalten, sondern auch der allgemeinen gegenüber der fachspezifischen Ausbildung größeres Gewicht zu geben, mithin zwölf Stunden Berufsschulunterricht in der Woche zu ermöglichen, und der pädagogischen Verantwortung den Vorrang zu geben: »Für jeden Lehrling wird nach berufseinheitlichen Richtlinien eine mindestens einjährige Grundausbildung gewährleistet. Die für die Ausbildung in den Betrieben Verantwortlichen erhalten eine berufspädagogische Ausbildung und Weiterbildung. Betriebe, die diesen Anforderungen nicht gerecht werden können, bilden keine Lehrlinge mehr aus.« (Deutscher Ausschuß 1966, S. 492).

Die betriebliche Lehre und den zugehörigen Berufsschulunterricht in eine Grund- und Fachausbildung neu zu gliedern, wurde der Wunsch aller beteiligten Kräfte, auch der Arbeitgeber. Eine breite Grundausbildung, möglichst für ein ganzes Berufsfeld, sollte erlauben, die Entscheidung über den Ausbildungsberuf mit mehr Erfahrung zu treffen und spätere Mobilität zu erleichtern. Die Stufenausbildung konnte den individuellen Interessen und Fähigkeiten der Auszubildenden besser gerecht werden. Sie wurde als Entwicklungsperspektive in das erste gesamtstaatliche Berufsbildungsgesetz übernommen, das der großen Koalition im Sommer 1969 endlich zu verabschieden gelang. Ein einheitliches Gesetz und die darin verankerte gewerkschaftliche Mitbestimmung bei der Berufsausbildung war seit einem halben Jahrhundert Ziel der Gewerkschaften. Nicht zuletzt deshalb kam es am Ende der Weimarer Republik* nicht mehr zustande wie dann auch nicht in den ersten konservativen Jahrzehnten der Bundesrepublik. Doch mehr, als die Realität gesetzlich anzuerkennen, gelang auch jetzt nicht. Die inzwischen lebhaft diskutierte Integration von allgemeiner und beruflicher Bildung blieb ebenso unberücksichtigt wie die Vorschläge zu einer grundlegenden Reform der Finanzierung. Die »doppelte Dualität« der beruflichen Erstausbildung wurde fortgeschrieben. Betriebliche Lehre und Teilzeitberufsschulunterricht blieben curricular getrennt, die Zuständigkeiten bei Bund und Ländern gespalten (Dams 1973). Aber die Lehrlinge hießen von nun an Auszubildende. Wichtiger wurde das neu geschaffene Bundesinstitut für Berufsbildungsforschung.

Im Unterschied zum Deutschen Ausschuß faßte die Bildungskommission des Deutschen Bildungsrates Ende der sechziger Jahre in ihrer Empfehlung zur Lehrlingsausbildung und dann im Strukturplan für das Bildungswesen alle heißen Eisen an. Nicht nur sollte eine Berufsausbildung in Stufen Mindestnormen der Qualität erfüllen, eingeschlossen die Qualifikation der Ausbilder, und unter öffentlicher Verantwortung einheitlich geregelt sein. In ihr sollte die beschworene Gleichwertigkeit mit der allgemeinen Bildung durch wechselseitige Verbindung und womöglich durch Integration zum Ausdruck kommen. Da solchen Ansprüchen eine Vielzahl kleinerer Ausbildungsbetriebe schon aus Kostengründen nicht gewachsen war, plädierte die Bildungskommission für eine

* Vgl. S. 247.

überbetriebliche Finanzierung der beruflichen Erstausbildung. Ein Ausbildungsfonds, gespeist aus den Beiträgen aller Unternehmen, sollte jenen Betrieben die Kosten erstatten, die zu entsprechend qualifizierter Berufsausbildung bereit und in der Lage waren (Bildungsrat 1969 c; Bildungsrat 1973). Das aber, argwöhnten die Verbände der Wirtschaft, würde bürokratischem Einfluß auf den einzelnen Betrieb Tür und Tor öffnen. Sie reagierten mit schroffer Ablehnung. Mehr als die angestrebte Integration allgemeiner und beruflicher Bildung schreckte sie das neue Finanzierungsmodell. Von ihm war daher weder im Berufsbildungsgesetz noch später im Bildungsgesamtplan die Rede, während dort die Gleichwertigkeit von beruflicher und allgemeiner Bildung als vordringliche bildungspolitische Aufgabe herausgestellt wurde. Das berufliche Schulwesen sollte ebenso neu geordnet werden wie die gymnasiale Oberstufe. Denn nur in Kursen, nicht aber in Jahrgangs- und aufsteigenden Fachklassen, ließen sich Auszubildende und Primaner zusammenführen, war das Ziel des Bildungsgesamtplanes zu erfüllen: »Curriculare Abstimmung und Verzahnung von Bildungsgängen im derzeitigen allgemeinen und beruflichen Bildungswesen.« (BLK 1973, S. 30) Unter den verschiedenen Modellversuchen erlangte die »Kollegstufe« in Nordrhein-Westfalen, entwickelt von den Münsteraner Pädagogen Herwig Blankertz, Andreas Guha*) und ihren Mitarbeitern, der pädagogischen Konzeption wie ihrer Verbreitung wegen besondere Bedeutung. 24 Kollegschulen gab es 1987 in Nordrhein-Westfalen, als die Auseinandersetzungen um die überregionale Anerkennung ihrer doppelqualifizierenden Bildungsgänge, die zugleich zum Abitur und zu bestimmten Berufsabschlüssen führen, ihren Höhepunkt erreichten. Sie waren durch die Vereinbarung der Kultusminister zur »Neugestaltung der gymnasialen Oberstufe in der Sekundarstufe II« 1972 ermöglicht worden. Es bedurfte aber 1987 einer Fortschreibung dieses Abkommens, um die allgemeine Anerkennung ihrer Abiturzeugnisse zu garantieren.

Doch ungeachtet solcher beispielgebenden Versuche blieben die Reform der gymnasialen Oberstufe und die der Berufsausbildung im dualen System weit voneinander entfernt, sosehr sich auch Bundesregierung und Gewerkschaften um eine Annäherung bemühten. Um die Stufengliederung in Grund- und Fachbildung zu

432   *) Guha = Gruschka !

verwirklichen, entstanden zahlreiche neue Ausbildungsordnungen in der Zuständigkeit des Bundes und entsprechend abgestimmte Rahmenlehrpläne für den Berufsschulunterricht durch Vereinbarungen der Länder. Mit dem Ziel, die öffentliche Verantwortung für die berufliche Bildung zu stärken, nahm sich die zweite Regierung Brandt eine Neufassung des unlängst erst verabschiedeten Berufsbildungsgesetzes vor. Eine Sachverständigenkommission unter Leitung von Friedrich Edding beriet über »Kosten und Finanzierung der beruflichen Bildung« und schlug, wie schon die Bildungskommission, eine Umlagenfinanzierung vor. Ihr aber setzten die beteiligten Wirtschaftsverbände weiterhin entschiedenen Widerstand entgegen. Das neue Berufsausbildungsgesetz scheiterte 1976 im Bundesrat, eine veränderte Fassung als »Ausbildungsförderungsgesetz«, die nach Auffassung der Bundesregierung der Zustimmung der Länder nicht bedurfte, 1980 in Karlsruhe beim Bundesverfassungsgericht.

Währenddessen stieg von Jahr zu Jahr mit der Zunahme der Schulabgänger die Zahl der Bewerber um Ausbildungsstellen. Hatten zu Beginn der siebziger Jahre noch mehr als vierzig Prozent der angebotenen Stellen, soweit sie den Arbeitsämtern gemeldet waren, nicht besetzt werden können, so mußten nun immer mehr Bewerber immer länger auf einen Ausbildungsplatz warten, der immer häufiger nicht ihrem Wunschberuf entsprach. Mehr als ein Jahrzehnt lang bestimmte die demographische Ausbildungskrise die bildungspolitische Diskussion. Mit erheblichen Anstrengungen erweiterte die private Wirtschaft ihre Ausbildungskapazitäten, nicht zuletzt auch, um weitere staatliche Eingriffe in deren Organisation und Finanzierung abzuwehren. Die Zahl der jährlich neu abgeschlossenen Ausbildungsverträge stieg in der Zeit von 1974 bis 1984 um mehr als fünfzig Prozent von 450 000 auf 705 000, die Zahl der Auszubildenden insgesamt von 1,3 auf 1,8 Millionen, relativ noch mehr die der Studierenden von knapp 800 000 auf über 1,3 Millionen (BMBW 1986, S. 100 u. 88). Mit dieser drastischen Bildungsexpansion gelang es trotz des Andrangs, den Wiederanstieg der Ungelernten abzuwenden und die Jugendarbeitslosigkeit im internationalen Vergleich in Grenzen zu halten, allerdings vielfach mit Abstrichen an der Qualität der Berufsausbildung. Weder konnte die Diskussion um höhere Mindestnormen der Ausbildung noch um bessere

Qualifikation der Ausbilder fortgeführt, schon gar nicht die Priorität zukunftweisender Grundberufe und die Integration beruflicher und allgemeiner Bildung betont werden. Alle Innungen und Branchen trugen zur Expansion bei, auch jene, die Ausgelernten wenig Beschäftigungsmöglichkeiten und Mobilitätschancen boten. Nicht nur um Arbeitslosigkeit hinauszuschieben, sondern generell der sozialisatorischen, sozialpolitischen und vermittlungstechnischen Vorzüge wegen galt zwar weiterhin die Regel, daß irgendeine abgeschlossene Ausbildung besser als gar keine sei. Aber als sich die Lage auf dem Lehrstellenmarkt wieder zu entspannen begann, mußte auch die amtliche Bildungsplanung konstatieren, daß mancher inzwischen ausgelernte Gärtner und Bäcker, Tischler und Fleischer, manche Gärtnerin und Friseuse es schwerer hat, eine Beschäftigung zu finden, als die Absolventen aussichtsreicherer Berufsausbildung. (BLK 1987)

Schulreform

Hatten sich durch die vermehrte Nachfrage der geburtenstarken Jahrgänge in der privatwirtschaftlich organisierten Berufsausbildung die herkömmlichen Strukturen und Maßstäbe wieder befestigen können, gab im Gegensatz dazu der »Schülerberg« in den allgemeinbildenden Schulen der Reform eine einmalige Chance. Von 1965 bis 1975 stieg in der Bundesrepublik die Zahl der Schüler von 7,3 auf 10 Millionen, und ein wachsender Anteil der stärkeren Jahrgänge drängte auf weiterführende Schulen. So entstanden in dieser Zeit, in der die Zahl der kleinen Volksschulen drastisch vermindert wurde, annähernd achthundert neue Realschulen und fünfhundert neue Gymnasien sowie einhundertfünfzig öffentliche integrierte Gesamtschulen (BMBW 1986, S. 24 u. 26).

Da die Schülerzahlen wuchsen, mußten zusätzliche Schulräume bereitgestellt, über den Ersatzbedarf für die älteren Gebäude hinaus neue Schulen gebaut werden. Soweit Schulreform auf den Schulbau angewiesen war, eröffnete sich ihr die Gelegenheit, jahrgangsgegliederte Grundschulen auf dem Lande einzurichten, Schulzentren für die Mittelstufe zu bauen, gymnasiale Oberstufen und Berufsschulen näher aneinander heranzurücken. In den

Städten konnten neue Schulformen aus dem Zuwachs bestritten, nicht notwendig mußten bestehende Schulen auslaufen oder geschlossen werden.

Oberstufe

Kein Teil der in Gang gekommenen Schulreform ließ sich dabei so sehr mit ungeklärter Zukunft ein wie die Neuordnung der Oberstufe. Gab es für die Vor- und Gesamtschulpläne viele Modelle und reichhaltige internationale Vergleiche, so mangelten der Integration gymnasialen und beruflichen Lernens in einer gemeinsamen Oberstufe, nicht anders als der geplanten Vereinigung von Universität und Fachhochschule zur Gesamthochschule, Vorbilder und Erfahrung. Klar genug war allerdings, daß eine Verzahnung von allgemeinen und beruflichen Bildungsgängen nicht in den bisherigen Fachklassen möglich wäre, sondern ein offenes Kurssystem erfordert. Das war auf beiden Seiten zunächst einmal zu schaffen: eine Stufenausbildung mit Pflicht- und Wahlkursen in den beruflichen Schulen und eine neue gymnasiale Oberstufe mit Grund- und Leistungskursen, Halbjahresabschnitten und vielfältigen Wahlfächern. Da die Integration in weiter Ferne lag, konnten sich die Bundesländer über die Neuordnungen in den weiterhin getrennten Teilen einer, wenn überhaupt, erst künftig gemeinsamen Oberstufe verhältnismäßig gut verständigen, wiewohl damit die stets beargwöhnte Anerkennung von Schulabschlüssen, insbesondere des Abiturs, verbunden war.

So unverrückt sich die Hochschulreife als das Bildungsziel des Gymnasiums in den wechselvollen Zeitläuften behaupten konnte, so viel Anlaß zur Diskussion hatte immer der Kanon der Pflichtfächer gegeben, deren Bildungswert im einzelnen und die Überbürdung insgesamt. Reformpädagogen wollten schon lange die Oberstufe von der Stofflast befreien, die Zahl der Pflichtfächer einschränken und die der Wahlfächer erweitern, um Raum für mehr Selbstverantwortung der Schüler zu schaffen und sie zu selbständigem Lernen anzuleiten. Darüber wurde in der Bundesrepublik in den fünfziger Jahren in Tübingen und in Tutzing beraten; eine Lehre vom exemplarischen Lernen begann sich zu entwickeln. Die Kultusminister schlossen bereits 1960 in Saarbrücken eine weitreichende »Rahmenvereinbarung zur Ordnung des Unterrichts auf der Oberstufe der Gymnasien« und ergänzten sie 1961 in Stuttgart durch »Empfehlungen zur didaktischen und methodischen Gestaltung der Oberstufe der Gymnasien«. Sie verbanden mit ihren Beschlüssen die Hoffnung: »Die Verminderung der Zahl der Pflichtfächer und die Konzentration der Bildungsstoffe werden eine Vertiefung des Unterrichts ermöglichen und die Erziehung des Schülers zu geistiger Selbsttätigkeit und Verantwortung fördern. Damit werden die Grundlagen zu einer besonderen Arbeitsweise geschaffen, die sich von den Unterrichtsmethoden der Unter- und Mittelstufe der Gymnasien unterscheidet und der Oberstufe eine eigene Prägung gibt.« (KMK 1971 a, S. 107) Die propädeutische Absicht, in wissenschaftliches Arbeiten einzuführen, sollte die Oberstufe bestimmen, »Konzentration« kennzeichnend für ihre Arbeitsweise sein, durch exemplarisches Lernen innerhalb eines Faches, zugleich aber auf die innere Verbindung und die übergreifenden Zusammenhänge zwischen den einzelnen Fächern zielend. In diesem Sinne wurde damals als verbindliches Unterrichtsfach für die Klassen 12 und 13 aller gymnasialen Schultypen die Gemeinschaftskunde geschaffen, wobei es den Kultusministern nicht um den Anteil der Fächer Geschichte, Geographie und Sozialkunde an der Stundenzahl ging, »sondern um übergreifende geistige Gehalte« (KMK 1971 a, S. 107).

Doch die Wirklichkeit der Schulstuben erreichten diese Empfehlungen in der Regel nicht. Um so dringender wurde in den folgenden Jahren, in denen immer mehr Studienanfänger die Universitäten bestürmten, die Ansprüche der Hochschullehrer an die Propädeutik der Gymnasien. Die Westdeutsche Rektorenkonferenz formulierte Anfang 1969, gleichzeitig mit den Empfehlungen der Bildungskommission für eine gemeinsame Oberstufe gymnasialer und berufsbildender Schulen, Kriterien der Hochschulreife, die ein Mindestmaß von gymnasialen Grundanforderungen und höhere Prüfungsleistungen in zwei bis drei wissenschaftlichen Wahlfächern verknüpften. An ihnen orientierten sich die Kultusminister der Länder 1972 bei ihrer »Vereinbarung zur Neugestaltung der gymnasialen Oberstufe in der Sekundarstufe II«, in deren Folge eine grundlegende Oberstufenreform überall durchgesetzt wurde. Sie unterschied einen Pflichtbereich mit drei Aufgabenfeldern, dem sprachlich-literarisch-künstlerischen, dem gesellschafts-wissenschaftlichen und dem mathematisch-naturwissen-schaftlich-technischen, sowie Religionslehre und Sport von einem vielgestaltigen Wahlbereich. In beiden Bereichen werden seitdem Grund- und Leistungskurse angeboten. An die Stelle der Reife-prüfung, ausgewiesen durch ein Abiturzeugnis mit den Noten der einzelnen Fächer, trat eine Punktbewertung, die nicht nur die Abiturprüfung, sondern auch vorangegangene Kursabschlüsse berücksichtigte. Auch wenn über das Verhältnis von Pflicht- und Wahlfächern, Grund- und Leistungskursen, Kurs- und Prüfungs-leistungen in den folgenden Jahren immer gestritten wurde, auch wenn man um »Normbücher« rang, um die Leistungsanforde-rungen inhaltlich zu vereinheitlichen, zumal im Zusammenhang der Zulassung zu den Numerus-clausus-Fächern, stand doch die gymnasiale Oberstufe nicht im Zentrum der bildungspolitischen Gegensätze. Die Neugestaltung kam daher in allen Bundeslän-dern voran ebenso wie auf der anderen Seite die der Berufsbil-dung. Die Verzahnung beider hatten die Kultusminister in ihrer Vereinbarung nicht ausgeschlossen, aber zurückgestellt. Für sie hatte die Bildungskommission plädiert, die neben der allgemei-nen Hochschulreife neue und andere Lernziele der Gymnasien, wie die Vorbereitung auf ein Fachhochschulstudium und auf an-dere Berufsausbildungen außerhalb der Hochschulen, und dem-entsprechend auch andere Lehrinhalte ins Auge faßte. Die Kul-tusministerkonferenz wollte solche weitgesteckten Ziele zwar auch nicht aus dem Blick verlieren, zunächst aber sollte die gym-nasiale Oberstufe, also der Übergang zu den wissenschaftlichen Hochschulen, neugestaltet werden. Damit meinte sie zugleich Entwicklungen zu fördern, die zur späteren Integration beitra-gen: »So wird es vor allem im Wahlbereich der neuen Oberstufe möglich sein, Unterrichtsgegenstände aus dem Bereich der beruf-lichen Schulen anzubieten. Gleichzeitig schafft das Kurssystem bessere Möglichkeiten, die curriculare und organisatorische Ab-stimmung sogenannter allgemeinbildender und berufsbezogener Bildungsgänge durch gegenseitig anerkennbare ›polyvalente‹ Kurse zu erreichen.« (KMK 1973, S. 291) Dabei war keineswegs nur an ein entsprechendes fachtheoretisches Angebot der Berufs-schulen gedacht, sondern vor allem auch an berufsbezogene An-wendung wissenschaftspropädeutischen gymnasialen Lernens. In der neuen Oberstufe sollte also nicht nur die Möglichkeit bestehen, an die Arbeitslehre in der Mittelstufe anzuknüpfen und ihre Ansätze berufsorientiert weiterzuführen, sondern ebensosehr die Chance, die gymnasialen Bildungsangebote auf ihre Anwendungsmöglichkeiten und damit auf ihre berufsbildenden Qualifikationen abzuklopfen. Die angewandte Mathematik in der Informatik diente als ein Beispiel ebenso wie Wirtschaftsenglisch oder Französisch für Techniker. Am Ende sollten in der gymnasialen Oberstufe wie in den beruflichen Gymnasien und Fachoberschulen möglichst viele Schüler sogenannte Doppelqualifikationen erreichen können, also die Hochschulreife und eine erste Berufsqualifikation. Weiterführende Schulbildung könnte so ihrem vielfältigen Sinn entsprechen, ohne immer mehr in immer engere Einbahnstraßen zu lenken, die für so manchen zur Sackgasse wurden.

Allerdings blieb in der Folgezeit solche Erweiterung des Bildungsangebots in der Oberstufe wenigen Versuchsschulen vorbehalten, insbesondere den Kollegschulmodellen in Nordrhein-Westfalen und in anderen Ländern einigen beruflichen Gymnasien. Doppelqualifikationen wurden daher auch nicht so bald zum Gegenstand von Streitigkeiten über die wechselseitige Anerkennung von Abiturzeugnissen. Zunächst ging es vielmehr unter dem Stichwort »Normbücher« auf bayerische Initiative hin um einheitlichere Anforderungen in der Abiturprüfung. Dabei spielte die Neugestaltung der gymnasialen Oberstufe, die noch in den Anfängen steckte, weniger eine Rolle als die so vermehrte Zahl der Abiturienten und die zunehmenden Engpässe an den Universitäten. Mit dem Staatsvertrag über die Vergabe knapper Studienplätze gewann der Notendurchschnitt im Abiturzeugnis, bis auf die Dezimalstelle bewertet, ein ganz außerordentliches Gewicht. Der aus verfassungsrechtlichen Gründen betriebenen Vereinheitlichung fügten sich die Leistungsanforderungen in der Tat nicht. Sie differieren von Schule zu Schule weit mehr noch als zwischen den Bundesländern. Eine Normierung widersprach auch dem Grundprinzip des Hochschulzugangs in Deutschland. Einheitlichen Anforderungen im strengen Sinn können nur Kandidaten ein und derselben Zulassungsprüfung unterworfen werden, was immer dann die Ergebnisse über die Eignung für einen bestimmten Studiengang auszusagen vermögen. Beim Abitur ging es von Anbeginn an um die allgemeine Hochschulreife, um die generelle

Studierfähigkeit und damit um den Kanon der Allgemeinbildung. Einstmals waren die Realien aus diesem Kanon ganz ausgeschlossen. Bis zum Anfang dieses Jahrhunderts bestimmte das altsprachliche Gymnasium über die Inhalte der höheren Allgemeinbildung. Seitdem gewannen die modernen Fremdsprachen an Gewicht, in Grenzen auch die Naturwissenschaften.

Aber die Spannung zwischen den Anforderungen an ein allgemein verbindliches Grundwissen und denen intensiver Beschäftigung mit speziellen Wissensgebieten blieb erhalten. Sie bestimmte schon die Diskussion am Ende des achtzehnten Jahrhunderts, als die zeitgenössischen Reformanstrengungen nach der damaligen politischen Wende ins Zwielicht gerieten. Später ging es nicht nur um das Gewicht der Fächer, sondern auch um die Zahl der Schuljahre, die für sie aufgewandt werden sollten, und damit um den Kanon der Mittelstufe. Davon wurden in unserer Zeit neben den Übergängern von den Realschulen besonders die integrierten Gesamtschulen betroffen, deren Durchlässigkeit es erlaubt, Entscheidungen über den weiteren Bildungsweg vergleichsweise spät zu treffen. Solange es sich um wenige Versuchsschulen handelte, sah man über diese Fragen hinweg. Als es aber immer mehr und sie in einigen Bundesländern den herkömmlichen Regelschulen rechtlich gleichgestellt wurden, entspann sich eine langjährige, erbitterte Auseinandersetzung um die gegenseitige Anerkennung ihrer Abschlüsse. Als endlich im Mai 1982 eine Rahmenvereinbarung der Kultusministerkonferenz zustande kam, enthielt sie rigorose Vorschriften nicht nur für die Stundenzahlen der Pflichtfächer, sondern auch für deren äußere Leistungsdifferenzierung »auf mindestens zwei Anspruchsebenen« (KMK 1986, S. 403 ff.). Die Maßstäbe bestimmten die herkömmlichen drei Schulformen. Ihnen sollte die Gesamtschule als vierte angepaßt werden, anstatt sie als Alternative zu verstehen.

Doch hielt der Abiturstreit an. Konservative Kritik suchte die Möglichkeiten der Wahlfreiheit und der Spezialisierung in der Oberstufe wieder einzuschränken, die Anforderungen an das zu erlangende Grundwissen, die gymnasiale Allgemeinbildung dagegen zu betonen. Daher gerieten insbesondere die doppelqualifizierenden Bildungsgänge der Kollegschulen und Fachgymnasien unter Beschuß. Sozialdemokratische Länder bestanden auf der eingeschlagenen Richtung der Oberstufenreform. Mitte der achtziger Jahre drohten die Anerkennungsprobleme den gemeinsamen Rahmen kooperativer Bildungspolitik in der Bundesrepublik zu sprengen. Zum ersten Mal seit langer Zeit kam es an vielen Orten wieder zu großen Schülerdemonstrationen. Ein Kompromiß konnte erst Ende 1987 gefunden und auf der Karlsruher Kultusministerkonferenz im Dezember unterzeichnet werden. Künftig wird mehr Grundwissen verlangt und im Abitur höher bewertet. Zu diesem Zweck ist von den Schülern ein enger Kreis von Kernfächern, den die Fremdsprachen, Mathematik und Deutsch bilden, entsprechend lange durchgehend zu belegen. Für diese Fächer vor allem sollen die einheitlichen Prüfungsanforderungen (EPAs) weiterentwickelt und detailliert werden. Darüber sind künftig neue Auseinandersetzungen zu erwarten. Zugleich aber wurde die grundlegende Vereinbarung über die Oberstufenreform von 1972 in der berufsfeldbezogenen Perspektive fortgeschrieben. Fächer wie Wirtschaft und Technik können, der bisherigen Praxis entsprechend, als eines der beiden Leistungsfächer für die Reifeprüfung gewählt werden. Erstmals fanden die doppelqualifizierenden Bildungsgänge in der Oberstufe allgemeine Anerkennung, allerdings mit zumeist längeren Schulzeiten und getrennten Prüfungen (KMK 1988, S. 432 u. 443 ff.).

Mittelstufe in Hessen

Geriet die neue Oberstufenordnung erst nach dem Ende der sozialliberalen Reformphase in die harte bildungspolitische Auseinandersetzung, so stand die Neuordnung der Mittelstufe von Anfang an in deren Zentrum. Das galt für alle Bundesländer, vor allem für Hessen. Von den Problemen konfessioneller Schulteilung unbelastet, hatte es früh die Landschulreform begonnen und eine Vielzahl unzureichender Zwergschulen durch jahrgangsgegliederte, meist mehrzügige Mittelpunktschulen ersetzt. Die Bildungschancen der Landkinder, von denen nur wenige höhere Schulen erreichten, sollten verbessert werden. Längere Schulwege wurden in Kauf genommen, die An- und Abfahrt mit Schulbussen in die Wege geleitet. Vornehmlich der Landschulreform diente auch, daß im Mai 1969, also lange vor der entsprechenden Bestimmung im Bildungsgesamtplan, die Orientierungsstufe, hier Förderstufe genannt, als landesweites Ziel im Schulverwaltungsgesetz verankert wurde. Überdies erklärte das Gesetz die schulformbezogenen, sogenannten kooperativen Gesamtschulen zu Regelschulen, stellte sie also den bisherigen Schulformen gleich und ermöglichte die Einrichtung von integrierten Gesamtschulen als Schulversuch. Alles mit ausdrücklicher Zustimmung der Freien Demokraten, wiewohl sie damals noch zur Opposition im Landtag gehörten.

Planvoll sollten die Reformen herbeigeführt werden. Georg August Zinn hatte den Großen Hessenplan begonnen. Die neue Landesregierung unter Albert Osswald baute ihn aus und legte 1970 Einzelpläne für alle Sachgebiete und deren Entwicklung bis 1985 vor. Modernität und Chancengleichheit stellten die beiden wichtigsten Ziele dar. Das galt auch für den Zusammenhang von äußerer und innerer Reform. Die Neuorganisation der Bildungseinrichtungen und der Zusammenarbeit aller an ihnen Beteiligten wurden als Vorbedingung für die überfälligen inhaltlichen Reformen des Lehrens und Lernens angesehen. Demokratisierung müßte nicht zu Lasten der Leistungsfähigkeit von Schulen und Hochschulen gehen, deren Modernisierung nicht im Widerspruch zu vermehrter Bildungsgerechtigkeit stehen.

Der hessische Schulentwicklungsplan gab erstmals einen Überblick über alle öffentlichen Schulen im Lande und behandelte die Strukturfragen ihrer Reform. Er beschrieb die künftige Stufenorganisation sowie das Verfahren der landesweiten Schulplanung. Ausgehend von den vorausgeschätzten Bevölkerungsdaten wurde der Bedarf an Schulraum und Lehrern für einen Zeitraum von fünfzehn Jahren berechnet. Die Zielprojektion wies für 1985 die Schulstandorte der Grund-, Mittel- und Oberstufen des reformierten Schulwesens aus. Überall im Land sollte demnach auch in der Mittelstufe die Gesamtschule an die Stelle der herkömmlich getrennten Schulformen treten, so wie es für die gemeinsame Grundschule als erster Schritt in der Weimarer Republik erreicht worden war.

Die eingeleitete Grundschulreform, die ihre Eigenständigkeit als Stufe, also ihre besonderen pädagogischen Aufgaben betonte und damit die entsprechenden Anforderungen an Lehrpläne, Unterrichtsformen und Lehrerausbildung, sollte sich künftig, um der besseren Förderung im Vorschulalter willen, dem Übergang vom Spielen zum Lernen zuwenden. Gedacht war an eine Eingangsstufe, in die ohne Selektion des Schulreifetests alle Fünfjährigen eintreten, um in ihr schulreif zu werden und zum Grundschullernen zu gelangen, ohne daß ihnen die mitgebrachten neugierigen Lernbedürfnisse abgeschnitten würden. Zum Pensum der Grundstufe gehörte neben den Kulturtechniken des Lesens, Schreibens und Rechnens sowie dem heimatkundlichen Sachunterricht der Anfang des Unterrichts in einer Fremdsprache und im mathematischen Denken. Um die einzelne Schülerin, den einzelnen Schüler individuell so gut wie möglich zu fördern, galt es die sogenannte innere Differenzierung als vorherrschende Unterrichtsform weiterzuentwickeln. Anregungen und Anforderungen, individuell variiert, sollten die Lernbedürfnisse aufnehmen, sich also nicht in erster Linie auf Lernleistungen beziehen. Von dem Zwang, letztere sehr früh schon gruppieren zu müssen, um den weiteren Bildungsweg jedes Kindes einer bestimmten Schulform zuzuordnen, blieb die Grundschule durch die anschließende Förderstufe verschont. Diese hatte vor allem für den Übergang zum Lernen in der Mittelstufe zu sorgen wie zuvor die Eingangsstufe für den in die Grundschule. Die angestrebte Gesamtschule integrierte die bisherigen Schulformen mit den Mitteln didaktischer Differenzierung. Der Unterricht aller Schüler in Kerngruppen, den bisherigen Klassenverbänden entsprechend, sollte im Verlauf der Schuljahrgänge 5 bis 10 zunehmend ergänzt und dann ersetzt werden durch reichhaltigen Kursunterricht, der in den Wahlfächern Interesse und Eignung, in den Pflichtfächern die Entwicklung der individuellen Leistungsfähigkeit des einzelnen berücksichtigte. Die Idee war im hessischen Schulentwicklungsplan so beschrieben: »Demokratische Bildung, die Begabung herausfordert und die Fähigkeiten jedes einzelnen entfaltet, hebt die Trennung von praktischer und theoretischer, volkstümlicher und höherer, allgemeiner und beruflicher Ausbildung auf. Es geht darum, eine für alle gemeinsame breite Grundlage zu entwickeln, die aber gerade um ihrer Verbindlichkeit willen dem einzelnen vielfältige Möglichkeit für seine individuelle Entwicklung bieten muß. Dieser Forderung entspricht z. B. die Entwicklung einer Eingangsstufe und eines flexiblen Kurssystems in den einzelnen Schulstufen. Das entscheidende Problem liegt darin, den Lehrplan zu vereinheitlichen und gleichzeitig das Lernangebot so zu individualisieren, daß die erstrebte Chancengleichheit verwirklicht werden kann.« (Friedeburg 1970a, S. 9)

Also keine Einheitsschule, sondern Differenzierung des Unterrichts nach Interesse und Eignung der Schüler, und zwar weit vielfältiger und individueller, als sie im dreigeteilten Schulwesen möglich ist, und ohne die, auch gesellschaftliche, Fixierung auf eine bestimmte Schulform mit all den Problemen eines Wechsels. Damit wurde »Sitzenbleiben« überflüssig, weil Veränderungen im Leistungs- und Interessenprofil zu entsprechenden Kurswechseln führen, nicht aber der gesamte Stoff eines Jahres in allen Fächern wiederholt werden muß. Das breite und flexible Angebot in der Gesamtschule sollte dabei nicht nur größere Bildungschancen eröffnen und somit Benachteiligungen aufheben, sondern vor allem eine individuelle Auswahl unter den gymnasialen und polytechnischen Wahlfächern ermöglichen, um den Übergang von der Schule in die Arbeitswelt zu erleichtern. Deren steter Wandel ließ die Zuordnung der überkommenen Schulformen zu bestimmten Berufssphären immer fragwürdiger werden, ganz abgesehen davon, daß die fortschreitende Bildungsexpansion längst alle Proportionen gesprengt hatte. Vielen Hauptschülern mangelten erforderliche Qualifikationen, wie sich in den folgenden Jahren der Ausbildungsengpässe nur zu deutlich zeigte, und immer mehr Abiturienten fanden sich in die Irre geführt, wenn sie dem Bildungsziel des Gymnasiums getreu ihren Anspruch auf ein bestimmtes Studium mit anschließender Akademikerkarriere geltend machen wollten. Wiewohl die Arbeitslosigkeit insgesamt durch verlängerte Schulzeit bei gleichbleibendem Renteneintritt nicht unwesentlich vermindert wird, schafft Schulbildung doch keine Arbeitsplätze, außer für Lehrer und andere mit der Schule verbundene Dienstleistungen. Aber bessere Schulen vermögen dem einzelnen beim Eintritt in das Erwachsenenleben erheblich zu helfen. Die geplante Individualisierung des Unterrichts in den hessischen Gesamtschulen diente diesem Ziel. Auch die Schulzeit sollte individuell von Interesse und Fähigkeit mitbestimmt werden. Drei bis fünf Jahre waren für die Grundschule, fünf bis sieben für die Mittelstufe und zwei bis drei für die Oberstufe gedacht. Bildungsreform sollte also nicht immer neue Schuljahre türmen, der Beginn eines Studiums zum Beispiel wieder in jüngeren Lebensjahren möglich werden.
In keinem anderen Flächenstaat wurden die Chancen, welche politische Aktualität, Schülerandrang und verfügbare Finanzmit-

tel Anfang der siebziger Jahre der Schulreform eröffneten, so konsequent genutzt wie in Hessen. Von den bis zur Mitte des Jahrzehnts neueingerichteten integrierten Gesamtschulen entstanden hier allein 64, überdies mehr als fünfzig schulformbezogene. Sie waren, wie die bisherigen weiterführenden Schulen auch, als Regelschulen, das heißt öffentliche Angebotsschulen gedacht und ausgestattet, daher im allgemeinen auch keine Ganztagsschulen wie in anderen Bundesländern. Das Ziel der hessischen Schulreform erforderte die Erprobung unter Bedingungen, die sich in absehbarer Zeit verallgemeinern ließen. Dazu dienten insbesondere Flächenversuche in Landkreisen. Auch die übrigen Gesamtschulen wurden zumeist in sozialliberal regierten Ländern gegründet, entsprechend der grundsätzlichen Mehrheitsentscheidung für diese Schulform im Bildungsgesamtplan. In Bremen wurde sie Bestandteil des Schulgesetzes, dessen dritter Paragraph 1975 bestimmte: »Das bremische Schulwesen ist schrittweise zu einem integrierten, in Stufen gegliederten Gesamtsystem zu entwickeln, zu dem der Primarbereich, der Sekundarbereich I und der Sekundarbereich II gehören.« (Gesetzblatt Bremen 1975, S. 89) In Hamburg verankerte die sozialliberale Mehrheit dieses Ziel 1977 für ein Jahrzehnt als Präambel im Schulgesetz.

Alle integrierten Gesamtschulen wurden dem Hamburger Abkommen von 1964 entsprechend als Schulversuche gegründet, da sie von der damaligen Grundstruktur des Schulwesens abwichen. Über die Durchführung dieser Schulversuche trafen die Kultusminister Ende 1969 eine Vereinbarung, die weder etwas über die Zahl noch über die Rechtsform aussagte. Alle angemeldeten Versuche wurden genehmigt. Mit der Genehmigung war die gegenseitige Anerkennung der Abschlüsse verbunden.

In den sozialliberal regierten Ländern hatten diese Schulversuche die Aufgabe, die Wirkungsweise der neuen Organisation zu überprüfen und zu verbessern sowie die neuen Lehrpläne weiterzuentwickeln. Anders in den unionsregierten Ländern, die insgesamt lediglich vierzehn integrierte Gesamtschulen einrichteten und erst nach der Auswertung des gesamten Versuchsprogramms darüber entscheiden wollten, »welches von den Systemen – das reformierte gegliederte Schulwesen, die kooperative Gesamtschule oder die integrierte Gesamtschule – den Vorzug

verdient oder ob gegebenenfalls die verschiedenen Systeme nebeneinander ihre Berechtigung haben« (BLK 1973, S. 25).
Respekt vor wissenschaftlicher Forschung bestimmte immer schon die Bildungspolitik in den deutschen Ländern. In den sechziger Jahren gewann die Bildungsforschung gleichwohl ungewöhnliche Reputation. Daß sie aber der Bildungspolitik die Entscheidungen über die zentralen Fragen der Schulorganisation nicht abnehmen konnte, wußte auch der Bildungsrat und wurde der Bundesrepublik 1971 im Länderexamen durch die Sachverständigen der Organisation für wirtschaftliche Zusammenarbeit (OECD) noch einmal ausdrücklich bescheinigt (Hüfner 1973). So nützlich Experimentalprogramme sich erwiesen hatten, um organisatorische und curriculare Einzelprobleme zu klären, sowenig vermögen sie darüber zu befinden, ob Gesamtschulen »besser« oder »schlechter« sind als selektive Schulen, da diese Entscheidung von den gesellschaftlichen Anforderungen abhängt, die an die Schulen gestellt werden, und vom Gesetzgeber getroffen werden muß. Alle Schulvergleiche der folgenden Zeit führten über diesen Sachverhalt nicht hinaus. So dienten sie durch die Vertagung der Entscheidung in den unionsregierten Ländern nicht zuletzt dazu, das gegliederte Schulwesen aus gesellschaftspolitischen Gründen zu erhalten. Da die mögliche Hoffnung, wenigstens die eigenen Schulversuche würden die Leistungsüberlegenheit des herkömmlichen Schulsystems belegen, trog, kam auch das bayerische Staatsinstitut für Bildungsforschung und Bildungsplanung zu der Einsicht, »daß im Kern des Gesamtschulproblems eine politisch zu entscheidende Frage steckt, die durch die Veranstaltung von Schulversuchen und ihre wissenschaftliche Überprüfung nur freigelegt und schärfer gefaßt, nicht aber auch beantwortet werden kann« (Staatsinstitut 1977, S. 373).
In Hessen war 1970 mit dem Schulentwicklungsplan die Entscheidung von Landesregierung und sozialdemokratischer Landtagsmehrheit gefallen. Daher wurden keine neuen Gymnasien gebaut, sondern Förderstufen und Gesamtschulen. Da die christdemokratische Opposition für die schulformbezogenen Gesamtschulen eintrat, fiel die Umwandlung von Gymnasien in diese Organisationsform auch konservativeren Kollegien und Schulleitern, an der Spitze dem Vorsitzenden des Philologenverbandes, nicht so schwer.

Doch in der Folge häuften sich nicht nur die räumlichen und organisatorischen Schwierigkeiten bei einem Reformvorhaben dieser Größenordnung, machte sich nicht nur der überall herrschende Lehrermangel besonders bemerkbar. Die Bildungsreform selbst, am Anfang des Jahrzehnts getragen von einer Woge breiter Zustimmung, geriet erneut in den Strudel wiederauflebender gesellschaftlicher Interessenkämpfe, als die Konkurrenz um die Spitzenplätze, die Studienplätze an den Universitäten, sich immer mehr verschärfte und die Aussichten auf unbegrenztes Wachstum sich mit der Ölkrise rasch verdüsterten.

Zu dieser Wende trug die Durchführung der Reform das Ihre bei. Um so lange Versäumtes nachzuholen, schienen zeitraubende Vorarbeiten kaum mehr möglich zu sein. Auch konnte nicht jahrelang darauf gewartet werden, bis auf den Hochschulen neue Lehrer in neuer Weise ausgebildet worden wären. Denn die Schüler brauchten ihre Lehrer jetzt. Um die Bildungsreform zu verwirklichen, um das Schulsystem also insgesamt zu verändern, mußte alles zugleich in Angriff genommen werden: Schulbau und neue Organisation, veränderte Lehrerausbildung an den Hochschulen und Fortbildung der Lehrer im Schuldienst, neue Lehrpläne und Unterrichtsmethoden. Sie vor allem wurden zum Stein des Anstoßes.

Das Schulverwaltungsgesetz von 1969 hatte die Voraussetzungen für den Ausbau der Förderstufe und den Aufbau der Gesamtschulen geschaffen, auch indem die Schulträgerschaft, neben den kreisfreien Städten, den Landkreisen übertragen und so regionale landesweite Planung erleichtert wurde. Für die starken Geburtenjahrgänge waren erhebliche Mittel zum Schulbau erforderlich. Diese übernahm nun in Gestalt von Beihilfen und zinsfreien Darlehen ganz das Land, abgesehen von den Grunderwerbskosten. Nominell übertrafen die Schulbaumittel des Landes in dieser Legislaturperiode seine Gesamtausgaben für den Schulbau in den vorangegangenen fünfundzwanzig Jahren seit dem Kriegsende. Die breite Zustimmung von Gemeinderäten und Kreistagen zur Reform, auch aus den Reihen der christdemokratischen Opposition, erklärte sich mit aus der Finanzperspektive, zumal für die neuen Gesamtschulen abgesehen von der Unterstützung des Landes auch Modellversuchsmittel des Bundes in Anspruch genommen werden konnten.

Der Anteil der Schüler im 5. und 6. Schuljahr, die Förderstufen besuchten, verdoppelte sich in kurzer Zeit. 1974 waren es schon bald die Hälfte. In mehreren Landkreisen ersetzten die Förderstufen obligatorisch die beiden Anfangsklassen der weiterführenden Schulen. Das Bundesverfassungsgericht bestätigte im Dezember 1972 die Rechtslage, da der Staat nicht nur für den organisatorischen Aufbau des Schulwesens, sondern auch für die Ausbildungsgänge und Unterrichtsziele zuständig ist. Das Recht der Eltern, zwischen bestehenden verschiedenen Schulformen, auch in anderen Regionen, und der Förderstufe zu wählen, bleibt davon unberührt. Die Landkreise Kassel, Wetzlar und Hanau gingen daran, in sogenannten Flächenversuchen alle ihre weiterführenden Schulen als Gesamtschulen aufzubauen (Friedeburg 1974 a).

Für die Neuordnung der Lehrerausbildung schuf die Hochschulreform die Grundlage. Mit dem Universitätsgesetz vom Mai 1970 wurden die Einrichtungen für die Ausbildung der Grund-, Haupt- und Realschullehrer in Gießen und Frankfurt, zuletzt Abteilungen für Erziehungswissenschaften an den dortigen Universitäten genannt, aufgelöst und ihre Disziplinen in die neu zu bildenden Universitätsfachbereiche eingegliedert. Auf der einen Seite sollten Lücken des fachwissenschaftlichen Studiums geschlossen, Mängel der fachdidaktischen Ausbildung auf der anderen Seite behoben und für alle die erziehungs- und gesellschaftswissenschaftliche Bildung verbessert werden. An die Stelle der Lehrämter für die bisherigen Schulformen sollten nun solche für die Schulstufen treten. Für alle war nach dem Hochschulstudium ein darauf abgestimmter Vorbereitungsdienst vorgesehen. Modellversuche für eine »einphasige« Lehrerausbildung an der Hochschule wurden zugelassen. Soweit waren sich die Kultusminister im Oktober 1970 in ihren Beratungen über die Harmonisierung der Ausbildung und Besoldung der Lehrer einig geworden. In der Folge wurden in allen Ländern die Lehrerausbildungseinrichtungen entweder in die Universitäten und Gesamthochschulen integriert oder zu wissenschaftlichen Hochschulen ausgebaut. Damit war endlich die Forderung der Weimarer Reichsverfassung erfüllt, die »Standesunterschiede« zwischen den Lehrgruppen wenigstens in der Ausbildung aufzuheben.

Keine Einigung konnte aber über die Gleichwertigkeit der Stufenlehrämter erzielt werden. Zumindest die Anforderungen in der gymnasialen Oberstufe verlangten aus der Sicht der unionsregierten Länder ein längeres Studium und eine entsprechend höhere Bezahlung. Dabei spielten beamtenrechtliche, schulorganisatorische und finanzpolitische Überlegungen mit. Das Sondervotum dieser Länder im Bildungsgesamtplan widersprach dem Konzept gleichwertiger Stufenlehrämter mit dem Ziel, ein »differenziertes Schulsystem« zu erhalten, das eine differenzierte Lehrerbildung erfordere, und hielt den Weg der bisherigen Gymnasiallehrerausbildung offen (BLK 1973, S. 37 f.). Bildungspolitischer Umschwung und mangelnde Finanzmittel verhinderten dann in allen Ländern die Verwirklichung des Reformkonzepts. In Hessen war 1969 als ein erster Schritt ein Lehramt an Grundschulen geschaffen und später die Besoldung der Grund- und der Hauptschullehrer an die der Realschullehrer angeglichen worden. Doch eine Grundgesetzänderung hatte 1971 dem Bund die konkurrierende Gesetzgebungskompetenz für die Besoldung aller, also auch der Landesbeamten, übertragen (Art. 74a GG). Der Bundesinnenminister der sozialliberalen Koalition verklagte das sozialliberal regierte Land vor dem Bundesverfassungsgericht und erreichte, daß die hessischen Grundschullehrer wieder zurückgestuft wurden.

An der Neuordnung der Lehrerausbildung suchte das Hessische Kultusministerium die Öffentlichkeit, insbesondere erfahrene und interessierte Lehrer zu beteiligen. Denn Planung in einer demokratischen Gesellschaft wurde als Prozeß verstanden, der die an ihrer Verwirklichung beteiligten Gruppen in den Diskurs über ihren Ansatz und ihre Realisierung einbezog. In mehreren Heften seiner *bildungspolitischen informationen* veröffentlichte das Ministerium einen »Diskussionsentwurf zur Neuordnung der Lehrerbildung«, der in die Probleme einführte, verschiedene Modellvorstellungen erörterte und einen Überblick über die vorhandenen Stellungnahmen zur Neuorganisation gab. Nach der Vorlage des Schulentwicklungsplanes im Jahr zuvor handelte es sich hier um die zweite größere Arbeit der neueingerichteten Planungsgruppe im Kultusministerium (HKM 1A-1C/71). Nach diesem Verfahren sollten auch die erforderlichen neuen Lehrpläne in Hessen nicht vom Ministerium vorgeschrieben, sondern in einem ausgedehnten Diskussionsprozeß entwickelt werden.

Schon die zahlreichen Förderstufen, erst recht die neuen Gesamtschulen verlangten nach angemessenen Unterrichtsplänen, die
sich nicht an den überkommenen Schulformen orientierten.
Überdies stammten die geltenden hessischen Lehrpläne aus der
Mitte der fünfziger Jahre. Sie trugen den Stempel der bildungspolitischen Resignation jener Jahre und waren in großen Teilen ver-
altet. So sollte in der Volksschule nur das Rechnen gelernt, aber
in der Regel kein Mathematikunterricht gegeben werden. Denn
dort sollte der Lehrstoff »vorzugsweise an natürlichen und lebensvollen Bildungsvorhaben erarbeitet werden. Demgegenüber
tritt ihre fachsystematische Anordnung und Behandlung zurück.
Zwar soll auch der Volksschüler mit zunehmender Reife Einblick
in die Systematik der Fächer mit ihren typischen Fragestellungen
und Arbeitsweisen gewinnen. Er braucht den Zugang zum Fach-
buch. Daß aber natürliche Ganzheiten von allen Seiten betrachtet und erfaßt werden können, ohne sich zu bloßen Objekten
verschiedener Disziplinen zu verflüchtigen, darin eben besteht
einer der wesentlichen Vorzüge der Volksschule.« (HKM
3/1972, S. 5) Am ehesten entsprachen die Arbeitsziele des Gymnasiums den inzwischen so gewachsenen Anforderungen an alle
Schüler. Sie verlangten zuvörderst eine verläßliche Grundorien-
tierung in der geistigen und politischen Welt und das dazu notwendige Sachwissen.
Im Bildungsgesamtplan hatten die Regierungen des Bundes und
der Länder der Mittelstufe jeglicher Schulform das Ziel gesetzt,
eine allgemeine wissenschaftsorientierte Grundbildung für alle zu
sichern und dabei vorzeitige Festlegungen auf bestimmte Bildungsgänge zu vermeiden (BLK 1973, S. 24). Das war leichter
gesagt als getan. Internationale Curriculumforschung hatte man
in der Bundesrepublik erst jüngst zur Kenntnis genommen. Dabei
ging es nicht um die Konstruktion neuer Stoffpläne, vielmehr um
den Weg, wie bestimmte Lernziele mit Rahmenlehrplänen zu erreichen wären, die Teilstrecken, Unterrichtsmittel und Erfolgs-
kontrollen bezeichnen. Der Berliner Erziehungswissenschaftler
Saul B. Robinsohn, früher Leiter des UNESCO-Instituts für Pädagogik, dann am Max-Planck-Institut für Bildungsforschung tätig, hatte 1967 die Bildungsreform als Revision des Curriculums

beschrieben (Robinsohn 1971). Das Hessische Kultusministerium zog ihn als Berater heran und berief 1968 eine Hessische Curriculum-Kommission für die Mittelstufe ein. Unter der Leitung des Marburger Pädagogen Wolfgang Klafki begannen Lehrer aller Schulformen und Vertreter der Hochschulen mit der Arbeit an einer Rahmenkonzeption. Zur Diskussion stand vor allem die Begründung von Lernzielen durch gesellschaftliche Anforderungen. Das war je nach Fachgebiet mehr oder minder schwierig. In der Mathematik wie auch bei den Naturwissenschaften bestimmte die fachimmanente Systematik weitgehend die Grundstruktur für die Lernzielbestimmungen, nicht aber im Sprachunterricht und auch nicht in den Gesellschaftswissenschaften. Die Forschungsarbeit der Curriculum-Kommission vermittelte wichtige Einsichten.

Unabhängig von dem jeweiligen Fach stellte sich als schwierigstes Problem heraus, die Differenzen zwischen dem theoretischen Ansatz der Curriculumentwicklung und der jeweiligen Schulrealität zu überbrücken. Zudem drängte wegen der wachsenden Zahl von Förderstufen und Gesamtschulen die Zeit. Die Arbeit an allgemeinen Ableitungsmodellen zur Lernzielbestimmung mußte daher zurückgestellt werden. Um bald zum Entwurf von Rahmenrichtlinien für die einzelnen Fächer und zu ihrer Diskussion in den Schulen zu gelangen, wurden Fachgruppen zusammengestellt, in denen Lehrer aus dem Schuldienst, der Lehrerbildung und der Fachverwaltung zusammenarbeiteten. Zu ihnen gehörten auch die meisten Mitglieder der Hessischen Curriculum-Kommission. Die Legitimation dieser Gruppen wurde später zu einem Hauptpunkt der bildungspolitischen Auseinandersetzung, ebenso wie das Verfahren der Erprobung der neuen Rahmenrichtlinien. Was als Anlaß und Unterlage für die Diskussion der Curriculumreform in den Schulen gedacht war, vor allem um konkrete Erfahrungen aus der ganzen Breite der Schulpraxis in den Diskurs einzubeziehen, wurde nur zu leicht als herkömmliche Verordnung neuer Lehrpläne verstanden, ohne daß die Fachwelt vorweg hinreichend Gelegenheit zur Stellungnahme gehabt hätte.

Das Kultusministerium informierte die Öffentlichkeit in einem in großer Auflage verbreiteten Heft seiner *bildungspolitischen informationen* im Sommer 1972 über die beabsichtigte Curriculumrevision, bevor im Herbst die ersten Entwürfe der neuen Richtlinien die Schulen erreichten und bevor mehr als ein halbes Jahr später die Auseinandersetzungen begannen. Vorgegeben war, die neuen Lehrpläne an Lernzielen und nicht an Stoffkatalogen zu orientieren und sie auf Jahrgangsgruppen, nicht aber auf Klassen verschiedener Schulformen zu beziehen. Zur Diskussion gestellt wurde, welche allgemeinen Lernziele, wie es der Bildungsgesamtplan forderte, den Kernbereich gemeinsamer Inhalte und welche besonderen die Wahl- und Leistungsdifferenzierung in der Mittelstufe bestimmten. Die in Hessen vorgesehenen Gesamtschulsysteme hatten ein hohes Maß an Differenzierung zu leisten und boten dafür auch weit mehr Möglichkeiten als getrennte Schulformen. Lernerfolgskontrollen und Leistungsbeurteilungen mußten entsprechend entwickelt werden. Sachverstand aus der Schulrealität war weiterhin vor allem für die unterrichtspraktischen Teile der neuen Lehrpläne erforderlich. »Da es in der Regel«, so lautete die grundsätzliche Position des Ministeriums, »von der jeweiligen Lernsituation abhängige Ansatzpunkte zur Realisierung der Lernziele gibt, setzt die Erstellung solcher Materialien eine breite Erfahrungs- und Erprobungsgrundlage voraus. Damit erweist sich die Diskussion der Rahmenrichtlinien in den einzelnen Fächern als ein Prozeß, in dem zu überprüfen und zu entwickeln sein wird, wie Unterricht im Sinne der Lernziele organisiert werden kann.« (HKM 3/1972, S. 69) Dieses Verständnis schulpraktischer Erprobung von stufen- und lernzielorientierten Lehrplänen hatten der Hauptpersonalrat der Lehrer wie der Landeselternbeirat gebilligt. Letzterer verfügt in Hessen nach Verfassung und Gesetz über besondere Kompetenz. Allgemeine Bestimmungen über Bildungsziele und Bildungswege bedürfen seiner Zustimmung.

In den Schulen fanden die Rahmenrichtlinienentwürfe weit über die Gesamtschulen und Förderstufen hinaus reges Interesse. Daß sich die Anstrengungen des Staates zu sehr auf die äußere, organisatorische, Bildungsreform beschränkte, die innere, inhaltliche, aber ausblieb, wurde schon lange vielerorts kritisiert. Hessen wagte als erstes Bundesland, mit einer Curriculumrevision großen Stils zu beginnen. Die Vorschläge der Fachgruppen für die neuen Lehrpläne in den Grundschulen und in der Mittelstufe erwiesen sich nahezu in allen Fächern als brauchbare Diskussionsgrundlage. Symptomatische Ausnahmen bildeten die Rahmenrichtlinien für Gesellschaftslehre und Deutsch. An ihnen entzündete sich die schärfste und weitreichendste bildungspolitische Auseinandersetzung nicht nur jener Jahre. Zum ersten Mal wurde in der Bundesrepublik in öffentlicher Debatte um Inhalte des Schulunterrichts gerungen, mit einer Vehemenz, vergleichbar nur den Auseinandersetzungen in Nordamerika über den Stellenwert der modernen Biologie in Gestalt der Evolutionstheorie Darwins im Unterricht. Wie dort ging es hier um die Auflösung kultureller Selbstverständlichkeiten. Was sollen Kinder in der Schule lernen? Der inzwischen verbindlich eingeführte Sexualunterricht stellte die Frage nach der Zuständigkeit der Schule und beschwor mögliche Konflikte mit Grundanschauungen des Elternhauses. Die Modernisierung des Mathematikunterrichts führte mengentheoretische Begriffe schon in den Lehrplan der Grundschule ein. Neue Methoden des Erstleseunterrichts irritierten viele Eltern nicht weniger. Das alles war, bildungspolitisch jedenfalls im Prinzip damals unstrittig, von den Kultusministern gemeinsam in Gang gebracht worden, trug aber zusammen mit Lehrermangel und Unterrichtsausfall zu wachsender Verunsicherung bei. Deren tiefere Ursache lag im Schwund der Fortschrittszuversicht. Immer wenn die Zeichen in Wirtschaft und Politik sich änderten, hatte es über vorangegangene Reformversuche aus konservativer Sicht geheißen, daß in den Schulen zuviel experimentiert, aber zuwenig Ordnung gehalten und Leistung gefordert wurde. Immer gab es auch manchen Anhaltspunkt für diese Sicht. Erst recht bei einer Bildungsexpansion dieses Ausmaßes und einer Schulreform solchen Anspruchs und solcher Unbedingtheit.

Der enorme Zuwachs an Schülern erforderte eine große Anzahl neuer Lehrerinnen und Lehrer, zumal in jenen Jahren viele ältere Lehrer, aus starken Geburtenjahrgängen, pensioniert wurden. Um zwischen 1969 und 1974, als die Zahl der Schüler an allgemeinbildenden Schulen in Hessen um mehr als 130.000 stieg, zusätzlich sechstausend Lehrer zu gewinnen, mußten dreizehntausend neu eingestellt werden (Friedeburg 1974a, S. 11). Um Neuzugang zum Lehrberuf war seit Jahren geworben worden, vielerorts entstanden neue Ausbildungsplätze in den Hochschulen und Seminaren. Damit konnten die düstersten Engpaßprognosen zwar widerlegt werden, aber in allen Bundesländern herrschte drückender Lehrermangel. Eine Auswahl nach besonderer Eignung und Qualifikation für diesen Beruf war nicht möglich. Alle ausgebildeten Lehrer, so die Forderung der Öffentlichkeit, sollten eingestellt werden. Allein beamtenrechtliche Gesichtspunkte kamen zur Geltung, allerdings auch in der umstrittenen Weise, ob frühere politische Aktivität oder gegenwärtige Mitgliedschaft in bestimmten Organisationen hinreichende Zweifel an der Verfassungstreue des Bewerbers begründeten, um ihm die Einstellung zu verweigern.

In der studentischen Protestbewegung hatte politisches Engagement neue und erhebliche Bedeutung gewonnen. Erstmals in diesem Jahrhundert galt es bei der großen Mehrheit der beteiligten Studierenden der Verwirklichung einer demokratischen Verfassung, nicht ihrer Ablehnung. Solche Perspektive beeinflußte die Berufsmotivation vieler Lehramtsstudenten. Nicht mehr erschien der Schuldienst als zweite, realistische Wahl gegenüber anderen, aber unerfüllbaren Berufsträumen, sondern als ein Arbeitsplatz möglicher und sinnvoller Teilnahme an erstrebenswerten Reformen. Die verbreitete Schulkritik hatte gezeigt, wie sehr das überkommene Bildungssystem den Interessen der oberen Schichten entsprach und den unteren Chancengleichheit versagte. So viele Begabungen wurden nicht gefördert. Ebenso wie die Folgen für den Lebensweg des einzelnen und die Wettbewerbsfähigkeit aller in der internationalen Konkurrenz drängten sich die Mängel der politischen Erziehung auf. Angemahnt wurde die Verpflichtung der Schule, ihren Teil zur Entfaltung einer demokratischen Gesellschaft beizutragen. So sollte nach der hessischen Verfassung der Geschichtsunterricht »auf getreue, unverfälschte Darstellung der Vergangenheit gerichtet sein. Dabei sind in den Vordergrund zu stellen die großen Wohltäter der Menschheit, die Entwicklung von Staat, Wirtschaft, Zivilisation und Kultur, nicht aber Feldherren, Kriege und Schlachten.« (Art. 56,5) Doch war der Geschichtsunterricht weithin der über Könige und Kriege geblieben und kam zumeist nur bis zu Bismarcks Kaiserreich. Von Erfolgen der Gemeinschaftskunde, die Verbindungen zwischen Geschichte, Sozialkunde und Geographie herstellen sollte, war wenig zu spüren, das Geschichtsbild der Heranwachsenden war durchweg so unzulänglich wie das der Erwachsenen (Friedeburg/Hübner 1964). Weit entfernt also das von den Kultusministern zwanzig

Jahre zuvor gemeinsam formulierte Ziel: »Der Geschichtsunterricht soll dem jungen Menschen helfen, ein eigenes Welt- und Menschenbild zu gewinnen sowie seinen Standort und seine Aufgabe im Geschehen zu erkennen ... Die Einsicht in die Zusammenhänge vergangenen und gegenwärtigen Geschehens muß wissenschaftlich begründet und wertbestimmt sein. Sie soll sich nicht nur in Urteilsfähigkeit erweisen, sondern sich auch in Verantwortungsbewußtsein und Tatbereitschaft für Gesellschaft, Staat, Volk und Menschheit bezeugen« (KMK 1953, S. 132).

Solche Ziele standen den Fachgruppen vor Augen, die an den neuen Lehrplänen mitarbeiteten, wie vielen politisch engagierten Lehrerinnen und Lehrern. Bildungspolitik war in das Zentrum der Gesellschaftspolitik gerückt. Mit der Reform verbanden sich weitgespannte Hoffnungen, durch Schule die Gesellschaft verändern zu können, nämlich in ihr mehr Demokratie zu verwirklichen. Damit überschritt Schule ihre herkömmlichen Grenzen. Zwar lautete ein alter Vorwurf, daß in ihr nicht für das Leben, sondern nur für die Schule gelernt werde. Doch schlimmer noch, wenn sie sich einmischte. Zudem irritierte die Verwendung sozialwissenschaftlicher Begriffe und Theoriestücke, insbesondere die breite Rezeption des Werkes von Marx Anfang der siebziger Jahre.

Die Verknüpfung von Schulreform mit gesellschaftlichen Zielvorstellungen kam am deutlichsten in den Rahmenrichtlinienentwürfen für Deutsch und Gesellschaftslehre zum Ausdruck. Außer Frage stand, daß der Deutschunterricht eine besondere Verpflichtung hat, Sprachbarrieren abzubauen, Chancenungerechtigkeit auszugleichen. Forschungsergebnisse über die verschiedenen Sprachen der verschiedenen Schichten in einer Gesellschaft (Bernstein 1959; Oevermann 1970) hatten weiterhin Zweifel daran geweckt, vorhandenen Benachteiligungen allein kompensatorisch begegnen zu wollen. So als ginge es für Kinder unterer Schichten nur um Nachhilfeunterricht, in dem Normen und Regeln des Hochdeutschen wie bei einer fremden Sprache vermittelt würden. Angemessene Förderung verlangte, an die in die Schule mitgebrachten Sprachen anzuknüpfen und den Aufbau der Sprachfähigkeit in den Mittelpunkt des Deutschunterrichts zu rücken. Damit war nicht gemeint, Rechtschreibung, Grammatik und Literatur zu vernachlässigen, wohl aber ihren Stellenwert im Deutschunterricht neu zu bestimmen.

Der vorgelegte Entwurf für den Deutschunterricht in der Mittelstufe war von großer Rigorosität. Er ging von dem allgemeinen Lehrziel aus, die sprachliche Kommunikationsfähigkeit der Schüler zu fördern, und unterschied drei Arbeitsbereiche: »Sprachliche Übungen«, mündliche und schriftliche, einschließlich der Rechtschreibung, »Umgang mit Texten«, worunter weit über die herkömmliche Literatur vielerlei Gedrucktes und Gesendetes im Alltagsleben verstanden wurde, und »Reflexion über Sprache«. In diesem Arbeitsbereich sollte die Verflechtung von Sprache und sozialem Handlungsfeld untersucht und den Schülern bewußt werden.

Die sozialwissenschaftliche Prägung des Entwurfs, deutlich auch in seiner Sprache, und die zugrundeliegende Gesellschaftsanalyse stießen auf massiven, vor allem gesellschaftspolitisch motivierten Protest bis in die Reihen der an der Landesregierung beteiligten Freien Demokraten. Insbesondere die Behandlung des Hochdeutschen als »Hochsprache« im Interessenkonflikt der gesellschaftlichen Schichten und das Zurücktreten des Literaturunterrichts waren Gegenstand heftiger fachlicher Kritik, die die christdemokratische Opposition auf die Wahlkampfformel »Marx statt Rechtschreibung« verkürzte. Der Entwurf wurde zurückgezogen.

Größere Unterstützung aus der Fachwelt erhielt der politisch nicht minder umstrittene Entwurf für die Rahmenrichtlinien der Gesellschaftslehre. Sie sollte nicht nur die Schulformen, sondern, wie die Gemeinschaftskunde in der Oberstufe, auch einzelne Fächer übergreifen, um den Anforderungen an den Unterricht in Geschichte, Sozialkunde und Geographie besser zu genügen. Die Fächer bestimmten Arbeitsschwerpunkte in den vier vorgeschlagenen Lernfeldern: Sozialisation, Wirtschaft, öffentliche Aufgaben und intergesellschaftliche Konflikte, also internationale Beziehungen und Friedenssicherung. Diese Lernfelder erschienen besonders geeignet, um Schülern Gelegenheit zu geben, Gesellschaft und ihre Geschichte zu erfahren und solche Erfahrungen auf die eigenen Fähigkeiten und Möglichkeiten zur Selbst- und Mitbestimmung zu beziehen. Die Befähigung zur Selbst- und Mitbestimmung war das oberste Lernziel des Curriculums. Es sollte für alle Schüler gleichermaßen gelten und war daher mit der Utopie der Aufhebung ungleicher Lebenschancen verknüpft.

Der Protest speiste sich aus verschiedenen Quellen. Der sozialwissenschaftliche Akzent des Curriculums ließ die Verbände der Historiker und Geographen um die Position ihrer Fächer und deren Stundenanteil im Schulunterricht wie in der Lehrerausbildung an den Universitäten fürchten. Daß der Geschichte nicht abgesagt, sondern der herkömmliche Geschichtsunterricht, wie auch der in Sozial- und Erdkunde, in Frage gestellt werden sollte, war vielfach nicht zu vermitteln. Im Wahlkampf wurde daraus der polemische Vorwurf, in Hessen würde die Geschichte abgeschafft. Tatsächlich ging es darum, wie sie den Heranwachsenden so nahe gebracht werden könnte, daß sie aus ihr zu lernen in der Lage wären, anstatt nur abgelegtes Schulbuchwissen zu stapeln und in der Regel rasch wieder zu vergessen. Gegenwartsbezug spielte dabei didaktisch eine wichtige Rolle, doch nicht im Sinne vordergründiger Aktualisierung. Noch gar sollte Geschichte als Steinbruch zur Rechtfertigung vorgefaßter Meinungen dienen. Ziel war vielmehr ein reflektiertes Geschichtsbewußtsein, das die historischen Entwicklungsbedingungen der eigenen und anderer Gesellschaften zu erschließen und die wechselseitigen Verschränkungen von Geschichte und Gegenwart zu erkennen erlaubte. Ein solches Bewußtsein erfordert nicht nur erhebliche Geschichtskenntnisse, sondern auch Vorstellungen von langfristigen historischen Abläufen und Zusammenhängen. Sie in der Schule zu erlernen, bot die neuere Geschichtsdidaktik allerdings wenig Hilfe, vergleichbar den Schwierigkeiten, die im Deutschunterricht mit der Literatur entstanden waren.

Mehr Aufsehen als die didaktischen Fragen erregte die gesellschaftspolitische Auseinandersetzung um die mutmaßliche Wirkung der Gesellschaftslehre. Ungeachtet ihrer reformistischen Grundposition und der erklärten Absicht, den neuen Ansatz zur Diskussion zu stellen, suchte die oppositionelle Kritik sie als Instrument des Klassenkampfes zur Indoktrination der Heranwachsenden darzustellen. Umstritten war besonders die Rolle, die gesellschaftliche Konflikte als Lerngegenstand spielten, vor allem wenn es sich um Probleme im Familienleben oder in der Arbeitswelt handelte.

In einem zweiten Entwurf sollte eine Reihe von Verbesserungen Mißverständnissen entgegenwirken. Das Vorwort betonte als Ziel politischer Bildung, »Schüler mit den Grundwerten unserer demokratischen Verfassung zu identifizieren und sie zu engagieren für die Lösung jener Probleme unserer gesellschaftlichen wie politischen Ordnung, die die Verfassungswirklichkeit uns stellt« (HKM 1973, S. 5). Dabei war vor allem an die Verwirklichung der sozialen Grundrechte gedacht. Ohne ihre Sicherung könnten, wie die historische Erfahrung zeigte, die individuellen Freiheitsrechte nicht bewahrt und für alle verwirklicht werden.

Demgegenüber verlangte die konservative Kritik, das Grundgesetz in der Schule als geltende Ordnung zu lehren, nicht aber als Aufgabe, eine ihm entsprechende Verfassungswirklichkeit herzustellen. Im Kern ging es um die Funktion staatlicher Autorität in einer Zeit allgemeiner Reformbewegung, in der die kulturellen Selbstverständlichkeiten ihre Geltung verloren. Anstatt diesem Prozeß gegenzusteuern, wie die Kritik es verlangte, würde er durch die Rahmenrichtlinienentwürfe noch befördert. Während für die einen bereits alles zerfiel, dünkten den schulerfahrenen Lehrplangruppen die überlieferten Selbstverständlichkeiten so machtvoll und beharrend, daß pointiert werden müßte, um überhaupt etwas zu erreichen. Was es für Verwaltungen bedeutet, Curricula zu planen, ohne sich an Traditionen anlehnen zu können, formulierte Jürgen Habermas im Zusammenhang von Überlegungen zur Identität komplexer Gesellschaften. Indem Curriculumplanung Lernziele bestimmt und begründet, erfährt sie, daß die Legitimation der Verwaltung für die neue Aufgabe einer argumentativ gerechtfertigten Auswahl aus kulturellen Möglichkeiten nicht ausreicht (Habermas/Henrich 1974, S. 73 f.). Es bedarf breiter wert- und normbildender Kommunikationen. Sie sollten mit den Rahmenrichtlinienentwürfen eingeleitet werden, aber die gesellschaftspolitische Polarisierung erlaubte es nicht, sie zu entfalten.

Die Konfrontation folgte dem Schema der überkommenen Interessengegensätze: Arbeitgeberverbände und bürgerliche Parteien auf der einen, Gewerkschaften und politische Organisationen der Arbeiterbewegung auf der anderen Seite. Die Kirchen hielten sich zurück. Sieht man von der wechselnden Position der Liberalen ab, waren in diesen Fronten und mit denselben Argumenten die bildungspolitischen Kämpfe um die Grundschule in den zwanziger Jahren, um die Ansätze einer gemeinsamen Mittelstufe in der Nachkriegszeit wie um die ländlichen Mittelpunktschulen am Anfang der sechziger Jahre ausgetragen worden. Stärkeren Ein-

457

fluß übte inzwischen der neue Mittelstand aus, zu dem sich immer mehr Angestellte und auch Beamte zählen. Keine Gruppe ist an der Bildungsexpansion so interessiert wie sie. Nicht nur sollen die Nachkommenden den erlangten Status halten oder noch verbessern. Der Schulbesuch der Kinder dient überdies den Eltern, sich sozial abzugrenzen. Dafür aber sind Gesamtschulen und schulformübergreifende Lehrpläne wenig geeignet. Die konservative Opposition fand neuen Zuspruch und eine neue Organisationsform im Hessischen Elternverein. Nominell überparteilich, nach dem Vorbild von Bürgerinitiativen 1972 im Zusammenhang des Bundestagswahlkampfes entstanden, verknüpfte er wirkungsvoll Widerstand gegen die organisatorische Schulreform mit Protesten gegen progressive Unterrichtspläne und provozierendes Lehrverhalten (Haller 1976; Kaltenbrunner 1974; Köhler/ Reuter 1973). Öffentlich diskutiert wurde vor allem ein außergewöhnlich heftiger Schulkonflikt an der Ernst-Reuter-Schule in Dietzenbach im Landkreis Offenbach. Ein »Schutzverein Dietzenbacher Schulen« stieß zum Hessischen Elternverein. Dessen Anspruch richtete sich zunächst auch gegen die gewählten Elternvertretungen, bis seine Mitglieder deren Organe, insbesondere den Landeselternbeirat, immer stärker bestimmten (Below 1974). Im Gegenzug entstand dann der Elternbund Hessen, um die Schulreform zu unterstützen.

Für den Widerhall der bildungspolitischen Opposition sorgten auch Demographie und Arbeitsmarkt. Schwache Jahrgänge in den Abschlußklassen und starke Nachfrage nach qualifizierten Arbeitskräften hatten es in den sechziger Jahren erlaubt, die Modernisierung des Bildungswesens mit seiner Öffnung zu verknüpfen, Leistung und Aufstieg mit Chancengleichheit und Emanzipation zu verbinden und so eine breite und nachdrückliche Unterstützung für die Bildungsreform zu gewinnen. Inzwischen änderten sich die Rahmenbedingungen grundsätzlich. Immer stärkere Jahrgänge suchten nach Plätzen in der Berufsausbildung. Zugleich wurde ungewiß, ob sie auch später alle einen entsprechenden Platz im Erwerbsleben finden würden. Die aufziehende Wirtschaftskrise ließ bei den hessischen Wählern die Sicherheit des Arbeitsplatzes und die Stabilität der Preise in den Vordergrund der aktuellen Sachfragen treten. Wachsender Konkurrenzdruck lockerte das Bündnis von Modernisierern und Reformern. Im

Kulturkampf um die innere Bildungsreform zerfiel es. Klagen über die Hektik der Schulpolitik, über zuviel Experimente und zuwenig Toleranz kamen vor allem aus den Mittelschichten (infas-Report 1974).

Mit dem Machtwechsel 1969 in Bonn hatten sich die Positionen der beteiligten Parteien in den Landtags- und Kommunalwahlen verändert. Verunsicherungen durch die Bundespolitik führen in diesen Wahlen zur Zurückhaltung bei den Anhängern der jeweiligen Bonner Regierungsparteien (Schacht 1986). Andererseits wurden durch die bildungspolitischen Auseinandersetzungen die Fronten versteift und auf beiden Seiten Anhänger mobilisiert. Die Polarisierung ging zu Lasten der kleineren Parteien. Aus ihrem Rückgang erklärte sich der beträchtliche Stimmenzuwachs der CDU bei den Landtagswahlen 1970 und 1974 mehr als aus Verlusten der SPD. Diese bildete mit der F.D.P. eine Koalition, die auch nach 1974 weiterregierte, als die CDU erstmals in Hessen zur stärksten Landtagspartei wurde. Trotz der bundespolitischen Verunsicherung konnte die SPD in der Polarisierung ihre Stammwähler halten und verlor die Unterstützung aus den Reihen der Jungwähler nicht. Dagegen büßte sie Mittelstandswähler ein. Die F.D.P. verlangte ein Bildungsmoratorium vor allem für die Einrichtung neuer integrierter Gesamtschulen. »Die härtesten Auseinandersetzungen zwischen den Koalitionspartnern gab es um die Besetzung des Kultusministeriums. Die F.D.P. hatte sich während des Wahlkampfes deutlich von Kultusminister von Friedeburg distanziert und – wohl auch ermutigt durch das Schweigen des Ministerpräsidenten Osswald – seine Ablösung gefordert. Da die Parteibasis der SPD an Friedeburg festhielt, wurde der Weg zur Regierungsbildung erst durch seine Verzichtserklärung frei, der sich aus Solidarität mit dem Kollegen der bisherige Justizminister Karl Hemfler anschloß.« (Kappmeier 1975, S. 427)

Die Kontroverse über Bildungsziele erreichte einige Jahre später einen neuen Höhepunkt, als eine Gruppe von Politikern und Wissenschaftlern, unter ihnen Hermann Lübbe und Golo Mann, »Mut zur Erziehung« verlangte. Anfang 1978 attackierte sie auf einem Forum in Bonn zentrale Begriffe einer der Aufklärung verpflichteten Bildungsreform. Es ging um Mündigkeit und Kritik, Chancengleichheit und Glück. Gefordert wurden Fleiß, Disziplin und Ordnung in der Schule oder, mit den Worten des damaligen baden-württembergischen Kultusministers, der das Forum organisiert hatte, »Mut zur rechten Erziehung« (Hahn 1981, S. 256). Zwar wehrten sich zahlreiche Pädagogen gegen die »konservative Wende«, wie es in der Tübinger Erklärung anläßlich des 6. Kongresses der Deutschen Gesellschaft für Erziehungswissenschaft hieß (Führ 1988, S. 245 ff.), doch sie bestimmte die öffentliche Diskussion.

Länderperspektiven

An einen zügigen Fortgang der Bildungsreform war nirgendwo mehr zu denken. Ihr Elan und ihr Kredit hatten sich erschöpft. War in Hessen zuviel zu schnell in Gang gesetzt worden? Am Beispiel Nordrhein-Westfalens zeigte sich, daß auch weit weniger in viel längerer Zeit zur Polarisierung führte. Es ging dort um die Kooperative Schule, kein »Kernstück« sozialdemokratischer Bildungspolitik, sondern, mit den Worten des nordrhein-westfälischen Kultusministers, »das Angebot des Gesetzgebers zu einer intensiveren Zusammenarbeit der drei Schulformen« (Girgensohn 1978, S. 70). Anfang der siebziger Jahre hatte die oppositionelle CDU wie in Hessen solche Zusammenarbeit als Alternative zur integrierten Gesamtschule befürwortet, auch weil kooperative Gesamtschulen in bestehenden Schulgebäuden und mit den vorhandenen Lehrern rascher eingerichtet werden könnten und so das Ziel des Schulversuchs, wie es die CDU-Landtagsfraktion in ihrem Antrag formulierte, »soziale Integration, Chancengerechtigkeit, Durchlässigkeit, Differenzierung und Individualisierung zu einem nahen Zeitpunkt für alle Schüler der Sekundarstufe I zu verwirklichen« sei (Schabedoth 1979, S. 79). Das Kultusministerium plante, neben den dreißig eingeleiteten Versuchen für integrierte Gesamtschulen schrittweise Kooperative Schulen einzuführen. Die wiedergewählte sozialliberale Regierung bekräftigte 1975 dieses Ziel, ohne sogleich zu handeln. Im Jahr darauf legten die Regierungsfraktionen einen Gesetzentwurf für die Kooperative Schule vor. Sie sollte aus einer gemeinsamen Orientierungsstufe für die Klassen 5 und 6 und im Anschluß daran aus schulformbezogenen Abteilungen mit den entsprechenden Abschlüssen unter demselben Dach und einer gemeinsamen Schulleitung bestehen. Parlamentarisch wurde der Gesetzentwurf zurückhaltend behandelt und vor der zweiten Lesung von den Regierungsfraktionen noch modifiziert, insbesondere klargestellt, daß nach der Orientierungsstufe letztlich die Eltern über den weiteren Bildungsweg der Schüler entscheiden würden. Doch die Landeselternschaft der Gymnasien wollte die Schulwahl nach der Grundschule. Es ging ihr wie den opponierenden Lehrerverbänden darum, die überkommenen Schulformen zu erhalten. Nur in Nordrhein-Westfalen gab es neben zahlreichen, von der katholischen Kirche getragenen privaten Gymnasien und Realschulen überdies noch öffentliche Hauptschulen als Bekenntnisanstalten, die in Widerstreit zur Kooperativen Schule geraten konnten. So stellte sich die alte Allianz zwischen bürgerlicher Opposition und katholischer Kirche wieder ein, die anders als in Hessen in den Schulkampf eingriff. Er wurde mit großem publizistischem Einsatz geführt, aktivierte die bekannten Vorwürfe gegen Schulreform wie »Gleichmacherei« und »Schulchaos« und mündete in eine breite Kampagne gegen die Kooperative Schule als »Schleichweg zur sozialistischen Einheitsschule«.

Im Lande mangelte es weithin an Informationen, nicht aber an bildungspolitischem Unbehagen. Gegen das im Oktober 1977 verabschiedete Gesetz mobilisierten Elternvereine und Lehrerverbände der Gymnasien und Realschulen in einer »Bürgeraktion Volksbegehren gegen die Kooperative Schule« gemeinsam mit der Landtagsopposition und der katholischen Kirche den Protest. Am Ende unterschrieben 29,8 Prozent der Wahlberechtigten das Volksbegehren, weit mehr als erforderlich. Von dem Erfolg der Opposition überrascht, ließ es die Landesregierung nicht auf einen abschließenden Volksentscheid ankommen. Der Landtag entsprach dem Volksbegehren und strich aus dem Schulverwaltungsgesetz alle Bestimmungen über die Kooperative Schule und die Orientierungsstufe. So blieb es in Nordrhein-Westfalen im Schlüsselkonflikt um die Gestalt der allgemeinbildenden Mittelstufe zunächst bei den Schulversuchen mit integrierten Gesamtschulen. Deren Zahl war auf dreißig begrenzt, eine pädagogische Alternative mit Ganztagsunterricht. Später, als gleichberechtigte Angebotsschulen, eingerichtet auf Wunsch der Eltern einer entsprechenden Zahl von Schülern, wurden es erheblich mehr. 1988 gab es im Lande 93 öffentliche Gesamtschulen, für 20 weitere Beschlüsse der Kommunalparlamente.

Einen ähnlichen Weg war der Stadtstaat Hamburg gegangen, der sich nach dem heftigen Schulkampf um die verlängerte Grundschule in den frühen fünfziger Jahren in der Förderstufendiskussion sehr zurückgehalten hatte. 1977 verknüpfte er als erster den Aufbau von schulformunabhängigen Orientierungsstufen und integrierten Gesamtschulen mit dem Elternwahlrecht. Demokratische Schulorganisation und enge Kooperation mit den Eltern waren alte Ziele Hamburger Reformpolitik. In der Grundschule können Eltern im Unterricht mitarbeiten. Ein besonderer Anstoß ging von Hamburgs Schulsenator Joist Grolle für die Friedenserziehung in den Schulen aus (Grolle 1988). Gemäß dem Elternwunsch wuchs die Zahl der integrierten Gesamtschulen, kaum die der Orientierungsstufen. Anders im Nachbarstaat Bremen, in dem die Sozialdemokraten ohne Unterbrechung regierten und, im Prinzip, die sechsjährige Grundschule erhalten hatten. Anknüpfend an langjährige pädagogische Erfahrungen wurden 1977 im ganzen Lande integrierte Orientierungsstufen eingeführt und in den folgenden Jahren, dem Schulgesetz entsprechend*, überall Schulzentren in Form kooperativer Schulsysteme jeweils für die Mittelstufe und für die Oberstufe eingerichtet, Ergebnis einer kontinuierlichen Schulreform, vertreten von den Bildungssenatoren Moritz Thape, Horst von Hassel und Horst-Werner Franke. Erstaunlicher schon, daß eine bemerkenswerte Kontinuität auch im Nachbarland Niedersachsen das bildungspolitische Handeln bestimmte, wiewohl dort viele Jahre lang eine konservativ-liberale Koalition regierte. Während die CDU in Nordrhein-Westfalen die Orientierungsstufe aufs heftigste attackierte, förderte der christdemokratische Kultusminister Werner Remmers in Niedersachsen, wie seine sozialdemokratischen Vorgänger Peter von Oertzen und Gottfried Mahrenholz, ihre landesweite Einführung. Auch das Abschlußgesetz war parteipolitisch nicht umstritten und wurde im März 1978 einstimmig im Landtag verabschiedet. Die Orientierungsstufe knüpfte an Jahrzehnte zurückgehende Versuche an, in der differenzierten Mittelstufe gemeinsamen Schulbesuch zu ermöglichen. Die Kontinuität landesspezifischer Bildungspolitik machte sich auch in Berlin geltend. Dort beließen es die Christdemokraten bei der sechsjährigen Grundschule, die

* Vgl. S. 444.

462

sie in der Nachkriegszeit mitgeschaffen hatten – um die achtjährige wieder abzuschaffen. In Schleswig-Holstein dagegen war in jener Zeit die CDU im Kampf gegen die sechsjährige Grundschule an die Macht gekommen und bewahrte diese Tradition in der Ablehnung der schulformunabhängigen Orientierungsstufe, ähnlich wie die konservativen Regierungsparteien in Bayern und Baden-Württemberg. Öffentlichen Gesamtschulen wurden in diesen Ländern kaum Entwicklungschancen eingeräumt. Das änderte sich in Schleswig-Holstein 1988 mit dem Regierungswechsel durch den ehemaligen Bundesbildungsminister Engholm.

Im Südwesten hatten sich christdemokratische Bildungspolitiker während des Reformaufschwunges für die Orientierungsstufe eingesetzt und Gesamtschulversuche nicht behindert. Später verwandelte sich allerdings die Aufgeschlossenheit in Zurückhaltung. Im Saarland brachte erst die Regierungsübernahme durch die Sozialdemokraten der Schulreform neuen Auftrieb. Der Saarbrücker Psychologe Diether Breitenbach initiierte als Kultusminister ein weiterführendes Gesamtschulprogramm. Im Süden dagegen gewannen gegenreformatorische Kräfte in den achtziger Jahren immer stärker an Boden. Die Kultusminister Gerhard Mayer-Vorfelder und Hans Zehetmair verstanden sich als Gegenspieler ihrer vergleichsweise liberaleren Vorgänger Wilhelm Hahn und Roman Herzog in Stuttgart sowie Ludwig Huber und Hans Maier in München. Sie drängten rigoros auf größeren Abstand der möglichst eigenständigen Schulformen und strengere Selektion der Schüler.

Blieb solche Revision in Baden-Württemberg und Bayern im Rahmen der Regierungspolitik seit Mitte der siebziger Jahre, so suchte sie in Hessen die bildungspolitische Kehrtwende herbeizuführen. In keinem Flächenstaat war die Reform von Schulstruktur und Lehrplänen so weit vorangekommen. Es gelang dem Kultusministerium unter der Leitung von Hans Krollmann, schulformübergreifende Rahmenlehrpläne für alle Fächer und einheitliche Stundentafeln für alle Schulen der Mittelstufe einzuführen. Im Verlaufe der Zeit wurden neue Gesamtschulen und vor allem weitere Förderstufen eingerichtet, um die Entscheidung über den weiteren Bildungsweg der Schüler zu erleichtern, die den Eltern nach der Förderstufe freigestellt wurde. Solche Schulpolitik war keineswegs mit übermäßigen Ausgaben verknüpft. Sie erreichte unter den Flächenstaaten das höchste Maß an Chancengleichheit für die Kinder der verschiedenen sozialen Schichten und außerordentlich hohe Werte bei den mittleren und höheren Bildungsabschlüssen (Böttcher u. a. 1988, S. 74). Anders als in Niedersachsen und Berlin suchten die Christdemokraten nach dem Regierungsantritt 1987 die Schulreform radikal abzubrechen, ohne daß ihr Koalitionspartner, die Freien Demokraten, sie daran hinderte. Überall sollten sogleich nach der Grundschule die getrennten Schulformen wiederhergestellt, ihre Bildungsziele isoliert, ihre Lehrpläne und Stundentafeln gegeneinander profiliert werden (KMK 1988, S. 203 ff.). Statt der im Wahlkampf beschworenen freien Schulwahl der Eltern sollte nun wieder der Staat entscheiden. Soweit bislang nach der Grundschule eine Schulwahl noch erforderlich war, nahezu drei Viertel der Schüler gingen im Herbst 1986 anschließend auf eine Förderstufe (HKM 1987, S. 25), hatten die Eltern das erste Wort. An ihrer Schulwahl orientierte sich die Beratung durch die Lehrer und gegebenenfalls ein Probeunterricht. Nun sollte am Anfang des Verfahrens für jedes Kind in der Grundschule, auch für jene, die anschließend zwei Jahre die Förderstufe besuchten, obligatorisch die Eignung für eine der drei Schulformen festgestellt werden. In der Tradition der konservativen Schulrechtslehre war damit die »negative Auslese« durch den Staat gemeint*. »Ein ganz entscheidendes Ziel meiner Überlegungen ist es«, schrieb der neue Kultusminister Wagner an alle Eltern, »schulische Mißerfolge, die oftmals durch die Wahl einer falschen Schulform entstehen, zu verhindern.« (Wagner 1988) Der Verwaltungsgerichtshof stellte gegen den Kultusminister das geltende Recht wieder her, das zwar die negative Auslese erlaubt, nicht aber den Elternwunsch derart hintanstellt.

So betreibt jedes Land wie ehedem seine eigene Bildungspolitik. Der gesamtstaatliche Impuls, der mit neuer Bundeskompetenz und sozialliberaler Initiative die zweite Phase republikanischer Bildungsreform bestimmt hatte, ist lange erloschen, der Bildungsrat auf Druck unionsregierter Länder aufgelöst worden, sein Strukturplan verblaßt. Alle Versuche, den Bildungsgesamtplan fortzuschreiben, waren erfolglos. Die Bund-Länder-Kommission

---

* Vgl. S. 301.

für Bildungsplanung und Forschungsförderung führt ein Schattendasein. Das Gesetz des Handelns war wieder an die Länder gefallen, nur mäßig beschränkt durch die Rahmenkompetenz des Bundes und seine Mittel für den Hochschulausbau.

Da sich die gesellschaftspolitischen Gegensätze stärker auf die Allgemeinbildung beziehen, sind die Reformergebnisse in der Berufsausbildung einheitlicher. Die Modernisierung von Berufsschulunterricht und praktischer Berufsausbildung verlief in den Ländern vergleichsweise einträchtig bei allen verbleibenden organisatorischen Differenzen. Erstmals erreichten überall die Studiengänge für Lehrer der verschiedenen Stufen und Schulformen den so lange erstrebten gemeinsamen Universitätsstatus, allerdings ohne entsprechende Folgen für die anschließenden Arbeitsbedingungen. Die Inhalte behielten weithin ihren landesspezifischen Akzent. Organisatorisch blieb es bei den Fachhochschulen und der Gruppenuniversität, in der mit jeder Novellierung des Rahmengesetzes die Gruppe der Professoren, nicht der einzelne »Ordinarius«, an Einfluß gewann. Im Detail nutzten die Länder ihren Spielraum bei der Anpassung der Landesgesetze.

In der Vielfalt landesstaatlicher Bildungspolitik, deren Leitlinien eher traditionelle politische Kultur als aktuelle Parteipolitik prägt, wurden Reformprojekte in der einen Region gefördert, in anderen gebremst. Das galt vor allem für die Schulentwicklung. Zwar erstand nach der endlich erreichten Trennung von Staat und Kirche die konfessionelle Organisation öffentlicher Schulen nicht wieder. Wohl aber verfestigten sich in vielen Regionen die Schulformen erneut gegenüber den Schulstufen mit allen Folgen für die Lehrpläne, Stundenzahlen und die Lehrerausbildung, für die frühe Selektion in der Grundschule und die geringere Durchlässigkeit der folgenden Bildungsgänge. Andererseits haben Orientierungsstufen, Gesamtschulen und länderspezifisch reformierte gymnasiale Oberstufen das Spektrum der Regelschulen erheblich erweitert. Die damit verbundenen Probleme löst kein Mängelbericht über den Bildungsföderalismus noch etwa vermehrte Bundeskompetenz. In einem Bundesstaat bewirkt und erfordert die notwendige Weiterentwicklung des Bildungswesens immer ein gewisses Maß an Uneinheitlichkeit. Um so mehr kommt es, zumal in einem Bildungssystem, dem prinzipiell Aufnahmeprüfungen fremd sind, auf die Übergangs- und Anschlußmöglichkei-

ten, insbesondere die wechselseitige Anerkennung von Zugangs-
berechtigungen an. Sie erfordern Übereinkünfte zwischen den
Ländern, die ohne Bundesbeteiligung leichter und wirksamer zu
erreichen sind. Gilt es doch den widerstreitenden gesellschaftspolitischen Interessen ebenso Rechnung zu tragen wie dem Spannungsverhältnis zwischen landesstaatlicher Kulturhoheit und
überregionaler Mobilität.

Ausblick

Da in weiten Teilen der Bundesrepublik die äußere Schulorganisation erhalten blieb, wird für die meisten Heranwachsenden
nach wie vor im Kindesalter entschieden, welchen Weg sie im
geteilten Bildungswesen einzuschlagen haben. Innerhalb jeder
Schulform bietet sich wenig Spielraum für individuelle Förderung. Gleichschritt bestimmt das Klassentempo, oder man bleibt
sitzen. Von begabungsgerechtem Angebot kann kaum die Rede
sein, auch wenn spätere Übergänge erleichtert wurden. Dabei ist
es immer schwieriger geworden, die Bildungsaufgaben für die
verschiedenen Schularten überzeugend zu unterscheiden. Einer
allgemeinen Grundbildung mit dem erforderlichen Sachwissen,
um sich in dieser Welt zurechtzufinden, bedürfen offensichtlich
alle Schüler, gleich welche Schulform sie in der Mittelstufe besuchen. Für unterschiedliche Lernziele in diesem Alter können nicht
mehr Standesdifferenzen und kaum noch Berufsanforderungen
geltend gemacht werden, so sehr wuchsen überall die Ansprüche
und so unsicher wurde die Zuordnung der Schullaufbahnen zu
bestimmten Berufstätigkeiten. Bildungspolitiker, denen es auf ein
besonderes Profil jeder einzelnen Schulform ankommt, haben es
daher schwer, deren vorgeblich eigenständige Bildungsaufgaben
zu bezeichnen. Als einziges Abgrenzungskriterium bleibt das al-
lerälteste: die Universitätspropädeutik. Sie erlaubt allenfalls, den
Bildungsauftrag des Gymnasiums einerseits und den der Hauptschule andererseits zu unterscheiden. Aber wohin führt die Realschule? Der Weg zur Hochschulreife wird ihren Schülern ebenfalls eingeräumt und deshalb eine zweite Fremdsprache angeboten. Überdies gilt es die Fachhochschulen zu berücksichtigen.
Noch weniger trennscharf erscheint eine Abgrenzung nach der

anderen Seite zur Hauptschule, da beide Schulformen die Aufgabe haben, für die praktische Berufsausbildung vorzubereiten. Die Aufgabenteilung zwischen den Schulformen wurde durch die Bildungsexpansion vollends verwirrt, denn der Strukturwandel des Schulbesuchs sprengte die Proportionen des Schulsystems. In einer berufsständischen Gesellschaft machte die Unterscheidung von höherem und niederem Schulwesen Sinn, da die relativ wenigen Abiturienten nahezu ausnahmslos die ihnen zustehenden Berechtigungen in Anspruch nehmen konnten. Auch die mittlere Reife der Gymnasien wie dann der Realschulabschlüsse vermittelte den Zugang zu bevorzugten und erreichbaren Positionen. Dagegen definierte für die große Mehrheit der Bevölkerung das niedere Schulwesen den Ausschluß aus dem Berechtigungswesen.

Noch bis zur Mitte unseres Jahrhunderts besuchten in den Ländern der Bundesrepublik vier Fünftel der Heranwachsenden die Volksschule, rund ein Zehntel das Gymnasium, noch weniger die Mittelschulen. Das hat sich grundlegend geändert. Durchgehend seit den frühen fünfziger Jahren ist der Anteil der Realschüler, mit Unterbrechungen der der Gymnasiasten gewachsen. Entscheidend bestimmten die Mädchen diese Entwicklung und besonders die Kinder des neuen Mittelstandes. Jetzt gibt es nur noch einige ländliche Regionen, in denen die Hauptschule mehr als die Hälfte der Schüler aufnimmt. Insgesamt in der Bundesrepublik dominieren die weiterführenden Schulen, vor allem in den größeren Städten. Dort wurde aus der Haupt- vielfach eine Restschule für Arbeiterkinder, insbesondere ausländische.

Der Strukturwandel des Schulbesuchs vollzieht sich in der Bundesrepublik weithin unberührt von den Konjunkturzyklen in der Wirtschaft und in der Bildungspolitik. Alle Versuche konservativer Länderregierungen, ihm von Staats wegen zu begegnen und die Hauptschule wieder stark zu machen, blieben erfolglos. Die Vorstellungen der Eltern eilen den tatsächlichen Verhältnissen noch voraus. Am Ende der achtziger Jahre besuchte ein Drittel aller Schüler der siebten Klasse die Hauptschule, aber lediglich ein Zehntel der Eltern hielt für ihr Kind den Hauptschulabschluß für wünschenswert, über die Hälfte dagegen das Abitur. Doch meinen viele Eltern damit nicht die Universitätsperspektive der Gymnasien, sondern die Wahlmöglichkeiten der Abiturienten. Denn die praktischen Berufsausbildungen ebenso wie die Fachschulen und Fachhochschulen stehen hoch im Kurs. Das Abitur eröffnet die weiteste Auswahl und erscheint als beste Voraussetzung, später einen Arbeitsplatz zu erhalten. Für Mädchen wird es inzwischen noch häufiger gewünscht als für Jungen, wie auch tatsächlich bei den Schulabschlüssen keine Benachteiligung des weiblichen gegenüber dem männlichen Geschlecht mehr festzustellen ist – wohl aber in der anschließenden Berufsausbildung und Erwerbstätigkeit.

Ungebrochen jedoch funktioniert die schichtenspezifische Selektion im gegliederten Schulsystem der Bundesrepublik. Kinder von Arbeitern und Bauern werden nach wie vor erheblich benachteiligt. Schulstrukturen und Elternwünsche greifen dabei um so enger ineinander, je konservativer die Bildungspolitik darauf drängt, die Heranwachsenden früh zu sortieren. Bis Mitte der siebziger Jahre registrierte die Schulstatistik von Baden-Württemberg diesen Vorgang sehr genau. Nicht nur erreichte dort kaum ein Viertel der Arbeiterkinder gute Leistungen in der Grundschule, gegenüber zwei Dritteln der Akademikerkinder. Letztere besuchten anschließend nahezu alle ein Gymnasium, aber nur jeweils eine Minderheit der gleich gut beurteilten Arbeiter- und Bauernkinder, im Anteil sogar noch weniger als von den Akademikerkindern mit schlechten Schulleistungen. Für die Bundesrepublik insgesamt gilt, daß Beamte und Angestellte wie die besser verdienenden Selbständigen für ihre Kinder in der Regel das Abitur wünschen, nicht aber die Arbeiter. In der gegliederten Schule trennen sich die sozialen Schichten. Auch in den achtziger Jahren besuchte nur ein Zehntel der Arbeiterkinder ein Gymnasium (Friedeburg 1978; Rolff u. a. 1988).

Die alten Probleme mangelnder Bildungsgerechtigkeit blieben nach der Grundschule bestehen, neue traten mit der Umleitung der Schülerströme auf. Nicht nur minderte der wachsende Andrang zu den weiterführenden Schulen den Handelswert ihrer Abschlüsse, was die Nachfrage nach der jeweils höheren Bildungsanstalt wiederum vermehrte und die Hauptschulen weiter entleerte. Die veränderten Proportionen stellten den herkömmlichen Bildungsauftrag jeder einzelnen Schulform in Frage. Das Besondere an den Aufgaben der Mittelschule bestand in der Abhebung von der Norm des Volksschulbesuches. Inzwischen erreicht die Mehrheit der Heranwachsenden mindestens die mittlere Reife. Realschulbildung wurde zur Norm für anspruchsvollere Ausbildungsberufe. Mit verlängerter Schulzeit und gehobenen Ansprüchen, besserer Ausstattung und vielfältiger Pädagogik versuchen Hauptschulen in vielen Bundesländern gleichzuziehen. Auf der anderen Seite haben die Gymnasien mehr und mehr Schüler an sich gezogen, die auch nach erfolgreichem Abitur nicht studieren oder nach erfolgreichem Studium keinen ihrer Ausbildung entsprechenden Arbeitsplatz erhalten. Kann für die vielen Abiturienten, die in anderen als akademischen Berufen tätig werden, die Hochschulreife Hauptaufgabe ihrer Sekundarschulbildung sein? Ganz abgesehen von jenen Schülern, die mit einem Realschul- oder gar mit einem Hauptschulabschluß das Gymnasium verlassen.

Der Weg der großen Mehrzahl geht über eine weiterführende Schule zu einer Fachausbildung. Diese besteht zunächst aus einer oder auch mehreren Berufsgrundausbildungen, im dualen System oder an einer Fach- oder Hochschule, ohne daß damit ein bestimmter Lebensberuf festgelegt wird. Nicht nur gegenwärtiger Stellenmangel, sondern auch weiter wachsende Mobilität erfordert Bereitschaft zum Umstellen und Neulernen. Um so weniger sollten Aufbau und Inhalt von Lehrplänen und Studiengängen falsche Signale setzen und irreführende Erwartungen wecken. Konkrete Beschäftigung verlangt dann jeweils ein mehr oder minder großes Maß an Spezialausbildung oder Anlernpraxis und später entsprechende Weiterbildung. In diesem Zusammenhang sind für die Sekundarschulen als Bildungsstätten der großen Mehrheit andere didaktische Konzepte erforderlich als die der herkömmlichen Schulformen. Notwendig ist ein erneuerter, erweiterter Begriff von Allgemeinbildung, der inhaltlich nicht auf den überkommenen Kanon der Gymnasialfächer beschränkt bleibt.

Schon einmal war in Deutschland ein vergleichbarer, ebenfalls mit schulorganisatorischen wie mit Berechtigungsfragen verbundener Wandel des Bildungsbegriffes Gegenstand einer weit über den pädagogischen Fachstreit hinausgehenden Auseinandersetzung. Damals, am Ende des letzten Jahrhunderts, ging es um den Monopolanspruch des humanistischen Gymnasiums, den Begriff der »gelehrten« Bildung zu bestimmen und damit den Zugang zu den Universitäten. Mit dem Aufkommen der Oberrealschulen forderten die lebenden Sprachen und ihre Literatur, die neuere Geschichte und die Naturwissenschaften ihre Anerkennung im Bildungssystem, also einen erweiterten Bildungsbegriff. Heute geht es um die allgemeinbildenden Aufgaben sozialen Lernens und polytechnischen Unterrichts. Wiederum bestimmt der Bildungsbegriff das Werturteil über den Schulabschluß, in diesem Fall der Mittelstufe. Nur ist es nicht damit getan, eine neue, vierte, Schulform als gleichwertig anzuerkennen, sondern in Aufbau und Lehrplan aller Formen der Mittelstufe den neuen, weit über die Berufsvorbereitung hinausweisenden Aufgaben zeitgemäßer, also im Wortsinn weiterführender Schule Rechnung zu tragen.

Dem stehen allerdings das Selbstverständnis der herkömmlichen Schulformen, die Einrichtung der Schulgebäude und auch die Lehrerausbildung entgegen. Gesamtschulen haben eher die Möglichkeit, gymnasiale, polytechnische und soziale Bildung so zu verbinden, daß die Schüler nicht in Einbahnstraßen falscher Lebensperspektive geraten, allen eine vielseitige Grundbildung vermittelt wird und jeder einzelne die Gelegenheit erhält, seine individuellen Begabungen und Fähigkeiten zu entfalten. Seit vielen Jahrzehnten geben dafür private Gesamtschulen, Waldorfschulen und Landerziehungsheime wie die Odenwaldschule, ein Beispiel. In jüngerer Zeit haben ebenfalls staatliche Gesamtschulen gezeigt, daß sie diesen Anforderungen gewachsen sind. Auch wenn sie anfangs oft nicht nur die Last übergroßer Schülerzahlen und unwirtlicher Schulräume zu ertragen hatten, sondern als Regelschulen ständig unter dem Druck schulformbezogener Erwartungen vieler Eltern und Abnehmer an Lernleistungen und Abschlüssen standen. Einzelne Modellschulen waren andererseits so sehr mit den Fragen gemeinsamen Unterrichts und humanen Umgangs beschäftigt, daß sie es an der Effizienz der Schulorganisation fehlen ließen. Alle öffentlichen Gesamtschulen, gleich welcher Variante, haben Begabungsgerechtigkeit und Chancengleichheit vermehrt. Doch bedarf eine Reihe pädagogischer Probleme weiterer erheblicher Anstrengungen (Fend 1982).

Der größte Erfolg der deutschen Bildungsreform in diesem Jahrhundert, die Entwicklung der gemeinsamen Grundschule für alle Kinder, zeigt, mit welchen Zeiträumen nach der parlamentarischen Entscheidung über die Schulstruktur für die Reform des

Umfeldes und der Innenwelt, der Räumlichkeiten und Pausenhö-
fe, der Lehrpläne und der Lehrerbildung und vor allem der pädagogischen Arbeit im Inneren zu rechnen ist. Sie wurde in den
Grundschulen langfristig möglich, weil die Strukturreform stand-
hielt. Für öffentliche Bildungsanstalten läßt sich die Reihenfolge
nicht umkehren. Die äußere Organisation im Verein mit den gesellschaftlichen Erwartungen und Ansprüchen bestimmt auf die
Dauer den pädagogischen Entfaltungsspielraum. Nirgends hat es
an Vorläufern gefehlt, schon gar nicht an Ideen und Entwürfen,
zumeist auch nicht an reformpädagogischer Praxis im besonderen Fall. Doch erst mit deren Übernahme in die öffentlichen Einrichtungen stellten sich die Probleme der Bildungsreform, wenn
es um die gesellschaftlichen Widersprüche, um die Verteilung von
Ungleichheit und Berechtigung, um Gruppeninteressen und Elternrechte, um Vergleichbarkeit und Staatsaufsicht geht.
Die erheblichen Veränderungen im Innern der Bildungsanstalten
seit dem Ende der sechziger Jahre, vor allem durch die Modernisierung der Lehrpläne und den Abbau hierarchischer Umgangsformen, sind denn auch weniger Ergebnis der Bildungsreform als
Folge gesamtgesellschaftlichen Wandels. Gewiß verlief manches
parallel. Reformpädagogische Anstöße konnten unter diesen
Umständen eher aufgegriffen werden. Bei den neuen Arbeitsfor-
men und Lernarrangements war ihre Wirkung nachhaltig. Doch
wurde weniger die Gesellschaft durch die Schule als die Schule
durch die Gesellschaft verändert. Nicht nur aus demographischen Gründen und wegen der Bildungsexpansion. Lernziele und
Sozialbeziehungen gerieten unter den Druck gesamtgesellschaftlicher Modernitäts- und Demokratieansprüche.
Für die Lehrpläne wie für den Schulbau hieß Modernisierung in
erster Linie, Anschluß an die rapide wissenschaftlich-technische
Entwicklung zu gewinnen, zumal sie damals noch ganz ungebrochen mit dem gesellschaftlichen Fortschritt identifiziert wurde.
Wissenschaftsorientierte Grundbildung für alle war Ziel des Bildungsgesamtplans. Rationalisierung wurde groß geschrieben in
der Curriculum-Konstruktion wie bei den großen Schulbauten
und ihrer technischen Ausstattung. Auch die Öffnung zu den
Sozialwissenschaften und ihrem Planungsdenken entsprach diesem Fortschrittsglauben und demokratischen Ansprüchen. Aber
schon wegen des großen Nachholbedarfs in allen Unterrichtsfä-

chern, von der neuen Mathematik bis zur modernen Biologie, von der Linguistik bis zur Gesellschaftslehre, erhielt kognitives Lernen eher noch größeres Gewicht. Erst recht im schulformgegliederten Konkurrenzkampf der geburtenstarken Jahrgänge um Schulnoten und Abschlußzeugnisse. Soziales Lernen blieb demgegenüber im Hintergrund.

Ungeachtet gesetzlicher Vorschriften wurde an den Hochschulen über die gesellschaftliche Verantwortung der Wissenschaften auch weiterhin kaum nachgedacht. Während ihre Alltagsbedeutung und Alltagsbedrohung immer mehr ins öffentliche Bewußtsein traten, fehlen weiterhin an den Universitäten auch nur die Ansätze der erforderlichen Selbstreflexion im Forschungsprozeß wie in der Lehre. Ungeklärt blieb die Frage, wie Wissenschaft aus eigenem Vermögen zur Selbstbegrenzung fähig werden kann. Von der Antwort auf diese Frage hängt die Zukunft der Gesellschaft ab. Ethik-Kommissionen geben sie nicht. Nur die Verknüpfung von öffentlicher Diskussion mit den Betroffenen und innerwissenschaftlicher Auseinandersetzung im konkreten Fall vermag deutlich zu machen, wie Wissenschaft verantwortet werden kann (Beck 1988).

Humanes Lernen und weniger autoritäre Schulstrukturen und Umgangsformen waren seit langem reformpädagogische Ziele. Dem standen die gesellschaftlichen Autoritätsverhältnisse ebenso entgegen wie das Rechtsverständnis von der Pflichtschule als einem »besonderen Gewaltverhältnis«, Überbleibsel des Obrigkeitsstaates. Das änderte sich in den siebziger Jahren. Die Rechtsprechung stellte die Verfahrensweisen in Frage, mit denen in der Schule Grundrechte von Schülern und Eltern eingeschränkt wurden, und immer höhere Ansprüche an die Ermächtigungsgrundlagen des Verwaltungshandelns. Grundrechtsrelevante Eingriffe müssen vom Gesetzgeber selbst geregelt werden. Dieser Parlamentsvorbehalt anerkannte die Schule als Rechtsverhältnis. Auch in ihrem Inneren sind insbesondere die Noten und Zeugnisse, Versetzungen und Abschlüsse rechtsstaatlicher Kontrolle zugänglich, ohne daß damit der Ermessensspielraum der Pädagogen eingeschränkt wird.

Mehr als das neue Rechtsverhältnis macht sich indessen in der Schulwirklichkeit das veränderte Dienstleistungsverständnis bemerkbar. Öffentliche Erziehung war in den deutschen Ländern nach herkömmlicher Auffassung hoheitlicher Staats- und Gemeindedienst und ist es beamtenrechtlich noch immer. Daher die Amtsautorität der Lehrenden wie die ihnen und den Lernenden angesonnene Verhaltensdisziplin. Die Unterordnung der Schüler entsprach der Subordination der Lehrer unter den Direktor und die Schulaufsicht. In einem Dienstleistungsunternehmen gewinnt die Sachautorität größeres Gewicht, andererseits breitet sich Jobmentalität und Konsumverhalten aus.

Unter den veränderten Autoritätsverhältnissen, für die die Schülerinnen und Schüler ihre Erfahrungen aus den Elternhäusern mitbringen und die sie in den Gruppen der Gleichaltrigen ausleben, spielt neben dem Sachverstand die Person des Lehrers oder der Lehrerin eine entscheidende Rolle, die Art, wie sie überzeugt sind von dem, was sie zu vermitteln suchen, ihre persönliche Einstellung zu Betrieb und Bürokratie. Viele Lehrer fühlen sich überanstrengt, weil sie ganz unverhältnismäßig zum angenommenen Dienstleistungscharakter ihres Berufes von ihm als Person gefordert werden. Schule ist nun in höherem Maße auf sich gestellt. Der Wandel der Sozialisationsmuster überläßt es ihr, für Affektkontrolle und Bedürfnisaufschub, Arbeitseinsatz und Selbstdisziplin zu sorgen, ohne wie früher über die Mittel äußeren Zwanges verfügen zu können und zu wollen. Das enthält ebenso das Moment möglicher Befreiung und antizipierter Mündigkeit wie die Gefahr des Durcheinanders und der Langeweile, um so mehr, je geringer die Legitimität der Schulanforderungen und der Tauschwert der Abschlußzeugnisse.

Bildungsanstalten sind für die Heranwachsenden heute Aufenthaltsstätten, in denen sie lernen und in denen sie leben für eine lange und bedeutsame Zeit. Die Schulen müssen nicht nur ihre Leistungsaufgaben erfüllen, jeden einzelnen zu fördern und zu fordern, sondern sie haben sich neuen Erwartungen nach sinnerfüllenden Erfahrungen und befriedigenden Tätigkeiten zu stellen. So vielfältige Ansätze es gibt, nicht nur in einzelnen privaten Schulen, sondern auch in manchen Regelschulen, die Bildungsstätten haben mit dem gesellschaftlichen Wandel in der Bundesrepublik seit den sechziger Jahren nicht Schritt gehalten, ebensowenig wie der Arbeitsmarkt die Hoffnungen der Schulabgänger erfüllte. Daher verband sich mit den modernisierten Curricula und den liberaleren Umgangsweisen, mit republikanischem Bildungsrecht und größerer Offenheit gegenüber der Umwelt keine anhaltende Motivation für verbessertes Lehren und Lernen, sondern vielfach Gleichgültigkeit und Verdruß. Bürokratische Reglementierung, überall in der verwalteten Welt den Zuwachs an Rationalisierung und finanziellem Aufwand begleitend, erhielt einen verhängnisvollen Stellenwert auch in den Bildungsanstalten (Tillmann 1987).

So traten zu den Problemen, mit denen die Bildungsreform seit Jahrhunderten zu schaffen hatte, schwerwiegende neue hinzu. Zugleich verloren ihre Lösungsversprechen an Anziehungskraft, ja an Glaubwürdigkeit, wie stets in Phasen administrativer Restauration, zumal wenn starke Jahrgänge nachdrängen, aber kaum Plätze frei und viele Erwachsene arbeitslos sind. Im letzten Reformaufschwung hatte bei entgegengesetzter Arbeitsmarktlage das Postulat der Chancengleichheit sich attraktiv mit der Vorhersage verbunden, ein anderes Bildungssystem würde das Begabungspotential ausschöpfen und den Mangel an höher qualifizierten Arbeitskräften beseitigen. Die Gesamtschule erschien vielen Eltern und Schulplanern vor allem als neuer Weg zu höheren Schulabschlüssen. Doch für diese zu sorgen, gehört zum herkömmlichen Bildungsauftrag der bestehenden Anstalten. Die quantitativen, der Selektion dienenden Grenzen waren von außen gesetzt und von den Lehrern verinnerlicht. Mit neuen gesellschaftlichen Vorgaben und vielen jungen Lehrkräften ließen sich ohne jede Strukturreform das Defizit an Abiturienten rasch beheben, nicht aber deren Bildungsperspektiven verändern. Nur fallen diese im Konkurrenzkampf Heranwachsender um Ausbildungs- und Arbeitsplätze weniger ins Gewicht als die Schulabschlüsse. Dieselben Maßstäbe gelten im Statuswettbewerb der Eltern, in ihrem Bestreben, sich durch die Schulform ihrer Kinder von anderen Erwachsenen zu unterscheiden. Daher die Attraktion der Realschulen und Gymnasien, an denen, ungeachtet aller Zweifel, im übrigen viel gelernt wird, wie danach in der betrieblichen Berufsausbildung und an den Hochschulen. Sähen auch die Abnehmer jüngeren Nachwuchs lieber, so stellten sie sich längst auf die Bildungsexpansion ein.

Aber was soll gelernt werden und in welcher Zeit und mit welchen gesellschaftlichen Kosten? Im internationalen Vergleich fällt die Bundesrepublik nicht nur dadurch heraus, daß die Schulkinder so früh voneinander getrennt werden, die allgemeinbildende Schule so sehr durch die Entgegensetzung von geistiger und körperlicher Arbeit gespalten ist, sondern ebenso durch die extrem langen Ausbildungszeiten. Da die überkommenen Strukturen unangetastet blieben, addieren sich die Programme und damit die Spannen der Ausbildung. Um das grundständige neunjährige Gymnasium zu erhalten, verlängerte sich in Deutschland nach der Einführung der vierjährigen Grundschule die Schulzeit bis zum Hochschulbeginn auf dreizehn Jahre. Gegliedertes Schul- und duales Ausbildungssystem summieren ebenso Lernzeiten wie die Kombination einer betrieblichen und einer akademischen Berufsausbildung, die, ganz überwiegend an einer Forschungsuniversität absolviert, ebenfalls vergleichsweise viel Zeit in Anspruch nimmt. Dabei ist noch nicht die Rede von langen Wehr- und noch längeren Zividienstspannen, die Länder mit Berufsarmeen wie die angelsächsischen und Japan nicht kennen. So mancher beendet seine Berufsausbildung dann erst im vierten Lebensjahrzehnt. Fraglos entlasten überlange Ausbildungszeiten den Arbeitsmarkt, wenn dort Andrang herrscht und es an offenen Stellen mangelt. Aber zu welchen individuellen Kosten, und was, wenn der Demographie wegen wieder der Nachwuchs fehlt, wie jetzt schon in manchen Ausbildungsberufen? Bürokratische Reglementierungen helfen dauerhaft offensichtlich ebensowenig wie Kurzlehrgänge aller Art. Auf längere Sicht sind Strukturreformen unausweichlich, zumal im Hinblick auf das Zusammenrücken Europas.

Keinen anderen Schluß erlauben die Anforderungen unserer Verfassung. »Niemand darf wegen seines Geschlechts, seiner Abstammung, seiner Rasse, seiner Sprache, seiner Heimat und Herkunft, seines Glaubens, seiner religiösen und politischen Anschauungen benachteiligt oder bevorzugt werden.« Um diesen Auftrag des Grundgesetzes zu erfüllen, ist im öffentlichen Bildungswesen erste Voraussetzung, daß die Bürger nicht im Kindesalter voneinander getrennt, ob nun nach Geschlecht oder Konfession, nach sozialer Schicht oder Heimatland, sondern miteinander erzogen werden. Chancengleichheit kann nicht in der Grundschule abgegolten werden, insofern jeder einen Anspruch darauf hat, eine seinen erkennbaren Fähigkeiten und seiner inneren Berufung entsprechende Ausbildung zu erhalten, wie es in der bayerischen Verfassung heißt. Nach der Überwindung des Analphabetismus läßt sich keine feste Scheidelinie zwischen elementarer und weiterführender Bildung mehr ziehen. Die für jeden erforderliche Allgemeinbildung setzt die gemeinsame Grund- und Mittelstufe voraus, allerdings mit differenziertem Angebot und individualisiertem Lernen.

Das Bürgerrecht auf Bildung ist nicht auf dem Markt der Systemkonkurrenz, durch den Wettbewerb verschiedener Schulformen um die knapper gewordenen Schülerinnen und Schüler einzulösen, gleichgültig ob in der Form alter Drei- oder neuer Viergliedrigkeit dort, wo die regulären Gesamtschulen hinzugekommen sind. Auch die Vorstellung, hinter den wissenschaftspropädeutischen Gymnasien, die sich ihre Schüler aussuchen können, im zweiten Glied die Haupt-, Real- und Gesamtschulen reformpädagogisch für alle anderen zusammenzuschließen, führt nicht weiter, sondern beschwört aufs neue die alte Zweiteilung von höherem und niederem Schulwesen, mit allen Folgen für die soziale Selektion.

Doch die Geschichte der Bildungsreform zeigt, daß über ihren Fortgang nicht pädagogische Einsichten und organisatorische Konzepte, sondern gesellschaftliche Machtverhältnisse entscheiden. Sie sorgten durch die Jahrhunderte in den deutschen Ländern für die außerordentliche Beständigkeit der Strukturen öffentlicher Bildung und damit für eine unvergleichliche Kontinuität der Probleme und Polarisierungen. So groß die wirtschaftlichen und politischen Umwälzungen waren, das Interesse an bestimmten Formen sozialer Ungleichheit ließ neue Gruppen in die Fußstapfen der alten treten, um das Bildungssystem zu bewahren. Entstanden im Zusammenhang der kirchlichen Ordnung des religiösen Lebens und tradiert durch die territorialstaatliche Organisation politischer Herrschaft, schlossen sich den Interessen der oberen Stände später die Bildungsbürger an und danach die neuen Mittelschichten. Daher die außergewöhnlichen Umstände, derer es jeweils bedurfte, um herrschendes Staatsverständnis und gesellschaftliches Interesse so weit zu erschüttern, daß ein Stück Bildungsreform möglich wurde.

Das letzte kam in Gang, ohne daß das politische System nach einem verlorenen Krieg zusammengebrochen war. Vorbereitet wurde es bei wachsendem Wohlstand und anhaltender Vollbeschäftigung in einer breiten Diskussion über die Rolle des Bildungswesens im Wettbewerb der Industrienationen. Zur Einleitung bedurfte die Bildungsreform einer Phase bisher in Deutschland beispielloser Liberalisierung des öffentlichen und privaten Lebens. Es hat nicht an Rückschlägen gefehlt noch an Extremisten. Seitdem aber festigen sich die fundamentaldemokratischen Grundlagen des Gemeinwesens. Vermehrtes Bürgerengagement und verändertes Staatsverständnis eröffnen Reformen vor Ort neue Chancen, drängen auf regional spezifische Lösungen.

Für die Strukturreform verbessern sich die Rahmenbedingungen, wenn wieder mehr Arbeitskräfte gesucht werden, vor allem qualifizierte und weiterbildungsfähige. Die individuellen Anforderungen wachsen, ungeachtet überkommener Statusdifferenzen. Andauernde Bildungsexpansion höhlt das Berechtigungssystem weiter aus. Die gesellschaftliche Instrumentalisierung öffentlicher Bildung fällt immer schwerer. Die Bildungsreform bleibt auf der Tagesordnung.

Literaturverzeichnis

Adorno, Theodor W. 1970, *Erziehung zur Mündigkeit,* Frankfurt am Main.

Allerbeck, Klaus R. 1973, *Soziologie radikaler Studentenbewegungen,* München

Altvater, Elmar/Freerk Huisken (Hg.) 1971, *Materialien zur politischen Ökonomie des Ausbildungssektors,* Erlangen.

Anweiler, Oskar 1988, *Schulpolitik und Schulsystem in der DDR,* Opladen.

Apel, Hans-Jürgen 1984, *Das preußische Gymnasium in den Rheinlanden und Westfalen 1814-1848,* Köln/Wien.

Archer, Margaret S. (ed.) 1982, *The sociology of educational expansion,* Beverly Hills/London.

Aretin, Karl Otmar Freiherr von 1974, *Der aufgeklärte Absolutismus,* Köln.

Ariès, Philippe 1975, *Geschichte der Kindheit,* München/Wien.

Armstrong, John A. 1973, *The European Administrative Elite,* Princeton University Press.

Aumüller, Ursula 1974, »Industrieschule und ursprüngliche Akkumulation in Deutschland. Die Qualifizierung der Arbeitskräfte im Übergang von der feudalen in die kapitalistische Produktionsweise«, in: K. Hartmann u. a. (Hg.), *Schule und Staat im 18. und 19. Jahrhundert,* Frankfurt am Main.

Aurin, Kurt (Hg.) 1987, *Schulvergleich in der Diskussion,* Stuttgart.

Avenarius, Hermann 1979, *Hochschulen und Reformgesetzgebung,* Berlin.

Baethge, Martin 1970, *Ausbildung und Herrschaft. Unternehmerinteressen in der Bundesrepublik,* Frankfurt am Main.

Baethge, Martin/Dirk Hartung/Rudolf Husemann/Ulrich Teichler 1986, *Studium und Beruf,* Freiburg im Breisgau.

Baethge, Martin/Brigitte Hantschke/Wolfgang Pelull/Ulrich Voskamp 1988, *Jugend: Arbeit und Identität,* Opladen.

Baethge, Martin/Knut Nevermann (Hg.) 1984, *Organisation, Recht und Ökonomie des Bildungswesens,* Band 5 der Enzyklopädie Erziehungswissenschaft, Stuttgart.

Bangert, W., *Geschichte des Lübecker Lehrervereins während der ersten 100 Jahre seines Bestehens. (1809-1909.),* Lübeck.

Barth, Paul 1916, *Die Geschichte der Erziehung in soziologischer und geistesgeschichtlicher Beleuchtung,* Zweite, durchgesehene und erweiterte Auflage, Leipzig.

Baske, Siegfried/Martha Engelbert (Hg.) 1966, *Zwei Jahrzehnte Bildungspolitik in der Sowjetzone Deutschlands. Dokumente,* Berlin.

Baumgart, Franzjörg 1982, »Lehrer und Lehrervereine während der Revolution von 1848/49«, in: *Mentalitäten und Lebensverhältnisse.*

Beispiele aus der Sozialgeschichte der Neuzeit. Rudolf Vierhaus zum 60. Geburtstag, hg. v. Mitarbeitern und Schülern, Göttingen.

Baumgarten, Eduard 1963, *Zustand und Zukunft der deutschen Universität,* Tübingen.

Beck, Ulrich 1988, *Gegengifte. Die organisierte Unverantwortlichkeit,* Frankfurt am Main.

Becker, C. H. 1919, *Gedanken zur Hochschulreform,* Leipzig.

Becker, C. H. 1922, »Elternschaft und Grundgesetz«, in: *Die Woche,* Nummer 20, 24. Jahrgang.

Becker, C. H. 1925 a, »Zum Kampf um die Grundschule«, in: *Deutsche Allgemeine Zeitung,* Nr. 245, Beiblatt.

Becker, C. H. 1925 b, »Vom Wesen der deutschen Universität«, Leipzig.

Becker, C. H. 1926, *Die Pädagogische Akademie im Aufbau unseres nationalen Bildungswesens,* 4.-5. Aufl., Leipzig.

Becker, Gary S. 1964, *Human capital,* New York/London.

Becker, Hellmut 1971, *Bildungsforschung und Bildungsplanung,* Frankfurt am Main.

Becker, Hellmut 1977, »Rückblick von heute«, in: *Neue Sammlung,* Heft 5.

Becker, Hellmut 1980, *Auf dem Weg zur lernenden Gesellschaft,* Stuttgart.

Beirat für Ausbildungsförderung 1988, *Vorschläge zur Reform des Bundesausbildungsförderungsgesetzes (BAföG),* Bonn.

Below, Peter 1974, »Gegenreform des konservativen Bürgertums – der hessische Elternverein«, in: Gerd Köhler (Hg.), *Wem soll Schule nützen,* Frankfurt am Main.

Berg, Christa 1973, *Die Okkupation der Schule,* Heidelberg.

Bergmann, Uwe/Rudi Dutschke/Wolfgang Lefèvre/Bernd Rabehl 1968, *Rebellion der Studenten oder Die neue Opposition,* Reinbek bei Hamburg.

Bernstein, Basil 1959, »Sozio-kulturelle Determinanten des Lernens. Mit besonderer Berücksichtigung der Sprache, in: *Kölner Zeitschrift für Soziologie und Sozialpsychologie,* Sonderheft 4.

Bernstein, Basil 1977, *Beiträge zu einer Theorie des pädagogischen Prozesses,* Frankfurt am Main.

Bismarck 1932, *Erinnerung und Gedanke,* in: *Die gesammelten Werke,* Band 15, 2. Auflage, Leipzig.

Bismarck 1935, *Politische Schriften,* in: *Die gesammelten Werke,* Band 6 c, 3. Auflage, Berlin.

Blättner, Fritz 1960, *Das Gymnasium,* Heidelberg.

Blättner, Fritz 1961, *Geschichte der Pädagogik,* Heidelberg.

Blankertz, Herwig 1963, *Berufsbildung und Utilitarismus,* Düsseldorf.

Blankertz, Herwig 1966, »Pädagogische Theorie und empirische Forschung«, in: *Neue Folge der Ergänzungshefte zur Vierteljahresschrift für wissenschaftliche Pädagogik,* Heft 5.

Blankertz, Herwig 1969, *Bildung im Zeitalter der großen Industrie,* Hannover.

Blankertz, Herwig 1982, Die Geschichte der Pädagogik, Wetzlar.

Bleuel, Hans Peter/Ernst Klinnert 1967, *Deutsche Studenten auf dem Weg ins Dritte Reich*, Gütersloh.

Blinckmann, Th. 1930, *Die öffentliche Volksschule in Hamburg in ihrer geschichtlichen Entwicklung*, Hamburg.

Bloth, Hugo Gotthard 1966, *Adolph Diesterweg*, Heidelberg.

Boehm, Laetitia 1970, »Libertas Scholastica und Negotium Scholare – Entstehung und Sozialprestige des Akademischen Standes im Mittelalter«, in: Hellmuth Rössler/Günther Franz (Hg.), *Universität und Gelehrtenstand 1400-1800*, Limburg an der Lahn.

Böhme, Klaus (Hg.) 1975, *Aufrufe und Reden deutscher Professoren im Ersten Weltkrieg*, Stuttgart.

Boelitz, Otto 1924, *Der Aufbau des preußischen Bildungswesens nach der Staatsumwälzung*, Leipzig.

Böttcher, Wolfgang/Hermann Budde/Klaus Klemm 1988, »Schulentwicklung im Ländervergleich: Föderalismus, Nord-Süd-Gefälle und Schulentwicklung«, in: Hans-Günter Rolff u. a. (Hg.), *Jahrbuch der Schulentwicklung*, Band 5, Weinheim/München.

Bolder, Axel 1978, *Bildungsentscheidungen im Arbeitermilieu*, Frankfurt.

Boocock, Sarane S. 1974, »Die Schule als soziale Umwelt für Lernprozesse: Organisation und soziale Mikroprozesse der Erziehung«, in: Klaus Hurrelmann (Hg.), *Soziologie der Erziehung*, Weinheim/Basel.

Borst, Arno 1973, *Lebensformen im Mittelalter*, Frankfurt am Main/Berlin.

Bosl, Karl 1980, *Europa im Aufbruch. Herrschaft – Gesellschaft – Kultur vom 10. bis zum 14. Jahrhundert*, München.

Bourdieu, Pierre/Jean-Claude Passeron 1971, *Die Illusion der Chancengleichheit*, Stuttgart.

Bourdieu, Pierre et. al. 1981, *Titel und Stelle. Über die Reproduktion sozialer Macht*, Frankfurt am Main.

Brandau, Heinrich-Wilhelm 1959, *Die mittlere Bildung in Deutschland*, Weinheim/Berlin.

Braun, Karl-Heinz/Klaus Müller/Reinhard Odey (Hg.) 1989, *Subjektivität, Vernunft, Demokratie. Analysen und Alternativen zur konservativen Schulpolitik*, Weinheim/Basel.

Bremen, E. von 1905, *Die Preußische Volksschule. Gesetze und Verordnungen*, Stuttgart/Berlin.

Bremen, E. von 1908, *Das Schulunterhaltsgesetz vom 28. Juli 1906*, Zweite Auflage, Stuttgart/Berlin.

Brezinka, Wolfgang 1986, *Erziehung in einer wertunsicheren Gesellschaft*, 2., verbesserte Auflage., München/Basel.

Brinkmann, Gerhard (Hg.) 1978, *Ausbildungsgrad und Beschäftigung*, Berlin/München.

Brocke, Bernhard vom 1981, »Preußische Bildungspolitik 1700-1930«, in: *Deutsches Verwaltungsblatt*, 96. Jg., 1./15. August 1981, Köln/Berlin/Bonn/München.

Bronfenbrenner, Urie 1974, *Wie wirksam ist kompensatorische Erziehung?*, Stuttgart.

Brüggemann, Sibylle 1988, *Landschullehrer in Ostfriesland und Harlingerland während der ersten preußischen Zeit (1744-1806)*, Köln/Wien.

Brunkhorst, Hauke 1987, *Der Intellektuelle im Land der Mandarine*, Frankfurt am Main.

Brunkhorst, Heinz Ernst 1956, *Die Einbeziehung der preußischen Schule in die Politik des Staates (1808-1918)*, Düsseldorf.

Buchinger, Hubert 1975, *Volksschule und Lehrerausbildung im Spannungsfeld politischer Entscheidungen 1945-1970*, München.

Bücker-Gärtner, Heinz et. al. 1977, *Sozialwissenschaftler in der öffentlichen Verwaltung. Ein Beitrag zur Berufsfeldanalyse von Soziologen*, Frankfurt/New York.

Bundesassistentenkonferenz (BAK) 1968, *Kreuznacher Hochschulkonzept*, Schriften I, Bonn.

Der Bundesminister für Bildung und Wissenschaft (BMBW) 1970, *Bildungsbericht '70*, Bonn.

Der Bundesminister für Bildung und Wissenschaft (BMBW) (Hg.) 1973, *Grundsätze zur Neuordnung der beruflichen Bildung (Markierungspunkte)*, Bonn.

Der Bundesminister für Bildung und Wissenschaft (BMBW) (Hg.) 1975 ff., *Grund- und Strukturdaten*, Bonn.

Der Bundesminister für Bildung und Wissenschaft (BMBW) (Hg.) 1976, *Bildungspolitische Zwischenbilanz*, Bonn.

Der Bundesminister für Bildung und Wissenschaft (BMBW) (Hg.) 1981, *Arbeiterkinder im Bildungssystem*, Bonn.

Der Bundesminister für Bildung und Wissenschaft (BMBW) (Hg.) 1985, *Grund- und Strukturdaten*, Bonn.

Der Bundesminister für Bildung und Wissenschaft (BMBW) (Hg.) 1986, *Grund- und Strukturdaten*, Bonn.

Der Bundesminister für Bildung und Wissenschaft (BMBW) (Hg.) 1989, *Informationen Bildung Wissenschaft*, Nr. 2.

Bund-Länder-Kommission für Bildungsplanung (BLK) 1973, *Bildungsgesamtplan*, Band I, Stuttgart.

Bund-Länder-Kommission für Bildungsplanung und Forschungsförderung (BLK) 1982, *Modellversuche mit Gesamtschulen. Auswertungsbericht der Projektgruppe Gesamtschule*, Bühl (Baden).

Bund-Länder-Kommission für Bildungsplanung und Forschungsförderung (BLK) 1987, *Künftige Perspektiven von Absolventen der beruflichen Bildung im Beschäftigungssystem*, Bonn.

BVerfGE 1973, *Entscheidungen des Bundesverfassungsgerichts*, 34. Band, Tübingen.

BVerfGE 1974, *Entscheidungen des Bundesverfassungsgerichts*, 35. Band, Tübingen.

BVerfGE 1978, *Entscheidungen des Bundesverfassungsgerichts*, 47. Band, Tübingen.

BVerfGE 1984, *Entscheidungen des Bundesverfassungsgerichts*, 64. Band, Tübingen.

Bungardt, Karl 1959, *Die Odyssee der Lehrerschaft. Sozialgeschichte eines Standes*, Frankfurt am Main.

Bungardt, Karl (Hg.) 1962, *Der »Bremer Plan« im Streit der Meinungen*, Frankfurt am Main.

Bungenstab, Karl-Ernst 1970, *Umerziehung zur Demokratie? Re-education-Politik im Bildungswesen der US-Zone 1945-1949*, Düsseldorf.

Campe, Joachim Heinrich 1786, *Über einige verkannte wenigstens ungenützte Mittel zur Beförderung der Indüstrie, der Bevölkerung und des öffentlichen Wohlstandes*, Erstes und Zweites Fragment, Wolfenbüttel (Neudruck Frankfurt am Main 1969).

Campe, Joachim Heinrich 1961, *Briefe aus Paris*, hg. von Helmut König, Berlin.

Campenhausen, Axel Freiherr v. 1967, *Erziehungsauftrag und staatliche Schulträgerschaft*, Göttingen.

Carnap, Roderich von/Friedrich Edding 1962, *Der relative Schulbesuch in den Ländern der Bundesrepublik 1952-1960*, Frankfurt am Main.

Cassirer, Ernst 1921, »Kants Leben und Lehre«, in: ders. (Hg.), *Immanuel Kants Werke*, Band XI, Ergänzungsband, Berlin.

CDU-Landesverband (Hg.) 1970, *Besser lernen in Hessen*, Frankfurt am Main.

Christ, Karl 1975, *Sozialdemokratie und Volkserziehung*, Frankfurt am Main.

Clark, Burton R. 1974, »Die ›Abkühlungsfunktion‹ in den Institutionen höherer Bildung«, in: Klaus Hurrelmann (Hg.), *Soziologie der Erziehung*, Weinheim/Basel.

Classen, Peter 1983, *Studium und Gesellschaft im Mittelalter*, Herausgegeben von Johannes Fried, Stuttgart.

Clement, Werner (Hg.) 1981, *Konzept und Kritik des Humankapitalansatzes*, Berlin.

Comenius, Johann Amos 1954, *Große Didaktik*, hg. von Andreas Flitner, Düsseldorf.

Condorcet 1966, *Bericht und Entwurf einer Verordnung über die allgemeine Organisation des öffentlichen Unterrichtswesens*, mit einer Einleitung von Heinz-Hermann Schepp, Weinheim.

Conrad, J(ohannes) 1884, *Das Universitätsstudium in Deutschland während der letzten 50 Jahre*, Jena.

Conrads, Norbert 1982, *Ritterakademien der frühen Neuzeit. Bildung als Standesprivileg im 16. und 17. Jahrhundert*, Göttingen.

The Constitution of Our United States also the Declaration of Independence and Lincoln's Gettysburg Address, Chicago 1936.

Conze, Werner 1976 a, *Sozialgeschichte 1800-1850*, in: Hermann Aubin/Wolfgang Zorn (Hg.), Handbuch der deutschen Wirtschafts- und Sozialgeschichte, Bd. 2, Stuttgart.

Conze, Werner 1976 b, *Sozialgeschichte 1850-1918*, in: Hermann Aubin/Wolfgang Zorn (Hg.), Handbuch der deutschen Wirtschafts- und Sozialgeschichte, Bd. 2, Stuttgart.

Conze, Werner/Jürgen Kocka 1985, *Bildungsbürgertum im 19. Jahrhundert*, Teil I, Stuttgart.

Cremin, Lawrence A. 1962, *The Transformation of the School*, New York.

Crusius, Reinhard/Wolfgang Lempert/Manfred Wilke 1974, *Berufsausbildung – Reformpolitik in der Sackgasse?*, Reinbek bei Hamburg.

Dahrendorf, Ralf 1961, *Gesellschaft und Freiheit*, München.

Dahrendorf, Ralf 1965, *Bildung ist Bürgerrecht*, Bramsche/Osnabrück.

Dammeyer, Manfred 1980, *Das alternative Bildungskonzept*, Oberhausen.

Dammeyer, Manfred 1986, »Wissen ist Macht – sagen unsere Gegner. Über die bildungspolitische Programm-Diskussion der deutschen Sozialdemokratie«, in: Manfred Dammeyer/Werner Fricke/Wilfried Kruse (Hg.), *Mitten im Strom. Politik durch Stiften von Zusammenhängen. Festschrift für Manfred Heckenauer zum 60. Geburtstag*, Bonn.

Dams, Theodor 1973, *Berufliche Bildung – Reform in der Sackgasse*, Freiburg im Breisgau.

Deutscher Ausschuß für das Erziehungs- und Bildungswesen 1966, *Empfehlungen und Gutachten 1953-1965*, Stuttgart.

Deutscher Ausschuß für Erziehung und Unterricht 1916, *Der Aufstieg der Begabten. Vorfragen*, Im Auftrag herausgegeben und eingeleitet von Peter Petersen, Leipzig/Berlin.

Deutscher Bildungsrat 1969 a, *Empfehlungen der Bildungskommission. Einrichtung von Schulversuchen mit Gesamtschulen*, Bonn.

Deutscher Bildungsrat 1969 b, *Empfehlungen der Bildungskommission. Zur Neugestaltung der Abschlüsse im Sekundarschulwesen*, Bonn.

Deutscher Bildungsrat 1969 c, *Empfehlungen der Bildungskommission. Zur Verbesserung der Lehrlingsausbildung*, Bonn.

Deutscher Bildungsrat 1970, *Empfehlungen der Bildungskommission. Strukturplan für das Bildungswesen*, Bonn.

Deutscher Bildungsrat 1975, *Die Bildungskommission. Bericht '75. Entwicklungen im Bildungswesen*, Stuttgart.

Deutscher Bundestag 1978, *8. Wahlperiode, 96. Sitzung, Bonn, Freitag, den 9. Juni 1978.*

Deutsche Schulkonferenzen 1972 a, *Verhandlungen über Fragen des höheren Unterrichts, Berlin, 4. bis 17. Dezember 1890*, Band 1, Glashütten im Taunus.

Deutsche Schulkonferenzen 1972 b, *Verhandlungen über Fragen des höheren Unterrichts, Berlin 6. bis 8. Juni 1900*, Band 2, Glashütten im Taunus.

Deutsche Verfassungen [7]1974, bearb. v. Werner Liebing, München.

Dietrich, Theo/Job-Günter Klink (Hg.) 1972, *Zur Geschichte der Volksschule*, Band I, 2., erweiterte und verbesserte Auflage, Bad Heilbrunn, Obb.

Dietze, Lutz 1976, *Die Reform der Lerninhalte als Verfassungsproblem*, Frankfurt am Main.

Dilthey, Wilhelm 1958, *Schulreform und Schulstuben (1890)*, in: *Gesammelte Schriften*, VI. Band, 3., unveränderte Auflage, Stuttgart.

Dörpfeld, F. W. 1882, *Ein Beitrag zur Leidensgeschichte der Volksschule nebst Vorschlägen zur Reform der Schulverwaltung*, Zweite Auflage, Barmen.

484

Dohnanyi, Klaus von (Hg.) 1971, *Die Schulen der Nation*, Düsseldorf/
Wien.

Dolch, Josef ²1965, *Lehrplan des Abendlandes. Zweieinhalb Jahrtausende seiner Geschichte*, Ratingen.

Drechsel, Wiltrud Ulrike 1969, *Erziehung und Schule in der Französischen Revolution*, Frankfurt/Berlin/München.

Drechsel, Wiltrud Ulrike 1982, »Wie die Bremer zum ersten Mal eine Hochschule gegründet und wieder geschlossen haben«, in: *diskurs, Bremer Beiträge zur Wissenschaft und Gesellschaft* 7/Juni 82.

Durkheim, Emile 1977, *Die Entwicklung der Pädagogik. Zur Geschichte und Soziologie des gelehrten Unterrichts in Frankreich*, Weinheim/Basel.

Eckert, Manfred 1984, *Die schulpolitische Instrumentalisierung des Bildungsbegriffs*, Frankfurt am Main.

Eckert, Willehad Paul 1961, *Kleine Geschichte der Universität Köln*, Köln.

Edding, Friedrich 1958, *Internationale Tendenzen in der Entwicklung der Ausgaben für Schulen und Hochschulen*, Kiel.

Edding, Friedrich 1959, »Der Aufwand für Bildungseinrichtungen im internationalen Vergleich«, in: *september-gesellschaft* Heft 2.

Edding, Friedrich 1963, *Ökonomie des Bildungswesens. Lehren und Lernen als Haushalt und als Investition*, Freiburg im Breisgau.

Edelstein, Wolfgang 1965, *eruditio und sapientia. Weltbild und Erziehung in der Karolingerzeit*, Freiburg im Breisgau.

Eder, Klaus 1985, *Geschichte als Lernprozeß?*, Frankfurt am Main.

Education Publique, Die Reform des Abiturs, in: *Schola* 2 (1947) 6.

Eigen, Manfred/Hans-Georg Gadamer/Jürgen Habermas/Wolf Lepenies/ Hermann Lübbe/Klaus Michael Meyer-Abich 1988, *Die Idee der Universität*, Berlin/Heidelberg.

Eilers, Rolf 1963, *Die nationalsozialistische Schulpolitik*, Köln und Opladen.

Elkar, Rainer S. 1979, *Junges Deutschland in polemischem Zeitalter*, Düsseldorf.

Ellwein, Thomas 1985, *Die deutsche Universität. Vom Mittelalter bis zur Gegenwart*, Königstein/Ts.

Engelsing, Rolf 1973, *Analphabetentum und Lektüre. Zur Sozialgeschichte des Lesens in Deutschland zwischen feudaler und industrieller Gesellschaft*, Stuttgart.

Engholm, Björn (Hg.) 1985, *Demokratie fängt in der Schule an*, Frankfurt am Main.

Evers, Carl-Heinz 1969, *Modelle moderner Bildungspolitik*, Frankfurt am Main/Berlin/Bonn/München.

Faber, Karl-Georg/Christian Meier (Hg.) 1978, *Historische Prozesse*, München.

Fälker, Margot 1984, *Schulpolitik als Resultat von Machtrelationen. Computerunterstützte Datenanalyse der Schulpolitik in Nordrhein-Westfalen von 1950 bis 1966*, München.

Farias, Vicotor 1989, *Heidegger und der Nationalsozialismus*, Frankfurt am Main.

Feiten, Willi 1981, *Der Nationalsozialistische Lehrerbund,* Weinheim und Basel.

Fend, Helmut 1974 ff., *Soziologie der Schule I-IV,* Weinheim und Basel.

Fend, Helmut 1982, *Gesamtschule im Vergleich,* Weinheim und Basel.

Fendt, Franz 1946, *Aufriß eines deutschen Bildungsplanes,* München.

Fertig, Ludwig 1971, *Obrigkeit und Schule. Die Schulreform unter Herzog Ernst dem Frommen (1601-1675) und die Erziehung zur Brauchbarkeit im Zeitalter des Absolutismus,* Neuburgweiler/Karlsruhe.

Fertig, Ludwig 1977, *Campes politische Erziehung. Eine Einführung in die Pädagogik der Aufklärung,* Darmstadt.

Fertig, Ludwig 1979, »Einleitung: Staatsräson und Armeleutebildung«, in: ders. (Hg.), *Die Volksschule des Obrigkeitsstaates und ihre Kritiker,* Darmstadt.

Fiedler, Ralph ²1973, *Die klassische deutsche Bildungsidee,* Weinheim.

Fiege, Hartwig 1970, *Geschichte der hamburgischen Volksschule,* Bad Heilbrunn, Obb.

Fink, Eugen 1962, »Menschenbildung – Schulplanung«, in: Karl Bungardt (Hg.), *Der »Bremer Plan« im Streit der Meinungen,* Frankfurt am Main.

Flathe, Theodor 1879, *Sanct Afra. Geschichte der königlich-sächsischen Fürstenschule zu Meißen,* Leipzig.

Flechtheim, Ossip K. (Hg.) 1963, *Dokumente zur parteipolitischen Entwicklung in Deutschland seit 1945,* Dritter Band, Programmatik der deutschen Parteien, Zweiter Teil, Berlin.

Flitner, Andreas 1957, *Die politische Erziehung in Deutschland. Geschichte und Probleme. 1750-1880,* Tübingen.

Flitner, Andreas 1977, *Mißratener Fortschritt. Pädagogische Anmerkungen zur Bildungspolitik,* München.

Flitner, Andreas 1987, *Für das Leben – Oder für die Schule?,* Weinheim/Basel.

Flitner, Andreas und Mitarbeiter 1969, *Brennpunkte gegenwärtiger Pädagogik,* München.

Flitner, Wilhelm ⁵1963, *Die vier Quellen des Volksschulgedankens,* Stuttgart.

Flora, Peter 1972, »Die Bildungsentwicklung im Prozeß der Staaten- und Nationenbildung. Eine vergleichende Analyse«, in: *Kölner Zeitschrift für Soziologie und Sozialpsychologie,* Sonderheft 16, Opladen.

Flora Peter/Arnold J. Heidenheimer (eds.) 1981, *The Development of Welfare States in Europe and America,* New Brunswick N.J.

Franz, Günther (Hg.) 1950, *Staatsverfassungen,* München.

François, Etienne 1982, »Buch, Konfession und städtische Gesellschaft im 18. Jahrhundert. Das Beispiel Speyers«, in: *Mentalitäten und Lebensverhältnisse. Beispiele aus der Sozialgeschichte der Neuzeit. Rudolf Vierhaus zum 60. Geburtstag,* hg. von Mitarbeitern und Schülern, Göttingen.

Freiger, Stephan/Michael Groß/Christoph Oehler (Hg.) 1986, *Wissenschaftlicher Nachwuchs ohne Zukunft?,* Kassel.

Freinet, Elise 1981, *Erziehung ohne Zwang,* Stuttgart.
486

Fried, Johannes (Hg.) 1986, *Schulen und Studium im sozialen Wandel des hohen und späten Mittelalters,* Sigmaringen.

Friedeburg, Ludwig v. 1966, »Zum Verhältnis von Militär und Gesellschaft in der Bundesrepublik«, in: Georg Picht (Hg.), *Studien zur politischen und gesellschaftlichen Situation der Bundeswehr,* Zweite Folge, Witten/Berlin.

Friedeburg, Ludwig v. 1969, »Probleme der Hochschulreform«, in: *Die Zukunft. Sozialistische Zeitschrift für Politik, Wirtschaft und Kultur,* Heft 15/16, August 1969.

Friedeburg, Ludwig v. 1978, »Bilanz der Bildungspolitik«, in: *Zeitschrift für Pädagogik* 24 (1978) 2.

Friedeburg, Ludwig v. 1986, »Bildung als Instrument etatistischer Gesellschaftsorganisation«, in: *Zeitschrift für Sozialisationsforschung und Erziehungssoziologie* 6 (1986) 2.

Friedeburg, Ludwig v./Peter Hübner 1964, *Das Geschichtsbild der Jugend,* München.

Friedeburg, Ludwig von u. a. 1968, *Freie Universität und politisches Potential der Studenten,* Neuwied/Berlin.

Friedeburg, Ludwig v. (Hg.) 1965, *Jugend in der modernen Gesellschaft,* Köln/Berlin.

Friedeburg, Ludwig v. (Hg.) 1970 a, *Großer Hessenplan. Schulentwicklungsplan,* Zweite verbesserte und erweiterte Auflage, Wiesbaden.

Friedeburg, Ludwig v. (Hg.) 1970 b, *Großer Hessenplan. Hochschulentwicklungsplan,* Wiesbaden.

Friedeburg, Ludwig v. (Hg.) 1974 a, *Schulentwicklung in Hessen,* Wiesbaden.

Friedeburg, Ludwig v. (Hg.) 1974 b, *Hochschulentwicklung in Hessen,* Wiesbaden.

Friederich, Gerd 1978, *Die Volksschule in Württemberg im 19. Jahrhundert,* Weinheim.

Friederich, Gerd 1987, »Das niedere Schulwesen«, in: Karl-Ernst Jeismann/Peter Lundgreen (Hg.), *Handbuch der deutschen Bildungsgeschichte. Band III 1800-1870,* München.

Froese, Leonhard (Hg.) 1969, *Bildungspolitik und Bildungsreform,* München.

Froese, Leonhard/Werner Krawietz (Hg.) 1968, *Deutsche Schulgesetzgebung. Band I: Brandenburg, Preußen und Deutsches Reich bis 1945,* Weinheim/Berlin/Basel.

Frommberger, Herbert/Hans-G. Rolff/Werner Spies 1972, *Die Kollegstufe als Gesamtoberstufe,* Braunschweig.

Frommelt, Bernd/Georg Rutz (Hg.) 1972, *Gesamtschulen in Hessen,* Hannover.

Froning, Richard 1903, »Geschichte der Musterschule«, in: *Festschrift zur Hundertjahrfeier der Musterschule in Frankfurt am Main,* Frankfurt am Main.

Fuchs, Hans-Werner/Klaus-Peter Pöschl 1986, *Reform oder Restauration? Eine vergleichende Analyse der schulpolitischen Konzepte und Maßnahmen der Besatzungsmächte 1945-1949,* München

Führ, Christoph 1972, *Zur Schulpolitik der Weimarer Republik*, 2., durchgesehene Auflage, Weinheim.

Führ, Christoph 1976, »Bismarck zur Gefahr eines ›akademischen Proletariats‹. Immediateingabe vom 16. März 1890«, in: *Mitteilungen und Nachrichten des Deutschen Instituts für Internationale Pädagogische Forschung*, Nr. 83/84.

Führ, Christoph 1980, »Die preußischen Schulkonferenzen von 1890 und 1900. Ihre bildungspolitische Rolle und bildungsgeschichtliche Bewertung«, in: Peter Baumgart (Hg.), *Bildungspolitik in Preußen zur Zeit des Kaiserreichs*, Stuttgart.

Führ, Christoph 1988, *Schulen und Hochschulen in der Bundesrepublik Deutschland*, Bonn.

Führ, Christoph (Hg.) 1969, *Zur Bildungsreform in der Bundesrepublik Deutschland*, Weinheim/Berlin/Basel.

Füssl, Karl-Heinz/Christian Kubina 1983, *Berliner Schule zwischen Restauration und Innovation*, Frankfurt am Main/Bern.

Furck, Carl-Ludwig 1969, »Innere und äußere Schulreform«, in: Pädagogisches Zentrum (Hg.), *Veröffentlichungen. Bd. 10: Zur Theorie der Schule*, Weinheim/Berlin/Basel.

Gafert, Bärbel 1979, *Höhere Bildung als Antiaufklärung. Entstehung und Bedeutung des preußischen Gymnasiums*, Frankfurt/New York.

Gall, Lothar 1980, *Bismarck*, Frankfurt.

Gamm, Hans-Jochen 1964, *Führung und Verführung. Pädagogik des Natinalsozialismus*, München.

Gamm, Hans-Joachim/Franz Pöggeler (Hg.) 1967, *Streitfragen der Bildungspolitik*, Freiburg im Breisgau.

Gebauer, Klaus/Ulla Morr (Hg.) 1984, *Alternativen in der Regelschule*, Dortmund.

Geißler, Rainer/unter Mitarbeit von Jürgen Delitz 1981, *Junge Deutsche und Hitler*, Stuttgart.

Gerhardt, Wolfgang 1971, *Die bildungspolitische Diskussion in der FDP von 1945-1951*, Inaugural-Dissertation, Marburg, Lahn.

Gerth, Hans H. 1976, *Bürgerliche Intelligenz um 1800*, Göttingen.

Gesetzblatt der Freien Hansestadt Bremen vom 24. Februar 1975, Nummer 11.

Gesetzsammlung der Freien und Hansestadt Hamburg. Amtliche Ausgabe, 6. Band, I. Abtheilung, Hamburg 1870.

Giesecke, Hermann (Hg.) 1977, *Ist die bürgerliche Erziehung am Ende?*, München.

Gimbel, John 1968, *The American Occupation of Germany. Politics and the Military. 1945-1949*, Stanford CA.

Girgensohn, Jürgen 1978, »Volksbegehren hat Ziel voll erreicht«, in: *Bildung und Politik*, Heft 3 (1978).

Glöckner, Eckhard 1976, *Zur Schulreform im preußischen Imperialismus*, Glashütten im Taunus.

Glotz, Peter/Wolfgang Malanowski 1982, *Student heute*, Reinbek bei Hamburg.

Goodman, Paul 1975, *Das Verhängnis der Schule*, Frankfurt am Main.

Gorholt, Martin/Günther Seitel (Hg.) 1988, *Hochschule 2000*, Marburg.

Grab, Walter (Hg.) 1973, *Die Französische Revolution. Eine Dokumentation*, München.

Grab, Walter (Hg.) 1975, *Die Debatte um die Französische Revolution*, München.

Graf, Alfred 1912, *Schülerjahre. Erlebnisse und Urteile namhafter Zeitgenossen*, Berlin-Schöneberg.

Gregor-Dellin, Martin (Hg.) 1979, *Deutsche Schulzeit*, München.

Greinert, Wolf-Dietrich 1974, *Schule als Instrument sozialer Kontrolle und Objekt privater Interessen*, Dissertation, Technische Hochschule Hannover.

Grimm, Susanne 1966, *Aufstieg und Bildung im Bewußtsein der Industriearbeiter*, München.

Grimme, Adolf 1930, *Wesen und Wege der Schulreform*, Berlin.

Groh, Dieter 1973, *Negative Integration und revolutionärer Attentismus*, Frankfurt a.M./Berlin/Wien.

Grolle, Joist 1988, *Verteidigte Aufklärung*, Weinheim/München.

Groothoff, Hans-Hermann/Martin Stallmann (Hg.) 1962, *Pädagogisches Lexikon*, Stuttgart.

Grünthal, Günther 1968, *Reichsschulgesetz und Zentrumspartei in der Weimarer Republik*, Düsseldorf.

Grundmann, Herbert 1957, *Vom Ursprung der Universität im Mittelalter*, Berlin.

Gruschka, Andreas 1988, *Negative Pädagogik*, Wetzlar.

Günther, Karl Heinz u. a. 1960, *Erziehung und Leben*, Heidelberg.

Günther, Karl Heinz/Gottfried Uhlig (Hg.) 1968, *Zur Entwicklung des Volksbildungswesens auf dem Gebiet der Deutschen Demokratischen Republik 1946-1949*, Berlin.

Günther, Karl Heinz et al. 1971, *Quellen zur Geschichte der Erziehung*, Berlin.

Haar, Elke und Heinrich von der 1986, *Ausbildungskrise. Eine Bilanz von zehn Jahren Berufsbildung*, Berlin.

Habermas, Jürgen 1961, »Pädagogischer ›Optimismus‹ vor Gericht einer pessimistischen Anthropologie«, in: *Neue Sammlung* 1 (1961) 4.

Habermas, Jürgen 1962, *Strukturwandel der Öffentlichkeit*, Neuwied am Rhein/Berlin.

Habermas, Jürgen 1969, *Protestbewegung und Hochschulreform*, Frankfurt am Main.

Habermas, Jürgen 1981, *Theorie des kommunikativen Handelns*, 2 Bde., Frankfurt am Main.

Habermas, Jürgen/Ludwig v. Friedeburg/Christoph Oehler/Friedrich Weltz 1961, *Student und Politik*, Neuwied/Berlin/Darmstadt.

Habermas, Jürgen/Dieter Henrich 1974, *Zwei Reden*, Frankfurt am Main.

Hagener, Dirk 1973, *Radikale Schulreform zwischen Programmatik und Realität. Die schulpolitischen Kämpfe in Bremen vor dem Ersten Weltkrieg und in der Entstehungsphase der Weimarer Republik*, Bremen.

Hahn, Wilhelm 1981, *Ich stehe dazu. Erinnerungen eines Kultusministers*, Stuttgart.

Halbritter, Maria 1979, *Schulreform in der britischen Zone von 1945 bis 1949*, Weinheim/Basel.

Haller, Ingrid 1976, *Schulplanung als Surrogat für eine neue Schulpraxis*, Frankfurt am Main.

Hamm-Brücher, Hildegard 1967, *Aufbruch ins Jahr 2000 oder Erziehung im technischen Zeitalter*, Reinbek bei Hamburg.

Hamm-Brücher, Hildegard 1970, »Verwirklichung liberaler Bildungspolitik«, in: *Aktuelle Beiträge zur politischen Bildung*, Schriftenreihe der Friedrich Naumann-Stiftung, Heft 9/Juli 1970.

Hamm-Brücher, Hildegard 1972, *Unfähig zur Reform? Kritik und Initiativen zur Bildungspolitik*, München.

Hammerstein, Notker (Hg.) 1988, *Deutsche Bildung? Briefwechsel zweier Schulmänner*, Frankfurt am Main.

Harkort, Friedrich 1919, *Bemerkungen über die Hindernisse der Zivilisation und Emanzipation der untern Klasse. Fortsetzung der »Bemerkungen über die Preußische Volksschule«*, Nach der Originalausgabe (Elberfeld 1844, Julius Bädeker) mit Einleitung und Anmerkungen herausgegeben von Dr. Julius Ziehen, Frankfurt am Main.

Harnay, Klaus 1980, *Die preußische Fortbildungsschule*, Weinheim/Basel.

Hars, Rudolf 1981, *Die Bildungsreformpolitik der Christlich-Demokratischen Union in den Jahren 1945 bis 1954*, Frankfurt am Main/Bern.

Hattenhauer, Hans 1980, *Geschichte des Beamtentums*, Köln/Berlin/Bonn/München.

Hauck, Peter/Jürgen Lüthje 1970, *Wissenschaftsfreiheit durch Mitbestimmung*, Schriften der Bundesassistentenkonferenz 9, Bonn.

Hearnden, Arthur 1973, *Bildungspolitik in der BRD und DDR*, Düsseldorf.

Hearnden, Arthur (Ed.) 1978, *The British in Germany. Educational Reconstruction after 1945*, London.

Hegel, Georg Wilhelm Friedrich 1927, *Sämtliche Werke*, hg. von Hermann Glockner, Dritter Band, Stuttgart.

Heidegger, Martin 1983, *Die Selbstbehauptung der deutschen Universität. Das Rektorat 1933/34*, Frankfurt am Main.

Heidenheimer, Arnold J. 1981, »Education and Social Security Entitlements in Europe and America«, in: Peter Flora/Arnold J. Heidenheimer (ed.), *The Development of Welfare States*, New Brunswick and London.

Heinemann, Manfred 1974, *Schule im Vorfeld der Verwaltung. Die Entwicklung der preußischen Unterrichtsverwaltung von 1771-1800*, Göttingen.

Heinemann, Manfred 1980 a, »›Bildung‹ in Staatshand. Zur Zielsetzung und Legitimationsproblematik der ›niederen‹ Schulen in Preußen, unter besonderer Berücksichtigung des Unterrichtsgesetzentwurfs des Ministeriums Falk (1877)«, in: Peter Baumgart (Hg.), *Bildungspolitik in Preußen zur Zeit des Kaiserreichs*, Stuttgart.

Heinemann, Manfred (Hg.) 1977, *Der Lehrer und seine Organisation,* Stuttgart.

Heinemann, Manfred (Hg.) 1980 b, *Erziehung und Schulung im Dritten Reich. Teil 1: Kindergarten, Schule, Jugend, Berufserziehung,* Stuttgart.

Heinemann, Manfred (Hg.) 1980 c, *Erziehung und Schulung im Dritten Reich. Teil 2: Hochschule, Erwachsenenbildung,* Stuttgart.

Heinemann, Manfred (Hg.) 1981, *Umerziehung und Wiederaufbau. Die Bildungspolitik der Besatzungsmächte in Deutschland und Österreich,* Stuttgart.

Heller, Kurt 1970, *Aktivierung der Bildungsreserven,* Bern/Stuttgart.

Hellpach, Willy 1925, *Die Wesensgestalt der deutschen Schule,* Leipzig.

Henning, F. W. 1973, *Die Industrialisierung in Deutschland 1800-1914,* Paderborn.

Hentig, Hartmut von 1968, *Systemzwang und Selbstbestimmung. Über die Bedingungen der Gesamtschule in der Industriegesellschaft,* Stuttgart.

Hentig, Hartmut von 1976, *Was ist eine humane Schule?,* München/Wien.

Hentig, Hartmut von 1980, *Die Krise des Abiturs und eine Alternative,* Stuttgart.

Hentig, Hartmut von 1981, *Aufwachsen in Vernunft. Kommentare zur Dialektik der Bildungsreform,* Stuttgart.

Hentschel, Volker 1983, *Geschichte der deutschen Sozialpolitik (1880-1980),* Frankfurt am Main.

Herber, Franz 1914, *Vom Volksschulwesen Frankfurts,* Berlin.

Herbert, Michael 1981, *Erziehung und Volksbildung in Altwürttemberg,* Frankfurt am Main.

Herder, Johann Gottfried 1889, *Sämtliche Werke,* hg. von Bernhard Suphan, Dreißigster Band, Berlin.

Herrlitz, Hans-Georg 1973, *Studium als Standesprivileg. Die Entstehung des Maturitätsproblems im 18. Jahrhundert. Lehrplan und gesellschaftsgeschichtliche Untersuchungen,* Frankfurt am Main.

Herrlitz, Hans-Georg/Wulf Hopf/Hartmut Titze 1981, *Deutsche Schulgeschichte von 1800 bis zur Gegenwart,* Königstein/Ts.

Herzer, Albert 1953, »Die Schülerauslese vor Gericht«, in: *Hamburger Lehrerzeitung* 6 (1953) 13.

Der Hessische Kultusminister (HKM) 1973, *Rahmenrichtlinien Sekundarstufe I Gesellschaftslehre 1973,* Frankfurt am Main.

Der Hessische Kultusminister (HMK) 1987, *Hessische Bildungspoltik in Zahlen,* Wiesbaden.

Der Hessische Kultusminister (HKM) (Hg.) 1969 ff., *bildungspolitische informationen,* Wiesbaden.

Heubaum, Alfred 1973, *Geschichte des deutschen Bildungswesens seit der Mitte des 17. Jahrhunderts,* 1. (einziger) Band, Neudruck der Ausgabe Berlin 1905, Aalen.

Heydorn, Heinz-Joachim 1968, »Wilhelm von Humboldt. Abstand und Nähe«, in: *Wilhelm von Humboldt. Abstand und Nähe. Drei Vorträge*

zum Gedenken seines 200. Geburtstages, Frankfurt a.M./Berlin/Bonn/
München.

Heydorn, Heinz-Joachim 1970, *Über den Widerspruch von Bildung und
Herrschaft,* Frankfurt am Main.

Heydorn, Heinz-Joachim/Gernot Koneffke 1973, *Zur Bildungsgeschichte
des deutschen Idealismus,* Glashütten im Taunus.

Himmelstein, Klaus 1986, *Kreuz statt Führerbild. Zur Volksschulentwicklung in Nordrhein-Westfalen 1945-1950,* Frankfurt am Main/
Bern/New York.

Hippe, Robert 1953, *Geschichte der Hauptschule zu Bremen 1858-1905,*
Bremen.

Höhne, Ernst 1973, *Der Neuaufbau des Schulwesens nach dem Bildungsgesamtplan,* Bamberg.

Holthoff, Fritz 1982, »Über den realistischen Bildungsgedanken«, in:
Stadtarchiv Duisburg (Hg.), *Duisburger Forschungen,* 31. Band, Duisburg.

Hopf, Christel/Knut Nevermann/Ingo Richter 1980, *Schulaufsicht und
Schule,* Stuttgart.

Horkheimer, Max 1967, *Zur Kritik der instrumentellen Vernunft,* Frankfurt am Main.

Horkheimer, Max/Theodor W. Adorno 1947, *Dialektik der Aufklärung,*
Amsterdam.

Huber, Ernst Rudolf 1957 a, *Zur Problematik des Kulturstaats,* Tübingen.

Huber, Ernst Rudolf 1957 b, *Deutsche Verfassungsgeschichte seit 1789.
Band I Reform und Restauration 1789 bis 1830,* Stuttgart.

Huber, Ernst Rudolf 1969, *Deutsche Verfassungsgeschichte seit 1789.
Band IV Struktur und Krise des Kaiserreichs,* Stuttgart.

Huber, Ernst Rudolf 1981, *Deutsche Verfassungsgeschichte seit 1789.
Band VI Die Weimarer Reichsverfassung,* Stuttgart/Berlin/Köln/Mainz.

Huber, Ludwig 1988, »Schulreform aus erster Hand. Von der Bekenntnisschule zu einer modernen Schulstruktur«, in: Albin Dannhäuser
u. a. (Hg.), *Ist die Schule noch zu retten?,* Weinheim/Basel.

Hüfner, Klaus/Jens Naumann 1977, *Konjunkturen der Bildungspolitik in
der Bundesrepublik Deutschland. Band I: Der Aufschwung (1960-
1967),* Stuttgart.

Hüfner, Klaus/Jens Naumann/Helmut Köhler/Gottfried Pfeffer 1986,
*Hochkonjunktur und Flaute: Bildungspolitik in der Bundesrepublik
Deutschland 1967-1980,* Stuttgart.

Hüfner, Klaus (Hg.) 1973, *Bildungswesen: mangelhaft. BRD-Bildungs-
politik im OECD-Länderexamen,* Frankfurt am Main/Berlin/Mün-
chen.

Huelsz, Isa 1970, *Schulpolitik in Bayern. Zwischen Demokratisierung
und Restauration in den Jahren 1945-1950,* Hamburg.

Humboldt, Wilhelm von 1903, *Gesammelte Schriften,* h. von der König-
lich Preussischen Akademie der Wissenschaften, Band X, Berlin.

Humboldt, Wilhelm von 1920, *Gesammelte Schriften,* hg. von der Preussischen Akademie der Wissenschaften, Band XIII, Berlin.

Humboldt, Wilhelm von 1946, *Ideen zu einem Versuch, die Grenzen der Wirksamkeit des Staates zu bestimmen,* Nürnberg.

Humboldt, Wilhelm von 1952, *Briefe,* Auswahl von Wilhelm Rößle, München.

Hurrelmann, Klaus 1975, *Erziehungssystem und Gesellschaft,* Reinbek bei Hamburg.

Hurrelmann, Klaus 1986, *Einführung in die Sozialisationstheorie,* Weinheim/Basel.

Hurrelmann, Klaus 1989, *Warteschleifen. Keine Berufs- und Zukunftsperspektiven für Jugendliche?,* Weinheim/Basel.

Husén, Torsten 1971, *Die Schule der 80er Jahre,* Stuttgart.

Husén, Torsten 1974, *Schulkrise,* Weinheim/Basel.

Husén, Torsten 1979, *The School in Question,* New York.

Husén, Torsten 1980, *Schule in der Leistungsgesellschaft,* Braunschweig.

Illich, Ivan 1973, *Entschulung der Gesellschaft,* Reinbek bei Hamburg.

Illmer, Detlef 1979, *Erziehung und Wissensvermittlung im frühen Mittelalter,* Kastellaun, Hunsrück.

infas-Report 1974, *Wahlen,* Bonn-Bad Godesberg.

Jaide, Walter 1988, *Generationen eines Jahrhunderts,* Opladen.

Jarausch, Konrad H. 1980, »Frequenz und Struktur. Zur Sozialgeschichte der Studenten im Kaiserreich«, in: Peter Baumgart (Hg.), *Bildungspolitik in Preußen zur Zeit des Kaiserreichs,* Stuttgart.

Jarausch, Konrad H. 1984, *Deutsche Studenten 1800-1970,* Frankfurt am Main.

Jarausch, Konrad H. (ed.) 1983, *The Transformation of Higher Learning 1860-1930. Expansion, Diversification, Social Opening and Professionalization in England, Germany, Russia and the United States,* Stuttgart.

Jeismann, Karl-Ernst 1974, *Das preußische Gymnasium in Staat und Gesellschaft. Die Entstehung des Gymnasiums als Schule des Staates und der Gebildeten. 1787-1817,* Stuttgart.

Jeismann, Karl-Ernst 1977, »Die ›Stiehlschen Regulative‹. Ein Beitrag zum Verhältnis von Politik und Pädagogik während der Reaktionszeit in Preußen«, in: Ulrich Herrmann (Hg.), *Schule und Gesellschaft im 19. Jahrhundert,* Weinheim/Basel.

Jeismann, Karl-Ernst/Peter Lundgreen (Hg.) 1987, *Handbuch der deutschen Bildungsgeschichte. Band III 1800-1870,* München.

Jencks, Christopher 1973, *Chancengleichheit,* Reinbek bei Hamburg.

Jeuthe, Eberhard 1980, *Zum Problem der Zweckbestimmung von philologischen Staatsprüfungen,* Frankfurt am Main.

John, Hartmut 1981, *Das Reserveoffizierkorps im Deutschen Kaiserreich 1890-1914. Ein sozialgeschichtlicher Beitrag zur Untersuchung der gesellschaftlichen Militarisierung im Wilhelmischen Deutschland,* Frankfurt/New York.

Juling, Peter 1977, *Programmatische Entwicklung der FDP 1946-1969,* Meisenheim a.Gl.

Kaelble, Hartmut 1973, »Sozialer Aufstieg in Deutschland 1850-1914«, in: *Vierteljahrschrift für Sozial- und Wirtschaftsgeschichte,* Sechzigster Band, Wiesbaden.

Kaelble, Hartmut 1975, »Chancenungleichheit und akademische Ausbildung in Deutschland 1910-1960«, in: *Geschichte und Gesellschaft. Zeitschrift für Historische Sozialwissenschaft* 1 (1975) 1.

Kaelble, Hartmut 1978, *Historische Mobilitätsforschung*, Darmstadt.

Kaelble, Hartmut 1981, »Educational Opportunities and Government Policies in Europe in the Period of Industrialization«, in: Peter Flora/Arnold J. Heidenheimer (ed.), *The Development of Welfare States in Europe and America*, New Brunswick/London.

Kaltenbrunner, Gerd-Klaus (Hg.) 1974, *Klassenkampf und Bildungsreform. Die neue Konfessionsschule*, München.

Kant, Immanuel 1913, *Werke*, hg. von Ernst Cassirer, Band IV, Berlin.

Kappmeier, Walter 1975, »Die hessische Landtagswahl vom 27. Oktober 1974. Kein Umschwung nach dem Kanzlerwechsel?«, in: *Zeitschrift für Parlamentsfragen* 4/Dezember 1975.

Katz, Michael B. 1968, *The Irony of Early School Reform*, Cambridge Mass., Harvard University Press.

Katz, Michael B. 1975, *Class, Bureaucracy, and Schools*, New York.

Keck, Rudolf W. 1968, *Geschichte der Mittleren Schule in Württemberg*, Stuttgart.

Kellermann, Paul 1977, *Zur soziologischen Kritik gegenwärtiger Bildungspolitik*, Klagenfurt.

Kern, Horst/Michael Schumann 1984, *Das Ende der Arbeitsteilung?*, München.

Keussen, Hermann 1934, *Die alte Universität Köln. Grundzüge ihrer Verfassung und Geschichte. Festschrift zum Einzug in die neue Universität Köln*, Köln.

Killy, Gerhard 1981, *Bildungsfinanzierung und Wirtschaftswachstum*, Frankfurt/New York.

Kirsch, Hans Christian 1980, *Bildung im Wandel*, Frankfurt am Main.

Kittel, Helmuth 1957, *Die Entwicklung der Pädagogischen Hochschulen 1926-1932*, Berlin/Hannover/Darmstadt.

Klafki, Wolfgang 1963, *Studien zur Bildungstheorie und Didaktik*, Weinheim.

Klafki, Wolfgang 1971, »Restaurative Schulpolitik 1945-1950 in Westdeutschland: Das Beispiel Bayern«, in: Siegfried Oppolzer unter Mitwirkung von Rudolf Lassahn (Hg.), *Erziehungswissenschaft 1971 zwischen Herkunft und Zukunft der Gesellschaft*, Wuppertal/Ratingen.

Klafki, Wolfgang 1985, *Neue Studien zur Bildungstheorie und Didaktik*, Weinheim/Basel.

Kleineidam, Erich 1965, *Universitas Studii Erffordensis. Überblick über die Geschichte der Universität Erfurt im Mittelalter 1392-1521*, Leipzig.

Klemm, Klaus 1986, »Was 1985 hätte sein sollen – Zielwerte des Bildungsgesamtplans von 1973 im Vergleich zur realen Schulenwicklung«, in: Hans-Günter Rolff/Klaus Klemm/Klaus-Jürgen Tillmann (Hg.), *Jahrbuch der Schulentwicklung. Band 4*, Weinheim/Basel.

Klemm, Klaus/Hans-Günter Rolff/Klaus-Jürgen Tillmann 1985, *Bildung für das Jahr 2000*, Reinbek bei Hamburg.

Klewitz, Marion 1971, *Berliner Einheitsschule 1945-1951*, Berlin.

Klüver, Jürgen 1983, *Universität und Wissenschaftssystem*, Frankfurt/ New York.

Knabe, Karl 1905, *Geschichte des deutschen Schulwesens*, Leipzig.

Knebel, Hans-Joachim/Janpeter Kob 1960, »Der quantitative und qualitative Nachwuchsbedarf in der industriellen Gesellschaft«, in: *Material- und Nachrichtendienst (»MUND«) der Arbeitsgemeinschaft deutscher Lehrerverbände* 11 (1960) Sondernummer F 1.

Knoop, Karl 1984, *Zur Geschichte der Lehrerbildung in Schleswig-Holstein*, Husum.

Kocka, Jürgen 1977, *Angestellte zwischen Faschismus und Demokratie*, Göttingen.

Kocka, Jürgen 1978, »Bildung, soziale Schichtung und soziale Mobilität im Deutschen Kaiserreich«, in: Dirk Stegmann u. a. (Hg.), *Industrielle Gesellschaft und politisches System*, Bonn.

Köhler, Gerd (Hg.) 1974, *Wem soll Schule nützen?*, Frankfurt am Main.

Köhler, Gerd/Ernst Reuter (Hg.) 1973, *Was sollen Schüler lernen?*, Frankfurt am Main.

Köhler, Hans-Joachim (Hg.) 1981, *Flugschriften als Massenmedium der Reformationszeit*, Stuttgart.

Köhn, Rolf 1986, »Schulbildung und Trivium im lateinischen Hochmittelalter und ihr möglicher praktischer Nutzen«, in: Johannes Fried (Hg.), *Schulen und Studium im sozialen Wandel des hohen und späten Mittelalters*, Sigmaringen.

Köllmann, Wolfgang 1976, »Bevölkerungsgeschichte 1800-1970«, in: Hermann Aubin/Wolfgang Zorn (Hg.), *Handbuch der deutschen Wirtschafts- und Sozialgeschichte*, Bd. 2, Stuttgart.

König, Helmut 1960, *Zur Geschichte der Nationalerziehung in Deutschland im letzten Drittel des 18. Jahrhunderts*, Berlin.

König, Helmut 1973, *Zur Geschichte der bürgerlichen Nationalerziehung in Deutschland zwischen 1807 und 1815*, Teil 2, Berlin.

König, René 1970, *Vom Wesen der deutschen Universität*, Darmstadt.

Koneffke, Gernot 1973, »H. J. Campes Schrift ›Über einige verkannte, wenigstens ungenützte Mittel zur Beförderung der Industrie, der Bevölkerung und des öffentlichen Wohlstandes‹ (Wolfenbüttel 1786) und die pädagogische Erzeugung ökonomischer Qualifikation im strategischen Konzept bürgerlicher Durchsetzung«, in: Heinz-Joachim Heydorn/Gernot Koneffke (Hg.), *Studien zur Sozialgeschichte und Philosophie der Bildung*, Bd. I, München.

Kopizsch, Franklin (Hg.) 1976, *Aufklärung, Absolutismus und Bürgertum in Deutschland*, München.

Koppenhöfer, Peter 1980, *Bildung und Auslese*, Weinheim/Basel.

Koselleck, Reinhart 1967, *Preußen zwischen Reform und Revolution. Allgemeines Landrecht, Verwaltung und soziale Bewegung von 1791 bis 1848*, Stuttgart.

Kovács, Elisabeth (Hg.) 1979, *Katholische Aufklärung und Josephinismus*, München.

Kraul, Margret 1980, *Gymnasium und Gesellschaft im Vormärz*, Göttingen.

Kraul, Margret 1984, *Das deutsche Gymnasium 1780-1980*, Frankfurt am Main.

Kraus, Friedrich 1955, *150 Jahre Gesellschaft der Freunde des vaterländischen Schul- und Erziehungswesens*, Hamburg.

Krieck, Ernst 1932, *Nationalpolitische Erziehung*, Leipzig.

Krieck, Ernst 1933, *Die Erneuerung der Universität*, Frankfurt a.M.

Kroh, Oswald 1930, *Die Psychologie des Grundschulkindes*, Langensalza.

Krueger, Bernhard 1970, »Die Rede Friedrich Wilhelms IV. vor den Teilnehmern der Seminarlehrerkonferenz 1849«, in: *Pädagogische Rundschau* 24 (1970), S. 845-856.

Kuczynski, Jürgen 1980, *Geschichte des Alltags des deutschen Volkes. Studien 1 1600-1650*, Berlin.

Kuczynski, Jürgen 1981, *Geschichte des Alltags des deutschen Volkes. Studien 3 1810-1870*, Köln.

Kümmel, Klaus 1980, »Zur schulischen Berufserziehung im Nationalsozialismus. Gesetze und Erlasse«, in: Manfred Heinemann (Hg.), *Erziehung und Schulung im Dritten Reich. Teil 1: Kindergarten, Schule, Jugend, Berufserziehung*, Stuttgart.

Kuhlmann, Caspar 1970, »Schulreform und Gesellschaft in der Bundesrepublik Deutschland 1946-1966«, in: Saul B. Robinsohn u. a., *Schulreform im gesellschaftlichen Prozeß*, Band I, Stuttgart.

Kuhnt, Günther 1950, »Das Chaos im Schulrecht«, in: *Der Städtetag. Zeitschrift für kommunale Praxis und Wissenschaft* 3 (1950), Neue Folge.

Kullnik, M. 1931, *Ergebnisse der Prüfung für das Lehramt an höheren Schulen in Preußen 1901/02 bis 1929/30*, Berlin.

Der Kultusminister des Landes Nordrhein-Westfalen (Hg.) 1972, *Kollegstufe NW*, Düsseldorf.

Kultusministerium Baden-Württemberg (Hg.) 1973, *Hochschulreform in Baden-Württemberg*, Stuttgart.

Kultusministerkonferenz (KMK) 1954, »Empfehlungen der Kultusministerkonferenz v. 17. 12. 1953 in Bonn«, in: *Geschichte in Wissenschaft und Unterricht* 5 (1954), S. 132-141.

Kultusministerkonferenz (KMK) 1962, *Dokumentation Nr. 2. OECD-Konferenz in Washington 1961. Wirtschaftswachstum und Ausbau des Erziehungswesens*, Bonn.

Kultusministerkonferenz (KMK) 1965, *Kulturpolitik der Länder 1963 und 1964*, Bonn.

Kultusministerkonferenz (KMK) 1967 a, *Kulturpolitik der Länder 1965 und 1966*, Bonn.

Kultusministerkonferenz (KMK) 1967 b, *Bericht der Länder über den Stand der Maßnahmen auf dem Gebiet der Bildungsplanung*, Bonn.

Kultusministerkonferenz (KMK) 1969, *Kulturpolitik der Länder 1967 und 1968*, Bonn.

Kultusministerkonferenz (KMK) 1971 a, *Handbuch für die Kultusministerkonferenz 1971*, Bonn.

Kultusministerkonferenz (KMK) 1971 b, *Kulturpolitik der Länder 1969 und 1970*, Bonn.

Kultusministerkonferenz (KMK) 1973, *Kulturpolitik der Länder 1971 und 1972*, Bonn.

Kultusministerkonferenz (KMK) 1986, *Kulturpolitik der Länder 1982 bis 1984*, Bonn.

Kultusministerkonferenz (KMK) 1988, *Kulturpolitik der Länder 1985 bis 1987*, Bonn.

Kultusministerkonferenz (KMK) (Hg.) 1989, *Ansprache von Kultusminister Georg Gölter anläßlich der Übernahme der Präsidentschaft der Kultusministerkonferenz*, Bonn.

Landé, Walter 1929, *Die Schule in der Reichsverfassung*, Berlin.

Landé, Walter (Hg.) 1927, *Die Grundschule*, Zweite Auflage (Stand vom 1. Nov. 1926), Berlin.

Landfester, Manfred 1988, *Humanismus und Gesellschaft im 19. Jahrhundert*, Darmstadt.

Lange, Bernward/Hartmut Kuffner/Ralf Schwarzer 1983, *Schulangst und Schulverdrossenheit*, Opladen.

Lau, Christoph/Ulrich Beck 1989, *Definitionsmacht und Grenzen angewandter Sozialwissenschaft*, Opladen.

Lennert, Rudolf 1964, »Wesenszüge der Fürstenschulerziehung«, in: *Neue Sammlung*, Heft 4/1964.

Lepenies, Wolf 1988, *Die drei Kulturen. Soziologie zwischen Literatur und Wissenschaft*, Reinbek bei Hamburg.

Leschinsky, Achim 1978 a, »Industrieschulen – Schulen der Industrie?«, in: *Zeitschrift für Pädagogik* 24 (1978) 1.

Leschinsky, Achim 1978 b, »Sekundarstufe I oder Volksschuloberstufe? Zur Diskussion um den Mittelbau des Schulwesens am Ende der Weimarer Zeit«, in: *Neue Sammlung* 18 (1978) 5.

Leschinsky, Achim 1982, »Volksschule zwischen Ausbau und Auszehrung. Schwierigkeiten bei der Steuerung der Schulentwicklung seit den zwanziger Jahren«, in: *Vierteljahrshefte für Zeitgeschichte*, Heft 1/1982.

Leschinsky, Achim/Peter Martin Roeder 1976, *Schule im historischen Prozeß*, Stuttgart.

Leschinsky, Achim/Peter M. Roeder 1981, »Gesellschaftliche Funktionen der Schule«, in: Walter Twellmann (Hg.), *Handbuch Schule und Unterricht*, Band 3, Düsseldorf.

Lexis, W. (Hg.) 1902, *Die Reform des höheren Schulwesens in Preußen*, Halle a. S.

Leyser, Jakob Anton 1896, *Joachim Heinrich Campe. Ein Lebensbild aus dem Zeitalter der Aufklärung*, Bd. 1 und 2, Braunschweig.

Liebknecht, Wilhelm 1888, »Wissen ist Macht – Macht ist Wissen«, in: Ludwig Fertig (Hg.), *Die Volksschule des Obrigkeitsstaates und ihre Kritiker*, Darmstadt 1979.

Lingelbach, Karl Christoph 1970, *Erziehung und Erziehungstheorien im nationalsozialistischen Deutschland*, Weinheim/Berlin/Basel.

Litt, Theodor 1959, *Das Bildungswesen der deutschen Klassik und die moderne Arbeitswelt*, Bonn.

Löffler, Eugen 1928, *Der Aufbau des öffentlichen Schulwesens in Deutschland,* Berlin.

Löffler, Eugen 1931, *Das öffentliche Bildungswesen in Deutschland,* Berlin.

Lohmann, Richard 1921, *Das Schulprogramm der Sozialdemokratie und ihre Schulpolitik,* Stuttgart/Berlin.

Lundgreen, Peter 1971, »Schulbildung und Frühindustrialisierung in Berlin/Preußen. Eine Einführung in den historischen und systematischen Zusammenhang von Schule und Wirtschaft«, in: Otto Büsch (Hg.), *Untersuchungen zur Geschichte der frühen Industrialisierung vornehmlich im Wirtschaftsraum Berlin/Brandenburg,* Berlin.

Lundgreen, Peter 1973, *Bildung und Wirtschaftswachstum im Industrialisierungsprozeß des 19. Jahrhunderts,* Berlin.

Lundgreen, Peter 1980, *Sozialgeschichte der deutschen Schule im Überblick. Teil I: 1770-1918,* Göttingen.

Lundgreen, Peter 1981 a, *Sozialgeschichte der deutschen Schule im Überblick. Teil II: 1918-1980,* Göttingen.

Lundgreen, Peter 1981 b, »Das Bildungsverhalten höherer Schüler während der akademischen Überfüllungskrise der 1880er und 1890er Jahre in Preußen«, in: *Zeitschrift für Pädagogik* 27 (1981) 2.

Lutz, Burkart 1976 a, »Überlegungen zu kapazitätserweiternden Maßnahmen außerhalb der Hochschulen«, in: Stifterverband für die Deutsche Wissenschaft (Hg.), *Die geburtenstarken Jahrgänge und die Aufnahmefähigkeit des Bildungssystems,* Essen-Bredeney.

Lutz, Burkart 1976 b, »Bildungssystem und Beschäftigungsstruktur in Deutschland und Frankreich«, in: Hans-Gerhard Mendius u. a. (Hg.), *Betrieb – Arbeitsmarkt – Qualifikation I,* Frankfurt am Main.

Lutz, Burkart 1984, *Der kurze Traum immerwährender Prosperität,* Frankfurt/New York.

Lutz, Burkart 1986, »Bildung im Dilemma von Leistungselite und Chancengleichheit. Notizen zur Geschichte des modernen französischen Bildungssystems«, in: *Zeitschrift für Sozialisationsforschung und Erziehungssoziologie* 6 (1986) 2.

Mächler, Anita 1980, »Aspekte der Volksschulpolitik in Preußen im 19. Jahrhundert. Ein Überblick über wichtige gesetzliche Grundlagen im Hinblick auf ausgewählte Gesichtspunkte«, in: Peter Baumgart (Hg.), *Bildungspolitik in Preußen zur Zeit des Kaiserreichs,* Stuttgart.

Maier, Karl Ernst 1967, *Das Werden der allgemeinbildenden Pflichtschule in Bayern und Österreich,* Ansbach.

Mampe, Günter 1965, *Rechtsprobleme im Schulwesen,* Berlin-Spandau/Neuwied am Rhein.

Manegold, Karl-Heinz 1970, *Universität, Technische Hochschule und Industrie,* Berlin.

Mangold, Werner 1981, »Angestelltengeschichte und Angestelltensoziologie in Deutschland, England und Frankreich«, in: Jürgen Kocka (Hg.), *Angestellte im europäischen Vergleich,* Göttingen.

Mann, Golo 1971, *Wallenstein,* Frankfurt am Main.

Mann, Thomas 1901, *Buddenbrooks. Verfall einer Familie,* Zweiter Band, Berlin.

498

Margies, Dieter 1972, *Das höhere Schulwesen zwischen Reform und Restauration. Die Biographie Hans Richerts als Beitrag zur Bildungspolitik in der Weimarer Republik,* Neuburgweier/Karlsruhe.

Marquardt, Wolfgang 1975, *Geschichte und Strukturanalyse der Industrieschule. Arbeitserziehung, Industrieunterricht, Kinderarbeit in niederen Schulen (ca. 1770-1850/70),* Hannoveraner Dissertation (T.U.).

Marwitz, Friedrich August Ludwig von der 1908, *Ein märkischer Edelmann im Zeitalter der Befreiungskriege. Erster Band: Lebensbeschreibung,* hg. von Friedrich Meusel, Berlin.

Max-Planck-Institut für Bildungsforschung. Projektgruppe Bildungsbericht (Hg.) 1980, *Bildung in der Bundesrepublik Deutschland,* Band 1 und 2, Reinbek bei Hamburg.

Max-Planck-Institut für Bildungsforschung. Arbeitsgruppe 1984, *Das Bildungswesen in der Bundesrepublik Deutschland,* Reinbek bei Hamburg.

Mayer, Karl Ulrich 1989, »Gesellschaftliche Folgen der Bildungsentwicklung. Die Bundesrepublik im westeuropäischen Vergleich«, in: Peter Flora (Hg.), *Westeuropa im Wandel,* Frankfurt am Main.

Mayer, Ulrich 1986, *Neue Wege im Geschichtsunterricht? Studien zur Entwicklung der Geschichtsdidaktik und des Geschichtsunterrichts in den westlichen Besatzungszonen und in der Bundesrepublik Deutschland 1945-1954,* Köln/Wien.

McClelland, Charles E. 1980, *State, society, and university in Germany 1700-1914,* Cambridge Mass.

Meinecke, Friedrich 1919, *Weltbürgertum und Nationalstaat,* München und Berlin.

Mende, Klaus-Dieter 1970, »Schulreform und Gesellschaft in der Deutschen Demokratischen Republik 1945-1965«, in: Saul B. Robinsohn u. a., *Schulreform im gesellschaftlichen Prozeß,* Band I, Stuttgart.

Menzel, Rudolf 1958, *Die Anfänge der Volksschule in Deutschland,* Berlin.

Messerschmidt, Manfred 1980, »Schulpolitik des Militärs«, in: Peter Baumgart (Hg.), *Bildungspolitik in Preußen zur Zeit des Kaiserreichs,* Stuttgart.

Meulemann, Heiner 1985, *Bildung und Lebensplanung. Die Sozialbeziehung zwischen Elternhaus und Schule,* Frankfurt/New York.

Mevius, Ludolf/Landesverband Hamburg der GEW (Hg.) 1981, *175 Jahre Gesellschaft der Freunde des vaterländischen Schul- und Erziehungswesens,* Hamburg.

Meyer, Folkert 1976, *Schule der Untertanen. Lehrer und Politik in Preußen 1848-1900,* Hamburg.

Meyer, Jürgen Bona (Hg.) 1885, *Friedrich's des Großen Pädagogische Schriften und Äußerungen,* Langensalza.

Meyer, Petra 1979, *Mädchenbildung in Frankfurt am Main zwischen 1816 und 1848,* Frankfurter Dissertation.

Meyer, Ruth 1968, »Das Berechtigungswesen in seiner Bedeutung für Schule und Gesellschaft im 19. Jahrhundert«, in: *Zeitschrift für die gesamte Staatswissenschaft* 124 (1968), S. 763-776.

Meyer-Willner, Gerhard 1986, *Eduard Spranger und die Lehrerbildung*, Bad Heilbrunn, Obb.

Michael, Berthold/Heinz-Hermann Schepp (Hg.) 1973, *Politik und Schule von der Französischen Revolution bis zur Gegenwart*, Band 1, Frankfurt am Main.

Michael, Berthold/Heinz-Hermann Schepp (Hg.) 1974, *Politik und Schule von der Französischen Revolution bis zur Gegenwart*, Band 2, Frankfurt am Main.

Milberg, Hildegard 1970, *Schulpolitik in der pluralistischen Gesellschaft. Die politischen und sozialen Aspekte der Schulreform in Hamburg 1890-1935*, Hamburg.

Mintzel, Alf 1977, *Geschichte der CSU*, Opladen.

Mirabeau 1792, *Herrn Mirabeau des älteren Discurs über die National-erziehung 1791. Nach seinem Tode gedruckt und übersetzt, auch mit einigen Noten und einem Vorbericht begleitet von Friedrich Eberhard von Rochow auf Reckan*, Berlin und Stettin.

Mitter, Wolfgang 1987, *Schule zwischen Reform und Krise*, Köln/Wien.

Mollenhauer, Klaus ²1985, *Vergessene Zusammenhänge. Über Kultur und Erziehung*, Weinheim/München.

Mosler, Peter 1977, *Was wir wollten was wir wurden*, Reinbek bei Hamburg.

Mühlhausen, Walter 1985, *Hessen 1945-1950*, Frankfurt am Main.

Müller, Detlef K. 1981, »Der Prozeß der Systembildung im Schulwesen Preußens während der zweiten Hälfte des 19. Jahrhunderts«, in: *Zeitschrift für Pädagogik* 27 (1981) 2.

Müller, Detlef K. 1977, *Sozialstruktur und Schulsystem. Aspekte zum Strukturwandel des Schulwesens im 19. Jahrhundert*, Göttingen.

Müller, Eduard Josef (Hg.) 1905, *Aufklärung über den Schulkampf im Jahre 1904 und 1905 in Frankfurt am Main*, Frankfurt am Main.

Müller, Gerhard 1978, *Ernst Krieck und die nationalsozialistische Wissenschaftsreform*, Weinheim/Basel.

Müller, Horst 1981, *Die deutsche Frage in Wissenschaft und Unterricht. Rahmenbedingungen eines Konzepts deutschlandpolitischer Bildung in der gymnasialen Oberstufe*, Frankfurt am Main.

Müller, Sebastian F. 1976, »Zur Sozialisationsfunktion der höheren Schule. ›Die Neuordnung des preußischen höheren Schulwesens‹ im Jahre 1924/25«, in: Manfred Heinemann (Hg.), *Sozialisation und Bildungswesen in der Weimarer Republik*, Stuttgart.

Müller, Sebastian F. ²1985, *Die höhere Schule Preußens in der Weimarer Republik*, Köln/Wien.

Müller-Benedict, Otto 1965/66, »Das bremische Bildungswesen zur Zeit Napoleons nach dem Cuvier-Rapport«, in: *Jahrbuch des Club zu Bremen*.

Müller-Rolli, Sebastian (Hg.) 1987, *Das Bildungswesen der Zukunft*, Stuttgart.

Münzenberger, E. F. A. 1880, *Die Entwicklung des Frankfurter Schulwesens im letzten Jahrzehnt*, Zweite vermehrte, verbesserte Auflage, Frankfurt am Main.

Mundt, Jörn W. 1987, *Die Bildung der Herrschaft und die Herrschaft der Bildung*, Frankfurt/New York.

Nath, Axel 1981, »Der Studienassessor im Dritten Reich. Eine sozialhistorische Studie zur ›Überfüllungskrise‹ des höheren Lehramts in Preußen 1932-1942«, in: *Zeitschrift für Pädagogik* 27 (1981) 2.

Natorp, Paul 1918, *Die Seele des Deutschen. Zweites Buch: Deutscher Weltberuf,* Jena.

Naumann, Friedrich 1903, *Volksschule und industrielle Entwicklung,* Berlin.

Nave, Karl-Heinz 1961, *Die allgemeine deutsche Grundschule. Ihre Entstehung aus der Novemberrevolution 1918,* Weinheim.

Nawiasky, Hans/Claus Leusser 1948, *Die Verfassung des Freistaates Bayern vom 2. Dezember 1946,* München/Berlin.

Neugebauer, Wolfgang 1985, *Absolutistischer Staat und Schulwirklichkeit in Brandenburg-Preussen,* Berlin/New York.

Neukum, Josef 1969, *Schule und Politik. Politische Geschichte der bayerischen Volksschule 1818-1848,* München.

Neumann, Rudolf 1903, »Das niedere Schulwesen der Reichsstadt Frankfurt a.M.«, in: *Festschrift zur Hundertjahrfeier der Musterschule in Frankfurt am Main,* Frankfurt a.M.

Neunheuser, Karlheinz 1959, »Die ideologischen Grundlagen des Rahmenplanes«, in: *Die Höhere Schule* 12 (1959) 10.

Nevermann, Knut 1982, *Der Schulleiter,* Stuttgart.

Nevermann, Knut/Ingo Richter (Hg.) 1979, *Verfassung und Verwaltung der Schule,* Stuttgart.

Niedersächsischer Landtag 1965, *Fünfte Wahlperiode. 18. Tagungsabschnitt. 49. Sitzung am 30. Juni 1965.*

Niedersächsischer Landtag 1973, *Siebente Wahlperiode. 36. Tagungsabschnitt. 72. Sitzung am 14. Juni 1973.*

Nieser, Bruno 1978, *Die Entstehung der Schule als Institution bürgerlicher Gesellschaft,* Frankfurt am Main.

Niethammer, Friedrich Immanuel 1808, *Der Streit des Philanthropinismus und Humanismus in der Theorie des Erziehungs-Unterrichts unserer Zeit,* Jena.

Nipperdey, Thomas 1968, *Volksschule und Revolution im Vormärz,* München/Wien.

Nipperdey, Thomas 1983, *Deutsche Geschichte 1800-1866,* München.

Nitsch, Wolfgang/Uta Gerhardt/Claus Offe/Ulrich K. Preuß 1965, *Hochschule in der Demokratie,* Berlin-Spandau/Neuwied am Rhein.

Nixdorf, Delia und Gerd 1988, »Politisierung und Neutralisierung der Schule in der NS-Zeit«, in: Hans Mommsen (Hg.), *Herrschaftsalltag im Dritten Reich,* Düsseldorf.

Nyssen, Friedhelm 1974, »Das Sozialisationskonzept der Stiehlschen Regulative und sein historischer Hintergrund. Zur historisch-materialistischen Analyse der Schulpolitik in den fünfziger und sechziger Jahren des 19. Jahrhunderts«, in: K. Hartmann/F. Nyssen/H. Waldeyer (Hg.), *Schule und Staat im 18. und 19. Jahrhundert,* Frankfurt am Main.

Oberndörfer, D. (Hg.) 1961, *Wissenschaftliche Politik*, Freiburg.

Oehler, Christoph 1989, *Hochschulentwickung in der Bundesrepublik seit 1945*, Frankfurt/New York.

Oelkers, Jürgen 1989, *Reformpädagogik. Eine kritische Dogmengeschichte*, Weinheim.

Oevermann, Ulrich 1970, *Sprache und soziale Herkunft*, Nr. 18 der Studien und Berichte des Instituts für Bildungsforschung, Berlin.

Offe, Claus 1975, *Berufsbildungsreform. Eine Fallstudie über Reformpolitik*, Frankfurt am Main.

Ogg, David 1965, *Europe of the Ancien Régime 1715-1785*, Glasgow.

Oppermann, Detlef 1982, *Gesellschaftsreform und Einheitsschulgedanke*, Frankfurt am Main.

Ott, Hugo 1988, *Martin Heidegger. Unterwegs zu seiner Biographie*, Frankfurt/New York.

Ottweiler, Ottwilm 1980, »Die nationalsozialistische Schulpolitik im Bereich des Volksschulwesens«, in: Manfred Heinemann (Hg.), *Erziehung und Schulung im dritten Reich. Teil 1: Kindergarten, Schule, Jugend, Berufserziehung*, Stuttgart.

Pädagogische Hochschule Karlsruhe (Hg.) 1968, *Schulgeschichtliche Urkunden Badens 1773*, Stuttgart.

Paffrath, F. Hartmut 1971, *Eduard Spranger und die Volksschule*, Bad Heilbrunn, Obb.

Pakschies, Günter 1984, *Umerziehung in der Britischen Zone 1945-1949*, 2., durchgesehene Auflage mit einem Nachwort des Autors, Köln/Wien.

Parlamentarischer Rat 1948/49, *Verhandlungen des Hauptausschusses*, Bonn.

Parsons, Talcott/Gerald M. Platt 1973, *The American University*, Cambridge Mass.

Parteiprogramme 1977, hg. von Siegfried Hergt, Leverkusen.

Parteitag 1906, *Parteitag der SPD in Mannheim. Protokoll*, Berlin.

Paulsen, Friedrich 1902, *Die deutschen Universitäten und das Universitätsstudium*, Berlin.

Paulsen, Friedrich 1906, *Das deutsche Bildungswesen in seiner geschichtlichen Entwicklung*, Leipzig.

Paulsen, Friedrich 1909, *Aus meinem Leben*, Jena.

Paulsen, Friedrich 1919, *Geschichte des gelehrten Unterrichts*, Erster Band, Leipzig. (Unveränderter photomechanischer Nachdruck, Berlin 1965.)

Paulsen, Friedrich 1921, *Geschichte des gelehrten Unterrichts*, Zweiter Band, Berlin und Leipzig. (Unveränderter photomechanischer Nachdruck, Berlin 1965).

Paulsen, Friedrich 1912, »Wandlungen des Bildungsideals in ihrem Zusammenhang mit der sozialen Entwicklung (1899)«, in: Eduard Spranger (Hg.), *Gesammelte Pädagogische Abhandlungen von Friedrich Paulsen*, Stuttgart und Berlin.

Peisert, Hansgert 1967, *Soziale Lage und Bildungschancen in Deutschland*, München.

Peisert, Hansgert/Gerhild Framhein 1979, *Das Hochschulsystem in der Bundesrepublik Deutschland. Funktionsweise und Leistungsfähigkeit,* Stuttgart.

Pestalozzi, Johann Heinrich 1964, *Wie Gertrud ihre Kinder lehrt,* Ausgabe von 1820 hg. von A. Reble, Bad Heilbrunn.

Petrat, Gerhardt 1979, *Schulunterricht. Seine Sozialgeschichte in Deutschland 1750 bis 1850,* München.

Picht, Georg 1965, *Die deutsche Bildungskatastrophe,* München.

Pleines, Jürgen-Eckardt (Hg.) 1978, *Bildungstheorien. Probleme und Positionen,* Freiburg im Breisgau.

Poeppelt, Karin S. 1978, *Zum Bildungsgesamtplan der Bund-Länder-Kommission,* Weinheim/Basel.

Prahl, Hans Werner 1978, *Sozialgeschichte des Hochschulwesens,* München.

Pretzel, C. L. A. 1920, *Die Neuordnung der Lehrerbildung,* Berlin.

Pretzel, C. L. A. 1921, *Geschichte des Deutschen Lehrervereins in den ersten fünfzig Jahren seines Bestehens,* Leipzig.

Programme der politischen Parteien in der Bundesrepublik 1975, herausgegeben und erläutert von Rainer Kunz/Herbert Maier/Theo Stammen, München.

Pütz, Helmuth 1974, *Innerparteiliche Willensbildung,* Mainz.

Quellen zum Staatsrecht der Neuzeit 1949, Band 1, Tübingen.

Raith, Werner (Hg.) 1979, *Wohin steuert die Bildungspolitik?,* Frankfurt/New York.

Raschert, Jürgen 1974, *Gesamtschule: ein gesellschaftliches Experiment,* Stuttgart.

Rau, Johannes 1974, *Die Fernuniversität,* Düsseldorf/Wien.

Reble, Albert 1975, »Zwischen Aufklärung, Neuhumanismus und Restauration«, in: Max Spindler (Hg.), *Handbuch der bayerischen Geschichte,* Bd. 4, 2. Teilbd., München.

Reble, Albert [13]1980, *Geschichte der Pädagogik,* Stuttgart.

Reichsministerium des Innern 1921, *Die Reichsschulkonferenz 1920,* Leipzig.

Reinicke, Helmut 1974, *Ware und Dialektik,* Darmstadt/Neuwied.

Renzsch, Wolfgang 1980, *Handwerker und Lohnarbeiter in der frühen Arbeiterbewegung,* Göttingen.

Richert, Hans 1920, *Die deutsche Bildungseinheit und die höhere Schule. Ein Buch von deutscher Nationalerziehung,* Tübingen.

Richter, Ingo 1973, *Bildungsverfassungsrecht,* Stuttgart.

Riehl, W. H. 1854, *Die Naturgeschichte des Volkes als Grundlage einer deutschen Social-Politik. Zweiter Band. Die bürgerliche Gesellschaft,* Zweite, neu überarbeitete Auflage, Stuttgart und Tübingen.

Riese, Reinhard 1977, *Die Hochschule auf dem Wege zum wissenschaftlichen Großbetrieb,* Stuttgart.

Ringer, Fritz K. 1979, *Education and Society in Modern Europe,* Bloomington and London.

Ringer, Fritz K. 1980, »Bildung, Wirtschaft und Gesellschaft in Deutschland 1800-1960«, in: *Geschichte und Gesellschaft 6* (1980), S. 5-35.

Ringer, Fritz K. 1983, *Die Gelehrten. Der Niedergang der deutschen Mandarine 1890-1933*, Stuttgart.

Rissmann, Robert 1908, *Geschichte des Deutschen Lehrervereins*, Leipzig.

Ritter, Gerhard ²1986, *Die Heidelberger Universität im Mittelalter (1386-1508)*, Heidelberg.

Robinsohn, Saul B. 1971, *Bildungsreform als Revision des Curriculum und Ein Strukturkonzept für Curriculumentwicklung*, Neuwied am Rhein und Berlin.

Robinsohn, Saul B./Helga Thomas 1968, *Differenzierung im Sekundarschulwesen*, Stuttgart.

Rodenstein, Heinrich 1952, *Grundsätze der Neuformung des deutschen Bildungswesens*, Berlin-Steglitz.

Roeder, Peter Martin 1966, »Gemeindeschule in Staatshand. Zur Schulpolitik des Preußischen Abgeordnetenhauses«, in: *Zeitschrift für Pädagogik* 12 (1966), S. 539-569.

Rösner, Ernst 1989, *Abschied von der Hauptschule*, Frankfurt am Main.

Rössler, Hellmuth/Günther Franz (Hg.) 1970, *Universität und Gelehrtenstand 1400-1800*, Limburg an der Lahn.

Rolff, Hans-G. 1969, *Sozialisation und Auslese durch die Schule*, Heidelberg.

Rolff, Hans-G. 1980, *Soziologie der Schulreform*, Weinheim und Basel.

Rolff, Hans-G./Georg Hansen/Klaus Klemm/Klaus-Jürgen Tillmann (Hg.) 1980 ff., *Jahrbuch der Schulentwicklung*, Band 1 ff.

Rolff, Hans-Günter/Klaus Klemm/Hermann Pfeiffer/Ernst Rösner (Hg.) 1988, *Jahrbuch der Schulentwicklung Band 5*, Weinheim/München.

Roth, Heinrich 1963, »Die realistische Wendung in der pädagogischen Forschung«, in: *Die deutsche Schule* 55 (1963) 3.

Roth, Heinrich ⁴1976, *Pädagogische Anthropologie. Band I Bildsamkeit und Bestimmung*, Hannover.

Roth, Heinrich (Hg.) 1968, *Begabung und Lernen*, Stuttgart.

Rüdiger, Otto 1896, *Geschichte des Hamburgischen Unterrichtswesens*, Hamburg.

Rüegg, Walter 1972, »Bildung und Gesellschaft im 19. Jahrhundert«, in: Hans Steffen (Hg.), *Bildung und Gesellschaft*, Göttingen.

Rüsen, Jörn/Eberhard Lämmert/Peter Glotz (Hg.) 1988, *Die Zukunft der Aufklärung*, Frankfurt am Main.

Ruge-Schatz, Angelika 1977, *Umerziehung und Schulpolitik in der Französischen Besatzungszone 1945-1949*, Frankfurt am Main.

Ruppel, Wilhelm 1904, *Über die Berufswahl der Abiturienten Preußens in den Jahren 1875-1899*, Phil.Diss. Göttingen.

Ruthenberg, Otto 1926, *Verfassungsgesetze des Deutschen Reiches und der deutschen Länder*, Berlin.

Rutter, M./B. Maughan/P. Mortimer/J. Ouston 1980, *Fünfzehntausend Stunden. Schulen und ihre Wirkung auf die Kinder*, Weinheim/ Basel.

Sack, Eduard 1886, Schlaglichter zur Volksbildung, Nürnberg.

Sander, Theodor/Hans-G. Rolff/Gertrud Winkler 1971, *Die demokratische Leistungsschule – Grundzüge der Gesamtschule*, Hannover.
504

Sarowy, Walther 1907, »Vorbereitung und Begründung des städtischen Volksschulwesens in Frankfurt am Main«, in: *Programm der Adlerflychtschule zu Frankfurt am Main,* Frankfurt am Main.

Sauer, Michael 1987, *Volksschullehrerbildung in Preußen,* Köln/Wien.

Schabedoth, Hans-Joachim 1979, *Die Gegenreform in der Bildungspolitik,* Düsseldorf.

Schacht, Konrad 1986, *Wahlentscheidung im Dienstleistungszentrum,* Opladen.

Scharfenberg, Günter (Hg.) 1984, *Die politische Bildungsarbeit der deutschen Sozialdemokratie,* Band 1 und Band 2, Berlin.

Scheibe, Wolfgang ⁷1980, *Die reformpädagogische Bewegung 1900-1932. Eine einführende Darstellung,* Weinheim/Basel.

Scheibe, Wolfgang (Hg.) 1974, *Zur Geschichte der Volksschule,* Band II, 2., erweiterte und neubearbeitete Auflage, Bad Heilbrunn, Obb.

Schelsky, Helmut 1961, *Anpassung oder Widerstand? Soziologische Bedenken zur Schulreform,* Heidelberg.

Schelsky, Helmut 1971, *Einsamkeit und Freiheit. Idee und Gestalt der deutschen Universität und ihrer Reformen,* 2., um einen »Nachtrag 1970« erweiterte Auflage, Düsseldorf.

Schenck, Guntram von 1976, *Das Hochschulrahmengesetz,* Bonn-Bad Godesberg.

Scheuerl, Hans 1968, *Die Gliederung des deutschen Schulwesens,* Stuttgart.

Schmeding, Otto 1956, *Die Entwicklung des realistischen höheren Schulwesens in Preußen bis zum Jahre 1933,* Köln.

Schmidt, Eberhard 1970, *Die verhinderte Neuordnung 1945-1952,* Frankfurt am Main.

Schmidt, Lothar/Dieter Thelen 1969, *Hochschulreform. Gefahr im Verzuge?,* Frankfurt am Main.

Schmitt, Hanno 1979, *Schulreform im aufgeklärten Absolutismus,* Weinheim und Basel.

Schmoldt, Benno 1980, *Zur Theorie und Praxis des Gymnasialunterrichts (1900-1930),* Weinheim und Basel.

Schmoldt, Benno 1985, »Schulpädagogische Zeitgeschichte in Deutschland 1945 bis 1968 aus der Perspektive Berlins«, in: *Zeitschrift für erziehungs- und sozialwissenschaftliche Forschung* 2 (1985) 1.

Schneider, Karl/Egon von Bremen 1886/87, *Das Volksschulwesen im preußischen Staate,* 3 Bde., Berlin.

Schöfer, Rolf 1981, *Berufsausbidung und Gewerbepolitik. Geschichte der Ausbildung in Deutschland,* Frankfurt/New York.

Schoene, Heinrich 1982, *KMK 2000 – der Kampf um die Schule,* Frankfurt am Main.

Schönemann, Bernd 1983, *Das braunschweigische Gymnasium in Staat und Gesellschaft,* Köln/Wien.

Scholtz, Harald 1980, »Die Schule als Erziehunsfaktor«, in: Manfred Heinemann (Hg.), *Erziehung und Schulung im Dritten Reich. Teil 1: Kindergarten, Schule, Jugend, Berufserziehung,* Stuttgart.

Scholtz, Harald/Elmar Stranz 1980, »Nationalsozialistische Einflußnahmen auf die Lehrerbildung«, in: Manfred Heinemann (Hg.), *Erziehung und Schulung im Dritten Reich. Teil 2: Hochschule, Erwachsenenbildung,* Stuttgart.

Schorb, Alfons Otto/Volker Fritzsche 1966, *Schulerneuerung in der Demokratie,* Stuttgart.

Schorb, Alfons Otto (Hg.) 1960, *Für und wider den Rahmenplan,* Stuttgart.

Schramm, Franz 1947, *Die deutsche Schule,* Frankfurt am Main.

Schramm, Percy Ernst 1963 u. 1964, *Neun Generationen. Dreihundert Jahre deutscher »Kulturgeschichte« im Lichte der Schicksale einer Hamburger Bürgerfamilie (1648-1948),* Erster Band (1963), Zweiter Band (1964), Göttingen.

Schreiner, Günter 1973, *Schule als sozialer Erfahrungsraum,* Frankfurt.

Schütte, Ernst (Hg.) 1966, *Kulturpolitik in Hessen,* Frankfurt am Main.

Schulz, Heinrich 1907, *Sozialdemokratie und Schule,* Berlin.

Schulz, Heinrich 1911, *Die Schulreform der Sozialdemokratie,* Dresden.

Schulz, Heinrich 1926, *Der Leidensweg des Reichsschulgesetzes,* Berlin.

Schulz, Werner 1983, *Gesamtschule und Tagespresse,* Bochum.

Schumm, Wilhelm 1969, *Kritik der Hochschulreform,* München.

Schwartz, Paul 1910, *Die Gelehrtenschulen Preußens unter dem Oberschulkollegium (1787-1806) und das Abiturientenexamen,* Erster Band, Berlin.

Schwarz, Sebald 1929, »Die Neuordnung des Mittel- und Volksschulwesens im Freistaat Lübeck«, in: *Pädagogisches Zentralblatt* 9 (1929), S. 163-171.

Schwarz, Sebald 1933, »Die elastische Einheitsschule«, in: *Die Erziehung* 8 (1933), S. 285-299.

Schweim, Lothar (Bearbeiter) 1966, *Schulreform in Preußen 1809-1819,* Weinheim.

Seckendorff, Veit Ludwig von 1665, *Teutscher Fürsten Stat,* 2 Bde., Frankfurt.

Senator für Schulwesen (Hg.), *Wege zur Schule von morgen. Entwicklungen und Versuche in der Berliner Schule,* Berlin o. J.

Seubert, Rolf 1977, *Berufserziehung und Nationalsozialismus,* Weinheim/Basel.

Sextro, Heinrich Philipp 1785, *Über die Bildung der Jugend zur Indüstrie,* Göttingen.

Sombart, Werner 1915, *Händler und Helden. Patriotische Besinnungen,* München und Leipzig.

Sozialdemokratische Partei Deutschlands, Parteivorstand (Hg.) 1959, *Die Zukunft meistern,* Berlin und Hannover.

Sozialdemokratische Partei Deutschlands, Parteivorstand (Hg.) 1963, *Aufstieg durch Bildung,* Hannover.

Sozialdemokratische Partei Deutschlands 1975, *Programme und Entschließungen zur Bildungspolitik 1964-1975,* Bonn-Bad Godesberg.

Sozialdemokratische Partei Deutschlands (Hg.) 1979, *Forum Bildung: »Was sollen unsere Kinder lernen?«*, Bonn.

Sozialdemokratische Partei Deutschlands 1989, *Programme und Entschließungen zur Bildungspolitik 1975-1988*, Bonn.

Spaemann, Robert 1977, *Zur Kritik der politischen Utopie*, Stuttgart.

Spies, Werner E. 1976, *Bildungsplanung in der Bundesrepublik Deutschland*, Kastellaun/Saarbrücken.

Spies, Werner E. 1984, »Bund-Länder-Kommission für Bildungsplanung«, in: Martin Baethge/Knut Nevermann (Hg.), *Enzyklopädie Erziehungswissenschaft. Band 5: Organisation, Recht und Ökonomie des Bildungswesens*, Stuttgart.

Spranger, Eduard 1913, *Wandlungen im Wesen der Universität seit 100 Jahren*, Leipzig.

Spranger, Eduard 1914 ff., »Der Zusammenhang von Politik und Pädagogik in der Neuzeit«, in: *Die Deutsche Schule* XVIII (1914), XIX (1915), XX (1916).

Spranger, Eduard [2]1919 a, *Fünfundzwanzig Jahre deutscher Erziehungspolitik*, Berlin.

Spranger, Eduard 1919 b, *Kultur und Erziehung. Gesammelte pädagogische Aufsätze*, Leipzig.

Spranger, Eduard 1920, *Gedanken über Lehrerbildung*, Leipzig.

Spranger, Eduard 1928, *Wilhelm von Humboldt und die Humanitätsidee*, Berlin.

Spranger, Eduard 1933, »März 1933«, in: *Die Erziehung* 8 (1933), S. 401-416.

Spranger, Eduard 1955, »Mein Konflikt mit der national-sozialistischen Regierung 1933«, in: *UNIVERSITAS* 10 (1955) 5.

Spranger, Eduard 1960, *Wilhelm von Humboldt und die Reform des Bildungswesens*, Tübingen.

Spranger, Eduard 1970, »Zur Geschichte der deutschen Volksschule«, in: *Gesammelte Schriften III*, Heidelberg.

Staatsinstitut für Bildungsforschung und Bildungsplanung 1977, *Schulversuche mit Gesamtschulen in Bayern. Ergebnisse der wissenschaftlichen Begleitung 1971-1976*, Stuttgart.

Staff, Ilse 1967, *Das Hessische Hochschulgesetz. Kommentar*, Neuwied am Rhein/Berlin.

Statistisches Bundesamt Wiesbaden (Hg.) 1953, *Statistisches Jahrbuch für die Bundesrepublik Deutschland*, Stuttgart/Köln.

Statistisches Bundesamt Wiesbaden (Hg.) 1954, *Statistisches Jahrbuch für die Bundesrepublik Deutschland*, Stuttgart/Köln.

Statistisches Bundesamt Wiesbaden (Hg.) 1972, *Bevölkerung und Wirtschaft 1872-1972*, Stuttgart/Mainz.

Staupe, Jürgen 1986, *Parlamentsvorbehalt und Delegationsbefugnis*, Berlin.

Steger, Hanns-Albert 1977, »Die Stunde des Abschieds – Bemerkungen über das Ende des Humboldtschen Universitätsmodells, aus Anlaß der Darstellung der ›Gebremsten Universitätsreform‹ in Konstanz«, in: *Neue Sammlung* 17 (1977), S. 538 ff.

Stein, Erwin 1947, »Die neue Schule. Pläne zur hessischen Schulreform«, in: *Frankfurter Hefte* 2 (1947) 10.

Stein, Erwin 1949, *Wege zur Volksbildung,* Wiesbaden.

Stein, Erwin 1950, *Vorschläge zur Schulgesetzgebung in Hessen,* Frankfurt am Main.

Stein, Erwin 1982, *Gesellschaftslehre als fächerübergreifender Unterricht im Lande Hessen,* Frankfurt am Main.

Stein, Erwin 1986, »Der Neuaufbau des hessischen Schulwesens nach 1945«, in: *Zeitschrift für internationale erziehungs- und sozialwissenschaftliche Forschung* 3 (1986) 1.

Stein, Lorenz von 1883 a, *Die Verwaltungslehre. Das Bildungswesen. Erster Theil,* Stuttgart.

Stein, Lorenz von 1883 b, *Die Verwaltungslehre. Das Bildungswesen. Zweiter Theil,* Stuttgart.

Stein, Lorenz von 1884, *Die Verwaltungslehre. Das Bildungswesen. Dritter Theil,* Stuttgart.

Stifterverband für die Deutsche Wissenschaft (Hg.) 1976 a, *Bildungsexpansion und Beschäftigungsstruktur am Beispiel des Abiturientenproblems,* Essen-Bredeney.

Stifterverband für die Deutsche Wissenschaft (Hg.) 1976 b, *Die geburtenstarken Jahrgänge und die Aufnahmefähigkeit des Bildungssystems,* Essen-Bredeney.

Stone, Lawrence (Ed.) ²1978, *Schooling and Society. Studies in the History of Education,* Baltimore/London.

Stratmann, Karlwilhelm 1967, *Die Krise der Berufserziehung im 18. Jahrhundert als Ursprungsfeld pädagogischen Denkens,* Ratingen bei Düsseldorf.

Stratmann, Karlwilhelm 1987, »Betriebliche Berufsausbildung«, in: Karl-Ernst Jeismann/Peter Lundgreen (Hg.), *Handbuch der deutschen Bildungsgeschichte. Band III 1800-1870,* München.

Strzelewicz, Willy/Hans-Dietrich Raapke/Wolfgang Schulenburg 1966, *Bildung und gesellschaftliches Bewußtsein,* Stuttgart.

Studienausschuß für Hochschulreform 1948, *Gutachten zur Hochschulreform,* Hamburg.

Teichler, Ulrich 1975 f., *Hochschule und Gesellschaft in Japan,* Band I und II, Stuttgart.

Teichler, Ulrich 1978, *Probleme der Hochschulzulassung in den Vereinigten Staaten,* München/New York/London/Paris.

Teichler, Ulrich 1983, »*Öffnung der Hochschulen« – auch eine Politik für die 8oer Jahre? Expertise im Auftrag des Senators für Wissenschaft und Kunst der Freien Hansestadt Bremen.*

Tennstedt, Florian 1981, *Sozialgeschichte der Sozialpolitik in Deutschland,* Göttingen.

Tenorth, Heinz-Elmar 1975, *Hochschulzugang und gymnasiale Oberstufe in der Bildungspolitik von 1945-1973,* Bad Heilbrunn, Obb.

Tenorth, Heinz-Elmar 1986, *Allgemeine Bildung,* Weinheim/München.

Tenorth, Heinz-Elmar 1987, »Lehrerberuf und Lehrerbildung«, in: Karl-

Ernst Jeismann/Peter Lundgreen (Hg.), *Handbuch der deutschen Bildungsgeschichte. Band III 1800-1870*, München.

Tenorth, Heinz-Elmar 1988, *Geschichte der Erziehung*, Weinheim und München.

Tent, James F. 1982, *Mission on the Rhine*, Chicago and London.

Tesar, Eva (Hg.) 1985, *Hände auf die Bank ... Erinnerungen an den Schulalltag*, Wien/Köln/Graz.

Tews, J. 1914, *Ein Jahrhundert preußischer Schulgeschichte*, Leipzig.

Thien, Hans-Günter 1984, *Schule, Staat und Lehrerschaft. Zur historischen Genese bürgerlicher Erziehung in Deutschland und England (1790-1918)*, Frankfurt/New York.

Thränhardt, Dietrich 1986, *Geschichte der Bundesrepublik Deutschland*, Frankfurt am Main.

Tillmann, Klaus-Jürgen 1987, *Zwischen Euphorie und Stagnation. Erfahrungen mit der Bildungsreform*, Hamburg.

Tillmann, Klaus-Jürgen 1989, *Sozialisationstheorien. Eine Einführung in den Zusammenhang von Gesellschaft, Institution und Subjektwerdung*, Reinbek bei Hamburg.

Titze, Hartmut 1973, *Die Politisierung der Erziehung. Untersuchungen über die soziale und politische Funktion der Erziehung von der Aufklärung bis zum Hochkapitalismus*, Frankfurt am Main.

Titze, Hartmut 1981, »Überfüllungskrisen in akademischen Karrieren: eine Zyklustheorie«, in: *Zeitschrift für Pädagogik* 27 (1981) 2.

Trapp, Ernst Christian 1977, *Versuch einer Pädagogik*, Unveränderter Nachdruck der 1. Ausgabe Berlin 1780, Paderborn.

Treitschke, Heinrich von 1894, *Deutsche Geschichte im Neunzehnten Jahrhundert. Fünfter Theil. Bis zur März-Revolution*, Leipzig.

Treitschke, Heinrich von 1897, *Politik. Vorlesungen gehalten an der Universität zu Berlin*, hg. von Max Cornicelius, Erster Band, Leipzig.

Turner, R. Steven 1987, »Universitäten«, in: Karl-Ernst Jeismann/Peter Lundgreen (Hg.), *Handbuch der deutschen Bildungsgeschichte, Band III 1800-1870*, München.

Tyack, David B. 1974, *The One Best System. A History of American Urban Education*, Harvard University Press, Cambridge Mass.

Uhlig, Gottfried 1965, *Der Beginn der antifaschistisch-demokratischen Schulreform 1945-1946*, Berlin.

Uplegger, Fritz/Hans Götz 1963, *Die förderstufenähnlichen Schulversuche in Hessen*, Hannover.

Valjavec, Fritz 1953, »Das Woellnersche Religionsedikt und seine geschichtliche Bedeutung«, in: *Historisches Jahrbuch* 2 (1953), S. 386 ff.

Varrentrapp, C. 1889, *Johannes Schulze und das höhere preussische Unterrichtswesen in seiner Zeit*, Leipzig.

Verheugen, Günter 1980 b, *Eine Zukunft für Deutschland*, München.

Verheugen, Günter (Hg.) ²1980 a, *Das Programm der Liberalen*, Baden-Baden.

Vierhaus, Rudolf 1972, »Bildung«, in: Otto Brunner/Werner Conze/Reinhart Koselleck (Hg.), *Geschichtliche Grundbegriffe. Historisches Lexikon zur politisch-sozialen Sprache in Deutschland*, Band 1, Stuttgart.

Vierhaus, Rudolf 1973, »Geschichtswissenschaft und Soziologie«, in: Gerhard Schulz (Hg.), *Geschichte heute*, Göttingen.

Vierhaus, Rudolf 1980, »Umrisse einer Sozialgeschichte der Gebildeten in Deutschland«, in: *Quellen und Forschungen aus italienischen Archiven und Bibliotheken*, hg. vom Deutschen Historischen Institut in Rom, 60/1980, S. 395-419.

Vondung, Klaus (Hg.) 1976, *Das wilhelminische Bildungsbürgertum*, Göttingen.

Wagner, Christean 1988, *Brief an die hessischen Eltern*, Wiesbaden.

Walz, Hanna 1964, *Protestantische Kulturpolitik*, Stuttgart/Berlin.

Wander, Karl Friedrich Wilhelm 1979, »Die alte Volksschule und die neue. Ein Wort an die Vertreter des deutschen Volkes so wie an alle Freunde wahrer Volksbildung. Breslau 1848«, in: Ludwig Fertig (Hg.), *Die Volksschule des Obrigkeitsstaates und ihre Kritiker*, Darmstadt.

Warren, Donald R. (Ed.) 1978, *History, Education, and Public Policy*, Berkeley, Ca.

Weber, Max 1964, *Wirtschaft und Gesellschaft*, Studienausgabe Erster Halbband, Köln/Berlin.

Weber, Rita 1984, *Die Neuordnung der preußischen Volksschullehrerbildung in der Weimarer Republik*, Köln/Wien.

Weber, Werner 1958, *Spannungen und Kräfte im westdeutschen Verfassungssystem*, Stuttgart.

Webler, Wolf-Dietrich 1986, »Statik und Dynamik der Hochschulentwicklung. Historisch-soziologische Ursachen für Stabilität und Wandel der deutschen Hochschulen«, in: *Zeitschrift für Sozialisationsforschung und Erziehungssoziologie* 6 (1986) 2.

Wehler, Hans-Ulrich 1975, *Modernisierungstheorie und Geschichte*, Göttingen.

Wehler, Hans-Ulrich 1983, *Das Deutche Kaiserreich 1871-1918*, 5., durchgesehene und bibliographisch ergänzte Auflage, Göttingen.

Wehler, Hans-Ulrich 1987 a, *Deutsche Gesellschaftsgeschichte. Erster Band. Vom Feudalismus des Alten Reiches bis zur Defensiven Modernisierung der Reformära 1700-1815*, München.

Wehler, Hans-Ulrich 1987 b, *Deutsche Gesellschaftsgeschichte. Zweiter Band. Von der Reformära bis zur industriellen und politischen »Deutschen Doppelrevolution« 1815-1845/49*, München.

Weil, Hans 1930, *Die Entstehung des deutschen Bildungsprinzips*, Bonn.

Weischedel, Wilhelm (Hg.) 1960, *Idee und Wirklichkeit einer Universität. Dokumente zur Geschichte der Friedrich-Wilhelms-Universität zu Berlin*, Berlin.

Weiss, Johannes 1974, *Wissen und Autonomie des Lehrers*, Ratingen/Kastellaun/Düsseldorf.

Wellendorf, Franz 1974, »Schule und Identität: Thesen zur schulischen Sozialisation«, in: Klaus Hurrelmann (Hg.), *Soziologie der Erziehung*, Weinheim/Basel.

Wende, Erich 1959, *C. H. Becker. Mensch und Politiker*, Stuttgart.

Westphalen, Raban Graf von 1979, *Akademisches Privileg und demokra-*

tischer Staat. *Ein Beitrag zur Geschichte und bildungspolitischen Problematik des Laufbahnwesens in Deutschland,* Stuttgart.

Westphalen, Raban Graf von 1986, *Hochschulausbildung und Staatsdienst in Deutschland,* Weinheim/Basel.

Weymann, Ansgar (Hg.) 1987, *Bildung und Beschäftigung,* Göttingen.

Widmer, Guillaume 1945, *De la Primauté de l'esprit. Vom Vorrang des Geistes,* Tübingen.

Wiese, Leopold von 1957, *Erinnerungen,* Köln/Opladen.

Wilamowitz-Moellendorff, Ulrich von 1901, *Reden und Vorträge,* Berlin.

Wildenmann, Rudolf/Max Kaase 1968, *Die unruhige Generation,* hekt. Forschungsbericht, Mannheim.

Wilharm, Irmgard (Hg.) 1985, *Deutsche Geschichte 1962-1983. Dokumente in zwei Bänden,* Band 2, Frankfurt am Main.

Winkeler, Rolf 1971, *Schulpolitik in Württemberg-Hohenzollern 1945-1952,* Stuttgart.

Winkler, Heinrich August 1981, »Der deutsche Sonderweg: Eine Nachlese«, in: *MERKUR* 35 (1981) 8.

Winterhager, Wolfgang Dietrich (Hg.) 1974, *Reform der Berufsbildung,* Berlin/New York.

Wissenschaftsrat 1960, *Empfehlungen zum Ausbau der wissenschaftlichen Einrichtung. Teil I Wissenschaftliche Hochschulen,* Tübingen.

Wissenschaftsrat 1962, *Anregungen zur Gestalt neuer Hochschulen,* Bonn.

Wissenschaftsrat 1964 a, *Abiturienten und Studenten. Entwicklung und Vorschätzung der Zahlen 1950 bis 1980,* Tübingen.

Wissenschaftsrat 1964 b, *Empfehlungen zur Neugliederung des Lehrkörpers an den wissenschaftlichen Hochschulen,* Bonn.

Wissenschaftsrat 1966, *Empfehlungen zur Neuordnung des Studiums an den wissenschaftlichen Hochschulen,* Bonn.

Wissenschaftsrat 1968 a, *Wissenschaftsrat 1957-1967,* Bonn.

Wissenschaftsrat 1968 b, *Empfehlungen zur Struktur und Verwaltungsorganisation der Universitäten,* Bonn.

Wissenschaftsrat 1970, *Empfehlungen zur Struktur und zum Ausbau des Bildungswesens im Hochschulbereich nach 1970. Band 1 Empfehlungen,* Bonn.

Wissenschaftsrat 1983, *Wissenschaftsrat 1957-1982,* Köln.

Wissenschaftsrat 1988, *Empfehlungen des Wissenschaftsrates zu den Perspektiven der Hochschulen in den 90er Jahren,* Köln.

Wittwer, Wolfgang W. 1980, *Die sozialdemokratische Schulpolitik in der Weimarer Republik,* Berlin.

Wolf, Werner (Hg.) 1986, *CDU Hessen 1945-1985. Politische Mitgestaltung und Kampf um die Mehrheit,* Köln.

Wolff, G. 1925, *Der Sinn der Grundschule,* Berlin.

Wolsing, Theo 1977, *Untersuchungen zur Berufsausbildung im Dritten Reich,* Kastellaun.

Wolsing, Theo 1980, »Die Berufsausbildung im Dritten Reich im Spannungsfeld der Beziehungen von Industrie und Handwerk zu Partei und Staat«, in: Manfred Heinemann (Hg.), *Erziehung und Schulung im*

Dritten Reich. Teil 1: Kindergarten, Schule, Jugend, Berufserziehung, Stuttgart.

Wulff, Hinrich 1950 a, *Geschichte und Gesicht der bremischen Lehrerschaft,* 1. Band, Bremen.

Wulff, Hinrich 1950 b, *Geschichte und Gesicht der bremischen Lehrerschaft,* 2. Band, Bremen.

Wulff, Hinrich 1967, *Geschichte der bremischen Volksschule,* Bad Heilbrunn, Obb.

Wunder, Bernd 1978, *Privilegierung und Disziplinierung. Die Entstehung des Berufsbeamtentums in Bayern und Württemberg (1780-1825),* München/Wien.

Wunder, Bernd 1986, *Geschichte der Bürokratie in Deutschland,* Frankfurt am Main.

Young, Michael 1961, *Es lebe die Ungleichheit,* Düsseldorf.

Zander, Helga u. a. 1974, »Zur Methodenproblematik in der Analyse der Volksschulentwicklung«, in: Klaus Hartmann u. a. (Hg.), *Schule und Staat im 18. und 19. Jahrhundert,* Frankfurt am Main.

Zapf, Wolfgang 1965, *Wandlungen der deutschen Elite,* München.

Zeidler, Kurt 1926, *Die Wiederentdeckung der Grenze,* Jena.

Zentralblatt 1933, *Zentralblatt für die gesamte Unterrichts-Verwaltung in Preußen* 75 (1933) 9.

Zentralinstitut für Erziehung und Unterricht Berlin (Hg.) 1920, *Die Reichsschulkonferenz in ihren Ergebnissen,* Leipzig.

Zimmer, Jürgen 1986, *Die vermauerte Kindheit,* Weinheim/Basel.

Zymek, Bernd 1980, »War die nationalsozialistische Schulpolitik sozialrevolutionär? Praxis und Theorie der Auslese im Schulwesen während der nationalsozialistischen Herrschaft in Deutschland«, in: Manfred Heinemann (Hg.), *Erziehung und Schulung im Dritten Reich. Teil 1: Kindergarten, Schule, Jugend, Berufserziehung,* Stuttgart.

Zymek, Bernd 1981, »Der verdeckte Strukturwandel im höheren Knabenschulwesen Preußens zwischen 1920 und 1940«, in: *Zeitschrift für Pädagogik* 27 (1981) 2.

Personenregister*

Abraham, Karl 275
Adenauer, Konrad 338
Alcuin 15
Altenstein, Karl Freiherr vom Stein zum 68, 72, 74, 143, 145, 164 f.
Althoff, Friedrich, 193
Altvater, Elmar, 345
Arndt, Adolf 364
Arons, Leo 260
Aumüller, Ursula 48, 50

Bachhof, Otto 299
Baethge, Martin 248, 393
Bäuerle, Theodor 313
Bangert, W. 100, 105
Basedow, Johann Bernhard 50, 104
Bauer, Gustav 215
Bebel, August 212
Beck, Ulrich 427, 472
Beckedorff, Ludolf von 70, 72
Becker, Carl Heinrich 227, 230, 241, 248 f., 252 ff., 258 f., 263
Becker, Gary S. 345
Becker, Hellmut 13, 314, 349 ff., 375, 425
Below, Peter 458
Berg, Christa 115 ff.
Bergius, Johann 138
Bernstein, Basil 454
Binder, Hermann 225
Bismarck, Otto von 28, 71, 114, 120, 122 ff., 181, 183, 185, 266
Blankertz, Herwig 49, 246 f., 370, 432
Bleuel, Hans Peter 271
Blinckmann, Theodor 100 ff., 112, 207, 209
Bloth, Hugo Gotthard 74
Böhm, Franz 304
Boehm, Laetitia 17

Böhme, Klaus 272 f.
Boelitz, Otto 233, 235 f., 240, 242, 258 f.
Böttcher, Wolfgang 464
Borst, Arno 19
Bosse, Robert 128, 260
Brandau, Heinrich-Wilhelm 240 f., 278
Brandt, Willy 364, 393, 396, 433
Braun, Heinrich 92
Breitenbach, Diether 463
Bremen, E. von 239
Brocke, Bernhard vom 130
Brüggemann, Sybille 72
Brunkhorst, Heinz Ernst 183, 187 ff.
Buchinger, Hubert 360
Buhtz, Ernst 240
Bungardt, Karl 75, 79, 82, 228, 250, 332 f.
Bungenstab, Karl-Ernst 290, 302, 308, 312

Campe, Joachim Heinrich 38, 41 ff., 48, 50, 53, 56 ff., 104, 141 f.
Campenhausen, Axel Freiherr von 300
Caprivi, Georg Leo Graf von 128
Carnap, Roderich 354
Christoph, Herzog von Württemberg 88
Classen, Peter 17
Clay, Lucius 302, 304, 312
Comenius, Johann Amos 25, 54 f.
Conant, James B. 366
Condorcet, Antoine Marquis de 54 ff., 58, 154
Conrad, Johannes 181 f.
Conrads, Norbert 32

---

* Seitenzahlen des Literaturverzeichnisses sind nicht aufgeführt.

Sachregister

522

524

St